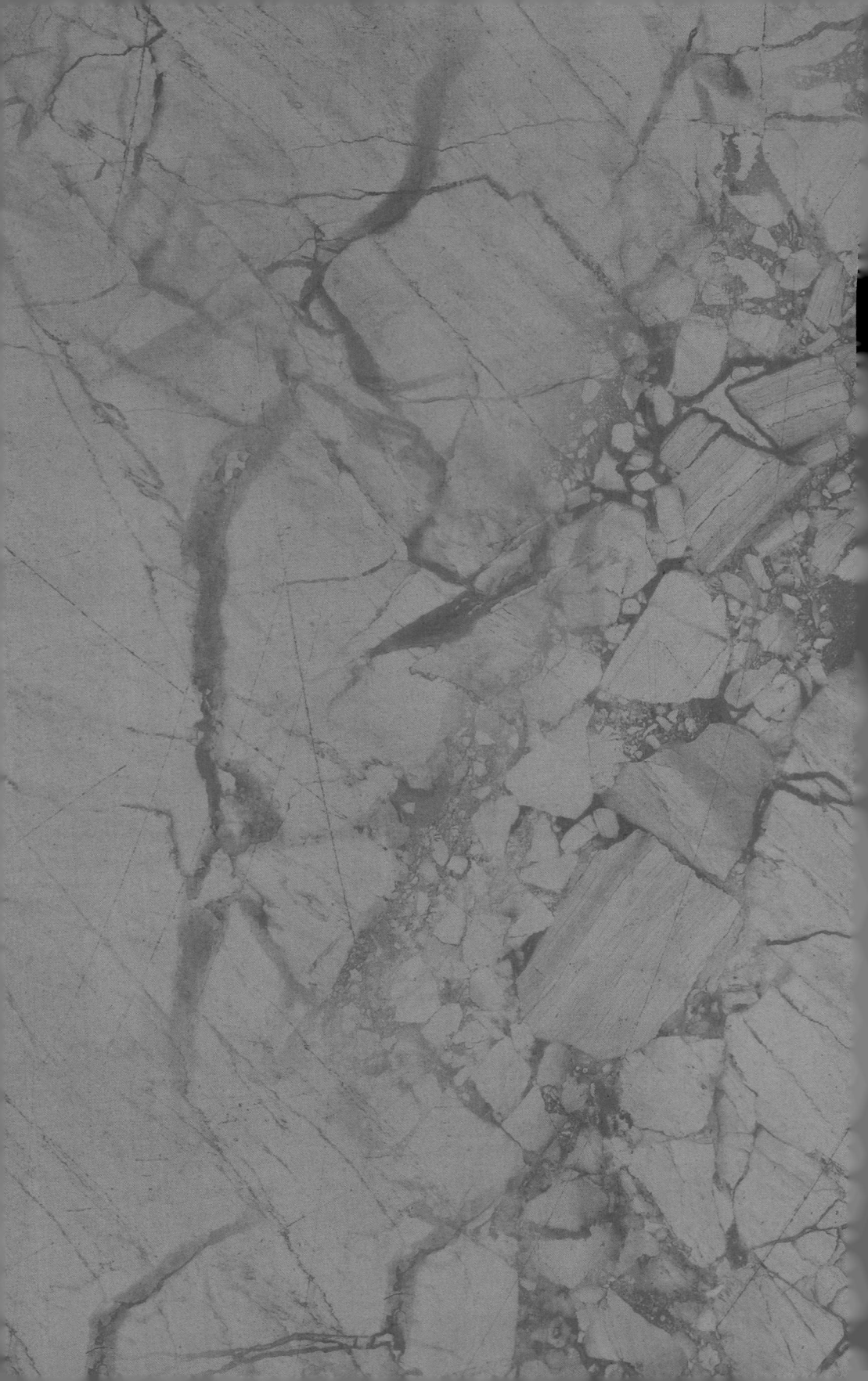

A HISTORY

OF

PHILOSOPHY

8

Utilitarianism to Early Analytic
Philosophy

FREDERICK COPLESTON

从功利主义到
早期分析哲学

[英]弗雷德里克·科普勒斯顿 著　　周晓亮 译

天津出版传媒集团

天津人民出版社　　后浪出版公司

出版总序

　　编辑部约我为《科普勒斯顿哲学史》写序言，我首先自问有无资格为这部世界著名哲学史的中译本写序。思忖再三，找出三个理由，于是欣然命笔。

　　第一个理由，我是较早精读《科普勒斯顿哲学史》的中国读者。1982年底，我到比利时鲁汶大学留学，从哲学本科课程开始读，《古希腊哲学》和《中世纪哲学》这两门课的教材用的就是《科普勒斯顿哲学史》的第1、2、3卷[①]，我买了Image Books出版的每卷两册的口袋书，按照老师讲解的线索，仔细阅读这6册书，重点部分读了几遍，还做了几本读书笔记。此前我也读过罗素和梯利的《西方哲学史》，与那两本书相比，这部书线索清晰、资料翔实、重点突出，把我的西方哲学史的水平提升了几个层次。中世纪哲学是《科普勒斯顿哲学史》的重头戏，第2卷的篇幅比其他部分更厚重，我来鲁汶大学的初衷是攻读中世纪哲学，那卷书对我来说是宝贵资料，几年里翻阅了好几遍，基本上掌握了中世纪哲学的发展线索和重点。在鲁汶硕士阶段读的都是经典，我也经常参考《科普勒斯顿哲学史》的相关部分。我的硕士论文写的是康德，《科普勒斯顿哲学史》第6卷的康德哲学写得也很精彩，获益良多。我把这套9卷本的丛书带回国内，讲授西方哲学史这门课时经常参考。

　　第二个理由，我写过《柯普斯顿传》[②]，为此与科普勒斯顿有过通

---

① 《科普勒斯顿哲学史》初版为9卷本，再版为11卷本，赵敦华先生在本序中所提及的《科普勒斯顿哲学史》相关卷数信息对应9卷本相关信息。——编者注
② 《柯普斯顿传》为《当代西方著名哲学家评传：第六卷宗教哲学》（傅乐安编，山东人民出版社，1996年版）中的篇目，此处"柯普斯顿"即指本书作者科普勒斯顿。——编者注

信。中国社科院哲学所傅乐安先生在鲁汶大学进修期间，看到我经常阅读《科普勒斯顿哲学史》，我们回国之后，他主编《当代西方著名哲学家评传·宗教哲学》卷时，约我写《柯普斯顿传》。我对传主的生平和著述目录不熟悉，于是冒昧地给科普勒斯顿写信询问。科普勒斯顿立即给我写了回信，并附上照片和亲笔写的简历，以及20页的著述和二手文献目录。我把他的照片和自传的翻译写在传记里，兹不赘述。

科普勒斯顿（Frederick Charles Copleston，1907.4.10 —1994. 2. 3）不仅是足迹遍布西方世界的精力充沛的教师，而且是多产的作者。自1934到1986年，他发表了150篇论文和250多篇书评。他的著作除了9卷本的《哲学史》外，还包括《托马斯·阿奎那》《尼采 —— 文化哲学家》《叔本华 —— 悲观主义的哲学家》《中世纪哲学》《当代哲学》等，这些著作是对《哲学史》相关章节的补充和发挥。他写的《哲学和哲学家》《论

114 MOUNT STREET LONDON W1Y 6AH   TELEPHONE 01 - 493 7811

22 December, 1988

Dear Dr. Zhao Dunhua,

Thank you for your letter of the 9th December. I feel honoured that you have undertaken to write an introduction to 'my thought'. And I wish you all success.

As you request, I have written some autobiographical notes, which I enclose. They do not amount to much more than what is stated in such public reference books as the British Who's Who; but if you desire further factual information, I will try to supply it.

In your letter you ask for a photograph of myself. I enclose two.

In regard to books, you will see from the enclosed bibliography that I have published a good many books in addition to my History of Philosophy. I am asking my ordinary publisher to send you two or three of them. If they do not arrive within a reasonable time, please let me know. (I will pay for them, of course. If you find by any chance that the publishers enclose an invoice with the books, take no notice of it---or, better, send it to me.)

As to 'my thought'--for what it may be worth-- I could, if you wished, let you have some recollections of the development of my ideas about philosophy. But this depends on whether you thought that you would find such recollections of any use for your purpose.

With every good wish for a happy and prosperous New Year,
    Yours sincerely,

    Frederick C. Copleston.
    Frederick C. Copleston.

哲学史》等专著论述了哲学史的方法论。20世纪80年代之后，科普勒斯顿致力于东西方哲学比较研究，写了《哲学和文化》《宗教和哲学》《宗教和一元》等著作，提出了"一元形而上学"的思想。他还专门研究了俄国哲学，写了《哲学在俄国》《俄国的宗教哲学》。1987年，为了庆祝科普勒斯顿的80岁寿辰，哲学界出版了论文集，评价了科普勒斯顿两方面重要贡献。一是对英语国家哲学史著述的卓越贡献。德语国家和法语国家早在半个多世纪之前，就有了宇伯威格（Friedrich Überweg）的《哲学史大纲》和布雷希耶（Émile Bréhier）的《哲学史》等权威著作，但长期以来，英语国家没有一部与之相当的权威著作。科普勒斯顿的《哲学史》填补了这一空缺。现在，在英语国家大学里，这部著作普遍被用作教材和参考书。第二方面的贡献是，科普勒斯顿用永恒哲学（Philosophia perennis）的传统融汇各种哲学资源。他是一个托马斯主义者，但坚持认为托马斯主义属于永恒哲学，托马斯主义产生之后，可在任何方向和时期继续发展。这意味着，中世纪之后，永恒哲学贯穿在近现代哲学之中。站在永恒哲学的立场，科普勒斯顿对历史和现当代各种哲学派别和理论做出积极评价，突出了托马斯主义与西方哲学其他流派综合调和的特征。他的哲学史方法论可以说是史论结合、以论带史的典范。

最后，《科普勒斯顿哲学史》在20世纪90年代已被介绍到我国，成为西方哲学史教学和研究的重要参考书。这部书的中译本问世，将在中国社会，尤其是哲学界产生更广泛的影响。本书各卷译者均为哲学学界优秀学者，其中第5、8卷的译者周晓亮研究员是我相识多年的学友，他对英国哲学有精深的研究，令我十分钦佩。同时，他还是一位翻译家，所译《人类理智研究》《道德原理研究》和《剑桥哲学史（1870—1945）》（两册）是我经常使用的案头书。其余各卷译者，梁中和、江璐等学者也各有所长，我相信由他们来翻译《科普勒斯顿哲学史》中译本，定能为这部世界哲学名著增光添彩。

是为序。

赵敦华

2020年春节于北京大学外国哲学研究所

前　言

我在本《哲学史》第七卷的前言中说，我希望用下一卷，即第八卷，专门论述 19 世纪法国和英国思想的某些方面。这个愿望只是部分地实现了。因为本卷不包括对法国哲学的论述，而只是论述了英国和美国思想的某些方面。它涉及我们相当熟悉的一个领域。而在一部西方哲学通史中，这个领域显然应当包括在内。

因为我已经对 20 世纪哲学多有论及，所以可能需要对如下情况做某种说明：我已经对伯特兰·罗素（他现在仍愉快地与我们生活在一起）①的哲学做了比较全面的论述，而将维特根斯坦（他于 1951 年去世）的思想，除了在关于罗素的一章中略有提及外，放到本卷的"结束语"中了。可以指出的是，不论在对逻辑和纯数学命题的逻辑地位的解释上，还是在逻辑原子主义方面，维特根斯坦毕竟对罗素本人有某种程度的影响。

这个说明很简单。罗素的思想天然符合反叛观念论的背景，虽然他对 20 世纪英国思想中分析运动的兴起和发展明显产生了强大影响，但在某些重要方面，他对哲学的功用仍然保持传统的观点。众所周知，他不同意维特根斯坦的后期思想，不同意现在"牛津哲学"（Oxford philosophy）的某些方面。而且，虽然他强调了作为一种认识论的经验主义的局限，但在某些方面，可以认为他将经验主义的传统延伸到了 20 世纪，即便他用新的逻辑分析技术丰富了这个传统。然而，维特根斯坦却对哲学的性质、功用和范围直截了当地提出了一个革命性的概念。的确，《逻辑哲学论》中阐发的语言观与《哲学研究》中阐发的语言观，两者之间有相当大的区

---

① 　罗素逝世于 1970 年，本卷出版于 1966 年，彼时罗素尚健在。——编者注

别，但两者中的哲学概念远远不是传统的哲学概念。由于篇幅所限，我不能集中对与维特根斯坦的名字相联系的语言问题做出全面论述，所以我决定将对这个论题的讨论局限在"结束语"中做的一些简要评论。不过，我们不应说这一情况暗含着对罗素哲学或维特根斯坦哲学的价值判断。我的意思是说，我用三章来论述罗素，这个事实并不表明在我看来他的思想只不过是19世纪留下的残余。除了在论罗素的诸章中有所提及外，我将维特根斯坦放到"结束语"中去论述，这个事实也不意味着我不欣赏他的原创性和重要性。更恰当地说，这里的问题是：我无法对两位哲学家的思想做出同样全面的论述。

关于我对红衣主教纽曼的论述做几句说明也许是适宜的。对于任何专心的读者来说，很明显，在区分19世纪的思想流派时，我使用的是传统的称谓，如"经验主义""理性主义"等，这些称谓中没有任何一个能适用于纽曼。但要是因为难以归类而完全忽略他，那是荒谬的，尤其在许多远不出名的思想家已经被我提到的情况下，更是如此。因此我决定，在附录中对他的某些哲学思想做一点评论。当然，我充分意识到，这将不会使热心于纽曼的人满意。不过，一位作家是不可能保证使每一个人都满意的。

本书的第七卷和第八卷分别专门论述了19世纪的德国哲学和英美哲学，按照自然而然的顺序，下面就应该用一卷，即第九卷，来专门论述同一时期法国及其他欧洲哲学的诸方面。但我倾向于推迟这一卷的写作，而将我的注意力转移到我在第七卷前言中提到的那个论题，即所谓的哲学史的哲学，或对哲学思想的发展及其含义做出一般的反思。因为我愿意承担这项任务，同时又很有可能完成它。

致　谢

本作者有幸感谢功勋奖章获得者罗素伯爵阁下慨允引用他的著作，乐于感谢如下出版商和版权持有者允许引用下面提到的著作。

克拉伦顿出版社：

F. H. 布拉德雷：《论文集》（*Collected Essays*），《伦理学研究》（*Ethical Studies*），《逻辑原理》（*Principles of Logic*），《现象与实在》（*Appearance and Reality*），《论真理和实在》（*Essays on Truth and Reality*）

A. S. 普林格尔－帕蒂森：《以当前哲学为根据的上帝观念》（*The Idea of God in the Light of Recent Philosophy*）

H. H. 乔基姆：《真理的性质》（*The Nature of Truth*）

J. 库克·威尔逊：《陈述与推断》（*Statement and Inference*）

H. W. B. 约瑟夫：《古代与现代的哲学短论集》（*Essays in Ancient and Modern Philosophy*）

牛津大学出版社：

伯特兰·罗素：《哲学问题》（*The Problems of Philosophy*）和《宗教与科学》（*Religion and Science*）

约翰·杜威：《一个共同的信仰》（*A Common Faith*）

麦克米兰有限公司（伦敦）：

伯纳德·鲍桑葵：《逻辑》（*Logic*），《逻辑的本质》（*Essentials of Logic*），《关于国家的哲学理论》（*Philosophical Theory of State*），《个体性原则与价值》（*The Principle of Individuality and Value*），《个体的价值与命运》（*The Value and Destiny of the Individual*）

F. C. S. 席勒：《人本主义》（*Humanism*）、《形式逻辑》（*Formal Logic*）、

《作为假设的公理》（*Axioms as Postulates*），载于H. 斯特尔特编《人格的观念论》（*Personal Idealism*）

S. 亚历山大：《空间、时间和神》（*Space，Time and Deity*）

剑桥大学出版社：

J. M. E. 麦克塔格特：《实存的本质》（*The Nature of Existence*）

W. 布莱克伍德父子有限公司：

A. S. 普林格尔–帕蒂森：《黑格尔主义与人格》（*Hegelianism and Personality*）

A. 布莱克与C. 布莱克有限公司：

詹姆斯·沃德：《自然主义与不可知论》（*Naturalism and Agnosticism*）

S. C. 坎贝尔小姐出版公司：

詹姆斯·沃德：《目的的王国》（*The Realm of Ends*）

哈佛大学出版社所属贝尔纳普出版社：

《查尔斯·桑德斯·皮尔士论文集》（*Collected Papers of Charles Sanders Peirce*）

G. 贝尔父子有限公司：

约翰·杜威：《达尔文对哲学的影响》（*The Influence of Darwin on Philosophy*）

康斯特布尔有限公司：

约翰·杜威：《经验与自然》（*Experience and Nature*）

耶鲁大学出版社：

约翰·杜威：《一个共同的信仰》（*A Common Faith*）

W. E. 霍金：《人类经验中上帝的意义》（*The Meaning of God in Human Experience*），《人性及其重塑》（*Human Nature and Its Remaking*）

芝加哥大学出版社：

约翰·杜威：《评价理论》（Theory of Valuation），载于《统一科学国际百科全书》（*International Encyclopedia of Unified Science*）第2卷，第4期，1939年

哲学图书馆股份有限公司（纽约）：

约翰·杜威：《人的问题》（*Problems of Men*）

约翰·杜威：《美国实用主义的发展》（The Development of American Pragmatism），载于达戈贝特·德·鲁内斯编《20世纪哲学》（*Twentieth Century Philosophy*）

霍尔特、莱因哈特、温斯顿股份有限公司（纽约）与约翰·杜威基金会：

约翰·杜威：《人性与行动》（*Human Nature and Conduct*），《逻辑：探索的理论》（*Logic: The Theory of Inquiry*），《公众及其问题》（*The Public and Its Problem*）

普特南与科沃德–麦卡恩（纽约）公司：

约翰·杜威：《确定性的寻求》（*Quest for Certainty*）

麦克米兰股份有限公司（纽约）：

约翰·杜威：《民主与教育》（*Democracy and Education*）

E. B. 霍尔特等：《新实在论：哲学的合作研究》（*The New Realism: Cooperative Studies in Philosophy*）

A. N. 怀特海：《过程与实在》（*Process and Reality*）

G. 赖尔教授，《心灵》杂志编辑：

G. E. 摩尔：《判断的性质》（The Nature of Judgment，*Mind*）

G. E. 摩尔夫人：

G. E. 摩尔：《伦理学原理》（*Principia Ethics*）

劳特利奇与基根·保罗有限公司：

G. E. 摩尔：《哲学研究》（*Philosophical Studies*）

伯特兰·罗素：《我相信什么》（*What I Believe*）

乔治·艾伦与昂温有限公司：

L. T. 霍布豪斯：《关于国家的形而上学理论》（*The Metaphysical Theory of the State*）

G. E. 摩尔：《哲学论文集与哲学的某些主要问题》（*Philosophical Papers and Some Main Problems of Philosophy*）

伯特兰·罗素：《数学原理》（*The Principles of Mathematics*），《数

理哲学引论》(*Introduction to Mathematical Philosophy*),《哲学论文集》(*Philosophical Essays*),《心的分析》(*The Analysis of Mind*),《我们关于外部世界的知识》(*Our Knowledge of the External World*),《社会重建原则》(*Principles of Social Reconstruction*),《神秘主义与逻辑》(*Mysticism and Logic*),《哲学概论》(*An Outline of Philosophy*),《科学的观点》(*Scientific Outlook*),《权力论》(*Power*),《意义与真理研究》(*An Inquiry into Meaning and Truth*),《西方哲学史》(*A History of Western Philosophy*),《人类知识:其范围与限度》(*Human Knowledge: Its Scope and Limits*),《逻辑与知识》(*Logic and Knowledge*),《我的哲学的发展》(*My Philosophical Development*),《非通俗论文集》(*Unpopular Essays*),《权威与个人》(*Authority and the Individual*)

J. H. 缪尔黑德编:《当代英国哲学》(*Contemporary British Philosophy*)第一辑(1924)与第二辑(1925)

W. W. 诺顿股份有限公司(纽约):

伯特兰·罗素:《数学原理》(*The Principles of Mathematics*)

西蒙与舒斯特股份有限公司(纽约):

伯特兰·罗素:《西方哲学史》(*A History of Western Philosophy*),《人类知识:其范围与限度》(*Human Knowledge: Its Scope and Limits*),《权威与个人》(*Authority and the Individual*),《非通俗论文集》(*Unpopular Essays*),《我的哲学的发展》(*My Philosophical Development*)

麦克唐纳股份有限公司(伦敦)与道布尔迪股份有限公司(纽约):

伯特兰·罗素:《西方的智慧》(*Wisdom of the West*,拉思伯恩图书有限公司,伦敦)

在世哲学家图书馆股份有限公司,原由都铎出版公司(纽约)出版,现由公开法庭出版公司(伊利诺伊,拉萨尔)出版:

保罗·阿瑟·席尔普编:《约翰·杜威的哲学》(*The Philosophy of John Dewey*),《伯特兰·罗素的哲学》(*The Philosophy of Bertrand Russell*)

目　录

第一部分　英国经验主义

查尔斯·达尔文与进化论哲学 —— T. H. 赫胥黎；进化论、伦理学与不可知论 —— 科学的唯物主义与不可知论；约翰·廷德尔与莱斯利·斯蒂芬 —— G. J. 罗马尼斯与宗教 —— 实证主义；（孔德的）实证主义团体，G. H. 刘易斯，W. K. 克利福德，K. 皮尔逊 —— B. 基德；结语

第二部分　大不列颠的观念论运动

第四部分　实用主义运动

第五部分　对观念论的反叛

第一部分

英国经验主义

第一章

功利主义运动（一）

引言——边沁的生平与著作——边沁主义的原理，附某些批判性评论——詹姆斯·密尔的生平与著作——利他主义与联想心理学；密尔对麦金托什的反驳——詹姆斯·密尔论心灵——关于边沁经济学的评论

1. 大卫·休谟代表了古典英国经验主义的巅峰，唤起了托马斯·里德及其追随者的强烈反应。的确，就各大学而论，在19世纪的前几十年，所谓的"苏格兰学派"是一个活跃的、生机勃勃的思想运动。而且，虽然在此期间它受到一些沉重的打击，失去了它最初的活力，但它在大学中的地位最终是被观念论所取代的，而不是被经验主义所取代的。

无论怎样，如果以为里德对休谟的攻击使经验主义跌落到濒临灭亡的境地，并且以为它一直处于那样的状态，直到 J. S. 密尔（J. S. Mill）使它重获新生，那就大错了。哲学并不局限在大学。休谟本人也从未得到一个大学的教席，尽管众所公认，这不是因为他没有能力。经验主义的生命不顾里德及其追随者的攻击而仍然在延续，尽管它的主要代表不是大学的教授或讲师。

19世纪经验主义的第一阶段以功利主义运动著称，可以说它是以边沁（Bentham）为起始的。虽然我们往往自然而然地认为他是19世纪早期的哲学家，因为从那时起他的影响才被感应到，但他出生于1748年，即休谟去世前28年。他的有些著作是在18世纪后30年出版的。因此，如

果我们发现在18世纪经验主义与19世纪经验主义之间有明显的连续性因素，那不足为怪。譬如，还原分析的方法，即将整体还原到它的部分，将复杂的东西还原到它的原始的或简单的成分，这是休谟常用的方法，而边沁在继续使用。如在詹姆斯·密尔的哲学中所能见到的那样，这导致了对自我的现象论的分析。在从其假定的简单元素重建精神生活的过程中，利用了联想主义的心理学，这种心理学在18世纪已经被发展起来，譬如被大卫·哈特莱（David Hartley）所发展，更不用说休谟对观念联想原理的运用了。而且，在《政府论残篇》（*Fragment on Government*）的第一章中，边沁明确表示他受惠于休谟，因为当他在《人性论》中看到休谟如何摧毁社会契约或社会约定的虚构，表明一切德性如何以功利为基础时，他的思想受到了启发。当然，边沁也受到法国启蒙运动思想的影响，特别是受到爱尔维修（Helvétius）的影响。但这并不能改变如下事实：在方法和理论两方面，在18世纪和19世纪大不列颠的经验主义运动之间存在明显的连续性因素。

　　不过，一旦我们已经指明了这种连续性因素，我们一定会注意到它们的着重点有很大不同。至少如传统上所描述的那样，古典的英国经验主义主要关心的是人类知识的性质、范围和界限，而功利主义运动的观点在本质上是实践的，它以法律、刑法和政治的改革为目标。的确，人们可能过分强调了古典经验主义中认识论的作用。譬如，休谟关心的是人性科学的发展。而且可以证明，实际上已经证明，休谟首先是一位道德哲学家。但休谟的目的主要是理解道德生活和道德判断，而边沁主要关心的是对人们共同接受的道德观念和法律、政治制度提供判断标准，其目的是对它们进行改造。也许我们可以采用马克思的那个著名论断，并且说，休谟首要关心的是认识世界，而边沁首要关心的是改造世界。

　　在这两个人中，休谟这位哲学家确实伟大得多。不过，边沁有一种天赋，他能抓住某些并非他自己发明的观念，将它们发展、融合为社会改革的武器或工具。狭义的边沁主义和广义的功利主义，表达了中产阶级中的自由激进分子对待传统影响，以及对待现在常说的权势集团的既得利益的态度。与法国大革命相联系的过激行动在英格兰引起了强烈的反应，在埃德蒙·伯克（Edmund Burke，1729—1797）强调社会稳定和传统的反思中可以看到对这种反应的明确表述。但至少在拿破仑战争之后，激进的改革运动更容易使人感受到它的影响。在这个运动中，功利主义具有不可否认的历史重要性。作为道德哲学来考虑，它过于简单了，将困难棘手的问题轻描淡写地一带而过。不过，它的过分简单化特征，以及至少看上去的明晰性，显然有助于把它用作努力保证社会政治领域实际改革的工具。

在 19 世纪期间，大不列颠的社会哲学经过了若干连续的发展阶段。第一个阶段出现了哲学的激进主义，它是与边沁的名字联系在一起的，并且他在18 世纪的最后几十年已经将它表述出来。第二个阶段出现了由 J. S. 密尔修正、补充和发展了的边沁主义。第三个阶段出现了观念论的政治哲学，它是在 19 世纪末叶兴起的。"功利主义"一词涵盖了前两个阶段，当然不包括第三个阶段。功利主义在观点上是个人主义的，即便它的目的是社会福利，而在观念论的政治理论中，国家作为有机整体的观念在希腊和德国两者思想的影响下崭露头角。

本章和下面一章将专门论述从边沁到 J. S. 密尔的整个功利主义的发展。后者在逻辑学、认识论、本体论领域的理论，将在随后一章单独讨论。

2．杰里米·边沁（Jeremy Bentham）生于1748 年 2 月 15 日。他童年早熟，4 岁时就学习拉丁文语法。他在威斯敏斯特学校和牛津大学受教育，这两所学校都没有使他着迷，因为他的父亲指定他以律师为业。可是他更喜欢反思的生活，而不是执业律师的生活。他发现，在法律中，他那个时代的刑法典和政治制度有很多要思考之处。简单地说，他以如下方式提出问题：这项法律或这个制度的目的是什么？这个目的是可取的吗？如果这个目的是可取的，那么，这项法律或这个制度真的有助于它的实现吗？最后，对这项法律或这个制度，如何从功利的观点做出判断？

在将功利尺度用于立法和政治制度时，在边沁看来，功利尺度就是有助于达到最大多数人或社会成员的较大幸福的程度。边沁本人谈到，这样来理解的功利原则，是他阅读约瑟夫·普里斯特利（Joseph Priestley，1733—1804）的《论政府》（*Essay on Government*，1768）时想到的，后者直言不讳地说，任何国家的大多数成员的幸福应当是判断这个国家全部事务所依据的标准。不过，此前哈奇森在研究伦理学时已经断言，有助于最大多数人的最大幸福的行动是最佳的行动。再有，切萨雷·贝卡里亚（Cesare Beccaria，1738—1794）在他的著作《论罪与罚》（*Dei delitti e delle pene*，1764）的前言中谈到在最可能多的人中间分享的最大幸福。在休谟的哲学中有功利主义的成分，譬如，他宣称"社会功利是正义的唯一源泉"。[1] 而如已经提到的对边沁有重大影响的爱尔维修，则在功利主义道德理论及将这个理论用于社会改造方面，都是一位先行者。换言之，边沁并没有发明功利的原则：他所做的就是把它作为道德和立法的基本原则加以清楚、全面的阐述和运用。

起初，边沁主要对法律和刑法的改革感兴趣。英国宪法中的激进变革没有列入他的原始方案之内。他从来都不是民主制本身的狂热追求者。也就是说，他不相信人民的神圣统治权，正如他不相信一般的自然法理论，认为它是胡说八道一样。虽然他最初似乎认为统治者和立法者实际都在寻求共同利益，不论他们对于达到这个目的的正当手段的看法是如何混乱和错误，但过了一段时间后他开始相信，统治阶级是被私利所左右的。他的法律、刑法和经济改革计划受到冷落和反对，这无疑促使他得出上述结论。此后，他开始提倡政治改革，把它作为其他变革的先决条件。最终他提议废除君主制和贵族院，废除英国国教制度，引入普选权和年度议会制度。事实上他对传统本身毫无敬意，这助长了他的政治激进主义。他绝没有接受伯克关于英国宪法的观点，他的态度与法国哲学家[2]的态度非常相似，像他们那样对传统不满，像他们那样相信只要理性能成为主宰，一切事情都会是最好的。不过，他所诉诸的始终是他的功利原则，而不是任何关于民主制具有自己特有的某种神圣性的信念。

边沁首先不是被人道的考虑所触动的。在整个19世纪大不列颠的社会改革运动中，人道主义有时以基督教信仰为基础，有时与基督教没有任何明显牵连，它无疑发挥了非常重要的作用。譬如，在边沁反对当时极端

---

① 《道德原理研究》，第3章，第1部分，第145节。
② 我们已经提到了爱尔维修的著作对边沁思想的影响。我们可以补充说，他与达朗贝尔（d'Alembert）有通信交往。

严酷的刑法典、反对监狱的耻辱状况的运动中，他经常要求的一些变革，实际上是人道情感暗含着的，尽管如此，最初使他愤怒的东西，却是他认为确凿无疑的刑法制度的不合理性，是这个制度没有能力达到其目的并服务于共同利益。当然，这样说并不等于说他就是通常所谓的不人道。而是说，他最初被触动，不是因为同情这个刑法制度的受害者，确切说是因为这个制度的"无用"（inutility）。他是一个理性的或理智的人，而不是一个多愁善感的人。

1776 年，边沁匿名出版了《政府论残篇》，在书中，他抨击了著名律师威廉·布莱克斯通爵士（Sir William Blackstone，1723—1780），因为后者使用了社会契约或社会协定的虚构。虽然这部著作没有马上获得成功，但在 1781 年，它使边沁与谢尔本勋爵（Lord Shelburne），即后来的兰斯多恩侯爵（Marquis of Lansdowne）结下了友谊，后者从 1782 年 7 月至 1783 年 2 月出任首相。通过谢尔本，这位哲学家结识了另外几个重要人物。他还与谢尔本之子的私人教师艾蒂安·迪蒙（Etienne Dumont）建立了友谊，后者对于边沁许多文章的发表提供了非常宝贵的帮助。边沁放下未完成的手稿又转而研究某个别的题目，这种情况并不少见。他的许多著作都是通过友人和弟子的帮助出版的。有时这些著作先以法文发表。譬如，他在 1793 年写的《政治经济学手册》（*Manual of Political Economy*）中的一章，就发表在 1798 年的《大不列颠图书馆》（*Bibliothèque britannique*）中，迪蒙在他的《赏罚理论》（*Théorie des peines et des récompenses*，1811）中利用了这部著作。边沁的这部著作用英文首次发表于约翰·鲍林（John Bowring）编辑的边沁的《著作集》（*Works*，1838—1843）中。

边沁的《为利息辩护》（*Defence of Usury*）出版于 1787 年，他的重要著作《道德和立法原则导论》（*An Introduction to the Principles of Morals and Legislation*）出版于 1789 年。① 他打算把这部《导论》当作几部更深入著作的准备和概要。因此，边沁的《论政治谋略》（*Essay on*

6

————————

① 这部著作在 1788 年已经付印。

Political Tactics）与这个概要中的一节是对应的。虽然他于 1789 年将这部著作的一部分寄给了莫雷莱修道院长（Abbé Morellet），但迪蒙于 1816 年才将这部著作首次出版，^①一同出版的还有约 1791 年写出的《无政府主义的谬误》（Anarchical Fallacies）。

1791 年，边沁发表了他的模范监狱方案，即所谓的"全景监狱"（Panopticon）。他与法国国民会议接洽，希望在它的赞助下建立这样一个机构，由他无偿地担任看守。虽然边沁是法国国民会议于次年授予公民称号的外国人之一，但他的提议没有被采纳。^②他为劝说英国政府实施模范监狱方案做了相似的努力，这些努力最初有望成功，但最终还是失败了，至少边沁愿意相信，这个失败部分上是由于国王乔治三世捣的鬼。不过，在 1813 年，议会投票决定给这位哲学家一大笔钱，以补偿他在全景监狱方案上的花费。

7　　1802 年，迪蒙出版了一部名为《杰里米·边沁先生论立法》（Traités de législation de M. Jérémie Bentham）的著作。它部分由边沁自己写的文章组成，其中有些文章原来是用法文写的；部分由迪蒙对这位哲学家的思想摘要组成。这部著作大大提高了边沁的声誉。起初，这种情况在国外比在英格兰更明显。可是随着时间的推移，这位哲学之星即使在他自己的国家也冉冉升起。从 1808 年起，詹姆斯·密尔成为他的追随者和他的学说的宣传者。而边沁则成为一群致力于边沁主义原则的激进分子的幕后领袖或鼓舞者。

1812 年，詹姆斯·密尔出版了《证据原理导论》（An Introductory View of the Rationale of Evidence）一书，它是边沁的一些文章的合订本。这些文章的法文本由迪蒙于 1823 年出版，名为《论司法证据》（Traité des Preuves Judiciaires），这部著作的英译本出版于 1825 年。1827 年，约翰·斯图尔特·密尔（John Stuart Mill）出版了边沁的法学文集五卷本，名为《司法证据原理》（Rationale of Judicial Evidence），它比詹姆斯·密

---

① 部分英文本出版于 1791 年。

② 显然，边沁所想到的囚犯根本不是后来成为雅各宾派恐怖统治时期牺牲品的那类囚犯。他求助于新的法国议会，希望那时无遮无掩的理性最终开始它的统治，希望哲学获得其应有的地位。

尔的那个版本充实得多。

边沁还关注宪法改革问题和法律的编纂问题。对于他所认为的英国法律的混乱状况，他旗帜鲜明地表示不满。他的《议会改革问答手册》（*A Catechism of Parliamentary Reform*）出版于1817年，尽管它于1809年就已写成。1817年还见证了《法典编纂和公众指南论文集》（*Papers Relative to Codification and Public Instruction*）的问世。1819年，边沁发表了一篇名为《激进的改革法案及说明》（"Radical Reform Bill, with Explanations"）的文章，1823年出版了《宪法法典的主要原理》（*Leading Principles of a Constitutional Code*）。他的《宪法典》（*Constitutional Code*）第一卷，连同第二卷的第一章，出版于1830年。整部著作由R. 多恩（R. Doane）编辑，于边沁死后的1841年出版。

在此不可能列出边沁的全部出版物。但我们可以再提及三部著作的标题。《文选》（*Chrestomathia*），这是一系列关于教育的文章，出版于1816年。而在次年，詹姆斯·密尔出版了他编辑的边沁的著作《行动的源泉表》（*A Table of the Springs of Action*），①它涉及对作为行动源泉的苦和乐的分析。这位哲学家的《义务论或道德科学》（*Deontology or Sciences of Morality*）在他去世后的1834年由鲍林出版了两卷本，第二卷是根据笔记编纂的。鲍林版的边沁《著作集》（*Works*）前面已经提到了。②这位哲学家的著作的全集和批判版尚未面世。

边沁死于1832年6月6日，他留下指示说，他的遗体应当为了科学的利益进行解剖。他的遗体现在保存在伦敦大学学院。这所学院建于1828年，它的建立主要出于边沁本人作为其成员的一个团体的压力。它打算用来将高等教育的益处扩大到现存的两所大学没有满足的那些人。而且，这里没有像牛津和剑桥仍然存在的那些宗教审查。

8

---

① 这部著作在很早的时候就写成了。

② 在这部《著作集》中，鲍林收入了许多残篇，其中有些具有哲学的重要性。例如，在题为"本体论"的残篇中，边沁区分了实在的实有体（real entities）和虚构的实有体（fictitious entities）。后者不能与寓言中的实有体（fabulous entities），即自由发挥想象的产物相提并论，它是由于语言的急需创造出来的。例如，我们要能谈论关系，所以使用名词"关系"。可是，尽管事物可以发生关系，但没有任何单独的实有体被称作"关系"。如果这样的实有体是由于语言的作用被假设出来的，那它们就是"虚构的"。

3. 边沁主义建立在心理快乐论的基础上，该理论认为，每个人天生都趋乐避苦。当然，这不是一个新学说。它在古代世界就已经被提出了，尤其被伊壁鸠鲁所提出，而在18世纪，它得到一些人的辩护，譬如，法国的爱尔维修，英格兰的哈特莱和塔克（Tucker）。[①] 虽然边沁不是这个理论的发明者，但他对其做出了令人难忘的描述。"自然将人类置于两个至高无上的主人 —— **痛苦和快乐** —— 的统治之下……它们在我们所做、所说、所思的一切方面统治着我们：我们要摆脱这种服从所能做的一切努力，将只有助于证明它和肯定它。在言语上，一个人可以自称拒绝它们的支配，可是在实际上，他仍将始终服从于它。"[②]

进而，边沁要努力说明他所说的痛苦和快乐是指什么。他不打算用武断的或"形而上学的"定义来限定这两个词的意义范围。他用这两个词指的意思恰恰就是它们在通常看法、日常语言中所指的意思。"在这件事上，我们不需要任何优雅，不需要任何形而上学。没有必要请教柏拉图，没有必要请教亚里士多德。**痛苦和快乐**就是每个人感觉到的那个样子。"[③] 譬如，"快乐"一词包括吃喝的快乐，还包括阅读有趣书籍的快乐、听音乐的快乐或从事仁慈活动的快乐。

但边沁所关心的不只是说明他认为是心理学真理的东西，即所有人都在趋乐避苦的驱使下行动。他关心的是确立一个客观的道德标准，一个关于人的行动的道德特性的客观标准。因此，在上面引用的那段话 —— 边沁在那段话中说，自然将人类置于痛苦和快乐的统治之下 —— 之后，他补充说："只有它们不但决定我们将做什么，还指出我们应当做什么。与它们的权位牢固联系着的，一方面是对错的标准，另一方面是因果的链条。"[④] 因此，如果我们假定快乐、幸福、善是同义词，痛苦、不幸、恶也是同义词，那么，问题马上就出现了：如果作为心理学的事实，我们总是追求善的东西，努力避免恶的东西，那么，要说我们应当追求善的东西，

① 关于塔克请见本《哲学史》第五卷。
② 《道德和立法原则导论》，第1章，第1节。下面将称这部著作为《导论》。
③ 《立法理论》（*Theory of Legislation*），由R. 希尔德雷斯（R. Hildreth）译自艾蒂安·迪蒙的法文本，第3页（伦敦，1896年）。
④ 《导论》，第1章，第1节。

避免恶的东西，是否有任何道理呢？

　　要能肯定地回答这个问题，我们必须作两个假设。第一个假设是，当我们说一个人追求快乐时，我们指的是他追求他的较大的快乐或最大数量的快乐。第二个假设是，人不必做事实上将有助于达到这个目的的那些行动。[①] 如果我们做出这些假设，并且忽略任何快乐论伦理学中固有的困难，那么，我们就可以说，正确的行动是倾向于增加快乐总量的行动，错误的行动是倾向于减少快乐总量的行动，而且我们应当做正确之事，不做错误之事。[②]

　　于是，我们就得到了功利的原则，亦称最大幸福原则。它"把一切利益相关者的最大幸福说成是正确的和恰当的，是人类行动的唯一正确、恰当和普遍想望的目的。"[③] 当然，利益相关者可能不同。如果我们想到的是单个的行动者本身，那么，我们指的就是他的最大幸福。如果我们想到的是社会，那么，我们指的就是这个社会最大多数成员的较大幸福。如果我们想到的是一切有感觉的生物，那么，我们还应当考虑动物的较大快乐。边沁主要关心的是人类社会的较大幸福，以及在任何既定的人类政治社会共同利益的意义上所说的共同利益或福利。不过，在所有情况下，那个原则是同样的，即该当事者的最大幸福是人类行动所唯一想望的目的。

　　如果我们所说的证明指的是从某个或某些更终极的原则进行推演，那么，功利的原则不能被证明。因为这里没有更终极的伦理原则。同时，边沁试图表明，从长远看，其他任何道德理论都至少含蓄地诉诸功利的原则。不论人们可能出于什么理由行事或思考他们的行动，我们一旦提出为什么我们**应当**从事某一行动的问题，最终将不得不根据功利的原则来回

10

---

① 譬如，在一个当下快乐的吸引下，一个人可能会忽略这样的事实：引起这个快乐的行动过程所导致的痛苦的总量，超过了这个快乐。

② 严格地说，在边沁看来，一个行动倾向于增加快乐的总量，这个行动就是"正确的"行动，意味着这个行动是我们应当从事的，或至少意味着它不是一个我们被迫不得从事的行动，即一个"错误的"行动。实际情况不可能总是只有通过"我"此时此地的行动才能增加快乐的总量。因此，"我"不会被迫从事一个行动，即使（如果"我"从事的话）这个行动肯定不会是错的。

③ 《导论》，第1章，第1节，注1。

答。边沁所想到的可供选择的道德理论主要是直觉主义理论或诉诸道德感的理论。根据他的观点，单就这些理论来看，它们不能回答为什么我们应当从事这个行动而不从事那个行动的问题。如果这些理论的拥护者一旦试图回答这个问题，他们最终将不得不证明，对于任何利益相关者来说，应当从事的行动就是有助于他们的较大幸福或快乐的行动。换言之，只有功利主义能够提供正确和错误的客观标准。① 而说明了这一实情，也就是给出了功利原则所需要的唯一证明。

顺便说一下，我们可能注意到，虽然快乐论只代表了洛克伦理理论中的一个因素，但他明确说："因此，事物是善的或恶的，只与快乐或痛苦有关。易于引起或增加我们的快乐，或者减少我们的痛苦的东西，我们称之为善……相反，易于使我们增加任何痛苦或减少任何快乐的东西，我们称之为恶……"② 这里洛克称之为"善"的性质，被边沁说成是"功利"。因为"功利是任何对象中的任何性质，凭借这个性质，对象倾向于给利益相关者带来利益、便利、快乐、善或幸福，或者……防止利益相关者遭受损害、痛苦、恶或不幸"。③

至此，如边沁所言，只要行动倾向于增加相关利益者的快乐的总量，减少痛苦的总量，这些行动就是正确的，如果是这样的话，那么，当道德行动者判定一个既定的行动是正确还是错误的时候，他将不得不估计这个行动似乎可能带来的快乐和痛苦的量，并用一个去抵消另一个。为此目的，边沁提出了一个快乐论的或"幸福的"（felicific）计算法。④ 让我们假定，我想估计一个快乐（或痛苦）对于自己的值。我必须考虑这个值的四个因素或维度：强度、持续时间、确定性或不确定性、接近或疏远。譬如，一个快乐可能很强烈但持续时间短，而另一个快乐可能不那么强烈，

---

① 边沁坚持认为，行动的正确或错误，取决于一个客观标准，而非只取决于从事这些行动的动机。"动机"和"意向"经常被混淆，尽管（边沁主张）应当小心地将它们区分开来。当我们认为快乐或快乐的原因是一个人行动的结果，如果我们把"动机"理解为行动的趋向，那么，谈论坏的动机就是没有意义的。但无论如何，正确和错误的标准首先是一个客观标准，而不是一个主观标准。

② 《人类理智论》，第二卷，第20章，第2节。

③ 《导论》，第1章，第3节。

④ 同上，第4章。

但持续时间长得多，以至于它在数量上要大于前一个快乐。而且，当我们考察趋于产生快乐或痛苦的行动时，我必须考虑到另外两个因素，即丰富性和纯粹性。如果有两类行动，每一类行动都趋于产生快乐的感觉，而一类行动倾向于带来进一层的快感，而另一类行动则没有带来这样的快感，或只带来较小的快感，那么，我们就说前一类行动比后一类行动更丰富或更多产。至于纯粹性，它表示一个行动不带来相反种类的感觉。譬如，对音乐鉴赏力的培养开辟了一个持久快乐的领域，这种快乐不会由于服用了某些成瘾药物的行动而引起快乐递减。

至此，边沁的算法遵照了与伊壁鸠鲁的算法同样的方式。但在运用其伦理学理论时，边沁主要关心的是共同利益。他补充说，当一些人或社会是利益相关者时，除了刚才说到的六个因素外，我们还必须考虑第七个因素。这第七个因素就是范围，即受该快乐或痛苦影响的人数。

有时人们说，边沁的算法是无用的，人们可以把它完全抛弃掉，而保留他的基本道德理论。但在笔者看来，这里似乎需要做一些区分。如果人们愿意把他的理论仅仅看成是对某些伦理术语的意义分析，那么，无疑可以断言这个分析是正确的，同时忽略快乐论的计算法。但如果人们像边沁本人那样看待他的道德理论，即不仅仅把它看成是一个分析，而且把它看成是行动的指导，那么，情况就有点不同了。我们确实可以断言，并且正确地断言，我们无法对痛苦和快乐做出精确的数学计算。譬如，很明显，在很多情况下，一个人不可能对可选择的行动过程可能引起的各自快乐的量做出精确的数学计算。而如果利益相关者是社会，一个明显的事实是，在很多情况下，对一个人来说是快乐的东西，对另一个人来说并不是，这时我们将如何计算可能的快乐总量呢？同时，如果我们像边沁那样承认，快乐之间只有量的差异，如果我们认为快乐论伦理学为行动提供了一个实践规则，那么，某种计算就将是必要的，即使它不可能精确。事实上，人们有时确实做这样的粗略计算。譬如，一个人很可能问自己，某个使人快乐的行动过程很可能导致某些痛苦的后果，那么，追求这个行动过程是否真的值得呢？而如果他确实认真考虑这个问题，他就是在运用边沁的一个算法规则。此类推理与道德有何关系是另一个问题。而且在现在的语境下，它与道德无关。因为这里的假设是：我们接受边沁的基本道德学说。

　　说起来，人类活动的领域显然要比立法和政府行动广泛得多。在某些情况下，利益的相关者是单个行动者本身。因此我可以对自己有责任。但如果道德的领域与人类活动的领域是同样的，那么，立法和政府行动就落入道德的领域内。因此功利的原则应当适用于这些立法和行动。不过，这里的利益相关者是社会。因此，如边沁所说，有许多活动实际上对社会是有益的，只是根据法律这些活动的规则不符合公众的利益，尽管如此，立法仍然应当服务于公众的利益。它应当以共同的福利或幸福为目标。因此，当一个立法行动或一个政府行动"所具有的扩大社会幸福的倾向大于它所具有的任何减少社会幸福的倾向"，①我们就说它符合功利的原则，或受功利原则的支配。

　　不过，社会是"一个虚构的**物体**，由单个人组成，据认为这些人构成了它的所谓成员"。②而社会的利益是"组成社会的若干成员的利益的总和"。③因此，说立法和政府应当以共同利益为目标，就等于说，它们应当以作为该社会成员的最大多数个人的较大幸福为目标。

　　显然，如果我们假定共同利益只是社会单个成员的私人利益的总和，那么，我们或许会得出结论，如果每个人都追求和增加自己个人的幸福，那就不可避免地促进了共同的利益。可是，在此无法保证这些个人在追求自己的幸福时将采取合理或开明的方式，采取使他们不减少其他个人的幸福，从而不减少社会幸福总量的方式。实际上很明显，利益的冲突确实出现了。因此，为了达到共同的利益，就需要有利益的和谐。而这就是立法和政府的作用。④

　　有时人们说，任何这样的利益和谐都预先假定了为了共同利益进行

---

① 《导论》，第1章，第7节。
② 同上，第1章，第4节。边沁关于"虚构的"一词的用法，请见第9页，注2。
③ 同上。
④ 边沁及其追随者确实相信，在经济市场领域，取消法律限制，引入自由贸易和竞争，无论如何从长远看，都一定会有助于社会的较大幸福。本章的最后一节将进一步谈到边沁的经济学。

利他工作的可能性，而且边沁因而造成了一个突然而不合理的转变，即把自私自利寻欢作乐的人变成了热心公益的利他主义者。不过，这里需要做些区分。首先，在"自私"或"自利"等词一般理解的意义上，边沁并没有假定所有人在本性上必然是自私或自利的。因为他承认社会之情，尽管他也承认相反之情。因而在他的快乐表上，他将仁慈的快乐包含在所谓的简单快乐中，他把仁慈说成是"这样一些快乐，它们是由于看到据认为可以作为仁慈对象的存在物所具有的任何快乐而引起的，这些存在物即我们所熟悉的有感觉的存在物"。① 其次，虽然边沁主义毫无疑问地假定，一个人在看到另一个人的快乐时得到了快乐，这个人之所以这样，首先是因为他人的快乐使他自己快乐，但边沁主义还求助于联想主义心理学的原理，来说明一个人如何能开始追求他人的利益而毫不留意自己的利益。②

同时，这里显然不能保证，其任务是使个人利益和谐起来的那些人将明显具有仁慈之心，或者他们将实际学会以无私的精神追求共同的利益。的确，边沁不久就得出这样的结论：即使许多人完全能因为他人的快乐而快乐，但人们仍自行其是地追求自己的利益，对于人的这一基本倾向，统治者也绝不例外。而正是这个结论，成为边沁接受民主观念的主要原因。一位暴君或专制君主通常都追求自己的利益，贵族统治者也是如此。因此，确保把最大多数人的较大幸福当作执政和立法标准的唯一办法，就是在可实行的范围内，将政府置于所有人的控制之下。因此，边沁提议取消君主制③和贵族院，并引入普选权和年度议会制度。因为共同利益只是私人利益的总和，因此可以说，每个人在共同利益中都有股份。而教育可以有助于个人理解到，他在代理共同利益时，也在代理自己的利益。

为了避免误解，我们必须补充说，边沁要求按照法律来达到利益和谐，首要的是消除妨碍增加最大多数公民幸福的障碍，而不是一般认为的

---

① 《导论》，第5章，第10节。"有感觉的存在物"包括动物。
② 这个题目将联系詹姆斯·密尔来论述。
③ 在边沁的时代，英国君主在政治生活中可以发挥的影响力，要比当今能发挥的影响力有效得多。

积极干预个人的自由。这是一个理由，说明为什么边沁非常关注如下刑罚学问题：为了防止与社会成员的普遍幸福不相容的行动，要通过或至少应当通过一些法律，对于违反这些法律而造成的普遍幸福或利益的减少，要施加刑事惩罚。根据边沁的看法，惩罚的本来目的是吓阻，而不是改造。对违法者的改造只是次要目的。

边沁对具体问题的评论常常十分精当。他对行使惩罚的基本态度就是一个适当的例子。他已经说过，惩罚的本来目的是吓阻。但惩罚总包含着使人痛苦和减少快乐。而因为一切痛苦都是恶，所以可以推出："一切惩罚本身都是恶。"[①] 得出的结论是：对于违反法律的行动，立法者加之于其上的刑事惩罚，不应当超出达到所期望效果的严格需要的程度。的确，人们可以论证说，如果惩罚的本来目的是吓阻，那么，最残酷的刑罚将是最有效的。可是，如果惩罚本身是恶，即使在社会中人类生活的具体环境下它是必要的恶，那么，与此有关的问题是：什么是将具备吓阻效果的最少量的惩罚呢？此外，立法者必须考虑到舆论，尽管这确实是一个变化无常的因素。因为人们越是认为一项既定的刑罚是极其过分的或不恰当的，他们在执行法律时就越倾向于拒绝合作。[②] 在此情况下，惩罚的所谓吓阻效果就降低了。而且，如果某项重罚，譬如死刑，被施加于各种罪行上，这些罪行的严重程度大不相同，也就是说，这些罪行对他人或整个社会造成的伤害的量大不相同，那么，这项重罚就造成了坏的教育效果，并且无助于公共利益。至于惩罚的次要目的，即有助于对违法者的改造，当监狱成为臭名昭著的罪恶温床，这个目的如何能达到呢？

16　　　当然，关于惩罚的本来目的可能有不同的观点。不过，如果当今一个人不同意边沁关于他那个时代的刑罚制度需要改革的结论，那这个人一定是相当古怪的。而即使我们对惩罚的作用的看法确实有所不同，但我们仍然可以认为，一般而言，他对改革的论证是可理解的、有说服力的。

---

① 《导论》，第13章，第2节。
② 人们肯定不会不知道，甚至在陪审团完全意识到被告有罪的时候，仍拒绝认定他有罪。而且，当对现在看来较轻的犯罪判决死刑，甚至对儿童判决死刑的时候，该死刑常常被减轻。换言之，在实际的法律状况和有教养的人关于法律应当如何的观点之间，存在越来越大的差异。

可是，当我们从这种关于改革必要性的讨论转到边沁的基本哲学上时，情况就有点不同了。譬如，J. S. 密尔反驳说，边沁的人性观念表现出视野的狭隘。因为边沁往往将人归结为一个趋乐避苦，并能对快乐的增加和痛苦的减少做类似数学计算的体系，所以许多人发现在此观点上自己与密尔是完全一致的。

同时，J. S. 密尔对边沁在道德和政治学中运用科学的方法给予高度评价。这种方法首先是"注重细节的方法：即对待整体，要把它们分成部分，对待抽象观念，要把它们分解成事物——类，对待普遍性，要把它们区分为构成它们的个体。在尝试解决每一个问题之前，要将它分成小的问题"。[①] 换言之，密尔赞扬边沁是因为后者彻底地运用还原分析，并因此认为他是哲学的改革家。

至于这是否是事实的问题，密尔当然是完全正确的。譬如，我们已经看到边沁如何在伦理学中运用一种定量分析。他之所以运用这种分析，是因为他认为这是唯一恰当的科学方法。它是能使我们给"正确"和"错误"之类术语提出明确意义的唯一方法。而且，在边沁看来，"社会"和"共同利益"这样的术语是抽象概念，如果要给它们以现金价值[②] 的话，就需要对它们进行分析。要是我们想象它们表示特殊的东西，这些东西超越了它们所能分析出的那些元素，那就是受语言的误导而假定了虚构的实有体。

对于还原分析方法的实验，显然不可能有任何有效的先天反驳，但尽管如此，同样明显的是，边沁对这里的困难轻描淡写，对待复杂的东西就好像它是简单的东西一样。譬如，众所公认，如果不能把公共利益还原为社会单个成员的私利，要清楚地说明什么是共同利益那是很困难的。可是，要设想关于共同利益的真实陈述总能还原为关于个人私利的陈述，那也是很困难的。我们不可能理所当然地合法认为，这样的还原或转变是可能的。它的可能性应当通过提供实际的例证来确定。正如经院哲学家所说：人可以从一物的实在性来确信其可能性。可是，边沁倾

17

① 《论文与讨论》第一卷，第339—340页（第二版，1867年）。
② 意指能对它们进行实际使用。——译者注

向于把这种可能性看成是理所当然的，并马上得出结论说，那些有不同想法的人已经成为（维特根斯坦后来所谓的）语言迷惑的牺牲品。换言之，即使边沁运用还原分析是正确的，他也完全没有对另一方面的可能说法予以充分关注。密尔甚至注意到，"边沁对其他一切派别的思想家都不屑一顾"。①

根据密尔所说，"虽然边沁不是一位伟大的哲学家，但他是一位伟大的哲学改革家"。② 如果我们是还原分析的信奉者，那我们可能会同意这个说法。否则的话，我们可能会倾向于省略"哲学"这两个字。边沁习惯于把困难过于简单化，轻描淡写，以及密尔恰当指出的特别狭隘的道德眼光，这使他不配称作伟大的哲学家。但他在社会改革运动中的地位却是确定无疑的。虽然他的前提常常是可疑的，但他确实精通于从这些前提引出往往合理而明白的结论。而且如我们已经说过的，他的道德哲学的性质是过于简单化，这个性质有助于把它用作实践的工具或武器。

4. 詹姆斯·密尔是边沁的主要追随者，于 1773 年 4 月 6 日出生在福法尔郡（Forfarshire）。其父是一个乡村制鞋匠。密尔在蒙特罗斯学院（Montrose Academy）受教育，而后于 1790 年进入爱丁堡大学学习，在那里聆听了杜格尔德·斯图尔特（Dugald Stewart）的讲演。1798 年，他获得布道许可，但他从未收到任何长老会教区的邀请。1802 年他去往伦敦，希望以写作和做编辑工作谋生。他于 1805 年结婚。翌年末，他着手写英属印度史，1817 年，该书以三卷本出版。这使他于 1819 年在东印度公司谋得一个职位，随后得到升迁，薪水也随之增加，最终摆脱了财务之忧。

1808 年，密尔遇到了边沁，并成为他的热心追随者。至此，这位本想成为长老会牧师的人，变成了一位不可知论者。他有几年为《爱丁堡评论》（Edinburgh Review）撰稿，但他是一个十足的激进分子，以致无法赢得编辑的真正信任。1816 年至 1823 年，他为《大英百科全书》（Encyclopaedia Britannica）的《增补》（"Supplement"）写了一系列政治

---

① 《论文与讨论》第一卷，第 353 页（第二版，1867 年）。
② 同上，第一卷，第 339 页。

条目，阐述了功利主义学派①的观点。1821 年，他出版了《政治经济学原理》（*Elements of Political Economy*）；1829 年，他出版了《人类心灵现象分析》（*Analysis of the Phenomena of the Human Mind*）。在这两年之间，他一度向《威斯敏斯特评论》（*Westminster Review*）投稿，该刊作为激进派的喉舌，创立于 1824 年。

詹姆斯·密尔死于 1836 年 6 月 23 日，他至终都是边沁主义的斗士。他也许不是一个特别有魅力的人。虽然他的理解力有点狭隘，但他是一个精力充沛的人，他极为拘谨，显然没有任何诗意的敏感性，他几乎不需要任何热烈的情绪和情感。他的儿子评论说，虽然詹姆斯·密尔赞成伊壁鸠鲁的伦理学理论（边沁的快乐论），但他个人属于斯多亚派，他将斯多亚派的品质与犬儒派对快乐的漠视结合起来。不过，他确实是一个极为勤奋而认真的人，一心一意地传播他认为正确的观点。

如同在边沁那里一样，我们在詹姆斯·密尔那里也看到将自由放任经济学与重申政治改革的要求结合起来。因为每个人都天生追求自己的利益，所以行政官也这样做就不足为奇。因此，行政官必须受立法机关的控制。可是，众议院本身就是较少数家庭的利益机构。它的利益不可能与全社会的利益等同，除非扩大选举权，并且经常进行选举。②同其他的边沁主义者一样，密尔也多少简单地相信，教育的力量能使人看到他们的"真正"利益是与共同的利益联系在一起的。因此，政治改革和扩大教育应当携手并进。

5. 詹姆斯·密尔试图借助联想心理学来表明，寻欢作乐的个人如何能做出利他的行动。他确实相信："除了我们自己的痛苦或快乐，我们没有感到任何痛苦或快乐。确切地说，实际情况是：我们关于另一个人的痛

19

---

① 　该学派包括经济学家大卫·李嘉图（David Ricardo）和 J. R. 麦卡洛克（J. R. McCulloch），著名的人口论作家 T. R. 马尔萨斯（T. R. Malthus），以及约翰·奥斯汀（John Austin），他在《法理学的范围》（*The Province of Jurisprudence Determined*）一书中将功利主义的原理运用于法理学。
② 　密尔认为当时的众议院实际上只是少部分人的代表，他的这个看法确实非常正确。不过，他似乎有这样的想法，即代表富裕的中产阶级的立法机构将代表整个国家的利益。同时，他看不到扩大选举权的过程有任何逻辑上的止点，尽管他相当奇怪地假定，下层阶级将受中产阶级智慧的支配。

苦或快乐的观念，只是与有关另一个人的观念相联系的我们自己的痛苦或快乐的观念。"① 不过，这些说法也包含了理解利他行动的可能性的钥匙。因为，比方说，在我自己的快乐观念和我所从属的社会其他成员的快乐观念之间可以建立一种不可分割的联系，这种联系的结果与化学生成物相似，化学生成物这种东西不仅仅是其元素的总和。即使我原来追求社会利益只是作为达到我自己的利益的手段，那我仍然可以追求前者而毫不留意后者。

鉴于这个观点看起来可能很奇怪，在拖延了一段时间后于 1835 年出版的《论麦金托什残篇》(*Fragment on Mackintosh*) 一书中，密尔肆无忌惮地猛烈抨击詹姆斯·麦金托什爵士 (Sir James Mackintosh，1765—1832)。后者于 1829 年为《大英百科全书》写过伦理学方面的稿件，因为他不仅接受功利的原则，而且利用联想主义心理学来说明以普遍幸福为目的的道德发展。不过，密尔抨击的理由是很清楚的。假如麦金托什阐发的伦理学理论与边沁主义者的理论完全不同，譬如说是康德的伦理学，密尔可能不会如此愤慨。实际上在密尔看来，麦金托什的罪过在于，他搅浑了边沁主义的一池清水，因为他把道德感理论加在了边沁主义上，道德感理论来自哈奇森，某种程度上来自苏格兰学派，是边沁坚决抵制的一种理论。

20　　虽然麦金托什接受以功利作为区分正确行动和错误行动的标准，但他同时坚决主张道德情感的特殊性，这些情感是我们在思考这些行动，尤其思考这些行动所表现出来的行动者的品质时经验到的。如果我们将这些情感归类在一起，形成道德感，那么，我们可以说，它近似于美感。当然，有德之人的道德品质确实是有益的，因为这些品质有利于共同利益或幸福。不过，人们可以非常恰当地赞同和欣赏这些品质，而与功利无关，

---

① 《人类心灵现象分析》，第二卷，第 217 页（1869 年，J. S. 密尔编）。在评论其父亲的论述时，J. S. 密尔注意到它的含糊性。一种情况是说，如果我在另一个人的快乐中得到快乐，我感到的这个快乐是我自己的快乐，不是那个人的快乐。并且这种情况显然是真实的。而下面指的情况就有所不同了：如果我寻求另一个人的快乐，我这样做是把它作为达到我自己的快乐的手段。

就像我们欣赏一幅美画时与功利无关一样。①

在讨论麦金托什的观点时，詹姆斯·密尔强调说，假如真的有道德感，那它就会是一种特殊的官能，而且我们在逻辑上就应当承认它有压倒功利判断的可能性。麦金托什确实认为，道德情感和功利判断实际上是永远和谐的。而在此情况下，道德感就是一个多余的假设。然而，如果道德感是一个与众不同的官能，它至少在原则上能够否决功利判断，那么，就应当说它是非道德感，而不是道德感。因为功利判断是道德判断。

许多人可能会认为，除了"道德感"一词是否恰当的问题外，我们确实可以经验到麦金托什所说的那种情感。那么，这里的一切小题大做都因何而起呢？一般的回答是：边沁和密尔都把道德感理论看成是一个含糊的、有些方面是危险的学说，它已经被功利主义所取代，以致任何重新采用它的企图都是一个退步。尤其是密尔无疑相信，麦金托什的理论意味着，有一种观点比功利主义的观点更优越，也就是说，这种观点超乎功利那种世俗的考虑之上。而任何这样的主张都是密尔所憎恶的。

总之，詹姆斯·密尔决心维护严格的边沁主义。② 像麦金托什那种将功利主义与直觉主义伦理学调和起来的任何企图，只会引起密尔的愤慨。不过，如后面将看到的那样，他的儿子却没有如此忠实于边沁主义信条的字面意义。

6. 天生追求自己快乐的个人会有利他的行动，在说明这种行动的可能性时，詹姆斯·密尔运用了联想主义心理学。显然，他对联想主义心理学的运用是以普遍采用还原分析方法为前提的，还原分析方法是古典经验主义，尤其是休谟的思想中特有的，而边沁则系统地实行了这个方法。譬如，在《人类心灵现象分析》中，密尔试图将人的精神生活还原到它的基本元素。他通常追随休谟，将印象和观念区分开，后者是前者的摹本或影像。但密尔实际谈到的是感觉，而不是印象。因此我们也可以说，他追随孔狄亚克（Condillac），将精神现象的发展描述为感觉转变的过程。不

21

---

① 同样，我们在想到一个坏人的讨厌品质时感到的情感，不必包含任何涉及这些品质缺少功利之处。

② 这个决心也表现在密尔抨击麦金托什让行动之德取决于动机，而此前边沁已经表明，行动之德并不取决于动机。

过，应当补充的是，密尔将感觉和观念一起归类在"感受"（feelings）名下。"我们有两类感受：一类感受是感官的对象出现时存在的，另一类感受是感官的对象消失后存在的。前一类感受我称之为感觉，后一类感受我称之为**观念**。"①

将心灵还原为它的基本元素之后，密尔接着面临的任务是：在观念联想原理的帮助下重构心灵现象。他说，休谟承认三种联想的原则，即时间和空间的接近、因果关系和类似。但在密尔看来，因果关系可以等同于时间上的接近，即等同于有规则接续的顺序。"因果关系只是一个名称，用于标志先行事件和后行事件之间确定的顺序：即一个事件确定或恒常地在先，另一个事件确定或恒常地在后。"②

密尔的这部著作涉及命名、分类、抽象、记忆、信念、推理、苦和乐的感觉、意志和意向等论题。作者在结尾说，这部著作构成了心灵学说的理论部分，接下来应当是实践的部分，由逻辑学、伦理学和教育研究组成，逻辑学被认为是心灵寻求真理时的规则，伦理学和教育研究则被用于培养个人积极地为自己和同胞的最大利益或幸福做贡献。

22　　我们不可能按照密尔那样重构精神现象。但他对反省的处理方式是值得关注的，洛克曾把这种方法描述为心灵对它自己的活动的注意。心灵就等同于意识流。而意识意味着拥有感觉和观念。因为"反省无非是意识"③，所以反省一个观念与拥有这个观念是一回事。这里没有任何附加因素的余地。

J. S. 密尔在评论他父亲的理论时说："把我们对任何感受或精神活动的反省，等同于**注意**（attending）这个感受，要比（如文中所说）等同于仅仅拥有这个感受更恰当。"④ 这样说似乎是对的。可是，詹姆斯·密尔非常固执，他决心要通过对还原分析所达到的原始元素的联想，来说明全部精神生活，以致他不得不对意识中难以使用这种处理办法的因素做出解

---

① 《人类心灵现象分析》，第一卷，第52页。
② 同上，第一卷，第110页。
③ 同上，第二卷，第177页。
④ 同上，第二卷，第179页，注34。

释。换言之，经验主义可以表现出它自己的独断论形式。

7. 下面再简要地谈一下边沁主义的经济学。就经济市场而论，边沁相信，在自由竞争的市场中，一定会达到利益的一致，至少从长远看是如此。他所要求的那种国家行动，就是要消除各种限制，譬如，取消保护英国谷物市场的关税，取消边沁认为有助于土地所有者局部利益的关税。

在这种自由放任理论的背后有我们已经提及的法国重农主义者的影响，当然，其思想要素也是从英国作家尤其是亚当·斯密那里得来的。不过，这显然不仅仅是从以前作家那里获取观念的问题。因为可以说，自由放任经济学反映了当时扩张中的工业和资本主义制度的需要和渴望。换言之，它反映了中产阶级的实际利益或设想的利益，中产阶级被詹姆斯·密尔看成是社会中最有智慧的部分。

该理论的经典表述出现在大卫·李嘉图（1772—1823）的著作中，尤其在1817年出版的《政治经济学及赋税原理》（*Principles of Political Economy And Taxation*）中。据说边沁说过，詹姆斯·密尔是他的精神之子，李嘉图是詹姆斯·密尔的精神之子。不过，虽然李嘉图出版他的《政治经济学及赋税原理》主要由于密尔的鼓励，但在经济学理论上，密尔更多依赖李嘉图，而不是相反。总之，正是李嘉图的著作成为边沁主义经济学的经典叙述。

在李嘉图的信徒 J. R. 麦卡洛克（1789—1864）看来，李嘉图的伟大贡献是说明了价值科学的根本法则。这个法则大意是说，在自由市场中，商品的价值由生产商品所需要的劳动量来决定。换言之，价值是结晶化了的劳动。

那么，如果这个理论是正确的，那么似乎就会得出，从商品销售中得到的货币就合法地属于那些用劳动生产该商品的人。也就是说，马克思从劳动价值论中得出的结论似乎得到了充分的辩护，除非我们也许想证明，资本家应当被包括在劳动者中。但李嘉图和自由放任学派的其他经济学家决不用劳动价值论作为工具，来证明资本主义在本性上包含对工人的剥削。首先他们意识到，资本家对生产的贡献是通过在机器等上的资本投资。其次，他们的兴趣在于证明，在没有任何限制的竞争市场中，价格自然而然地趋向于代表商品的实际价值。

这个论证思路似乎包含了一个至少暗含的假设，即自由市场是受某种自然的经济规律支配的，只要没有人试图干预它的运行，该规律将最终确保各种利益的一致，并起到促进共同利益的作用。不过，这个乐观主义的观点只表现了边沁经济学的一个方面。根据 T. R. 马尔萨斯（1766—1834）的观点，当生活变得容易，人口永远会增长，当然，除非以某种方式抑制人口增长率。因此，人口的增长往往超过生活资料的增长。而由此可以得出，工资趋于保持不变，即保持在勉强糊口的生活水平上。因此，这里有一个工资规律，不能说它的运行是有利于最大多数人的较大幸福的。

假如边沁主义者在经济领域彻底运用功利原则，那么，他们在该领域中一定会提出通过立法达到利益一致的要求，就像他们在政治领域中要求通过立法达到利益一致那样。实际上，在为《大英百科全书》写的关于政府的短论中，詹姆斯·密尔宣称，确保每个人得到他自己的最大劳动成果，以此来促进普遍的幸福，而且政府应当防止对弱者的强取豪夺。但边沁主义者对某些经济规律的信念，使他们关于经济领域中国家行动的可能性和可取性的观点受到局限。

边沁主义者相信自然的经济规律，用这个信念为经济领域建起了围墙，然而他们自己却在这墙上打开了缺口。首先，马尔萨斯论证说，虽然工资趋于保持不变，但地租趋向于随土地肥力的提高而提高。而这些地租代表了地主得到的利润，尽管它们对生产毫无贡献。换句话说，地主是社会的寄生虫。边沁主义者确信，地主的权力应当被打破。其次，虽然受马尔萨斯的人口论强烈影响的那些人可能认为，提高利润和工资的唯一办法是抑制人口的增长，而且认为这是行不通的，但他们承认以某种方式对财富分配进行干预在原则上是可能的，而正是这种承认，已经鼓舞人们探索其他办法来达到这个目的。事实上，J. S. 密尔曾开始设想对财富分配采取至少有限的立法控制。

换言之，如果边沁主义经济学家一开始就将自由放任政策支配的经济领域，与要求通过立法达到利益一致的政治领域区分开，那么，在 J. S.

密尔的功利主义的发展过程中，经济领域与政治领域之间的差别就趋向于弥合。如我们马上将看到的那样，J. S. 密尔把与严格的边沁主义不一致的因素引入了功利主义哲学。但至少在笔者看来，要不是因为相信受自身铁律支配的经济领域的自主性的话，当密尔提出为了普遍幸福而在经济领域实施某种国家干预的时候，他本应只运用功利的原则，与他很可能一开始就运用那个原则的方式一样。

第二章
功利主义运动（二）

J. S. 密尔的生平与著作 —— 密尔对功利主义伦理学的发展 —— 密尔论公民自由和政府 —— 心理学的自由

　　1. 约翰·斯图尔特·密尔于 1806 年 5 月 20 日出生在伦敦。在《自传》（*Autobiography*）中，他引人入胜地描述了他父亲让他接受的非凡教育。看来他在 3 岁的时候就已经开始学习希腊文，到大约 12 岁的时候，他对希腊和拉丁文学、历史、数学已经充分知晓，开始了他所谓的更高级的学习，包括逻辑学在内。1819 年，他学习了政治经济学的全部课程，其间他读了亚当·斯密和李嘉图的著作。至于宗教，虽然他的父亲鼓励他学习人类实际具有的宗教信仰，但他说："在信仰一词的通常意义上，我最初成长起来时没有任何宗教信仰。"①

　　1820 年，J. S. 密尔应邀与哲学家边沁的兄弟塞缪尔·边沁爵士（Sir Samuel Bentham）居住在法国南部。在海外期间，他不仅学习法语和法国文学，而且还在蒙彼利埃（Montpellier）学习了化学、动物学、逻辑学和高等数学的课程，此外，还结识了一些经济学家和自由思想者。1821 年回到伦敦后，密尔开始读孔狄亚克的书，跟约翰·奥斯汀（1790—1859）学习罗马法，进一步关注边沁的哲学。他还将他的哲学阅读范围扩大到爱

---

① 《自传》，第 38 页（第二版，1873 年）。虽然詹姆斯·密尔是一个不可知论者，而不是一个独断的无神论者，但他拒绝承认世界能够被一个将无限的能力、智慧和善意结合在一起的上帝创造出来。而且，他认为这个信念对道德有不利的影响。

尔维修、洛克、休谟、里德和杜格尔德·斯图尔特等思想家的著作。通过与约翰·奥斯汀及其弟查尔斯（Charles）等人的个人交往，密尔加入了功利主义学派。更确切地说，在1822年与1823年之交的冬季，他创立了他自己的小功利主义派别，它存在了约三年半的时间。

1823年，凭借其父亲的影响，密尔在东印度公司得到了一个办事员 26 的职位。经过连续升迁之后，1856年，他成为该部门的主管，薪酬丰厚。密尔父子都没有获得大学教授的职位。

密尔最早印行的著作包括1822年发表的一些书信，在这些信中，他捍卫李嘉图和詹姆斯·密尔以使他们免受攻击。1824年《威斯敏斯特评论》创刊后，他成为该刊的经常撰稿人。1825年，他着手编辑边沁五卷本的《证据原理》（*Rationale of Evidence*）[1]，他告诉我们，在几乎一年里，这项工作占用了他大约全部的闲暇时间。

毫不奇怪，长期的过度劳累，在编辑边沁的手稿时达到极致，使密尔于1826年陷入通常所说的精神崩溃。不过，这次精神危机有很重要的意义，因为它对密尔的观点产生了影响。在他情绪低落时期，他父亲灌输给他的功利主义哲学失去了对他的吸引力。他实际上并没有抛弃它，但最终得出了两个结论。第一，幸福不是通过直接追求它而获得的。人们找到幸福，是通过努力达到某个目标或理想，而不是通过努力达到自己的幸福或快乐。第二，分析性思维需要以感受的培养为补充，感受是边沁所不信任的人性的一个方面。这在部分上意味着，密尔开始在诗歌和艺术中发现某种意义。[2] 更重要的是，他发现自己能够鉴赏柯勒律治（Coleridge）及其信徒的作品，而他们一般被认为是边沁主义者的对立面。随着时间的推移，他甚至在卡莱尔（Carlyle）的作品中也看到某种价值，即一种他父亲也未能达到的成就。的确，对密尔的精神危机的影响不应夸大。他仍然是功利主义者，虽然他在一些重要方面对边沁主义做了修正，但他从来没有跑到对立的阵营去。如他本人所说，19世纪对18世纪的那种剧烈反动，即在英国以柯勒律治和卡莱尔的名字为代表的那种反动，他是不沾边的。

---

[1]　原文如此，应为《司法证据原理》（*Rationale of Judicial Evidence*）。——译者注
[2]　密尔于1828年开始读华兹华斯（Wordsworth）的作品。

同时，他逐渐意识到边沁关于人性观点的狭隘性，他形成了一个信念：法国哲学家和边沁强调分析理性，对这种强调，即使不是取代，也需要用对人及其行动的其他方面重要性的理解来补充。

27　　1829年至1830年，密尔开始了解圣西门（Saint-Simon）的追随者的学说。① 虽然他在很多问题上不同意他们的观点，但在他看来，他们对自由放任经济学的批判表达了重要的真理。而且，"不论他们的手段会怎样无效，在我看来，他们的目的是可取的、合理的"。② 在现实的意义上，密尔内心永远是一个个人主义者，是个人自由的坚定拥护者。但他有充分准备为了人们的共同福利而对个人主义做出修正。

　　1830年至1831年，密尔写了共五篇《论政治经济学中某些未解决的问题》（ Essays on Some Unsettled Questions of Political Economy ），尽管直到1844年才出版。③ 1843年，他出版了著名的《逻辑学体系》（ A System of Logic ），此前几年他一直在从事该书的写作。就这部著作来说，他受到W. 休厄尔（W. Whewell）的《归纳科学史》（ History of the Inductive Sciences ，1837）和约翰·赫舍尔爵士（Sir John Herschel）的《自然哲学研究初论》（ A Preliminary Discourse on the Study of Natural Philosophy ，1830）的激励，而在最后改写这部著作时，他又受益于休厄尔的《归纳科学的哲学》（ Philosophy of the Inductive Sciences ，1840）和奥古斯特·孔德（Auguste Comte）的《实证哲学教程》（ Cours de Philosophie Positive ）的前几卷。④ 1841年，他开始与孔德这位从未谋面的法国著名实证主义者通信。但随着时间的推移，这段书信友谊逐渐疏远而至结束。密尔仍然对孔德抱以尊重，但他发现自己完全不赞成这位实证主义者后来关于精神的人道组织的观念。

　　1848年，密尔出版了他的《政治经济学原理》（ Principles of Political Economy ）。⑤ 1851年他与哈丽雅特·泰勒（Harriet Taylor）结婚，他从

---

① 　克劳德·亨利·德·鲁弗鲁瓦·德·圣西门（Claude Henri de Rouvroy de Saint-Simon，1760—1825）伯爵是法国社会主义者，他的思想使一个团体或学派得以形成。
② 《自传》，第167页。密尔这里所说的目的或理想指的是为了社会的普遍幸福将劳资双方组织起来。
③ 　1833年，他对第五篇论文做了部分改写。
④ 　奥古斯特·孔德（1798—1857）于1830年出版该著作的第一卷。
⑤ 　后来的版本出版于1849年和1852年。

1830 年起就与泰勒是密友，后者的第一任丈夫死于 1849 年。1859 年，即密尔的妻子死后的第二年，他出版了著作《论自由》（*On Liberty*）；1861 年出版了《论代议制政府》（*Considerations on Representative Government*）；1863 年，出版了《功利主义》（*Utilitarianism*）[1]。《威廉·汉密尔顿爵士哲学研究》（*An Examination of Sir William Hamilton's Philosophy*）和小册子《奥古斯特·孔德与实证主义》（*Auguste Comte and Positivism*）出版于 1865 年。

从 1865 年至 1868 年，密尔是威斯敏斯特选区选出的下议院议员。他发言支持 1867 年的改革法案，并谴责英国政府在爱尔兰的政策。他谈到他的小册子《英格兰与爱尔兰》（*England and Ireland*，1868）时说："除了在爱尔兰，它是不受欢迎的，我也没指望它会受到欢迎。"[2] 密尔还提倡比例代表制和妇女选举权。

密尔于 1873 年 5 月 8 日在阿维尼翁（Avignon）去世。他的《论文与讨论》（*Dissertations and Discussions*）四卷本于 1859 年至 1875 年间出版，他的《宗教三论》（*Three Essays on Religion*）于 1874 年出版。在下一章我们还要论及这里最后提到的这部著作，在这部著作中，密尔赞成地讨论了关于有限上帝的假设，即假设上帝在能力上是有限的。

2. 在《功利主义》中，密尔对功利主义伦理学的基本原则给出了一个定义或描述，它经常被人们引用，它所界定的原则与边沁主义完全一致。"被当作道德基础的那个信条 —— 即功利或最大幸福原则 —— 主张行动之正确与它们促进幸福的趋向成正比，行动之错误与它们造成反乎幸福的趋向成正比。所谓幸福就是指快乐和没有痛苦，所谓不幸福就是指痛苦和缺少快乐。"[3]

的确，密尔急于表明，功利主义既不是利己主义哲学，也不是权宜哲学（philosophy of expediency）。它之所以不是利己主义的哲学，是因

28

---

① 这部篇幅不大的著作此前在《弗雷泽杂志》（*Fraser's Magazine*）连载。[《弗雷泽杂志》是 1830 年由休·弗雷泽（Hugh Fraser）和威廉·马金（William Maginn）创办的一份刊物。——译者注]

② 《自传》，第 294 页。

③ 《功利主义》，第 9—10 页（第二版，1864 年）。

为在道德语境中，幸福"不是行动者自己的最大幸福，而是全部最大幸福的总体"。^①就权宜哲学来说，权宜的东西是与正当的东西相反的，一般是指有利于个人本身的利益，而不考虑共同利益的东西，"就好像一位部长为了保住自己的位置而牺牲国家利益时那样"。^②这样的行动显然与最大幸福的原则不相容。同时，尽管密尔急于表明，某些人对边沁学说的谴责不应该用到功利主义身上，但他提出的大量证据显示，他的思想是在边沁主义的框架内发展的。如果人们考察他关于在何种意义上能够证明功利原则的讨论，就可以很容易看到这一点。^③密尔首先的一个观点是：幸福被普遍认为是善的。"每个人的幸福对他本人是一种善，因此，普遍的幸福对所有人的集合体也是一种善。"^④这段话意味着承认了边沁对"社会""共同利益"之类词语的分析。然后，密尔进而证明，幸福不仅仅是**一个**善，而且**就是**善：它是所有人想望和追求的最终目的。的确，人们可以反驳说，有些人是为了美德、金钱或名誉本身而追求它们，而且这些东西不能恰当地说是幸福。这些东西可以因其自身之故而被追求，这一事实可以根据观念的联想来解释。以美德为例，"人们原来对于它并没有任何欲求，也没有追求它的动机，除非它有助于快乐，特别是有助于免受痛苦"。^⑤而对于原来被当作达到快乐的手段而追求的东西，则可以通过对快乐观念的联想来达到对它本身的追求。于是，人们追求它不是把它当作达到快乐或幸福的手段，而是当作快乐或幸福的组成部分。显然，由于这个论证方法诉诸联想主义心理学，所以与边沁主义是一致的。

当然，没有人会质疑如下事实：密尔是从他父亲向他灌输的边沁主

---

① 《功利主义》，第16页。

② 同上，第32页。密尔意识到，权宜的东西可以指对于确保某个暂时利益是权宜的或有用的东西，确保该利益的同时包含对一个规则的破坏，而"遵守这个规则是程度上高得多的权宜"。（同上）显然，不仅个人，而且公共权力代表的社会，都会屈服于诱惑，以这种方式追求它直接的、暂时的利益。但密尔证明，在此意义上权宜的东西根本不是真正"有用的"。它是有害的。因此，我们不可能用功利原则为选择权宜的东西辩护。

③ 密尔和边沁一致认为，功利原则不能通过从任何更终极的原则或原理所做的演绎来证明。因为所要证明之点就是人类行动的最终目的。而"关于终极目的的问题是不容许证明的"。（《功利主义》，第52页）不过，可以表明，所有人都追求幸福，并且只有幸福才是行动的目的。这就是对幸福是行动的终极目的这一陈述的充分证明。

④ 《功利主义》，第53页。

⑤ 同上，第56—57页。

义开始的，他从来没有正式抛弃它，而且一直保留着它的要素。不过，对于密尔特有的功利主义中有深远意义的方面，在他从边沁和詹姆斯·密尔那里接受过来的观念中是找不到的。但我们可以在密尔自己补充的观念中找到它，而且这些观念在很大程度上歪曲了边沁主义的原始结构，以至于应当彻底改变这个结构甚至将它抛弃。

密尔引入的观念中最重要的是关于快乐之间内在性质差异的观念。的确，他承认，"精神的快乐更加持久、更为安全、成本更小等，主要在这方面，即在它们的非本质优点而非内在本性方面，功利主义作家一般把精神快乐置于身体快乐之上"。[①] 不过，他进而证明，这里所说的功利主义者也可以"完全一贯地"采取另一种观点，"承认某些**种类**的快乐比其他种类的快乐更可取、更珍贵与功利的原则毫不矛盾。虽然在评价其他一切事情时，既要考虑数量，也要考虑质量，但认为对快乐的评价只取决于数量，那是荒谬的"。[②]

密尔可以完全正确地断言，在对快乐进行区分时不考虑性质的差异是荒谬的。可是，关于对内在性质差异的承认与边沁主义相一致的提法，其正确性完全得不到证明。这里的理由是清楚的。如果我们希望区分不同的快乐，而又不引入除快乐本身之外的任何标准或尺度，那么，不论密尔能说出何种相反的意见，区分的原则只能是定量的。在这个意义上，边沁采取了唯一可能的一贯态度。不过，如果我们决心承认快乐之间内在性质的差异，那么，我们就必须找到除快乐本身之外的某个标准。这一点也许不是一目了然。但如果我们反思一下就可以看到，当我们说一种快乐在性质上优于另一种快乐时，我们实际指的是，一种产生快乐的活动要比另一种产生快乐的活动在性质上更优越，或更有内在价值。如果我们试图说明这意味着什么，我们可能会发现我们指的是人的某种理想，即关于人类应当是什么样的某种观念。譬如，如果不考虑人在社会中的环境，那么，当我们说建设活动的快乐在性质上要优于破坏活动的快乐，就没有意义。或者把这件事说得更简单一点：如果我们除了快乐本身的因素外不考虑其他

① 《功利主义》，第11页。
② 同上，第11—12页。

因素，那么，我们说听贝多芬乐曲的快乐在性质上优于吸食鸦片的快乐，就是没有意义的。如果我们拒绝那样做，由于数量不只根据强度来测量，而且根据边沁主义算法的其他标准，那么，唯一确当的问题是：何者是最大的快乐呢？

事实上，密尔确实引入了一个快乐本身之外的标准。至少他有时诉诸人的本性，尽管他并不清楚了解他所做之事的意义。"做一个令人不满意的人，要比做一头令人满意的猪更好些；做令人不满意的苏格拉底，要比做令人满意的蠢人更好些。"① 最后，当密尔明确讨论边沁的强观点和弱观点时，他所注意的边沁的主要思想特色之一是其不恰当的人性概念。"边沁把人想象成一个有苦有乐的存在物，在其全部行动中，部分上受私利的各种变状以及通常被列为自私的情感所支配，部分上受对其他存在物的同情或偶尔的反感所支配。而边沁的人性概念就到此为止了⋯⋯他从未把人看成是这样一个存在物，即他能够追求精神完美这个目的，能够为了自己而希望自己的品格符合他关于卓越性的标准，他对善的希冀或对恶的恐惧，除了他自己内心的意识，没有任何别的来源。"②

笔者绝不想指责密尔引入这样的人性观念，即把人性作为标准，来确定产生快乐的活动的性质差异。问题反倒在于，他似乎并不了解他在多大程度上敏锐地强调并歪曲了他思想中边沁主义的原始结构。边沁说，没有必要请教亚里士多德。而密尔所做的恰恰是走近亚里士多德。他在《论自由》中说："我认为，在一切伦理问题上，最后都要诉诸功利，但它必须是以人这个进步存在物的永恒利益为根据的最广义的功利。"③ 密尔毫不犹疑地提到与高尚的或优越的快乐相关联的人的"高级官能"（higher faculties）。④ 在《论自由》中，他赞同地引用了威廉·冯·洪堡（Wilhelm von Humboldt）的话："人的目的是使他的各种能力得到最高度、最和谐的发展，达到一个完整而连贯的整体。"⑤ 的确，密尔对他所说的人性是指

---

① 《论文与讨论》，第一卷，第358—359页。
② 同上。
③ 《论自由》，R. B. 麦卡勒姆（R. B. McCallum）编，牛津，1946年，第9页。
④ 《功利主义》，第13、16页。
⑤ 《论自由》，第50页。

什么没有给出一个清楚而充分的说明。更确切地说，他注重人性的完善和
改进，强调个体性的观念。譬如，他因而说"个体性与发展是一回事"，
还说"只有对个体性的培养才造就或可能造就健全发展的人类"。① 不过，
他清楚地阐明，在他看来，个人的自我发展不是指服从于个人喜欢追求的
任何刺激，而是指个人实现了使他的全部能力和谐一体的理想。这个问题
不是一个纯然古怪的问题，而是关于多样性的统一的问题。因此，这里应
当有一个关于卓越性的标准，而这个标准没有完全制定出来。不过，就现
在的情况而论，关键之点不在于密尔未能阐述他的人性理论。毋宁说在于
这样的事实：他在边沁主义上嫁接了一个道德理论，这个理论几乎与按照
边沁的快乐论算法来权衡快乐和痛苦没有任何关系，而且他没有看到对他
原来的起点进行彻底批判和修正的必要性。如我们所看到的那样，他确实
批评边沁的道德眼光狭隘。但在平时他往往忽略他们之间的分歧，当然，
尤其当问题在于联合起来反对他们所认为的反动势力的时候就更是如此。

上一段中提到了亚里士多德，这并不像乍看上去那样显得牵强附会。
因为边沁最初关心的是实际改革的问题，所以他对行动后果的强调并非反
常。行动的道德特性是根据行动趋向于产生的后果来评价的。当然，这个
观点至少对某种形式的功利主义是必不可少的。密尔就经常这样来谈论。
但密尔同亚里士多德一样也看到，我们不能把从事人类活动恰当地说成是
为达到一个目的即幸福的手段，如果我们认为这个目的纯粹是这些活动之
外的某种东西的话。因为从事这些活动本身可以成为幸福的组成部分。譬
如，享受健康，欣赏好的音乐，都是或可能是幸福的组成部分，它们不完
全是达到某个抽象外在目的的手段。"幸福不是一个抽象的观念，而是一
个具体的整体。"② 这完全是亚里士多德的看法。

至此我们在本节前两段看到，根据密尔的观点，行动之正确与它们
促进幸福的倾向成正比，行动之错误是就它们有造成反乎幸福的倾向而言
的。我们还注意到密尔的如下解释：在这个伦理学的范围内，幸福并不是
指个别行动者自己的幸福，而是指全体人的最大幸福。如果我们问为什么

① 《论自由》，第56页。
② 《功利主义》，第56页。

普遍的幸福是可取的，密尔回答说："除了每个人在相信其可以得到的情况下都欲求自己的幸福之外，我们无法给出任何理由来说明为什么普遍的幸福是可取的。"[1] 因此，说清行动者自己的幸福与普遍的幸福之间的关系，是他义不容辞的责任。

密尔采用的论证方法是正统边沁主义的体现。"每个人的幸福对他本人是一种善，因此，普遍的幸福对所有人的集合体也是一种善。"[2] 如果普遍的幸福与我的幸福有关，就像整体与部分的关系那样，那么，我在欲求普遍的幸福时也就是在欲求我自己的幸福。而借助观念联想的力量，我可以最终欲求普遍的幸福而不顾及自己的幸福。这不但可以说明利他主义是如何可能的，也可以说明利己主义是如何可能的。因为并非所有的人都一定会接受利他主义的观点，正如所有把金钱当作达到目的的手段来追求的人，并不一定会变成为金钱而追求金钱的守财奴。

这个观点可能听起来有道理。但通过反思发现了一个困难。如果像边沁所主张的那样，普遍的幸福无非是由个人幸福相加得到的总和，那么，就没有理由说为什么我不能追求自己的幸福而不追求普遍的幸福。如果我问，为什么我应当追求后者，回答说我追求前者，那是无用的。因为这个回答毫不切题，所以我们必须假定，普遍的幸福不仅仅是相加的总和，即将个人幸福并列而形成的组合体，而不如说是一个有机的整体，它使得促进自己幸福的人必定会促进普遍的幸福。因为他使一个有机整体的组成部分得到实现。不过，我们无法证明情况就是如此，除非我们强调人的社会性。因为那样人们就可以证明说，除非作为社会的存在物，即作为社会的一员，个人得不到自己的真正幸福，而且他的幸福是一个有机整体的组成部分。

这似乎确实是密尔努力要达到的那种观念。譬如，他说，功利主义道德建立在"人类的社会感情"[3] 的基础上。这些社会感情可以描述为"与我们的同类生物协调一致的欲望，它早已是人性中的一个有力原则，

---

① 《功利主义》，第 53 页。
② 同上。
③ 同上，第 46 页。

并且幸运地成为那样一些原则之一，那些原则即使没有被明确地灌输，也会由于先进文明的影响而变得越来越强大。社会状态对于人来说同时又是如此自然、如此必要、如此习以为常，以至于除了在某些异常情况下，或由于致力于任意抽象，人们不会设想自己不是整体中的一员"。[①]密尔确实强调如下事实：社会感情由于教育和先进文明的影响而增长，而且社会感情越增长，共同利益或普遍幸福就越显得可取，越显得是人们追求的对象。同时，密尔也强调这样的事实：社会感情植根于人性本身之中，而且，"对于有社会感情的人来说，它具有天生感情的一切特性。它呈现给这些人的心灵，不是作为由教育而来的迷信，或作为社会权力强加的法律，而是作为缺少了则对这些人不利的一种态度。这个确信就是对最大幸福道德的最终认可"。[②]

因此，我们再次得到这样的印象：密尔一直致力于从边沁主义过渡到这样一种伦理学，这种伦理学是以对有人情味的人的更恰当看法为基础的。同时，阐发这个新理论不是以那样一种方式，以致要说明它与密尔由之开始并且从未实际抛弃的那个思想框架的关系和差异。

不过，从追求自己个人幸福的人推出追求共同利益的人，这个推理过程所遇到的困难，虽然由于强调人作为社会存在物的本性而相应减小，但不论按照原来边沁主义的方式还是按照密尔所发展的那样来理解功利主义，对功利主义的义务论仍然可以提出一种反驳。[③]因为至少接受休谟的著名论断——"应当"不能从"是"推出，即应当陈述不能从纯事实的或纯经验的陈述推出——的任何人都很可能会反驳说，这恰恰是功利主义者想做的事。也就是说，功利主义者首先断言人追求幸福是一个经验事实，然后得出结论：人应当从事增加幸福所需要的行动，不应当从事减少幸福或增加痛苦或不幸的行动。

当然，对付这个反驳的一个可能办法是质疑它的有效性。但如果我

35

---

① 《功利主义》，第46页。
② 同上，第50页。
③ 当然，这一反驳方式不限于针对功利主义。它可以用来反驳任何形式的目的论伦理学，这种伦理学把道德命令解释成康德所谓的实然的假言命令。

们一旦承认一个"应当"陈述不可能从一个纯事实陈述推出，那么，我们要为功利主义辩护，就必须否认这个反驳在此情况下的适用性。显然，我们无法否认功利主义者们是以事实陈述为起点的，即以所有人都追求幸福这一陈述为起点的。但我们也许可以证明，这个事实陈述不是起前提作用的唯一陈述。譬如，我们可以断言，关于幸福这个目的的价值判断是被不言而喻地理解的。也就是说，功利主义者不仅仅说所有人都追求幸福这个行动的终极目的是一个经验事实。他们还含蓄地说，幸福是值得成为终极目的的唯一目的。或者我们可以断言，连同事实陈述"所有人都追求幸福这个行动的终极目的"一起，功利主义者还暗中加入了两个前提，即"实际增加幸福的行动是唯一合理的行动方式"（给定事实：所有人都追求这个目的），"以合理的方式行事是值得赞扬的"。甚至边沁相当明确地假定，因为所有人都追求快乐，所以，将以实际增加快乐的方式做出的行动是合理的行动，而且合理的行动是值得称赞的。密尔也明确假定，一个行动是以这样一种方式做出的，以致使人性的各种能力，或使有人情味的人的各种能力发展成一个和谐的整体，这个行动就是值得称赞的。

以上所说的目的并非要表明，在笔者看来，功利主义在其原始的边沁主义的形式上，或在 J. S. 密尔的显得不太连贯的形态上，是正确的道德哲学。问题在于，虽然功利主义者口头上从纯事实的经验陈述引出"应当"陈述，但我们可以完全合理地证明，他们不言而喻地预先假定了别的前提，而这些前提并不是纯粹的事实陈述。因此，即使人们承认"应当"陈述不能从纯事实陈述中引出来，这个承认本身对于功利主义的道德理论也不一定是致命的。

说到功利主义道德理论的一般优缺点，这个问题太宽泛了，不适于在这里讨论。但我们可以指出两点。第一点，当我们问为什么一个行动是正确的，另一个行动是错误的，我们常常提到后果。而这表明，目的论伦理学在我们通常思考和谈论道德问题的方式中得到了支持。第二点，一个具有 J. S. 密尔素质的人发现自己不得不超越边沁狭隘的快乐主义，并根据富有人情味的人格发展观念来说明幸福，这一事实表明，除了根据哲学人类学之外，我们无法理解人的道德生活。在伦理学理论史上，快乐主义确实有复归的趋向。但对它的反思促使人们寻找一种人性理论，这种理论比"所有人都追求快乐"这样的陈述所直接显示出的人性理论更充分。密尔对边沁主义的发展就是这一情形的很好例证。

3．在密尔对公民自由或社会自由的反思中，他关于个人的自我发展的观念起了核心作用。当他追随休谟和边沁拒绝"与功利无关的抽象权利"[①]理论时，他确实无法诉诸个人自由地发展自己的自然权利。但他坚持认为，功利的原则要求每一个人都应当根据自己的意志和判断自由地发展他的能力，只要他不因此妨碍他人行使相似的自由。对所有人都应当按照同样的模式来塑造或期待，这样做并不是出于共同的利益。正相反，社会的富足是随着个人自己的自由发展而来的。"个人的自由发展是人类幸福的首要因素之一，是个人和社会进步的真正主要因素。"[②]因此自由是必不可少的。

当密尔在思考个人自由的自我发展的价值的时候，他很自然地将自由的观念与社会和谐的存在和保持最充分地一致起来。"迄今为止我们必须对个人的自由做出限制，他不得惹别人讨厌。"[③]假如他不干涉别人的自由，不主动煽动别人犯罪，那么，这个人的自由就不应受限制。"在任何人的行动中，只有涉及他人的部分，他才对社会负责。在仅仅涉及他自己的部分，他的独立性作为权利是绝对的。对于他自己，对于他自己的身体和心灵，个人是最高的统治者。"[④]

在刚引用的这段话中，乍看起来，"作为权利"（of right）这个短语至少暗示出，密尔这时忘记了，自然法理论并不是他的理智宝库的组成部分。如果密尔步边沁和他父亲的后尘拒绝自然法理论，然后他又倾向于重新找回这个理论，实际上这不足为奇。他可能会说，他所拒绝的是"抽象的"权利理论，这个理论不以功利的原则为基础，而且据认为它的有效性与历史和社会的环境无关。"自由，作为一条原则，在人类开始能通过自

37

---

① 《论自由》，第9页。《论自由》和《论代议制政府》中的所有引文页码都出自 R. B. 麦卡勒姆编的两书合订本（牛津，1946年）。
② 同上，第50页。
③ 同上，第49页。
④ 同上，第9页。

由、平等的讨论来完善自己之前，对事物的任何状态都不适用。"① 在野蛮人的社会中暴政是合法的，"只要目的是使野蛮人得到进步，只要能实际达到这个目的手段就被认为是正当的"。② 可是，当文明已经发展到某种程度，功利原则就要求个人应当享有充分的自由，只要这个自由不损害他人。如果我们以这种社会为前提，我们就可以合理地谈论对自由的"权利"，这是一种以功利原则为根据的权利。

因此，密尔的基本论点是：在一个文明的社会中，对于个人实施强制的唯一合法根据是"防止损害他人。他自己的利益，不论是物质上的利益还是道德上的利益，都不是充足的理由"。③ 可是，损害他人与不损害他人之间的界限、纯粹自利的行动与关心他人的行动之间的界限在哪里呢？我们已经提到，密尔赞同地引用了威廉·冯·洪堡的论述：人的目的是"使他的各种能力得到最高度、最和谐的发展，达到一个完整而连贯的整体"。④ 当然，密尔坚信，如果个人确实这样来发展他们自己，就会增加共同的幸福。我们难道不能因此证明，如果个人的行动方式妨碍了他的能力的和谐一体，使他的人格变得扭曲，那就是对他人、对社会造成了损害吗？

当然，密尔本人看到并且讨论了这个难题。他提出各种各样的方法来解决这个难题。不过，他的解答一般根据如下思路。按照共同利益的要求，应当给个人尽可能多的自由。因此，关于对他人的伤害，应当尽可能做狭义的解释。什么会对个人有利，多数人对此的判断并非绝对无错。因此，多数人不应试图将自己关于何为对错的观念强加给所有人。除了"对个人或对公众有确切伤害或有确切伤害的危险"的情况下，社会不应当干预私人的自由。⑤

显然，对于来自纯理论观点的反驳，这不成其为完整的回答。因为

---

① 《论自由》，第 9 页。
② 同上。
③ 同上，第 8 页。
④ 同上，第 50 页。
⑤ 同上，第 73 页。

对于何为"确切的伤害"或"确切伤害的危险"，^①仍然可以提出各种疑问。同时，密尔的基本原则一般就是我们西方民主中倾向于遵循的原则。我们大多数人都无疑会同意，根据尊重他人权利和尊重共同利益的要求，对私人自由的限制应当保持在最小限度上。但如果设想任何一位哲学家能给我们提供一个公式，将解决关于这个最小限度的一切争论，那是徒劳的。

密尔坚持私人自由的价值，坚持个体性或独创性（originality）原则，亦即个人的自我发展的原则，它自然而然地影响到他关于政府及其功能的看法。这个原则影响到他关于最可取的政府形式的概念，也使他看到边沁和詹姆斯·密尔实际上没有注意到的一个危险如何会对民主制造成威胁。我们可以依次考察这两点。

虽然密尔清楚地意识到如下设想是荒谬的，即，人们认为抽象而言的最好政体，一定是在实践意义上最适合一切人和一切文明阶段的政体，但他仍然坚持认为："抽象地（如人们所称的那样）研究最好的政府形式并非虚幻地运用科学理智，而是高度实践地运用科学理智。"^②政治制度根本不是在人熟睡的时候发展起来的。它们之所以是现在的样子，乃由于人类意志的推动。当一个政治制度已经变得过时，不再符合社会的需要和合法要求，那只有通过人类意志的推动才能改变它或发展它，或者用另一个制度取代它。而这就需要思考一下，就理想的最好政府形式而言，什么是可取的和可实行的。因为"不必说，理想的最好的政府形式不是指在所有文明状态下都可实行或有资格的政府形式，而是指这样的政府形式，它在可实行或有资格的条件下带来最大的有益后果，不论这后果是即时的还是预期的"。^③

如果我们预先假定，我们已经达到了民主制可以实行的文明阶段，

---

① 密尔将违反对社会的特定义务，并对涉事个人造成可察觉的伤害，与仅仅"推定的伤害"（constructive injury）区分开来（参见《论自由》，第73页）。虽然大多数人都会做出这样一种明确区分，比方说，将驾驶员醉酒驾车对公众的威胁与在自己家里私下喝醉酒区分开来，但在很多情况下对普遍范畴的应用肯定是有争议的。

② 《论代议制政府》，第115页。

③ 同上，第141页。

那么，在密尔看来，理想的最好政府形式是这样的：在这个政府形式中，最高统治权被赋予社会全体，每个公民对行使统治权都有发言权，有时还要求每个公民以某种身份实际参与治理，不论是地区政府还是全国政府。首先，个人能够保护自己，他才相应地更能免受他人的伤害。而在民主制下个人能最好地做到这一点。其次，民主政体鼓励一种积极的、富于创新和活力的品格。而促进一种积极的品格要比助长一种消极的品格更有价值。显然，这方面的考虑对密尔有重大影响。在他看来，民主政体最能鼓励他所大力强调的个人的自我发展。而且，它还有助于个人增强公益精神，促进对共同利益的关心，而在仁慈的专制统治下，个人很可能只专注于自己的私利，让他们在其中没有任何发言权或参与权的政府来关心共同利益。

对于原子状态的人类个体，据认为他们中的每一个都只追求自己的快乐。显然，密尔主要关心的不是他们外在的利益和谐。因为假如这是政府主要关心的，那么，人们可以得出结论说，仁慈的专制统治就是理想的政府形式，而且民主制之所以更可取，只是因为在实践上专制统治者一般同其他任何人一样追逐私利。正是这个看法在一定程度上促使边沁接受激进的民主观点。不过，密尔绝非对利益和谐的必要性视而不见，但他最关心的是民主制良好的教育作用。当然，这要以某种教育水平为前提。同时，民主制比其他任何政府形式都更加鼓励个人的私人自由和自由的自我发展。

理想地说，至少就民主制的含义是所有公民有机会以某种身份参与政府而言，直接民主制是最好的政府形式。"既然在比单个小城镇更大的社会中，除了很小部分的公共事务外，并非所有人都能亲自参与公共事务，由此可以推出，完美政府的理想形式一定是代议制的。"①

不过，密尔没有如此天真地以为，民主政体会自动确保对个人自由的充分尊重。如果民主实际意味着通过代表而实现的多数人的统治，那么，就不能保证多数人不会压迫少数人。譬如，可以制定法律为种族或宗

---

① 《论代议制政府》，第151页。

教上大多数人的利益服务，或为特定的经济阶层服务，[①] 而不是为整个社会服务。总之，边沁所谓的"邪恶的利益"（sinister interests）在民主制下同在其他地方一样，也可以大行其道。

　　作为对这一危险的防范，密尔主张少数人的意见必须得到有效的反映。为了确保这一点，他参考了托马斯·黑尔（Thomas Hare）的《论代表选举》（*A Treatise on the Election of Representatives*，1859）一书和亨利·福西特（Henry Fawcett）教授的小册子《黑尔先生的改革法案简述与说明》（*Mr. Hare's Reform Bill Simplified and Explained*，1860）中的论述，提倡比例代表制。不过，如果没有教育的进步，包括反复灌输尊重个人自由、尊重所有公民权利，不论他们的种族、宗教或在社会中的地位是什么，那么，像普选权和比例代表制这样的宪法设计是不够的。

　　鉴于密尔强调个人的自我发展和创新的价值，那毫不奇怪，他不赞成国家将民办机构的职能揽为己有，将这些机构交由国家官僚来控制。"困扰官僚政府并使之死亡的疾病是例行公事……官僚政治永远有成为腐儒政治的倾向。"[②] 一切比较有能力的社会成员都被吸收到国家官员的队伍中去，这个倾向"对于这个机构本身的精神活动和进步迟早是致命的"。[③]

　　不过，这并不意味着除了维护和平和社会秩序所必需的之外，密尔谴责一切立法和国家控制。似乎正确的说法是，他被拉向了两个方向。一方面，根据个人自由的原则，密尔倾向于谴责任何对行动的立法或国家控制，只要它们超出了防止或阻止个人伤害他人所必要的范围，不论这里的他人是涉事者还是整个社会。另一方面，为了共同的利益或幸福，完全可以用功利的原则，即最大幸福原则，来证明很多立法和国家控制是正当的。不过，如我们已知的，个体性原则本身就是以功利原则为根据的。通过证明国家对个人行动的大量"干预"是正当的，就可以阐明防止个人伤害他人的观念。

---

① 　密尔设想到这样的可能性：大多数无技术工人赢得了一项法律，该法律保护了据认为属于他们自己的利益，却损害了技术工人或其他阶层的利益。参见《论代议制政府》，第 183 页。
② 　同上，第 179 页。
③ 　同上，第 102 页。

教育就是一个合适的例子。我们已经看到，根据密尔的观点，社会无权只因个人自己的利益而对他进行强迫。按照密尔的说明，这只适用于成年人，不适用于儿童。因为不仅必须保护儿童不受他人的伤害，还必须保护他们不伤害自己。因此密尔毫不犹豫地说："国家应当要求和强制每一个生而为其公民的人接受某种程度的教育，难道这不是近乎自明的公理吗？"[1]他并非暗示应当强迫父母把他们的孩子送到国立学校。因为"普通的国家教育只是把人塑造成彼此一模一样的手段"[2]：它可以很容易变成一种尝试，以建立"对思想的暴政"。[3]但如果父母没有以某种方式给子女提供教育，那他们就未尽到责任，既伤害了个人，即他们的子女，也伤害了社会。[4]因此，国家应当防止他们以这种方式来伤害他人。如果父母真的不能支付子女教育的费用，国家就应当给予帮助。

有时密尔对防止个人伤害他人原则的广泛说明达到令人惊异的程度。譬如，他在《论自由》一书中说，一个国家的人口过多，或有人口过多的迹象，使得工资由于劳动力过剩而下降，结果是父母无力抚养他们的子女，在这样的国家，如果男女双方不能表明他们有办法支撑一个家庭，那么，禁止他们结婚的法律就不会超越国家立法的权限。诚然，这样一条法律的权宜性是可以争论的。但这条法律不会构成对自由的破坏。因为他的目的是防止当事男女双方伤害他人，即伤害未来的子孙后代。如果任何人反对这项法律，仅仅根据它会破坏希望结婚的男女双方的自由，那就表明他误用了自由的概念。

事实上，密尔也开始修正他的如下观点：任何人都不应当被强迫而行事，或被强迫不以某种只为自己利益的方式行事。以减少劳动时间的立法建议为例。密尔得出结论，假如这项法律是为了工人的实际利益，那么，它就是完全合法的，也是可取的。如果宣称它破坏了工人想长时间工作就长时间工作的自由，那是荒谬的。实际上，显然真实的情况是，假如

---

① 《论自由》，第94页。
② 同上，第95页。
③ 同上。
④ 譬如，密尔坚持认为，对于选举权的实施和民主政治的运作，实行某种教育是一个先决条件。

工人不超长时间工作就会饿肚子，他就会选择超长时间工作。但不能由此得出，假如根据法律普遍实行减少工作时间，工人不会选择较短时间工作。在制定法律时，立法者会为了工人的利益，并根据他们的实际愿望来行事。

考虑到密尔相信民办团体的价值和不受国家约束的首创精神的价值，以及他对官僚政治根深蒂固的不信任，他很难喜欢所谓的福利国家的观念。而在晚年，他又设想国家对财富分配实行某种程度的控制，他至少愿意把这种国家控制的特点说成是社会主义的。他关于社会立法的思想发展，经常被人们说成不声不响地抛弃了他本来的原则，尽管他未必不赞成这样的说法。但即使我们完全合理地看到，在他的思想中有一个从强调私人自由的观念到强调共同利益的要求的转变，但在笔者看来，指责他前后不一致，或指责他做了**一百八十度的大转变**，很可能是言过其实了。毕竟密尔所说的自由不仅仅意味着免受外来的控制。他强调的自由是发展自己这个完整意义上的人的自由，是共同利益所要求的自由。因此，可以合理地得出结论：清除妨害个人这种自我发展的障碍，促进共同的利益和普遍的幸福，是社会的责任。而清除这些障碍很可能需要相当多的社会立法。

当然，确凿无疑的是，密尔远离了边沁主义。这种与边沁主义的远离还可以在经济学论域看到。譬如，密尔谴责反对为提高工资水平而成立工会和同业公会的法律，这时他的谴责可能主要根据他的一个信念，即对私人企业一般不应约束，尤其对自发的经济实验不应约束。这意味着，在其他因素所设定的范围内，通过人的努力可以对提高工资有所作为。换言之，使所有提高工资的尝试归于无效的工资铁律是不存在的。

本小节的结语。由于采取我们所谓的数量观，边沁自然而然地强调个体单位。比方说，把每个个体单位都当作一，而且只当作一。这个思想自然而然地把他引到民主信念的方向上。密尔也有这些信念，不过他最终强调的是质量，强调的是个人人格的发展，在一个民主构成的社会中，这是最确定无疑的价值。这里着重点的改变，包括从趋乐避苦的（个体）单位概念转变到追求个人全部能力和谐一体的主动发展的概念，也许最突出地体现了密尔根据哲学观点来发展功利主义的特点。从实践的观点看，即

43

44　　从改革家的观点看，密尔通常给观察者以深刻印象的思想特征是他采取的一种方式，在这种方式下，他觉察出日益增强的社会立法趋势，并在他感到能够将这个趋势与他对个人自由价值的深刻信念协调起来的情况下，赞成这个趋势。如我们已经说到的那样，这两个观点走到了一起。因为密尔有保留地赞成社会立法，很大程度上正是受这样一种信念的推动，即他相信这种立法通过清除障碍为个人的充分自我发展创造了条件。密尔设想国家清除了阻止所有人过好完满人生的阻碍或障碍，就此而言，他近似于19世纪后期英国观念论者阐发的观点。但对国家的崇敬，即黑格尔已经表现出的那种崇敬，在密尔的观点中完全没有。在真正的意义上，他最终仍是一个个人主义者。存在的东西是个人，尽管个人的特点和人格离开了社会关系就不能得到全面发展。

　　4. 公民自由和政府这两个论题显然是联系着的。密尔在《逻辑学体系》中精神科学的逻辑的大题目下，以及在《威廉·汉密尔顿爵士哲学研究》中，讨论了心理学意义上的意志自由。但人们对意志自由问题有兴致，一般是由于它与伦理学有关，与道德责任或法律责任的问题有关，因此，我们将这个问题从密尔实际讨论它时的一般逻辑背景中拿出来，放在这里考察，似乎是可以允许的。

　　密尔假定，根据意志自由论者，即意志自由学说的拥护者的观点，"恰当地说，我们的意志力不是原因的结果，或至少它们没有任何一贯而绝对服从的原因"。① 如他自己所认为的那样，一切意志力或意志活动都是被引起的，至少在这个范围内，他接受了他称之为哲学必然性的学说。他把因果关系理解为"不可避免的、确实的、无条件的接续"，② 即一种可以预言的顺序或接续的一律性。他正是把这种经验主义的因果关系观念运用到人的意志力和行动上。

45　　　与这方面有关的原因是动机和品格。因此，哲学的必然性学说的意思是："已知各种动机出现在一个人心中，同样已知这个人的品格和性情，

① 《逻辑学体系》，第二部，第421页（第10版，1879年）。后面该书引文的所有页码都出自这个版本，书名简称为《逻辑学》。
② 《逻辑学》，第二部，第423页。

那么，就可以无误地推出他将采取的行动方式。"① 我们没有必要说密尔这里指的是原则上的可预见性。我们对一个人的品格和以不同力度出现在他心中的动机知道得越少，我们就越不能预见他的实际行动。

对这个理论的一个明显反驳是，它预先假定了一个人的品格从一开始就是固定不变的，或者它预先假定了他的品格只是由于他无法控制的因素形成的。不过，密尔实际上非常愿意承认"我们的品格不但是因我们而形成的，而且也是由我们来形成的"。② 同时他补充说，实际上如果他要与他关于因果性的前提保持一致，他也必须补充说：塑造我们品格的那个意志是因我们所形成的。譬如，一个人经验到他所具有的品格的痛苦后果，或者在他身上唤起羡慕等别的某种强烈感受，都可以使这个人渴望改变自己的品格。

情况确实如此，比方说，当我们经受不住一个偶然的诱惑，我们往往认为我们是有能力不受诱惑的。但根据密尔的观点，这并不意味着我们实际知道或意识到在其他一切情况相同时我们能够以不同的方式行事。我们并没有意识到这个意义上的中立的自由。我们所意识到的是：假如我们喜欢的话，也就是说，假如我们不以过去的方式行事的欲望，或以不同方式行事的欲望，要比实际对我们发生作用并使我们做出选择的那个欲望更强烈，那么，我们就可以做出不同的行动。

因此，如果愿意的话，我们可以说，密尔接受了一个性格决定论的理论。如我们所见的那样，虽然他谈论哲学的必然性学说，但他并不欣赏"必然性""决定论"之类词的用法。他反而证明，原则上人类行动的可预见性与意志自由的拥护者所能合理主张的一切观点都完全相容。譬如，某些宗教形而上学家发现，他们可以毫无困难地既主张上帝预见一切人类行动，又主张人的行动是自由的。而如果上帝的预知与人类的自由是相容的，那么，任何其他预知也都与人类的自由相容。因此，承认原则上的可预见性，并不妨碍我们说人的行动是自由的。确切地说，这是一个对自由的含义进行分析的问题。如果自由的意思是指，当我面对的行动方式是可

46

---

① 《逻辑学》，第二部，第 422 页。
② 同上，第二部，第 426 页。

选择的，即使假定所有的因素，包括品格、欲望和动机都是同样的，我也可以做出与我实际所做的不同的选择，那么，我们不能承认人是自由的。因为在这个意义上，自由就会与原则上的可预见性不相容：就可以推出人类行动是非原因导致的随机事件。但如果我们说人的行动是自由的，我们的意思只不过是说，假如他的品格和动机与现在的不同，他能够以与他现在不同的行动方式行事，而且他本人也参与对自己的品格的塑造，那么，我们就可以完全合法地说人是自由的。确切地说，那些断言人类自由的人所说的意思只能是如此，除非他们愿意说人类行动是偶然而不可解释的事件。

　　密尔当然坚信他对人类自由的分析与功利主义伦理学没有分歧。因为他不否认品格是可塑的或道德教育是可能的。从动机的因果活动（与品格一起）可以推出的全部结论是，道德教育必须以培养正确的好恶为指向，即必须以培养功利原则所要求的好恶为指向。"道德教育的目的是培养意志：而意志只能通过好恶来培养。"① 就一般的刑事制裁和惩罚来说，关于一切人类行动都是原则上可预言的说法并不包含一切惩罚都是不公正的结论。让我们假设，惩罚有两个目的："有益于违法者本人和保护他人。"② 恰当的惩罚可以有助于增强违法者对罪行的厌恶和服法的欲望。说到保护他人，只要未施加不必要的痛苦，除了根据常识提出的辩护外，惩罚是不需要辩护的。我们不论在意志自由的问题上采取何种立场，都不能允许杀人者犯下其罪行而不受惩罚，就像不能允许疯狗在街上游荡一样。

　　密尔主张一切人类行动在原则上都是可预见的，这时，他当然可以依据某种经验的证据。因为无疑的事实是，我们越了解一个人，我们就越相信我们的感觉：在既定的环境下，他会以这种方式而不是以那种方式行事。如果他没有像我们预料的那样行事，我们会得出结论，要么他的品格比我们料想的要坚强，要么他的品格依不同情况有隐藏的缺陷。与此相似，比方说，我们抵制住诱惑，不去利用一个特定的机会以某种隐蔽的手

---

① 《威廉·汉密尔顿爵士哲学研究》，第505页（第二版，1865年）。后面提到该书引文页码时书名简称为《研究》。
② 同上，第511页。

段赚钱，而如果我们发现我们的朋友对此感到惊讶，那么，我们完全可以评论说，他们本应更好地了解我们才是。虽然在日常谈话中可以发现很多这样的事例，它们似乎表明，全面了解一个人的品格，能使有此了解的人预见到这个人的行动，但我们也可以发现一些事例暗示出相反的信念。有暗示说，我们就像是没有任何独创能力的自动机，我们的一切言行都可以被预见到，对这样的暗示，我们有时毕竟会感到不满。不论怎样，密尔最终主张全部人类行动原则上的可预言性，与其说把它作为经验的普遍化，不如说用它来代替对非由原因导致事件的承认。

如果我们假定，密尔关于我们不得不在这两种替代观点中做出选择的说法是正确的，如果我们不准备将人类的意志力和行动说成是未被引起而发生的机会或随机事件，那么，问题就出现了：承认人类的一切意志力和行动都是原则上可预见的，与把某些行动说成是自由的是否相容呢？至少在某种意义上肯定是相容的。因为我们的某些行动是出于有意识的目的故意而为的，而另一些行动则不是，例如反射行动。如果我们希望用“自由”一词只描述与后一种行动不同的前一种行动，那么，可预见性问题就是不相干的。因为即使两种行动都是原则上可预见的，它们之间的区别仍然存在。而“自由”一词完全被用来表示这一区别。不过，如果我们想坚持说，关于自由地从事一个行动的说法必然意味着行动者可以另行其事而不需要成为另一种人，那么，根据对这个人的品格的了解而确立的无误的可预见性就被排除了。如果我们已经承认密尔的如下论点的有效性，即我们必须在主张原则上的可预见性与主张自由行动是随机事件两者之间做出选择，那么，我们将发现很难同时宣称一个行动者在道德上对他的自由行动负责。

不过，如果我们想坚持说，一方面，承认人的一切行动依据行动者的品格在原则上是可预见的，另一方面，承认自由行动是随机的或偶然的事件，密尔强迫我们在这两方面之间做出选择是没有道理的，那么，我们就必须找到一个可以接受的替代选择。要做到这一点并不容易。我们没有充分的理由说，行动确实是被引起的，只不过是被行动者的意志引起的，而且除了终极因，即一个目的或动机以外，其他任何原因都是不必要的。

因为密尔会马上问道：什么是意志力的原因？或者说，它是一个非原因的事件吗？说到动机，什么使这个动机而不是那个动机成为更强烈的、实际占优势的动机？难道它不能是行动者的品格，即事实上他实际就是那类人吗？

人们可能会说，密尔本人陷入了麻烦之中。譬如，他承认个人可以在塑造自己的品格中发挥作用。对他来说，如果要给他关于自我发展所必需的公民自由观念赋予任何意义的话，承认这一点确实是至关重要的。但根据密尔自己的前提，一个人为了自我改进所做的每一项努力都一定是由原因引起的。从长远看，关于一个人在塑造自己品格的过程中发挥能动作用的说法，除了指他的品格的原因不仅是外在的、教育的、环境方面的，而且是内在的、生理的、心理方面的以外，还能指什么呢？但这很难符合普通人的理解，普通人主张人是自由的，他不仅是其环境的产物，而且可以在塑造自己品格的过程中自由地发挥能动作用。因此，密尔要么应当接受和主张他试图避免的决定论，要么应该说明，他是在自己特定的意义上，即在边沁会称之为"形而上学的"意义上，使用"自由"等词。

密尔的观点可能会引起困难，但这个事实不一定使其他人摆脱他们的困难。我们很可以证明，如果我们一旦允许自己采用密尔的分析方法，把行动者、他的品格、他的动机说成仿佛是互相作用的各别的东西，那么，我们就无法摆脱那些困难。反之，我们应当找到另一种谈论方式，它建立在用密尔的词汇无法表达的关于人及其行动的概念基础上。柏格森（Bergson）试图发展或至少指出这样一种语言。而另一些人则依样仿效。比方说，我们不能用物理学语言来谈论上帝。因为上帝的概念不是物理科学的概念。我们也不能用密尔使用的语言谈论自由。如果我们试图那样做，我们将发现自由被转译成别的什么东西了。

前面所述的目的不是要解决自由的问题，只是要指出由密尔对这件事的讨论所引出的某些思考线索。在这方面，还有许多与密尔的方法和思路有关的东西可谈。但在一本不打算用来论述"人类自由"的书中，不管就这个词的公民意义还是心理学意义而言，再用更多的篇幅来讨论这个题目，是不适宜的。

第三章

J. S. 密尔：逻辑与经验主义

引言 —— 名称与实在的命题和词语的命题 —— 数学的本性 ——
三段论推理 —— 归纳与自然的一律性原理 —— 因果律 —— 实验研
究与演绎 —— 道德科学的方法 —— 物质是感觉的恒常可能性 ——
对心灵的分析与唯我论的幽灵 —— 密尔论宗教和自然神学

1. 在18世纪，逻辑学研究相对被忽视。在《逻辑学体系》的序
言中，密尔对都柏林大主教理查德·惠特利（Richard Whately，1787—
1863）致以美誉之辞："据我们自己国家有教养阶级的评价，为使这门研
究恢复到它跌落之前的水平，这位作家比其他任何人所做的贡献都大。"[①]
当然，由此不能得出密尔完全同意惠特利关于逻辑学的性质和范围的思
想。惠特利把逻辑学定义为推理的科学和艺术。[②]但密尔断言，这个定义
无论如何太狭隘了，不能涵盖所有的逻辑运算。更重要的是，惠特利把三
段论演绎看成是一切科学推断的标准和型式，他拒绝承认可以赋予归纳逻
辑以与三段论理论相似的科学形式。他解释说，他的意思并不是指不能为
归纳研究制定规则。在他看来，这种规则一定永远是比较模糊的，无法将
它们综合在一个严格的归纳逻辑的科学理论中。然而，密尔却想着手表明

---

① 《逻辑学》，第一部，第2页（第一部，序言，第2节）。惠特利的《逻辑学原理》
（*Elements of Logic*）出版于1826年。
② 惠特利认为把逻辑学说成是推理的艺术是不充分的。逻辑学也是推理的科学。密尔
同意惠特利所做的这一订正。

与此相反的看法是正确的。他小心翼翼地说，他并不轻视三段论。他在《逻辑学体系》中讨论了三段论推理。但他强调，逻辑学的本性是"研究在追求真理的过程中人类心灵活动的科学"。[①]也就是说，他强调逻辑学的功能是对评价证据的规则进行概括和综合，并从已知的真理推出未知的真理，而非强调逻辑学的功能是为推理的形式连贯性提供规则。因此，对于逻辑发展首先必须做的事情恰恰是完成按惠特利所说无法完成的任务，或至少无法以任何程度的科学精确性来完成的任务，即概括"真理研究和证据评价的各种方式，此前我们通过这些方式已经把许多重要而深奥的自然规律汇集到各门科学人类认识的材料中"。[②]

密尔的兴趣不仅仅是发展一门系统的、在自然科学中运用的归纳逻辑理论。他还关注于建立一门包括心理学和社会学在内的他所谓的道德科学的逻辑学。的确，密尔在发现自己能够像《逻辑学体系》第三卷中那样对归纳逻辑做出满意说明之前，他实际考虑过这个论题。但这并不妨碍他在《逻辑学体系》中拿出第六卷来讨论道德科学的逻辑学，把这一卷作为物理学的实验方法在道德科学上的应用。于是，他自己做出了大卫·休谟曾设想过的那个方案，即在人性科学的发展中运用实验的方法。

如果问密尔的观点是否是经验主义者的观点，那么，我们的回答显然在很大程度上取决于我们赋予"经验主义者"这个词的意义。按照密尔本人对这个词的用法，他不是经验主义者，或无论如何他不希望成为一个经验主义者。譬如，在《逻辑学体系》中，他把从因果的恒常会合推出因果关系说成是"坏的后天概括，或恰当所谓的经验主义"。[③]密尔还把简单枚举归纳称作"这种粗糙、散漫的概括方式"，[④]即弗兰西斯·培根所要求的，并且将经验规律与因果规律完全混淆的一种概括方式。密尔举出的一个简单例子是这样的：许多人根据自己国家的人民来概括其他国家的人民，"好像人类在任何地方都以同样的方式感受、判断和行动似的"。[⑤]再有，

---

① 《逻辑学》，第一部，第4页（第一部，序言，第4节）。
② 同上，第一部，第vii页（第一版前言）。
③ 同上，第二部，第368页（第二部，第五卷，第5章，第5节）。
④ 同上，第二部，第363页（第二部，第五卷，第5章，第4节）。
⑤ 同上，第二部，第368页（第二部，第五卷，第5章，第4节）。

在密尔论孔德的著作中，我们被告知"直接归纳通常要优于经验主义"，[①]　52
这里"经验主义"一词显然被用于贬义。类似的论述也出现在其他地方。

密尔把"经验主义"理解为坏的、散漫的概括，理解为一种与科学方法无关的程序，在该词的这个意义上，他确实拒绝经验主义，但他也同样确实与洛克一致地认为，我们的一切认识材料都是由经验提供的。而如果这就是经验主义所指的意思，那么，密尔无疑是一位经验主义者。的确，他承认直觉是知识的一个来源。更确切地说，"通过直觉知道的真理是由以推出一切其他真理的前提"。[②]但密尔所说的直觉指的是意识，是对我们的感觉和感受的直接意识。如果直觉是指"据认为我们对我们心外之物的直接认识"，[③]那么，他不会承认有任何这样的东西。实际上，《逻辑学体系》"提供了我们非常需要的东西，它是一部相反学说的教科书——该学说认为一切知识都取自经验，一切道德和理智的性质都主要来自联想的指导"。[④]

关于人类知识，密尔拒斥他所谓的德国观点或先天观点，该观点可以在柯勒律治的哲学中看到，某种程度上在休厄尔的哲学中也可以看到。密尔认为该观点在道德和政治理论中引起了不良的后果，甚至被用来支持不可取的社会态度和信念，而他对该观点的拒斥也因此变得复杂了。"无须观察和经验，仅凭直觉或意识就可以认识心灵之外的真理，我相信，在这些时代，这个看法在理智上是对各种错误学说和不良制度的巨大支持……过去从来没有设计出这样一个工具来使一切根深蒂固的偏见神圣化。"[⑤]因此，当《逻辑学体系》力图不用直觉知识或先天知识的观念来说明数学知识这个直觉主义者的根据时，它不仅试图解决纯粹的理论问题，也在做出有价值的社会贡献。

人们可能会反驳说，以上所述实际上完全不足以解决是否应当把密尔称作经验主义者的问题。一方面，如果经验主义等同于坏的、散漫的概　53

---

① 《奥古斯特·孔德与实证主义》，第121页（第二版，1866年）。
② 《逻辑学》，第一部，第5页（第一部，序言，第4节）。
③ 同上，第一部，脚注（第一部，序言，第4节）。
④ 《自传》，第225页。
⑤ 同上，第225—226页。

括，那么确实很明显，密尔与其他任何严肃的思想家都不希望被称作经验主义者。因为这个词成了被滥用、至少是被贬低的一个词。另一方面，关于我们的认识材料是由经验提供的这个信念，独自不足以成为称一个哲学家是经验主义者的理由。因此，说密尔抨击某种词义上的经验主义，同时又主张我们的一切知识都根据于经验，这个说法至多在某种程度上缩小了这个问题的范围，并没有回答这个问题。譬如，我们没有被告知，密尔是否承认那些形而上学的原则。对于这些原则，尽管我们开始把它们认作是经验的一个基础，并且不是先天的基础，但在适用于一切可能经验的意义上，它们仍然超出了任何实际的经验。

　　这个反驳的思路是非常有道理的。但要对所提的那个问题给出一个简单的回答却很难。一方面，当密尔明确断言我们不可能获得绝对的真理，而且一切概括在原则上都是可以修正的，这时他确实采取了经验主义的立场。另一方面，当他将严格的科学归纳与随随便便的概括区分开来，这时他的说法往往意味着：从已知的真理可以确凿地推出迄今未知的真理，因而自然仿佛有一个稳定的结构，这个结构可以用适合于一切可能经验的陈述来表达。考虑到密尔在英国哲学史上的基本地位，考虑到他的思想所产生的影响，我们十分自然地强调他的思想的前一个方面，称他是一位经验主义者。但我们也要记住，他有时采取的立场意味着不同的观点。总之，我们只能通过考察他对特定题目的论述来理解他的不同思路。

　　2. 密尔断言，逻辑学关心的是从以前所知的真理进行的推断，当然，这里的意思不是说逻辑学家通过实际做出重要推断增加了我们关于世界的知识，而是说逻辑学家提供了一些验证或标准来判定推断或证据的价值，而信念表明是以证据为根据的，因而这些验证和标准也用来判定信念的价值。但推断"通常是用词语来进行的活动，并且在复杂情况下也没有别的方法可用"。[①] 因此，要系统地研究逻辑学，恰当的方法是从考察语言开始。

----

① 《逻辑学》，第一部，第17页（第一部，第一卷，第1章，第1节）。

我们也许料想密尔会马上转到对命题的讨论。因为要推断的正是命题。但他认为命题总是肯定或否定一个主词的谓词，即他所说的另一个名称的名称，因此，他实际开始讨论的是名称和命名的过程。

在此没有必要提及密尔对各类名称所做的全部区分。但可以提到下面几点。根据密尔的观点，只要给对象一个名称，这个名称就有了专门的意义，那么，它的意义就在于它所意指的东西，而不在于它所指示的东西。一切具体的通名都是这一类的。譬如，"人"这个词可以指示或指称一些数目不定的单个物，我们说这些单个物一起构成了一类。而它的意义在于它所意指的东西，即当"人"这个词被用于某些存在物时所断定的那些属性。因此可以得出，诸如"约翰"之类的专名，可以用于不止一个个体，但它没有内涵（connotation），严格地说，它没有意义。然而，我们不能得出，"上帝"这个词没有意义。因为根据密尔的观点，这个词不是一个专名。诚然，如一神论者所使用的那样，该词只能用于一个存在物。但这是因为那样来使用时，它意指诸属性的某种联合，这种联合事实上限制了它的使用范围。因而它是一个内涵性词，而不是"约翰"或"玛丽"那样的专名。

密尔确实没有把命名事物或属性的词与参与命名过程的词区分开。譬如，在"苏格拉底的妻子"中的"的"（of）一词本身不是一个名称。[①]后来的逻辑学家批评密尔，因为他忽略了"或者"（or）和"如果"（if）这样的词，它们肯定不能说是名称的组成部分。

转到对命题的讨论，我们发现，如已经指出的那样，密尔对名称和命名的过分强调使他把所有命题都看成是对某个名称的肯定或否定。通常（即使不是必然地）用来表示肯定的断定或否定的断定的词是"是"（is 或 are）或"不是"（is not 或 are not）。因此密尔把"主词－系词－谓词"的命题形式当作标准的形式，尽管它不是不变的。他告诫读者"是"（is）一词具有含糊性。譬如，如果我们未能区分动词"to be"的存在用法和系词用法，那么，因为我们可以说独角兽"是"有一只角的动物，甚至因

55

---

① 在密尔看来，"苏格拉底的妻子"这个短语是一个名称，但不是一个专名。因为它是一个内涵性的名称。而像"约翰"这样的专名不是内涵性的，而只是外延性的。

为我们可以说它"是"一个想象中的野兽，所以就会使我们荒谬地认为独角兽一定具有某种形式的存在。

在讨论命题的含义或意义的过程中，密尔区分了实在的命题（real proposition）和词语的命题（verbal proposition）。在实在的命题中，我们肯定或否定主词的一个属性，该属性未被主词的名称所蕴含；或者肯定或否定主词的一个事实，该事实未包括在主词名称的意谓中。换言之，一个实在的命题传达了根据情况或真或假的新的事实信息，说该信息是新的，意思是说它不可能仅仅通过分析主词词项的意义而得到。因为专名不是内涵性词项，并且严格地说，它不具有"意义"，所以，一切以一个专名作为主词的命题，像"约翰是已婚的"等，都必定属于这一类。而词语的命题只与名称的意义有关：通过分析主词词项的内涵或意义，就可以得到谓词。譬如，在"人是一个有血有肉的存在物"中，谓词已经构成"人"这个词的内涵或意义的一部分。因为我们不会称任何东西是一个人，除非他是一个有血有肉的存在物。因此，该命题对一个名称的意义有所述说，对它的用法有所述说：它没有传达像"约翰是已婚的"或"月球距地球的平均距离是238,860英里"所传达的那个意义上的事实信息。

最重要的一类词语命题是定义，一个定义是"一个命题，它陈述了一个词的意义：即该词所具有的人们通常接受的意义，或为了特定的论述目的，说话者或作者想要附加在该词上的意义"。[①] 因此，密尔没有排除为了特殊目的以新方式使用词语。但他坚持认为，在我们着手对语言进行改革之前，必须十分小心地考察语言的日常用法。因为考察一个词在通常用法中具有的各种意义差别，或它的用法中的各种变化，可以揭示出一些不同点和其他相关因素，记住它们对于想要成为语言改革家的人是很重要的。

显然，当密尔说定义是词语命题时，他的意思并非要说定义在本性上完全是任意的，或说对事实的研究与下定义没有关系。譬如，给"人"下定义时，如果完全不考虑我们称之为人的那些存在物通常具有的各种属

---

① 《逻辑学》，第一部，第151页（第一部，第一卷，第8章，第1节）。因为专名没有意义，所以它们不能被定义。

性，那是很荒谬的。密尔的观点是：虽然"人"这个词的内涵以人们的经验为根据，虽然对事实的研究可以使这个内涵少一些含糊，多一些清晰，但定义本身所起的作用只是全部或部分地，亦即借助挑选出来的有差别的属性，来使这个内涵或意义变得清晰。的确，我们可能倾向于认为定义不完全是词语的。但如果我们记得系词具有含糊性，就可以很容易说明我们的这个倾向。像"人"这样的普遍内涵性词指示着一些数量不定的东西，意指着这些东西共同具有的一些属性。因此，当我们说"人是……"的时候，我们可能倾向于认为这个定义断定有人存在。不过，在此情况下，我们不言而喻地预先假定，对应动词"to be"的两个可能的用法，有两个命题出现：一个命题是定义，它仅仅明确了"人"这个词的意义；另一个是存在命题，它断言有一些存在物，他们具有该定义中所说的那些属性。如果我们忽略偷偷引入的存在命题，那么，我们可以说，这个定义纯粹是词语命题，它只与名称的意义有关。

让我们讨论一下实在命题，考虑一下"所有人都是会死的"[1]这样的普遍命题。从某种观点看，如密尔所说的那样，把这个命题看成是思辨真理的一部分，那么，它意味着，人的属性永远伴有"会死的"属性。经分析可知，这意味着，某些现象与其他现象有规则地联系着。但我们也可以把这个命题看作了实际使用而做的一个备忘录。那么，它意味着，"人的属性是'必死性'的**证据、标记**"。[2]换言之，它告诉我们什么是我们所预期的。根据密尔的观点，这些不同的意义归根结底是相同的。但在科学推断中，它是意义的实践方面，即意义的特别重要的可预见性方面。

因此，我们区分了词语的命题和实在的命题，前者的谓词要么与主词的意义等同，要么是主词意义的一部分，后者的谓词不包含在主词的内涵之中。密尔评论说："这个区分对应于康德和其他形而上学家所称的分析判断和综合判断之间的区分。分析判断是那样一些判断，它们能从所使

57

---

① 在密尔看来，这是一个实在命题，不是一个"实质的"或"纯粹的"词语命题。
② 《逻辑学》，第一部，第13页（第一部，第一卷，第6章，第5节）。

用的词的意义中引申出来。"① 我们可以补充说，密尔的区分也或多或少对应于休谟关于叙述观念关系的命题与叙述事实的命题之间的区分。

如果我们所谓的真理是指一个命题与它所论及的语言之外的事实相符合，②那么显然可以得出，没有任何词语命题可以恰当地说是真理。一个定义可以是恰当的或不恰当的，可以与语言的用法一致或不一致。但定义独自没有对语言之外的实际事情做任何陈述。不过，问题出来了，在密尔看来，是否有必然真的实在命题呢？他是否同休谟一样认为没有任何实在的命题是必然真的呢？或用康德的话说，他是否承认先天综合命题的存在？

众所周知的事实是：密尔倾向于用不同的方式来谈论问题，他对恰好讨论的那类理论的反应，影响了他的谈论方式。因此很难说密尔的观点是什么。不过，他无疑反对关于有任何先天的实在知识存在的观点。而这种反对态度自然而然使他倾向于拒绝先天的综合命题。密尔确实没打算说：当一个既定命题的否定在我们看来是不可信的时候，这个命题一定只是词语命题。因为无疑有一些反映经验的一律性或规则性的实在命题，以致对这些命题的否定在我们看来是不可信的。出于各种实践目的，我们有理由把它们当成好像是必然真的。实际上我们也不可能不这样做，因为据假定，我们没有任何经验使我们质疑这些命题是普遍适用的。对于一个实在的命题，在我们发现它的反面是不可信的心理学意义上，它可以是必然真的，而在它一定适合一切可能经验，一定适合一切未观察到或未经验到的现象的逻辑学意义上，它不可能是必然真的。

密尔特有的观点似乎大致如此。但要理解这里情况的复杂性，可取的办法是考察他关于数学命题所做的论述，数学命题是直觉论者和先天知识拥护者的主要根据。

3. 不必说，密尔承认数学有某些独具的特征。譬如，他说："几何命题与事件的接续没有关系。"③ 又说，数学真理"与因果律无关……当两条

---

① 《逻辑学》，第一部，第129页，脚注（第一部，第一卷，第6章，第4节）。密尔倾向于在认识论的意义上使用"形而上学"一词。
② 当然，不否认可以有陈述语言事实问题的真命题，譬如关于英语的命题。
③ 同上，第一部，第373页（第一部，第三卷，第5章，第1节）。

直线相交，形成的对顶角相等，这对所有这样的直线和角都适用，不论是由何原因造成的"。① 还说，数学推理"在任何推理环节都不允许我们引入我们没有以公理、公设或定义的形态面对的假设。这是数学与形式逻辑共同具有的一个优点"。②

然而，当我们开始研究密尔的数学基本理论时，复杂的情况出现了。杜格尔德·斯图尔特断言，数学命题不表达事实，只表达设想或假设与某种推论之间的联系。他进而断言，几何学的最初原理是欧几里得的定义，不是公设和公理。因为他把定义看成是任意的，所以他很难说明纯数学如何能得到运用。可以这么说，数学能与实在相合，以及能成功用于物理学，在他那里都成了纯粹偶然的事情。无论如何，密尔对这个观点是不满意的。他希望说数学命题是真的。因此他不能承认欧几里得的定理可以从定义中推出来。如我们所看到的那样，密尔认为定义既不真也不假。因此他不得不断言欧几里得定理是从可真可假的公设推演出来的。他证明，任何欧几里得定义都只在部分上是定义。因为它还包含一个公设。换言之，任何欧几里得定义都可以分解为两个命题，一个命题是关于一个事实的公设或假设，另一个命题是真正的定义。譬如，一个圆的定义可以分解为如下两个命题："可以有一个图形存在，其周线上的每一个点都与该周线内一单个点的距离相等"，（并且）"具有这个性质的任何图形都被称作一个圆"。③ 第一个命题是一个公设，正是这样一些公设而非纯粹的定义构成了欧几里得定理演绎的前提。斯图尔特在纯数学与应用数学之间造出的鸿沟就这样被填平了。譬如，几何学的命题不是从任意的定义中引出来的，而是从有关事实的公设或假设中引出来的。

因此我们可以说，在几何学中，"我们的推理以定义中假定的事实为根据，而不是以定义本身为根据"。④ 密尔说："这个结论是我得到的与休厄尔博士一样的结论。"⑤ 虽然当问题在于抨击斯图尔特关于欧几里得几何

59

----

① 《逻辑学》，第二部，第 147 页（第二部，第三卷，第 24 章，第 3 节）。
② 《研究》，第 526 页。
③ 《逻辑学》，第一部，第 165 页（第一部，第一卷，第 8 章，第 5 节）。
④ 同上，第一部，第 171 页（第一部，第一卷，第 8 章，第 6 节）。
⑤ 同上。

定理是从定义中推演出来的思想时，密尔可能发现自己与休厄尔是一致的，但当问题涉及我们关于数学的第一原则的知识时，他们马上就不一致了。根据休厄尔的观点，这些第一原则是自明的，不是从经验中引出来的，而是直觉认识到的。它们构成了先天知识的样本。这是密尔不愿意接受的观点。他反而断言："其余的科学真理所出自的那些原始前提，尽管看上去完全相反，但它们仍然是观察和经验的结果，总之是以感觉的证据为根据的。"① 我们从未碰到会驳倒数学公理的事例，联想律的作用足以说明我们对这种公理的必然性的信念。

在一般种类的"原始前提"中，密尔对公理和定义中涉及的公设做了区分。公理是完全真的。"与同一物相等的各物彼此相等，这个［公理］适用于自然界中的线和形，如同适用于定义中假定的想象的线和形一样。"② 而欧几里得几何的定义中涉及的公设或假设"绝不是必然的，甚至不是真的，它们或多或少故意违反了真理"。③ 譬如，几何学家定义的那种直线不可能真的存在。但不能由此得出，几何学家直觉到某种特殊的数学实体。当他把直线定义为只有长度没有宽度，他是为了自己的目的而决定忽略宽度的成分，与它分离，并且只考虑长度。因此公理和公设都是从经验中得来的。

显然，当密尔把数学的第一原则说成是从经验进行的概括，他并非暗示我们关于一切数学命题的知识事实上都是归纳概括的结果。他实际所说的是，数学证明的最终前提是经验的假设。因此，他发现自己与杜格尔德·斯图尔特一致起来，而与休厄尔不一致。如我们已知的，他与斯图尔特从纯定义中引出欧几里得几何的做法不一致。但当问题在于注意他们对数学性质的看法基本一致时，这种不一致就不那么重要了。"我认为，杜格尔德·斯图尔特关于几何学的基础的观点基本上是正确的，即它建立在假设的基础上。"④ 当休厄尔据理反对这个观点时，他只能证明假设不是任

---

① 《逻辑学》，第二部，第148—149页（第二部，第三卷，第24章，第4节）。
② 同上，第一部，第265页（第一部，第二卷，第5章，第3节）。
③ 同上，第一部，第262页（第一部，第二卷，第5章，第1节）。
④ 同上，第一部，第261页（第一部，第二卷，第5章，第1节）。

意的。可是，"那些说几何学的前提是假设的人，并不一定认为这些前提是与事实没有任何关系的假设"。①

　　说了这样的话，密尔就进而使自己陷入了一个尴尬境地。他说，我们通常把一个假设当作一个公设或假定，我们虽然不知它是真的，但我们推测它是真的，因为假如它果真是真的，它本来可以说明某些事实。可是，他这里所说的假设根本不是这类假设。因为如我们已知，他认为欧几里得几何定义中涉及的公设**不是**确实真的。而且，这里所讨论的假设中为真的东西，"不是假设的，而是确实的"。② 因此，假设看起来分为两部分，一部分被认为不是确实真的，另一部分是确实的。因而要知道究竟如何正当地谈论"假设"，那是相当困难的。密尔说，把几何学的结论称作必然真理实际就是说这些结论是从一些设想中正确引出来的，而这些设想"甚至不是真的"，③ 当他这样说时，并没有使情况有任何改进。但假如我们果真不折不扣地接受这样的提法，即必然真理之所以是必然的，乃因为它们是从非真的假定引出来的，那我们就不得不说密尔是在胡说八道。然而，这样来理解密尔是不公正的。

　　密尔在《自传》中表明，他认为他自己对数学的解释是根据"经验和联想"对所谓的必然真理做出的说明。④ 因此，如果有人认为在《逻辑学体系》出版之后，密尔后来又提出了对数学的新解释，那就言之太过了。如果有人提出，密尔有意对《逻辑学体系》中给出的解释或多种解释重新考虑，那也是言之太过。但不能否认，他所做的评论意味着对数学的不同看法。譬如，密尔在《威廉·汉密尔顿爵士哲学研究》中告诉读者，数字定律是广延定律的基础，这两组定律是力的定律的基础，而力的定律"是物质宇宙其他一切定律的基础"。⑤ 与此相似，他在 1866 年为圣安德鲁斯大学写的演说稿中暗示说，数学给了我们理解自然的钥匙，而且，与其说数学第一原则的形成是通过对（也许与它们不同的）现象的观察归纳概括出来

61

①　《逻辑学》，第一部，第 263 页（第一部，第二卷，第 5 章，第 2 节）。
②　同上，第一部，第 261 页，注（第一部，第二卷，第 5 章，第 1 节，注）。
③　同上，第一部，第 262 页（第一部，第二卷，第 5 章，第 1 节）。
④　《自传》，第 226 页。
⑤　《研究》，第 533 页。

的，不如说现象乃因为某些数学定律之故才成为它们所是的那个样子。显然，这个看法不一定会影响如下论点：我们根据经验而不是先天地认识数学真理。但它肯定会影响这样的论点：数学的必然性纯粹是假设的必然性。

　　这里的情况也许可以这样来概括。根据密尔的观点，对于数字科学或算数来说，只有两个公理是必需的，即："与同一物相等的各物彼此相等"和"等量加等量其和相等"，"以及关于各种数的定义"。① 这些公理不能说成是经验假设，除非人们决心把我们认识这些公理的心理学方式问题，与它们的逻辑地位的问题混淆起来。虽然密尔把它们说成是归纳的真理，但也谈到它们的"无误真理"② 是"从思辨开始"③ 而认识到的。这样一来就完全可以根据所使用的词语符号的意义，把这些公理认作是必然真的，并发展出对数学的一种形式主义的解释。但密尔不准备承认基本的数学公理是词语命题。因此，如果他如他所做的那样决心从基础上摧毁直觉主义的这个根据，他就必须把这些数学公理解释成归纳的概括，解释成经验的假设。必须把数学命题的必然性仅仅解释成前提与由前提得出的结论之间的逻辑联系的必然性。同时，密尔实际意识到应用数学成功地增长了我们对世界的认识。他开始做出一些评论，这些评论使我们想到伽利略，而他对柏拉图则只字不提。他无疑认为，谈论作为现象世界基础的数字定律，与他对数学基本原则的解释完全一致。我们关于数学真理的知识实际上以对事物的经验为前提，虽然这一说法与心理学的陈述是一致的，却与数学公理是经验假设的逻辑陈述不一致。我们已经看到，当密尔试图说明数学公理在何种意义上是假设时，他是如何使自己陷入困境的。

　　总之，两种说法我们可以二者择一。要么我们可以说，密尔持有经验主义的数学观，只是他所做的断言与该观点不一致。这是描述密尔处境的传统说法。要么我们可以同某些作家一样说，④ 尽管密尔似乎认为他正在阐述对数学的统一解释，但实际情况是，我们可以在他的著作中分辨出

----

① 《逻辑学》，第二部，第150页（第二部，第三卷，第24章，第5节）。
② 同上，第二部，第149页（第二部，第三卷，第24章，第4节）。
③ 同上。
④ 尤其是安舒茨（R. P. Anschutz）在《J. S. 密尔的哲学》（The Philosophy of J. S. Mill）第9章的论述。

几种可以替换的解释，即使不是在理论上，也是在实践上，他仍然在这些解释之间犹豫不决。

4. 密尔说，我们相信的大多数命题之所以都是可信的，不是因为对它们的真理性有任何直接的证据，而是因为它们是从其他命题中引出来的，对于后者我们已经假设了它们的真理性，不论我们是否能对之做出正当的证明。总之，我们相信的大多数命题是从其他命题推断出来的。推断主要可以有两种。一种是，我们可以从其他同样的或更普遍的命题来推出命题；另一种是，我们可以从不如推出的命题普遍的其他命题中推出命题。在第一种情况下，我们得到了通常所谓的演绎推断或推理，而在第二种情况下，我们得到了归纳推断。

那么，根据密尔的观点，只有当我们推出一个新的真理，即一个尚未包含在前提中的真理的时候，我们才有了"真正的"推断。而在此情况下，只有归纳才能被认为是真正的推断，因为"归纳的结论包含比前提中含有的更多的东西"。[①] 当结论先已包含在前提中，这时的推断没有真正推进知识。这种情况适用于三段论推理。因为"人们普遍承认，如果在一个三段论的结论中包含任何比前提中所假定的更多的东西，那么，这个三段论就是谬误。而实际上这就等于说，三段论从未证明或未能证明以前未知或假定已知的任何东西"。[②]

假如这真是密尔对这个问题必须说的话，那么，自然会得出这样的结论：对他来说，存在着两种不同类型的逻辑。一方面，我们有一种从较普遍命题推出较不普遍命题的演绎推断。因为除非其结论先已包含在前提中，这种推断是无效的，所以用这种方式不能发现任何新的真理。三段论推理可以确保思想的逻辑连贯性。譬如，如果某人的谈话方式表明，他实际上同时断言"所有X都是Y"和"一个特定的X不是Y"，那么，我们可以用三段论的推理形式向他表明，他的思想在逻辑上是不连贯的。但以这种方式不能发现任何新的真理。另一方面，我们有归纳推断，即物理学中所用的推断，借这种推断，心灵从已知的东西过渡到该推断过程尚未确

①　《逻辑学》，第一部，第187页（第一部，第二卷，第1章，第3节）。
②　同上，第一部，第209页（第一部，第二卷，第3章，第1节）。

64　定的那个未知的真理。总之，一方面，我们有了一种连贯的逻辑，另一方面，我们有了一种发现的逻辑。

　　然而，与这一初步描述相比，这里的情况表明要复杂得多。让我们考虑一下密尔所说的其中一个论证："所有人都是会死的。威灵顿公爵是人；因此威灵顿公爵是会死的。"确实明显的是，如果一个人承认大前提和小前提，而否认结论，那就会导致他在逻辑上的不连贯。但密尔有时说，知道大前提的真也就是知道了结论的真，他以这种方式谈论，好像假定大前提的真也就是假定结论的真似的。而这似乎使他提出的关于大前提的两种解释都变得有疑问了。

　　我们已经知道，根据密尔的观点，当我们认为命题"所有人都是会死的"是他所谓的思辨真理的一部分，那么，该命题意味着，"人的各种属性总有'必死'的属性相伴随"。① 在此密尔注意的是"人"这个词的内涵。如果我们根据"人"这个词的内涵来解释"所有人都是会死的"命题，那么，我们当然要说，该命题是关于共相的，而不是关于殊相的。而且，假如我们真把"总有"的意思解释为"必然地"，那么，我们就没有任何可信服的根据说，如果一个人断言构成"人"一词内涵的各种属性总有'必死性'相伴随，那他一定早已知道威灵顿公爵是会死的。的确，我们可以说该断言的意思是，如果有一个存在物，可以被恰当称之为威灵顿公爵，并且还具有构成"人"一词内涵的各种属性，那么该存在物也具有"必死"的属性。但事实仍然是，该断言并不必然以关于威灵顿公爵的任何知识为前提。

　　人们可能会反驳说，密尔并没有把"总有"解释成"必然地"。假如他这样解释了，那就会使"所有人都是会死的"成为一个本质命题或词语命题。因为那样一来，"必死性"就会成为构成"人"一词内涵的各种属性之一。事实上，密尔把"所有人都是会死的"认作一个实在命题。因此，"总有"并不意味着"必然地"，而是意味着"就一切观察而言"。此

65　外，虽然密尔有时的谈论方式可能意味或暗示了一种实在论的共相论，但众所周知的事实是，在讨论三段论的过程中，他支持一种唯名论的共相

────────────

① 《逻辑学》，第一部，第130页（第一部，第一卷，第6章，第5节）。

论。换言之，对"所有人"必须从外延方面来理解。它指的是"所有特殊的人"。如果我们**知道所有**特殊的人都是会死的，那么，我们就知道任何特殊的人都是会死的。

这个论证的前提是正确的。也就是说，密尔确实将"所有人都是会死的"认作实在命题，而不是词语命题，他在讨论三段论时确实采取了唯名论的立场。可是，该论证的结论不是从前提得来的。因为根据密尔的唯名论，"所有人都是会死的"是对特殊事实的经验记录，即对苏格拉底和尤利乌斯·恺撒两者死亡之类事实的经验记录。如果威灵顿公爵是一个活人，那么，他的死显然不包含在这些特殊的事实之中。因此我们不能合理地声称，知道所有人会死是以威灵顿公爵必死的知识为前提的，或包含了这样的知识。关于威灵顿公爵必死的结论并未预先包含在命题"所有人都是会死的"之中。由此似乎可以得出，从"所有人都是会死的"到"威灵顿公爵是会死的"的推断是无效的。

为了使这个推断有效，我们必须说，"所有人都是会死的"不只是对人们死亡的过去经验的记录，而且是一个超出经验证据的推断，并起到预言的作用，告诉我们要期待的是什么。由于在过去已经观察到构成"人"这个词内涵的各种属性事实上为"必死性"所伴随，我们就推断将来预料是同样情况。换言之，与其说"所有人都是会死的"变成了一个前提，由其推演出将来的活人必死，不如说它成了用来做出未来推断的公式，即从具有其他某些属性推断出"必死"的属性。而这恰恰是密尔所说的。"普遍命题只是对已经做出的此类推断的记录，是为做出更多此类推断所用的简短公式。因此，三段论的大前提是关于该描述的一个公式，三段论的结论不是**从**该公式引出的推断，而是**按照**该公式引出的推断。"[1] 三段论推理的规则是用来正确解释该公式的规则。就此而论，这些规则是有用的。而密尔可以"与大主教惠特利本人一样强烈反对那种认为三段论方法对于达到推理目的毫无用处的学说"。[2]

66

① 《逻辑学》，第一部，第221页（第一部，第二卷，第3章，第4节）。把一个公式看成是"按照这个公式"，这个看法是密尔从杜格尔德·斯图尔特的如下学说想到的，即几何学的公理是这样一些原理，我们按照它们进行推理，而非从它们之中引出推理。
② 同上，第一部，第225页（第一部，第二卷，第3章，第5节）。

如果大前提不是从中得出结论的命题，而是**按照它**来引出结论的公式，那么，可以推出，构成真正逻辑前件的是特殊的观察事实。换言之，"一切推断都是从特殊到特殊"。① 我们在过去已经观察到人与会死之间许许多多特殊的、事实的联系。由于我们不可能把它们都记在我们的脑子里，所以我们把它们记在一个简单的备忘录上。但这个记载不只是一个历史的记录。它超出了过去观察到的经验证据的范围，预见到了未来，对于做出推断，起到了指南或公式的作用。虽然我们不必按照三段论形式的公式来安排我们的推理，但我们是可以这样做的。三段论推理的规则是一组规则或预防措施，用来确保我们在解释三段论形式的公式时的正确性和连贯性，这种正确性是根据我们确立该公式的目的来衡量的，即按照我们过去的推断来使我们做出未来推断时简单化。因此，如密尔所说，三段论推理成为从前提过渡到结论的整个过程的后一半，即从特殊到特殊。换言之，演绎推断和归纳推断之间的鸿沟缩小了。

但不止于此。密尔承认，在一些情况下，三段论推理构成了从前提到结论的整个过程。譬如，在神学和法学中就出现这种情况，这时，大前提是从恰当的权威那里得到的，而不是通过归纳推断从特殊事例中得到的。于是，一位律师可以从立法者那里接受以基本法形式出现的大前提，然后证明它适用或不适用于某个案例或某些场合。密尔补充说，因此律师的推理过程"并非推断过程，而是解释过程"。②

67　　然而，我们已经看到，当三段论推理构成了从前提到结论的整个推理过程的后一半，它实际上就是对一个公式即大前提的解释过程。在此情况下，两类逻辑之间的截然区分就瓦解了。三段论推理只不过是一个解释过程。可以说，它可以立足于自己了，就像一位神学家从《圣经》或教会权威那里得到大前提时可能出现的情况那样。或者它可以构成从特殊到特殊的整个推断过程的一个阶段。不过在这两种情况下，就其本身来说，它都不是推断之例。三段论的规则是用来对一个普遍命题做出正确解释的规则，至少在"推断"一词的本义上，它不是推断的规则。

---

① 《逻辑学》，第一部，第221页（第一部，第二卷，第3章，第4节）。
② 同上，第一部，第223页（第一部，第二卷，第3章，第4节）。

5. 密尔把三段论推理说成是对一个普遍命题的解释过程，而该命题本身又是归纳的结果，有鉴于此，他把归纳推断定义为"发现和证明普遍命题的活动"，[①]就毫不奇怪了。乍看起来，这个定义可能确实显得有些奇怪。因为如我们已知，据他说，一切推断都是从特殊到特殊的推断。不论怎样，"普遍的东西只不过是在种类上确定、在数量上不确定的特殊东西的集合"。[②]

这就等于说，要证明一个普遍命题也就是要证明适用于一整类特殊事例的某个东西。因此，归纳可以定义为"那样一种心灵活动，借助于它我们推断：我们在一个或一些特殊事例中所知为真的东西，在某些指定方面与这些特殊事例相似的所有事例中，都将是真的"。[③]显然，密尔考虑的不是所谓的全归纳，在全归纳中，普遍命题只记录一类事例中每一单个成员已经观察为真的东西。因为该意义上的归纳不表示知识的任何进展。[④]他所考虑的是超出实际经验材料范围的推断，并且他的论证，比方说，是从已知的真理"某些 X 是 Y"到得出如下结论："任何事物在任何时间具有把 X 认作一类事物的成员所依据的属性，该事物也将被发现具有属性 Y"。

根据密尔的观点，从超出实际经验材料的范围到阐明一个普遍命题，这个过程所暗含的基本前提就是自然的一律性原则，即一切现象的出现都是根据普遍的规律。"自然的过程是一律的，这个命题是归纳的根本原则或基本公理。"[⑤]他进而说，假如真的提供一个大前提使从特殊到特殊的归纳推断具备了三段论的形式，那么，这同一个原则就构成了最终的大前提。

至此，如果把自然的一律性原则说成是归纳的根本原则或公理、公

68

---

① 《逻辑学》，第一部，第 328 页（第一部，第三卷，第 1 章，第 2 节）。

② 同上。

③ 同上，第一部，第 333 页（第一部，第三卷，第 2 章，第 1 节）。"将"一词的用法不应指归纳推断是从过去推断将来的唯一过程。当然，普遍命题也涉及一类事例中同时的、未观察到的成员，甚至涉及未观察到的过去的成员。

④ 譬如，如果我最初发现每个使徒都是犹太人，于是说："所有使徒都是犹太人。"这个普遍命题不表示知识的任何真正进展。

⑤ 《逻辑学》，第一部，第 355 页（第一部，第三卷，第 3 章，第 1 节）。

设，那么，这往往会暗示出，在做出任何特定的科学推断之前，该原则就已经被明确构想和假设出来了。而这根本不是密尔的观点。他的意思不如说是：自然的一律性是科学推断有效性的必要条件，而且在从事任何特定的推断时，我们不言而喻地以它为前提，即使我们并未有意识地了解这个事实。因此，当他说，假如真的赋予归纳推断以三段论的形式，就会发现自然的一律性原则构成了最终的大前提，他的意思是，该原则是做出各种推断**所根据的**不言而喻的公式或公理，而不是**从中**引出推断结论的命题。当然，关于三段论的这种说法是相当含糊的。因为如我们已知，密尔把三段论推理看成是对公式的解释，这暗示着故意对一个有意构想并阐述的公式做出解释。假如我们通过提供自然的一律性原则这个隐秘的大前提，实际赋予推断以三段论的形式，那么，我们显然必须清楚地阐明自然的一律性原则，尽管如此，也不能由此得出，一切科学推断都包含对它们的活动所依据的这个原则或公理的自觉意识。

因此，密尔没打算说自然的一律性原则是在发现特殊的规则性或一律性之前就被我们知道的自明真理。正相反，"这个大的概括本身是以先前的一些概括为根据的"。① 它远非我们做的第一个归纳，它是最后的归纳之一。乍看起来，这确实可能与密尔关于自然的一律性是科学推断的基本前提的观点不一致。他的观点似乎大致如下：科学推断是无效的，除非自然有一律性。因此，当我们着手探讨自然，进行科学推断的时候，我们不言而喻地预先假定自然中有一律性，即使我们未觉察到这个事实。关于自然的一律性的明确观念是通过发现特殊的一律性而产生出来的。我们越是发现这些特殊的一律性，就越倾向于证明这个观念的有效性，从而倾向于证明一切推断的这个隐含前提的有效性。

如果我们认为自然的一律性原则指的是，在将来永远重复或相似于过去的意义上，自然的进程永远是一律的，那么，作为一个普遍命题，该原则显然是不真实的。如密尔所说，天气并不遵循这个意义上的一律进程，也没有任何人会期待它遵循这个进程。但所谓的自然一律性"本身

① 《逻辑学》，第一部，第355页（第一部，第三卷，第3章，第1节）。

是一个复合事实，是由一切对于单一现象而存在的各别的一律性复合而成"，① 这些各别的一律性通常被称作自然规律。因此，说科学推断预先假定了自然的一律性，大概也不过是说，对自然的科学探究不言而喻地预先假定了自然中有诸种一律性。换言之，科学推断的有效性的条件就在于，在与该推断有关的情境或范围里应当有诸种一律性。对特殊一律性的逐步发现构成了对科学推断的逐步确证。

人们常说，密尔试图"证明"从未知到已知的科学推断"是正当的"。在某种意义上他这样做了。在什么意义上呢？他确实告诉我们："适用于约翰、彼得等人的东西也适用于所有人类，对此的真正证明只能是：与此不同的假设会与我们知道存在于自然进程中的一律性不一致。"② 可是，我们并未事先知道自然的进程是一律的。我们可以假设它，如果该假设部分上成为我们做出推断的规则，那么，出于连贯性的需要，我们应当遵循它。但连贯性单独不能构成对这个假设的证明。如果我们无论如何将注意力集中在密尔思想的经验主义方面，即集中在他对先天知识的否认，集中在他关于一切推断都是从特殊到特殊，普遍的东西只是特殊的东西的集合的观点上，那么，对归纳概括的唯一可能的辩护似乎就是它得到部分的证实，并且没有被证伪。我们不可能观察到一个规律或所谓一律性的所有可能的事例。但如果在我们对一个规律进行经验检验的那些事例中，该规律得到证实，如果我们知道该规律在任何事例中都没有被证伪，那么，对于从已知到未知，从观察到的东西到未观察到的东西，从"某些"到"一切"的归纳跳跃，这似乎是唯一的一种辩护。如果自然的一律性只是诸特殊一律性的复合，那么，可以得出，普遍意义上的自然一律性往往会得到证明，但只在如下的意义上：由于部分证实和不能证伪，我们发现特殊的归纳概括对于现象的预见是成功的，以此为根据，自然的一律性总会得到证明。

6. 如密尔所说的那样，在通常的用语中，自然中的各种一律性被称作自然规律。但在严格的科学语言中，当把自然规律还原到对其最简单的

---

① 《逻辑学》，第一部，第364页（第一部，第三卷，第4章，第1节）。
② 同上，第一部，第357页（第一部，第三卷，第3章，第1节）。

表述，它们就是自然中的一律性。它们是"极少数最简单的假设，由于得到公认，所以全部现存的自然秩序都因此而产生"；^①或者它们是"极少数普遍命题，从中也许可以推演出宇宙中存在的所有一律性"。^②对自然的科学研究的任务就是确定这些规律是什么，从中可以推出哪些次级的一律性，而归纳逻辑的任务就是确定一些原则和规则，这些原则和规则支配着确立这样的知识所依据的论证。

我们可以顺便提一下密尔是如何受科学的实际性质的影响而改变观点的。当密尔像一位经验论者那样谈话时，他告诉我们说，一切推断都是从特殊到特殊的推断，而且通过归纳概括得到的普遍命题是用来做出推断的公式，而不是从**中**推演出结论的命题。可现在他告诉我们说，对自然的科学研究涉及从比较普遍的规律推演出不太普遍的规律。显然，仍然正确的是，特殊的东西本身不可能从任何普遍的命题推演出来。普遍的命题告诉我们什么是我们所期待的，然后我们必须通过经验来检验该预期是否被确证或证伪。同时，这里似乎有强调重点的改变。当密尔讨论三段论时，他对推断过程给出了唯名论的说明。当他转而讨论归纳时，他更倾向于采取唯实论的立场。他倾向于假设：自然具有可以在科学的大厦中得到表现的稳定结构。

有些规律或一律性，诸如几何学命题等，与时间接续无关。另一些规律或一律性，诸如算术命题等，既适用于同时性或共存的现象，也适用于接续的现象。还有一些规律或一律性只与时间接续有关。这些规律或一律性中最重要的是因果律。"每一个具有开端的事实都有一个原因，这个真理是与人类经验共在的。"^③实际上，对因果律的承认是"归纳科学的主要支柱"。^④也就是说，归纳科学确立了因果律，它预先假定了每一个事件都按照这个规律而发生。因此，在阐发归纳理论的过程中，尽可能清楚地界定因果性观念是必不可少的。

---

① 《逻辑学》，第一部，第366页（第一部，第三卷，第4章，第1节）。
② 同上。
③ 同上，第一部，第376页（第一部，第三卷，第5章，第1节）。
④ 同上，第一部，第377页（第一部，第三卷，第5章，第2节）。

对于形而上学意义上的终极原因，密尔放弃了任何研究的打算。[①] 此外，如他打算在只能从经验中获得的范围内来确定因果性的观念一样，他不打算引入将原因和结果结合在一起的任何神秘必然性的概念。这样的概念不是归纳科学理论所要求的。这里没有必要超出"我们熟知的那个真理：通过观察发现自然中的每一个事实与此前已经出现的其他某些事实之间存在着不变的接续"。[②]

同时，断言密尔将因果关系还原为不变的接续，这是引人误解的。因为人们也许会认为这指的是，在密尔看来，一个既定现象的原因可以等同于经验发现总是先于该现象的任何别的现象。更确切地说，他把一个既定现象的原因等同于此前出现的正面现象和反面现象的总体，这些现象对于该既定现象的发生是必要的、充分的。"因此，不变的接续与因果关系不是同义的，除非该接续不仅是不变的，还是无条件的。"[③] 恰当地说，一个现象的原因是"该现象不变地、**无条件地**跟随而来的那个在先现象，或诸在先现象的共同发生"。[④]

72

密尔谈到因果律时说："该真理的普遍性决定了将归纳过程概括成规则的可能性。"[⑤] 他实际上确实假定，每一现象都有一个上述意义上的原因。一切自然现象都是先前各种原因配置的"无条件"后果。[⑥] 假如有任何心灵知道了在一既定时刻存在的所有动因，以及它们的状况和运行规律，那么，它"就可以预见尔后的全部宇宙史，至少在一个能够支配宇宙的力量没有做出某种新选择的情况下是如此"。[⑦]

可是，我们如何知道因果律是普遍真理呢？密尔肯定不愿意说它是自明的先天命题，也不愿意说它是从任何那样的命题推演出来的。因此，

---

① 由于采纳了里德所做的区分，密尔说他只关心"物理的"原因，不关心"动力的"原因。

② 《逻辑学》，第一部，第377页（第一部，第三卷，第5章，第2节）。

③ 同上，第一部，第392页（第一部，第三卷，第5章，第6节）。

④ 同上。

⑤ 同上，第一部，第378页（第一部，第三卷，第5章，第2节）。

⑥ 密尔承认宇宙中"永久的原因"，即先于一切人类经验的自然动因，对它们的起源我们一无所知。

⑦ 同上，第一部，第400页（第一部，第三卷，第5章，第8节）。

他必定认为它是归纳推断的产物。是何种归纳推断呢？在确定特殊的因果规律时，如我们在下一节将看到的那样，密尔推荐的方法是排除法。但这个方法，或更准确地说这些方法，是通过排除过程进行实验研究的方法，它预先假定了因果律的真实性。因此，它本身不能通过这个过程而确立起来。而这意味着，我们不得不借助于简单枚举归纳。也就是说，我们在通常的经验中发现，每一个事件都有一个原因。而当我们开始自然科学研究的时候，我们已经相信并期待发现因果联系。

我想，不能否认，密尔处于相当困难的境地。一方面，他想说，因果律是使科学推断变得有效的普遍、确实的真理。他坚持认为，随着观察范围的扩大，简单枚举归纳变得越来越可靠。因此，"譬如因果律之类的最普遍真理，以及数的原理和几何学原理，只能通过这个方法而得到充分、满意的证明，不允许有任何别的证明"。① 因果律"在普遍性上，并因而（如果先前的观察是正确的话）在确实性上，处于一切所见的一律性之首"。② 而且，"因为因果律是如此确实，所以它可以将它的确实性传递给能够从它推演出来的一切其他归纳命题"。③ 另一方面，密尔主张简单枚举归纳是可错的。的确，因果律的确实性"对于一切实践目的来说都是完美无缺的"。④ 同时，"对于事件接续中的一律性（又称因果律），不应作为宇宙的规律，而只应作为在我们可靠的观察手段范围内的那部分宇宙的规律接受下来，并合理地扩大到邻近的事例。如果将该规律进一步推广，那就是在做没有根据的推测，并且在没有任何经验根据来判断它的或然程度的情况下，试图赋予它任何确实性都是徒劳的"。⑤

结论大致如此。我们在日常经验中发现事件是有原因的。经验与观念联想律的作用一起，可以说明为什么我们对因果律的普遍有效性深信不疑。这样，因果律就可以起到科学推断中密尔指定给三段论大前提的作用。也就是说，它既是过去经验的记录，又是对我们期待之事的预见。它

---

① 《逻辑学》，第二部，第102页（第二部，第三卷，第21章，第3节）。
② 同上，第二部，第103页（第二部，第三卷，第21章，第3节）。
③ 同上，第二部，第104页（第二部，第三卷，第21章，第3节）。
④ 同上，第二部，第106页（第二部，第三卷，第21章，第4节）。
⑤ 同上，第二部，第108页（第二部，第三卷，第21章，第4节）。

是科学归纳的规则或公式。而且，科学推断总是确证而从不证伪因果律。如果我们事实上得出了一个错误的结论，在 A 不是 C 的原因时断言是它的原因，那么，我们最终发现，别的某个东西，比方说 B，是 C 的原因，而不会发现 C 是无原因的。因此，对于一切实践目的来说，因果律是确实的，我们可以稳妥地依赖它。可是，从纯理论的观点看，我们没有资格说，在一切人类经验之外的宇宙之域中，它仍然无误地适用。

　　如果人们提出反对意见，说密尔明确想赋予因果律以绝对的确实性，使它能构成科学推断的绝对可靠的基础，那么，可以承认这个反对意见是对的。"每一个开始存在的事实都有一个原因……可以认为这是确实的。现在的全部事实都是过去事实的无误的结果，是以前那时存在的一切事实的更直接的结果。因此，这里有一个规模巨大的接续，我们认为它是一律的。假如整个宇宙的全部先前状态可以重新再现，那么，现在的状态就会再随之而来。"① 尽管密尔可能相信因果律的普遍性和无误性，但问题在于，根据他的前提，他没有充分证明他的信念是正当的。如我们已知，他发现自己不得不承认这个事实。

　　7. 密尔绝不认为纯粹观察意义上的经验主义能大大推进科学知识。他也不认为可控实验意义上的实验主义构成了全部科学方法。他意识到，假设的作用"应当认为是科学中绝对必不可少的作用……没有这样的假设，科学不可能达到它现在的状态；它们是向某种更确实的知识前进时的必要步骤；现在成为理论的几乎每件事情过去都曾经是假设"。② 当然，他并没有忽视演绎的作用。"演绎的方法，其特点表现在它的三个组成部分中，即归纳、推理和证实，由于它在探讨自然的过程中取得了极其显著的胜利，人类对它心怀感激。"③ 尽管我们一般将注意力集中在密尔的实验研究方法上，并很快对它做简要的说明，但我们也应从一开始就承认，他用来与纯粹经验主义相对照的实验主义对科学方法的实际性质并非毫无所知。

74

---

① 《逻辑学》，第一部，第437页（第一部，第三卷，第7章，第1节）。
② 同上，第二部，第16—17页（第二部，第三卷，第14章，第5节）。
③ 同上，第一部，第538页（第一部，第三卷，第11章，第3节）。

密尔区分了纯粹描述性假设和解释性假设。拿"行星的轨道是椭圆的"这个纯粹断言来说吧。它只是描述了行星的运动，没有提供任何因果的解释。如果这个假设被证实了，那么，这就是它的真实性所需要的唯一证明。"在所有这些情况下，证实就是证明。如果假设与现象一致，那么，该假设就不需要任何别的证据了。"[①] 但就解释性假设来说，情况就不同了。让我们设想从假设 X 进行推演：如果该假设是真的，那么，现象 a、b、c 应在某些既定情况下发生。让我们设想这个预断得到了证实。该证实并没有证明 X 的真理性，因为同样的结果也可以从假设 Y 和假设 Z 推演出来。于是，我们面对三个可能的原因。为了发现真正的原因，我们不得不排除其中两个原因。当我们这样做了，原来曾经是假设的东西现在就成了自然规律。

这里暗含的物理科学观显然是实在论的。"现在的全部事实是过去一切事实的无误结果"，在这个意义上，密尔好像说我们已经知道自然是一律的。[②] 但我们在思考自然时，并没有特殊的一律性直接呈现给我们。即使纯粹的观察再多也不能使我们将普遍的一律性分解为特殊的一律性。因为"我们乍一看就感到，自然的秩序每时每刻都表现出接连不断的混乱"。[③] 换言之，当我们寻找一个既定事件的原因时，我们面对的是一个既定事件的许多乍看上去的原因或可能的原因，只凭观察将不能使我们确定真正的原因。在这方面，纯粹的内心分析或推理也将无济于事。推理确实是必不可少的。因为在科学中，我们必须形成一些假设并推演它们的结果。可是，一个假设不可能变成一个自然规律，除非排除别的可选的可能性。而这就需要进行实验研究。显然，所有这些都以自然的客观一律性的存在为前提，然后就期待发现实际的因果规律存在。鉴于密尔思想的经验主义方面，我们确实无法证明自然的普遍一律性，除了根据我们对事实上的因果联系的发现，后天地、逐渐地证明之。但这没有改变这样的事实：密尔显然坚信有这样的联系将被发现。毫无疑问，这就是为什么如我们所

---

① 《逻辑学》，第二部，第 15 页（第二部，第三卷，第 14 章，第 4 节）。
② 同上，第一部，第 437 页（第一部，第三卷，第 7 章，第 1 节）。
③ 同上。

见的那样，他好像倾向于说，在科学地发现特殊的因果规律之前，我们就能知道自然的普遍一律性。

密尔提出了实验研究的四个方法。前两个方法分别是契合法和差异法。契合法的准则或规范原则是说："如果被研究现象的两个或两个以上的事例只有一个情况是共同的，那么，唯有一切事例都一致的那个情况是该现象的原因（或结果）。"① 差异法的准则或规范原则是说：如果我们考察被研究现象发生的一个事例，并考察被研究现象不发生的一个事例，如果我们发现这两个事例的所有情况都是共同的，只有在前一事例中出现的一个情况除外，那么，这一情况是该现象的结果或原因，或是其必不可少的组成部分。显然，这两个方法都是排除法，前者依据如下公理：凡是可以被排除的东西根据任何因果律都与被研究现象的出现没有联系。后者依据如下公理：凡是不能被排除的东西都与被研究现象的发生有联系。密尔将这两个方法结合起来，成为契合差异并用法。②

第三个实验方法是剩余法，其准则如下所述："从任何现象中除去根据以前归纳所知是某些先前现象之结果的部分，该现象剩余的部分是余下的先前那些现象的结果。"③ 第四个方法是共变法，特别用于人为实验不可行的情况。它的准则是说：无论什么现象发生变化，这时总有另一个现象以某种既定的方式发生变化，那么，这个现象要么是那个现象的原因，要么是它的结果，要么通过某个因果事实与它相联系。譬如，如果我们发现月亮位置的变化总有潮汐的相应变化所跟随，那么，即使我们显然无法将月亮移除，看看它不在的时候会发生什么，我们也有资格断言，月亮是决定潮汐变化的全部原因或部分原因。

这里，密尔确实好像说，他认作"实验研究的唯一可能方式"④ 的四个实验研究方法是发现的方法。有时人们提出反驳，说这些方法实际上只是检查用别的方法做出的科学假设的有效性的方法。但为了对密尔公正起

---

① 《逻辑学》，第一部，第451页（第一部，第三卷，第8章，第1节）。
② 同上，第一部，第458页（第一部，第三卷，第8章，第4节）。
③ 同上，第一部，第460页（第一部，第三卷，第8章，第5节）。
④ 同上，第一部，第470页（第一部，第三卷，第8章，第7节）。

见，应当补充说，他强调这些方法作为证明方法的地位，更甚于他强调这些方法作为可能的发现方法的作用。"如果发现总是根据观察和实验做出的，不需要演绎，那么，这四个方法是发现的方法。但即使它们不是发现的方法，它们是唯一的证明方法这一点也仍然是真的。而在这一点上，甚至演绎的结果也要经受它们的检验。"①

77　当然，密尔承认实验的应用领域是有限的。在天文学中，我们不能做在化学中可做的实验。心理学和社会学的情况也大致如此。因此，这些科学中的方法，"为了取得有价值的成就，在很大程度上应当是演绎的，即使主要不是演绎的"。②上述四种方法是证明的方法，是将一个假设转变为一个可靠的因果律的方法。因此，密尔不准备接受他归之于休厄尔的那个观点：在没有被经验证伪的情况下，我们应当甘愿让一个假设成立，直至一个同样符合经验事实的更简单的假设出现。在他看来，未被证伪绝不是物理规律所必需的唯一证明。因此之故，凡是在可行的时候他都坚决主张使用实验研究的方法。

对于从观察到的东西到未观察到的东西、从已知的东西到未知的东西的归纳推断，密尔是否成功证明了它的正当性呢？如果我们将注意力集中在他关于一切推断都是从特殊到特殊的明确断言，如果我们认为特殊的东西都是完全各别的东西（即如果我们将注意力集中在密尔思想中唯名论成分的话），那么，我们必须给出否定的回答。当然，密尔也许已经尝试创立一个概率论。但在没有这样一个理论的情况下，也许他的最好说法是：科学因其成功而被证明是正当的，它的正当性不需要进一步的理论证明。同时，我们可以说，他确实提供了这样的正当性证明。但他提供这样的证明，只是通过假定整个自然界有实在的一律性的结构，这些一律性是某种超出纯事实接续的东西。换言之，他采取了实在论的立场，忽略了唯名论的蕴意，以此来证明科学推断的正当性。

8. 休谟的计划是通过创立一门人性科学，将科学的统治从对非人类的物质世界的研究扩展到对人本身的研究，他的这个计划已经在密尔的经

---

① 《逻辑学》，第一部，第502页（第一部，第三卷，第9章，第6节）。
② 同上，第一部，第443页（第一部，第三卷，第7章，第3节）。

验主义前辈那里得到部分的实现。联想主义的心理学家旨在将研究人的精神生活的心理学建立在科学的基础上。边沁认为自己阐发了关于人的道德生活的科学和关于社会中的人的科学。如我们已知，J. S. 密尔认为边沁的人性观念是狭隘的、短视的。而他清楚地意识到，人性科学尚未取得与物理学相媲美的进展。因此，对于这位自命为"道德科学"逻辑创立者的学者来说，要取得显著的具体成果，不能只是抽象而明确地阐述以前已经用过的一个或一些证明方法的问题。他的工作主要是试验性的，即指出将来要遵循的途径，而不是对已经走过的路进行反思。总之，密尔自然而然地应当强调阐发道德科学逻辑的必要性。我的意思并不是说他只受他的英国前辈的影响。因为法国的社会哲学对他也是一个激励因素。若考虑到这一普遍的思想运动，那么，一个希望制定归纳推理逻辑，同时对社会思想和社会改革深感兴趣的人，应当把社会中的人纳入关于科学方法的思考范围，就是很自然的了。

　　《逻辑学体系》的第六卷题为"论道德科学的逻辑"。密尔所说的道德科学指的是涉及人的那些研究分支，只要这些分支在特点上不是严格规范的，也不能归为物理学的组成部分。这第一个条件排除了实践伦理学或"道德规范"（morality），即用祈使语气表达的伦理学。"祈使语气是与科学不同的艺术特征。"[①] 这第二个条件排除了将心灵状态看成是由身体状态直接引起的那种考虑。心灵状态之间的关系受一些规律的支配，对这些规律的研究属于作为道德科学的心理学。感觉被认为直接依赖于身体的状态，对支配这种感觉的规律的研究属于生理学，它是一门自然科学。如果我们记住了这些限定，我们可以说，道德科学包括心理学、行为学或性格形成学[②]、社会学和历史学，尽管历史学实际上是普通社会学的一部分，即关于社会中的人的科学。

　　根据密尔的观点，有必要把道德科学从"经验主义"中拯救出来。也就是说，必须将纯经验的描述性规律转变为解释性的或因果性的规律，或从这样的规律进行演绎。譬如，我们可能已经观察到，在一切已知事例

78

79

―――――――――――

① 《逻辑学》，第二部，第 546 页（第二部，第六卷，第 12 章，第 1 节）。
② 那时已经提出了对民族性格形成的研究，譬如孟德斯鸠就提出过。

中，人类在某种环境下以某种方式行事。于是，我们以概括的方式说，人类以这种方式行事。但仅仅观察一定数量例证实际上并不能可靠地保证该经验规律是普遍有效的。要提供这样的保证，只能通过弄清在该条件下决定人的行动的那个原因或诸个原因。只有通过弄清这样的因果联系，真正的人性科学才能发展起来。当然，由此不能得出，我们实际上总能弄清准确的规律。但这至少是理想。于是，在对经验主义与科学的区分中，我们再次看到密尔的坚定信念：客观因果联系的存在有待于我们去发现。

作为道德科学的心理学的主题是"接续的一律性，即规律，不论是最终的规律还是衍生的规律，根据这些规律，一个精神状态接着另一个精神状态，一个精神状态被另一个精神状态所引起，或至少被引起去跟随另一个精神状态"。[1] 这些规律乃是观念的联想律，它们已经被确定了，而根据密尔的观点，它们只能通过实验研究的方法来确定。因此，心理学"完全或主要是一门观察和实验的科学"。[2]

然而，当我们在行为学中转到性格的形成，尤其是民族性格的形成的问题上，就没有实验的余地了。但要把行为学确立为一门科学，仅仅靠观察是不够的。因此，它的方法必须是"完全演绎的"。[3] 也就是说，它必须以心理学为前提，它的原理必须从心理学的基本定律中推演出来，而与个人性格或民族性格的形成有关的已经公认的经验定理，必须表明可以从这些原理中推出，并因而起到证实这些原理的作用。而且，一旦行为学的原理已经被牢固地确立起来，就将打开一条发展相应艺术的道路，这个艺术就是应用教育的艺术，它将能运用这些原理，以便造成令人想望的结果，或防止不合需要的结果。

社会科学，即关于社会中的人的科学，研究"集体人群的行动和构成社会生活的各种现象"。[4] 当然，它包括政治学研究。在社会科学或社会学中与在行为学中一样，做人为实验是不可行的，而仅仅依靠观察不足

80

---

① 《逻辑学》，第二部，第439页（第二部，第六卷，第4章，第3节）。
② 同上，第二部，第458页（第二部，第六卷，第5章，第5节）。
③ 同上。
④ 同上，第二部，第464页（第二部，第六卷，第6章，第1节）。

以创立一门科学。同时，几何学中实行的演绎方法没有提供恰当的模式。边沁确实致力于从一个原则，即人们永远追求自己利益的原则，推演出一门社会政治理论。实际上，人在行动中永远受私利支配的情况并不总是真的。在这方面，人受利他动机的支配也不是普遍真的。一般来说，社会现象太复杂了，是太多不同因素的结果，以至于不可能从一个原则将它们推演出来。如果社会学家正在寻求的是一个方法模式，那么，他就不应指望几何学，而应指望物理学。因为物理学家考虑到了有助于造成某一结果的原因的多样性，因而也考虑到了规律的多样性。

密尔强调社会科学中的功利，他称之为逆演绎的或历史的方法（the inverse deductive or historical method）。在运用这个方法时，社会学家不是从规律中先天地推演出结论，然后通过观察来证实它们。他首先从经验中得出近似于经验概括的结论，然后"根据先天的推理"将它们联系到"人性的原则上，这样，推理就成了实际的证实"。[①] 如密尔所坦承，这个思想是他从奥古斯特·孔德那里借来的。"当我在孔德那里发现这个思想时，它对我来说是一个全新的思想：要不是因为他，我不会很快得到（即使会得到的话）这样的思想。"[②]

不过，虽然密尔强调了逆演绎法的功利，但他不愿意承认它是适用于社会学的唯一方法。因为我们也可以运用直接演绎法，只要我们承认它的局限。譬如，如果我们知道 X 是一个人性法则，那么，我们就可以推出人类将倾向于以某种方式行事。可是，我们不可能知道和预见他们在具体的情况下会如此行事。因为我们不可能事先知道，至少我们很少能事先知道在此起作用的所有其他因果力，这些因果力可能与我们心里想到的那个原因作用相反，或者与那个原因结合在一起，造成了与没有其他因果力时很不一样的结果。无论怎样，直接演绎法在预见行动倾向方面无疑有其自己的用处。而这对实践政治学是有价值的。而且它特别适用于政治经济

81

---

① 《逻辑学》，第二部，第490页（第二部，第六卷，第9章，第1节）。也就是说，经验的概括是通过确定它们是否出自有关人性的已知普遍原则而被证实的。
② 《自传》，第211页。

学那种"认为人类只忙于获取和消耗财富"①的学科。显然，这不是人类所做事情的全部。但问题在于，我们对人的看法越简化，我们能赋予直接演绎法的范围就越大。反之，我们考察的情境越复杂，我们就越不得不转而采用逆演绎法。

在社会学中，密尔仿效孔德区分了社会静力学和社会动力学。前者涉及确定和证实社会中共存的一律性。也就是说，它研究同时发生的社会现象的相互作用和反作用，这些作用和反作用是从永远（即使是逐渐地）改变整个现象复合体的不断的变化过程中尽可能抽象出来的。而社会动力学研究被认为处于永远运动或变化状态中的社会，并试图说明社会状况的历史连续。虽然我们可以确定历史变化或进步的某些一般规律，但我们无法预见它的进度。其中一个理由是，我们无法预见对历史进程有显著影响的那些杰出个人的出现。

在这方面，密尔提到了麦考利（Macaulay）关于德莱顿（Dryden）的论著，批评那里所表达的关于伟大的历史个人相对无用的观点。譬如，我们不能合理假定，如果没有苏格拉底、柏拉图和亚里士多德，欧洲哲学还会像实际那样发展，甚至不能合理假定它会有任何发展。我们无法正当地假定，假如牛顿没出现，他的自然哲学会被别的什么人实际同样迅速地创立起来。一切人类意志力和活动都是被引起的，对于这个真理，如果假定它必定包含一个结论，即天赋出众的个人不可能发挥卓越的影响，那是完全错误的。

显然，密尔的社会科学概念包括根据因果律来说明人类行动，它预先假定了一切人类意志力和活动的可预见性。这个主题在密尔的伦理学理论方面已经涉及了。但他坚持认为，不应将这种可预见性与"宿命论"混淆起来。这里所理解的"宿命论"是指人类意志在决定事件的原因时是不重要的。因为人类意志本身就是一个原因，而且是一个有力的原因。②再者，在社会学中，一方面认为任何明确的因果律都是无法确定的，另一

82

---

① 《逻辑学》，第二部，第496页（第二部，第六卷，第9章，第3节）。
② 当然，如果把宿命论理解为从运行的原因链条中排除人类意志，那密尔可以避开宿命论。然而，在给定的先行条件下，如果一个人的意志力只能是它实际那样，那么，就很难看出他如何能避开宿命论，即使我们将它理解为与拒斥无差别的自由是同义的。

方面又设想对历史进程的预见是可能的，我们不得不在这两者之间走出一条中间道路。社会规律是假设性的，以统计学为根据的概括本来就容许例外。

密尔确实表示相信，随着文明的进步，集体的力量越来越趋于主导地位，而且随着这种情况的出现，预见变得更容易了。譬如，他考虑到如下两种社会的差异，在一种社会，许多事情取决于一个人即绝对君主的心血来潮，在另一种社会，普通人通过普选权来表达他们的意志。换言之，我们从总体上研究人时的经验概括，比我们研究单个行动者时的经验概括，有更大的预见力。[①] 当然，社会科学的主要目标之一是将这些经验概括与人性法则联系起来。但这里的情况太复杂了，以至于社会科学不可能无误地预见历史的进程，即使（在密尔看来）人类社会的变化已经使社会科学与历史学或社会动力学的接近变得更容易了。

9. 密尔关于科学的全部构想，不论是物理科学还是道德科学，显然都预先假定了外部世界的存在。我们相信这样一个世界的存在，现在我们可以转到他关于我们这个信念的根据的讨论上来，这个讨论多半是在他对威廉·汉密尔顿爵士的哲学进行批判的框架内进行的。

汉密尔顿主张，在知觉中，我们对自我和非我，对自我和自我之外存在的某物有直接的知识。不论怎样，密尔虽然乐于承认，像休谟声称的那样，我们有外部世界存在的自然信念，但他仍致力于表明如何能从心理学上对这个信念做出说明，而不必假定它是对一个原始的意识材料的表达。他做出两个公设。第一个公设是心灵能够进行预期，第二个公设是联想主义心理学是有效的。在这两个公设的基础上他论证说，"假设在意识中没有一个外部世界已经存在的直觉"，有一些联想"不可避免地会产生对一个恒久的外部世界的信念，会使人们把这个信念认作是一个直觉"。[②]

83

让我们假设，我有某些视觉和触觉，在我心中产生了一种观念联想。

---

① 譬如，以统计学为根据的概括或许能使我们预见在一个既定国家中大致有多少人将投出地址有误的信件。但统计学家不能说出哪些公民个人将如此疏忽大意。
② 《研究》，第 192 页。

譬如，当我坐在书房的桌前，我有了我称之为"看见这张桌子"的视觉，有了我称之为"触到或摸到这张桌子"的触觉。而一个联想就建立起来了，使得我有了这种视觉时，一个触觉就作为一种可能性存在着。反过来，当我只有触觉，因为这时屋子里完全是黑的，一个视觉就作为一种可能性存在在那里。而且，当我离开这间屋子，后来再进去时，我有类似的感觉。因此，在我心中形成了这样一种联想，以致我走出屋子时，我坚定地相信，假如我在任何时候再进入这间屋子，我应该或可能有类似的感觉。而且，当这些可能的感觉形成一组，当我又发现这组感觉进入了各种各样的因果关系中，那么，我就不可避免地认为这些感觉的恒久可能性是一个永久的物理对象。实际的感觉是转瞬易逝的。但感觉的可能性被联结为一组，仍然保持不变。于是，我们最终将感觉和物理对象区分开来。而我们之所以相信这些外在的对象，其根据是各种互相联结的一簇簇或一组组可能的感觉的存在，这一组组感觉要比对实际的感觉更持久。[①]

还有一点。我们发现，被我们认为是物理对象的那些感觉的恒久可能性"属于我们自己，也同样属于他人或别的有感觉的生物"，[②]尽管他们经验到的实际感觉肯定与我们经验到的不同。而这就最终确定了我们对一个共同的外部世界的信念。

84　　　　如至此所概括的那样，我们可以把密尔的理论只当作对一个信念的起源的心理学说明。也就是说，可以把它理解为摆脱了任何本体论的承诺，不涉及任何关于物理对象的本体论性质的陈述。然而，事实上，密尔进而将物质定义为"感觉的恒久可能性"，[③]各种物体是同时发生的一组组感觉的可能性。诚然，他提到，这里的问题是对物质下定义，而不是否认物质的存在。但他表明，他像"所有贝克莱主义者"一样，[④]只相信该定义意义上的物质，他声称，不论某些哲学家和神学家会怎样做，该定义包

---

① 显然，在刚才给出的某人坐在桌前的例证中，对于外部世界存在的信念已经出现了。不过，这个例证能有助于说明密尔从心理学上重建该信念的基本思路。

② 《研究》，第196页。

③ 同上，第198页。

④ 同上。不用说，密尔不接受贝克莱从其物质的东西是"观念"的理论中引出的神学结论。但对于有物质的东西即使未被知觉时仍继续存在的说法，密尔认为他自己对其含义的分析与那位虔诚的主教所给出的分析实质上是一样的。

含了普通人加在"物质"一词上的全部意义。因此，密尔明确承诺了一个本体论的陈述。

然而，物质是感觉的恒久可能性这个定义是含糊的。因为它很容易使人想到这些可能感觉的恒久根据，这个根据本身是不可知的。假如这真是密尔打算说的意思，那么，就不可避免地在科学世界和基本的物理实在之间造成裂隙。科学真理就会与现象相关，而不是与自在之物相关。虽然密尔在别的地方提到，"离开了有感觉的生物的感觉，一切物质只有一个假设的、非实体的存在：这只是用来说明我们的感觉的一个假设"，[1]但他明确表示，他不打算肯定这个假设的有效性。

当然，如果我们按照经常解释贝克莱时的思路来解释密尔，即只是说，物质的东西只不过是我们知觉到、并能够知觉到的那个样子，而且这里没有洛克所假设的任何不可知的"基体"，那么，密尔所描述的科学的本性似乎不会受到影响。可是，即使这无疑是密尔的一部分意思，正如他坚信他在对物质下定义时站在普通人一边所表明的那样，但事实仍然是：他把物质的东西说成是"感觉"。譬如，他这样说："大脑一如精神的功能一样，与物质本身一样，仅仅是一组人类感觉，不是实际的感觉，就是推定为可能的感觉 —— 也就是解剖学家打开颅骨时所具有的那些感觉……"[2]由此似乎可以得出，物理学研究感觉之间的关系，当然，这些感觉主要是可能的感觉，尽管如此，它们仍然是感觉。密尔本人确实谈到在各组可能的感觉之间发现因果关系或恒常接续的存在。

可以理解的是，后来的经验主义者力图避免这个结论，避而不谈物质的东西**是**感觉或感觉材料。他们反而满足于主张：一个提及物理或物质对象的语句，原则上可以翻译为只提及感觉材料的其他语句，原始语句与翻译语句之间有这样一种关系，以致前者若是真的（或假的），后者也是真的（或假的），反之亦反。在此我们不必在这个主张是否提得恰当的问题上纠缠。[3]关键在于，就密尔本人而言，他以那样一种方式谈论，以致

85

---

① 《宗教三论》，第86页（1904年版）。

② 同上，第85页。

③ 人们普遍承认，关于这种翻译的可能性，唯一充分的证据就是做出这种翻译，而且没有任何令人满意的翻译被实际做出过来。

物理学的主题成了人类感觉。

　　不过，这个立场是很难维持的。让我们假设，感觉被理解为主观的状态。而这对上面概括的密尔关于我们的外部世界信念的起源的说明，会造成巨大的困难。譬如，密尔说，我们"发现"有感觉的可能性，它们对我们自己和他人是共同的。可是，对我来说，他人只不过是感觉的恒久可能性。如果我们根据感觉状态来理解"感觉"一词，那么，似乎可以得出，其他人，甚至别的一切东西，都被还原为我的主观状态。对科学来说，这就成了研究我的感觉状态之间的关系。如果一位解剖学家观察人的大脑，那么，他所检查的对象只不过是他自己的一组实际的或可能的主观状态，这难道能令人相信吗？总之，根据感觉来定义物理对象，如果感觉被理解为主观状态的话，其逻辑结果就是唯我论。而没有人真的相信唯我论是正确的。

86　　　人们可能会反驳说，密尔从未想说科学只涉及任何通常词义上的"主观状态"。这个反驳显然是有效的。十分明显，密尔没打算认为整个物理世界是由他（密尔）的主观意义上的感觉构成的。因此，我们要么必须将感觉具体化，使之转变为公共的物理对象，要么必须假定，说一个物理对象是感觉的恒久可能性也就等于说，一个物理对象是能够在有感觉的主体中引起感觉的东西。第一个选择是一个很独特的论点，第二个选择倾向于重新引入自在之物的概念，并重新引入我们已经提到过的科学世界与物理实在之间的裂隙。

　　实际情况是这样的：密尔至少自己感到满意地表明了如何能根据观念联想来说明我们对外部世界的信念的起源，然后他悄悄地做出本体论断言，没有实际考虑这些断言对物理学的性质意味着什么。总之在笔者看来很明显，密尔对物理对象的经验主义分析，与作为其因果律学说基础的实在论科学概念，实际上不相容。

　　10．由于经验主义传统所致，密尔显然预先就倾向于对心灵概念做类似分析。"我们没有任何与其意识表现有别的心灵本身的概念。对于心灵，除了被各种各样感觉的接续（形而上学家称之为'心灵的状态或变状'）所表现的那样之外，我们既不知道，也无法想象。"① 当然，十分正确的是，与不断变化的精神状态相比，我们倾向于把心灵说成是某种恒久的东西。但假如在我们所考察的情况中没有任何特殊的因素，我们本来完全可以将心灵定义为精神状态的恒久可能性。

然而，对心灵的现象论分析实际表现出特有的困难。因为"如果我们把心灵说成是一串感觉，我们要使这个陈述变得完整，就不得不称心灵是这样一串感觉：它意识到作为过去和将来的自己"。② 而心灵这一串感觉如何能意识到作为一串感觉的自己？我们没有理由假设物质的东西有自我意识。可是心灵无疑有自我意识。

虽然密尔注意到这个困难，并承认语言暗示出心灵不可能还原为一串精神现象，可是他不愿意牺牲现象论。因此，他被迫主张，他所说的这一串感觉可以意识到作为一串感觉的自己，即使他显然不能说明这是如何可能的。"我认为，我们所能做的最明智之举就是接受这个无法解释的事实，不需要关于它如何发生的任何理论。这时我们必须用表现为一个理论的词语来谈论这个事实，在词义上有保留地使用这些词语。"③

与对心灵概念的分析相联系，密尔提出了唯我论的问题。他说，根据里德的观点，如果我只是一串感觉或一缕意识，那么，我根本没有别的自我存在的任何证据。我所谓的意识到别的自我，只不过是意识到我自己的私人感觉。密尔宣称，这个论证思路是"里德最明显的错误之一"。④ 首先，即使我相信我自己的心灵是一串感觉，那也没有任何东西能妨碍我设想别的心灵是类似的一串感觉。其次，对于在我自己的心灵之外有别的心灵存在，我有推理的证据，一如下面的反思方式所表明。

我将感觉的恒久可能性中的一些变状称作我的身体，它们在我心中唤起的实际感觉和精神状态构成了我称之为心灵的那串感觉的一部分。但

87

---

① 《研究》，第205页。根据密尔对该词的用法，形而上学是"精神哲学的这样一个部分，它试图确定心灵的哪部分才是原来就属于它的，哪部分是用外面提供给它的材料构成的"。（《逻辑学》，第一部，第7页，序言，第4节）对于"感觉"（feeling）一词的用法，请参见本书第21页（原书页码）詹姆斯·密尔关于该词用法的引文。

② 同上，第212页。

③ 同上，第213页。

④ 同上，第207页。

我意识到别的感觉的恒久可能性存在，它们与我们这方面的精神生活无关。同时，我意识到这些感觉的恒久可能性或身体的活动和其他外在记号，我有正当理由把它们解释为与我自己的内在精神状态相似的内在精神状态的记号或表达。

　　我们从身体的表面行动进行推断，以此知道别的心灵的存在，这个观点一般来说是充分的。但麻烦在于，密尔已经根据感觉对身体做了分析。显然，他绝不打算说，或绝不打算暗示，另一个人的身体完全只是**我的**一组实际的和可能的感觉。但无论如何，他必定会遇到如下反对意见：我只是通过我的感觉意识到另一个人的身体，而且如果这个身体是根据感觉来定义的，那么，这个人要么必须承认这些感觉是我的，要么必须承认感觉可以独自存在，要么必须承认身体是可能的感觉的根据。在第一种情况下，唯我论是其逻辑结论。在第二种情况下，给我们提出了一个非常独特的论点。在第三种情况下，如已经提到的那样，对这个物质东西的现象论分析失败了。密尔自己明确承认，因为在对心灵的现象论分析中有特殊的困难，所以这个分析更容易受到怀疑。

　　唯我论已经证明是现象论挥之不去的幽灵。并非现象论者实际接受了唯我论。因为他们没有做过这样的事。这里的困难不如说在于，要以这样一种方式来叙述现象论，使得既不会导致唯我论的结论，也不会导致暗中抛弃现象论。叙述现象论立场的最成功尝试也许是前一节已经提到的现代语言学的方式。但这种方式会很容易被看成是对那些关键问题的回避。同时，如果我们一旦开始寻找隐蔽的基体，我们将发现自己陷入别的困境。当前有些人热心于日常语言崇拜，人们可能赞同他们所做的务求实际、合情合理的探讨。然而，麻烦在于，一旦我们将事情恢复到日常语言上，我们熟悉的那些哲学问题往往都会重新冒出来。

　　11. 如我们在概述密尔生平时所说，他是由无任何宗教信仰的父亲抚养大的。但对于本身不利于道德的宗教，他没有他父亲詹姆斯·密尔那种明显的敌视态度。因此，他更加开放地考察上帝存在的证据。关于笛卡尔式的本体论证明，他说它"不大可能使当今的任何人满意"。[①] 因为他

① 《宗教三论》，第70页。下面简称该著作为《三论》。

认为因果关系实质上是现象之间的关系，所以毫不奇怪，他同休谟和康德一样论证说："［关于上帝存在的］第一因证明本身对于有神论的确立没有任何价值。"[1] 但他准备认真考虑根据自然的设计所做的证明，因为这个证明是"具有真正科学特点的证明，它不回避科学的检验，只要求根据已经确立的归纳规则来判断。设计论的证明完全建立在经验的基础上"。[2] 是否能把对超现象实在的任何证明都恰当地称作"科学的"证明，这一点值得怀疑。密尔的主要观点是：即使根据自然的设计所做的证明得出结论，肯定了一个其本身超出科学研究范围的神圣存在物的存在，但该证明本身仍然以容易理解的方式建立在经验事实的基础上，对它所做出的推断的有效性仍然可以进行合理的讨论。

佩利（Paley）的论证方式将是无效的。的确，如果我们在一座荒岛上发现一块表，我们确实会推断，它此前被一个人留在那里。但我们这样推断，完全是因为我们已经根据经验知道表是人造的，是人携带的。可是，我们以前没有经验到自然对象是被上帝造出来的。我们是根据类比作论证。也就是说，我们的论证根据于以下两种现象的相似：一种现象我们已知其为人类设计的产物，另一种现象我们将其归因于一个超尘世智慧的高效工作。

不过，必须补充说，根据自然的设计所做的证明依赖于一种特殊的相似性，即各种因素一起作用于一个共同的目的。譬如，视觉是由视觉器官的各个部分一同产生的，该证明即从这些部分的配置和结构中推断出一个超尘世智慧的运作。我们确实不可能排除对这些现象的所有其他解释。因此该证明引出的结论只能有某种程度的或然性。不过，该证明仍然是一个合理的归纳推断。[3] "我认为必须承认，在我们现在的知识状况下，自然界的各种适应作用表明智慧的创造是非常可能的。"[4]

不过，根据密尔的观点，我们不能承认上帝的存在是或然的真理，

---

① 《三论》，第67页。

② 同上，第72页。

③ 密尔认为仅仅根据适者生存来说明这个问题完全不是决定性的。

④ 同上，第75页。

同时又断言上帝的全能。因为设计意味着手段要适合于目的，而运用手段的必要性则表明能力的有限性。"宇宙中的每一个设计迹象都是否定设计者全能的充分证据。"[①]

90 　　在我看来这不是一个很有说服力的证明。因为，虽然根据设计的证明（就其本身来看）所得出的结论只是断言一个设计者而非一个创造者的存在，但这并不表明这个设计者不是创造者。很难理解单单将手段用于目的这个事实如何成了反对全能的论据。而且，密尔的主要兴趣另有所在，那就是他要证明，同时断言上帝是全能的与断言上帝是无限善的，两者之间明显不相容。而这个论证思路给人的印象要更深刻得多。

　　密尔的观点是：如果上帝是全能的，他就可以防止邪恶；如果他不这样做，他就不可能是无限善的。如果我们与曼塞尔教长（Dean Mansel）一样说，人们用"善"一词类比地断定上帝的性质，与用在人类时的意义不一样，那也是毫无用处的。因为那实际等于说，在我们能赋予该词的任何意义上，上帝都不是善的。总之，如果我们希望坚持说上帝是善的，那我们必须同时说，他的能力是有限的或有局限的。

　　密尔愿意承认，相信上帝希望人类幸福是合理的。因为这一点已为如下事实所表明：快乐似乎由人类机体的正常运行所引起，痛苦似乎由这种运行受到某种干扰所引起。同时，我们不能设想，上帝创造宇宙只是为了使人类幸福这个单一目的。各种现象表明，如果有一个有智慧的造物主，那么，除了人类的幸福或一般有感觉的生物的幸福，他还有别的动机，而且不论这些别的动机可能是什么，对他都更为重要。

　　换言之，自然神学并没有使我们走很远。至少在现在的证据状况下，相信一个能力有限的、有智慧的神圣存在确实不是不合理的。但这里要采取的恰当态度是密尔所谓的合理的怀疑主义：[对于相信那个神圣的存在]，它比纯粹的不可知论知道的要多，但又达不到坚决赞同的程度。

　　这样一来固然很不错，假如那些对上帝的存在问题真正感兴趣的人只关心发现一个解释性假设的话。可是，十分明显的是，他们所关心的不

---

① 《三论》，第75页。

在于此。对于一个笃信宗教的人来说，相信上帝的存在与相信圣保罗大教堂的建筑师是克里斯托弗·雷恩爵士（Sir Christopher Wren）完全不是一回事。密尔认为这在有限的范围内提出了宗教的实用价值或功利性问题。虽然他承认人们以宗教的名义做了许多恶事，而且有些宗教信仰可能对人类行动有害，但他仍然不愿意赞同他父亲关于宗教是"道德的最大敌人"的观点。[①] 因为像诗歌一样，宗教能向人们提供的理想，超越了我们实际发现在人类生活中已经实现的那些理想。"因此，宗教对于个人的价值，不论在过去还是现在，作为个人满足和高尚感情的源泉，都是毋庸置疑的。"[②] 而在基督教中，我们发现了在基督这个人身上体现出来的理想的善的概念。

诚然，有些人认为，任何关于宗教的实用价值是为相信上帝提供理由的提法都是不道德的，都背离了我们只关注经验证据重要性的己任。虽然这个观点是可以理解的，但密尔至少看到，宗教在人类历史上的作用不仅仅是根据一个归纳假设来解开一个理智之谜。

同时，密尔还提出了一个问题：没有对超自然存在的信仰，高级宗教的道德提升是否无法维持？就提供情感和欲望的理想对象而言，他认为，"人道教可以满足这个需要，其在卓越的程度上，在崇高的意义上，甚至与超自然宗教满足此需要时的最好表现一样，并远远超过其他任何宗教"。[③] 的确，有些宗教的优势在于提供了对不朽的期待。但密尔认为，因为今世的状况改善了，人们变得更加幸福，更能从无私的行动中得到幸福，所以人类"将越来越不关心那个令人喜悦的期待"。[④] 不过，如果我们在人道教中包含了对能力有限的上帝存在（自然神学证明这是一个或然的真理）的信念，那么，它就在为我们的同胞谋利的其他动机中又追加了一种确信："我们可以与那个看不见的存在合作，我们将生活中的一切快

91

---

① 《自传》，第40页。
② 《三论》，第48页。
③ 同上，第50页。
④ 同上，第54页。密尔坚持认为，虽然科学没有提供任何有说服力的证据反对不朽，但也没有任何确实的证据支持它。

乐都归功于他。"① 因此，即使人道教注定要成为未来的宗教，那也不一定排除对上帝的信仰。

92　　　因而，密尔与奥古斯特·孔德一致认为，所谓的人道教是未来宗教，尽管他不赞成孔德为组织这个宗教提出的异想天开的建议。同时，他没有排除关于人们能与之合作的有限上帝的信念。虽然他的宗教思想显然没有达到那样一种程度，以至于使克尔凯郭尔（Kierkegaard）满意，甚至使任何认为宗教包括对"人格绝对"的绝对自我承诺的人满意，但像此前的某些经验论者一样，他认为，对待宗教既不能按照对宗教信仰的可能产生方式的心理学说明来处理，也不能通过关注以宗教之名犯下的罪恶来处理。虽然他的经验主义前提实际决定了他对上帝存在的证明力的评价，但他仍力图保持开放的头脑。虽然他认为证据只相当于"较低程度的或然性之一"，② 但当1874年《宗教三论》于他死后出版时，各实证主义派别仍对密尔向有神论做出让步的程度感到些许惊讶。无论怎样，他不远不近地超越了他父亲止步不前之处。

---

① 《三论》，第108页。
② 同上，第102页。

第四章

经验主义者、不可知论者、实证主义者

亚历山大·贝恩与联想主义心理学 —— 贝恩论功利主义 —— 亨利·西季威克对功利主义与直觉主义的结合 —— 查尔斯·达尔文与进化论哲学 —— T. H. 赫胥黎；进化论、伦理学与不可知论 —— 科学的唯物主义与不可知论；约翰·廷德尔与莱斯利·斯蒂芬 —— G. J. 罗马尼斯与宗教 —— 实证主义；（孔德的）实证主义团体，G. H. 刘易斯，W. K. 克利福德，K. 皮尔逊 —— B. 基德；结语

1. 亚历山大·贝恩（Alexander Bain，1818—1903）进一步发展了联想主义心理学，他从1860年至1880年是阿伯丁大学的逻辑学教授。他在 J. S. 密尔撰写《逻辑学体系》时提供了一些帮助，[①] 他给密尔为其父编辑的《人类心灵现象分析》准备了一些心理学方面的注释。虽然有时人们说他是密尔的信徒，但密尔本人却说，除了他们两人共同的先驱者之外，这个年轻人实际不需要任何前辈。

贝恩原来的兴趣是发展作为独立科学的经验心理学，而不是运用观念联想原则去解决具体的哲学问题。而且，他特别关心将精神过程与其生理基础联系起来，在这方面，他延续了哈特莱的兴趣，而不是两位密尔的

---

① 见 J. S. 密尔的《自传》，第245页注。

兴趣。^①不过，虽然他的思想停留在联想主义心理学的一般框架之内，^②但他的主要著作的标题《感觉与理智》（*The Senses and the Intellect*，1855）和《情感与意志》（*The Emotions and the Will*，1859）却表明，他将他的研究领域从感觉和理智活动扩大到人性的情感和意志方面。^③这一重点的转变使他至少在某种程度上能够超越联想主义心理学家将人的精神生活描述为纯粹由机械过程引起的倾向。

94

　　譬如，贝恩对人类活动的强调在他说明我们对外部物质世界的信念的起源时表现出来。假如我们只是具有纯被动感觉的主体，即具有感觉或印象的主体，也就是说，假如不把我们的任何活动或能力的发挥考虑在内，那我们清醒时的意识状态就像睡梦时的状态一样。然而，事实上，"我们的感觉不是完全被动的，一般来说与此相反。而且运动的倾向存在于感觉刺激之前，运动赋予我们全部有感知力的存在以新的特点"。^④从外部得到的印象引起了运动、活动，即能量或力量的展现，"我们应当在这个力量的行使中寻找关于对象外在性的特殊感觉"。^⑤譬如，在触觉的情况下，该感觉最先使我们清楚意识到一个外部世界，"正是明显的接触提示出外在性，其理由是我们在这个接触中使出了自己的力量"。^⑥由肌肉用力引起的触觉受到反作用，于是我们得到了一种抵抗感，即"作为我们的外在性概念的主要根据的一种感觉"。^⑦总之，"对外在东西的感觉是对我们自己的特定能量和活动的意识"，^⑧我们的外部世界，即呈现给我们心灵的那个外部世界，可以说成是"行使活动力或认为能够行使活动力的一切时机的总和"。^⑨于是，贝恩根据对感觉的可能的能动反应，而不是根据

---

① 虽然 J. S. 密尔对生理学研究的意义肯定不是盲目无知，但他像他的父亲一样，主要感兴趣的是意识心理学及其哲学意义。

② 不过，贝恩对他从前人那里接受的联想主义心理学做了很多修正。

③ 他一开始就这样来描述心灵："它有感受（Feeling），我用这个词概括了通常所谓的感觉和情感。它可以根据感受来活动。它可以思维。"《感觉与理智》（第一版），第1页。

④ 《感觉与理智》，第 371 页。

⑤ 同上。

⑥ 同上，第 372 页。

⑦ 同上。

⑧ 同上，第 371 页。

⑨ 同上，第 372 页。

密尔所规定的可能感觉，来定义外部世界，就好像它是为我们的意识而存在的。①

　　因此，毫不奇怪，贝恩强调一般信念与活动之间的密切联系。"信念是没有意义的，除非与我们的活动相关。"②正是这个原始的轻信（primitive credulity）使一个有感觉的存在物重复它的成功试验，比方说跑到小溪边饮水解渴。不过，由此不能推出，信念的力量与经验的长期性和一律性成正比，逐渐从零上升到充分发展的状态。因为对于信念有一个原始的冲动或倾向，它源自该有机系统的自然的活动，它的强度与"意志"的强度成正比。"意志强大的生物在其生涯之始就有强大的信念。"③经验的作用是确定原始冲动所采取的特定形式，它本身不产生原始冲动。确立牢固信念时的最重要因素是预期与其实现之间的无矛盾，或者两者之间顺序的实际不变性。

　　因此，如果我们在行动上对快乐和痛苦有本能的反应，那么，我们就可以说，经验连同随之而来的推断，是使信念牢固的最重要因素。但它肯定不是特定信念形成过程中有影响的唯一因素。因为虽然感觉和情感没有改变客观的事实，但它们可以而且经常影响我们观察和解释事实的方式。对于证据和感觉两者："主体的本性，以及个体心灵的特点，就是确定它们哪一个占主导地位。但在我们今生中，两者都不是唯一的主宰。"④

　　假如有人希望对贝恩的哲学观点得出一个基本结论，那么，他可以根据各组不同的陈述得出不同的结论。一方面，他强调精神过程的生理关联，这也许表明了一种唯物主义的立场。另一方面，比方说，他谈到"对一个外部的独立物质世界的假定的知觉"，⑤并且补充说，"这里所说被知觉到的东西是一个方便的虚构，它理所当然地超出了一切的可能经验"，⑥这时他表明了一种主观观念论的立场。然而，即使贝恩的某些陈述有哲学的

---

① 根据贝恩的观点，我们甚至不能完全脱离意识来讨论物质世界的存在。
② 《情感与意志》（第二版），第524页。
③ 同上，第538页。
④ 同上，第548页。
⑤ 同上，第585页。
⑥ 同上。

意味，但事实上他试图避开形而上学，并致力于经验的、发生心理学的研究。

詹姆斯·萨利（James Sully，1842—1923）继续了贝恩的心理学研究，他从1892年至1903年是伦敦大学学院的哲学教授。在《心理学概论》（*Outlines of Psychology*，1884）和两卷本的《人类心灵》（*The Human Mind*，1892）中，萨利追随贝恩，强调精神过程的生理关联，并运用观念联想的原则。此外，他将他的反思扩大到教育理论领域，在他的《儿童研究》（*Studies of Childhood*，1895）中致力于儿童心理学研究。

不过，在贝恩生前，联想主义心理学就已经受到詹姆斯·沃德（James Ward）等人的抨击。无疑正确的是，与人们在他的前辈那里所发现的相比，贝恩对人的情感和意志方面的强调给他的思想带来了相当多的现代气息。还可以证明的是，他将一些新观念引入旧心理学，有助于为取代旧心理学的思想方式扫清道路。显然，联想仍然被认作是精神生活中的一个因素。但已经不能再把它当作打开理解精神过程的一切大门的钥匙，旧的原子论的联想主义心理学已经过时了。

2. 在伦理学领域，贝恩对功利主义做了重要的修改或补充思考。这些修改无疑损害了功利主义伦理学的单纯统一。但贝恩认为，如果要如其实际存在那样充分说明道德意识，即如贝恩在自己身上、在他所从属的社会或文化成员身上所见到的那样说明道德意识，这些修改是必要的。

贝恩谈到，功利主义有胜过道德感理论的重大优点，即它提供了道德的外在标准，用"对后果的考虑"代替了"纯粹非推理的情感或感觉"。[①] 它还反对有关一切人类行动都由自私的冲动引起的理论，这个理论对爱情和同情 —— "无私性的主要根据" —— 做了错误的解释。[②] 固然这些冲动属于自我。但不能由此得出可以把它们恰当地说成是"自私的"冲动。事实上，自私性从来不是人们看待何为正确之事的唯一根据。而且对于人们的道德确信，它肯定不是现有的唯一根据。这一点得到功利主义者的承认，他们将功利的概念与共同善的概念联系起来。

---

① 《情感与意志》，第272页。
② 同上，第258页。贝恩还提到，我们可以有无私的反感和厌恶。

同时，功利主义不可能构成道德的全部真理。首先，我们应当为区分"必做的功利和非必做的功利"提供余地。[①] 毕竟有很多活动虽然对社会有益，但不被认为是必做的。其次，很明显，大多数社会流行的道德规则在某种程度上是以情感为基础的，不仅仅根据功利的观念。因此，虽然功利原则是伦理学的一个本质特征，但我们必须把情感和传统加上，传统"是以前的某种功利或情感的持续影响"。[②] 也就是说，如果我们希望全面说明现存的道德实践，我们就必须加上情感和传统。

因此，贝恩不关心制定先天的伦理学理论，他关心的是展现实际存在的道德的经验基础。他几乎是从一个心理学家的观点来研究道德。如果我们记住这一研究方式，我们就可以理解他关于良知和义务感的起源的论述。杜格尔德·斯图尔特认为，良知是"一个原始的、独立的心灵官能，虽然我们没有对外部权威的任何经验，但它仍然在我们内心发展起来"。[③] 而与此相反，贝恩认为，"良知是在我们内心对外界统治的模仿"。[④] 换言之，良知一般来说是对父母、教育者、外部权威的意见的内心反思。义务和责任感起因于幼儿心中建立的一种联想，这种联想把从事外部权威禁止的活动与该权威实施的惩罚联系起来。

如果我们解释说，J. S. 密尔提出了功利主义，将它作为对现存道德意识的充分描述，那么，贝恩的说法无疑是正确的，即对于一个充分的描述，除了功利原则外，还必须考虑别的一些因素。但如果我们解释说，密尔推荐了一个特殊的伦理学体系，并且他以功利原则提供了任何纯道德感理论都没有的道德行动标准为理由，宁要这个体系也不要道德感理论，那么，要说贝恩实际上比密尔更有实证主义者的意味则是可商榷的。因为如我们已知，虽然贝恩认识到功利主义的优势在于它有一个外部标准，但他倾向于强调道德确信的相对性。如果有人问，道德的标准是什么？恰当的回答是：它是"现存社会的法令，来自当时被授予道德立法权的某个

97

98

---

① 《情感与意志》，第274页。
② 同上，第277页。
③ 同上，第283页。
④ 同上。

人"。① 我们不把道德当成好像不可分割的整体，反倒应该对特殊的规范和道德规则分别考虑。因此我们将看到，在良知和义务现象的背后存在着权威。贝恩考虑到杰出个人的影响，但整个社会的同意，不论这个同意可能是什么，对于完成立法程序都是必要的。一旦立法程序被完成，塑造个人良知和责任感的外部权威就出现了。

贝恩承认杰出个人能够重新塑造社会的道德观，对于他自己的这一承认，他做了充分的反思。也就是说，他很可能自问，他的这一承认是否实际符合一种社会压力伦理学（ethics of social pressure）。有些人断言，存在着一个客观价值的领域，对它可以有各种不同程度的洞见，而柏格森认为，必须将他所谓的"封闭的"道德与"开放的"道德区分开来。而这个问题似乎没有对贝恩造成困扰，尽管引起这个问题的素材曾出现在他关于道德的说明中。

3. 亨利·西季威克（Henry Sidgwick，1838—1900）给功利主义伦理学带来的变化要激进得多。他是剑桥大学三一学院的研究员，1883年被选为该大学的道德哲学教授。他的声誉主要有赖于《伦理学方法》（*The Methods of Ethics*，1874）一书。他的其他著作还有：《伦理学史纲——为英语读者而作》（*Outlines of the History of Ethics for English Readers*，1886）和在他死后出版的《格林、斯宾塞、马蒂诺伦理学讲演录》（*Lectures on the Ethics of Green，Spencer and Martineau*，1902）。

西季威克在《伦理学方法》的第6版（1901）发表了关于他的伦理观点发展的说明，他提道："我最初信奉的明确的伦理学体系是密尔的功利主义。"② 但他很快看到心理学快乐主义与伦理学快乐主义之间的差异：前者的论点认为人人都追求自己的快乐，后者的论点认为人人都应当追求普遍的幸福。如果认为心理学的快乐主义意味着事实上人人都只追求自己的快乐，那这个论点是有问题的，或更确切地说，是错误的。纯心理学的论点无论如何不可能确证伦理学的论点。如休谟所主张的那样，我们不能从"是"推出"应当"，不能从纯粹描述事实的陈述推出应当陈述。詹姆

---

① 《情感与意志》，第281页。
② 《伦理学方法》，第 XV 页（第6版）。

斯·密尔可能已经试图表明，一个天生追求自己快乐和幸福的人做出利他行动在心理上是如何可能的。即使他根据心理学观点对这件事的说明真的有效，那也不能表明我们**应当**做出利他的行动。因此，如果伦理学的快乐论或普遍的快乐论应该有一个哲学基础，那么，我们应当在别处寻找，而不应当在心理学中寻找。

西季威克得出结论，这个哲学基础只能在对某个或某些根本的道德原则的直觉中发现。因此他离开了边沁和 J. S. 密尔的功利主义，转向直觉主义。但进一步的思考使他确信，暗含在常识道德中的那些原则与哲学的道德理论不同，它们要么有功利主义的特点，要么至少与功利主义相容。"于是，我再次成为一个功利主义者，不过是在直觉的基础上。"①

因此，根据西季威克的观点，有某些道德原则是自明的真理。譬如，"人们应该宁要将来较大的善，而不要当前较小的善"就是一个明显的例子。② 这就是审慎原则。同样自明的是，作为理性的存在物，我们对待他人应当像我们认为他人应当如何对待我们一样，除非这里有某种区别，"能被说成是人之间不同对待的合理根据"。③ 这就是公正原则。如下两个命题也是自明的："从宇宙的观点看，任何一个人的善都不比任何其他人的善更重要"，"作为一个理性的存在物，我应当在我力所能及的范围内以普遍的善为目的"。从这两个命题我们可以推出慈善的原则，即"每个人在道德上都必须把任何他人的善看作与自己的善是同样的，除非他通过公正的观察判断，那个人的善是更小的，或者是他更没有把握去认识或达到的"。④

上述的审慎原则或"理性的利己主义"原则意味着一个人应当追求自己的善。事实上西季威克同巴特勒（Butler）一样确信，这是一个明确的义务。然而，理性的慈善原则却说，至少在某些条件下，我们应当追

---

① 《伦理学方法》，第 XX 页。

② 这并不意味着我们应当宁要将来不确定的善，而不要当下较小而确定的善。作为自明的原则，该原则只是说，仅就其自身而论，时间的在先性不是宁要一个善而不要另一个善的合理根据。参见《伦理学方法》第 381 页。

③ 《伦理学方法》，第 380 页。这里的"不同"可以是我们所考虑的环境的不同或人之间的不同。我们没有必要认为，以我们考虑我们应当受到对待的方式来对待儿童才是正确的。

④ 同上，第 382 页。

求他人的善。因此，如果我们将两个原则结合起来，我们就得到了一个命令：追求包括一个人自己的善在内的所有人的善，或者追求作为普遍的善之组成部分的一个人自己的善。因为普遍的善是由个人的善构成的。至此，只要我们不把幸福仅仅理解为感官的快乐，只要我们的意思并不是想说，幸福永远是通过直接以它为目标而得到的最好的东西，那么，普遍的善可以等同于普遍的幸福。因此，"我最终得出结论，严格运用直觉的方法引出了作为其最终结果的纯粹普遍的快乐论学说——我们可以方便地单用一个词来指称它，即功利主义"。①

如果我们根据功利主义的传统来观察西季威克的道德哲学，我们往往自然而然地将注意力集中在他拒绝关于发生心理学为我们的道德确信提供了充分基础的主张上，尤其是关于义务意识的主张上，还将注意力集中在他对直觉上意识到的道德公理观念的使用上，他对这一观念的使用乃通过他阅读塞缪尔·克拉克等作家的著作而受到鼓舞。② 如果不会导致用语矛盾的话，我们可以把他说成是一位直觉主义的功利主义者，或说成是一位功利主义的直觉主义者。西季威克确实断言在功利主义与直觉主义之间没有实际的不一致。同时，他又是一位非常诚实的思想家，以至于他无法宣称他已经最终解决了使利益要求与责任相一致、使审慎或理性利己主义的要求与仁慈的要求相一致的问题，因为仁慈不仅能在利他的行动中表现出来，而且能在完全舍己为人或追求某个理想目标中表现出来。

不过，如果我们联系西季威克后来的观点而不是以前的观点来看待他的道德哲学，那么，我们也许将更注重他的方法。他强调了考察他所谓101的常识道德的必要性，他试图发现暗含在日常道德意识中的那些原则，精确地阐述它们，确定它们的相互关系。他的方法是分析的。他挑选出一个问题，从不同的角度考察它，然后提出一个解决办法，并引出对它的异议和反异议。他往往会沉浸于细枝末节，并搁置最终判断，因为他无法看清渡过一切难关的道路。不过，我们这样说在某种意义上是赞扬他表现出的彻底性和谨慎真诚。虽然他诉诸自明真理可能看起来不太令人信服，但他

① 《伦理学方法》，第406—407页。
② 关于塞缪尔·克拉克请见本《哲学史》第五卷，第160—161页。

致力于对日常道德意识的分析和澄清，使人们想起后来英国哲学中的分析运动。

4. 联想主义心理学、J. S. 密尔的现象论、功利主义伦理学，它们都根植于18世纪。然而，19世纪中叶之后不久，一个新的观念开始影响经验主义的思潮。这就是进化论的观念。我们甚至无法确定某个日期，说在此之后经验主义变成了进化论哲学。赫伯特·斯宾塞（Herbert Spencer）是19世纪英国最伟大的进化论哲学家，在 J. S. 密尔出版关于汉密尔顿的著作，以及贝恩（与斯宾塞死于同年）继续两位密尔代表的传统之前，他就已经开始出版他的《哲学体系》（A System of Synthetic Philosophy）。而且，这里的问题与其说是整个经验主义运动为进化论观念所支配，不如说是该观念在经验主义运动的某些代表人物那里变得突出了。不过，我们可以说，在19世纪下半叶，进化论理论不仅侵入并占据了科学领域的有关部分，而且也侵入和占据了很大一部分经验主义哲学领域。

当然，生物进化的观念不是19世纪中叶的发明。作为一个纯思辨的观念，它甚至在古希腊就出现了。在18世纪，乔治-路易·德·布丰（Georges-Louis de Buffon，1707—1788）就已经为它扫清了道路，而让-巴蒂斯特·皮埃尔·拉马克（Jean-Baptiste Pierre Lamarck，1744—1829）提出了自己的理论：环境的变化引起了新的需要，作为对这些新需要的反应，动物器官的构造也发生了变化，有些器官废弃不用了，有些器官进化和发展了，而且获得性习惯通过遗传而得到延续。此外，当进化论观念在英国第一次被宣传，宣传者不是一位科学家，而是一位哲学家 —— 斯宾塞。不过，这一情况在使进化论得以自立并极大地推动对它的宣传方面，并没有影响达尔文的著作的重要意义。 102

查尔斯·罗伯特·达尔文（Charles Robert Darwin，1809—1882）是一位博物学家，不是一位哲学家。他乘"猎犬号"船出航，在那次著名的航行期间（1831—1836），他观察了不同环境下同种动物之间的变化，反复思考活动物与其化石之间的差异，这使他对物种固定不变的理论产生疑问。1838年，他研究了马尔萨斯的《论人口原理》（An Essay on the Principle of Population），这促使他得出结论，在生存斗争中，有利的变异往往被保持，不利的变异往往被淘汰，而且这一过程的结果是新物种的形成，获得性特征通过遗传而得到延续。

另一位博物学家艾尔弗雷德·拉塞尔·华莱士（Alfred Russel Wallace，1823—1913）独立得出了相似的结论，他像达尔文一样，受到马尔萨斯著作的影响，得出了生存斗争中适者生存的观念。1858 年 7 月 1 日，在伦敦召开的林奈学会的一次会议上，提交了华莱士和达尔文的一份联合通讯。华莱士提供的是一篇论文《论物种无限背离其原始类型的倾向》（"On the Tendency of Varieties to Depart Indefinitely from the Original Type"），而达尔文提供的是他自己思想的一篇摘要。

达尔文的名著《借助自然选择的物种起源，或生存斗争中优势族类的保存》（*Origin of Species by Means of Natural Selection*，*or the Preservation of Favoured Races in the Struggle for Life*）于 1859 年 11 月出版，出版当日就被销售一空。接着于 1868 年出版了《动植物在家养下的变异》（*The Variation of Animals and Plants under Domestication*）。1871 年见证了《人的血统与性选择》（*The Descent of Man*，*and Selection in Relation to Sex*）的出版。虽然达尔文后来还出版了许多作品，但他主要因《物种起源》和《人的血统与性选择》这两部著作而闻名于世。

作为博物学家，达尔文缺少哲学思辨，主要致力于根据有效的经验证据来创立进化论理论。他甚至把道德说成是从动物本能的目的性中进化出来的，说成是通过赋予社会生存价值的社会标准的变化而发展的。他显然清楚地意识到他的进化论会搅乱神学的安宁，尤其在将它用于人的时候。他于 1870 年写到，他虽然不能把宇宙看成是盲目偶然的产物，但当他着手考察自然史的细节时，他未能发现设计的证据，更别说仁慈的设计证据了。虽然他原来是一个基督徒，但随着时间的推移，他最终主张不可知论的悬置判断。不过，他倾向于避免使自己卷入神学争论中去。

也许除非我们与少数幸存的基要主义之一有密切接触，否则我们现在很难理解 19 世纪有机体进化假设所引起的骚乱，尤其在将这个假设用于人的时候。一则，现在的进化观念再普通不过了，非常多的人认为它理所当然，尽管他们完全说不出为支持这个观念所提到的证据，也不能对这个证据进行权衡。其次，这个假设不再是引起激烈神学争论的缘由了。对于证明人体由别的某个物种进化而来，有些人质疑其证据的充足性，但即使这些人一般也都承认，圣经《创世纪》的第一章不是用来解决科学问题的，而且这是必须根据有效的经验证据来解决的事情。再有，如果我们排除无论如何忠实于唯物主义的马克思主义者不算，那么，深思熟虑的不信教者一般不认为单凭有机体进化的假设就会驳倒基督教一神论，或者认为它与宗教信仰不一致。最后，不论我们接受还是抛弃这个假设，世界上恶和苦难的存在（这构成了对基督教一神论的反驳之一）仍然是一个不容置疑的事实。此外，我们已经看到，像柏格森那样的哲学家在普遍的创造进化观念的框架内发展出一种唯灵论哲学，我们还看到更晚近的一位科学家德日进（Teilhard de Chardin）狂热地利用同样的观念来服务于宗教的世界观。因此自然而然在许多人看来，19 世纪的争论在这段时间里充满了大量陈腐无用的东西。

不过，我们必须记住，在 19 世纪中叶，物种进化的观念，尤其被用于人本身，在一般有教养的公众看来完全是一件奇事。而且，不仅是该观念的拥护者，而且是它的某些批评者，通常都造成了一个印象，即达尔文的理论使得对于宇宙进程的任何神学解释都变得多余，或更确切地说，实际将它排除了。T. H. 赫胥黎如此写道："笔者第一次细读《物种起源》时受到的最大触动就是确信，通常所理解的神学已经受到达尔文先生的致命一击。"[1] 那些幸存下来的物种是生存斗争中的最适合者，但使它们成为最适合者的变异是偶然的。

我们这里关心的是进化论对哲学的影响，而不是它引起的神学争论。赫伯特·斯宾塞是 19 世纪最杰出的进化论哲学家，对他本人应当用一章来论述。现在，我们可以简要地考察两三位作家，他们促进了进化论观念的宣传，推动了以该观念为根据或与该观念相联系的某些哲学理论的发展。不过要注意的是，他们是涉足于哲学的科学家，而不是专业的哲学

104

---

[1] 《演讲与短论集》（*Lectures and Essays*），第 178—179 页。这里赫胥黎在评论维尔茨堡的一位名为克利克（Kolliker）的教授的论文，这位教授把达尔文说成是一位神学家，赫胥黎因此而批评他。

家。一般而言，学院的或大学的哲学家回避这个论题，保持一种节制的态度。至于斯宾塞，他从未获得大学的职位。

5. 在这方面马上使人想到的名字就是托马斯·亨利·赫胥黎（1825—1895）。作为"响尾蛇号"船上的外科医生，赫胥黎有机会研究热带的海洋生命，由于他的研究成果，他于1851年被选为皇家学会的会员。1854年，他被任命为矿业学院的自然史讲师。随着时间的推移，他越来越卷入了公众生活，大约在十个皇家委员会任职，并积极参加到教育机构中去。从1883年至1885年，他担任皇家学会的会长。

根据赫胥黎的看法，达尔文遵循与 J. S. 密尔制定的程序规则相一致的方法，已经将进化论建立在一个可靠的基点上。"他力图通过观察和实验以归纳的方式确定大的事实；然后，他从如此获得的材料进行推理；最后，他将他的推演与观察到的自然事实相比较，以此来检验他的推理的有效性。"① 的确，通过自然选择的物种起源没有得到确实的证明。该理论保留了一个只有高度或然性的假设。但它是"在科学观点看来唯一有些价值的现存假设"。② 它比拉马克的理论有明显的进步。③

虽然赫胥黎接受了有机体的进化通过自然选择来进行，或生存斗争适者生存的观点，但他将进化过程与人的道德生活截然区分开来。有些人阐述了一种进化伦理学，根据这种伦理学，人的道德生活是进化过程的继续，他们也许正确地认为，我们所谓的道德情感就像其他自然现象一样是进化来的。但他们忘记了，不道德的情感也是进化的结果。"窃贼和杀人者遵循自然就像慈善家遵循自然一样。"④

总之，道德是与进化过程相违背的。在生存斗争中，最强者和最专

---

① 《平信徒的布道、演讲和评论集》（*Lay Sermons, Addresses and Reviews*），第六版，第294页。引文摘自1860年关于《物种起源》的一篇论文。
② 同上，第295页。
③ 拉马克认为，环境的变化造成了动物新的需要，新的需要产生了新的欲望，新的欲望引起了有机体的变化，这些变化通过遗传而延续。赫胥黎评论拉马克的这个理论说，拉马克似乎没有想到研究一下，"是否有任何理由相信对于可产生的变化的量有任何限制，或者问一下，一个动物很可能用多长时间来努力满足一个不可能的欲望"。《演讲和评论集》，第124页。引文摘自1850年的论文《达尔文的假设》。
④ 《进化论与伦理学及其他短论集》（*Evolution and Ethics and Other Essays*），第80页。最初谈及"进化论与伦理学"是在牛津大学做的第二次罗马尼斯讲演上。

断者往往践踏弱者，而"社会进步意味着在每一步都阻碍宇宙的进程，并用另一个所谓的伦理过程来代替它"。[①] 本来人类社会也许是有机体的必然性的产物，正如蜜蜂和蚂蚁的社会那样。但就人而言，社会进步包括加强维系相互之间的同情、关心和善意，自我克制反社会的倾向。诚然，就这一过程使一个社会相对于自然或别的社会更适于生存而言，它与宇宙的过程是一致的。但在约束既定社会成员生存斗争的法律和道德规则方面，伦理过程显然与宇宙的过程不一致。因为伦理过程的目的是造成完全不同的品质。因此，我们可以说："社会的伦理过程不取决于对宇宙过程的模仿，更非逃离它，而是与之战斗。"[②]

于是，在对进化论与伦理学的关系的看法上，T. H. 赫胥黎与他的孙子朱利安·赫胥黎爵士（Sir Julian Huxley）有明显不同。当然，我的意思不是说朱利安·赫胥黎爵士拒绝他祖父认为可取的道德品质和理想。问题在于，朱利安·赫胥黎爵士强调普遍的进化运动与道德进步之间的连续性因素，而 T. H. 赫胥黎则强调其中的非连续性因素，断言"宇宙过程与道德目的没有任何种类的关系"。[③] 当然，T. H. 赫胥黎也许要求的是一种新型的伦理学，包括尼采式地推崇自然的强人，他可以把这种伦理学说成是他所谓的宇宙过程的一个继续。但他的目的不是任何这种对价值的重新评价。更确切地说，他接受了同情、仁慈、关心他人等价值，而在宇宙的过程中他没有发现对这些价值的尊重。

不过，虽然在赫胥黎看来，人的道德生活形成了一个在自然界内的自己的世界，但由此不能得出，他认为人有一个不能用进化来说明的精神灵魂。他断言，"意识是大脑的机能"。[④] 就是说，意识是物质发展出一个特殊组织形式时出现的一个副现象。这个理论，连同他对决定论的辩护，使人们把他说成是一个唯物主义者。

不过，赫胥黎坚决否认这个说法适用于自己。他对为什么这样否认

---

① 《进化论与伦理学及其他短论集》，第 81 页。
② 同上，第 83 页。
③ 同上。
④ 同上，第 135 页。

给出了理由，他的理由也许没给人留下很深的印象，因为它对唯物主义的解释十分狭隘。根据赫胥黎的观点，唯物主义主张宇宙中只有物质和力，而关于意识本质的副现象论既没有否认意识的实在性，也没有将它等同于它所依赖的物理过程。[①] 可是，赫胥黎又有几分可爱地说了如下出人意料的话："笛卡尔和贝克莱用论证表明我们的确实知识不超出我们的意识状态的范围，现在在我看来，他们的论证是牢不可破的，就如我在约半个世纪以前刚刚熟悉它们时它们就是牢不可破的一样……我们可以确定的是精神世界的存在，以及确定**力和物质**至多属于高概率假设之列。"[②] 此外，如果物质的东西被分解为力的中心，那么，人们就会像谈论唯物主义一样来谈论非唯物主义。

也许我们不很容易理解下面两个学说如何能一致起来：一个学说认为除了我们的意识状态之外我们实际不能确知任何东西，另一个学说认为意识是大脑的机能。但第一个学说使赫胥黎能够说："假如我被迫在唯物主义和观念论之间做出选择，我会选择后者。"[③]

不过，我们必须补充说，赫胥黎不打算让自己被迫在唯物主义和观念论之间做出选择。这同样适用于无神论和有神论之间的争执。赫胥黎宣布自己是一个不可知论者，他在论大卫·休谟的著作中表示同意这位苏格兰哲学家在形而上学问题上的悬置判断。我们有我们的科学知识，而"有科学知识的人已经学会了不是根据信仰而是根据证实来相信正当的理由"。[④] 对于超出证实范围之外的东西，我们仍然应当是一个悬置判断的不可知论者。

就一位涉足哲学的博物学家而言，如人们所预料的那样，赫胥黎的哲学理论制定得并不完美。说得轻一点，他的这些理论明显表现出相互不一致。同时，它们还显出并非罕见的英国式态度，表现在不喜欢极端，不

---

① 譬如，这位马克思主义者不否认心灵的实在性。他也没有将精神过程与物理过程等同。但他仍然不认为自己是一个唯物主义者。他是在形而上学意义上的唯物主义者。
② 《进化论与伦理学及其他短论集》，第130页。《力和物质》（*Kraft und Stoff*）是德国唯物主义者路德维希·比希纳（Ludwig Büchner）的一部名著的书名。见本《哲学史》第七卷352—353页。
③ 同上，第133页。
④ 《平信徒的布道、演讲和评论集》，第18页。

愿意被强加上限制性标签。赫胥黎有充分准备捍卫进化论，使之免受攻击，就像他在1860年与塞缪尔·威尔伯福斯（Samuel Wilberforce）主教的著名冲突那样。他准备批判正统神学。虽然他明显不相信基督教的上帝学说，但他拒绝信奉无神论或唯物主义。在现象之幕背后有不可知的东西。而根据定义，关于不可知的东西的不可知论是一种恰当的态度。

6.（1）赫胥黎拒绝的"唯物主义者"的标签被约翰·廷德尔（John Tyndall，1820—1893）接受下来，他于1853年被任命为皇家研究所的自然哲学教授，与法拉第（Faraday）是同事。[①]廷德尔主要关心的是无机物理学，尤其是辐射热问题，他远不如赫胥黎那样倾向于长期涉足哲学领域。但他毫不犹豫地公开宣称信奉他所谓的"科学的唯物主义"（scientific materialism）。

不过，廷德尔接受的科学唯物主义与赫胥黎拒绝的唯物主义不是一回事。因为它在很大程度上意味着如下假设：每一个意识状态都与大脑中的一个物理过程相互关联。譬如，廷德尔于1868年在英国协会（"British Association"）做的《科学唯物主义的范围和界限》（"Scope and Limit of Scientific Materialism"）的讲演中解释说："断言身体的生长是机械的，而且我们所运行的思想与脑物理学有关，我认为，就其是一个站得住脚的见解而言，这里说出了'唯物主义者'的见解。"[②]换言之，唯物主义者断言，两组现象，即精神过程和大脑中的物理过程是联系着的，尽管他对实际维系它们之间结合的东西"绝对一无所知"。[③]1874年，廷德尔在英国协会面前发表了他所谓的贝尔法斯特讲演，他甚至直截了当地断言："一个不可逾越的鸿沟将人这个**对象**与人这个**主体**分割开来。人类理智中没有任何运动力使理智从一个达到另一个，而不造成逻辑的断裂。"[④]

实际上，廷德尔把科学唯物主义理解为包括"暂时同意"[⑤]这样的假

---

① 1867年法拉第死，廷德尔继任为该研究所的主管。
② 《致非科学人士的科学片语》（*Fragments of Science for Unscientific People*），第121—122页（第二版）。
③ 同上，第122页。
④ 《演讲与短论集》（*Lectures and Essays*，理性主义者出版协会版，1903），第40页。
⑤ 《科学片语》，第166页。

设：心灵及其一切现象"都曾潜在于一片火云（a fiery cloud）之中"，①
而且它们是"由贯穿宇宙时间之域的有机体与环境之间的作用引起的"。②
可是，他从进化论中引出的结论是，不能严格地认为物质仅仅是"无知觉
的"物质。必须认为物质在其自身中潜含着生命和精神现象。换言之，科
学唯物主义要求对那样一个物质概念进行修正，那个概念把物质看成是本
质上无生命的、与生物和精神生命相反的某种东西。

109　　　物质和力的现象构成了科学研究的对象，超出这些现象的范围，"真
正的宇宙之谜仍然未解，就我们而言，这个谜是无法解开的"。③廷德尔
承认宇宙之谜，但他不想以此来支持基督徒所持有的对上帝的信仰。他
在《为贝尔法斯特讲演致歉》（Apology for the Belfast Address，1874）中
谈到"一个站在星云之外的神（Being）"④的创造活动的观念，说它不仅
没有以任何经验的证据为根据，而且"与科学精神正相反"。⑤此外，在
回答一位天主教的批评者时，他在同一篇《为贝尔法斯特讲演致歉》说，
就他的批评者可能接受的任何至上神的概念而论，他不会拒绝被指责为无
神论。

　　因此，廷德尔的科学唯物主义不局限于科学研究预设的方法论观点。
譬如，据假设，我们将在任何既定的精神现象和物理过程之间发现相互关
联，廷德尔不只是说科学心理学家应当根据这个假设从事对心身关系的研
究。他说的是，就知识而论，科学是万能的。科学不能回答的问题在原则
上是不能回答的。譬如，只要把宗教仅仅看成是主观经验，宗教就不能被
反驳。⑥但如果认为宗教主张扩大我们的知识，那么，它的主张是虚假的。
因此，在"实证主义者"一词的一般意义上，廷德尔是一位实证主义者。
由于承认了不可知论的范围，即无法解开的各种神秘之事或谜，他没有达

---

① 《科学片语》，第163页。
② 《演讲与短论集》，第40页。
③ 《科学片语》，第93页。
④ 《演讲与短论集》，第47页。
⑤ 同上。
⑥ "我认为，没有任何无神论推理能够将宗教从人心中驱逐出去。逻辑不能剥夺我们
的生命，宗教就是信者的生命。作为意识经验，宗教超出了逻辑攻击的范围。"同上，
第45页。

到后来新实证主义者或逻辑实证主义者所采取的立场。但这没有改变如下事实：对他来说，科学唯物主义包含着在知识领域中科学万能的实证主义观点。

（2）莱斯利·斯蒂芬爵士（Sir Leslie Stephen，1832—1904）也持有这样的看法：不可知论是实际与真正科学精神相符合的唯一态度。他是两卷本《十八世纪英国思想史》（*History of English Thought in the Eighteenth Century*，1876）和三卷本《英国功利主义者》（*The English Utilitarians*，1900）的作者。最初他是一位牧师，不断受到 J. S. 密尔和斯宾塞的影响，1875 年他最终放弃了他的牧师身份。

在一次讨论唯物主义的性质时，斯蒂芬坚持认为，唯物主义"代表 110 了物理研究者的观点。一个人只要眼下只与能够触摸、摆弄、看见，或通过感官知觉到的东西打交道，他就是一个唯物主义者"。①换言之，科学研究需要有条有理的唯物主义。它不要求接受物质是终极实在的学说。

然而，由此绝不能得出我们有权主张唯灵论，即关于心灵是终极实在的学说。关于物质的真理是："我们不可能到达实在这块幕布的后面。"②如果我们试图这样做，我们立刻就陷入"二律背反的先验领域和大脑的混乱之中"。③在"实在"之外存在的不可知的东西是"完全的空白"，④它本身不会因为用一个大写字母来拼写就变成了实在。"古代的秘密仍然是秘密，人对无限和绝对一无所知。"⑤

人们会认为，如果现象世界曾与"实在"是等同的，那么，就没有任何恰当的理由设想，在它之外有任何不可知的东西。设想**有**一个永远是秘密的秘密，这样设想的理由是什么呢？反过来说，如果有一个合适的理由设想有一个不可知的绝对，那么，就没有任何恰当的理由将现象世界与实在等同起来。斯蒂芬的不可知论与其说是一个认真思考出来的见解，不

---

① 《一位不可知论者的辩解及其他短论集》（*An Agnostic's Apology and Other Essays*，理性主义者出版协会版，1904），第 52 页。引文摘自 1886 年的短论《什么是唯物主义》。
② 同上，第 66 页。
③ 同上，第 57 页。
④ 同上。
⑤ 同上，第 20 页。［联系上句来理解，这里"无限"（Infinite）和"绝对"（Absolute）的第一个字母都是大写。——译者注］

如说是一个基本的态度。科学只给我们提供确定的知识。科学对任何超经验的绝对一无所知。但我们感到，即使所有的科学问题都得到回答，宇宙仍然是神秘的、谜一样的。这个谜无论如何是无法解开的。

　　不用说，绝不能认为科学唯物主义和不可知论一定拒绝道德价值。廷德尔坚持说，道德价值与宗教信条无关，不可把科学唯物主义理解成包含或意味着贬低人的最高理想。就莱斯利·斯蒂芬爵士来说，他在《伦理科学》（*The Science of Ethics*，1882）中试图继续和发展斯宾塞将道德建立在进化论基础上的尝试。抽象地看，道德的功能就是促进社会机体的健康和活力。历史地看，道德原则经历了一个自然选择的过程，对促进社会机体的善最有效的那些原则胜过了不大有效的原则。也就是说，它们得到了该社会的赞许。因而，甚至道德也被置于适者生存的法则之下。显然，斯蒂芬的观点与 T. H. 赫胥黎的观点是不同的。

　　7. 当然，不可知论不是那些信奉进化论的人采取的唯一态度。譬如，其著作曾大受欢迎的作家亨利·德拉蒙德（Henry Drummond，1851—1897），就试图根据一个连续进化规律的作用将科学和宗教、达尔文主义和基督教结合在一起。不过，更有趣的例子是生物学家、多部进化论著作的作者乔治·约翰·罗马尼斯（George John Romanes，1848—1894），他从早期的宗教信仰者变成了不可知论者，又从不可知论者通过泛神论返回到基督教一神论的方向。

　　罗马尼斯思想中不可知论的方面在《对有神论的公正考察》（*A Candid Examination of Theism*）中表现出来，该书于1878年以"博物学家"（Physicus）的假名出版。他断言，虽然就我们所知，如果没有一个上帝就没有任何宇宙存在这件事很可能是真的，但我们没有上帝存在的实际证据。然而几年后，在一次题为《心灵、运动和一元论》（"Mind and Motion and Monism"，1885）的讲演中，罗马尼斯提出了一种泛神论，而他对基督教一神论采取了更加同情的态度，这在后来的牛津主教查尔斯·戈尔（Charles Gore）编辑的《关于宗教的思考》（*Thoughts on Religion*，1895）中表现出来。这部著作包括罗马尼斯为《十九世纪》（*Nineteenth Century*）撰写但此前未发表过的几篇论文，连同为《对有神论的公正考察》第二版写的注释，该版已经署名为"形而上学家"（Metaphysicus）。

《关于宗教的思考》中有一篇文章论述了科学对宗教的影响，在这篇文章中罗马尼斯论证说，科学逐渐揭示出，求助于对自然的直接干预，或求助于关于特殊设计事例的所谓证据，都是无效的，在此意义上，科学对宗教的影响是破坏性的。同时，科学必须以这样的观念为前提，即自然是一个系统，是普遍秩序的例证，而有神论提供了对这个普遍秩序的合理解释。然而，如果我们希望把普遍秩序的假定创造者说成是一个神圣的心灵，那么，我们必须记住，我们不能把我们所熟悉的心灵特有的任何性质恰当地归之于上帝。因此，"当'心灵'一词被用于这个假定的动因时，它代表空白"。① 因此，在这个意义上，对有神论的证明导致了不可知论。

在为拟定的《对有神论的公正考察》第二版写的注释中，罗马尼斯采取的观点有所不同，他论证说，科学的进步"绝没有削弱宗教，而是无法衡量地强化了宗教。因为它已经证明了自然因果关系的一律性"。② 但人们应当把普遍的因果秩序看作是神圣意志的持续表现，还是只看作自然事实，这个问题不能单靠人类理智所能解决。科学仿佛为宗教的世界观提供了一个经验的基础，但向这个世界观转变需要信仰的活动。诚然，"任何人都无权否认"在宗教意识中表现出来的"所谓精神认识器官的可能性"，③ 并且"理性本身告诉我，如果期盼在追求上帝的过程中需要把感情和意志与理性结合起来，那这个期盼不是不合理的"。④ 要成为一个基督徒的方法就是像一个基督徒那样行事，"如果基督教是真实的，就会得到证实，实际上，这种证实不是直接通过思辨理性的任何过程，而是直接通过精神的直觉"。⑤ 同时，信仰，即对宗教世界观的明确自我承诺，要求"意志的严酷努力"，⑥ 这是罗马尼斯本人未准备做的一种努力。

112

---

① 《关于宗教的思考》，第87页。
② 同上，第124页。
③ 同上，第140页。
④ 同上，第132页。
⑤ 同上，第168页。
⑥ 同上，第131页。

因而，关于罗马尼斯最终明确接受了有神论立场的说法是错误的。在某种意义上，他不但从不可知论开始，而且以不可知论结束。同时，初始的不可知论与终结的不可知论是有很大区别的。因为虽然在人生的一段时间，罗马尼斯显然相信他的科学良知要求他采取不可知论的立场，但后来一些年，他开始坚决主张，宗教的世界观是可以得到辩护的，即使为它辩护的东西具有精神直觉的性质。不可知论者无权排除这种可能性，或无权说信仰上的冒险是蠢人的冒险。因为信仰实验完全可以有它自己独特的证实方式，科学无法对这种证实方式做出判断。换言之，罗马尼斯既对不可知论不满意，也没完全准备抛弃它。他阐发了廷德尔所不具有的对宗教信念的同情。但在宗教意识能够表现出内在有效性之前，他感到无法通过他认为必要的那种意志努力来使自己信奉宗教。

8.（1）如我们所知，J. S. 密尔赞赏奥古斯特·孔德，并愿意一般地谈论人道教。但他没有采用孔德的如下建议：为新宗教组织祭祀仪式，或者通过实证主义哲学家来实现他的精神和理智统治的梦想。再有，同样从孔德那里得到鼓舞的斯宾塞，对这位法国人的某些理论采取了批判态度，[①]而 T. H. 赫胥黎则将孔德的哲学说成是天主教教义减去基督教。至于孔德的真正信徒，我们必须转到理查德·康格里夫（Richard Congreve，1818—1899），他是牛津大学沃德姆学院的研究员，将孔德的实证主义教理问答翻译成英文并转给他的小团体。这个小团体包括约翰·亨利·布里奇斯（John Henry Bridges，1832—1906）、弗雷德里克·哈里森（Frederic Harrison，1831—1923）和爱德华·斯宾塞·比斯利（Edward Spencer Beesly，1831—1915）。

伦敦实证主义学会创建于1867年。1870年，它在查普尔街（Chapel Street）开设了一个实证主义者会堂。可是几年后，实证主义者的队伍发生了分裂。皮埃尔·拉菲特（Pierre Laffitte，1823—1903）是孔德的朋友并继任为实证主义的高级祭司，接受他领导的那些人组成了一个伦敦实证主义者委员会，于1881年开设了自己的中心。布里奇斯是新委员会的第

---

① 1864 年，斯宾塞写了《不赞成孔德哲学的理由》（"Reasons for Dissenting from the Philosophy of Comte"）。

一任主席（1878—1880），他的继任者是哈里森。原来的团体则由康格里夫领导。1916年，两个团体重新联合起来。①

（2）比起主要从事传播纯粹实证主义口号的人来说，那些独立思想家显然更令人感兴趣。乔治·亨利·刘易斯（George Henry Lewes，1817—1878）就是这些独立思想家中的一员，他是曾经广受欢迎但早已被取代的两卷本著作《传记哲学史》（*Biographical History of Philosophy*，1845—1846）的作者。在早年，刘易斯是孔德的狂热追随者，并于1853年出版了《孔德的实证科学哲学》（*Comte's Philosophy of the Sciences*）。他认为，哲学就在于对特殊科学的结果做最广泛的概括，并应当避免讨论任何超经验的东西，虽然在此意义上他仍然是一位实证主义者，但他离开了孔德的思想，越来越受斯宾塞的影响。1874年至1879年，他出版了五卷本的《生活和思想问题》（*Problems of Life and Mind*）。

刘易斯区分了两种现象：一种现象是可以只根据其构成因素来理解 114 的，另一种现象是从其构成因素中作为某种新东西、一种新事物突现出来的。他称前者为"合成"（resultant），称后者为"突现"（emergent）。虽然关于这一区分的观念不是刘易斯发明的，但"突现"一词似乎是他发明的，后来该词在进化论哲学中扮演了引人注目的角色。

（3）一个更令人感兴趣的人物是威廉·金登·克利福德（William Kingdon Clifford，1845—1879），他从1871年起是伦敦大学学院应用数学教授。作为一位杰出的数学家，他对哲学论题也极感兴趣。他是人道教的热烈鼓吹者。

克利福德最著名的哲学观念也许是"精神–素材"（mind-stuff）的观念，他把它作为一个方法提出来，用来解决精神的东西与物理的东西的关系问题，用来避免必须做出思想从完全异质的物质中突现出来的假定。同其他捍卫古代泛心论的人一样，克利福德的意思不是说所有物质都有意识。他的论点是：精神的东西与物理的东西的关系可与一个读出的句子与书写或印出的同一个句子的关系相比。这里有一个完全的对应，比方

---

① 1893年，伦敦实证主义者委员会创刊《实证主义评论》（*Positivist Review*）。该刊存在的最后两年被称作《人道》（*Humanity*），此后于1925年停止出版。

说，每一个原子都有精神的方面。甚至突现也没有被排除在外。因为当精神－素材的某种结构发展了，意识就出现了。这就避免了从精神的东西到物理的东西的任何飞跃，这种飞跃似乎意味着一个有创造力的动因的因果活动。①

在伦理学领域克利福德强调"部落的自我"（the tribal self）的观念。个人确实有其自私的冲动和欲望。但人类原子的概念，即完全孤立自足的个人的概念，是一个抽象。事实上，根据部落的自我，每个人生来就是部落这个社会有机体的一员。道德的进步就在于使自私的冲动服从于部落的利益或善，服从于（用达尔文的语言所说的）使部落最适于生存的东西。115 良知是部落自我的声音，而道德的理想就是成为一个有公益精神的胜任的公民。换言之，克利福德所描述的道德非常符合后来柏格森所说的"封闭型道德"（closed morality）。

在关于宗教的论题上，克利福德有几分狂热。他不仅把神职人员说成是人道的敌人，把基督教说成是瘟疫，而且抨击所有对上帝的信仰。因而他更近似于法国启蒙运动的作家，而不是19世纪英国的不可知论者，后者在说到宗教及其正式代表时，一般都是温文尔雅的。人们把他与尼采（Nietzsche）相比并非不恰当。同时，虽然克利福德指望科学的进步来建立人的王国，而不是按照孔德提出的方式建立任何机构，但他还是宣布了一个替代的宗教，即人道教。克利福德确实谈到人可以感受到对宇宙的"宇宙之情"（cosmic emotion），但他并不打算用泛神论来取代一神论。他关心的毋宁说是用人来代替上帝，如他所认为的那样，对上帝的信仰不利于人类的进步和道德。

（4）克利福德应用数学教席的继任者是卡尔·皮尔逊（Karl Pearson，1857—1936），他后来（1911—1933）是伦敦大学的高尔顿（Galton）优生学教授。② 在皮尔逊的著作中，我们看到了对实证主义精神的清楚阐

① 因为克利福德预先假定了休谟的现象论之类的东西，所以他不得不断言，构成精神－素材的印象或感觉可以先于意识而存在。当意识出现时，它们变成或可以变成意识的对象，但成为意识的对象对于它们的存在不是必不可少。
② 弗朗西斯·高尔顿爵士（1822—1911）是达尔文的表弟，是优生学的创立者，他设想在人类社会中有意地运用在自然界自动起作用的优选原则。

释。他确实不是热心看待孔德的宗教仪式观念的人，但他是科学万能的坚定信仰者。他对形而上学和神学的态度与后来新实证主义者提出的态度很相似。

根据皮尔逊的观点，科学的功用是"对事实进行分类，认识它们的后果和相对意义"，[①] 而科学的心态就是对事实形成非个人判断的习惯，也就是说，这些判断不因为个人的感受，不因为个人性情的癖好而出现偏颇。不过，这不是形而上学家特有的心态。事实上，形而上学是化装成他物的诗。"诗人是社会的宝贵成员，因为他以作为诗人而闻名……形而上学家就是一个诗人，往往是一个伟大的诗人，但不幸的是，他没有以作为诗人而闻名，因为他努力给他的诗穿上理性语言的外衣，从而导致他很容易成为社会的危险一员。"[②] 鲁道夫·卡尔纳普（Rudolf Carnap）要阐述的正是同样的观点。

那么，构成科学判断的基础的事实是什么呢？归根结底，它们不过是感觉印象或感觉。它们在大脑中储存起来，大脑的运行有点像电话交换机。我们将一组组印象投射到我们之外，并把它们说成是外部对象。"于是，我们把［这样投射出去的一组印象］称作一个**现象**，而在实际生活中称它是**真实的**。"[③] 在感觉印象背后的东西我们是不知道的，而且不可能知道。哲学家们声称已经洞察了物自体，他们的声称完全是虚假的。实际上，我们甚至不能恰当地提出感觉印象是由什么引起的问题。因为因果关系只不过是现象之间有规则接续的关系。因此，皮尔逊更喜欢用"感觉"一词，而不是"感觉印象"一词，因为后者自然而然地提示出一个未知行动者的因果活动。

显然，皮尔逊没打算说科学仅仅由对感觉或感觉印象的关注构成。概念是从感觉中引出来的，演绎推断是科学方法的本质特征。科学以感觉为根据，在我们通过证实过程来检验推断的结论的意义上，科学也以感觉为结束。作为一套命题，科学是一个精神建构，但可以这么说，它的起始

116

---

① 《科学语法》(*The Grammar of Science*，增订第二版，1900)，第 6 页。
② 同上，第 17 页。
③ 同上，第 64 页。

两端都依赖于感觉印象。

　　科学是一个精神的建构物，对这个说法应当从字面上来理解。在前科学思想的层面上，如我们已知，永恒的物理对象是一个精神的建构。在科学思想的层面上，规律和科学的实体（scientific entities）都是精神的建构。描述性科学规律① 是为了思维的经济而建构的普遍公式，而"人们在宇宙中发现的逻辑只是对他们自己的推理官能的反思"。② 说到原子之类的假定实体，"原子"一词既不表示一个观察到的对象，也不表示物自体。"物理学家从未看到或感到一个单个的原子。原子和分子是理智的概念，物理学家借助它们来给现象分类，系统地阐述它们的顺序关系。"③ 换言之，以上所说不足以把作为物自体知识之可能源泉的形而上学一笔勾销。对科学本身需要清除其迷信，需要清除这样的倾向，即认为科学的有用概念涉及那些隐藏的实体或力。

　　皮尔逊大力强调科学所产生的有益的社会影响。除了科学知识的技术应用，以及它在优生学等特殊领域的运用之外，还有科学方法所带来的普遍的教育效果。"现代科学培养心灵对事实进行精确的、无偏见的分析，因而它是特别适合于提升良好公民素质的教育。"④ 皮尔逊甚至赞同地引用了克利福德的一段评论，大意是说，科学思想就是人类进步本身，它不仅仅是这一进步的伴随物或条件。

　　因此，皮尔逊在属于休谟和 J. S. 密尔传统现象论的基础上，发展出一种与恩斯特·马赫（Ernst Mach）相近的科学理论。事实上，马赫将他的《对感觉分析的贡献》（*Beiträge zur Analyse der Empfindungen*）题献给了皮尔逊。两人共享这样的科学观，即认为科学能使我们做出预见，并为达此目的，通过用最少、最简单的概念将现象联系起来，实行一种思维经济的策略。两个人都把未观察到的科学实体说成是精神的建构物。而且，

---

① 皮尔逊坚持认为，科学是纯描述性的，不是解释性的。科学规律"只是**描述**我们投射到'外在世界'的感觉印象，它们从不对我们的知觉常规做出解释"。《科学语法》，第99页。
② 同上，第91页。因此，没有任何关于上帝存在的"设计"证明能够有效。
③ 同上，第95页。
④ 同上，第9页。

当皮尔逊和马赫都将现象最终分解为感觉，我们似乎得出了一个奇怪的结论：虽然科学是纯描述性的，但除了意识的内容之外，我们实际上没有任何世界要描述。这样一来，以强调一切知识的经验基础开始的经验主义，通过对经验的现象论分析，以感觉范围之外没有留下任何世界的结论而结束。对此还可以这样说，经验主义以要求尊重事实开始，然后继续将事实分解为感觉。

9．一般而言，我们可以说，本章提到的这些思想家都表示明确承认科学方法在极大增进人对世界的认识方面发挥的作用。可以理解的是，这种承认伴随着一种信念：科学方法是获得能恰当称之为知识的任何东西的唯一方法。他们认为，科学不断扩展人类知识的疆界，如果有任何东西处在科学的范围之外，那它就是不可知的。形而上学和神学声称对超现象的东西做了真实的陈述，但它们的声称是虚假的。

换言之，真正科学观的成长必然伴随着不可知论的成长。宗教信仰属于人的儿童时期，不属于真正成人的精神状态。我们确实不能证明没有超现象的实在，科学家研究的是现象之间的关系。科学与描述相关，而非与最终的解释相关。这样的解释说不定是有的。实际上，我们越是将现象还原为感觉或感觉印象，越难以避免超现象实在的概念。无论如何这种实在是不可能被认识的。成人的思想只接受这个事实，并信奉不可知论。

的确，在罗马尼斯看来，不可知论包含的意思远不止仅仅在形式上承认不可能证明上帝不存在。但在更具实证主义思想的思想家看来，就成人而言，宗教被剥夺了理智的内容。就是说，宗教不包含对关于上帝的命题的真理性的信念。虽然成人的心中可以保留宗教，但它被归结为情感的部分。这种情感态度要么是针对宇宙的，宇宙作为宇宙之情或宇宙感情的对象，要么是针对人道的，就像在所谓的人道教中那样。总之，宗教中的情感因素会与上帝的概念分离，重新指向别的地方，因为传统宗教成了在科学知识的前进过程中应该被放弃的东西。

因此，我们可以说，本章考察的许多思想家都是今天所谓的科学人本主义的先行者，他们认为宗教信仰缺乏理性的支持，往往强调宗教对人类进步和道德的不利影响。显然，如果人们坚信，人本质上与上帝有关，

118

是上帝的最终目的，那么，人们就会质疑将"人本主义"一词用于关于人的任何无神论哲学是否恰当。但如果人们把人类社会中的进化运动只看作科学知识的进步，看作人对其环境和自身的控制，那么，就宗教使人关注超越的东西而言，人们不可能为它保留任何余地。科学主义必然与传统宗教相对立。

本杰明·基德（Benjamin Kidd，1858—1916）是曾受欢迎的著作《社会进化》（*Social Evolution*，1894）、《西方文明原理》（*Principles of Western Civilization*，1902）和《权力科学》（*The Science of Power*，1918）的作者。他提出了一个相当不同的观点。根据他的看法，人类社会中的自然选择往往有利于人的情绪和情感品质的发展，而不是理智品质的发展。因为宗教以人性的情感方面为基础，所以如果我们发现在生存斗争中信教的人往往在社会中无处不在，就毫不奇怪了。因为宗教以科学无法做到的方式鼓励利他主义，鼓励献身于社会利益。尤其在伦理学方面，宗教具有最强大的社会力量。宗教意识的最高表现是基督教，西方文明就建立在它之上。

换言之，基德贬低作为社会进化建构力的理性，他强调的是感情。当他剥夺了宗教的理智内容，把它说成是最有力地表达了人性的情感方面，他就把宗教描绘成了人类进步的本质因素。因而在他看来，破坏性理性对宗教进行了充满敌意的批判，这种批判就是对进步的攻击。

基德承认宗教在人类历史上的影响，我们显然完全可以证明他的承认是有道理的。但他强调宗教的情感方面，这使他很容易受到如下的反驳：宗教信念属于那种由情感支撑的神话，虽然它们事实上已经发挥了巨大的影响，但它们不适合成人精神状态的需要。当然，基德会回答说，这样的反驳预先假定了，进步是通过运用批判理性来保证的，而在他看来，进步是由人的情绪和情感方面的发展来保证的，不是由理性的发展来保证的，理性是破坏性的，而不是建设性的。不过，似乎很明显，虽然人的情感方面对人的本性是必不可少的，但理性应当保持克制。如果宗教根本没有合理的根据，那么，它一定是可疑的。而且，尽管宗教对人类社会发挥影响是毋庸置疑的事实，但绝不会一定由此得出这个影响总是有益的。对此我们需要合理的分辨原则。

不过，有一个主要信念是基德和他所抨击的人共有的，那就是相信生存斗争中的自然选择原则自动地有益于进步。[①] 而恰恰是关于进步的这个信条在20世纪的进程中受到质疑。考虑到该世纪发生的重大灾难性事件，我们无法仍然平心静气地信赖集体情感的有益作用。同样，我们发现很难设想，单独来看，科学的进步与社会的进步是等同的。这里存在着关于科学知识要实现的目的的极其重要的问题。对这个问题的考察使我们超出了描述科学的领域之外。显然，我们都应同意，科学应当用于为人服务。但问题出来了，我们应如何来说明人？我们对这个问题的回答将涉及形而上学，不是明确的形而上学，就是隐含的形而上学。试图绕过或排除形而上学，将往往发现又陷入了一个隐蔽的形而上学假设，即一个未公开承认的存在理论。换言之，关于科学进步将形而上学驱逐出局的想法是错误的。形而上学只是以隐蔽假设的形式重新出现了。

---

① 如我们所知，T. H. 赫胥黎是个例外，因为他认为道德进步与自然界中的进化过程背道而驰。

第五章

赫伯特·斯宾塞的哲学

生平与著作 —— 哲学的性质及其基本概念和原则 —— 一般进化律：进化与退化的交替 —— 社会学与政治学 —— 相对伦理学与绝对伦理学 —— 宗教与科学中不可知的东西 —— 结语

　　1. 1858年，即达尔文的《物种起源》出版的前一年，赫伯特·斯宾塞规划了一个体系，这个体系根据的是进化规律，或如他所说的进步规律。他是有意尝试构建一个全面哲学体系的少数英国思想家之一。他也是在有生之年获得世界性声誉的少数英国哲学家之一。斯宾塞抓住了一个已经流传的观念，达尔文在有限的领域内赋予这个观念以经验的基础，而斯宾塞将它转变成这样一个概括看法中的关键观念，这个看法是关于世界、关于人类生活和行为的，它是一个乐观的看法，它似乎证明了19世纪对人类进步的信念是正当的，它使斯宾塞成为主要的时代预言家之一。

　　不过，虽然斯宾塞仍然是维多利亚时代的伟大人物之一，但现在他给人的印象是最过时的哲学家之一。他与密尔不同，密尔的著作很值得研究，不论人们是否同意它所表达的观点。斯宾塞的著作今日则几乎无人再读。这不完全在于进化的观念已经变得众所周知，再也引不起大的冲动。毋宁说是在经历了20世纪严峻的挑战之后，我们发现很难理解，单独来看，科学的进化假设如何能为有关人类进步的乐观信仰提供任何充分的根据，一般来说，这种信仰是斯宾塞思想的一个独具特征。一方面，实证主义已经改变了它的特点，并避开对世界的明确、广泛的看法。另一方面，有些哲学家相信在某种现实意义上的进化倾向对人是有益的，他们一般都诉诸与斯宾塞的思想无关的各种形而上学理论。再者，密尔不但探讨英国哲学家们仍然研究的许多问题，而且仍然以据认为确当的方式论述它们，而斯宾塞的引人注意之处却在于对一个主要观念的大范围考察，而不在于任何详尽的分析。不过，虽然斯宾塞的思想与维多利亚时代非常紧密地联系在一起，以至于我们不能说它在今日仍有活生生的影响，但他是 19 世纪的主要代表者之一，这一事实仍然不变。因此，我们不能一声不响地将他忽略过去。

　　赫伯特·斯宾塞于 1820 年 4 月 27 日出生在德比（Derby）。鉴于密尔3 岁开始学希腊语，斯宾塞承认，他 13 岁时对拉丁语和希腊语的知识仍乏善可陈。不过，至 16 岁时，他至少已经获得了一些数学知识。在成为德比的学校教师几个月后，他受雇于伯明翰和格洛斯特铁路公司，成为一名土木工程师。当这条铁路于 1841 年完工时，斯宾塞被解雇了。"被解雇了——高兴之至。"他在日记中这样写道。虽然他于 1843 年回到伦敦投身文字生涯，但他仍然回到铁路工作了不长一段时间，还在发明上一试身手。

　　1848 年，斯宾塞成为《经济学人》（*Economist*）杂志的副主编，并与 G. H. 刘易斯、赫胥黎、廷德尔、乔治·艾略特（George Eliot）建立了朋友关系。他特别与刘易斯讨论了进化理论。在他为刘易斯的《领导者》（*Leader*）杂志写的匿名论文中，有一篇是关于"发展假设"（The Development Hypothesis）的，在文中他详尽阐述了根据拉马克思想的进化观念。1851 年，他出版了《社会静力学》（*Social Statics*），1855 年，他自费出版了《心理学原理》（*The Principles of Psychology*）。这时，他的健康状况使他深感忧虑，他几次远足法国，在那里遇到了奥古斯特·孔德。不过，1857 年，他得以出版他的一部论文集。

　　1858 年初，斯宾塞拟定了一个《综合哲学体系》（*A System of Synthetic Philosophy*）的创作计划，1860 年散发的计划书预计它有十卷。《第一原理》（*First Principles*）一卷于 1862 年出版，《生物学原理》（*The Principles of Biology*）两卷于 1864—1867 年出版。《心理学原理》（*The*

Principles of Psychology）最初于1855年出版了一卷，1870—1872年出版了两卷，《社会学原理》（The Principles of Sociology）三卷出版于1876—1896年。《伦理学资料》（The Data of Ethics，1879）后来与另两部分一起构成了《伦理学原理》（The Principles of Ethics，1892）第一卷，而该书的第二卷（1893）代用以《论正义》（Justice，1891）一书。斯宾塞还出版了《综合哲学体系》中几卷的新版本。譬如，《第一原理》的第六版出于1900年，《生物学原理》的增订本出于1898—1899年。

　　斯宾塞的《综合哲学体系》成为一项引人瞩目的成就，他不顾健康不佳，至少开始时不顾严重的财务困难，完成了这一成就。在理智上他是一个靠自己奋斗取得成功的人，他的伟大工作的组成部分中包括他对以前从未实际研究过的许多论题的写作。他不得不从各种来源收集资料，然后根据进化的观念来说明。除了来自第二手资料的知识外，他对哲学史知之甚少。他确实不止一次地打算读康德的《纯粹理性批判》，但当他读到关于空间和时间的主体性学说时，就将书撇在一边了。除了自己的观点之外，他对其他观点几乎都不欣赏或理解。不过，要不是他实行我们所谓的严格的思维经济法的话，他不大可能完成他强加给自己的任务。

　　斯宾塞出版的其他作品中，我们可以提到《教育》（Education），这是一本篇幅不大但很成功的书；《人对国家》（The Man Versus the State），这是一部激烈论战的书，用来反对作者所认为的险恶的奴隶制；死后出版的《自传》（Autobiography）。1885年，斯宾塞在美国出版了《宗教的性质与实在性》（The Nature and Reality of Religion），其中包括他自己与实证主义者弗雷德里克·哈里森的争论。但因为哈里森反对不经允许重新发表他的论文，尤其因为该书中含有约曼斯（Yeomans）教授写的支持斯宾塞观点的序言，所以该书被禁止出版。

　　除了"雅典娜神庙俱乐部"（Athenaeum Club）成员之名外，斯宾塞一贯拒绝任何荣誉。当他被邀请担任伦敦大学学院精神哲学与逻辑学教授时，他拒绝了，他还拒绝了皇家学会成员的身份。他似乎认为，当他真正需要得到这些荣誉时，它们没有被提供给他，而当它们被提供给他时，他已经不再需要了，他的拒绝是早已确定了的。至于政府授予的荣誉，由于

123

他反对此类社会殊荣，致使他没有这些荣誉，这完全与他对这些荣誉姗姗来迟的不满无关。

斯宾塞死于 1903 年 12 月 8 日。他死时，他在自己的国家极不受欢迎，这主要是因为他反对布尔战争（Boer War，1899—1902），他认为这个战争表现了他非常憎恶的军国主义精神。① 然而在国外，英国对本国杰出人物之一的去世无动于衷受到很多批评。在意大利，当议院刚一得知斯宾塞的死讯就休会致哀。

2. 斯宾塞对哲学与科学关系的说明，与奥古斯特·孔德之类的实证主义者给出的说明明显相似。科学和哲学都研究现象，即研究有限的、有条件的、可分类的东西。的确，根据斯宾塞的观点，现象是对无限的、无条件的存在（Being）的意识的显现。但由于知识包含了联系和分类，而无限的、无条件的存在本性上是独一无二的、不可分类的，所以，说这样的存在超出了现象的范围，也就等于说它超出了知识的范围。② 因此，正如科学家无法研究它一样，哲学家也无法研究它。超现象的或"终极的"原因处于哲学和科学所及的范围之外。

因此，如果我们要区分哲学和科学，我们不能只根据它们处理的对象来做到这一点。因为两者都与现象有关。我们必须引入概括程度的概念。"科学"是各门具体科学这个家族的名称。每门科学都有别于关于特殊事实的不协调知识。虽然每门科学都包含着概括，但即使最广泛的这种概括，相比于将各门科学统一起来的哲学的普遍真理，也都是片面的。"哲学的真理因而与最高的科学真理有同样的关系，哲学真理中的每一个都与较低级的科学真理有这种关系……最低种类的知识是没有统一起来的知识；科学是**特殊统一的**知识；哲学是**完全统一的**知识。"③

我们可以认为哲学的普遍真理或最广泛的概括本身是"探究的产物"。④ 那么，我们所关心的就是普遍的哲学。或者我们可以根据普遍真

---

① 斯宾塞对布尔战争的态度激起了《泰晤士报》对他的抨击。
② 我们后面将回到斯宾塞关于"不可知的东西"的学说上来。
③ 《第一原理》（第 6 版），第 119 页。
④ 同上，第 12 页。

理的能动作用，把普遍真理看成是"探究的工具"。① 也就是说，我们可
125 以认为普遍真理是这样的真理，即我们根据它们来研究现象的特殊领域，
诸如伦理学和社会学的材料等。那么，我们关心的就是特殊哲学。斯宾塞
的《第一原理》致力于普遍哲学，而《综合哲学体系》的随后各卷论述的
是特殊哲学的各个部分。

　　单独来看，斯宾塞根据统一的程度对科学与哲学关系的说明往往暗
示出，在他看来，哲学的基本概念是通过概括从特殊科学中引出来的。但
实际情况并非如此。因为他坚持认为，有一些根本的概念和假设是包含在
一切思维中的。让我们假定，一位哲学家决定以一个特殊的材料作为他反
思的起点，而且他认为他这样做不是在做假设。事实上，选择一个特殊的
材料，就意味着这位哲学家还有其他的材料可选。这就涉及与实际断定的
存在不同的存在概念。再者，除了因为与别的某些东西相似，因为可以根
据一个共同的属性进行分类，因为与别的东西不同或不相像，我们无法知
道任何特殊的东西。总之，对一个特殊的材料的选择涉及许多"未被承认
的假定"，② 这些假定一起提供了关于一个普遍哲学理论的纲要。"发达
的理智是根据它无法摆脱的某些有条理的、牢固的概念形成的。它不
运用这些概念它就无法活动起来，正如身体不借其肢体的帮助就不能
活动一样。"③

　　很难说斯宾塞把他的观点说清楚了。因为他谈到"不言而喻的假
设"④"未公开的材料"⑤"未被承认的假定"⑥"某些有条理的、牢固的概
念"⑦"根本的直觉"⑧，好像这些词组的意义不需要进一步的说明，好像它
们的意思都是一样的。确实明显的是，他没打算主张一种康德式的先天理
论。基本的概念和假设都以实验为基础。有时斯宾塞好像说个人的经验或

---

① 《第一原理》，第 12 页。
② 同上，第 123 页。
③ 同上。
④ 同上，第 122 页。
⑤ 同上，第 123 页。
⑥ 同上。
⑦ 同上。
⑧ 同上。

意识是可疑的。譬如，他说："我们不可避免地把意识的如下判定当作真实的接受下来：有些显现（manifestations）是彼此相像的，有些显现是彼此不相像的。"① 可是，情况被如下事实弄复杂了：斯宾塞接受了关于相对先天的观念，即关于这样一些概念和假设的观念，从发生的观点看，虽然这些概念和假设是种族积累的经验的产物，② 但它们是通过"直觉"的力量到达既定个人的心灵的，在此意义上，它们对这个心灵是先天的。

126

　　我们必须暂定关于思想过程的基本假设是不容置疑的。我们可以只根据它们的结果，即只通过表明这些假设在逻辑上使我们预期的经验与我们实际得到的经验之间的一致或适合，来证明它们是正当的或有效的。实际上，"完全确立这种一致性与知识的完全统一成了一回事，哲学就在这种统一中达到自己的目的"。③ 于是，普遍哲学明确了基本的概念和假设，而特殊哲学则表明它们与经验的不同领域或范围中的现象的一致性。

　　至此，根据斯宾塞的观点，"认识就是对相似的东西进行分类或把握，对不相似的东西进行分离"。④ 而因为相似和不相似是关系，所以我们可以说，一切事物都是有关系的，"**关系**是思想的普遍形式"。⑤ 不过，我们可以区分两类关系，即接续的关系和共存的关系。⑥ 每类关系都产生了一个抽象观念。"对一切接续的抽象是时间。对一切共存的抽象是空间。"⑦ 时间和空间的确不是绝对意义上的意识的原始形式。但这些观念是通过贯穿心灵或理智的整个进化过程的经验组织产生出来的，所以就一个既定的单个心灵而论，它们可以有相对先天的特点。

　　根本上说，我们的空间概念是没有抵抗的共存位置的概念。它是通过抽象从物质的概念得出来的，最简单形式的物质概念就是没有抵抗的共

① 《第一原理》，第125页。
② 它们中有些可能在动物经验中有更远的根源。
③ 《第一原理》，第125页。
④ 同上，第127页。
⑤ 同上，第145页。
⑥ 斯宾塞认为，共存的观念是从接续的观念得来的，因为我们发现某些接续关系项可以同样方便地以相反的顺序表现出来。共存不可能是存在于连续状态中的意识的原始材料。
⑦ 《第一原理》，第146页。

存位置的概念。反过来，物质的概念是从力的经验得来的。因为"力处于
某些相互关系中，构成了我们的物质观念的全部内容"。① 与此类似，虽
然展开了的运动概念包含空间、时间、物质的观念，但对运动的基本意识
仍然只是对"连续的力的印象"的意识。②

因此，斯宾塞论证说，对时间、空间、物质和运动的心理学分析表
明，它们都以对力的经验为基础。结论是："我们因此最终归结到力上，
它是终极的终极。"③ 物质不灭原则实际上是力的不灭原则。同样，关于运
动的连续性原则的一切证明都"包含关于能量守恒的假定"，④ 因为能量是
运动的物质所具有的力。最后，我们得到了力的持续性原则，虽然"该原
则是科学的基础，所以不能靠科学来确立"，⑤ 但它超出了证明的范围，它
是这样一个原则，它以规律的一律性原则即力之间关系的持续性作为其必
然的结果。

人们可能反驳说，像物质不灭这样的原理属于科学而不属于哲学。
但斯宾塞回答说，它们是"将属于自然各个部分的具体现象统一起来的
真理，因而一定是哲学所寻求的那个无所不包的事物概念的组成部分"。⑥
而且，虽然"力"一词通常表示"肌肉紧张的意识"，⑦ 但我们在使某物运
动或抵抗压力时所具有的努力感是绝对力的符号。当我们谈到力的持续性
的时候，"我们实际指的是超出我们的知识和概念的某个原因的持续性"。⑧
也许我们不直接清楚的是：我们如何能明白易懂地断定一个不可知的实在
的持续性。但如果关于力的持续性的断定实际意味着斯宾塞认为它所指的
意思，那么，它显然就变成了一个哲学的原则，即使我们不考虑这样的事
实：即根据斯宾塞对哲学与科学关系的说明，力的持续性所具有的普遍真
理的特征无论如何也使它有资格列入哲学真理之中。

---

① 《第一原理》，第 149 页。
② 同上，第 151 页。
③ 同上。
④ 同上，第 167 页。
⑤ 同上，第 175 页。
⑥ 同上，第 249 页。
⑦ 同上，第 175 页。
⑧ 同上，第 176 页。

3. 然而，虽然物质不灭、运动的连续性、力的持续性等普遍原则是哲学试图达到的综合的组成部分，但它们即使合在一起也没有构成这个综合。因为我们需要一个公式（formula）或规律，它明确规定了物质和运动所经历的转变过程，因而有助于将各自特殊科学中所考察的一切变化过程统一起来。也就是说，如果我们假定没有任何绝对静止或永恒那样的东西，只假定每一个对象总是在变化，不论这变化是因为获得或失去运动引起的，还是因为它的组成部分之间的变化引起的，那么，我们就需要确定关于物质和运动不断重新分配的普遍规律。

斯宾塞在他不加区别地称作进化的"公式""规律"或"定义"的东西中，发现了他正在寻求的东西。"进化是物质与运动的附随耗散的结合。在此期间，物质从相对不确定的、不连贯的同质性变为相对确定的、连贯的异质性。在此期间，保留下来的运动经历了一个相似的转变。"[1] 从力的持续性进行推演，可以演绎地确立这个规律。还可以通过归纳确立这个规律。因为不论我们思考从星团而来的太阳系的发展，还是思考从比较原始的有机体向比较高级的有组织的复杂生物体的发展，还是思考人的心理生活、语言发展、社会组织的进化，我们到处都发现从相对不确定到相对确定、从不连贯到连贯的运动，以及逐渐变异的运动，亦即从相对同质性向相对异质性的运动。譬如，在生物体的进化中，我们看到了结构和功能的逐渐变异。

不过，这只是情况的一个方面。因为物质的整合伴随着运动的耗散。进化过程趋向于发展到均衡状态，即力的平衡状态，接踵而来的是退化或瓦解。譬如，人体衰竭了，失去了能量，死亡和瓦解了；任何既定的社会都会失去其活力而衰落；太阳的热量也逐渐耗尽。

斯宾塞小心翼翼地避免声称我们可以正当地从适合于相对封闭体系的东西推测事物的全体，即整个的宇宙。譬如，我们不能从（比方说）我们太阳系的停滞而确定无疑地证明宇宙的停滞。当由于太阳热量的耗尽，我们星球上的生命已经消失，说不定在宇宙的别的某个地方生命将处在发

───────────────

[1] 《第一原理》，第367页。斯宾塞在一个注释中提到，必须在上面两处插入"相对"一词，该词在原始文本中被省略了。

展的过程中。总之，我们无权论证说，发生在部分上的事情**一定**会在整体上发生。

同时，如果在事物整体中存在着进化与退化的交替，那么，我们就应当"接受这样的进化概念：在无边无际的过去，在无边无际的将来，进化都无所不在"。[①]如果这代表了斯宾塞的个人观点，那么，我们可以说，他给出了希腊早期某些宇宙论的现代版，以及它们关于循环过程的思想。总之，在部分上存在着进化与退化的周期交替，即使在整体上我们不能这样武断地说。虽然斯宾塞起初把进化规律说成是进步规律，但他相信进化与退化的交替，这显然使他的乐观主义受到了局限。

4. 斯宾塞关于全面哲学综合的理想，要求将对无机界的系统研究纳入进化论观念的视角。他提到，如果在《综合哲学体系》中论述这个题目，它"会占用两卷，一卷研究恒星演化学，另一卷研究地球成因学"。[②]但事实上，斯宾塞将自己局限于生物学、心理学、社会学和伦理学等特殊哲学上。当然，他提到天文学、物理学和化学的论题，但《综合哲学体系》不包括对无机界进化的系统论述。

因为篇幅所限，我没有重复概述斯宾塞体系的各个部分，所以我建议忽略生物学和心理学，在本节对它的社会学和政治学思想做些评论，在下一节专门论述伦理学问题。

社会学家关心的是人类社会的发展、结构、功能和结果。[③]社会学的可能性是根据这样的事实得出来的，即我们可以在社会现象中发现能够做出预言的有规则的连续。而社会规律是统计的，该领域中的预言是近似的这一事实，并不排除社会学的这种可能性。"科学只有一半是精确科学。"[④]我们所要求的是概括的可能性，不是定量的精确性。说到社会学的用处，斯宾塞不太明确地声称，如果我们能认清各社会所经历的结构变化和功能变化的顺序，那么，"关于顺序的知识就不会不影响我们对什么是

[①] 《第一原理》，第506页。

[②] 《社会学原理》，第一卷，第3页。

[③] 对斯宾塞所谓的超机体（super-organic）进化的研究以有机进化或生物进化为前提，如果最广义地说，该研究包括比方说对蜜蜂和蚂蚁的研究。

[④] 《社会学研究》（1907），第44页。

进步、什么是倒退——什么是可取的、什么是可实行的、什么是乌托邦的判断"。[1]

当我们考察一般进化过程中的生存斗争时，我们明显发现在无机领域、有机领域和超有机（社会）领域之间的相似性。一个无生命体的行为取决于它自己的力和它所受到的外力之间的关系。同样，一个有机体的行为是其内在性质与其无机和有机环境的联合影响的结果。而且，每个人类社会"所展示的现象都可以归因于该社会各单位的特征和它们存在的条件"。[2]

的确，内在的和外在的这两组因素不是保持不动的。譬如，人的身体能力、情感能力和理智能力已经在历史过程中得到发展，而进化中的社会已经给它的有机环境和无机环境带来了显著变化。再有，进化社会的产物，它的制度和文化创造，产生了新的影响。而且，人类社会越发展，它们彼此的相互作用就越大，使得超有机环境占有了更重要的位置。尽管情况变得越来越复杂，但在所有三个领域中都可以清楚分辨出内在力量和外在力量类似的相互作用。

然而，虽然在无机的、有机的、超有机的领域之间存在着连续性，但也存在着不连续性。如果这里有相似性的话，那么，这里也有不相似性。譬如，让我们考察一下作为一个有机体的社会的观念。如在严格意义上的有机体的情形一样，社会的发展伴随着结构的逐渐变异，它导致了功能的逐渐变异。而有机体与人类社会之间的这个相似点也是这两者与无机体之间的不相似点。因为根据斯宾塞的观点，不能把一个无机物各部分的作用认作是功能。而且，有机体的变异过程与社会有机体的变异过程有重要区别。因为在后者那里我们没有发现那样一种变异，它在前者那里导致一个部分单独变成了理智器官，有的部分变成了感觉器官，而别的部分则没有这样的变化。在有机体中，"意识集中在这个集合体的一小部分上"，而在社会有机体中，"意识散布在整个集合体中：每个单位都有承受幸福

131

---

[1] 《社会学研究》，第70页。
[2] 《社会学原理》，第一卷，第9—10页。

和不幸的能力，即使不在同等的程度上，也在相近的程度上"。①

　　当然，一个热心于把政治社会说成是有机体的人，也许会尝试在有机体的功能异化和社会的功能异化之间找到精确相似之处。但这也许很容易使他有这样的说法，比方说，好像政府类似于大脑，好像社会的其他部分应当将一切思考都交给政府，并完全服从于它的决定。而此类结论恰恰是斯宾塞希望避免的。因此他坚持政治社会的单个成员的相对独立性，并否认这样的论点，即社会不只是其成员的总和，它具有与其成员不同的目的，在这个意义上，社会是一个有机体。"而且，因为不存在任何社会感官系统，所以结果是，如果不考虑成员的福利，这个集合体的福利就不是追求的目的。社会是为其成员的利益而存在的，不是其成员为社会的利益而存在的。"②换言之，我们可以说，胳膊和腿是为整个身体的利益而存在的。而在社会的情况下，我们必须说，整体是为部分而存在的。斯宾塞的结论至少是清楚的。尽管他的论点有时含糊费解，但同样清楚的是，在他看来，当把有机体的类比用于政治社会时，不但使人误解，而且是危险的。

　　事实上情况就是如此。斯宾塞决心将进化的观念用于所有现象领域，这导致他把政治社会即国家说成是超有机体。但因为他是个人自由的坚决捍卫者，反对国家对个人自由的剥夺和侵犯，所以他指出有机体与政治体之间的本质区别，试图以此除去这一类比中的不便。他这样做时强调，社会集团变得越来越大，个人意志融合为一体，虽然在这个意义上，政治发展是一个整合的过程，但它也是一个从同质性向异质性的运动，因而变异的倾向增强了。譬如，斯宾塞相信，随着文明向现代工业化国家的发展，比较原始的社会的阶级划分往往变得不那么僵化甚至瓦解了。而这就是进步的标志。

　　斯宾塞的观点部分上依据于他的如下论点："同质性状态是不稳定状态，在已经有某种异质性的地方，就有向更大异质性发展的倾向。"③鉴于

---

①　《社会学原理》，第一卷，第479页。

②　同上。

③　同上，第二卷，第288页。

这一进化运动的观念，显然可以得出，异化较大的社会比异化较小的社会更加进化。同时，斯宾塞的观点也明显依据于一个价值判断，即在本质上，个人自由高度发展的社会比个人自由较少的社会更值得欣赏和赞扬。的确，斯宾塞认为体现个人自由原则的社会比不体现个人自由的社会具备更大的生存价值。我们可以将这一点理解为一个事实判断。但无论如何在我看来很明显的是，斯宾塞认为第一种类型的社会更值得保存，因为它有更大的内在价值。

如果我们忽略斯宾塞关于原始社会及其发展的说明，我们可以说，他将主要注意力集中在军国主义型或好战型社会向工业型社会的转变上。好战型社会基本上是"这样的社会，在这个社会中，军队就是被动员起来的国家，国家就是静态的军队，因此，该社会有了军队和国家共同的结构"。① 在这种社会内部确实可以有发展。譬如，军事领袖变成了市民首脑或政治首脑，如罗马帝国的情况那样。随着时间的推移，军队变成了该社会的一个专门的职业部门，而非与成年男性人口的规模相同。但在一般的好战社会中，统一和团结是主要特征。保存社会是首要目的，而保存个别成员这件事只是作为达到首要目的的工具时才会被关心。而且，在这种社会中有不变的行为规则，"每个成员的个体性在生活、自由和财产方面一定是非常次要的，以至于他主要或完全地被国家**所拥有**"。② 此外，好战型社会的目的是自给自足，所以政治自治往往伴随着经济自主。③ 国家社会主义的德国对斯宾塞来说无疑是表现现代工业时期好战型社会复活的好例子。

斯宾塞不否认在被认为是生存斗争、适者生存的进化过程中，好战型社会发挥了不可或缺的作用。但他强调，虽然社会之间的冲突对于社会的形成和发展是必不可少的，但文明的发展使战争越来越不必要了。于是，好战型社会成了不合时宜的东西，向斯宾塞所谓的工业型社会的转变成为必须。这并不意味着生存斗争停止了。但它改变了形式，变成了"工

---

① 《社会学原理》，第一卷，第577页。
② 同上，第二卷，第607页。
③ 好战型社会也往往在特有的法律形式和司法程序上表现出来。

133

业的生存斗争"，① 在这个斗争中，产生出"许许多多最优秀的个人 ——
最适于在工业国家生活的个人"② 的那个社会，是最适于生存的。斯宾塞
试图以这种方式回避如下指责，即当他得出工业型社会的概念时，他抛弃
了生存斗争和适者生存的观念。

如果人们设想，斯宾塞所说的工业型社会只不过是指公民在其中完
全或主要忙于生产和分配的经济生活的社会，那就大错了。因为这种狭义
上的工业社会与国家对劳工的彻底管理不矛盾。而这种强制性因素恰恰是
斯宾塞一心要排除的。在经济层面，他所说的工业型社会指的是自由放任
（laissez-faire）原则支配的社会。因此，在他看来，社会主义的和共产主
义的国家远没有表现工业型社会的本质。国家的作用就是维护个人的自由
和权利，在必要时对有冲突的诉求做出裁决。积极干预公民的生活和行为
不是国家要做的事情，除非为了保持内部和平需要进行干预的时候。

换言之，在工业社会的理想类型中，如斯宾塞对这个词的解释那样，
着重点从社会作为一个整体的整体性转移到被认为是个人的社会成员。
"在工业制度（régime）下，公民的个体性不是被社会所牺牲，而是必须
受社会的保护。对他的个体性的保护成为社会必不可少的责任。"③ 也就是
说，国家的主要功能变成了公平地调解个体公民之间对立的诉求，防止一
个人的自由被另一个人侵犯。

斯宾塞相信进化规律的普适性，这对他显然是一个约束，使他坚持
认为，进化运动趋向于促进工业型国家的发展，他过于乐观地认为工业型
国家实质上是和平的国家。然而，这种国家在他人生后几十年所表现出来
的干预和管制倾向，致使他对他所说的"即将到来的奴隶制"④ 表示担心，
并且猛烈抨击国家或国家机构之一认为自己无所不能的倾向。"过去的大
政治迷信是君权神授，现在的大政治迷信是议会权神授。"⑤ 再有，"在过
去，自由主义的作用是对王权进行限制。在将来，真正自由主义的作用将

---

① 《社会学原理》，第二卷，第610页。
② 同上。
③ 同上，第607页。
④ 这是他的论文之一的标题。
⑤ 《人对国家》（1910），第78页。

是对议会的权力进行限制"。[①]

显然，在坚决抨击"即将到来的奴隶制"的时候，斯宾塞不可能完全诉诸任何进化规律自动产生的结果。他的话显然受到一个热烈信念的鼓舞，这是对个人自由和主动性的价值的信念，即反映了这样一个人的品格和气质的信念，这个人在其人生的任何时期都没有只因为一个被指定的权威是权威而想在其面前卑躬屈膝。众所周知的事实是，斯宾塞抨击他所认为的国家对私人自由的侵犯，以至于到了谴责工厂立法，谴责政府官员的卫生检查，谴责国家对邮局的管理，谴责国家的贫困救济和国家教育的地步。不用说，他没有谴责改革本身或慈善救济工作、医院和学校的经营工作。但对这样一些事业，他总是主张要自发地组织，反对国家的行为、管理和控制。简言之，他的理想是这样的社会理想，如他所说，在这个社会中，个人是一切，国家是无，与此相比，在好战型社会中，国家是一切，个人是无。

斯宾塞将工业型社会等同于爱好和平、反对军国主义的社会，这很可能使我们感到古怪，除非我们通过定义使这一等同成为真实的。在我看来，他为放任自由政策极力辩护很可能是偏心的，或至少是对昔日美景的留恋。他似乎不理解，像密尔至少在部分上终于理解的那样，像 T. H. 格林等观念论者更充分理解的那样，社会立法和所谓的国家干预，很可能对于保护每个公民过上体面人类生活的合法要求是必不可少的。

同时，斯宾塞敌视现在英国绝大多数公民认为理所当然的社会立法，这不应使我们忽视这样的事实，他同密尔一样，看到了官僚政治的危险，看到了加强国家权力和作用的危险，这些权力和作用往往窒息了个人的自由和创造性。至少在笔者看来，对共同利益的关心导致对国家行为的赞成达到了远远超出斯宾塞准备认可的程度。但我们不应当忘记，共同利益不是与个人利益完全不同的东西。斯宾塞无疑十分正确地认为，为了个人的利益和社会的普遍利益，公民应当能够自由地发展自己并表现出主动性。我们很可以认为，国家的职责是创造和维持个人能够发展自己的条件，而

①　《人对国家》，第107页。

且，比方说，这就要求国家应当根据个人借以谋利的能力为所有人提供教
136 育手段。可是我们一旦接受了这样的原则，即国家应当积极参与创造和维
持一些条件，这些条件将根据男女个人的能力使每个人都能过上体面的人
类生活，那么，我们就面临一个危险，即我们随之会忘记，共同利益不是
个人的具体利益必须无情为之牺牲的抽象的东西。尽管斯宾塞的态度过于
古怪，但它可以用来提醒我们国家是为人而存在的，不是人为国家而存在
的。而且，国家只是社会组织的一种形式：它不是唯一合法的社会形式。
斯宾塞肯定了解这个事实。

　　如已经指出的那样，斯宾塞的政治观点与他对一般进化运动的解释
有关，部分上表达了事实判断，部分上表达了价值判断。譬如，他断言他
所谓的工业型社会比其他类型社会具有更大的生存价值，这个断言在部分
上相当于一个预言，即根据进化的趋势，工业型社会事实上会生存下来。
而这个断言在部分上还是一个判断，即由于工业型社会的内在价值，它值
得生存下来。实际上非常清楚的是，在斯宾塞看来，对个人自由的积极评
价是他对现代社会的看法中真正决定性的因素。同样清楚的是，如果一个
人决定，在依他所定的范围内，那个尊重个人自由和主动性的社会类型**将
要**幸存下来，那么，这个决定主要根据一个价值判断，而不是根据有关进
化规律自动产生的结果的任何理论。

　　5. 斯宾塞把他的伦理学说看成是他的体系的皇冠。他在《伦理学资
料》的前言中说，他的第一篇论文《论政府的恰当领域》（"The Proper
Sphere of Government"，1842）不明确地指出了政治行为中关于正确和错
误的某些基本原则。他补充说："从那个时候起，我的一切最近目的背后
的最终目的，就是为全部行为中正确和错误的原则找到科学的基础。"[1] 把
超自然的权威作为伦理学基础的信念已经消退。因而变得更加急迫的是给
道德一个与宗教信仰无关的科学的根据。在斯宾塞看来，这意味着将伦理
学建立在进化论之上。

---

[1]　《伦理学资料》（1907 年版），第 V 页。这篇序言在《伦理学原理》第一卷中重印，
引文出处是第 VII 页（1892 年版）。

　　一般的行为，包括动物的行为，由与目的相适应的活动组成。① 我们　137
经过的进化等级越高，我们就发现有越清楚的证据表明，有目的的活动
以个体或物种的善为指向。但我们也发现，这种目的论的活动构成了同一
物种不同个体之间、不同物种之间生存斗争的一部分。也就是说，一个生
物试图牺牲另一个生物来保存自己，一个物种通过捕食另一个物种来维持
自己。

　　在斯宾塞看来，这种弱者落败的有目的行为不是完美的进化行为。
在完美的进化行为即恰当意义上的伦理行为中，竞争群体之间、一个群体
各成员之间的对立，将被合作和互相帮助所取代。不过，完美的进化行为
只能随着好战社会让位于永久和平的社会而达到。换言之，除了在完美进
化的社会中，完美的进化行为是不可能稳定达到的，在完美进化的社会
中，利己主义和利他主义的冲突被克服和超越了。

　　完美的进化行为与不完美的进化行为之间的这种区分，为相对伦理
学和绝对伦理学之间的区分提供了基础。绝对伦理学是"一个理想的行为
准则，它系统地阐述了与完全进化的社会完全适应的人的行为"，② 而相对
伦理学所涉及的行为，是在我们发现自己所处的环境，即在或多或少进化
不完美的社会中，最接近于上面那种理想的行为。根据斯宾塞的观点，如
下情况完全是不真实的，即在需要我们的有目的行动的任何情况下，我们
都永远面临在绝对正确的行为和绝对错误的行为之间做出选择。譬如，可
能会出现这样的情况，不论我如何行事，都会给另一个人带来某种痛苦。
给另一个人带来痛苦的行为不可能是绝对正确的。因此，在这样的情况
下，我必须努力估计一下，哪一个行为过程是相对正确的，即哪一个可能
的行为过程可能会带来最大的善、最少的恶。我无法预料做出的判断是无
误的。我只能先对这件事思考一番，这种思考似乎是该问题的相对重要性
所需要的，然后我按照在我看来最好的方式行事。我确实可以记住绝对　138
伦理学理想的行为准则，但我无法合理地假定，这个标准将起到前提的作
用，我可以从它无误地推出在我发现自己所处的环境下什么行为是相对最

---

① 无目的的行动被排除于"行为"之外。
② 《伦理学资料》，第238页。

好的行为。

斯宾塞把幸福当作生活的最终目的，用行为与此目的的关系来衡量行为的对错，在这个意义上，他接受了功利主义的伦理学。在他看来，"功利主义伦理学的逐渐兴起甚至已经不可避免"。① 有些行为总被认为对人和社会是有益的，还有些行为总被认为对人和社会是有害的，在这个意义上，确实在一开始就有一种不成熟的功利主义。但在过去的社会中，伦理准则与这种或那种权威联系起来，或与神圣权威和神的赏罚观念联系起来，而随着时间的推移，伦理学逐渐变得与非伦理的信念无关，并且有一种道德观不断发展起来，它完全建立在可以确定的、自然的行为后果的基础上。换言之，在道德领域，功利主义的发展已经有了进化的趋势。不过，必须补充的是，对功利主义应当这样来理解，即要能为相对伦理学和绝对伦理学的区分留下余地。其实，正是进化的观念暗示出走向一个理想界限的进程。而在这一进程中，德性的进步不能与社会的进步割裂。"一个完美的人与一个不完美的社会的共同存在是不可能的。"②

因为斯宾塞认为功利主义是以科学为根据的伦理学，所以可以理解的是，他希望表明，它不是许多相互排斥的体系中的一个，它可以为包含在其他体系中的真理提供空间。譬如，他因而断言，如果正确理解，功利主义为主张正确、错误和义务概念的观点，而非主张获得幸福的观点提供了空间。边沁使用了快乐论的算法，因而他可能已经想到幸福是直接的目的。然而他错了。假如幸福的获得不取决于条件的满足，那他确实是正确的。但在此情况下，任何行为都会是道德的，只要它产生了快乐。而这个看法与道德意识不相符。事实上，幸福的获得取决于某些条件的满足，即取决于对某些道德戒律或规则的遵守。③ 我们应当直接把这些条件的满足当作目的。边沁认为每个人都知道幸福是什么，而且，比如说，它比正义的原则更好理解。但这个观点与实情相反。正义的原则是容易理解的，而

---

① 《伦理学原理》，第一卷，第318页。
② 《伦理学资料》，第241页。
③ 显然，对道德戒律的观念必须这样来理解，以便承认进化不完美的社会中的行为原则与进化完美的社会中获得的理想原则之间的区别。

要说出幸福是什么却绝非易事。因此，斯宾塞提出了他所谓的"合理的"功利主义，这种功利主义"把与某些原则的一致作为它追求的直接目标，这些原则对于引起福利有理所当然的决定作用"。①

而且，关于道德规则可以用归纳的方式、通过对行为的自然后果的观察来确立的理论，并不蕴含如下结论：道德直觉主义理论中根本没有任何真理。因为确实有可以称之为道德直觉的东西，尽管它们不是神秘的、无法解释的东西，而是"对人类获得的经验的缓慢条理化的结果"。②原来作为经验归纳的东西，竟可以在后来的世代中使个人有了直觉的力量。个人可以本能地看到或感到某个行为过程是正确的或错误的，尽管这种本能的反应是人类积累的经验的结果。

同样，对于我们应当追求的目标是我们本性的完善这一主张，功利主义完全可以承认其中的真理。因为进化的趋势是向着最高生活方式的出现发展的。虽然幸福是最高的目的，但它是"每一个道德指导理论都或清楚或含糊看到的那个最高生活的伴随物"。③至于有关德性是人类行为的目的的理论，它只是表达如下学说的一种方式，即我们的直接目的应当是满足达到最高生活方式的条件，进化的过程以这种生活方式为终点。假如这种生活方式真的达到了，幸福就会因之而来。

不用说，斯宾塞如果不承认生物领域进化与道德领域进化的连续性，就不可能合理地主张将它的伦理学建立在进化论的基础上。譬如，他断言，"人类的正义一定是对低于人类的正义的进一步发展"。④同时，他在 140 后来撤掉的《伦理学原理》第五、六部分的序言中又承认，进化学说没有指出人们所期盼的［进化］范围。无论如何，他似乎从来没有清楚地了解到，他用一些价值判断对据认为是历史事实的进化过程做出解释，但这些判断不可能单独由这个进化过程确立起来。譬如，即使我们承认，进化正在促使社会中某种人类生活类型的出现，并因而承认这种生活类型显示出

---

① 《伦理学资料》，第140页。
② 同上，第148页。
③ 同上。
④ "正义"（《伦理学原理》，第4部分），第17页。

最适于生存，那也不能必然得出这种生活类型是道德上最值得称赞的。如T. H. 赫胥黎所知，生存斗争中事实上的适者生存与道德上的卓越不一定是一回事。

当然，如果我们假设，进化是以逐渐建立道德秩序为指向的目的论过程，那么，情况就有所不同。即使这种假设可能暗含在斯宾塞的观点中，但他没有表示他做出任何这样的形而上学假设。

6. 有点自相矛盾的是，斯宾塞思想中具有明确形而上学的部分是他关于不可知事物的哲学。这个论题是在讨论宗教与科学的所谓冲突的背景下提出来的。"一切信念对立中最古老、最广泛、最根本、最重要的对立是宗教与科学的对立。"① 当然，如果把宗教只理解为主观的经验，宗教与科学冲突的问题就不会出现了。但如果我们考虑到宗教信念，情况就不同了。对特殊事件的超自然解释已经被科学的或自然的解释所取代。宗教已经不得不将自己多少局限于对宇宙整体的存在提供解释。② 但这些论点是有科学观点的人无法接受的。因此在这个意义上，宗教心态和科学心态之间存在冲突。根据斯宾塞的观点，这个冲突只能通过关于不可知事物的哲学来解决。

如果我们从宗教信念方面入手，我们会发现，泛神论和一神论都是

141 站不住脚的。斯宾塞把泛神论理解为宇宙从潜在的存在向现实的存在发展的理论。而他认为这个观念是无法想象的。我们实际不知道它指的是什么。因此也不会引出它是真是假的问题。至于一神论，斯宾塞把他理解为世界是由一个外部动因创造的学说，这个学说也是站不住脚的。空间的创造是无法想象的，因为它的不存在是无法想象的，除了这个事实以外，自存的造物主的概念如同自存的宇宙的概念一样，也是不可想象的。甚至自存这个概念就是不可想象的。"这不是一个关于或然性或可信性的问题，而是关于可想象性的问题。"③

---

① 《第一原理》，第9页。
② 读者可能会想到，宗教和提供解释不完全是一回事。但在日常语言中，一般把"宗教"理解为包含信仰的一种或多种成分。斯宾塞显然是这样来理解这个词的。
③ 《第一原理》，第29页。

　　的确，斯宾塞承认，如果我们探究终极的原因或在我们感官上造成的结果的原因，就使我们不可避免地导致第一因的假设。我们将发现自己不得不把它描述成无限的和绝对的。不过，曼塞尔①已经表明，即使一个有限的、依赖性的第一因概念包含明显矛盾，但一个无限的、绝对的第一因概念也仍然没有免于矛盾，即使这些矛盾不是那么一目了然。因此，关于第一因的性质，我们的任何说法都是无法理解的。最终留给我们的只是一个不可思议的能力概念。

　　可是，如果我们从科学方面入手，我们就再一次面对不可知的事物。因为科学不能解开宇宙的奥秘。一则，科学不可能证明宇宙是自存的，因为如我们已知，自存的概念是不可想象或无法理解的。二则，科学本身的终极概念"都代表着无法理解的实在"。②譬如，我们无法理解力"本身"是什么。最后，"终极的宗教观念和终极的科学观念同样变成了那个实际的东西的纯粹符号，而不是对它的认识"。③

　　对人类思想的分析支持了这个观点。如我们已知，一切思维都是关系性的。如果对一个事物不能通过相似和不相似关系与他物联系起来加以分类，它就不可能成为知识的可能对象。因此，我们不能认识那个无条件的、绝对的东西。这不但适用于宗教的绝对，而且适用于终极的科学概念，如果认为这些终极概念代表了超现象的实体或自在之物的话。而且，断言一切知识都是"相对的"，也就是含蓄地断言存在着非相对的实在。"除非假定一个实际上非相对的或绝对的东西，相对的东西本身就变成绝对的，从而使论证陷入矛盾。"④事实上，我们不可能从我们的意识中消除关于现象背后的绝对的观念。

　　因而，不论我们是通过对宗教信念的批判考察，还是通过对我们的终极科学观念的反思，还是通过对思想和知识的性质进行分析，我们最

142

————————

① 亨利·L.曼塞尔（Henry L. Mansel, 1820—1871），圣保罗教堂的教长，发展了威廉·汉密尔顿关于无条件的不可知事物的学说，并做了《宗教思想的限度》（"The Limits of Religious Thought"，1858）的班普顿（Bampton）讲演，斯宾塞从中引文（《第一原理》，第33—36页）支持自己的不可知论。
② 《第一原理》，第55页。
③ 同上，第57页。
④ 同上，第82—83页。

终都达到了一个不可知的实在的概念。"当科学变得完全确信它的说明是近似的和相对的，而宗教变得完全确信它所思考的神秘是终极的和绝对的"，[①] 宗教与科学之间的永久和平才会实现。

　　这样一来，关于不可知事物的学说就构成了《第一原理》的第一部分，因而在斯宾塞形式上规划好的哲学体系中，它出现在最前面。这一事实可能使粗心的读者倾向于认为这个学说有根本的重要意义。可是，当他发现，宗教的不可思议的绝对或能力实际上相当于就其自身而论的力，就会使他得出结论：这个学说几乎就是给有宗教思想的人提供的一个抚慰品，而彬彬有礼提供这个抚慰品的人自己却不相信上帝，而且他死后被埋葬，或更准确地说被焚尸，连任何宗教仪式都不需要。这样就很容易理解，有些作家怎么会将《第一原理》的第一部分当作不幸的多余之物抛弃掉。斯宾塞对不可知事物的论述相当详尽。但从形而上学的观点看，其全部结果却平淡无味，就好像他没有把那些论点完全想透，而科学家很可能会对自己的基本观念完全不被理解的看法提出异议。

　　无论怎样，事实上斯宾塞仍然承认宇宙中有某种神秘的东西。他对不可知事物的论证确实有些混乱。有时他给人的印象是接受了休谟的现象论，并证明在我们感官上造成的变状一定是由超出我们知识的某物引起的。有时他似乎在思想深处又多少接受了从汉密尔顿和曼塞尔那里引来的康德的思路。我们只能在外界事物与人的思想本性相一致的范围内认识它们，在这个意义上，外界的事物是现象。自在之物或本体是不可认识的，但因为本体的观念是与现象的观念互相联系的，所以我们不可避免要假设它。[②] 不过，斯宾塞还依赖于他所谓的一个至关重要的事实，即除了"确定的"意识之外，"还存在着不可系统阐述的'不确定的'意识"。[③] 譬如，如果没有关于无限者的不确定意识相伴随，我们不可能有关于有限者的确定意识。这个论证思路使我们断言那个无限的绝对是我们对之有模糊或不确定意识的一个确实的实在。我们不可能知道这个绝对是**什么**。对于呈现

① 《第一原理》，第 92 页。
② 斯宾塞实际上使用了康德的术语。
③ 《第一原理》，第 74 页。

出来的绝对所做的每一次相继确定的说明或描述，即使我们把它们都否定了，"总有一个成分逐渐变成新的形态留下来"。①

　　这个论证思路似乎是认真打算好的。把关于不可知事物的学说当作对信教者的屈尊让步而放弃，这样可以更方便地把斯宾塞变成一个完全的实证主义者，尽管如此，这似乎一点也没有充分证明这一匆匆放弃是正当的。当实证主义者弗雷德里克·哈里森劝告斯宾塞将不可知事物的哲学转变为孔德主义的人道教的时候，斯宾塞充耳不闻。人们很容易取笑他把"不可知的事物"一词的第一个字母用了大写，如人们所说，就好像他期望人们对它脱帽致敬一样。但他似乎真的确信，科学的世界表现了一个超越人类知识的实在。不可知事物的学说不大可能使许多有宗教信仰的人满意。不过这是另一个问题。就斯宾塞本人而言，他似乎真诚地相信，对一个绝对或无条件者的模糊意识是人类思想不可消除的特征，它仿佛是宗教的心脏，是使各种信条、各种形而上学体系得以连续不断的永恒因素。

　　7. 不用说，斯宾塞的哲学包含大量的形而上学。实际上，很难想象任何哲学不是如此。难道现象论不是形而上学的一种形式吗？譬如当斯宾塞说"我们说的实在指的是意识中的持续性"时，②可以证明这是一个形而上学的断定。当然，我们可以尝试把它说成只是一个定义，或只是宣布了这些词的日常用法。可是，当我们被告知，"持续性是对实在的东西的最终检验标准，不论这个实在的东西是以我们不知的方式存在的，还是以我们已知的方式存在的"，③那么，我们把这个断定归之于形而上学的断定，就是合理的。

　　显然，如果我们所说的形而上学家指的是从事揭示终极实在的性质的哲学家，那么，我们不能把斯宾塞说成是形而上学家。因为在他看来，终极实在的性质是不可能被揭示的。虽然在断言不可知事物的存在的范围内，他是一位形而上学家，但然后他就一心构建对可知的东西即现象的统一的、包罗万象的说明。当然，如果我们乐于将这种普遍的说明称作"描

144

①　《第一原理》，第80页。
②　同上，第143页。
③　同上，第143—144页。

述的形而上学"，我们尽可以那样做。

在阐发这一说明时，斯宾塞坚持了经验主义的传统。他确实急于调和各种对立的观点。可是，当他想表明他自己的哲学可以认识非经验主义理论中的真理时，他的程序方法就应当对那些理论所依据的材料给出经验主义的说明。如我们已经提到那样，他非常乐于承认有所谓的道德直觉存在。因为一个人完全可以类似于本能地赞成或不赞成某种行为，好像可以直觉地、不需要任何推理过程地"看到"这些行为是对的还是错的。但在斯宾塞看来，这个意义上的道德直觉是"由积累起来的对功利的经验引起的，这些经验被逐渐条理化并遗传下来"。[①] 是否有遗传下来的功利经验这种东西，这是可以讨论的。总之，非常清楚的是，斯宾塞在表明道德直觉主义中存在真理时，他的办法就是对该理论诉诸的经验材料做出经验主义的说明。

与此相似，对个人来说，空间实际上是与经验无关的形式，在这个

145　意义上，斯宾塞乐于承认有可以称之为空间直观的东西。但绝不能由此推出，斯宾塞试图将康德的先天学说纳入自己的哲学。他所做的是要证明，该理论是以一个真实的事实为基础的，而这个事实可以根据"一切前人的条理化的牢固经验来说明，这些前人将自己缓慢发展起来的神经组织遗传给他［一个既定的后人］"。[②]

不过，虽然我们无权根据斯宾塞忙于调和对立的观点而断定，他将经验主义抛在了一边，但我们可以说，他是一个与众不同的经验主义者。因为他不像许多经验主义者易于做的那样只解决个别的一些问题。他在自传中谈到他的系统化本能，他喜欢构建体系。实际上，他的哲学就是按照体系设计的：它成为一个体系不完全是在如下意义上：各种探究和思考方式偶然汇聚在一起，形成一幅包揽一切的画面。斯宾塞进行说明的基本原则，即所谓的进化律，是早期构想出来的，然后用作科学统一的工具。

很难说斯宾塞的体系化本能，即他的综合倾向，带有一种杰出的天赋，使他能认真地分析或准确地阐述他的意思。但他不佳的健康状况和他

---

① 《伦理学资料》，第106页。
② 同上。

在完成自愿承担的使命时不得不面对的障碍，使他无论如何没有时间或精力做出远比他实际所能做出的更大的成就。虽然大多数读者可能发现，他的作品极其乏味，但是他根据一个普遍流行的观念，不但要将我们的道德意识和社会生活，而且要将我们关于世界和人的知识统一起来，他的这个雄心壮志和锲而不舍的努力，值得我们的赞赏。他好像又退回到维多利亚的时代，如我们已经提到的那样，在现实的影响方面，斯宾塞和 J. S. 密尔无法相比。虽然斯宾塞的哲学可能蒙上了灰尘，但它应当得到比尼采的轻蔑态度更好一些的对待，后者认为斯宾塞的哲学是英国中产阶级温顺拘谨精神状态的典型表现。

第二部分

大不列颠的观念论运动

第六章

运动的开始

历史导论 —— 文学先锋；柯勒律治与卡莱尔 —— 费里尔与主客关系 —— 约翰·格罗特对现象论和快乐论的抨击 —— 对希腊哲学兴趣的复兴，对黑格尔哲学兴趣的兴起；B. 乔伊特与 J. H. 斯特林

1．19 世纪下半叶，观念论成为英国大学中主导的哲学运动。当然，它与主观观念论无关。如果在任何地方发现主观观念论，那么，它是与 18 世纪休谟的名字相联系，与 19 世纪 J. S. 密尔的名字相联系的现象论的逻辑结果。因为信奉现象论的经验主义者往往把物理的对象和心灵都还原为印象或感觉，然后通过观念联想原则对它们进行重构。他们的基本意思是：我们只知道印象意义上的现象，如果有超现象的实在，我们无法知道它们。然而，19 世纪的观念论者则确信，物自体是在人类心灵中或通过人类心灵显示出来的一个精神实在的表现，它实质上是可理解的、可知的。主体和客体是互相关联的，因为它们都根源于一个终极的精神原则。因而，这是一个客观观念论的问题，不是主观观念论的问题。[①]

因而，19 世纪的英国观念论代表了明确的形而上学复兴。[②]那个作为精神表现的东西原则上可以被人类精神所认识。整个世界都是精神的表

146

147

[①] 前面所述相当于一个概括，它可以受到很多方面的批评。但在这样一个引言式的评述中，人们不得不抛开各种观念论体系中的差异。

[②] 的确，经验主义有自己暗含的形而上学。经验主义者在他们的某些信条中并非不常用"形而上学"一词。但形而上学包含着揭示终极实在的性质的企图，就此而言，可以恰当地说观念论代表了形而上学的复兴。

现。科学只是知识的一个层面，即心灵所趋向的全部知识的一个方面，即使心灵不可能完全实现它的理想。形而上学哲学则致力于完成这个综合。

对观念论形而上学来说，终极实在某种意义上是精神的，因而在这个意义上，观念论哲学是唯灵论的形而上学。由此可以得出，观念论与唯物主义是截然对立的。现象论者试图超出唯物主义与唯灵论的争论，把心灵和物理对象都还原为现象，这些现象既不能恰当地说是精神的，也不能恰当地说是物质的，实际上就此而论，我们不能恰当地称他们是唯物主义者。可是这些现象显然与观念论者的精神实在很不相同。无论如何，在经验主义运动中更倾向实证主义的方面，我们看到至少出现了一种方法论上的唯物主义，即所谓的科学唯物主义，它是观念论者决不赞同的思想路线。

唯物主义的实证主义和经验主义倾向一般都是绕过宗教问题，或者少为有点含糊的不可知论留下余地，与此相比较，由于强调终极实在的精神特征，强调有限精神与无限精神之间的联系，所以观念论代表了一种宗教观。其实，观念论之所以大受欢迎，也是由于人们确信它坚定地站在宗教一边。诚然，在布拉德雷（Bradley）这位英国最伟大的观念论者那里，上帝的概念被纳入"绝对"概念之中，宗教被描绘成在形而上学哲学中不占优势的意识层次。而麦克塔格特（McTaggart）这位剑桥观念论者则是一位无神论者。在较早的观念论者那里，宗教动机是非常明显的，对于面对不可知论者、实证主义者和唯物主义者入侵威胁，关心保存宗教观的那些人来说，观念论似乎是他们的天然家园。[①] 而且在布拉德雷和鲍桑葵（Bosanquet）之后，观念论从绝对观念论转变为人格观念论，再一次有利于基督教一神论，尽管到那时该运动的推动力已经是强弩之末。

148　　　然而，如果断定19世纪的英国观念论只是表现了从对边沁和密尔的实际关切向"绝对"形而上学的倒退，那就错了。因为它在社会哲学的发展中发挥了作用。一般而言，观念论者的伦理学理论强调自我实现的观

---

① 在天主教国家，通常认为具有神学服从思辨哲学倾向的观念论对基督教有分化作用。在英格兰，情形有所不同。许多英国观念论者本人就是笃信宗教的人，他们在其哲学中找到了对他们的宗教世界观和人生观的表达和支持。

念，强调作为有机整体的人格完美的观念，与其说这个观念与边沁主义有共同之处，不如说与亚里士多德主义有共同之处。他们认为国家的作用是创造条件，使个人能够发展他们作为人的潜在能力。因为观念论者倾向于把这些条件的创造说成是清除障碍，所以他们当然可以与功利主义者一致地认为，国家对个人自由的干涉应当越少越好。他们不希望用奴役代替自由。但他们把自由说成是实现人格潜能的自由，说成是清除自由的障碍，他们认为这个意义上的障碍涉及很多社会立法，所以，他们准备提倡一个标准，对超出热烈拥护自由放任政策者所想到的任何事情的国家行为进行衡量。因此，我们可以说，在19世纪后期，与赫伯特·斯宾塞捍卫的观点相比，观念论的社会政治理论与人们所意识到的时代需要更一致。在该世纪前期，边沁主义或哲学的激进主义无疑做了有益的工作。不过，在该世纪后期由观念论者阐述的修正自由主义绝不是"反动的"。它在向前看，而不是向后看。

前面所述似乎暗示出，19世纪大不列颠的观念论只不过是对经验主义、实证主义，以及对自由放任经济政治理论的素朴反应。而实际上，德国的思想，尤其是康德和黑格尔的思想，不断对英国观念论的发展产生重要影响。有些著作家，值得注意的有J. H. 缪尔黑德（J. H. Muirhead），[①]已经断言，19世纪的英国观念论是柏拉图主义传统的继承者，这个传统曾在17世纪剑桥柏拉图主义者的思想中表现出来，并在18世纪贝克莱的思想中表现出来。英国哲学的特点不只是经验主义的，虽然注意到这一事实是有益的，但要表明我们可以合理地认为19世纪观念论是素朴柏拉图传统的有机发展，则是很难的。我们不能把德国思想的影响，尤其是康德和黑格尔思想的影响，[②]当作纯粹偶然的因素抛弃掉。真实的情况是，我们不能把任何一位有名望的英国观念论者说成是通常意义上的康德或黑格 149

---

① 在《盎格鲁-撒克逊哲学中的柏拉图传统》（*The Platonic Tradition in Anglo-Saxon Philosophy*，1931）一书中。

② 费希特（Fichte）和谢林（Schelling）发挥的影响很小，尽管前者对卡莱尔，后者对柯勒律治有些激励作用。对此有一个明显的理由。当英国的观念论运动开始时，德国的古典观念论运动已经时过境迁，人们认为它在黑格尔那里已经达到了顶峰，黑格尔被认为是康德的真正继承者。

尔的信徒。譬如，布拉德雷就是一位有原创性的思想家。但不能由此得出，德国思想的激励作用是英国观念论发展中一个可以忽略的因素。

　　甚至在康德这位哲学家在世时，英国读者已经对他有所了解。1795年，康德的信徒F. A. 尼奇（F. A. Nitzsch）在伦敦做了几次关于批判哲学的讲演，翌年，他出版了关于该论题的一本小册子。1797年，J. 理查森（J. Richardson）翻译出版了J. S. 贝克（J. S. Beck）的《批判哲学原理》（*The Principles of Critical Philosophy*）。1798年，A. F. M. 维利希（A. F. M. Willich）出版了《批判哲学基础》（*Elements of Critical Philosophy*）。理查森翻译的康德的《道德形而上学》（*The Metaphysics of Morals*）于1799年面世，而由F. 海伍德（F. Haywood）首次翻译的《纯粹理性批判》（*Critique of Pure Reason*）直到1838年才问世。而对康德的认真研究，诸如E. 凯尔德（E. Caird）的大作《康德哲学的批判考察》（*A Critical Account of the Philosophy of Kant*，1877），直到很晚才出版。其间，德国哲学家的影响，连同许多别的影响，被诗人柯勒律治（Coleridge）感受到了（他的思想我们过一会儿将讨论），也明显被威廉·汉密尔顿爵士感受到了，尽管汉密尔顿思想中的康德主义因素最显著地表现在他关于人类知识界限的学说上，表现在随之而来的关于终极实在的性质的不可知论上。

　　在严格意义上的英国观念论者中，可以说T. H. 格林和E. 凯尔德对康德的影响有特殊的感受。但这种影响是与黑格尔的影响混在一起的。更准确地说，他们把康德看成是对黑格尔的展望，或如人们所说，是通过黑格尔的视角来理解康德。实际上，J. H. 斯特林（J. H. Stirling）在其《黑格尔的秘密》（*The Secret of Hegel*，1865）中明确捍卫了这样的观点：如果恰当地理解和评价，康德哲学直接导致了黑格尔主义。因此，虽然我们可以正确地说，黑格尔的影响在布拉德雷和鲍桑葵的绝对观念论中要比在格林哲学中更明显，但这不能表明我们可以将英国观念论者分为康德派和黑格尔派。除一些先锋人物不算，这个运动一开始就感到了黑格尔的影响。因此，像人们常做的那样，把英国观念论说成是新黑格尔主义运动，也不是完全不合理的，只要至少这样来理解：这是一个从黑格尔那里得到激励的问题，而不是以弟子和导师的关系追随他的问题。

英国观念论运动早期是以明显将精力集中在主－客关系上为特征的。在此意义上，可以说观念论有认识论的根据，因为主－客关系在知识中是基础。"绝对"的形而上学确实不是不在场的。因为主体和客体被认为根据于、并且表现了一个终极的精神实在。但其起点对形而上学有重要影响。因为首先强调有限主体不利于使人们在说明绝对时得出这样的结论：有限的东西只不过是绝对的"非实在的"现象。换言之，早期的观念论者往往在近乎有神论的意义上，或至少在万有在神论的（panentheistic）意义上说明绝对，形而上学观念论的一元论方面仍在背景中不显。当然，这使得更容易把观念论描绘成是对传统宗教的理智支持。

不过，无所不包的有机整体的观念越来越凸显出来。譬如，在布拉德雷那里，自我被描述成仅仅是"绝对"的"现象"（appearance），即被描述成这样的某种东西，当就其乍看上去的独立性而论，它不是完全实在的。可以理解，这个明确的绝对形而上学带来的是更加强调社会哲学领域中的国家。当赫伯特·斯宾塞致力于断定自由个人的利益与国家利益之间的对立的时候，观念论者却致力于把人说成是通过参与整体的生活而达到真正的自由。

换言之，我们在至布拉德雷和鲍桑葵为止的观念论运动中看到了黑格尔主义日益增长的影响。如我们已经指出，康德的影响也并非未加入其中。但如果我们考虑到这个事实，还考虑到布拉德雷的绝对理论与黑格尔的理论有很大区别这个事实，那么，我们可以说，从强调主－客关系到强调有机整体的观念，这个变化表明黑格尔主义的激励作用越来越超过了康德批判哲学的激励作用。

在观念论运动的最后阶段，对有限自我的强调再一次凸显出来，尽管这一次的问题是关于能动的自我即人类人格的，而不是关于认识论主体的。这种人格观念论带来的是再度接近有神论，除了麦克塔格特是个值得注意的例外，他把绝对描述成有限自我的体系。虽然这个时期的人格观念论有某种意义，因为它表现了有限自我反抗某个非人格绝对的吞并，但它仍属于英国观念论为一个新潮流所取代的时期，这个新潮流是与 G. E. 摩尔（G. E. Moore）、伯特兰·罗素（Bertrand Russell），以及随后的路德维希·维特根斯坦（Ludwig Wittgenstein）的名字联系在一起的。

2. 对于一般有教养的公众来说，大不列颠意识到德国思想的影响首先是通过柯勒律治和卡莱尔等诗人和文学家。

（1）塞缪尔·泰勒·柯勒律治（1772—1834）最初熟悉哲学似乎是通过新柏拉图主义者的著作，那时他是基督医院（Christ's Hospital）学校的学生。早先他被普罗提诺的神秘主义哲学所吸引，接着是追随伏尔泰的时期，在这个时期的不长时间里，柯勒律治是宗教怀疑论者。而后在剑桥大学，柯勒律治对哈特莱及其联想主义心理学表现出也许有点令人意外的热情。① 他甚至声称他比哈特莱还始终如一。因为虽然哈特莱主张精神过程依赖于、互相关联于大脑中的振动，但他没有断言思想的肉体性，而柯勒律治在 1794 年写给骚塞（Southey）的信中说，他认为思想是肉体性的，即运动。同时，柯勒律治将他对哈特莱的热情与宗教信仰结合起来。② 他开始认为，作为通往实在的钥匙，科学理智是不够格的，他并且开始谈论直觉的作用和道德经验的重要性。后来，他打算宣布，哈特莱的体系就其不同于亚里士多德的体系而言，是站不住脚的。③

柯勒律治对科学理智与高级理性的区分，或如德国人所说的 Verstand 与 Vernunft 之间的区分，表达了他对 18 世纪启蒙运动精神的反叛。当然，他的意思不是指应当以高级的、直觉的理性的名义拒绝科学的、批判的理智。他的观点毋宁是说，后者不是说明实在的全能工具，它需要前者即直觉理性的补充和平衡。我们不能要求柯勒律治把他对理智和理性的区分说得十分明白。但他的基本思路非常清晰。在《沉思之助》（Aids to Reflection，1825）中，他把理智说成是根据感官进行判断的官能。它的合适领域是可感的世界，它根据感觉经验进行反思和概括。无论怎样，理性是一切经验以之为前提的各种观念的载体，在这个意义上，它预先决定

① 也就是说，从某种观点看，人们有点奇怪地发现这位浪漫派诗人在所有人中偏偏痴迷于哈特莱。不过，那时联想主义心理学被认为是"先进的"，而这无疑促使这位思想活跃的大学生接受它。
② 在这方面，哈特莱本人已经是宗教信仰者。
③ 见柯勒律治的《文学传记》（Biographia Literaria），第 6 章。

和支配经验。它还觉察到感觉经验中不能证实的真理，它直觉地把握精神的实在。此外，柯勒律治将它等同于实践理性，后者包括意志和人类人格的道德方面。因而 J. S. 密尔在其关于柯勒律治的著名文章中非常恰当地说，这位诗人不赞成一切知识都由经验概括组成的"洛克的"观点，他断言与理智不同的理性有通过直接的直觉觉察超出感觉范围的实在和真理的能力。①

在阐发上述区分的过程中，柯勒律治从康德的著作中得到鼓舞，他是在1798—1799 年访问德国后不久开始研究康德的著作的。② 但他好像倾向于说，康德不仅将知性的范围限制于现象实在的知识，而且设想通过理性来直觉地把握精神的实在，而事实上，在他将这种能力归之于理性，这种理性又被等同于实践理性时，柯勒律治与这位德国哲学家有了分歧。当他声称他与雅可比（Jacobi）相似，认为理性与精神实在的关系类似于眼睛与物质对象的关系时，他是根据更可靠的证据。

不过，没有人希望说柯勒律治是一位康德主义者。这里的问题是关于他所受到的激励的，而不是关于他是否是追随者的。虽然他承认受益于德国思想家尤其是康德，但他显然认为自己的哲学灵感基本上是柏拉图哲学的。他在《沉思之助》中断言，每个人生来不是柏拉图主义者，就是亚里士多德的信徒。亚里士多德这位伟大的理智导师过分拘泥于俗见。他"从感觉的东西开始，除了根据必然性，除了这个唯一留下的假设，从不接受超越感官的东西……"③。也就是说，亚里士多德只是把精神的实在假设成求助的最后稻草，这时他之所以不得不这样做，是因为他需要对物理现象做出解释。而柏拉图则寻求超感觉的实在，这个实在通过理性和我们的道德意志向我们显示出来的。至于康德，柯勒律治有时把他说成在精神上属于亚里士多德派，有时又强调康德思想中形而上学的方面，发现他趋向于柏拉图主义。换言之，柯勒律治欢迎康德将知性的领域限制于现象的

① 见密尔的《论文与讨论》，第一卷，第405 页。
② "这位哥尼斯堡的杰出圣哲，批判哲学的创始人，他的著作超出任何别的著作，立刻使我的理智充满活力，并使它受到磨砺。"《文学传记》，第76 页。
③ 《哲学演讲集》，K. 科伯恩（K. Coburn）编，第186 页。

实在，然后倾向于根据柏拉图主义来说明康德的理性学说，而他对柏拉图主义本身的说明又以普罗提诺的哲学为根据。

以上所说的意思不应理解为柯勒律治对自然界有任何蔑视。正相反，他不喜欢费希特"对自然界的自负的、超斯多亚式的敌视态度，这个自然界被视作无生命的、不敬神的、毫不神圣的"。[1] 他表示热烈拥护谢林的自然哲学，同时也表示热烈拥护他的先验观念论体系，他说，在这个体系中，"我第一次发现与我独自费力搞出的许多东西相宜相合，发现对我仍然必做之事的有力支持"。[2] 柯勒律治甚至极力反驳对他剽窃的指责，他坚持说，他和谢林的思想汲取的是同样的源泉，那就是康德的著作、乔尔达诺·布鲁诺的哲学和雅各布·伯麦（Jakob Boehme）的思辨。无论怎样，我们现在可以简要概括的柯勒律治的思想路线中，谢林的影响似乎是非常明显的。

154

"一切知识都依赖于客体与主体的符合。"[3] 虽然在认识活动中主体与客体联合在一起，但我们仍然可以问，两者哪一个有优先性。我们是从客体开始，然后尝试将主体加诸其上吗？或者我们是从主体开始，然后尝试发现通向客体的路径？换言之，我们是以自然为先，然后尝试将思想或心灵加诸其上，还是以思想为先，然后尝试推演出自然？柯勒律治回答说，我们既不能做前者，也不能做后者。终极的原理要在主体与客体的同一性中寻找。

在哪里寻找这种同一性呢？"只有在一个精神的自我意识中才有这里所规定的对象的同一性和表象的同一性。"[4] 但如果这个精神原来就是主体与客体的同一，那么，在某种意义上，它一定要将这个同一分解，以便开始意识到自己是客体。因此，除非通过意志的活动，自我意识不可能产生，而且"必须假定自由是哲学的一个**基础**，它不可能从哲学中推演出来"。[5] 精神变成了一个主体，该主体只有通过"把自身构建成客观于自

---

① 《文学传记》，第78页。
② 同上，第79页。
③ 同上，第136页。
④ 同上，第145页。
⑤ 《文学传记》，第145页。

身的活动"，^① 才将自身认作客体。

这听上去好像柯勒律治以问谢林所问的那类问题开始，然后给出谢林的回答，即我们必须设定主体与客体的原始同一性，最后他转到费希特的通过本原行动将自身构成为主体和客体的自我观念上去。但柯勒律治不打算止步于将自我作为他的终极原则，尤其如果我们说的自我是指有限自我的话。他甚至嘲笑费希特的"自我主义"（egoism）。^② 反之，他坚持认为，要达到主体与客体的绝对同一，即观念的东西与实在的东西的绝对同一，把它不仅作为人类知识的终极原则，而且作为一切存在的终极原则，那么，我们必须"将我们的思想提升到绝对自我，即伟大永恒的**我在**（I am）"。^③ 柯勒律治批评笛卡尔的"我思故我在"，并提到了康德关于经验自我与先验自我的区分。但那时他往往把先验自我说成好像是圣经《出埃及记》中绝对的"我是自有永有"（I am that I am）^④ 和上帝，有限自我在神的感召下消失于上帝中，同时又在上帝中发现自己。

所有这些显然都是含糊不明的。但至少清楚的是，柯勒律治将关于人类自我的唯灵论解释与唯物主义和现象论对立起来。而在他看来，显然正是这种对自我的解释为理性可以把握超感觉实在的主张提供了根据。在关于信仰的论著中，就我们的存在没有、也不可能成为感觉经验的对象而言，柯勒律治甚至把信仰说成是对我们自己的存在的忠诚。我们的道德使命要求我们将欲望和意志服从于理性。正是理性将上帝理解为意志与理性的同一，理解为我们存在的根据，理解为无限地表现了一种理想，这种理想是我们作为道德存在物正在追求的。换言之，柯勒律治的观点实质上是宗教的，他试图将哲学和宗教拉到一起。如密尔注意到的那样，柯勒律治可能倾向于把基督教的神秘变成哲学的真理。而如观念论的拥护者中更笃信宗教的人所构想的那样，观念论的任务中的一个重要部分恰恰是给基督教传统提供一个形而上学的根据，而在任何哲学基础中似乎都明显缺少基

---

① 同上，第144页。
② 当然，费希特没有把有限自我或自己作为他的终极原则。柯勒律治往往讥讽他的思想。
③ 《文学传记》，第144页。
④ 《圣经·出埃及记》，第3章，第14节。

督教的传统。

在社会政治理论领域，柯勒律治反对激进分子的捣毁圣像的主张，要求保存和实现传统制度的固有价值，在这个意义上，他是保守的。有一个时期，同华兹华斯（Wordsworth）和骚塞一样，他被那些鼓舞法国大革命的思想所吸引。但他最终抛弃了年轻时的激进主义，尽管他后来的保守主义并非起因于对变革本身的任何憎恨，而是起因于一种信念，即认为由民族精神在其历史过程中创造的制度体现了人们应当努力实现的真正价值。如密尔所说，边沁要求"消灭迄今存在的各种制度和信条"，而柯勒律治要求"把它们变成实在"。[1]

（2）托马斯·卡莱尔（1795—1881）属于比柯勒律治晚一代的人。他对自己哲学思想的描述很不系统，现今无疑有很多人发现他那部杂乱的
156　散文《拼凑的裁缝》（*Sartor Resartus*）完全无法卒读。不过，对于使英国公众注意德国的思想和文学，他是途径之一。

卡莱尔对德国哲学的最初反应不完全是正面的，他取笑康德的含糊不清和柯勒律治的自命不凡。他憎恶唯物主义、快乐主义和功利主义，在这种心境中，他最终在康德那里看到了对启蒙运动及其衍生的各种运动的明显敌视。因而他在《德国文学状况》（*State of German Literature*，1827）一文中赞扬康德从内部开始并向外扩展，而不是遵循洛克的路径，从感觉经验开始并试图在这个基础上建立一门哲学。根据卡莱尔的观点，康德主义者认为根本的真理是通过人最内在本性中的直觉来把握的。换言之，卡莱尔将自己与柯勒律治列为一伍，都以康德对知性能力和范围的限制作为根据，断言理性有直觉上把握基本真理和精神实在的能力。

卡莱尔的特点是对世界及其性质的神秘有鲜明的感觉，这种神秘是超感觉实在的现象或遮掩它的帷幕。他在《德国文学状况》中断言，哲学的终极目的就是解释现象或表象，就是从这个符号前进到它所标记的实在。这个观点是在被归类为"衣服哲学"的《拼凑的裁缝》[2]中表达的。

---

① 《论文与讨论》，第一卷，第436页。
② 因为没有出版商愿意接受这部著作，所以它第一次出版是1833—1834年在《弗雷泽杂志》上连载。该书的美国版出版于1836年，英国版出版于1838年。

它可以适用于人这个小宇宙。"在通俗逻辑看来人是什么？一个穿着长裤的杂食两足动物。在纯粹理性看来人是什么？一个灵魂，一个精神，一个神圣的幽灵……他深深隐藏在那件古怪的长袍下。"①这个类比也适用于普遍世界这个大宇宙。因为如歌德所猜想的那样，世界是"上帝的活的、可见的长袍"。②

在《德国文学状况》中，卡莱尔明确将他的象征主义哲学与费希特联系起来，认为费希特已经把可见的宇宙解释成一个无处不在的神圣观念的象征和感性显现，对这个神圣观念的把握是一切真正德性和自由的条件。要理解卡莱尔对费希特的偏爱其实并不很困难。因为他实际上把人生和历史看作光明与黑暗、上帝与魔鬼的永恒斗争，即人人都被召唤来发挥作用并做出重大选择的斗争，所以他自然而然地感到为费希特所吸引，为他的道德真诚所吸引，为他的自然观所吸引，这种自然观把自然看成只是人完成其道德使命的领域，或可以说是人在实现其理想目标的过程中必须克服的充满障碍的领域。

这一看法有助于说明卡莱尔在1840年的讲演集《论历史上的英雄、英雄崇拜和英雄业绩》（*On Heroes，Hero-worship and the Heroic in History*）中所表现出的对英雄的关注。与唯物主义和他所谓的"得失"哲学相对立，他树立起英雄主义、道德使命和个人忠诚的观念。他甚至愿意断言："一切社会的生命之息无非是英雄崇拜的洋溢，是对真正伟大者的恭顺赞美。社会是建立在英雄崇拜的基础上的。"③还说："全部历史，即人在这个世界上所完成的历史，归根结底是在这里奋斗的伟人们的历史。"④

在坚决主张历史"伟人"的作用时，卡莱尔与黑格尔相似，⑤并在某些方面走在尼采的前面，尽管政治领域中英雄崇拜的观念在今天看起来很可能令人五味杂陈。不过，卡莱尔的英雄们特别吸引他的地方显然是他们的真诚、自我牺牲精神和摆脱了建立在快乐计算基础上的道德。譬如，虽

① 《拼凑的裁缝》，第一卷，第10章，第57页。当然，"长袍"是指身体。
② 同上，第一卷，第8章，第8页。
③ 《论英雄》讲演一，第153页。
④ 同上，第185页。
⑤ 不过，黑格尔把他的"世界历史上的个体"看作是"世界精神"的工具。

然卡莱尔知道，卢梭（Rousseau）有一些缺点和性格缺陷，这使他成为一个"可悲的**心胸狭隘的**英雄"，[①]但他坚持认为，这个不大配得上这个称号的人具有"一个英雄首先和主要的特征：他极其的**真挚**。这种真挚，如果有人曾有的话，那些法国哲学家是无人能有的"。[②]

3. 柯勒律治和卡莱尔两人都发表讲演，尽管事实如此，要指望他们任何一个系统地发展观念论，那是徒然的。说到该领域中的先锋人物，我们倒一定要提及詹姆斯·弗雷德里克·费里尔（James Frederick Ferrier，1808—1864），他从1845年至他去世那一年，一直是圣安德鲁斯大学的道德哲学教授，他极力强调哲学的系统化程序。

158　　1838年至1839年，费里尔向《布莱克伍德杂志》（*Blackwood's Magazine*）投寄了一系列论文，并以《意识哲学引论》（"Introduction to the Philosophy of Consciousness"）为题发表。1854年，他出版了主要著作《形而上学原理》（*The Institutes of Metaphysics*），值得注意的是作者在书中以一系列命题来阐发其学说的方式，除了第一个基本命题之外，其他每一个命题据认为都是逻辑上严格地从前一个命题引出来的。1856年，他出版了《苏格兰哲学》（*Scottish Philosophy*），他的《关于希腊哲学的讲演与其他哲学遗稿》（*Lectures on Greek Philosophy and Other Philosophical Remains*）于他死后的1866年出版。

费里尔声称他的哲学是地地道道的苏格兰哲学。这并不意味着他认为自己是苏格兰常识哲学的拥护者。正相反，他猛烈地批评里德（Reid）及其追随者。首先，一位哲学家不应当诉诸一大堆未经证明的原则，而应当运用演绎的方法，这种方法是形而上学必不可少的，它不是一种随意的说明方式。其次，苏格兰常识哲学往往将形而上学与心理学混淆起来，试图用心理学的反省而不是严格的逻辑推理来解决哲学问题。[③]至于威廉·汉密尔顿爵士，他关于"绝对"的不可知论则完全用错了地方。

――――――――――

① 《论英雄》，讲演五，第323页。
② 同上。
③ 根据费里尔的看法，如果我们希望发现形而上学问题的解答，我们完全可以研究一下心理学家对这个问题说了什么，然后断言与之完全相反的观点。

　　当费里尔说他的哲学是地地道道的苏格兰哲学的时候，他指的是他的哲学不是从德国人那里接过来的。虽然人们并非罕见地认为他的体系是黑格尔式的，但他自称从来就未能理解黑格尔。[①] 确切地说，他对这位德国哲学家是否能理解他自己表示怀疑。总之，黑格尔是从存在开始的，而他自己的体系把知识作为出发点。[②]

　　费里尔的第一步是要在一个命题中寻找形而上学的绝对起点，这个命题陈述了一切知识中一个不变的本质特征，否定这个命题就不可能不出现矛盾。这个命题是："除了任一理智所认识的任何东西以外，作为该理智的认识根据或条件，它一定对自身也有某种认知。"[③] 知识的对象是一个多变的因素。但我不可能知道什么东西却又不知道我知道它。否认这一点就是在胡说八道。肯定这一点就是承认：没有自我意识，即没有对自己的某种意识，就没有任何知识。

　　费里尔论证说，由此可以得出，除了与一个主体即一个自我相关，没有任何东西能够被认识。换言之，知识的对象实质上是对于一个主体的客体（object-for-a-subject）。费里尔得出结论：没有什么东西是可想象的，除非与一个主体相关。由此得出，不能想象物质的宇宙与主体无任何关系而存在。

　　批评者也许倾向于说，费里尔实际只不过是说：我不可能没有思考宇宙而思考宇宙，或我不可能不知道宇宙而知道宇宙。如果他再说得进一层，尤其是从认识论的观点转变到对一种本体关系的断定，那么，似乎就会得出唯我论的结论，即物质世界的存在是不能想象的，除非它依赖于作为主体的自我。

　　然而，费里尔希望坚持两个命题。首先，我们不能认为宇宙"与**每个人**分开。你不能做这样的抽象"。[④] 其次，我们每个人都可以特别地将

---

① 　这并不妨碍费里尔为《帝国大传记词典》（*Imperial Dictionary of Universal Biography*）撰写关于谢林和黑格尔的条目。
② 　我们不能完全排除德国思想对费里尔思想的影响。但他的断言无疑是正确的：他的体系是他自己的创造，不是由外借而来。
③ 　《形而上学原理》（《著作集》，第一卷，第3版），第1部分，命题1，第79页。此后提到这部著作将简称《原理》。
④ 　《原理》，第1部分，命题13，评论3，第312页。

宇宙与他自己分开。由这两个命题可以得出，虽然"我们每一个人都可以将宇宙与他自己（可以说）拆开，但他能做到这一点只有通过在思想中将宇宙与别的某个自我连在一起"。[①] 这是费里尔所迈出的实质性步骤，因为他希望证明，宇宙是不能想象的，除非它存在于与神圣心灵的综合中。

　　因而《形而上学原理》的第一部分旨在表明，知识中的绝对因素是主体与客体的综合。但费里尔没有马上着手得出最后的结论。他反倒将第二部分用于论述"无知论"（agnoiology），即关于"无知"（ignorance）的理论。可以说，对于必然真的命题的矛盾，我们处于无知的状态。但这显然并不标志我们的心灵是不完善的。就无知来说，除了原则上可知的东西外，不能恰当地说我们是无知的。譬如，我们因此不可能对"自在的"（与一个主体无关）物质无知。因为这是不可想象的和不可知的。此外，如果我们假定我们对"绝对"无知，那么，就可以得出"绝对"是可知的。因此，汉密尔顿的不可知论是站不住脚的。

　　但什么是"绝对"呢？或如费里尔所表述的那样，什么是"绝对的存在"？它既不可能是物质本身，也不可能是心灵。因为两者都不是可想象的。因此，它一定是主体与客体的综合。然而，这样必不可少的综合只有一个。因为虽然一个宇宙的存在是不能构想的，除非它是对于一个主体的客体，但我们已经知道，这个宇宙可以与任何一个特定的有限主体拆开或分开。因此，"有一个，也只有一个严格**必然的**绝对存在，而这个存在是一个与万物综合的至上的、无限的、永恒的心灵"。[②]

　　作为评论，我们并无不当地注意到如下相当明显的事实：如果在认识论的意义上理解"主体"和"客体"两词，那么，"没有一个客体就不可能有一个主体，没有一个主体也不可能有一个客体"这个陈述是分析上真的。对于"没有任何物质的东西能够被构想，除非它是对于一个主体的客体"的陈述，如果我们指的是，没有任何物质的东西能够被构想，除非通过把它（如现象学家所说"意向性地"）构建为一个客体，那么，这个

160

① 同上，评论2，第311页。
② 同上，第3部分，命题2，第522页。我们将说到，在费里尔看来，"绝对"不仅仅是上帝，而是上帝与世界的综合，即这个无限主体与其互相关联的客体的综合。

陈述也是真的。但这似乎也没有大大超出"一个事物不可能被思考，除非它被思考"的说法。而且由此不能推出：一个事物不可能存在，除非它被思考。当然，费里尔可以反驳说，我们不可能合理地谈论一个事物未被构想而存在。因为仅仅根据我们谈论它这个事实，我们就在构想它。如果我试图把一个物质的东西 X 想成存在于主体–客体关系之外，那么，我的努力恰恰因为我正在思考 X 这个事实而失败。不过，在这个例子中，像费里尔所说的那样，那个东西不可改变地与作为主体的我连在一起。我如何能与它分开呢？如果我试图将它与我分开，并将它与别的某个有限或无限的主体连在一起，那么，根据费里尔的前提，这个别的主体不就变成了对于一个主体的客体吗？该主体不就是我自己吗？

我不打算暗示事实上物质的宇宙可以不依赖于上帝而存在。而问题恰恰在于，物质的宇宙不能那样存在的结论，实际上不是从费里尔的认识论前提中引出的。似乎引出的这个结论是唯我论。而费里尔避免这个结论只有诉诸常识和我们关于历史事实的知识。也就是说，因为我不能当真地设想物质的宇宙只是我这个主体的客体，所以我必须假设一个永恒的、无限的主体，即上帝。可是，根据费里尔的前提，似乎可以得出，因为上帝本身被我所思考，所以他一定是对于一个主体的客体，而这个主体就是我自己。

4．在费里尔的同时代人中，那位历史学家的兄弟约翰·格罗特（John Grote，1813—1866）[①] 值得一提。1855 年至 1866 年，他是剑桥大学的道德哲学教授，1865 年出版了《哲学研究》（*Exploratio philosophica*）第一卷。第二卷在他死后于 1900 年出版。他的《功利主义哲学研究》（*An Examination of Utilitarian Philosophy*，1870）和《论道德观念》（*A Treatise on the Moral Ideas*，1876）也是在他死后出版的。的确，现在格罗特比费里尔更鲜为人知，但他对现象论和快乐论功利主义的批判不是没有价值的。

格罗特对现象论的批判可以这样来说明。实证主义现象论的主要特

①　约翰·格罗特之兄是历史学家乔治·格罗特（George Grote，1794—1871）。——译者注

征之一是：它首先将知识的对象还原为一系列现象，然后将类似的还原分析用于主体，即自我。因此，主体实际上被还原为它自己的对象。或如果愿意的话，可以说，主体和客体都被还原为现象，这些现象被假设为基本的实在，即思想可以用来重构自我和物理对象的终极的东西。但可以表明，对自我或主体的这种还原是站不住脚的。首先，除非与意识相联系，关于现象的谈论是不可理解的。因为显现出来的东西（可以说）在意识的范围内是显现给主体的。我们不可能到意识的背后去。对意识的分析表明，它实质上包含了主体－客体的关系。在原始意识中，主体和客体实际存在着或混杂地存在着。它们在意识的发展过程中逐渐区分开来，直至出现了对客体世界为一方，自我或主体为另一方的明确意识，这种对自我的意识特别通过努力的经验而得到发展。因此，主体即便在原始意识中从一开始就是作为本质的两极之一出现的，所以，它不可能被合理地还原为客体、还原为现象。同时，对意识的本质结构的反省表明，并没有一个自身
162　封闭的自我呈现给我们，以使我们像在笛卡尔哲学中那样，不得不寻找由这个自我通向非我的桥梁。

其次，重要的是要注意到，现象论者是怎样看待在构建一个连贯的宇宙时主体的能动作用的。主体或自我以目的论活动为特征，它是有目的的。在追求其目的的过程中，它在现象中构建各种统一体，这里所谓的构建不是说它将先天的形式强加在大量无关联的、混乱的材料上，[①] 而是说它通过一种自动纠错过程以实验的方式建造起它的世界。因此，在这方面，即在自我构建客体世界的能动作用方面，情况也是如此，自我显然不可能被还原为一系列现象，即还原为它自己的直接对象。[②]

在道德哲学领域，格罗特强烈反对唯我论的快乐主义和功利主义。他反对它们不是因为它们考虑到人的易感性和对幸福的追求。正相反，格罗特自己也承认幸福学，即他所称之为的"幸福论"（eudaemonics），是伦理学的组成部分。他所反对的是将注意力只集中在寻求快乐上，因而忽

---

① 根据格罗特的观点，在构建一个连贯的世界的过程中，自我发现或认出自然中的各种范畴，这些范畴是神圣心灵的表现。

② 在格罗特看来，我们通过与相关知识（knowledge about）不同的亲知知识（knowledge by acquaintance）直觉地认识物自体，即使这个认识是不清晰的。

略了人类人格的其他方面，尤其是人构想和追求理想的能力，这些理想超出了对快乐的寻求，并可能需要人的自我牺牲。因此，他在"幸福论"上增加了"德性论"（aretaics），即关于德性的科学。他坚持认为，道德的任务就是将人性中低级的成分与高级的成分结合起来，以服务于道德理想。因为当我们的行为从完全自发的领域（如追随快乐的冲动时那样），进入有意的、自愿的领域（因为冲动提供出了有活力的成分，提供出理智上构想的原则和理想等规范的成分），这时，我们的行为才成为有道德的。

格罗特抨击功利主义只关注寻求快乐而忽视了人的更高级的方面，他的抨击显然更适合于边沁的快乐论，而不是 J. S. 密尔的修正了的功利主义。总之，这个问题与其说暗示出功利主义哲学家没有道德理想，不如说是断言功利主义伦理学没能为这样的理想提供一个合适的理论框架。格罗特的主要观点是：只有通过彻底修正边沁从爱尔维修那类作家继承来的人的概念，才能提供出这个理论框架。格罗特认为，快乐主义不能说明义务意识。因为义务意识的出现，是在人构想出道德理想，因而感到需要将他的低级本性服从于高级本性的时候。

5. 一方面，观念论者觉察到边沁关于人性的看法是不适当的，另一方面，在 19 世纪，在各大学，尤其是牛津大学出现了对希腊哲学的兴趣的复兴，在这两者之间，我们可以合理地看到一种联系。我们已知，柯勒律治认为他的哲学的灵感和特点基本上是柏拉图式的。而我们可以将柏拉图研究在牛津的复兴特别与本杰明·乔伊特（Benjamin Jowett，1817—1893）的名字联系起来。他于 1838 年成为巴里奥尔学院的研究员，从 1855 年至 1893 年任希腊语教授。他翻译了柏拉图的《对话集》（*Dialogues*），这个著名译本的缺点不是这里要谈的。重要之点在于，在长期的执教生涯中，他有力地促进了对希腊思想的兴趣的复兴。并非没有意义的是，观念论运动中两位出类拔萃的人物 T. H. 格林和 E. 凯尔德都曾是他的学生。他们对柏拉图的兴趣，自然而然倾向于把他们的思想从快乐主义和功利主义转向一种自我完善的伦理学，这种伦理学是以形而上学框架内的人性理论为基础的。

对希腊思想的兴趣的复兴带来了对德国观念论哲学越来越高的评价。乔伊特本人对后者感兴趣，尤其对黑格尔的思想感兴趣，[①] 他帮助推动了德国观念论在牛津的研究。不过，对于阐述费里尔认为几乎无法理解的黑格尔的奥秘，第一次大规模尝试是由苏格兰人詹姆斯·哈奇森·斯特林（James Hutchison Stirling，1820—1909）在 1865 年出版的两卷本《黑格尔的秘密》（*The Secret of Hegel*）中做出的。[②]

在访问德国期间，尤其是 1856 年逗留海德堡期间，斯特林逐渐产生了对黑格尔的热情，其结果就是《黑格尔的秘密》一书。尽管有评论说，即使这位作者真的知道黑格尔的秘密，他也会守口如瓶，但这本书仍然是在大不列颠开始认真研究黑格尔主义的标志。在斯特林看来，休谟哲学是启蒙运动的顶峰，而康德[③]接过了休谟思想中有价值的东西，将它用于发展和实现一个新的思想方式，同时胜过和超越了启蒙运动。然而，虽然康德奠定了观念论的基础，但正是黑格尔建造并完成了这幢大厦。要了解黑格尔的秘密，就要了解他如何清楚阐明暗含在康德批判哲学中的"具体的普遍"学说。

值得注意的是，斯特林不但认为黑格尔与现代哲学的关系犹如亚里士多德与之前希腊思想的关系，而且认为黑格尔是基督教伟大的理智捍卫者。他无疑赋予黑格尔过高的神学正统性，但他的态度有助于说明布拉德雷之前观念论运动特有的宗教兴趣。根据斯特林所说，黑格尔尤其关注于证明灵魂不朽。尽管几乎没有证据证明黑格尔对这个问题很感兴趣，但我们可以把斯特林的说明看成是表现了早期观念论者对有限精神自我的重视，这种重视与他们要或多或少保留有神论观点的倾向是一致的。

---

① 虽然乔伊特明确承认他从黑格尔那里得到了鼓舞，但他逐渐远离了而不是接近了黑格尔主义。

② 一卷本版出于 1898 年。斯特林从来没有担任过学术职务，但他在 1889—1890 年在爱丁堡做过吉福德讲演。这些讲演于 1890 年出版，名为《哲学与神学》（*Philosophy and Theology*）。

③ 1881 年，斯特林出版了一部《康德教本》（*Text-Book to Kant*）。

第七章

观念论的发展

T. H. 格林对英国经验论的态度和对德国思想的态度 —— 格林的永恒主体学说，一些批判性评论 —— 格林的伦理和政治理论 —— E. 凯尔德与主体与客体区分基础上的统一 —— J. 凯尔德与宗教哲学 —— W. 华莱士与 D. G. 里奇

1. 哲学家在批评其他哲学家的观点时比阐述自己的学说时更令人信 165
服，这种情况并不罕见。这种也许带点讽刺的说法似乎适用于托马斯·希尔·格林（1836—1882）。他是牛津大学巴里奥尔学院的研究员，从1878年至去世，他是该大学的怀特（Whyte）道德哲学教授。1874年，他出版了为格林和格罗斯（Green and Grose）编辑的休谟著作写的《休谟的＜人性论＞导论》（*Introduction to Hume's Treatise of Human Nature*），[①] 在书中，他令人吃惊地猛烈抨击英国经验主义。不过，他自己的观念论体系所受到的批评不亚于他所反驳的那些观点。

根据格林的观点，自洛克以来，经验主义者假定，哲学家的任务就是将我们的知识还原到它的基本元素，还原到它的原始材料，然后用这些原子式的材料重新构建日常经验的世界。可是，心灵以什么方式来到主体–客体关系的背后，并发现心灵和物理对象据认为由以构成的原始材料，经验主义纲领对此从来没有给出任何满意的说明，除此之外，它还把

———————————

① 下面将该书称为《导论》。

我们带进了一个死胡同。一方面，要构建心灵和物理对象的世界，心灵必须将原始的原子材料，即分离的现象联系起来。换言之，它必须发挥主动性。另一方面，心灵的主动性根据经验主义的原则是无法解释的。因为心灵本身也被还原为一系列现象。而它如何能建构它自己呢？而且，虽然经验主义表示要说明人类知识，但实际上它对此毫无作为。因为日常经验的世界被说成是用分离的印象做出的精神建构，而我们无法知道这个建构完全表现了客观实在。换言之，连贯一致的经验主义不可避免地会导致怀疑主义。

按照格林的看法，休谟是毫不妥协、将经验主义原则带到其逻辑结局的杰出思想家。"他采用了洛克的前提和方法，清除它们中一切顺应通俗信念的非逻辑的东西，并根据已经公开承认的知识对它们进行实验……作为实验的结果，这个方法，即以声称对知识进行说明为开始的方法，表明知识是不可能的。"① "休谟本人完全承认这个结果，但他在英格兰和苏格兰的后继者似乎至今对之视而不见。"②

休谟之后的有些哲学家（这里格林显然指的是苏格兰常识哲学家）一头扎回到未经批判的信念灌木丛中去。还有一些哲学家继续发展了休谟的观念联想理论，他们好像忘记了一个事实：休谟本人已经表明，联想原理不足以说明除了自然信念或类本能信念之外的任何事情。③ 换言之，休谟既代表了经验主义的顶峰，也代表了它的破产。研究的火炬"传递到德国更具活力的研究路线上"。④

也就是说，康德是休谟的精神继承者。"于是，《人性论》和《纯粹理性批判》合在一起构成了连接旧世界和新世界的真正桥梁。它们是基本的'预备知识'，没有这些知识，任何人都不是现代哲学的合格研究者。"⑤ 然而，由此不能得出，我们可以停留在康德哲学那里。因为康德预示着黑格尔，至少预示着与黑格尔主义相似的某种东西。格林同意斯特林

① 《导论》，第一卷，第2—3页。格林与格罗斯编休谟的《人性论》，第一卷，第2页。
② 同上。
③ 这里格林明确想到的是密尔父子那样的哲学家。
④ 《导论》，第一卷，第3页。格林与格罗斯编《人性论》，第一卷，第2—3页。
⑤ 同上。格林与格罗斯编《人性论》，第一卷，第3页。

的观点，黑格尔在正确的方向上发展了康德的哲学，但他不想说黑格尔的实际体系是令人满意的。用格林的说法，它很适合于礼拜日时的沉思，但较难为平时的日常思考所接受。这里需要把思辨哲学的判断，我们对事实的日常判断，以及科学协调起来。无论怎样，如果以黑格尔主义实际的样子，无法完成把当时思想中各种不同倾向和观点综合起来的任务。这些工作必须重新做起。

　　实际上，在格林的著作中，黑格尔的名字并非赫然耸现。康德的名字则醒目得多。但格林断言，康德根据莱布尼茨来理解休谟，根据休谟来理解莱布尼茨，因而他能够摆脱他们各自的预定前提。我们可以正当地说，虽然格林从康德那里得到很多激励，但他在理解他时根据一个信念，即批判哲学需要某种发展，就像德国形而上学观念论者尤其是黑格尔实际对它的发展那样，即使不完全相同。

　　2．在格林死后于1883年出版的《伦理学绪论》（ *Prolegomena to Ethics* ）的《序言》中，他提到一种好奇心，诱使他想把伦理学仿佛当作自然科学的一个分支。这个好奇心实际上是可以理解的。因为历史知识的增长和进化论的发展都暗示出，有可能对道德生活现象做出纯自然主义的、遗传学的说明。那么，被认为是规范科学的伦理学会发生什么呢？回答是："敢于坚持自己原则的"哲学家，"已经将这些原则中思辨的部分［我们的伦理学体系］归结为自然科学，因此，他必须将这些原则中实践的或训导的部分全都废除掉"。① 然而，将伦理学归结为自然科学分支涉及废除作为规范科学的伦理学，这一事实应当使我们重新考虑道德知识和道德行为的前提或条件。人仅仅是自然之子吗？或者说，在人身上是否有一种使知识（不论是自然知识还是道德知识）得以可能的精神原则呢？

　　格林因而发现必须从知识的形而上学开始进行道德研究。他首先论证说，即使我们真的决定支持唯物主义者，但所有那样一些问题仍有待于说明，那些问题涉及构成唯物主义者与唯灵论者争论主题的特殊事实，涉及我们完全说明那些特殊事实的可能性。"我们在逻辑上将仍然不得不承

---

① 《伦理学绪论》（第一版），第9页。后面将称该书为《绪论》。

168　认，在一个能认识自然的人身上 ——因为他有一个'经验的宇宙'——
有一个非自然的原则，我们如果不颠倒论述的顺序，就不可能像说明自然
事实那样来说明这个原则。"①

根据格林的观点，说一个东西是实在的，就是说它是一个关系的体
系即自然秩序中的一员。意识到或认识到一系列联系着的事件，这个意识
或认识本身不可能是一系列事件。它也不可能是从这样一系列事件自然发
展而来。换言之，心灵作为一个能动的综合原则，不能还原为它所综合的
诸因素。的确，经验的自我属于自然的秩序。但我对作为经验自我的我
自己的意识，表现了一个超越该秩序的原则的能动性。总之，"一个不能
还原为任何他物的理智 ——这个词似乎与表示该意识原则的任何别的词
一样合适 ——能够使我们构想有'自然'那样的东西存在，在此意义上，
它为我们'创造自然'"。②

刚才我们已经看到，在格林看来，一个东西凭借它是一个互相联系
着的现象体系的一员而成为实在的。同时他还认为，"互相联系的现象不
能离开一个理智的活动"。③因而自然是通过心灵的综合活动创造出来的。
不过，显而易见的是，我们不能当真地设想，作为互相联系着的现象体
系，自然只不过是任何特定的有限心灵的综合活动的产物。因此，虽然我
们可以说，就每个有限心灵都构想了关系的体系而言，它们都构成了自
然，但我们还必须假设，有一个单独的精神原则，一个永恒的意识，它最
终构成或产生了自然。

由此可以得出，我们必须设想，有限的心灵参与到一个永恒意识或
理智的生活中，后者"部分地、逐渐地在我们心中再现，逐一地、彼此
关联不分地传递着理解和被理解的事实，传递着经验和被经验的世界"。④
这就等于说，上帝逐渐在有限的心灵中再现他自己的知识。如果情况就是
169　如此，那么，关于与知识的起源和增长有关的经验事实，我们该如何说

---

① 《绪论》，第 14 页。"经验的宇宙"一语取自格林抨击的目标之一 G. H. 刘易斯。
② 同上，第 22 页。显然，康德的先验自我被赋予了本体论的地位。
③ 同上，第 28 页。
④ 同上，第 38 页。

呢？因为这些都不能表明我们的知识是上帝强加的。格林的回答是：上帝利用（比方说）人类机体有感觉的生命，利用它的刺激反应，将他自己的知识再现于有限的心灵中。于是，人类意识就有两个方面。一是经验的方面，在这方面，我们的意识表现为"动物机体的连续改变"。① 二是形而上的方面，在这方面，该机体被认为逐渐变成了"一个永远完整的意识的载体"。②

于是，格林与早期观念论者一样倾向于选择一个认识论的起点，即主体－客体关系。不过，在康德的影响下，他将主体描述为对多种多样现象的能动综合，描述为通过对表象或现象的联系构成自然的秩序。这个综合过程是通过人类历史向一个理想时期发展的渐进过程。我们因而可以把这整个过程构想为一个精神原则的能动性，这种能动性在有限心灵中并通过有限心灵而生活、活动。换言之，康德关于心灵的综合活动的观念将我们引导到黑格尔的无限精神概念上。

同时，格林的宗教兴趣不利于将无限精神归结为只是集合在一起考虑的有限精神的生活。的确，他希望避免他所认为的传统有神论的主要缺点之一，即把上帝说成是与世界和有限精神相对的存在。因此，他把人的精神生活描绘成参与在神圣生活之中。他还希望避免把"上帝"一词只用作一个标签，要么代表普遍而论的人的精神生活，即在人类文化进化过程中发展的那种东西；要么代表完全知识的理想，这个理想虽然尚未存在，但人类知识正逐渐趋近于它。他确实把人类精神说成"等同于"上帝，但他又补充道，此说是"在这样的意义上，即他（上帝）**是**人类精神所能成为的一切"。③ 上帝是无限的永恒主体，他的完全知识逐渐再现于有限主体中，从经验的观点看，这依赖于人类机体的改变。

如果我们问，上帝为何如此行事，格林的意思是，对此无法回答。 170
"对上帝为什么造世界这个老问题，没有任何回答，将来也不会有。我们不知道世界为什么应当存在，我们只知道它在那里。同样，我不知道那个

---

① 《绪论》，第72—73页。
② 同上，第72页。
③ 同上，第198页。

世界的永恒主体为什么应当通过该世界的某些过程再现自己，就像人类精神，或像人类精神在其中运行的各种人的特定自我那样。我们只能说，根据我们能对我们的经验所做的最佳分析，似乎它就是那样行事的。"①

格林保留了这样的思想：一个永恒主体在有限主体中"再现自己"，因此不能将它简单地等同于那些有限主体。在这里，我们并非没有道理地察觉到一种宗教兴趣在起作用，即对我们在其中生活、行动和存在的上帝观念的关注在起作用。不过，这肯定不是为什么要假设一个永恒主体的明确、正式的理由。因为它已经被明确假设为构成自然体系时的终极的综合使动者。在做这个假设的时候，格林似乎使自己受到与我们对费里尔同样的反驳。因为如果一旦假设，或至少为了论证而假设，自然的秩序是由理智的综合活动或联系活动构成的，那么，我们显然不能将这个秩序归因于一个永恒的理智或主体，除非我自己首先构想并因而构成了那个秩序。于是，我们就难以理解，（用费里尔的用语）我如何能将这个构想出来的关系体系与我自己心灵的综合活动分开，并将它结合在任何别的不论是否永恒的主体上。

人们可能反驳说，这个批判思路虽然对费里尔的情况可能有效，但与格林的情况不相干。因为格林把个别的有限主体看成参与在普遍的精神生活即人类的精神生活之中，后者在向完全的知识——其本身就是被构成的自然秩序的知识——的理想目标前进的过程中，逐渐对现象进行综合。因此，我无疑可以将我的综合与我自己分开，将它结合在任何别的精神上。我的综合活动在人类整体的综合活动中，或在生活和贯穿于多种多样有限主体的一个精神原则的综合活动中，只是一瞬间。

可是，在此情形下，格林的永恒主体变成什么了呢？比方说，如果我们希望把发展中的人类科学知识说成是所有科学家参与其中并向理想目标前进的一种生活，那么，这里当然没有"分开"与"结合"的问题。但这类概念自身并不要求引入任何永恒的主体，由它在有限的心灵中零零碎碎地再现它的完全知识。

---

① 《绪论》，第103—104页。

此外，在格林的哲学中，我们应当如何准确地构想自然与永恒主体或理智的关系呢？让我们假设理智的构成活动就在于联系或综合。那么，如果可以恰当地说上帝创造了自然，那么，似乎就可以得出，自然可以归结为一个没有关系项的关系体系。这是个有点令人费解的看法。无论如何，如果永恒的主体只引入了（比方说）现象之间的关系，那么，呈现给我们的就是与柏拉图在《蒂迈欧篇》（*Timaeus*）中描绘的类似的图画，也就是说，其含义是，永恒的主体或理智从无序中引出有序，而不是从无中创造整个自然。总之，虽然可以构想神圣的理智通过思考世界而创造了世界，但"永恒的主体"和"永恒的意识"这样的词必定会暗示出一个相互关联的永恒的客体。而这就意味着像费里尔那样将主体－客体关系绝对化。

这一类反驳可能看起来是吹毛求疵，并且暗示出不可能赞成格林关于我们都参与永恒意识生活的基本看法。但无论怎样，这些反驳有助于达到一个有益目的，即使人们注意到这样一个事实：格林常常尖锐地批评其他哲学家，他的批评与相当模糊混乱的思辨结合在一起，而这种思辨已经使形而上学观念论名誉扫地。[1]

3. 在道德理论中，格林认为善的概念是首要的，义务的概念不是首要的，在此意义上，他立足于柏拉图和亚里士多德的传统。尤其是，他认为对人来说，善就是在和谐统一的存在状态中充分实现人类人格的潜能，他的这个思想使人回想起亚里士多德的伦理学。格林确实把"自我满足"说成是道德行为的目的，但他明确表示，在他看来，自我满足指的是自我实现，而不是快乐。我们必须区分"对自我满足的寻求和对快乐的寻求，一切道德行为都被正确地认为是自我满足，而道德**善的**行为不是快乐"。[2]这不意味着快乐被排除于对人的善之外。而和谐完整地实现个人潜能不能等同于寻求快乐。因为道德行为者是一个精神的主体，不仅仅是一个有感觉的有机体。总之，快乐伴随着人的能力的实现，而不是这一实现本身。

那么，确实无疑的是，一个人实现自己的潜能，使自己的人格向着

172

———————

[1]　显然，形而上学观念论者绝不是批判其对手要比自己对哲学的积极贡献更突出的唯一哲学家。实际上，这种情况的频繁出现引起了普遍的哲学问题。但在此不可能讨论这些问题了。

[2]　《绪论》，第169页。

和谐完整能力的理想状态发展，在这个意义上，他只能通过行动来实现自身。同样明显的是，每一个人类行为，就"行为"这个词的本来意义说，都是有动机的。人做出每个行为都着眼于某个直接的目的或目标。但可以证明的是，一个人的动机是由他当时的品性与其他环境一起决定的，而且人的品性本身是由经验的原因引起的。在此情形下，一个人的行为不是被这样决定的吗？就是说，他将会怎样取决于他现在怎样，他现在怎样反过来取决于环境而不是他的自由选择。的确，环境是多变的，但人对变化的环境的反应方式似乎是确定的。如果一个人的所有行为都被确定了，那么，还有什么余地让伦理学理论确立我们应当通过自己的行为努力去实现的某种人格理想呢？

格林确实准备向决定论者让步，承认他们的情况所依据的许多根据。但同时他又试图缓和因这些让步而受到的损害。"'决定论者'中流行的那些命题认为，一个人的行为是由他的品性和环境共同引起的，这些命题在某种意义上是非常正确的，而且在那个意义上完全符合关于人类自由的主张。"① 在格林看来，就"自由"一词的严格用法而言，一个人应当能做任何事情或变成任何样子，并不是一个必要条件。我们说一个人的行为是自由的，要证明这个说法是正当的，只要他确实是行为的发起者，在此意义上那些行为是他自己的行为，那就足够了。如果一个人的行为出自他的品性，就是说，如果因为他是某种类型的人，所以他对以某种方式要求该行为的情境做出了响应，那么，该行为就是他自己的行为。他而非别人，是发起该行为的责任人。

在捍卫对自由的这种解释时，格林强调了自我意识。在任何人的历史中都有接连不断的各种自然的经验因素，比方说自然的冲动，决定论者认为它们对人的行为产生了决定性的影响。但格林论证说，这样的因素变得与道德相关，只有在它们仿佛被自我意识的主体所假定的时候，即当它们被纳入自我意识的统一体并转变成动机的时候。那时，它们就变成了行为的内在原则，而就其本身而论，它们又是自由行为的原则。

---

① 《绪论》，第109页。

　　这个理论也许并不是十分清楚，它在某些方面使人想起谢林的自由理论。但至少清楚的是，格林希望承认决定论者可以合理诉诸的各种经验材料，[①]同时希望强调，这种承认与人类自由的主张是一致的。也许我们可以说，他所问的问题如下：考虑到关于人类行为的一切经验事实，在道德领域我们还需要"自由"之类的词吗？格林的回答是肯定的。恰恰就其本身来考虑，可以恰当地说，自我意识主体的行为是自由的行为。譬如，由身体强迫引起的行为不是出自自我意识本身。它们实际不是他自己的行为，不能认为他是该行为的真正发起者。我们必须能将这类行为与这个人自己表现的行为区分开来，不仅要把这个人看成是肉体的行为者，还要看成是一个自我意识的主体，或如有人所说的那样，看成是一个理性的行为者。

　　这里提到了一个事实，即在格林看来，自我实现是道德行为的目的，这个事实可能暗示出，他的伦理学理论是个人主义的。虽然他确实强调个人的自己实现，但他与柏拉图和亚里士多德一致，认为人类人格的本性实质上是社会性的。换言之，必须被实现的自我不是其潜能可以不涉及任何社会关系就得到完全实现与和谐的原子式的自我。正相反，只有在社会中，我们才能完全实现我们的潜能，真正像人类人格那样生活。这实际意 174 味着，每个人特定的道德使命必须在社会语境中得到说明。因此，格林可以借用后来布拉德雷使之闻名的一句格言："每个人首先必须尽到按自己的地位所应尽的职责。"[②]

　　考虑到上述观点，我们就可以理解，格林又同柏拉图和亚里士多德一样，当然也同黑格尔一样，强调政治社会即国家的地位和功能，国家"对于其成员来说，是诸社会中的社会（the society of societies）"。[③] 人们将注意到，这句有点夸张的话本身就表示承认还有像家庭之类其他社会存在的事实，它们是国家的先决条件。当然，黑格尔本人承认这个事实。各

_____

① 显然，假如格林活在晚些时候，他就不得不对付人类行为的下意识起源的理论了。
② 《绪论》，第192页。
③ 《关于政治义务原理的讲演》（1901年版），第146页。下面将称该书为《政治义务》。

种社会中，格林显然认为国家格外重要。

不过，正因为这个理由，重要的是要知道，格林并非明确或含蓄地放弃他的伦理学自我实现理论。他继续坚持自己的观点："我们的终极价值标准是**人格**价值的理想。别的一切价值都与为了人格、属于人格、在于人格的价值相关。"① 然而，这个理想只能在人的社会中并通过这个社会来充分实现。因而，社会是一个道德的必然。这不但适用于家庭，还适用于我们称之为政治社会或国家的较大的社会组织形式。但绝不能由此得出，国家是目的本身。正相反，国家的功能是创造和保持美好生活的条件，即在此条件下，人可以最好地发展自己，像人格那样生活，每个人都把他人认作目的，而不是只认作手段。在这个意义上，国家是一个工具，而不是目的本身。实际上，一个民族或一个政治社会**仅仅**是个人的集合体的说法是错误的。因为说话者用的"仅仅"一词表明，他忽略了这样一个事实：个人的道德能力只是在具体的社会关系中实现的。他用这个词暗示着，个人可以具有道德品质和精神品质，可以完成他们的道德使命，完全与他们的社会成员身份无关。同时，民族或国家不"仅仅"是个人的集合体这个前提，并不意味着这样的结论：民族或国家是超出构成它的那些个人之外的自己存在的实体。"民族的生命并不真正存在，除非作为构成该民族的那些个人的生命。"②

因此，格林完全愿意承认在某种意义上存在着作为国家之先决条件的自然权利。因为如果我们考虑一下，为了使个人达到其道德目的，何种权利对他一定是可靠的，那么，我们就发现，个人有某些要求应当被社会所承认。的确，在该词完整意义上，权利直至得到社会的承认才存在。确切地说，在完整的意义上，"权利"一词离开了社会就几乎或完全没有意义。③ 同时，如果我们说在政治社会之前存在自然权利指的是一个人，只因为他是一个人，所以国家就应当承认他所提出的某些要求是权利，那

---

① 《绪论》，第193页。
② 同上。当然，黑格尔可能会说同样的话。因为在他看来，普遍只在特殊中并通过特殊而存在。同时，在谈到国家时，格林没有使用那位德国哲学家使用的崇高词汇。
③ 在这个语境中，社会不一定指国家。譬如，家庭成员就享有权利。问题在于，可以说，"权利"是一个社会性术语。

么，如下说法就是完全正确的："国家以权利为先决条件，因而以个人的权利为先决条件。国家是社会为保持这些权利而采取的一种形式。"①

以上所说已经足够清楚了，在格林看来，我们不可能仅仅通过历史地考察现实政治社会实际产生的方式，来达到对国家功能的哲学理解。我们必须考察人的本性及其道德使命。同样，要获得判断法律的标准，我们就必须了解人的道德目的，一切权利都与这个目的有关。"一项法律是好的，不是因为它实施了'自然权利'，而是因为它有助于某个目的的实现。我们只有通过考察为了达到这个目的必须确保一个人有哪些权力，才发现哪些权利是自然的。一项完美法律将充分保障这些权力。"②

从政治社会与达到人的道德目的之间的紧密联系可以得出："道德与政治压制有共同的根源，'**政治**压制'与对奴隶的压制不同，它是确保给一个臣民以权利的压制。道德与政治压制的共同根源就是某些具有共同幸福的人——可能只是同一个父亲（母亲）的子女——对一个共同幸福的合理承认，该幸福是他们的幸福，并且不论他们中任何人在任何时候是否倾向于它，他们都认为该幸福是他们的幸福……"③ 显然，任何特定的个人可能都没有性质追求促进这种共同幸福或善的东西。因此就需要一些道德规则或戒律，在政治领域就需要一些法律。于是，格林就将道德义务和政治义务紧密联系起来了。服从国家法律的义务的真正根据，既不是恐惧，也不只是权宜之计，而是人的道德义务，即避免不符合他们达到道德目的的那些行为，从事达到该目的所必需的那些行为。

由此得出，不可能有不服从或反叛国家本身的任何权利。也就是说，"在任何地方或任何时间有效的法律都实现着国家的理念，就此而言，不可能有不服从它们的任何权利"。④ 但如黑格尔所承认，现实的国家绝不总是符合国家的理念或理想，一项特定的法律可能与社会整体的实际利益或善并不一致。因此可以证明以共同善或共同幸福的名义进行的非暴力反

---

① 《政治义务》，第144页。当然，国家以家庭为先决条件，后者也是一种社会形式，在此形式下，个人的要求已经得到承认。国家则维持这些权利。
② 同上，第41页。
③ 同上，第125页。
④ 同上，第147页。

抗是正当的。显然，人们必须考虑这样的事实：为了公众的利益应当服从法律。对这种公众利益的要求通常将有利于撤销令人反对的法律，而不是彻底对抗它。而且，人们应当考虑一下，对抗一项令人反对的法律是否会导致某种更严重的恶，诸如无政府状态。但政治义务的道德根据并不包含非暴力反抗不能得到辩护的结论。格林将非暴力反抗限制在相当小的范围内，他说要证明我们实行非暴力反抗是正当的，我们就应当能"指明某个其本身得到普遍承认的公众利益"。① 可是，从他随后所说的看，似乎他并未打算用"其本身得到普遍承认"这个附带条件来完全排除这样一种可能性：即打着一个比共同体普遍具有的理想更高级的理想的旗号，有权进行非暴力反抗。毋宁说这里指的是，诉诸一个得到普遍承认的公众利益来反对一项法律，这项法律的颁布不是为了公众的利益而是为了一个特殊集团或阶级的私利。

177　　格林认为，国家的存在是要通过创造和维持一些条件，使它的所有公民能够发展作为人的潜能，以此促进共同利益，鉴于他的这个观点，我们就可以理解，当自由意味着一个人不顾他人为所欲为的权力时，格林不同意把社会立法抨击为侵犯个人自由。他提到，有些人说，如果禁止他们不顾卫生要求建筑房子，或禁止他们送未接受任何教育的子女去工作，就是侵犯了他们的自由。但事实上，没有任何权利被侵犯。因为一个人的权利取决于从社会整体福利考虑的社会承认。当社会以前没看到，而现在终于看到，共同利益需要一项新的法律，诸如实行基础教育的法律，那么，社会就取消对以前可能已经被认为是权利的东西的承认。

　　显然，在某些情况下，当人们呼吁要从不太充分到比较充分地设想共同利益及其要求时，这种呼吁可能采取的方式就是强调更大的个人自由。因为只有人类具有发挥这种自由的余地，他们才能发展作为人格的自己。但格林实际关心的是反对放任主义的信条。他不主张国家为削减而削减个人的自由。其实，他把他所赞成的社会立法看成是清除自由的障碍，这个自由即所有公民发展他们作为人类潜能的自由。譬如，确定儿童可以

---

① 《政治义务》，第149页。

工作的最低年龄的法律，清除了他们接受教育的障碍。的确，这项法律削弱了父母和未来雇主不顾共同利益为所欲为的自由。但格林将不允许任何从共同利益出发诉诸这个意义上的自由。私人的、局部的、阶级的利益不论如何严密地用诉诸私人自由的幌子掩饰起来，都不能允许它们妨碍国家创造条件使它的所有公民都有机会发展作为人类的自己，过上真正人的生活。

因此，格林使我们得到了一个明显的例子，即根据人们感到的加强社会立法的需要来修正自由主义。我们可以说，他试图对一个［思想］运动的现行理想做出说明，这个运动在19世纪最后几十年间一直在发展着。他对一个理论的系统阐述可能很容易受到某种批评。但它肯定不但比放任主义的独断论更可取，而且比试图在原则上保留这种独断论，同时又做出与之不一致的让步更可取。

最后，值得一提的是，根据我们在社会中的"地位"来尽我们的职责，以此来实现我们的道德使命，这可能是一个相当狭隘和不适当的理想，对于这一事实，格林并非视而不见。因为"可以有理由认为，在我们所知道的或我们能真实构想的任何社会的条件下，或在有可能存在于地球上的任何社会的条件下，人类精神的有些能力没能在人身上实现"。[1] 因此，除非我们判定由未实现的能力所带来的问题是不能解决的，我们可以相信，在地球上阻碍其充分发展条件下的那个人生，仍会继续存在于一个社会中，在这个社会里，人们能达到十分完美的境地。"或者我们可以说，来自上帝的人的自我意识的存在永远在上帝那里继续着。"[2] 格林的论述风格是含糊其词。但他的个人态度似乎更近似于康德而不是黑格尔，康德假定死后继续的生命是在完善中的持续不断的进程，而不论是否相信人的不朽，黑格尔似乎对这个问题不感兴趣。

4. 在爱德华·凯尔德（Edward Caird，1835—1908）的思想中，构成主体和客体区分基础的统一性观念凸显出来。凯尔德是牛津大学默顿学院的研究员（1864—1866），格拉斯哥大学的道德哲学教授（1866—

① 《绪论》，第195页。
② 同上。《黑格尔》（Hegel），出版于"布莱克伍德哲学经典"丛书。

1893），牛津大学巴里奥尔学院的院长（1893—1907）。他的名著《康德哲学的批判考察》（*A Critical Account of the Philosophy of Kant*）出版于1877年，修订两卷本出版于1889年，名为《康德的批判哲学》（*The Critical Philosophy of Kant*）。1883年，他出版了一本关于黑格尔的小册子，直到现在它仍被认为是研究这位哲学家的最好入门之一。凯尔德的其他著作我们可以提到的是《孔德的社会哲学与宗教》（*The Social Philosophy and Religion of Comte*，1885），《文学与哲学论集》（*Essays on Literature and Philosophy*，两卷，1892），《宗教的演化》（*The Evolution of Religion*，两卷，1893），《希腊哲学家中的神学演化》（*The Evolution of Theology in the Greek Philosophers*，两卷，1904）。最后列举的两部著作是吉福德系列讲演的文字发表本。

179

虽然凯尔德写了关于康德和黑格尔的著作，虽然他把形而上学观念论用作对人类经验做解释的工具，用作攻击唯物主义和不可知论的武器，但他不是，也没有自称是黑格尔或其他任何德国哲学家的信徒。他甚至认为，任何将一个哲学体系输入异国的企图都是用错了地方。① 设想使德国过去一代人满意的东西将会使英国的后一代人满意，那是徒劳的。因为理智需要随着环境的改变而改变。

凯尔德断言，在现代世界中，我们已经看到反思的心灵对人自发的确信提出了疑问，并将以前结合在一起的各种因素打成碎片。譬如，在笛卡尔的出发点与经验主义者的出发点之间存在着分歧，前者是自我意识的自我，后者是经验中给出的对象。两个传统之间的鸿沟已经变得如此宽阔，以至于我们被告知，我们要么必须把物理的东西还原为精神的东西，要么必须把精神的东西还原为物理的东西。换言之，我们被告知，我们必须在观念论与唯物主义之间做出选择，因为两者对立的要求无法调和。再者，在宗教意识和信仰与科学观之间也有鸿沟在扩大，这个鸿沟意味着我们必须在宗教和科学之间做出选择，因为我们无法将两者结合起来。

---

① 关于这个论题请参见凯尔德为A. 塞思（A. Seth）和R. B. 霍尔丹（R. B. Haldane）编辑的《哲学批判论文集》（*Essays in Philosophical Criticism*，1883）写的序言。

当这种对立和冲突一旦在人的文化生活中出现，我们就无法完全回到早期未分的、素朴的意识中去。与苏格兰学派一起求助于常识原则是不够的。因为恰恰这些原则就受到怀疑，如休谟的怀疑主义对它们的怀疑那样。因此，这就迫使反思的心灵寻找一种综合，在此综合中，对立的观点可以在比素朴意识更高的层面上调和起来。

康德对完成这个任务做出了重要贡献。但在凯尔德看来，这一贡献的意义已经被误解了，而这一误解首先要归因于康德本人。因为这位德国哲学家不是把现象与实在的区分解释为仅仅适用于知识增长的不同阶段，而是把它说成现象与不可知的物自体的区分。而如康德的继承者实际所做的那样，正是这个不可知的物自体概念必须从哲学中被驱逐出去。当我们摆脱了这个概念，我们就可以看到，批判哲学的真正意义就在于它洞察到这样的事实：客观性只为一个自我意识的主体而存在。换言之，康德的真正贡献是表明，根本的关系是主体与客体之间的关系，两者共同形成了一个差异的统一体（a unity-in-difference）。一旦我们掌握了这个真理，我们就摆脱了将主体还原为客体，或将客体还原为主体的诱惑。因为这个诱惑就来源于原始综合理论所克服了的不能令人满意的二元论之中。主体与客体的区分出现在意识的统一体中，这个统一体是根本的。

根据凯尔德的观点，科学本身以自己的方式证明了这种差异的统一体。当然，科学将注意力集中在对象上。同时，它的目的又在于发现普遍的规律，并将这些规律联系起来；因而它不言而喻地预先假定了一个可以理解的体系的存在，这个体系不可能与理解它的思想完全异质或完全不同。换言之，科学证明了思想与其对象的相互关联。

然而，虽然凯尔德指定给哲学家的任务之一是说明科学如何表明作为差异统一体的主体和客体的基本综合原则，但他本人却将注意力主要指向宗教意识。在这个领域，他发现自己不得不探索客体与主体背后作为基础的统一体和根据。主体和客体是有区别的。更确切地说，"我们的全部生活都在这实质上彼此有别甚至互相对立的两端之间运动"。① 同时，它

① 《宗教的演化》，第一卷，第65页。

们仍以这样一种方式联系着，以致没有对方两者都不能被构想。① 而"我们不得不在更高的原则上寻找它们存在的秘密，即寻找它们在作用和反作用中表现出来的它们的统一体的秘密，它们把这个统一体预设为它们的开端，并把它表示为它们的终点"。②

181　　　这个无所不包的统一体，用柏拉图的话来说，是"万物存在的源泉，也是一切认识的存在物的认识源泉"，③ 它是一切意识的前提。它就是我们所说的上帝。凯尔德坚持说，由此不能得出人人都清晰地意识到上帝是存在和认识、客观性和主观性的终极统一体。一个清晰的意识必然是一个长期发展过程的产物。我们可以在宗教史上看到这一发展的主要阶段。④

　　　第一阶段，即"客观宗教"的阶段，占支配地位的是对象意识，确切地说，这个对象不是该词抽象的严格意义上的对象，而是以人发现自己被包围于其中的外物形式出现的对象。在这个阶段，人不能形成"他不能使之具体化为空间和时间中存在"的任何东西的观念。⑤ 我们可以假设他对包含他自己和他物与自身的统一体有某种朦胧的意识，但他不能形成神的观念，除非通过把它客观化在诸神中。

　　　宗教发展中的第二个阶段是"主观宗教"的阶段。这时，人从全神贯注于自然回到对自己的意识。上帝被构想为与自然和人远离的精神的存在，并首先在内在良知的呼声中显示自己。

　　　在第三个阶段，即"绝对宗教"的阶段，自我意识的主体与其客体即自然，被看成各自不同但实质相关，同时被看成以终极的统一体为根据。上帝被构想为"这样的存在，他既是我们精神生活的源泉，也是它的力量支撑和目的"。⑥ 不过，这并不意味着上帝的观念是完全不确定的，以至于我们不得不接受赫伯特·斯宾塞的不可知论。因为上帝将自己显示在主体和客体两者中，我们越是充分了解人类的精神生活，越是充分了解

① 　这对于"主体"和"客体"这**两端**显然是正确的。
② 　《宗教的演化》，第一卷，第67页。
③ 　同上，第一卷，第68页。
④ 　凯尔德说的三个主要阶段大致对应于黑格尔的三个阶段：自然宗教，精神的个体性宗教，绝对宗教。
⑤ 　《宗教的演化》，第一卷，第189页。
⑥ 　同上，第一卷，第195页。

自然界，我们就越是认识了"作为我们的生命和世界的生命的终极统一体"的上帝。①

　　凯尔德探索主体与客体背后的终极统一体，就此而言，我们可以说，他并没有以费里尔的方式将主体－客体关系绝对化。而同时，他的认识论探讨，即通过主体－客体关系的探讨，似乎造成了一些困难。因为他明确承认："严格地讲，对我们每个人来说，只有一个客体和一个主体。"② 亦即对我而言，主体－客体关系严格地说就是我自己这个主体与我的世界这个客体之间的关系。这个客体一定包括其他人。因此，即使假定我们起初朦胧地意识到一个基础的统一体，似乎仍可以得出，这个统一体是我自己这个主体的统一体和我的客体的统一体，其他人是"我的客体"的一部分。我们很难理解，他接下去如何能说明有别的主体存在，而且有一个且只有一个共同的基础统一体。常识可能表明这些结论是正确的。但这不是常识的问题，而是我们一旦采用了凯尔德的研究路径，就知道如何能确立这些结论的问题。单独而论，基础统一体的观念很可能是有价值的。③ 凯尔德的出发点并没有使他达到他所希望达到的结论容易些。确实可以证明的是，黑格尔的智慧表现在从存在的概念出发而不是主体－客体关系的概念出发。

　　5. 据说 E. 凯尔德的兄长约翰·凯尔德（John Caird, 1820—1898）从当牧师时就宣讲黑格尔主义。他是长老会的神学家和牧师，1862 年被任命为格拉斯哥大学神学教授，1873 年成为该大学的校长。1880 年，他出版了《宗教哲学导论》（*An Introduction to the Philosophy of Religion*），1888 年出版了"布莱克伍德哲学经典"丛书中论斯宾诺莎的一卷。在他死后出版了包括《基督教的基本观念》（*The Fundamental Ideas of Christianity*，1899）的吉福德讲演在内的其他一些著作。

　　在据理反对唯物主义的时候，约翰·凯尔德不但强调唯物主义不能说

---

① 《宗教的演化》，第一卷，第 140 页。
② 同上，第一卷，第 65 页。
③ 譬如，尽管背景不同，这个观念以"无所不包者"（The Comprehensive）的形式出现在卡尔·雅斯贝斯（Karl Jaspers）的哲学中。

明有机体的生活和意识生活，① 而且强调虽然唯物主义者试图将心灵还原
为物质的功能，但他们从一开始就不言而喻和不可避免地预先假定心灵是
与物质不同的某种东西。毕竟从事还原的正是心灵本身。他以类似的方式
论证说，不可知论者说上帝是不可知的，正是他的这个说法使他违背了他
含蓄地意识到上帝这个事实。"即使在断言人类心灵不可能有绝对知识的
时候，这位怀疑论者也在自己的心里预先假定了一个绝对知识的理想，与
之相比，人类知识据称是有缺陷的。恰恰是我们心中对绝对理智的这种否
认，只能意味着我们不言自明地吁求它的出现。在这个意义上，关于上帝
的含蓄知识恰恰由于试图否认它而得到证明。"②

　　如这段详细引文所表明的那样，凯尔德的理论是含糊不清的。不过，
我们可以这样来说明它。凯尔德特别将黑格尔的这样一个论点用在知识
上，即如果我们没有含蓄地意识到无限，我们就不可能意识到有限。经验
教导我们，我们的心灵是有限的和不完善的。但我们不可能意识到这一
点，除非根据关于完全或绝对知识 —— 实际上是思想和存在的统一体的
知识 —— 的含蓄观念。正是这个含蓄的或事实上的绝对知识的观念，构
成了一个模糊构想出来的标准，与之相比，我们清楚知道了我们的局限。
而且，该观念把那个心灵描述成一个理想的目标。因而，它在我们心中像
一个实在那样起作用。事实上，它是一个绝对的理智，我们加入它的光亮
之中。

　　显然，对凯尔德来说至关重要的是坚持他在后两句话中表达的观点。
因为如果他只是说，我们为获得作为理想目标的完全、绝对的知识而努
力，那么，我们应当可以得出结论，绝对的知识尚未存在。而凯尔德希望
得出的结论是：当我们断定我们的知识是有限的时候，我们就含蓄地断定
了一个活生生的实在。因此，他必须证明，在断言我的理智是有限的时
候，我正在含蓄地断言一个绝对理智的存在，它在我的心中起作用，我

---

① 约翰·凯尔德证明说，在有机体中，我们发现了内在目的论，它以这样一种方式表
现出来，即一种内部的自发性或能量将［有机体的］各个部分和功能差别化，同时又将
它们重新纳入一个共同的统一体中，实现了整个有机体的内在目的。至于反思的意识生
活，在此范围内与机械因果性的观念毫不相干。

② 《宗教哲学导论》，第112页。

参与到它的生活中。他就这样利用了黑格尔的原则：有限者是不能被理解的，除非把它作为无限者的生活的一个瞬间。运用黑格尔的这些原则是否真能有助于达到凯尔德运用这些原则的目的，即支持基督教一神论，是可以争论的。但至少他确信它们能做到这一点。

约翰·凯尔德还与他的兄弟同样论证说，主体与客体的相互联系揭示了作为两者区分的基础的终极统一体。说到关于上帝存在的传统证明，如果认为它们要求成为严格的逻辑论证，那么，它们会受到习惯性的反驳。但如果把它们更多地说成是对一些方法的现象学分析，"人类精神就是用这些方法产生了关于上帝的知识，并且发现在其中实现了自己的最高本性，那么，这些证明就有巨大价值"。① 他认为这个巨大价值在哪里，这也许并不很清楚。凯尔德不可能指逻辑无效的论证有巨大价值，即使它们表现了人类心灵实际上通过错误推理达到结论的方式。所以可以假定，他指的是，传统论证之所以有价值，是因为它们表明了人类心灵可以清晰意识到它们已经含蓄而模糊地具有的一种意识。根据这个观点，他既可以说，这些论证一开始就预先设定了那个结论，所以是根据待证的东西作论证；他也可以说，这实际上并无大碍，因为这些论证实际上是使含蓄的东西变清晰的方式。②

与黑格尔相似，约翰·凯尔德坚持认为需要从普通宗教思想的层面前进到克服了"各种矛盾"的思辨的宗教观念。譬如，泛神论和理神论的立场是对立的，而且都是片面的，而在关于有限者与无限者关系的真正的哲学概念中，它们的立场都被否定了，如果正确理解，这个真正的哲学概念是基督教特有的。至于"道成肉身"之类的具体的基督教教义，凯尔德的论述比黑格尔还正统。不过，他过于相信黑格尔哲学在反对唯物主义和不可知论的战斗中的盟友价值，以至于他没有认真考虑一下，如麦克塔格特

184

---

① 《宗教哲学导论》，第 125 页。
② 在更晚近时候，有时人们说，虽然关于上帝存在的传统证明在逻辑上是无效的，但具有指向上帝的"指示物"价值。但除非我们知道这样说的意思是什么，否则就很难讨论这个论题。除了传统证明是"指向上帝的指示物"的说法，或如凯尔德所说这些证明有现象论分析的巨大价值，还需要告诉我们更多的东西。这就是我一直试图做到的一点。

所说，从长远看这个盟友是否不会成为一个伪装的敌人，因为用黑格尔主义来解释基督教，由于黑格尔体系的本性所致，往往导致将基督教信仰的

185　内容服从于思辨哲学，实际上与一个特殊的体系绑在了一起。

　　不过，事实上，约翰·凯尔德没有完全采纳黑格尔的体系。确切地说，他所做的就是从黑格尔的体系中采纳一些基本的思想方法，在他看来，这些思想方法是内在有效的，有助于在面对当时唯物主义和实证主义倾向时支撑一种宗教观。对宗教感兴趣是大不列颠大部分观念论运动的特征，而他就是这样的好例子。

　　6. 在推动黑格尔主义知识在大不列颠传播的那些人中，威廉·华莱士（William Wallace，1844—1897）值得一提。他继格林之后成为牛津大学怀特道德哲学教授。1874 年，他发表了黑格尔《哲学科学百科全书》（*Encyclopaedia of the Philosophical Sciences*）中的《逻辑学》①的译文，提供了一篇绪论或介绍材料。他后来出版了该书的两卷增订版，译文于 1892 年出版，大大扩充了的《绪论》（*Prolegomena*）②于 1894 年出版。1894 年，华莱士还发表了同样出自黑格尔《哲学科学百科全书》的《精神哲学》（*Philosophy of Mind*）的翻译，并附有五章引言。此外，他还为"布莱克伍德哲学经典"丛书写了关于康德的一卷（1882），还写了《叔本华的生平》（*Life of Schopenhauer*）一书。他的《自然神学与伦理学演讲和论文集》（*Lectures and Essays on Natural Theology and Ethics*，1890）于他死后出版，清楚表明了他的思想与约翰·凯尔德对一般宗教，尤其对基督教的思辨说明的密切关系。

　　虽然我们必须有所克制，不要更多蜻蜓点水地提及观念论运动中的哲学家，但我们有特别理由说一下大卫·乔治·里奇（David George Ritchie，1853—1903），在牛津格林使他归附观念论，1894 年他成为圣安德鲁斯大学的逻辑与形而上学教授。虽然观念论一般不同情以达尔文主义为根据的哲学体系，但里奇却致力于表明，黑格尔哲学完全可以同化

――――――――――

① 当然，这是黑格尔的所谓《小逻辑》。
② 《黑格尔及其逻辑学研究绪论》（*Prolegomena to the Study of Hegel, and Especially of His Logic*）。

达尔文的进化论。①他论证说，归根结底，达尔文的适者生存理论不是与黑格尔的"现实的就是合理的，合理的就是现实的"学说非常一致吗？而且，表现一种价值的合理的东西不是战胜了不合理的东西了吗？弱者和不适于生存者的灭绝不是与黑格尔辩证法中对否定因素的克服相一致吗？

186

的确，里奇承认，达尔文主义者非常关心物种的起源，这使得他们不能理解整个进化运动的意义。我们必须认识到这样的事实：人类社会中生存斗争采取的方式不能以生物学的范畴来恰当描述，而且社会的进步依赖于互相合作。正是在这一点上，黑格尔主义可以带来光明，而这一光明是生物进化论带不来的，不论是纯粹生物进化论本身，还是自称以该理论为根据的经验主义和实证主义哲学体系所采取的生物进化论，都是带不来的。

无论怎样，虽然里奇勇敢地尝试将达尔文主义与黑格尔主义调和起来，但"观念论"进化论哲学的构建，在该哲学力图表明全部进化运动都趋向于一个理想的端点或目标的意义上，实际上发生在新黑格尔思潮之外而不是之内。

---

① 譬如，参见《达尔文与黑格尔，及其他哲学研究》(*Darwin and Hegel, with Other Philosophical Studies*，1893)。

第八章

绝对观念论：布拉德雷

引论 —— 批判史的前提 —— 道德及其在宗教中的自身超越 —— 逻辑与形而上学的关联 —— 形而上学基本的预先假定 —— 现象：事物及其性质，关系及其关系项，空间与时间，自我 —— 实在："绝对"的本质 —— 真理与实在的程度 —— 错误与罪恶 —— 绝对、上帝与宗教 —— 关于布拉德雷形而上学的一些批判性讨论

　　1. 正是在弗朗西斯·赫伯特·布拉德雷（Francis Herbert Bradley，1846—1924）的哲学中，超关系的一，即无所不包的绝对的观念，决定性地取代了对主体–客体关系的强调。关于布拉德雷的生平几乎没有什么要说的。1870 年，他被选为牛津大学默顿学院的研究员，他在这个位置上一直待到他去世。他不做讲演。他的文学成果数量很多，但没有异常优秀的。但作为一位思想家，他是相当重要的，这也许特别因为他将如下两者结合起来的方式：一方面，激进地批判被认为是理解终极实在的工具的人类思想范畴；另一方面，坚定地相信"绝对"的存在，一切矛盾和二律背反都在"绝对"中得到克服。

　　1874 年，布拉德雷出版了《批判史的前提》（*The Presuppositions of Critical History*）的论著，我们将在下一节说到它。《伦理学研究》（*Ethical Studies*）出版于1876 年，《逻辑原理》（*The Principles of Logic*）出版于1883 年，[①]

---

① 第二版两卷本出版于 1922 年。

《现象与实在》（*Appearance and Reality*）出版于1893年，^①《论真理与实在》（*Essays on Truth and Reality*）出版于1914年。他死后的1935年，其他的短论和论文分两卷结集出版，冠名为《论文集》（*Collected Essays*）。^②一本名为《格言集》（*Aphorisms*）的小册子于1930年出版。

　　布拉德雷的敌人是一般观念论者的敌人，即那些经验主义者、实证主义者和唯物主义者，尽管就他的情况来说还要加上实用主义者。作为一位好争论的著作家，他并不总以对方认为公正的方式来表述他们的观点，他可以言辞激烈，有时还不太礼貌。他自己的哲学经常被说成是新黑格尔主义的。虽然他无疑受黑格尔主义的影响，但上面的说法并不完全恰当。的确，黑格尔和布拉德雷两人都关注整体，即绝对。但两人对人类理性把握绝对的能力有明显不同的看法。黑格尔认为与知性（Verstand）不同，理性（Vernunft）能够洞察绝对的内在生命，在此意义上，他是一个理性主义者。他力图揭示自身发展的宇宙的本质结构，即存在的整体性。他表示完全信赖辩证思维的能力，相信它能既在绝对本身中，又在绝对在自然和精神的具体表现中，揭示绝对的本性。而布拉德雷的辩证法主要采取通过论证思维（discursive thought）进行系统的自我批判的形式，至少在他看来，这一批判表明，对于终极实在，即对于真正实在的东西，人类思维不能达到任何恰当的把握。对他来说，这个论证思维的世界是现象的世界，而形而上学的反思通过揭示由这种思维引起的二律背反和矛盾表明，论证思维的世界正是现象的世界。布拉德雷确实相信，被论证思维扭曲了的实在本身没有任何矛盾，它是一个无缝的整体，一个无所不包的、完全和谐的经验活动。但问题在于，他并不自称能辩证地确切表明，在绝对中，二律背反是如何被客服的，矛盾是如何被解决的。的确，他关于绝对实际说了很多的话。考虑到他认为终极实在超出了人类思想的范围，那么可以证明，他大谈绝对表现出某种前后矛盾。与此有关的问题在于：与其说布拉德雷表达了黑格尔的理性主义，不如说他表达了对怀疑主义与信仰主义的特殊结合。在怀疑主义方面，他把人类思想贬低为把握真正实在的

188

---

① 第二版连同增加的一个附录出版于1897年。
② 第一卷中重印了《批判史的前提》。

工具，在信仰主义方面，他明确断言，"一"满足了理想的可理解性的一切要求，对"一"的信念依赖于一切真正的形而上学哲学都预先假定的最初的信仰活动。

在达成这一独特见解的过程中，布拉德雷某种程度上受到赫巴特（Herbart）观点的影响，后者认为，矛盾不属于实在本身，它们只是由于我们构想实在的不恰当方式而出现的。这并不表示布拉德雷是赫巴特的信徒。布拉德雷是一元论者，而那位德国哲学家是多元论者。不过，已故的 A. E. 泰勒（A. E. Taylor）教授曾说，他在默顿学院时，布拉德雷建议他研究赫巴特，将其作为对于过分沉迷黑格尔思想方法的一个有益纠正。① 了解赫巴特对布拉德雷的影响有助于纠正任何对后者哲学中黑格尔因素的过分强调。

不过，我们不能根据其他思想家的影响来恰当描述布拉德雷的哲学。它实际上是原创的，尽管从黑格尔和赫巴特这样的德国哲学家那里得到了鼓舞。在某些方面，譬如，在描述"上帝"的概念在人格绝对的概念中被超越的方式方面，布拉德雷的思想明显表现出受德国绝对观念论影响的迹象。而早期英国观念论者将主体–客体关系绝对化的倾向让位于整体即"一"的观念的方式，可以说是表现了主要与黑格尔的名字相联系的绝对观念论的胜利。但英国的绝对观念论，尤其就布拉德雷来说，是该运动的素朴形式。它可能不像黑格尔的体系那样令人印象深刻，但我们没有任何恰当理由把它说成只不过是黑格尔主义的低级复制。

2. 在《批判史的前提》一书中，布拉德雷写道，批判的心灵应当暂时怀疑它面前每一事物的实在性。同时，"批判史必须有一个前提，这个前提就是规律的一律性"。② 也就是说，"批判史假设它的世界是一"，③ 这个统一体是规律的普遍性的统一体，是"不严格说的因果联系的统一体"。④ 历史不以证明这个统一体开始，虽然发展了的历史确认了这个前提的真理性，但它仍把这个统一体作为它自己的可能性的前提。

————————

① 请见《当代英国哲学，第二辑》（*Contemporary British Philosophy, Second Series*），第271页，J. H. 缪尔黑德编。
② 《论文集》，第一卷，第24页。
③ 同上，第一卷，第20页。
④ 同上，第一卷，第21页。

　　这里没有提到绝对。实际上，布拉德雷在其形而上学中将因果联系的世界降格到现象的领域。但根据他后来的思想发展，我们可以在作为编史前提的历史世界统一体的观念中，看到作为形而上学前提的整个有机统一体观念的迹象。这一迹象似乎得到布拉德雷的支持，他在一个注释的断言中说："宇宙似乎是一个体系，它是（它看上去是）一个有机体及更多。它有自我即它与之相关的人格的特征，没有人格，它实际上等于无。因此，宇宙的任何部分独自不可能成为一个连贯的体系，因为它指向整体，它在自身中显示出整体。潜在地，这个整体（既然体现了现实上是整体的东西）在试图自身确定自身的过程中，只是成功地着重于它的关系性特征，它被带到了它自身之外，并与自身相矛盾。"① 当然，这不是我们在《现象与实在》中看到的关于绝对的学说的准确表述，在那里肯定没有把绝对说成是自我。同时，这段话有助于表明布拉德雷的思想是如何被作为有机整体的宇宙观支配的。

190

　　3. 布拉德雷的《伦理学研究》不是一部形而上学著作。实际上，人们一读到他的第一部论著就会得到一个印象，作者的思想方式更接近于现代的分析运动，而不是人们自然会从一位形而上学观念论者那里期望的东西。因为布拉德雷关注于考察普通人是如何理解责任和可归咎性（imputability）的，然后他表明关于人类行为的两个理论如何与道德责任的条件不相容，这些条件是"俗人"含蓄地预先假定的。

　　一方面，普通人含蓄地假定，不能合法地认为他对一个行为负有道德责任，除非他是做此行为的同一个人。如果这个假设被认为是正确的，那么，它就排除了那种以联想主义心理学为根据的判定方式，实际上除掉了任何永恒的自我同一性。"如果没有人格同一性，责任就完全没有意义。对于我们的决定论者的心理学来说，人格同一性（以及一般的同一性）就是一个没有任何意义的词。"② 另一方面，普通人假设，不能合法地认为他

---

① 《论文集》，第一卷，第69—70页。

② 《伦理学研究》（第二版），第36页。正是在这个语境下，布拉德雷做出了著名评论："贝恩先生集合出心灵是一个集合。他曾想过谁集合贝恩先生吗？"（第39页，注解1）（布拉德雷的这段话讽刺了联想主义心理学关于心灵是感觉、观念等的"集合"的观点。详情请参见该书第36—39页。——译者注）

191 对一个行为负有道德责任，除非他真是这个行为的使动者，除非那个行为是他引起的，就像结果由原因引起一样。这个假设排除了意味着人的自由行为没有原因的任何非决定论理论，撇开了人的行为与其自我或品性之间的关系。因为此类理论把行为者说成是"一个**不**需要负责任的人，一个愚蠢的人（如果他是什么的话）"。[1]

当然布拉德雷是建议我们应当把普通人的信念当作终审上述法院的最后一个人。但这时他关心的不是阐发关于自我的形而上学理论，而是要证明，如果按上述意义来理解，决定论和非决定论都不符合道德意识的前提。他所得出的积极结论是：普通人的道德意识意味着，如果可以合法地认为一个人对一些行为负有责任，那么，这些行为与他的品性意义上的自我之间有密切关系。

不过，虽然不论在布拉德雷着手从形而上学前提中得出伦理学结论的意义上，还是在他明确引入其形而上学体系的意义上，[2]《伦理学研究》都不是一部形而上学的著作，但它确实有形而上学的影响或意义。因为这部著作的结论是：道德引起了在纯伦理学层面无法解决的矛盾，而且它的指向超出了它自身之外。的确，这部著作把道德说成导致宗教。而在其他地方，宗教被说成导致关于绝对的哲学。

在布拉德雷看来，道德的目的、道德行为的目的是自我实现。由此得出，对人来说，不能把善等同于"对自我实现的感觉"，[3]甚至不能等同于任何感觉。因此，把快乐感看成对人是善的快乐主义被排除了。如柏拉图的观点一样，在布拉德雷看来，在逻辑上快乐主义应当断言任何给行为者带来较大快乐的行为都是道德的。因为连贯一致的快乐主义只容许量的区分标准。一旦我们与 J. S. 密尔一样引入各种快乐之间质的区分，我们就需要一个与快乐感不同的标准，因而实际上放弃了快乐主义。这个问题的真实情况是：密尔的功利主义表现为探索一种自我实现的伦理观念，而

192 由于它非逻辑地试图同时保留快乐主义，所以妨碍了它完全实现那个观

---

① 同上，第 12 页。
② 该书确实涉及一些形而上学，但布拉德雷没有明确引入他的关于绝对的形而上学。
③ 《伦理学研究》，第 125 页。

念。"总之，我们可以说我们的所有功利主义者中也许没有任何人不需要好好地学习亚里士多德的《伦理学》（*Ethics*）吗？"[1]

快乐主义把快乐当作唯一的善，因此它是一个毫无希望的片面理论。另一个片面的理论是康德的为责任而责任的伦理学。不过，这里的麻烦是该理论的形式主义。我们被告知，要实现善良意志，"可是对于善良意志这个东西，它［即这个为责任而责任的理论］什么也没告诉我们，留给我们的是一个空洞的抽象"。[2] 布拉德雷为避免人们指责他为将康德的伦理学漫画化，他说他不打算对康德的道德理论做出解释。同时，他又说他相信康德的伦理学体系"已经被黑格尔的批判彻底击败了"。[3] 而黑格尔的主要批判正是说康德的伦理学陷入了空洞的形式主义。

同黑格尔一样，布拉德雷不同意道德的目的是实现善良意志的看法。他的观点是，必须给这个观念以内容。要做到这一点，我们必须了解到，善良意志是普遍意志，即社会有机体的意志。因为这意味着，一个人的职责是由它的社会成员身份具体规定的，而且"我要成为有道德的，我就必须决意得到我的地位及其职责"。[4]

乍看上去，这个黑格尔的观点连同它对卢梭的回顾，可能似乎与布拉德雷的道德目的是自我实现的学说不一致。当然，这要根据如何理解"自我"这个词而定。在布拉德雷看来，亦如在黑格尔看来，普遍意志是一个具体的普遍，后者存在于前者的特殊之中，通过前者的特殊而存在，它表现了个人的"真实的"自我。一个人脱离了社会关系，即脱离了他的社会有机体的成员身份，他就是一个抽象。"一个人是其所是，乃因为并根据于社会（community）。"[5] 因此，将一个人的个人意志等同于普遍意志就是实现一个人的真实自我。

用不太抽象的话说这意味着什么呢？普遍意志显然是社会的意志。因为家庭这个基本的社会同时为国家这个政治社会所保持和接受，所以布

---

[1] 《伦理学研究》，第 125—126 页。
[2] 同上，第 159 页。
[3] 同上，第 148 页，注 1。
[4] 同上，第 180 页。
[5] 同上，第 166 页。

拉德雷同黑格尔一样重视后者。因此，道德上的自我实现就是根据社会道
193　德行事，即根据"已经现成存在于法律、制度、社会习惯、道德主张和感
受中的道德"行事。①

　　这个观点明显赋予道德律以内容，即赋予实现善良意志的理性命令
以内容。但同样明显的是，道德变得与各种人类社会有关。布拉德雷确实
想保持低级和高级道德准则之间的区别。的确，人的本质无论怎样不完
善，都在道德进化的各个阶段中都得到实现。但"从高级阶段的观点看，
我们可以看到低级阶段没有完全充分地实现这个真理，并且这个真理还混
合着、与各阶段的实现一起，呈现出与我们现在所看到的人的真正本性相
反的特征"。② 同时，布拉德雷认为，一个人的职责是根据他的地位，根
据他在社会有机体中的位置和作用具体规定的，他的这个观点导致他断
言：道德不但是相对的，而且应当是相对的。也就是说，问题不仅仅在于
指出道德确信在不同社会的某些方面是不同的这个经验事实。布拉德雷还
坚持认为，道德准则是无用的，除非它们与既定的社会相关。最后，"每
一个阶段的道德都可以证明对那个阶段是正当的，脱离任何社会阶段来要
求一个本身正确的准则，被认为是在要求一件不可能的事"。③

　　不须说，正是道德准则这个观念包括了与可能行为的关系的观念，
而且与一个人的历史和社会处境毫无关系的准则，对这个人是无用的。但
由此不能必然得出，我应当将道德等同于现存的道德标准和我正巧属于的
那个社会的社会观。确切地说，如果像布拉德雷所承认的那样，现存社会
的一个成员可以看到过去社会的道德缺陷，那么，似乎就没有什么恰当理
由说明为什么过去社会的一个开明成员不会自己看到这些缺陷，并以更高
的道德标准和理想的名义来拒绝社会的墨守成规。毕竟这恰恰是历史上已
经发生过的事情。

　　不过，布拉德雷实际上并没有将道德简单归结为社会道德。因为在
他看来，实现理想自我是一个责任，这个理想自我的内容并不都是社会

① 《伦理学研究》，第199—200页。
② 同上，第192页。
③ 同上。

性的。譬如，"艺术家或研究者的道德责任就是过艺术家或研究者的生活，194
如果他做不到，就是违背了道德"。① 的确，一位艺术家或科学家的活动
可以、一般也都有益于社会。但"他们的社会影响是间接的，并不正在他
们的本质之中"。② 这个思想无疑与黑格尔将艺术归之于绝对精神的领域而
不是道德所属的客观精神的领域是一致的。但问题在于，布拉德雷断言，
"人根本不成其为人，除非他是社会的；而人并不比兽类高出多少，除非
他不仅仅是社会的"，③ 这个断言完全有可能使他修正下面这样的陈述："没
有什么比我的地位及其职责更好的东西，也没有任何更高级或更加真实美
丽的东西。"④ 如果道德是自我实现，如果自我不能用纯社会的范畴来恰当
描述，那么，道德不能等同于遵守一个人所属的社会的标准。

　　然而，在某种意义上，所有这些都完全对布拉德雷有利。因为如已
经说到的那样，他希望表明，道德引起了在纯伦理层面不可能克服的二律
背反或矛盾。譬如，如下就是这个主要矛盾：虽然道德律要求将个人意志
完全等同于理想的善和普遍的意志，但在同时，道德又不可能存在，除非
以克服低级自我的方式，即力求预先假定个人意志不等于理想的善良意
志。换言之，道德实质上是一个无休止的过程。正由于它的这个性质，它
要求这个过程不应当再存在，而应当被道德完善所取代。

　　显然，如果我们否认对低级自我或坏自我的克服是道德生活的本质
特征，或否认道德律要求停止这种克服，那么，这个二律背反就消失了。
然而，如果我们承认这两者，那么，得出的结论就是：道德在寻求它自
己的毁灭。也就是说，它寻求超越自身。"道德是一个无休止的过程，因
此是一个自相矛盾。而这样一来，它不再保持立足自身，而是感到一种超
越其现存实在的冲动。"⑤ 如果道德律要求达到只要有坏自我未被克服就不
可能达到的理想，如果坏自我在某种程度上的存在是道德的必要前提，那
么，我们必须得出结论，道德律所要求达到的理想或目标，只有在超伦理　195

①　《伦理学研究》，第 223 页。
②　同上。
③　同上。
④　同上，第 201 页。
⑤　《伦理学研究》，第 313 页。

的领域才能被达到。

　　就《伦理学研究》而论，这个超伦理的领域就是宗教的领域。道德理想"不是在国家的客观世界实现的"，①但它可以为宗教意识而实现。的确，"对于宗教来说，世界与上帝是疏远的，自我堕落于罪恶之中"。②同时，对于宗教意识来说，上帝与自我，无限者与有限者，这两极在信仰中统一起来。对于宗教信仰来说，罪人复归于上帝，并因而称义，他与其他自我统一在信徒的团体中。因而在宗教领域，人达到了他奋斗的终点，他实现了道德的要求，即他应当把自己实现为"一个无限的整体"，③这个要求只能在伦理的层面上通过他在政治社会中的成员身份得到不完全的实现。

　　因此，道德就在于实现真正的自我。不过，这个真自我是"无限的"。这意味着道德要求把自我实现为无限整体中的一员。但这个要求在关于我们的地位及其职责的伦理学层面上不可能得到完全满足。实际上它最终只能通过自我在绝对中的转变而得到满足。在这个意义上，布拉德雷对道德的说明包含着形而上学，即关于"绝对"的形而上学。但在《伦理学研究》中，他满足于至多把这个问题当作宗教中道德的自我超越。而宗教的自我超越则留给《现象与实在》中明确的形而上学来处理。

　　4. 让我们转到布拉德雷的逻辑研究问题上，我们应当首先提到的是他关注于将逻辑学与心理学分开。不用说，他并不质疑对观念的起源和观念的联想进行研究的合法性，这些研究在从洛克到 J. S. 密尔的经验主义哲学中占有非常突出的位置。但他坚持认为，这些研究属于心理学的领域，如果我们把逻辑研究与心理学研究混淆了，我们将发现自己是用心理学来回答逻辑学的问题，就像经验主义者往往所做的那样。"总之，在英国，我们已经在心理学的态度中生活得太久了。"④

　　布拉德雷对逻辑学的研究从对判断的考察开始，他不认为判断是对

---

① 同上，第316页。
② 同上，第322页。
③ 同上，第74页。
④ 《逻辑原理》（第二版），第一卷，第2页。

必须预先处理的观念的结合，而认为是判定某事是否是实际情况的活动。　196
当然，我们确实可以区分判断中的各种成分。但逻辑学家关心的不是观念
或概念的心理来源，也不关心心理联想的作用，他们关心的是概念在判断
中得到的符号功能即指称。"对逻辑来说，观念是符号，并且它们只是符
号。"① 在命题中，各词项获得了确定的意义或指称，命题陈述的东西不是
真的，就是假的。逻辑学家应当关心事情的这些方面，将心理学的问题留
给心理学家。

　　布拉德雷在逻辑学中的反心理学态度为他在现代逻辑学家中赢得了
好名声，这些逻辑学家包括或多或少持经验主义基本哲学观的人。不过，
关于他的逻辑学与形而上学之间的联系，人们的一般看法却很少恭维。不
过，在这一点上，我们必须谨慎。一方面，布拉德雷没有将逻辑学等同于
形而上学。他认为他对判断的形式、量、模态的研究，以及他对推断的特
点和类型的研究，属于逻辑学，而不属于形而上学。另一方面，在《逻辑
原理》第一版的前言中，他含蓄地承认，"我不能确定逻辑学在哪里开始
或结束"。② 他的某些逻辑学理论与他的形而上学有明显的联系，我希望
用一两个例子来简要说明这一联系。

　　因为每一个判断不是真的就是假的，所以我们自然而然倾向于假设，
它断定或否定了一个事实，它的真假取决于它符合不符合某个实际的事
态。虽然一个单称判断，像"我牙疼"或"这片叶子是绿的"，乍看起来
似乎反映了一个特定的事实，但反思表明，全称判断是推断的结果，而且
它是假设性的。譬如，如果我说"一切哺乳动物都是热血的"，那么，我
是从数目有限的事例推出一个普遍的结论。我实际断定的是，如果在任何
时候有某个东西具有作为一个哺乳动物的别的属性，那么，它也具有热血
的属性。③ 这个判断因而是假设的，在观念的内容与实际的事实之间被插　197
进了一个空白。因为即使在任何特定时间没有任何实际存在的哺乳动物，

---

① 同上，第一卷，第2—3页。
② 同上，第一卷，第 ix 页。
③ 前提是，这个判断不是布拉德雷所谓的"集合"判断，即仅仅是观察事例之和，而
是真正的抽象的全称判断。

这个判断也被断定是真的。

　　不过，根据布拉德雷的观点，做如下假定是错误的：虽然全称判断是假设的，但单称肯定判断享有一个特权，即它被局限在它所反映的特定事实或经验上。如果我说"我牙疼"，那么，我当然指的是我自己的特定疼痛。但我说出的这个判断完全可以被别的某个人说出来，他显然指的是不同的牙疼，即他自己的牙疼，而不是我的牙疼。的确，我们可以尝试用"这个""那个""这里""现在"等词把单称判断的指称固定住。虽然这个办法非常有助于实践的目的，但它不可能从这些特殊表达的意义中消除一切普遍性的成分。① 如果某个人手中拿着一个苹果说"这个苹果是生的"，那我显然完全知道"苹果"是指什么。可是，"这个苹果是生的"的判断并未局限在这个特定的苹果上。它可以被别的某个人说出来，甚至被同一个人说出来，指的是别的某个苹果。因此，单称肯定判断并不享有反映存在事实的任何专门的特权。

　　布拉德雷希望得出的结论是：如果认为判断是观念的综合或结合，那么，每一个判断都是普遍的，因而在观念的内容与实在之间就被插进了一个空白。"观念是普遍的，而且不论我们想要说的是什么，模糊所指的是什么，我们实际表达的和得以断言的东西都不是个别的。"② 因此，如果一个抽象的全称判断是假设性的，因而在某种程度上脱离了实际的实在，那么，以为我们可以在单称判断中发现指向特定事实的明确指称，那是没有用的。一切判断都是同样货色。

　　不过，事实上，"判断不是观念的综合，而是以观念的内容指称实在"。③ 布拉德雷的论点是：任何判断的潜在的、终极的主词是整个实在，（我们可以说）是一个大写的实在。"（这就是我们的学说），不但所有判断都确认了实在（Reality），而且在每一判断中我们都断言：'实在是这样的，使得 S 是 P。'"④ 譬如，如果我断言"这片树叶是绿的"，那么我

---

① 黑格尔早已注意到这一点。
② 《逻辑原理》，第一卷，第49页。
③ 同上，第56页。
④ 《逻辑原理》，第二卷，第623页（附文2）。

就是在断言，整个实在即宇宙是这样的，使得这片树叶是绿的。没有孤立的特定事实那样的东西。所谓的特定事实是其所是，只不过因为整个实在是其所是。

这个观点明显影响到各类判断的相对恰当性。因为如果整个实在是每一判断的潜在的、终极的主词，那么可以得出，一个判断越是特殊，它作为对其终极主词的描述就越不恰当。而且，在对一个特殊的给定经验进行分析的意义上，分析判断歪曲了实在，因为它从一个复合的整体中任意选出一些部分，把它们当成好像构成了一个自足的特定事实，而这样的事实是不存在的。唯一自足的事实是整个实在。

因而布拉德雷对经验主义关于我们越分析越接近真理的信念置之不理。[1] 人们已经假定，"分析不是改变，而且每当我们在做区分时，我们都必须与可分的存在打交道"。[2] 然而，这个假定是"错误和谬见的主要原则"。[3] 事实上，如黑格尔所见的那样，真理是整体。

这可能暗示着，如果我们离开感官的直接判断，转向科学的一般假设，那么，我们将更接近于把握实在。虽然这个领域不那么破碎，但也存在更高程度的抽象和精神构造。如果实在由呈现于感官的东西构成，那么，科学抽象似乎比直接的感官判断离实在更远。而如果实在不是由大量的感觉现象构成，难道我们能实际设想它是由逻辑构造和科学抽象构成的吗？"这个看法可能源自我的形而上学的失败，或者源自继续蒙蔽我的那个肉体的弱点，但这样一个看法，即存在可以与理智是一样的，却像最沉闷的唯物主义一样使人感到冰冷而怪异。这个世界最终以现象为荣，这一点给世界带来更大的荣耀，如果我们感到世界表现得更加壮丽辉煌的话。可是，如果感觉的幕布把某种无色的原子运动，把某种晦涩的、幽灵似的抽象线条，或把由无生气的范畴表演的奇异舞蹈都遮蔽起来，那它就是一 199

---

[1]　因为布拉德雷不理睬休谟，所以现代逻辑原子主义者也不理睬布拉德雷。譬如在伯特兰·罗素看来，分析是通向真理、即通向关于实在的知识的途径，而不是歪曲或肢解实在。不过，事实上我们既需要分析也需要综合。

[2]　《逻辑原理》，第一卷，第95页。

[3]　同上。

种蒙蔽、一种欺骗。"①

这段常被引用的话不仅是针对这样一种观点的，即把实在归结为各种科学概括，这些概括形成了一个网，大量可感的特殊事项全都从它的网眼流过。而且是针对黑格尔的这样一个观念的，即逻辑范畴向我们揭示了实在的本质，辩证逻辑的运动表现了实在的运动。② 布拉德雷的基本观点是：判断和推断的过程，或更恰当地说论证思维的过程，不能把握和表现实在。诚然，为了实际生活和科学的目的，论证性思维是一个非常合适的工具。它的成功表明了这一点。但由此不能必然得出，它是把握实际的终极实在本身的合适工具。

当布拉德雷在写《逻辑原理》时，他试图尽可能避免形而上学。在第二版中，即在《现象与实在》出版29年之后，他自然而然地较多涉及形而上学，同时对第一版中提出的某些逻辑观点做了修改或订正。换言之，布拉德雷明确阐述的形而上学对他的逻辑学发生了影响。不过，无论如何非常清楚的是，他的逻辑理论从一开始就与形而上学有关，即使主要结论也许是否定的，即论证性思维不可能把握实在。同时，如布拉德雷在附加注释中说的那样，如果实在是全体，即整体，那么，它一定以某种方式将思维包含在自身之内。

5. 布拉德雷在《现象与实在》的序言中说："也许我们都会同意，把形而上学理解为试图认识与纯现象相对的实在，或理解为研究第一原理或终极真理，还理解为努力把握宇宙，不仅仅是零碎或片断地，而是设法整体地把握宇宙。"③ 我们大多数人可能都会接受他的主张，即对于形而上学不可能性的独断的、先天的断定，我们应当置之不理。下面的说法显然是合理的，即如果我们要尝试理解整个实在，那么，我们就应当使它"彻底地像我们的本性所允许的一样"。④ 可是，鉴于上一节说到的论证性思维的缺点，可能看起来奇怪的是，布拉德雷竟然打算做这样的尝试。不过，

---

① 《逻辑原理》，第二卷，第591页。
② 在布拉德雷阐发的形而上学中，运动，即生成（becoming），属于现象的领域。
③ 《现象与实在》（第二版，1897年），第1页。
④ 《现象与实在》，第4页。

他坚持认为，反思的心灵渴望把握实在是自然而然的事，而且即使在完整的意义上"把握"是达不到的，获得关于绝对的有限知识仍然是可能的。

至此，如果我们一开始就把形而上学说成是试图认识与现象相对的实在，那么，我们就预先假定了现象与实在的区分是有意义的和有效的。如果我们说，形而上学试图理解整个实在，那么，我们至少以假设的方式假定了实在是一个整体，即假定了有一个同样意义上的"一"。而布拉德雷完全愿意承认形而上学依赖于一个最初的前提。"哲学要求并且最终依赖于可以公正地称之为信仰的东西上。我们可以说，哲学必须预先假定它的结论，以便证明这个结论。"①

这个假设或预先假定，或最初的信仰活动，它的内容恰恰是什么呢？在《现象与实在》第二版增加的一个附录上布拉德雷告诉我们："这部著作的实际起点和根据是关于真理和实在的一个假设。我已经假设，形而上学的目标就是找到一个将使理智得到满足的基本观点。我已经假设，凡是能成功做到这一点的就是实在的和真实的，凡是做不到这一点的就不是实在的和真实的。就我所能知道的，这是一个既不能被证明也不能被质疑的学说。"②

如果仅就这段话本身而论，正常的解释方式似乎如下。科学家假设在他探索的领域内有各种一律性要发现。否则他就不会寻找它们。他还必须假设，满足他理智的那些概括是真实的。进一步的探索可能使他修正或改变他的结论。但如果他没有预先做出某种假设，他根本就不可能前进。同样，我们尽可以追求形而上学或将它置之不理，但如果我们毕竟要追求它，我们就不可避免地假设关于实在的一个"基本观点"是可能的，因此整个实在在原则上是可以理解的。我们进而不可避免地假设，当我们发现了真理，我们就可以确认它。也就是说，我们假设，这个满足了理智的基本观点是真的和有效的。因为我们区别对立的基本观点的唯一办法就是选择最充分满足理智要求的那一个。

就其本身而论，这个观点是很有道理的。但当我们想到布拉德雷关

① 《论真理与实在》，第15页。
② 《现象与实在》，第553—554页。

于论证性思维的缺点的学说时，困难就出现了。要找到他所表达的有所不同的观点，也许不足为奇。例如，在《论真理与实在》第六章的一个补充注释中，布拉德雷断言，形而上学中所寻求的"一"不是只通过推理过程达到的，而是在基本的感觉经验中给予的。"主体、客体，以及它们的关系是作为开始就在那里的'一'的成分或方面被经验到的。"① 也就是说，在前反思的层面上有一种经验，"在此经验中没有我的意识和我所意识到的东西之间的区分。这里有一种直接的感觉，即一种知识由之开始的合而为一的认知与存在"。② 其实，"在精神的发展中，没有任何一个阶段实际只给予了主体与客体的相互关系"。③ 即使当区分和关系在意识中出现了，也总有一个"被感觉到的整体"的背景存在。④

这个观点可以与前面说到的观点一致起来，即使人们通常不会把基本的直接经验说成是一个"假设"。总之，布拉德雷关于有这样一种经验的论点使他能不考虑论证性思维的缺点而赋予"绝对"的观念以某种内容。形而上学实际上就是试图对这里所说的原始感觉经验中给予的"一"进行思考。在某种意义上，这个尝试注定要失败。因为思维必然是关系性的。但当实在被构想成"多"，即被构想成许多相联系的事物，思维可以识别这时出现的"矛盾"，在此范围内，它可以看出常识的世界和科学的世界是现象。如果我们问："是什么的现象？"那么，就涉及对一个感觉到的整体的基本经验，这使我们至少模糊地知道"绝对"，即终极的实在一定是什么。我们不可能对它有清楚的看法。要对它有清楚的看法，我们必须成为构成"绝对"的广泛统一的经验。可以这么说，我们必须超出于我们自己的生命之外。不过，主体与客体之间的区分，不同客体之间的区分，它们的形成都是以基本的、有感知力的经验为基础的，我们可以根据与这种经验的类比来构想绝对，从而得到关于绝对的有限知识。在这个意义上，可以认为这里所说的这种经验是关于实在的模糊的、实际的知识，

---

① 《论真理与实在》，第 200 页。
② 同上，第 159 页。
③ 同上，第 200 页。
④ 同上。

这个实在就是形而上学的"前提"，就是形而上学家试图在更高层次上重新把握的东西。

换言之，有反驳意见说，这里的形而上学预先假定了自己的结论，布拉德雷承认这个反驳意见是对的，但他不把它当作反驳，更确切地说，他把它当作对形而上学性质的澄清。然而，考虑到这个论题的重要性，遗憾的是，他没有更详尽地阐发他的论点。实际上，他以各种各样的方式谈论，使用了像"前提""假设""信仰""直接经验"等术语。虽然这些不同的谈论方式可能是一致的，但却使我们对他的确切意思有所疑虑。不过，可以证明，我们对布拉德雷如下论点的强调是恰当的：存在着一种关于"在一中感到的多"的直接经验，[①] 这个经验使我们略知了"绝对"的性质。

6. 当然，关于这里所说的对感觉到的整体的前反思的经验，关于构成绝对的无限的经验活动，要做实证的描述，就没有很多可说的。如果布拉德雷集中精力说明我们通常构想实在的方式引起了矛盾，不能产生能满足理智的"基本观点"，那是不奇怪的。但这里不能详述他的辩证法的一切细节。我们不得不局限于指出他的思想方法的某些方面。

（1）我们习惯于将世界的内容分为事物和它们的性质，用经院哲学的语言说，就是分为实体和属性，或如布拉德雷所说，分为名词性的东西（the substantive）和形容词性的东西（the adjectival）。虽然这种看待实在的方式是嵌入在语言中的，无疑有实践上的便利，但布拉德雷认为它带来了无法解决的难题。

譬如，让我们考虑一块糖，据说它有白、硬、甜的性质。如果我们说这块糖是白的，显然我们的意思不是说它等同于白的性质。因为假如这真是我们的意思，除非我们确实准备将白等同于硬，我们不会因而说这块糖是硬的。因此，我们很自然地把这块糖构想成一个统一体的中心，即一个具有各种性质的实体。

然而，如果我们试图说明这个统一体的中心本身是什么，那我们则

203

---

① 《论真理与实在》，第174页。布拉德雷据理反驳詹姆斯·沃德说：事实上有这样一种经验。

毫无头绪。而在困惑之中，我们不得不说，糖不是一个具有性质的东西，即不是偶性寓于其中的实体，它只不过是互相联系的各种性质本身。可是，比方说，白的性质与甜的性质相联系的说法的意思是什么呢？一方面，如果与甜相联系等同于是白的，那么，说白与甜相联系无非是说甜就是甜。另一方面，如果与甜相联系不同于是白的，那么，说白与甜相联系就是断定甜是不同于自己的某种东西，即它所不是的某种东西。

显然，布拉德雷并非暗示我们应当停止谈论事物及其性质。他的观点是：一旦我们试图根据这个公认有用的语言来说明这个理论，我们就会发现事物分解为它的性质，同时我们不能满意说明这些性质构成事物的方式。简言之，不论对于实体－偶性理论，还是对于现象论，我们都无法给出任何连贯的说明。

（2）那么，让我们排除实体－偶性理论，将我们的注意力仅限于性质和关系。首先，我们可以说，没有关系，性质是无法理解的。对于一物，我们不可能想到一个性质而不构想该性质有不同的特点，因而不同于别的性质。而这种不同本身就是一种关系。

不过其次，把性质与其关系放在一起考虑也同样是不可理解的。一方面，性质不可能全都归结为它们的关系。因为关系需要有关系项。性质必定支持它们的关系，在这个意义上，可以说性质造成了它们的关系。另一方面，关系造成了相关者的差异。因此我们还可以说，性质是由它们的关系造成的。一个性质一定"既是条件又是结果"。①但对于这个自相矛盾的情况，无法给出任何满意的说明。

204　　从关系方面探讨这个问题，我们可以马上说，如果没有性质，关系是不可理解的。因为关系一定使各关系项联系起来。但我们也不得不说，即使当我们把关系与其关系项即性质放在一起考虑，关系也是不可理解的。因为一个关系一定不是无就是某物。如果它是无，它不可能做任何联系之事。如果它是某物，它一定通过另一关系与它的各个关系项联系起来。于是，我们陷入了一系列无止境的关系中。

---

① 《现象与实在》，第31页。

一位经院哲学读者如果有这样一点灵活的辩证头脑，他可能会倾向于说，一个关系与其关系项不是同样逻辑范畴的"东西"（entity），而且一个关系需要通过别的关系与其各关系项联系起来的说法是没有意义的。当然，布拉德雷并未想说我们谈论关系与其关系项的联系是合乎道理的。他的观点是：要么它们就是那样联系的，要么就根本是无，而且这两种情况都是不可接受的。[①] 他的结论是："关系性的思维方式 —— 任何根据关系项和关系的机制运行的思维方式 —— 一定给出的是现象，不是真理。它是一种权宜之计，一种策略，一种纯粹实用的妥协，虽然它是非常必要的，但最终是最站不住脚的。"[②]

笼统地说用关系项和关系进行的思维没有给我们提供真理，这种说法即使根据布拉德雷的前提似乎也夸大其词了。因为如我们后面将看到的那样，他阐述了一种真理等级论，即一种不承认真理与错误之间有任何完全区别的理论。不过，很清楚，他的意思是，关系性的事物不可能给我们提供大写的真理。也就是说，它不能揭示与现象相对比的实在的性质。因为如果关系及其关系项的概念引起了不可解的难题，那么，这个概念就不可能成为达到将使理智满足的"基本观点"的工具。

我们可以这样来阐明布拉德雷的立场。有时我们可以说，布拉德雷否认外在的关系，只承认内在的关系。但这个说法可能会使人误解。的确，在布拉德雷看来，一切关系都对它们的关系项有影响。在这个意义上，它们是内在的。同时，不能将它们完全等同于它们所关联的关系项。在这个意义上，不仅可能、而且必须有一些外在的关系，即使确实不可 205 能有一个完全独自存在的关系，而且不论它是否碰巧将关系项联系起来都纯粹是偶然的。因此布拉德雷可以说："如果外在的关系是绝对的，那么，简言之，我不可能理解它们，除了内在关系被否定的情形下，它们作为假定的必要的替代者。但外在关系与内在关系之间完全'非此即彼'，在我

---

① 显然，如果我们希望避免布拉德雷的结论，我们就应当拒绝在这些不加掩饰的论点之间被迫选择。譬如，我们可以将"一个关系是无"这个陈述的两个可能的意义区分开来。

② 《现象与实在》，第33页。

看来是无根据的。"[1]

　　同时，恰恰是对"非此即彼"的拒绝和对"两者兼有"的断言，引起了布拉德雷对关系思维的批判。关系在绝对的意义上不可能是外在的。可是关系也不可能全都是内在的，完全与其关系项合为一体。正是将这两种观点相结合所遇到的困难使布拉德雷断定：关系性思维与现象领域有关，而且终极的实在即绝对一定是超现象的。

　　（3）布拉德雷谈到，任何人理解了《现象与实在》中关于关系和性质的一章，都"会认为，如果我们的经验是关系性的，它就不是真实的，他都将几乎不容分说地判定大部分现象不真实"。[2]因此，关于他对空间、时间、运动、因果性的批判，我们不需多说。只要根据他对空间和时间的批判，就足以说明他的思路。

　　一方面，空间不可能只是一个关系。因为任何空间都由本身也是空间的部分组成。假如空间真的只是一个关系，那我们就不得不荒谬地说，空间只不过是把空间联系起来的关系。然而另一方面，空间不可避免地分解为关系，而不可能是任何别的东西。因为空间是有无限内在差别的，它由部分组成，这些部分本身又由部分组成，如此等等没有限定。这些差别显然是关系。然而，当我们寻找那些关系项时，我们却无法找到。因此，由于空间的概念带来了一个矛盾，所以必须把这个概念降格到现象的领域。

　　类似的批判被用于时间的概念。一方面，时间一定是一个关系，即"前"和"后"的关系。另一方面，它不可能是一个关系。如果它是没有任何持续的单位之间的关系，"那么，整个时间就没有持续，因而根本不是时间"。[3]可是，如果时间是本身有持续的单位之间的关系，那么，所说的单位就不可能真正是不能分解为关系的单位。这里没有任何关系项。人们可能说，时间由许多"现在"组成。可是，因为时间概念包括"前"和"后"的观念，所以多样性不可避免地被引入"现在"中。游戏又重新

---

① 《论真理与实在》，第238页。
② 《现象与实在》，第34页。
③ 同上，第37页。

开始了。

（4）布拉德雷评论说，虽然有些人非常愿意看到外在的空间－时间的世界降格到现象的领域，但又会向我们保证自我至少是实在的。不过，就他自己来说，他确信自我的观念带来的不可解的难题，一点也不亚于空间和时间的观念。显然，自我在某种意义上是存在的。可是，一旦我们开始问有关自我的性质的问题，我们马上看到，当人们自发地确信他们完全知道这个词是什么意思的时候，他们的确信是多么没有价值。

一方面，关于自我的现象论分析不可能是恰当的。如果我们试图将一个人的自我等同于他当下的经验内容，那么，我们的论点与我们关于"自我"这个词的日常用法完全不符。因为我们在思考和谈论自我时显然认为它具有过去与将来，因而认为它延续到当下瞬间之外。可是，如果我们把一个人精神状态相对恒定的平均量与他的明显转瞬即逝的精神状态区分开来，试图以此发现相对持续的自我，那么，我们将发现，我们无法说出本质自我结束而偶然自我开始之处。我们面对的是"一个没有答案的谜"。[①]

另一方面，如果我们放弃现象论，将自我定位在永恒的单位或单子（monad）上，那我们再次面临不可解决的困难。如果我们把一切千变万化的意识状态都归因于这个单位，那么，我们在何种意义上称它为单位呢？人格的同一性应当如何界定呢？如果这个单位或单子被说成是所有这些变化状态的基础，那么，"把它称作一个人的自我完全是冒名顶替"。[②]将一个人的自我等同于一种形而上学的点是荒谬的。

布拉德雷的结论是："自我无疑是我们所具有的经验的最高形式，但尽管如此，它不是真正的形式。"[③]早期的观念论者可能认为，主体－客体关系是实在哲学建立于其上的坚固磐石，但在布拉德雷看来，主体与客体一样，都必须降格到现象的领域。

7. 对布拉德雷来说，实在是一。实在分裂为由属于现象领域的关系联系起来的有限的事物。说某物是现象并非要否认它存在。"出现的东西　207

---

① 《现象与实在》，第80页。
② 同上，第87页。
③ 同上，第119页。

仅仅因为它出现就毫无疑问是**存在**的，从它那里消除它的存在是不可能的。"① 而且因为它们存在，所以现象必定被纳入实在之内，它们是实在的现象。实际上，"如果实在把一切现象都放在一边，并与一切现象分开，那它就是无"。② 换言之，绝对是其现象的总体：它不是处在现象背后的额外的东西。

同时，现象在绝对中不能完全像现象那样存在。也就是说，它们在绝对中不能以产生矛盾或二律背反那样的方式存在。因为我们在形而上学中寻求的那个整体一定是完全满足于理智的一。因此，在绝对中，现象一定以那样一种方式发生改变并协调起来，以致没有留下任何矛盾。

要使现象能发生这样的改变，绝对或实在一定是什么呢？布拉德雷回答说，它一定是无限的经验活动，而且这个经验是有感知力的经验（sentient experience）。"简言之，存在和实在是一个有感知力的东西，它们不可能与感知力相反，甚至最终不能与它区分开。"③ 再者，"绝对是一个系统，它的内容无非是有感知力的经验。因此它将是一个单一的、无所不包的经验，它包含了各个部分的和谐的多样性"。④

当然，不应认为使用"有感知力的经验"一词意味着，根据布拉德雷的观点，绝对可以等同于某种世界灵魂所驱动的可见世界。绝对是精神。"我们坚决认为实在是精神性的，我们可以以此公正地结束这部著作……在精神之外没有也不可能有任何实在，任何事物越是精神性的，它就越确确实实是实在的。"⑤

不过，我们完全可以问，布拉德雷说实在是精神性的，他的意思是什么呢？这个陈述如何与实在是有感知力的经验的说法一致起来呢？要回答这些问题，我们必须回顾他关于直接的基本感觉经验或有感知力的经验的理论，在这一经验中，主体与客体的区分，以及随之而来的将观念内容与观念内容所断定的"那个"（that）分离，还没有出现。在人类反思和

---

① 《现象与实在》，第 132 页。
② 同上。
③ 同上，第 146 页。
④ 同上，第 146—147 页。
⑤ 同上，第 552 页。

思想的层面上，这个基本的统一体，即被感到的整体，破裂了，外在性被引入进来。杂多的世界看起来好像外在于主体。但我们可以构想有一种经验是可能的，在此经验中，感觉的直接性，即原始的有感知力的经验的直接性，仿佛在更高的层面上恢复了，在这个层面上，主体和客体之类相关项的外在性完全终止了。绝对就是这样一个最高级的经验。换言之，在低于思想和下层关系的意义上，绝对不是有感知力的经验：它是高于思想和超关系的，它包含的思想被以那样一种方式改变了，以致克服了思想对于存在的外在性。

因此，当绝对被说成是有感知力的经验时，实际上是类比地使用这个词。"如我们所见，感觉给我们提供了非关系性统一体的明确观念。这个观念是不完善的，但足以起到确实根据的作用"，[1]也就是说，起到构想终极实在的确实根据的作用。实在或绝对可以恰当地说成是精神性的，因为精神可以规定为"在其中杂多的外在性已经完全终止了的杂多的统一体"。[2]虽然在人类心灵中我们发现了杂多的统一，但杂多的外在性并没有完全终止。因而人类心灵只是不完善精神性的。"纯粹精神只在绝对中得到实现。"[3]

重要的是要了解到，当布拉德雷把绝对说成是精神性的时候，他的意思不是指绝对是一个精神，即一个自我。因为绝对**是**它的改变了的现象，所以它一定将（比方说）自我的一切成分都包含在自身内。"宇宙的每一成分，感觉、感受、思想、意志，都一定包含在一个广泛的感知力（sentience）之内。"[4]但要把"自我"那种包含"有限""局限"意味的词用于无限的宇宙，那是极其错误的。绝对是超人格的，不是低于人格的（infra-personal）。它不是一个人，因而不应当把它说成是一个人格的存在。

换言之，绝对不是一个低于意识的有感知力的生命。意识包含了外在性。虽然意识一定包含在绝对之内，但一定包含在绝对之内的意识却有　209

---

① 《现象与实在》，第530页。
② 同上，第498页。
③ 同上，第499页。
④ 同上，第159页。

了那样一种改变，以致它不再是呈现给我们的那个样子。因此，我们不能恰当说绝对是有意识的。我们所能说的是，绝对包含了意识，同时超越了意识。

说到人格不朽，布拉德雷承认这仅仅是可能的。但他认为对于来世"应看成确实不大可能"。[①] 他显然不相信来世，尽管他主要关心于证明，对于道德和宗教来说，关于人格不朽的信念是不必要的。的确，有限的自我，作为绝对的一个现象，一定包含在绝对之内。但它包含在绝对之内是有所改变的。显然，在布拉德雷看来，这里要求的是这样一种改变，它使得断言有限自我的人格不朽是完全不恰当的。

8. 因此，绝对是其现象的全部，即其中的每一个现象。但"每一个现象不是全都相等，而是一个现象比另一个现象更实在"。[②] 就是说，某些现象比另一些现象更接近于达到无所不包和自身连贯的程度。因此，为了适合构成实在的那个和谐的、无所不包的、自身连贯的系统，前一种现象需要做的改变要少于后一种现象。"这就是我们说真理和实在的程度所指的意思。"[③]

真理的标准是融贯性和广泛性。"真理是对宇宙的理想表达，它既是融贯的又是广泛的。它不允许自相冲突，任何意见都一定属于它的范围之内。简言之，完美的真理一定领悟到关于一个系统整体的观念。"[④] 如布拉德雷所说，思想将"什么"（what）与"那个"（that）分离开来。我们超出独一的知觉判断的范围，进而达到迄今对宇宙更广泛的描述，试图以此重构观念内容与存在的统一。因而我们的目标是完全把握宇宙，在这个宇宙中，每一个部分的真理都被看作内在地、系统地、和谐地与一个自身融贯的整体中的其他每一个部分的真理联系在一起。

然而，这个目标是不可能达到的。我们无法将广泛性与对所有特殊事实的理解结合起来。因为我们的关系系统（relational scheme）变得越

---

① 《现象与实在》，第 506 页。
② 同上，第 487 页。
③ 同上，第 365 页。
④ 《论真理与实在》，第 223 页。

广泛、越全面，它就变得越抽象：网眼变大了，特殊的事实就从网眼中漏 210
掉了。而且，如我们已经看到的那样，我们的关系思维无论如何不适于
把握作为十分融贯和广泛的整体的如其所是的实在。"没有任何可能的关
系系统在我看来最终会成为真理……我很久以前就已经阐明（我这样认
为），在我看来，归根结底没有任何真理是完全真的……"①

这样一来，如果我们认为，在布拉德雷看来，我们衡量真理的程度
所必须依据的标准是我们永远不能把握的，那么，我们似乎就落到没有任
何实际可用的标准的地步。不过，布拉德雷的想法似乎是这样的："我应
该说，真理的标准如同其他每件事情的标准一样，归根结底是满足我们本
性的需要。"②我们事先不知道什么东西满足于理智。但我们在试图理解世
界时运用自己的理智，因而发现就我们所能发现的而言，使我们满足的东
西是融贯性和广泛性。于是，这就成为我们指向的目标，即完全的融贯性
和广泛性这个理想目标。要能把不同程度的真理区分开来，没有必要达到
这个目标。因为在实际努力理解世界的过程中我们体验到满足或不满足的
各种程度，对这些程度的反思将使我们能对真理的程度做出相应的区分。

9. 如果绝对就是它的现象，那么，在某种意义上，绝对一定是或一
定包含错误和邪恶。虽然布拉德雷否认能够确切说明这些错误和邪恶在绝
对中是如何被改变的，但他至少意识到，他有义务表明，它们与他的终极
实在理论并非确实不相容。

布拉德雷关于错误所采取的处理办法来自他的真理程度理论。可以
这么说，如果把不掺杂错误的真理等同于完全的真理，那么，每一个部分
真理一定感染有某种程度的错误。换言之，真理和错误之间的任何截然区
分都不见了。错误判断不构成一类特殊判断。所有人类判断都是现象，所
有人类判断都在绝对中被改变，尽管有些判断需要比其他判断的改变更彻
底一些。因此，我们不需要专门论述对我们所说的错误判断的改变。那完
全是关于程度的问题。

---

① 《论真理与实在》，第239页。
② 同上，第219页。

211 　　说到痛苦和受难意义上的邪恶，布拉德雷暗示这样的邪恶在构成绝对的无限的经验活动中并不存在。顺便说一下，我们可以在自己的经验领域内证实这一可能性，在经验中一个小的痛苦好像能够被强烈的快乐所吞没和中和。虽然这种暗示很难给有限的受难者带来大的安慰，但可以理解，布拉德雷不愿意设想绝对会遭受痛苦。

　　在论述道德恶时，布拉德雷利用了已经提到过的那个解释。在某种意义上，道德恶是道德的条件，因为道德生活就在于克服低级自我。但如我们已知，道德倾向于超越它自身。在绝对中，道德不再作为道德而存在。绝对经验超越了道德命令，在此背景下道德恶没有任何意义。

　　10. 能否把布拉德雷的绝对恰当说成是上帝？布拉德雷的回答是非常充分的："在我看来，绝对不是上帝。"① 显然，如果我们所说的上帝指的是终极实在，而不做任何进一步的说明，那么，绝对就会是上帝。但布拉德雷这时所想到的是作为人格存在的上帝概念，他将不承认能用人格来断定绝对。当然，把绝对说成是非人格的会使人误解。因为这会暗示绝对是低于人格的。实际上，人格一定包含在实在之内，因此绝对不可能达不到人格。但因为人格是这样包含在实在之内的，所以人格被改变到那样一种程度，以致我们不能把绝对说成是人格的，"如果'人格的'一词与其通常含义有任何相似的话"。② 实在"不是人格的，因为它是人格的又不只是人格的。总之一句话，它是超人格的"。③

　　有些有神论哲学家显然会评论说，他们断定上帝有人格，是在类比的意义上，而不是像布拉德雷似乎设想的那样在单一的意义上。作为对上帝的断定，"人格的"一词不含有限或局限的意思。然而，这恰恰是布拉德雷反对的论证方式。按照他的看法，有神论哲学家起初想满足宗教意识的要求。④ 也就是说，他们渴望得出结论：上帝是人格的，是人们能向他祈祷，他也能倾听他们祈祷的一个存在。然后他们追求一种论证方式，这

212

---

① 《论真理与实在》，第335页。
② 《现象与实在》，第531页。
③ 同上。
④ 当谈到宗教意识时，布拉德雷主要想到的是基督教。我们不可能断言，各种形式的宗教都设想神或终极实在是人格的。

一论证方式逐渐从人格概念中取消了一切赋予它以具体内容或对我们有意义的东西。这一论证方式的恰当结论是：上帝不是人格的，而是超人格的，高出于人格之上。然而，这些哲学家实际断定的这个结论是他们希望达到的结论，不是从他们实际采用的论证方式中得出的结论。他们并非故意骗人。确切地说，他们用了一个词，这个词在用于人类时有确定的意义范围，他们抽空了这个词的内容，然后想象可以把它有意义地用于上帝。实际上，如果我们一旦承认像"人格的"之类的词，在我们语言中通常具有的意义上，不能用于上帝，那么，我们就在人格和上帝之间划出了一道鸿沟。"你不会通过变动词义的范围来跨越这个鸿沟。你只会造出一片迷雾，你可以在这片迷雾中大声说你同时站在鸿沟的两边。而我拒绝使这片迷雾变得更浓。"[①]

不过，这里的问题不只在于是否应当称上帝是人格的或超人格的。必须记住，布拉德雷的绝对**是**它的现象。它是被改变了的宇宙。因此，如果我们把上帝理解成一个存在，他以这样一种方式超越世界，以致不能将他与世界等同，那么，显然，我们不能视上帝和绝对为相同的。我们**可以**称绝对为"上帝"。但布拉德雷主张，这个词在日常谈论中已经有与"绝对"一词不同的意义。因此，如果把这两个词等同起来，就会引起混乱。为了清楚起见，为了理智的诚实起见，更可取的说法是：绝对不是"上帝"。

这个观点影响到布拉德雷关于宗教的论述。如果我们假设，对宗教意识来说，上帝是一个与外部世界和有限自我不同的存在，那么，我们只能得出结论，这种意识包含自相矛盾。一方面，它把上帝看成是一个真正的实在。在此情况下，上帝一定是无限的。另一方面，它设想上帝与多种多样的生物不同，因而设想他是许多存在中的一个存在，尽管是最伟大的存在。在此情况下，上帝一定是有限的、局限的。因此，如果我们谈论宗教时想到的是它的终极实在的概念，那么，我们就不得不断言，它属于现象的领域，而且，正如道德进入了宗教，宗教也进入了绝对的形而上学。

---

① 《现象与实在》，第 533 页。

"如果你将绝对等同于上帝，那么，它不是宗教的上帝……如果达不到绝对，上帝不会休息，而由于达到了这个目标，他就消失了，宗教与他一起消失。"①

不过，布拉德雷还表达了另一个观点。他断言宗教的本质不是知识。它也不是感受。"毋宁说，宗教是一种尝试，即试图通过我们的存在的各个方面来表达善的完全实在性。就此而言，宗教既超乎哲学，又高于哲学。"② 这个宗教定义的确切意义可能不是显而易见的，但至少清楚的是，如所定义的那样，宗教无疑进入了形而上学。宗教可以仍然是现象，哲学也可以如此。而"两者各自的完成只有在绝对中看到"。③ 从上述可以明显看出，布拉德雷绝没有像有些早期英国观念论者那样想用形而上学来支持基督教。同样明显的是，他并没有像黑格尔那样崇高地坚信思辨哲学的力量。

最后，我们可以说的是，布拉德雷顺便提到需要一个新的宗教和宗教信条。他显然不像黑格尔那样认为形而上学可以为基督教辩护。实际上，布拉德雷无疑认为将基督教之名用于黑格尔所说的那种"绝对宗教"，是一种误导。同时，也许可以有"一种不以形而上学为根据的宗教信念，一种在某种意义上能够为那种信条辩护的形而上学……虽然我自己不能指望看到这件事的实现，虽然道路上肯定有很大障碍，但从另一方面来说，我不会认为这件事是不可能的"。④

11．在《现象与实在》的序言中，布拉德雷从他的笔记本中引用了一段著名的格言："形而上学就是为我们依据本能所相信的东西寻找一些坏的理由，而要发现这些理由仍然是一个本能。"⑤ 这段话显然不是要直接
214　否认同一篇序言中表达的如下观点："也许形而上学家无论如何执着于形而上学都不过分"，⑥ 只要他至少承认形而上学的局限性而不夸大它的重要

---

① 《现象与实在》，第447页。
② 同上，第453页。
③ 同上，第454页。
④ 《论真理与实在》，第446—447页。
⑤ 《现象与实在》，第 XIV 页。
⑥ 《现象与实在》，第 XIV 页。

性。布拉德雷本人认真对待他自己的论点："我认为，英国哲学主要需要的是对第一原则做怀疑主义的研究……努力了解和怀疑一切先入之见。"①这种怀疑主义因素，即"劳动和教育的结果"，②是通过现象的辩证法，即对我们日常思维方式的批判，表现出来的。同时，"依据于本能"的信念因素是通过（我们已经提到）布拉德雷关于形而上学依赖于基本的预先假定或假设或最初的信仰活动的明确论述表现出来的，也是通过关于作为完全自身融贯的、广泛的整体的"绝对"的全部学说表现出来的。

在布拉德雷的形而上学的发展中，这种"依据于本能"的信念因素占有突出位置。譬如，考虑一下绝对中的现象改变理论。当然，这个理论的性质不是末世论的。也就是说，布拉德雷并非暗示在未来天启的某个日子，那些引起矛盾和二律背反的现象将经历改变。他断言，那些现象此时此地存在于绝对之中，与它们向我们显出的存在不同。构成绝对的完全和无所不包的经验是当下的实在，不完全是未来将存在的某种东西。但布拉德雷没有表示他能够确切告诉我们这种改变是什么。他所做的就是从可能性证明现实性。譬如，我们可以表明错误的改变不是不可能的。如果这种改变是可能的，那么，它就是一个现实的实在。"因为**可能的**东西，一个基本原则迫使我们说**必定存在**的东西，它肯定**存在**。"③

同样情形也适用于痛苦的改变。"对于既可能又必然的东西，我们必定认为它是实在的。"④类似情形也适用于道德恶的改变，布拉德雷说："如果可能的话，那么，如以前一样，它无疑是实在的。"⑤再有，"这个'此'（this）和'我的'（mine）现在被吸收为我们的'绝对'之内的成分。因为它们的分解必定存在，它们的分解可以存在，而肯定如此的东西是**存在**的"。⑥作为最后一个例子，我们可以提到有限的意识中心的改变，这种改变"显然是实在的，因为根据我们的原则它是必然的，还因为我们没有

① 同上，第 XII 页。
② 如我们已知，布拉德雷还将此说成是一种模糊的、实际的知识。
③ 《现象与实在》，第 196 页。
④ 同上，第 201 页。
⑤ 同上，第 203 页。
⑥ 《现象与实在》，第 240 页。

任何理由怀疑它是可能的"。[①]

对这一论证方式的一个明显反驳是，我们不能说知道那个必须的改变是可能的，除非我们能表明这种改变如何能发生。譬如，除非我们能知道有限的意识中心如何能那样存在，我们怎么能合法地声称知道它们能作为一个无限的绝对经验之内的成分、没有任何不和谐或"矛盾"地存在呢？说没有任何人能证明我们的论点不可能，这样说实际上是不够的。在了解如何能说有限的意识中心作为一个统一和谐的经验之内的成分而存在时，毕竟有很大的困难，至少是乍看上去的困难。这个证明的重担就落在声称它是可能的那些人的肩上，而不是说它是不可能的那些人的肩上。

人们可以回答说，因为布拉德雷认为，实在是一个自身融贯的、无所不包的经验，现象是实在的、不完全虚幻的现象，所以他也一定认为现象的必要改变不仅是可能的，而且是现实的。诚然如此。但问题在于，布拉德雷被迫得出这个结论，只因为有一个关于实在的最初假设或预先假定或假设。这个假设不是现象的辩证法提供的。的确，实体被取消了，实体性的东西被取消了，这种取消被巧妙地用来暗示一切有限物对于实在都是形容词性的。不过，布拉德雷对实体的批判本身就容易受到批判。无论怎样，我们构想实在的通常方式造成了矛盾和二律背反，这个事实，如果它是事实的话，并未自行证明实在是自身融贯的整体。因为实在也许恰恰是辩证法所揭示的那样，即并非连贯一致的。如果我们继续断言与现象相对的实在是自身融贯的整体，那是因为我们之前已经判定实在**必定**有这个性质。搬出对于"被感到的整体"的原始有感知力的经验，对我们也没有大的帮助。关于这样一种经验的观念，对于构想绝对，确实可以起到一个类似物的作用，如果我们已经判定一定有一个绝对的话。但我们不能说它证明了我们必然要假定布拉德雷所构想的那种绝对。

216　　的确，我们可以似乎合理地描述布拉德雷的思路。如果我们要试图完全理解实在，我们就必须假定实在是可理解的。因此，我们就必须认为实在的东西是满足理智要求的东西。如果对实在的说明充满自相矛盾，它

---

① 同上，第227页。

就不会使理智满意。因此，我们必须得出结论，在与现象相对的实在中，一切矛盾都被克服了。归根结底这意味着，我们必须接受关于完全和谐的、无所不包的整体即绝对的学说。

不过，虽然我们可以合理地声称，如果对实在的说明充满矛盾，就不能承认这个说明是真实的，但显然不能由此得出我们必须接受布拉德雷的论点，即我们构想实在的所有日常方式和科学方式事实上都充满矛盾。的确，像空间、时间、自我这样的概念给哲学家们带来问题或困惑已经好几百年了。但我们可能不会倾向于默认这样的结论：即由于这些概念是内在自相矛盾的，所以那些问题是不能解决的，除非我们已经相信实在不同于它显示出的那样。

而且，当布拉德雷论述绝对时，这些论述引起的困难往往不比（比方说）持续自我的概念引起的困难少。譬如，我们被告知："绝对没有它自己的历史，尽管它包含了无数的历史……虽然绝对没有季节，但它同时长叶、结果、开花。"[1] 这样一来，假如布拉德雷的绝对真是超越的，那么，我们本来可以理解关于实在没有它自己的历史的说法。可是，按照他的观点，绝对的现象是内在于绝对的：离开了现象绝对就是无。因此，历史、变化、发展是内在于绝对的。而同时绝对却又"没有季节"。当然，这里的论点是：变化在绝对中被"改变"了。但如果变化被如此改变了，以致变化不再是我们所谓的变化，那就难以理解如何能说绝对包含无数的历史。而如果变化没有被那样改变以致它不再是变化，那么，就难以理解如何能说绝对没有任何历史。因为，再说一遍，绝对**是**它自己的现象。

对这一批判方式的显而易见的回答是：指望从形而上学中得到完美的自身融贯性是不合法的。因为考虑到布拉德雷所说的人类思维的缺点，那么必然会得出，我们能够形成的关于绝对的任何概念本身都属于现象领域。其实，全部形而上学都是现象。布拉德雷毫不犹豫地承认这一点。如我们已知，他宣布，哲学与宗教一样都在绝对中得到完成。也就是说，哲学是一个现象，这个现象是被改变了的，包含在构成绝对然而超出我们理

217

---

[1] 《现象与实在》，第499—500页。

解的无限经验中。因此，如果形而上学陈述本身没有达到自身融贯的理想标准，那是不足为奇的。

情况确实如此。只不过对于如下论点，即布拉德雷关于绝对的断言归根结底依赖于最初的信仰活动，要做一点补充。归根结底，起决定作用的是"必定"。对于布拉德雷的怀疑主义思想来说，人类思维的一切构造，包括关于绝对的形而上学，必定被降格到现象的领域。他甚至把真理的程度考虑在内。他确信关于绝对的形而上学要比（比方说）由许多通过关系联结起来的各别事物构成的实在概念更真实。不过，这并不能改变这样的事实，即思辨哲学是现象，不等于绝对的经验。如已经指出的那样，布拉德雷没有黑格尔那种充满自信的"理性主义"。因此我们可以说，确实像本节开头引用的那段格言所暗示的那样，他的怀疑主义甚至扩展到形而上学。不过，这种怀疑主义与如下坚定信念结合在一起：由于实在本身超越了我们的理解力，所以它是一个广泛的、完全和谐的整体，即一个无所不包的、完全自身融贯的、永恒的经验。

如果当代英国哲学家在研究布拉德雷时，往往倾向于将注意力集中在他给我们的日常思维带来的难题上，因而相当草率地忽略他关于绝对的学说，那也不完全奇怪。一个理由是，由布拉德雷引起的逻辑难题常常可以单独来处理，不需要涉及对"一"的任何信仰活动，而且这些难题原则上是可以明确解决的。譬如，为了确定关于空间不可能是、而同时又必须是一个或一组关系的说法是否正确，没有必要讨论绝对中的空间改变。我

218 们首先需要的是澄清"空间"的意义。再有，如果我们把布拉德雷关于关系的概念是自相矛盾的论点看作是这样的：一方面，所有关系都对其关系项有影响，因而在关系项之内；另一方面，在某种意义上，所有关系一定处于关系项之间并将它们联系起来，所以一定在关系项之外，那么，只要我们愿意做必要的澄清分析，我们对这个问题就有望能得到解决。我们可以理解布拉德雷的论点的含义是什么，可以理解为了确定它是否正确必须回答什么问题。

同时，如果我们只把《现象与实在》用作摆脱逻辑难题的一个源泉，那我们显然没有理解人们所谓的本质上的布拉德雷。因为这位哲学家显然

执迷于绝对的观念，即对一个完全自身融贯的、无所不包的整体的观念。因而很容易理解他的哲学如何能够引起印度思想家和某些西方哲学家的兴趣，前者没有放弃印度教（Hindu）朴素的思辨传统，后者对这种思辨方式有一种最初的同感。因为布拉德雷的思辨理论至少与印度教的"空幻境界"（Maya）教义有些相似，"空幻境界"是现象的世界，它遮蔽了真正的实在。显然，布拉德雷和这里所说的印度哲学家都面对同样的困难，即我们可能形成的关于终极实在的每一个概念本身一定属于现象领域。但他们的最初"幻象"（visions）是相似的，而且是一个可以对某些心灵产生强大吸引力的幻象。也许我们所需要的是认真探究这种幻象或最初灵感的基础，这一探究不受如下先天假设的左右：布拉德雷所说的预先假定或信仰活动一定没有客观价值。这一探究是关于思辨形而上学基础的非常重要的探究。

第九章

绝对观念论：鲍桑葵

生平与著作 —— 逻辑学；判断与实在 —— 个体形而上学 —— 鲍桑葵的国家哲学 —— 霍布豪斯对鲍桑葵的批判 —— R. B. 霍尔丹；黑格尔主义与相对性 —— H. H. 乔基姆与真理融贯论

219　　　1. 布拉德雷是一个遁世隐居的人。另一位英国绝对观念论的主要人物伯纳德·鲍桑葵（Bernard Bosanquet，1848—1923）则不是。他在牛津大学巴里奥尔学院学习，在那里受到 T. H. 格林和 R. L. 内特尔希普（R. L. Nettleship）的影响。学习后，1871 年，他被选为牛津大学学院的研究员。1881 年，他定居伦敦，既为了专心写作，也为了投身为刚刚起步的成人教育运动进行的讲演，并致力于社会工作。从 1903 年至 1908 年，他是圣安德鲁斯大学的道德哲学教授。

　　鲍桑葵是一位多产作家。1883 年，他的论著《作为认识科学的逻辑学》（*Logic as the Science of Knowledge*）发表于 A. 塞思和 R. B. 霍尔丹编的《哲学批判论文集》中。1885 年，《知识与实在》（*Knowledge and Reality*）出版，1888 年，两卷本的《逻辑学或知识形态学》（*Logic or Morphology of Knowledge*）出版。[1] 很快下列著作接连问世：《论文与演说》（*Essays and Addresses*，1889），《美学史》（*A History of Aesthetics*，1892；第二版，1904），《基督教世界文明与其他研究》（*The Civilization*

---

① 第二版出版于 1911 年。

of Christendom and Other Studies，1893），《柏拉图的理想国指南》（*A Companion to Plato's Republic for English Readers*，1895），《逻辑要义》（*The Essentials of Logic*，1895），《道德自我心理学》（*Psychology of the Moral Self*，1897）。1899 年，鲍桑葵出版了也许是他最著名的一部著作《关于国家的哲学理论》（*The Philosophical Theory of the State*）。[①] 两部吉福德讲演集，《个体性原则与价值》（*The Principle of Individuality and Value*），《个体的价值与命运》（*The Value and Destiny of the Individual*）分别于1912 年和1913 年出版。其他出版物中，我们可以提到《心灵与其对象的区分》（*The Distinction between Mind and Its Objects*，1913），《美学三讲》（*Three Lectures on Aesthetic*，1915），《社会与国际理想》（*Social and International Ideals*，1917），《伦理学联想》（*Some Suggestions in Ethics*，1918），《蕴含与线性推理》（*Implication and Linear Inference*，1920），《宗教是什么》（*What Religion Is*，1920），《当代哲学中的两极相通》（*The Meeting of Extremes in Contemporary Philosophy*，1921），《论心的本质三篇》（*Three Chapters on the Nature of Mind*，1923）。

　　尽管鲍桑葵的著述活动如此广泛，但他仍渐渐被人们遗忘，而且与布拉德雷相比，他现在很少被提及，也许在联系到政治理论的某个分支时除外。[②] 一个可能的理由是，与布拉德雷相比，鲍桑葵是一位更乏味、更少矛盾的思想家。不过，一个更重要的因素似乎是这样的看法，除了政治和美学理论另当别论，他所提出的观点几乎都可以在当时更著名人物的著作中找到。甚至在1920 年，鲍桑葵本人在给一位意大利哲学家的信中写到，从1876 年布拉德雷的《伦理学研究》出版起，他就已把布拉德雷认为自己的导师。不过，这一谦虚之词言不符实。譬如，鲍桑葵猛烈批评布拉德雷的著作《逻辑原理》，理由是它造成了思维与实在之间的鸿沟。而布拉德雷承认，他在给《逻辑原理》第二版补充的材料方面受惠于鲍桑葵的思想。说到《现象与实在》，鲍桑葵深受其影响。虽然他同布拉德雷一样是一元论者，但他阐发了他自己在某些方面近乎黑格尔主义的形而上

220

―――――――――

① 第四版出版于1923 年，即鲍桑葵去世那一年。
② 不过，鲍桑葵的美学理论史对于该学科仍然是一个有价值的贡献。

学。他坚信黑格尔的原则的真理性，即合理的就是现实的，现实的就是合理的，他没有布拉德雷的明显怀疑主义倾向。

2. 鲍桑葵断言，在某种意义上，如下说法是正确的：对每一个人来说，世界就是由他的知觉构成的**他的**世界，即他的意识过程。"对每一个人来说，真实世界当然就是**他的**世界，即他的具有一定范围和限定的当下知觉，这个知觉对他来说确实不是实在本身，而是他与实在本身的接触点。"① 也就是说，我们必须把被认为是一系列心理现象的意识过程，与被认为是"意向性的"（intentional）、表现了一个相互关联的对象体系的意识区分开来。② "就意识**表现**了各种相互作用的对象的一个体系、一个全体而言，意识是关于一个世界的意识，并因此与表现诸对象的那个意识的在场或不在场无关。"③ 我们还必须考虑到我的客观世界与我的想象创造之间的区分。因此我们可以说："我们的意识过程被认为是我们不得不思考的对象体系，就此而言，对我们每个人来说，整个世界**就是**我们的意识过程。"④

221   对这种限制因素的反思告诉我们，不同个人的世界是由与理智本身共同的确定过程建构起来的。在某种意义上，我们每一个人都是从他的或她的私人世界开始的。而建立系统的对象世界的建构过程越发展，这些各自的世界彼此就越一致，并倾向于成为一个共同的世界。

在开始认知的意义上，这个建构世界的过程与认识是一样的。因而认识就是实在的精神建构，即一个中介，在这个中介中，世界为我们像一个彼此联系的对象体系而存在。而逻辑就是对这个建构过程的分析。"理智地构成我们称之为实在世界的那个整体，这个工作是认识的工作。分析这个构成过程或决定过程的工作是逻辑的工作，也许可以把它说成是认识的自我意识，或说成是对认识本身的反思。"⑤

这样一来，认识存在于判断中。因此，如果逻辑是认识的自我意识，

---

① 《逻辑学》，第一卷，第3页。
② 鲍桑葵感兴趣的是现象学而不是心理学。个人的世界不是由他的被认为是心理东西的知觉构成的，而是由他的被认为是表示对象的知觉构成的。
③ 《逻辑要义》，第15页。
④ 同上，第14—15页。
⑤ 《逻辑学》，第一卷，第3页。

那就可以得出，对判断的研究是逻辑的基础。的确，我们可以说，命题，即判断的表达，具有"部分"。对命题的阐明是一个时间过程。但判断本身是差异的同一（identity-in-difference）：它"不是观念之间的关系，不是从一个观念到另一个观念的过渡，它不包含表示其他两个观念内容之间特种联系的第三个观念"。[①]

判断的终极主词是作为一个整体的实在，"判断的本质是将一个观念内容指称实在"。[②] 因此，每一个判断都可以用"实在是这样的，以致……"，或"实在的世界以……为特征"之类的某个短语来引出。[③]

至于推断，乍看上去，我们确实可以将判断与推断区分开来，说前者将一个观念内容直接指称实在，后者将一个观念内容间接指称实在。但一做更严密考察，这个区分就失效了。因为恰当地说，没有任何判断可以说表达了知识，除非它具有必然性和"精确性"（precision）的特点，这种精确性取决于中介条件的清楚明白。在这种情况下，判断和推断之间的绝对区分是不可能的。然而，我们却有关于一个终极判断的理想，这个判断会自行断定作为观念内容的实在整体。当然，这个终极判断不会是简单的。因为它会将一切彼此有机联系的、融贯的部分真理包含在自身之内。它是以知识的形式出现的无所不包的差异的同一。"这个整体就是真理。"[④] 就特殊的真理与该整体中的其他真理相协调而言，它们是真实的。

显然，鲍桑葵与布拉德雷在很多方面是一致的：关于判断在逻辑中具有根本的重要性方面，关于实在是每一判断的最终主词方面，关于完整意义上的真理是真理的整个体系方面。但尽管有很多方面的一致，也有态度上的重要区别。比如，在鲍桑葵看来，实在或宇宙"不但具有那样的性质，使得它能被理智所知，而且还具有那样的性质，使得它能被**我们的**理智所知或把握"。[⑤] 的确，鲍桑葵小心翼翼地避免声称有限的心灵可以完

222

---

① 《逻辑学》，第一卷，第83—84页。鲍桑葵的"第三个观念"指的是被认作判断中的独立成分的系词。
② 同上，第二卷，第1页。
③ 同上，第一卷，第78页。
④ 《个体性原则与价值》，第43页。
⑤ 《逻辑要义》，第166页。

全理解实在。同时他又渴望避免他认为布拉德雷要将人类思维与实在分开的明显倾向。每一个有限心灵都从一个特定的观点出发探讨实在，构建起它自己对实在的看法。虽然真理有程度之分，错误也有程度之分，但没有任何判断完全与实在不沾边。理智本身迫使我们以某种方式构想宇宙，以致尽管是个人观点，但一个共同的客观世界仍在意识中呈现出来。而且，整体的人类思维越来越接近于理解实在，尽管理想的终极判断是一个超出任何特定有限心灵能力的目标。[①]

3. 同布拉德雷一样，在鲍桑葵那里，逻辑学与形而上学之间明显有
223 密切联系。因为两人都认为，每一个判断的终极主词是整体的实在。但如果认为，鲍桑葵把逻辑描述成是认识的自我意识，因此他想说的意思是逻辑可以给我们提供关于实在的事实知识，那就错了。他没有这样主张，如同布拉德雷也没有这样主张一样。逻辑是知识形态学：它没有给我们提供知识的内容。

实际上，完全指望哲学来获得关于迄今未知的事实的知识，那是错误的。"哲学不能告诉你任何新的事实，不能告诉你任何发现。它所能告诉你的一切就是将你已经知道的东西有意义地联系起来。如果你所知甚少或毫无所知，那么，你从哲学告诉你的东西那里也所得甚少或毫无所得。"[②] 换言之，我们通过日常经验和学习物理学、化学等获得事实的知识。哲学对这种知识既未减少也未增加。它所做的就是展示已知事实之间的联系样式。

显然，科学向我们呈现的不是无联系的原子事实，科学展示的是关系、联系，使事实服从于我们所说的规律。因此，如果哲学要发挥任何这样的功能，那么，所谓展示我们已知东西之间"有意义的联系"就一定意味着表明，我们不用哲学的方式所知的事实是如何成为一个无所不包的体系的成员的，在这个体系中，每一个成员正根据它不同于其他成员的特点而促成整个统一体。换言之，哲学家主要关心的不是通过对不同特点的抽

---

① 在某种程度上，布拉德雷会愿意做同样的论述。但他确实非常强调人类思维的缺陷，以致鲍桑葵正确地看到布拉德雷的哲学造成了思维和实在之间的鸿沟。
② 《逻辑要义》，第166页。

象形成的类概念（class-concepts），而是关心作为一个差异的同一的具体共相（the concrete universal），即在殊相中并通过殊相而存在的共相。

鲍桑葵仿效黑格尔将具体共相称作"个体"（the individual）。显然，在这个词的最完全的意义上，只能有一个个体，即绝对。因为这个诸共相的共相是无所不包的体系，只有它能够完全满足鲍桑葵所提出的那些标准，即无矛盾性和整体性。这些标准被说成实际是一。因为只有在完整的整体或总体中才完全没有矛盾。

不过，虽然在卓越的意义上个体性属于绝对，但它也被认为属于人类，即使在次要的意义上也是如此。在考察这个词的用法时，鲍桑葵坚持认为，不应一味以否定的方式来理解个体性，好像个体性主要在于"不是别的某个东西"。毕竟就至上个体即绝对而言，没有能与之相区分的别的个体。确切地说，应当以肯定的方式把个体性设想为"一个自我的丰富性和完整性"。①正是在社会道德、艺术、宗教和哲学中，"有限的心灵开始经验到个体性最终一定意味的某种东西"。②譬如，在社会道德中，个人超越了鲍桑葵所说的排斥性的自我意识（repellent self-consciousness），因为个人的意志是与他人的意志联合在一起的，没有在这个过程中被取消。而且，在宗教中，人类超越了狭隘的贫乏自我的层次，感到他达到了与神相结合的更高层次的丰富性和完整性。同时，道德被纳入了宗教之内。

因而，对个人自我发展的反思能给我们提供某种观念，说明在一个统一的、无所不包的、构成绝对的经验中，各种层次的经验如何能得到理解和改变。在此，鲍桑葵借助与《神曲》（*Divine Comedy*）中表现出来的但丁（Dante）的心灵的类比。外在的世界和自我的世界都出现在诗人的心中，并在诗中表现出来。人类自我实际表现为思维和行动的存在物，表现为存在于外界中的真正自我。同时，所有这些自我只是通过加入那样一些思想、情绪和行动中而生存，那些思想、情绪和行动构成了诗中所表现出来的诗人的心灵。

对这一类比的含义不应这样来解释，即在鲍桑葵看来，绝对是宇宙

---

① 《个体性原则与价值》，第69页。
② 同上，第80页。

背后的心灵，是创作了神圣诗歌的心灵。绝对是整体。因此，它不可能是心灵。因为心灵是一种依赖于肉体的先决条件并构成某一层次实在的完满。不能简单地将绝对等同于宗教意识中的上帝，后者是与世界不同的存在，他不包含邪恶。"这个整体被认为是一种完满，善恶的对立在其中是不显的，这个整体不是宗教所指的上帝，确切地说，它应当被当作绝对。"① 在此鲍桑葵与布拉德雷是一致的。

225　　　不过，虽然绝对不可能是一个心灵或一个自我，但作为心灵主要特点的对自我意识的反思，可以给我们提供一些破解实在的性质的线索。譬如，自我只能通过失去自身来达到经验的满足与丰富：就仿佛它要生必定死。这暗示出，一个完满的经验至少在如下程度上体现了自我的特征，即它失去自身以重获自身。换言之，与布拉德雷不同，鲍桑葵试图对有限经验的存在提出某种说明。"当然，并非无限的存在者可以失去并重获自己的完满，而是有限者的负担（burden）是无限者自身圆满的固有部分或（更确切说）工具。这个观点是广为人知的。我只能为之辩解说，如果我们不认真对待它的话，那它就失去了一切意义。"② 对于这种黑格尔式的关于自身发展的绝对的观念，一个反驳是说，它似乎将时间接续引入到这个无限的存在者中。但除非我们愿意说关于绝对的概念在我们看来是一个空洞的概念，我们就不得不赋予绝对以内容，从我们的观点看，这个内容是在时间中发展的。

　　人们可能反驳说，鲍桑葵丝毫没有说明有一个绝对存在。他只是假设它的存在，告诉我们它一定是什么。不过，他的回答是这样的：在经验和思想的各个层次上，都有一个从矛盾的、部分的东西向无矛盾的、完整的东西的运动，而且除了在绝对的概念中，这个运动是无止境的。"我意识到，在这个过程中没有任何一个停止点能被证明是正当的。"③ 关于绝对即关于整体的观念，实际上是一切思维和反思的原动力，即最终目的。

　　个体性是价值的标准，是鲍桑葵远比布拉德雷更加重视的一个概念。

① 《个体的价值与命运》，第251页。
② 《个体性原则与价值》，第243—244页。
③ 同上，第267—268页。

因为完整的个体性只在绝对中发现，所以，绝对一定是价值的最终标准，如同它一定是真理和实在的最终标准一样。由此得出，我们不能将终极的或绝对的价值归因于有限的自我。由于鲍桑葵设想自我完善包含了对自我意识的克服，包含有意识地成为一个更大整体的成员，所以我们不会指望他把个人的不朽看作有限自我的命运。他甚至声称，有限自我中最好的东西保存在被改变的状态中，即保存在绝对中。但他还承认，我自行延续的东西不会对我的当下意识显出是"我自己"的延续。不过，对鲍桑葵来说，这不是任何遗憾的理由。如我们所知，自我仿佛是有限者和无限者的混合物，它只是在摆脱有限自我的约束性遮蔽的过程中，才实现自己的命运。

我们已经说过，与布拉德雷相比，鲍桑葵很不在意说明人类思维这个把握实在的工具的缺陷，却非常关心把宇宙理解为一个整体，非常关心确定完善性或价值的程度。然而，两人最终都断言宇宙是与它看上去十分不同的某种东西。鲍桑葵对问题的这一方面很不重视。因此，他的思想可能看上去不如布拉德雷的思想那样令人振奋。不过，两人都把宇宙描述成无限的经验，也就是说，描述成与乍看起来显得不一样的某种东西。不过，虽然两人有根本的相似之处，但值得注意的是，鲍桑葵阐明了作为观念论一元论基础的价值判断，即至上的价值和一切价值的终极标准是那个整体，是一切"矛盾"在其中得到克服的无所不包的、具体的宇宙。

4. 考虑到鲍桑葵的绝对观念论，人们不会指望他赞成这样一种政治理论，即把国家看成是一个设计，以使个人（在该词通常的意义上）能够在和平与安全中追求他们个人的目的。所有这些理论都被谴责为肤浅，是"最初之见"的理论。"它是普通人的最初之见，或在火车站奋力前行的旅客的最初之见，对后者来说，他面前蜂拥的人群既是独立自治的，又是自我指导的，这似乎是一个明显的事实，而在这一景象背后的社会逻辑和精神历史却没有触动他敏锐的想象。"①

这些理论假设每个人都是一个自我封闭的单位，承受着其他此类单

---

① 《关于国家的哲学理论》（第一版），第80页。

位的冲击。而政府则表现为其他单位的冲击，这时这个冲击是系统化的、规范化的，并被减至最小。换言之，政府表现为与个人不同的东西，从外部对个人发生影响，它因而表现为一种恶，尽管公认是一种必要的恶。

227　　一种与此完全不同的观点是以卢梭的"公意"（General Will）理论为代表的。在此，我们得到了一个同一性的观念，这个同一性是指"我的特殊意志与政治团体中我的一切同伴的意志之间的同一性，它使我们可以说，在一切社会合作中，甚至在服从社会为了真正的共同利益而施加的强制约束中，我们服从的只是我自己，我实际上获得了我的自由"。① 卢梭表达了对直接民主制的热情和对代议制政体的敌视，然而在此过程中，他实际上推崇大家的意志（Will of All）来代替公意，公意变得无足轻重了。

　　因此，我们必须超出卢梭，给公意观念以实际内容，不需要将它实际归结为大家的意志。而这意味着将它与国家等同，这时，国家不仅被看成是一个政府机构，确切说是被看成"一个可行的生活构想……在这个构想的指引下，共同体中每一个活着的成员都可以如柏拉图教导我们的那样发挥自己的作用"。② 如果这样来理解国家或政治社会，那么，我们可以看出，个人心灵与意志对于社会心灵与公意的关系，可以比作个人的物理对象与整个自然界之间的关系。在两种情况下，自我封闭的个人是一个抽象。因此，个人决意使自己本性上成为一个理性存在所凭借的真正意志与公意是相同的。在对此的认同中，"我们发现了对政治义务的唯一正确的说明"。③ 在对国家的服从中，个人服从于自己的真正意志。当他被国家约束以某种方式行事时，他是被约束根据自己的真正意志行事，因而他是自由地行事。

　　换言之，在鲍桑葵看来，这里所说的个人与国家的对立是一个虚假对立。由此得出，这里所说的为国家干涉私人自由做辩护的问题也不是一个真问题。但这并不是说在某个特定的具体议题方面不会出现真正的问题。因为国家的最终目的，如同其成员的最终目的一样，是道德目的，即

① 《关于国家的哲学理论》，第107页。
② 同上，第151页。
③ 同上，第154页。

达到最好的生活，这种生活最能发展一个人作为人的潜能和能力。因此，比方说对于提出的一项法律，我们永远可以问"国家在何种程度上、以何种方式使用暴力，会妨碍达到国家存在的目的"，[①] 而这个目的同时也是国家的每一成员的目的。当人们仅仅诉诸私人自由来反对所谓的国家的一般干预，表明他们误解了国家的本质，以及它与其成员关系的性质。但不能由此得出，对强制办法的任何及每一次使用都有助于国家存在的目的。

228

鲍桑葵的观点可以这样来说明。因为国家的目的是道德目的，所以，除非公民不但在外部活动上，而且在意向上都能按道德行事，这个目的不可能达到。然而，在此完整意义上的道德是不能用法律来强迫实行的。譬如，虽然可以强迫个人戒除某些行为，但不能为了高尚的道德动机而强迫他们戒除这些行为。即使人们的动机只是为了免受惩罚而戒除杀人，这实际上也明显有助于共同利益。不过，如下情形仍然是真实的：暴力的使用是一个行为的决定性原因，就此而言，暴力的使用降低了它所引起的行为的层次，达到了比这些行为假如由理性和自由选择所引起更低的程度。因此，应当尽可能地限制使用暴力和强迫，这倒不是因为据认为这种使用表现了社会对自我封闭的个人的干预（因为这个对立是假的），而是因为它妨碍了达到国家存在的目的。

换言之，鲍桑葵与 T. H. 格林同样认为，立法的本来功能是清除美好生活发展的障碍。譬如，社会立法应扩大到何种程度不是一个能先天回答的问题。就一般原理而论，我们只能说，要证明强迫是正当的，我们就应当能够表明，"如果一个明显的成长趋势，或者对能力的明显保持……因为一个已知的障碍而受到破坏，那么，比起让能力自由发展，清除这个障碍就是小事一桩"。[②] 根据这个原则，譬如，我们可以证明，强制（义务）教育清除了人类能力更加充分、广泛发展的障碍，因此是正当的。显然，立法本身是积极的。但法律的宗旨首先是清除达到政治社会存在的目的——作为理性存在的每一个社会成员"真正"愿意达到的目的——的障碍。

---

① 《关于国家的哲学理论》，第 183 页。
② 同上，第 192 页。

如果我们假设，道德的目的是尽可能充分发展人的能力，而且只有在社会环境下，才能达到这个目的，或至少接近这个目的，那么，我们的眼光似乎完全自然而然地超出民族国家的范围，看到一个普遍社会的理想，即普遍的人道。鲍桑葵确实至少承认，"在任何可接受的完整哲学思想中"都应当有人道观念的位置。[①] 他同时声称，伦理上的人道观念并未构成实际共同体的恰当基础。因为不能预先假定大多数人都具有在民族国家中存在的那种运用公意的充分统一的经验。而且，鲍桑葵谴责关于世界国家（World-State）的提议，这些提议计划用一种普遍语言来取代民族语言，在他看来，这种取代会摧毁文学和诗歌，把理智生活降低到下里巴人的水平。因此，同黑格尔一样，鲍桑葵未能在客观制度中表现出来的共同精神的鼓舞下超越民族国家的观念，并根据经验和当下的需要来批判地评价这些制度。

鲍桑葵还同黑格尔一样愿意承认没有任何现实的国家是免于批判的。在原则上，国家有可能"违背它要保持尽可能良好生活条件的主要责任"来行事。[②] 虽然承认这一点在大多数人看来显然可以证明是正当的，但它给任何同鲍桑葵一样认为在某种意义上国家等于公意的人造成了一个特殊的困难。因为根据定义，公意只决意要做正确之事。因此，鲍桑葵倾向于把国家本身与它的代理者区分开来。后者可能做出不道德的行为，但前者，即国家本身，"除了在不可想象的情况下"，[③] 不会为其代理者的恶行负责。

不能说这个观点在逻辑上是令人满意的。如果国家本身意味着公意，如果公意永远决意要做正确之事，那么似乎得出，不能设想能够说国家本身有不道德行为的情况。而最终我们陷入了同义反复，即一个永远决意要做正确之事的意志永远决意要做正确之事。实际上，鲍桑葵本人似乎意识到这一点，因为他提出，根据关于国家的严格定义，我们应当说，国家实际上不愿意做我们通常归因于"国家"的不道德行为。同

---

① 《关于国家的哲学理论》，第328页。
② 同上，第327页。
③ 同上，第322页。

时，可以理解的是，他感到不得不承认可能存在这样一些情况，在这些
情况下，我们可以合理地谈论国家的不道德行为。但他在谈论"不能设 230
想的"情况时，不可避免地给人以国家实际不受批判的印象。有些人
坚持认为，关于国家行为的陈述在原则上永远可以还原为关于个人的陈
述，对于这些人来说，谈论国家的不道德行为显然没有任何困难。但如
果我们假设我们可以对"国家本身"做有意义的陈述，而这些陈述在原
则上不能还原为一组关于可确定的个人的陈述，那么，肯定会出现这样
的问题：当我们判定［国家］这个有点神秘的东西的行为时，我们是否
可以合法地运用个人道德的标准。

　　5. 可以理解的是，当有些英国哲学家着手证明第一次世界大战的
最终责任不折不扣地要由黑格尔那样的哲学家来承担，鲍桑葵的政治哲
学也连带受到批判。譬如，L. T. 霍布豪斯（L. T. Hobhouse）在《关于
国家的形而上学理论》（*The Metaphysical Theory of the State*，1918）中
所做的批判。[1] 虽然该作者主要关心的是黑格尔，但也对鲍桑葵做了很
多批判，他在鲍桑葵身上正确地看到，这位英国政治哲学家是最接近于
黑格尔的。

　　霍布豪斯用下面三个命题来概括他所谓的国家形而上学理论。"个人
实现与其真正意志一致的真实自我和自由"；"这个真正的意志是公意"；
"公意体现在国家之中"。[2] 因而公意等同于整个社会结构的各个方面，即
等于一般而言的社会。它被认为是道德的捍卫者和体现，是最高的道德
实体（highest moral entity）。但如果国家等同于社会，那么，结果就是个
人被国家同化了。为什么应当把民族国家看成是社会发展的最高产物？
如果为了论证起见我们假设有公意这样的东西，而且它是人的真实或真
正的意志，[3] 那么，它在一个广泛的世界社会中的体现应当比在民族国家

---

① 　伦纳德·特里劳尼·霍布豪斯（Leonard Trelawny Hobhouse，1864—1929），从
1907 年至去世，是伦敦大学的社会学教授，是一位兴趣广泛的哲学家，多部哲学和社
会学方面著作的作者。文中提到的这部著作叙述的是 1917 年他在伦敦经济学院所做的
系列讲座的内容。
② 　《关于国家的形而上学理论》，第 117—118 页。
③ 　实际上，霍布豪斯否认上述全部三个命题。

231 中充分得多。的确，一个世界社会尚不存在。但应当把创造这样的社会当作我们应当实际为之奋斗的理想提出来，而事实上，鲍桑葵却追随黑格尔，表现出对民族国家的毫无根据的偏好。在这个意义上，观念论的政治理论过分保守了。而且，如果把国家看成是道德的捍卫者和体现，看成是最高的道德实体，那么，其逻辑结果就是不幸的道德因循主义（moral conformism）。总之，如果像鲍桑葵设想的那样，国家实际上是比个体道德行为者更高级的道德实体，那么，非常奇怪的是，这些崇高的道德实体，即各种各样的国家，竟没有根据道德标准成功地规范它们的相互关系。① 简言之，"将国家与社会相混淆，将政治义务与道德义务相混淆，是国家形而上学理论的主要错误"。②

　　霍布豪斯在一些论题上对国家形而上学理论做了概括，然后他发现自己不得不承认，鲍桑葵有时的论述方式不大适合这个抽象体系。他克服这个困难的方式是要证明，鲍桑葵犯有前后不一致的错误。譬如，他指出，在《关于国家的哲学理论》第二版的序言中，鲍桑葵提到一种社会合作，它既不严格属于国家也不只属于个人本身。霍布豪斯发现这个观点与每一个人的真正自我在国家中得到其充分体现的论点不一致。再有，霍布豪斯注意到，在《社会与国际理想》中，鲍桑葵把国家说成是共同体的一个机构，它具有保持最好生活发展所必需的外部条件的功能。他发现这种谈论方式与国家等同于整个社会结构的论点不一致。因此，霍布豪斯的结论是：如果这些段落代表了鲍桑葵关于国家的真正想法，那么，他就应当着手"重建他的全部理论"。③

　　当然，一般来说，霍布豪斯完全有理由在鲍桑葵那里找出所谓的形
232 而上学国家理论。④ 当然，如果说，根据鲍桑葵的观点，一个人的真正自

---

① 根据鲍桑葵的观点，"道德关系是有组织的生活的先决条件，但这样一种生活只存在于国家之内，而不在国家与其他共同体之间的关系中"。《关于国家的哲学理论》，第325页。
② 《关于国家的形而上学理论》，第77页。
③ 同上，第121页，注1。
④ 如果人们概括一些哲学家在许多论题上共同的思想倾向，那么，如果由此得出的体系不完全适用于他们全体，或也许不适用于他们中的任何一位，那是不足为奇的。人们因而可以发现一些"不一致"的例证。但尽管如此，这种不一致仍然可能是一个特定哲学家思想中主要使用的观念二的不一致。

我在国家中得到充分体现，如果我们认为这种说法的意思是，一个人的潜能在通常认为的他的公民生活中得到完全实现，那么，这种说法就夸大其词了。譬如，同黑格尔一样，鲍桑葵把艺术与国家分开考虑，即使艺术以国家为前提。而无疑真实的是，他又主张一种有机的国家理论。根据这个理论，关于国家"本身"的陈述原则上不能归结为关于可指定的个人的陈述。同样真实的是，鲍桑葵认为民族国家有一种体现公意的卓越作用，而且相对来说，他对广泛人类社会的理想不感兴趣。说到政治义务与道德义务的混淆，霍布豪斯认为它是关于国家的形而上学理论的主要特征，并强烈反对之，在笔者看来，对这种混淆应当做出区分。

如果我们对道德作目的论的解释，认为我们有义务从事达到某个目的所必需的那些行为（譬如，实现一个人作为人的潜能并将其和谐地整合起来），如果同时我们认为在有组织的社会中的生活是达到这个目的的通常必要的手段之一，那么，我们不可避免地把政治义务看成是道德义务的表现之一。但由此不能得出，如果将道德义务与政治义务混淆意味着将前者归结为后者，我们就是要把两者混淆起来。这种混淆只有把国家本身看成是道德法的基础和解释者的时候，才会出现。如果我们确实以这种方式来看待国家，那么，如霍布豪斯所指出的那样，其结果就是灾难性的因循守旧。虽然鲍桑葵关于在国家中得到充分体现的那种公意理论无疑有利于这种对国家的道德功能的乐观看法，但我们看到，他即使不情愿，也仍考虑到对任何现实国家的道德批评。不过，霍布豪斯评论说，鲍桑葵在此犯了前后不一致的错误，如果他真的希望考虑到对国家的道德批评，他就应该修正他的公意理论。在笔者看来，这个评论似乎是公正的。

6. 我们已经提到，鲍桑葵比布拉德雷更接近于黑格尔。但如果我们寻找的是这样一位英国哲学家，他公开地像斯特林那样把黑格尔狂热尊崇为思辨思想的大师，那我们最好应将目光转向理查德·伯登·霍尔丹（Richard Burdon Haldane，1856—1928），他是一位杰出的政治家，1911年，他被封为克朗的霍尔丹子爵（Viscount Haldane of Cloan）。他在两卷本著作《通向实在之路》(*The Pathway to Reality*，1903—1904）中宣称，黑格尔是自亚里士多德以来最伟大的思辨方法的大师，他本人不仅乐于而且渴望被称作黑格尔的信徒。① 他毫不掩饰地赞赏德国的思想和文化，在第一次世界大战开始时，他甚至因此受到下流的攻击。②

霍尔丹试图表明，相对论不但与黑格尔主义是一致的，而且是它所必需的。他在《通向实在之路》中提出了哲学的相对论。当爱因斯坦发表关于这个题目的论文时，霍尔丹认为这些论文确证了他自己在《相对性的统治》（*The Reign of Relativity*，1921）中提出的理论。简言之，虽然作为整体的实在是一，但对于这个统一体的认识是从物理学家、生物学家、哲学家等的各种各样观点来进行的。每一种观点连同它所使用的范畴，表现了部分的、相对的真理观，因而不应将它绝对化。这一观念不但与这样一种哲学观相一致，而且是它所要求的，在这种哲学观看来，实在最终是精神，真理是整个的真理体系，即实在的完全的自身反思或自身认识，是通过诸辩证阶段而趋近的一个目标。

我们不能说这个基本的哲学相对论本身是一个新颖的理论。强调黑格尔主义体系的相对论的方面，并且打出爱因斯坦的名字作为支持者，试图以此为黑格尔主义注入新的生命，这样做无论如何为时已晚。不过，值得说到的是，霍尔丹是英国公众生活中对哲学问题长期感兴趣的杰出人物之一。

7. 我们有理由谈一下真理融贯论，即根据其在整个真理体系中的位置，任何特殊真理都是真实的。在《真理的性质》（*The Nature of Truth*，1906）一书中，哈罗德·亨利·乔基姆（Harold Henry Joachim，1868—1938）讨论了真理融贯论，并为之辩护。他从1919年至1935年一直是牛津大学威克姆逻辑学教授。说一说这本书并非完全多此一举，因为该书作者表明他意识到该理论所带来的困难，并且不想对这些困难视而不见。

234

---

① 霍尔丹为 J. H. 缪尔黑德（J. H. Muirhead）编辑的《当代英国哲学》（*Contemporary British Philosophy*）第一卷撰稿，他在稿件前面的自传性注释中说，与黑格尔详尽的绝对理论相比，黑格尔的方法对他的影响更大。但他又补充说，在他看来，黑格尔比自古以来任何人都更接近于最终正确的观点。

② 虽然出色履行了陆军大臣之职，而后于1912年就已经成为大法官，但霍尔丹仍然被排除于1915年的内阁之外，这确实不是因为他的同僚怀疑他的爱国心，而是因为考虑到大众的偏见而采取的双宜之计。

　　乔基姆批判地考察其他理论，通过这种方式来探究真理融贯论。譬如，他考察了真理符合论，根据这种理论，一个事实陈述如果与语言之外的实在相符合，它就是真的。如果有人要我们告诉他，比方说，一个真科学陈述所符合的实在是什么，那么，我们的回答将一定用一个或一组判断表达的。因此，当我们说科学陈述是真的，因为它与实在相符合时，我们实际所说的是：某一个判断是真的，因为它与其他判断有系统的融贯性。于是，我们看到真理的符合融入融贯论之中。

　　或者再考虑一下这样的学说，该学说认为，真理是某些被称作"命题"的东西的性质，即一种完全被直接所知或直觉所知的性质。根据乔基姆的观点，我们断言一个直接经验是关于真理的经验，这个断言要被确认，只有在表明该知觉是理性思考的结果时才可能，也就是说，只有在看到该真理与其他真理相融贯的时候才可能。一个命题被认为是单独的、具有真假性质的东西，这样的命题只不过是一个抽象。于是，我们不得不再一次把真理说成是融贯的。

　　因此乔基姆确信，真理融贯论比其他一切对立的理论都优越。"真理本身是一，是整体，是全部，而且一切思维、一切经验都在其认可的范围内运动，服从于它的明显权威。对此我从来没有怀疑过。"[1]同样，乔基姆不怀疑各种判断和各种局部的判断体系"或多或少都是真的，即或多或少切近于一个标准"。[2]不过，一旦我们开始阐明融贯论，即实际开始思考它的意义和含义时，不可忽视的困难就出现了。

　　首先，融贯性不仅仅意味着形式的一致性。它最终是指一个无所不235包的、意义深远的整体，在这个整体中，形式与质料，知识与其对象，不可分割地联合在一起。换言之，融贯的真理意味着绝对的经验。像融贯论这样充分的真理理论，必须对绝对经验，即对那个无所不包的总体提供可以理解的说明，并表明各层次不完整的经验如何形成绝对经验中的各个瞬间。原则上说，任何哲学理论都不可能满足这些要求。因为每一这样的理论都是有限的、部分的经验的结果，它至多只能部分地表现真理。

---

[1]　《真理的性质》，第178页。
[2]　同上，第178—179页。

其次，人类知识中获得的真理包括两个因素，思维及其对象。正因为这个事实才提出了真理符合论。因此，像融贯论这样充分的真理理论应当能够说明我们应如何构想那个总体即绝对经验的自身分裂，这一分裂导致了人类知识范围内的主体和客体、观念内容和外部实在的相对独立。不过，乔基姆承认，这样的说明从来没有给出过。

第三，因为一切人类知识都包含关于他者（即非它自身）的思想，所以，包括融贯论在内的每一个关于真理性质的理论一定是关于这样的真理的理论，这一真理是该理论的他者，是我们对之思考并做出判断的某种东西。而这就相当于说："真理融贯论**自己承认**，它至多不会超出达到符合式'真理'的知识水平。"①

乔基姆非常愿意谈到他努力阐述一个充分的真理理论时所遇到的"失败"，其坦率令人钦佩。换言之，他无法应付由融贯论所引起的困难。同时，他仍然坚信，与其他对立理论相比，融贯论使我们更深入到真理问题中去，而且对于其他对立理论所遇到的致命反驳，它都能自己应对，即使它本身引出了无法回答的问题。不过，十分清楚的是，乔基姆之所以不顾公认由融贯论带来的困难，仍然坚持融贯论，其最终理由是一个形而上学的理由，即对实在的性质的一个信念。的确，他明确说，他认为，"当逻辑理论的成功要求形而上学家在他自己的形而上学理论所谴责的逻辑假设的范围内接受这些理论时，形而上学家无权默认这些理论"。②换言之，形而上学中的绝对观念论需要逻辑上的真理融贯论。尽管真理融贯论引起了一些困难，但如果当我们试图精确地阐述其他真理论时，它们不可避免地融入融贯论的话，那就证明我们接受它是正当的。

在判断其他真理论是否真的融入融贯论之中的时候，我们必须考虑到乔基姆自己的看法：这里所说的融贯不仅仅意味着形式上的连贯。承认两个互相矛盾的命题不可能同时为真，不等于接受了真理融贯论。如乔基姆在讨论融贯论所引起的困难时表述的那样，该理论显然是一个形而上学理论，即绝对观念论的主要部分。因此，问题在于，我们是否可以把其他

---

① 《真理的性质》，第175页。
② 同上，第179页。

一切真理理论最终看成要么受到批判考察而土崩瓦解，要么暗示着绝对观念论是有效的。一个人若非早已是绝对观念论者，不大会承认情况就是如此。笔者确实不想表明融贯性与真理无关。事实上我们经常把融贯性用作一种检验，即检验与已经确立的真理是否融贯。可以证明，这意味着一种关于实在的性质的形而上学信念。但由此不能必然得出这是对绝对观念论的完全相信。无论如何，如乔基姆本人坦率承认的那样，如果一个真命题之真只是就它作为一个瞬间被包含在超出我们理解的绝对经验之中来说的，那么，就很难看出我们如何总能知道任何命题是真的。然而，我们确信我们有某种知识。也许对于系统阐述"这个"真理论的任何尝试来说，一个必要的准备就是认真地考察"真"和"真理"之类词在日常谈话中的使用方式。

第十章

向人格观念论的转向

普林格尔－帕蒂森与人类人格的价值——麦克塔格特的多元主义观念论——J. 沃德的多元主义唯灵论——一般评论

　　1. 布拉德雷和鲍桑葵对有限人格采取的态度甚至在观念论运动内部也理所当然地引起了反抗。这一反抗的主要代表人物之一是安德鲁·塞思·普林格尔－帕蒂森（Andrew Seth Pringle-Pattison，1856—1931）。[①]在他的第一部著作《从康德到黑格尔的发展》（*The Development from Kant to Hegel*，1882）中，他把从康德的批判哲学到黑格尔的形而上学观念论的过渡说成是一个不可避免的运动。他一直声称，思想不可能在一个包含不可知的物自体学说的体系中止步不前。可是在1898年，他出版了《黑格尔主义与人格》（*Hegelianism and Personality*）一书，令读者有点惊讶的是，在书中，他直言不讳地批判绝对观念论。

　　普林格尔－帕蒂森承认，乍一看，黑格尔主义似乎颂扬了人。因为尽管黑格尔的表述可能含糊，但他的哲学确实暗示出，上帝或绝对等于整个历史进程，这个进程被认为是向着人类心灵中的、并通过人类心灵的自我

[①]　原名安德鲁·塞思，1898年，为了满足继承一份遗产的条件，他用了普林格尔－帕蒂森的名字。他连续在卡迪夫大学（1883—1887）、圣安德鲁斯大学（1887—1891）和爱丁堡大学（1891—1919）任哲学教授。

认识的辩证发展。"哲学家对上帝的认识就是上帝对他自己的认识。"① 这样一来，它就为黑格尔左派将神学改造成人类学提供了根据。

不过，我们一考虑就会明白，在黑格尔主义中个人的人格并不重要。因为人类成了"非人格的思想生命暂时关注的焦点，以便对它自己的内容做出估价。这些焦点看起来仅仅消失在这一永恒的实现过程中"。② 换言之，人类人格只不过是非人格的思想借以达到对自身认识的工具。如果任何人将一个实在价值附加在人格上，那么，从他的观点看，显然，"黑格尔关于有一个过程和一个主体的决定是错误的最初源泉"。③ 黑格尔主义本身及其英国派生者的根本错误都是"将人的自我意识与神的自我意识等同了，或更宽泛地说，是将意识统一在一个单一的自我中"。④ 这一统一最终摧毁了上帝和人两者的实在性。

因此，普林格尔－帕蒂森坚持两点。第一，我们应当承认上帝的真正的自我意识，尽管我们必须避免把有限自我意识的特征（它恰恰被认为是有限的）归之于它。第二，我们必须坚持人类人格的价值和相对独立性。因为每个人格都有它自己的一个中心，都有任何其他人格都"不能对之发生影响"的一个意志，都有"即使我与上帝本身交往时也保持着的一个中心"。⑤ "这两个主张 —— 神圣的人格与人的尊严和不朽 —— 是同一个存在观的互相补充的两个方面。"⑥

这听起来好像是放弃了绝对观念论，支持有神论。不过，在他后来的著作中，普林格尔－帕蒂森再次肯定了绝对观念论，或更确切地说，他试图以这样一种方式来修正它，即与布拉德雷和鲍桑葵的哲学相比，绝对观念论允许将更大的价值附加在有限人格上。这导致了一种令人无法满意的绝对观念论和有神论的混合物。

首先，根据早期英国观念论者的那种论证，我们无法证明自然界可

---

① 《黑格尔主义与人格》（第二版），第196页。
② 同上，第199页。
③ 同上，第203页。
④ 同上，第226页。严格地讲，布拉德雷和鲍桑葵都没把绝对认作是"自我"。当然，他们把一切有限经验都结合在一个单一的绝对经验的统一体中。
⑤ 同上，第217页。
⑥ 同上，第238页。

以只作为对于一个主体的客体而存在。譬如，费里尔的论证方式是完全靠不住的。我们不可能没有构想物质的东西而构想它们，虽然这确实是明白无疑的，但"这个处理办法不能证明它们没有那种关系就不存在"。① 格林的论点是：除了通过对普遍意识的综合活动，关系就不可能存在。就这个论点来说，它是以一种过时的心理学观点为前提的，根据这种观点，经验是从不相关联的感觉开始的。事实上，关系恰恰具有与相关联事物同样多的实在性。

不过，由此不能得出，如"低级自然主义"所断言的那样，自然界的存在与体现价值的整个体系无关。正相反，我们在自然界中可以看到与不同质的层进突现相结合的连续过程。人是作为"宇宙借以观察和欣赏自身的器官（organ）"而出现的。② 在体现宇宙特点的突现性质中，我们不但一定会认出所谓的第二性质，而且还一定会认出"我们在自然中所认出的美和崇高的方面，以及我们认为诗人和艺术家所具有的那些优雅见识"。③ 我们也一定会认为宇宙有道德价值。我们应当把自然界的全部进程，以及不同质的层进突现，都看成是绝对或上帝的逐渐显现。

根据普林格尔－帕蒂森的观点，关于上帝在世界"之前"存在，并从无中创造世界的观念在哲学上是站不住脚的。"创世的观念往往变成了显现的观念"，④ 无限者和有限者彼此处于互相蕴含的关系中。就人而论，"他作为宇宙或绝对的一个器官，即一个存在物（one Being）而存在"，⑤ 应当根据宇宙或绝对的最高显现来构想他，因而应当把他构想为一个精神的生命或绝对的经验。

不论《黑格尔主义与人格》一书看上去会意味着什么，在普林格尔－帕蒂森后来的著作中并没有因此彻底拒绝绝对观念论。正相反，那里有很多与鲍桑葵一致的地方。同时，普林格尔－帕蒂森不准备接受鲍桑葵关于

---

① 《根据新近哲学的上帝观念》（*The Idea of God in the Light of Recent Philosophy*，1917），第192页。下面该书简称为《上帝的观念》。
② 同上，第211页。
③ 同上，第212页。
④ 同上，第308页。
⑤ 同上，第259页。

人类个体的宿命观点。在他看来，差异恰恰构成了绝对生命的本质，"每一个个人都是一个独一无二的自然……都是一个不会在别处重复的宇宙表现或聚焦点"。[①] 我们的生命等级上升得越高，个人的独特性就变得越明显。如果价值的增加与独特的个体性成正比，那我们无法设想不同的自我通过无差别地融入"一"而实现它们的命运。每一个自我必定在其独特性中被保存下来。

　　因此，普林格尔－帕蒂森不准备与布拉德雷一样把时间的世界说成是现象。当他保留关于绝对的学说时，他似乎就承诺把绝对说成服从于时间的连续。但他也希望强调绝对或上帝在一种真正的意义上超越了时间。因此他诉诸戏剧和交响乐的类比。譬如，在演奏交响乐时，音符是彼此接续的。可是在真正的意义上，整体一开始就在那里，它赋予那些接续的音符以意义，并使它们成为一体。"也许我们多少能以这种方式构想时间过程被保留在绝对中，但被超越了。"[②] 240

　　假如真要坚持这样的类比，那么，自然而然的结论就是：绝对只不过是整个宇宙或历史过程的观念，也许更恰当地说，只不过是它的价值。但显然普林格尔－帕蒂森希望强调的是，上帝是一个绝对的人格经验，不能把这种经验只说成是世界的意义和价值。换言之，他试图将绝对观念论与有神论的因素结合起来。这个结果是含糊不清的，它暗示出，如果他在如下两种办法中取其一，也许会做得更好些，即要么保留绝对，并将它等同于据认为向着新价值的突现方向发展的历史过程，要么与绝对观念论一刀两断，并接受有神论。不过至少清楚的是，他试图在绝对观念论的基本框架之内保持并肯定有限人格的价值。

　　2. 现在我们可以转到剑桥哲学家约翰·麦克塔格特·埃利斯·麦克塔格特（John McTaggart Ellis McTaggart，1866—1925）。对他来说，没有、也不可能出现有限自我和绝对的关系问题，因为在他看来，没有脱离了社会或自我体系的绝对。在他的哲学中，布拉德雷和鲍桑葵所理解的绝对完全消失不见了。

---

① 《上帝的观念》，第267页。
② 同上，第363页。

1891 年，麦克塔格特被选为剑桥大学三一学院的研究员。在他看来，黑格尔比其他任何哲学家都更深入洞察了实在的本质。他长期致力于对黑格尔主义的研究，其成果体现在《黑格尔的辩证法研究》(*Studies in the Hegelian Dialectic*，1896；第二版，1922)、《黑格尔的宇宙论研究》(*Studies in Hegelian Cosmology*，1901；第二版，1918)、《黑格尔逻辑学评论》(*A Commentary on Hegel's Logic*，1910)。但麦克塔格特绝不仅仅是黑格尔的学生和评论家：他是一个有原创性的思想家。虽然这个事实确实可以在一些评论中看出来，但在包含其哲学体系的两卷本《实存的本质》(*The Nature of Existence*)① 中表现得更为明显。

241

在体系的第一部分，麦克塔格特关心的是确定属于一切实存的东西或（如他所说）属于实存整体的各种特性。② 更准确地说，他关心的是确定实存者**必须**具有的特性。因此，这里采用的方法将是先天演绎的方法。所以，麦克塔格特绝不是通常所说的归纳形而上学家。

不过，甚至在体系的第一部分，麦克塔格特就承认了两个经验主义的前提，即：某物实存（existence），实存的东西是有差异的。第一个前提的真实性是根据直接经验知道的。因为每一个人都意识到，他无论如何是实存的。他不可能否认这一点而又不暗暗地肯定它。至于第二个前提，"这个结果确实可以先天地得出来。因为我后面将证明，'任何实体都不可能是简单的'这一点确实是先天的"。③ 而对于这一点诉诸知觉"似乎更可能得到人们的赞成"。④ 麦克塔格特真正希望表明的是：实存的整体是有差异的，而且有多种实体存在。表明这一点正是根据知觉的事实。譬如，如果我们把知觉说成是一种关系，那么，关系项就一定不止一个。

---

① 第一卷出版于1921 年。C. D. 布罗德（C. D. Broad）教授编辑的第二卷于麦克塔格特死后的 1927 年出版。麦克塔格特本人对他的体系的概括出现在他为 J. H. 缪尔黑德编辑的《当代英国哲学》第一卷的撰稿中。

② 实存被说成是这样一个不可定义的性质，以致每一实存的东西都是现实的，但并非每一现实的东西都必然是实存的。换言之，在麦克塔格特看来，实在或存在（being）是比实存更广泛的一个概念。

③ 《实存的本质》，第45 节。该书从第一卷开始到第二卷结束分为连续编号的许多节。这里给出的索引是根据这些节的编号。

④ 同上。

因此，我们可以认为有某物实存。它不可能是实存本身。① 因为如果我们说实存着的东西是实存，那么，留给我们的是一个绝对的空白。实存的东西除了实存之外一定还有某种性质。由一物的所有性质构成的复合性质，可以称作该物的本质。但我们不可能毫无遗漏地将一物分解为它的各种性质。"在这个系列的前端将有某个实存的东西，它具有一些性质而它本身不是一个性质。它的通常名称、并且我认为最好的名称，是实体。"② 人们可能会反驳说，实体离开了它的性质就是一个无法构想的无，但由此并不能得出实体"不是与其性质相结合的任何东西"。③

因此，如果有任何东西实存，并且我们由经验知道有任何东西实存，那么，至少一定有一个实体。可是，我们已经接受了多元论的经验主义前提，即实存整体的差异性前提。因此可以得出，这里一定有一些关系。④ 因为如果有许多实体，那么，它们一定是相似的和不相似的，相似在于它们都是实体，不相似在于它们是各别的。⑤ 而相似性和不相似性就是关系。

那么，根据麦克塔格特的观点，每一个关系都在其各关系项中产生了一个派生的性质，即关于在该关系中作为一个关系项的性质。而且，在每一关系与其各关系项之间又产生了一个派生的关系。因此我们得到了一些无限的系列。"这些无限的系列不是恶的，因为没有必要完成它们以确定早先关系项的意义。"⑥ 这样一来，布拉德雷为了表明性质和关系不可能是真正实在的所做的证明就失去了它的力量。

我们看到，实体一定以某种方式不相似。但这里有一些相似性，允许将它们安排在各种集合中，以及各种集合的集合中。一个集合被称作一

242

---

① 显然，麦克塔格特把实存说成是一种不可定义的性质，因此他不可能接受托马斯主义的论点：终极的实在正是"自立的存在自身"（ipsum esse subsistens）。

② 《实存的本质》，第65页。

③ 同上，第68页。

④ 在麦克塔格特看来，虽然我们可以阐明"关系"和"性质"等词意义上的区别，但"关系"一词是不可定义的。譬如，我们不能说性质实存于关系项"之间"，但我们可以这样来说关系。

⑤ 根据麦克塔格特的观点，按照莱布尼茨所言，如果两个实体有完全相同的本质，那么，它们就是不可分辨的，因此就是同一个实体。

⑥ 《实存的本质》，第88页。

"组"（group），构成该"组"的各个实体是它的"成员"。① 单就这个思想而论，它是直接明了的。但这里有几点要注意。第一，对麦克塔格特来说，一组就是一个实体。因而全体法国公民这一组就是一个实体，它具有它自己的性质，诸如是一个民族等。第二，因为任何时候都没有实体是绝对简单的，所以一个复合实体不可能有简单实体作为它的成员。第三，我们不能直接假设两个组必然是两个实体。如果这两个组的内容是同样的，那么，它们是一个实体。譬如，英格兰的郡与英格兰的教区构成了两个组，但只是一个实体。

243　　这样，一定有一个复合的实体包含了所有的实存内容，其他每个实体都是它的一部分。"这个实体就被称作宇宙。"② 它是一个有机的统一体，在这个统一体中，"一切实存的东西，不论是实体还是特性，都结合在一个外在决定的体系中"。③ 同时，对于承认这个无所不包的实体的观念，似乎有一个重要的反对意见。一方面，麦克塔格特认为，对任何实体的充分描述在原则上一定是可能的。另一方面，对宇宙的任何充分描述看起来都是不可能的。因为一个充分的描述似乎必须指出各个部分，还必须指出它们相互之间以及与整体的关系。可是，要做到这一点，如果没有任何实体是简单的，因而没有任何实体是无限可分的，那又如何可能呢？

　　麦克塔格特对这个难题的详尽解决太复杂了，以至于不能在此讨论。如他在概括其体系时所说，他的基本原则是：对于如下两个论点，一个是，对任何实体的充分描述是可能的，另一个是，没有任何实体是简单的，要避免这两个论点之间的矛盾，"必须对任何实体 A 有某种描述，这种描述蕴含着对它的所有各类部分的充分描述，而这些部分又是随着某些给定的各类部分而来的"。④ 单独而论，这段陈述确实没传达出很多东西。

① 我们必须将成员和部分区分开来。"如果我们以大不列颠的所有郡组成的这一组为例，那么，虽然英格兰和怀特查佩尔（Whitechapel）都不是这一组的成员，但它们是该组这个整体的组成部分。"《实存的本质》，第123页。（怀特查佩尔是伦敦的一个区名。——译者注）

② 同上，第135页。

③ 同上，第137页。譬如，如果一个实体 X 有性质 a、b、c，一个性质的变化造成了本质（由这些性质构成）的变化，因而造成了表现在本质中的实体的变化。于是，就说这些性质处于彼此外在决定的关系中。

④ 《当代英国哲学》，第一辑，第256页。

不过，麦克塔格特的思路是这样的：在原则上，如果满足了某些条件，对一个实体的充分描述是可能的。考虑一下宇宙这个无所不包的实体。它由一个或更多的原始整体组成，这些整体又由一些原始的部分组成。这些部分（比方说）可以根据不同的性质将它们区分开。对宇宙的充分描述在原则上是可能的，只要对原始部分的描述**蕴含着**对次级部分的充分描述，而次级部分的系列长度是不确定的。不过，因为这一蕴含是一个实在，所以次级部分一定通过麦克塔格特所谓的确定的对应关系而彼此联系着。譬如，让我们假定 A 和 B 是一个给定实体的原始部分，并且 A 和 B 分别根 244 据性质 x 和 y 而得到充分描述。确定的对应关系要求 A 的次级部分应当能够根据 y 来充分描述，而且 B 的次级部分应当能够根据 x 来充分描述。如果这种互相紧扣的确定对应贯穿于各类接续部分的整个等级结构，那么，对原始部分的充分描述将蕴含着对次级部分的充分描述。因而对实体的充分描述在原则上是可能的，尽管事实上实体是无限可分的。

因为麦克塔格特断言对每一个实体的充分描述一定是可能的，所以可以得出，那种确定对应的关系一定存在于实体的各部分之间。如果我们把确定的对应看成是用在各类因果关系上的一个标签，那么，我们可以说，麦克塔格特试图先天地证明宇宙中某种型式的因果关系的必然性。也就是说，如他所假设，如果宇宙是一个可以理解的有机统一体，那么，在它各部分的等级结构中一定存在着某种型式的确定对应。

现在，比方说，我们已经提到了英格兰的郡，已经谈到了宇宙。虽然在这个体系的第一部分已经提供了一些经验主义的例证来帮助理解，但打算得出的结论是纯粹抽象的。譬如，如果有任何东西实存，那么，必定有一个无所不包的、我们称之为宇宙的实体。虽然对于这个结论的证明是先天的，但如果我们假定"宇宙"这个词必然指我们日常习惯认为是宇宙的成员的整个复合体，那就错了。该体系的第一部分仅仅确定了必定有一个宇宙。但它没有告诉我们凭经验得到的东西（若有的话）是被称为宇宙的那个无所不包的一组的成员。只是在该体系的第二部分，麦克塔格特运用了第一部分的结论，譬如，他问到，已经被先天确定的实体特性是否能属于乍看起来是实体的那类东西，或更确切地说，在经验中碰到、或被经验所提示的特性是否真的属于实存者。

不过，麦克塔格特坚持认为，在这个探索的领域，我们不可能获得绝对的确实性。我们的确可以表明，在经验中呈现、或被经验所提示的某些特性不可能属于实存者，而且它们因而被归之于现象的领域。但我们不可能绝对确实地表明，经验所提示的特性**一定**属于实存者。因为可能有一些特性是我们没有经验到或想象到的，它们也会同样好或更好地满足该体系第一部分的先天要求。但如果我们可以表明经验提示的特性实际上确实满足这些先天要求，而且没有我们所知或所能想象的其他特性将满足这些要求，那么，我们就获得了合理的尽管不是绝对的确实性。换言之，麦克塔格特认为绝对的确实性只是先天证明的结果。

"初看起来，宇宙似乎包含了十分不同的两类实体——物质和精神。"① 但麦克塔格特拒绝承认物质的实在性，他的主要根据是：如果一物具有使之成为物质的东西的性质，那么，该物不可能具有其各部分之间那种确定对应的关系，而这种关系一定存在于一个实体的次级部分之间。为论证起见，我们假设一个给定的物质的东西有两个原始的部分，其中一个部分可以充分描述为蓝的，另一个部分可以充分描述为红的。根据确定对应原则的要求，一定会有原始部分的一个次级部分被描述为蓝的，与被描述为红的的原始部分对应。也就是说，这个次级部分会是红的。但这在逻辑上是不可能的。因为假如一个原始部分的次级部分之一真是红的的话，这个原始部分不可能被充分描述为蓝的。如果我们考虑大小和形状之类的性质，我们可以引出类似的结论。因此物质不可能属于实存者：它不能对宇宙做限定。②

因此，我们只剩下精神了。关于除了精神之外没有任何东西存在这一点，确实没有任何论证的证据。因为可能有一种实体形式是我们从未经验过或想象过的，它会满足作为一个实体的要求而又不是精神性的。但我们没有任何确实的根据声称有这样一个实体。因此，断定一切实体都是精

---

① 《实存的本质》，第352页。
② 按照麦克塔格特的观点，说可以根据感觉材料来推断证明物质的存在是没有用的。因为我们所说的感觉材料可能是被精神原因引起的。如果我们声称感觉材料本身是物质实体，那么，我们将不得不应付那样一些论证，它们一般表明实体不可能是物质的。

神的是合理的。

　　至于精神的本质，"我提议用这样的说法来界定精神性的性质，即它 246
是拥有内容的性质，该性质的全部内容就是一个或更多自我的内容"。① 于
是，自我是精神性的，从而自我的各个部分和各组自我也是精神性的，尽
管鉴于通常的用法，可以保留"一个精神"一词用于表示"一个自我"。②

　　因此，如果精神是唯一的实体形式，那么，宇宙或绝对就将是无所
不包的自我的社会或体系，自我是它的原始部分。各个等级的次级部分都
是知觉，它们构成了自我的内容。在此情况下，这些部分之间一定有确定
对应的关系。当然，这需要满足某些条件："一个自我可以知觉另一个自
我，以及另一个自我的一个部分"，③ 一个知觉是一个能知觉的自我的一部
分，对一个整体的一部分的知觉可以是对这个整体的一个知觉的一部分。
我们不能表明满足这些条件是不可能的，并且有理由认为事实上这些条件
被满足了。所以我们可以认为，绝对是自我的体系或自我的社会。

　　自我是不朽的吗？对这个问题的回答取决于我们采取的观点。一方
面，麦克塔格特否认时间的实在性，其根据是：肯定过去、现在、将来的
时间系列的实在性，就迫使我们将互相矛盾的决定归因于任何特定的事
件。④ 因此，如果我们采取了这个观点，我们就应把自我描述成无时间的
或永恒的，而不是"不朽的"，这是一个有无止境的时间绵延意味的词。
另一方面，时间肯定属于现象的领域。而自我似乎将持续存在于将来所有
的时间中。"因此之故，我认为我们可以恰当地说自我是不朽的"，⑤ 尽管
这样一来我们必须把不朽理解为包含着先存（preexistence），即在它与肉
体结合之前的实存。

　　C. D. 布罗德（C. D. Broad）教授说过，⑥ 他料想麦克塔格特连一个信

---

① 《实存的本质》，第381页。
② 在麦克塔格特看来，自我是不能定义的，是通过亲知而知道的。
③ 《实存的本质》，第408页。
④ 参见《实存的本质》，第332页，以及1908年麦克塔格特发表在《心灵》（*Mind*）
杂志上的论文《时间的非实在性》（"The Unreality of Time"）。
⑤ 《实存的本质》，第503页。
⑥ C. A. 梅斯编《世纪中叶的英国哲学》（*British Philosophy in the Mid-Century*），第
45页。

徒也不会有，尽管他以其逻辑的奥妙、理智的真诚、对明确性的追求给他247 的学生以很大的影响。如果麦克塔格特没有信徒，这确实不足为奇。因为除了这样的事实，即他同布拉德雷一样没有说明现象领域如何首先出现以外，与布拉德雷或鲍桑葵的哲学相比，他的体系在对形而上学的说明上提供了一个清楚得多的实例，这种对形而上学的说明此前有时被反形而上学家提出来，即作为这样一种所谓的科学，它表示要以纯先天的方式推演实在的性质。由于在体系的第一部分已经确定了实存者应当具有何种特点，所以麦克塔格特进而在第二部分轻松地拒绝了物质和时间的实在性，因为它们不符合第一部分确立的要求。虽然他的结论确实使他的哲学令人更感兴趣和振奋，但这些结论之古怪往往使大多数读者毫不踌躇地断言，他的论证一定有什么东西错了。至少大多数人发现难以相信实在是由其内容是知觉的自我的体系组成的。他们关于麦克塔格特的论证的判定很可能是："才华横溢，但难以置信。"

人们可能会反驳说，这是一个非常庸俗的观点。如果麦克塔格特的论证是好的，那么，这个事实不会因他的结论之古怪而改变。诚然如此。不过，还有一个事实，即很少有哲学家相信这些论证，用它们来表明实在一定是麦克塔格特所说的那样。

3. 麦克塔格特将现存的实在由精神自我组成的学说与无神论结合起来。① 不过，人格观念论一般都采取了某种有神论的形式。我们可以拿自然主义者、心理学家和哲学家詹姆斯·沃德（James Ward，1843—1925）为例，他在德国学习了一段时间，在那里受到洛采（Lotze）的影响，最终在剑桥大学任逻辑和精神哲学教授（1897—1925）。

1886 年，沃德为《大英百科全书》（*Encyclopaedia Britannica*）写了一个著名的心理学条目，后来成为他的《心理学原理》（*Psychological Principles*，1918）的基础，这部著作清楚表明他受洛采、冯特（Wundt）、布伦塔诺（Brentano）等德国哲学家的影响。沃德强烈反对联

---

① 麦克塔格特承认有这样的极小可能性，即在自我社会内有一个自我，从经验的观点看，即使它不能发挥创造作用，也似乎能发挥控制作用。但他又补充说，我们没有任何理由设想事实上有这样一个自我。即使真有这样一个自我，它也不等于有神论思想中习惯描述的上帝。

想主义心理学。他认为，意识的内容由"表象"（presentations）组成，它 248
们形成了一个连续统。这些表象不是表象连续统可以分解为的离散的、孤
立的事件或印象。很明显，虽然一个新的表象引入了新的材料，但它不只
是在一串表象上形成了一个附加项，因为它修饰或部分改变了之前存在的
意识领域。而且，每一个表象都是对于一个主体的表象，是主体的一个经
验。在沃德看来，"灵魂"的观念不是心理学的概念，但我们不能摆脱主
体的观念。因为意识包含选择性地注意表象连续统的各种特征或方面，而
这是受苦乐感影响的主体的活动。不过，把意识主体只看成是一个旁观
者，即一个纯粹的认识主体是错误的。因为经验的意动（conative）方面
是根本的，这里所说的选择性活动有目的论的特征，能动的主体考虑到某
一目标或目的而选择和处理表象材料。①

　　沃德的第一个吉福德系列讲演发表于1899 年，题为《自然主义与不
可知论》（*Naturalism and Agnosticism*），他在其中抨击了他所谓的自然
主义的世界观。我们必须将自然科学与哲学的自然主义区分开来。譬如，
不应将只研究"物理现象数量方面"②的力学与"渴望将现实世界归结为
现实机械论"③的机械的自然理论混淆起来。接受这个理论的哲学家相信，
力学的公式和定理不仅仅是我们在某些方面研究环境所使用的抽象的、选
择性手段，即具有有限效力的手段，而且还向我们充分揭示了具体实在的
性质。而他的这个信念是错误的。譬如，斯宾塞试图从机械论原理推演出
进化运动，他没有看到这样的事实，在进化过程中有不同的层次突现，这
些不同的层次需要自己的合适范畴和概念。④

　　不过，二元论作为自然主义的可能替代者是站不住脚的。的确，经
验的根本结构是主体–客体关系。但这一区分不等于心、物二元论。因为 249
即使当客体是我们所说的物质的东西时，它也与主体一起包含在主体–客
体关系的统一体中，这一事实表明客体不可能完全异质于主体。没有任何

---

① 在笔者看来，这一心理学研究要比联想主义者的研究高明得多。
② 《自然主义与不可知论》，第一卷，第viii 页。
③ 同上。
④ 沃德并不总是小心遵守他自己对自然科学与哲学自然主义的区分。他往往把机械科
学说成不是研究"现实东西"似的。

最终的心、物二元论能经得起批判。

因此，由于拒绝了机械自然论形式的唯物主义和二元论，沃德诉诸他所谓的唯灵论的一元论（spiritualistic monism）。不过，这个词并不表示相信只有一个实体或存在。沃德的观点是：在某种意义上，一切实有体都是精神的。也就是说，它们都具有精神的一面。因而他的理论是多元论的。他的第二组吉福德讲演于 1911 年面世，冠以《目的的王国，或多元论与有神论》（The Realm of Ends or Pluralism and Theism，以下简称《目的的王国》）之名，他在里面谈论的是多元论的唯灵论，而不是唯灵论的一元论，尽管若恰当理解后一个词，两个名称有同样的意义。

对某些读者来说，如果近期一位剑桥大学教授信奉泛心论（panpsychism）理论，可能显得非同寻常。但沃德像莱布尼茨一样，[①] 他的意思并非要说每一个实有体或单子都有我们所谓的意识。其想法不如说是这样：要不是每一个活动中心都有某种程度的（往往是很低程度的）"精神能力"（mentality）的话，就没有任何"粗陋的"（brute）物质那样的东西。此外，沃德声称，多元论的唯灵论不是一个先天演绎出来的学说，而是建立在经验的基础上。[②] "世界完全被认为是我们发现它的那个样子，被认为是众多的活动个体，这些个体只在它们的相互作用中并通过这种作用而统一起来。对这种相互作用，还可以从社会的相互作用来类推，把它彻底解释成一种彼此的交易，也就是说，解释成以认识和意动（conation）为基础。"[③]

250　　　于是，沃德承认，我们可以停留在众多有限的经验活动中心这一观念上。因为康德揭示了对上帝存在的所谓明确证明是荒谬的。同时，有

---

① 沃德的单子并非"没有窗户"，而是互相作用的，除此之外，沃德的多元论与莱布尼茨的单子论相似。

② 根据沃德的观点，唯一无可非议的先天陈述是"纯形式的陈述"（《目的的王国》，第 227 页），即那些逻辑学和数学的陈述。这些陈述不提供关于世界的事实消息。不过，如果一位哲学家主张从一组范畴推演出实在的性质，并且发现这些范畴适用于世界，那么，他也将发现这些范畴首先是从经验中得来的。

③ 《目的的王国》，第 225 页。显然，越是使泛心论显得不那么荒诞不经，它就越容易被说成提供不出新消息，除非泛心论完全根据某些选择性类比来解释经验上可观察的事物行为。于是，泛心论是否真实的问题就表现为某个描述是否恰当的问题，而不是某个行为是否发生的问题。

神论又提供了在没有上帝的多元论中所缺少的一个统一体。而且，"创造"（creation）和"保存"（conservation）的概念有助于说明"多"的存在，尽管对"创造"应当从根据与推断（consequent）方面，而不是从原因和结果方面来理解。"上帝是世界存在的根据，即它存在的本质理由。"①此外，沃德还像实用主义者那样论证说，接受上帝的观念有助于使多元论者更加确信有限存在的意义，更加确信目的王国理想的最终实现。如果没有上帝在宇宙中既超越又无所不在地活动，那么，"世界很有可能永远保持我们现在所见的那种'事物的不和谐中的和谐'（rerum concordia discors）"。②

4. 我们可以有把握地大胆概括说，人格观念论的基本因素之一是一个价值判断，即人格代表了我们经验领域内的最高价值。这个说法看起来可能确实不适用于麦克塔格特的哲学，他声称用先天推理来证明何种特性一定属于实存者，然后探讨初步认定为实体的各类事物中何者实际具有这些特性。当然，由此并不必然得出，一个价值判断甚至在他的哲学中也不构成一个有效的、含蓄的因素。无论怎样很清楚的是，普林格尔－帕蒂森确信人格的终极价值，这种确信促使他对绝对观念论做出修正，而且詹姆斯·沃德的多元论的唯灵论也与类似的确信相联系。

显然，人格观念论不仅仅由这种价值判断构成。它还包括：确信应当把人格当作理解实在本质的关键，持之以恒地尝试根据这种确信来说明实在。这意味着，人格观念论倾向于多元论，而不是一元论。在麦克塔格特和沃德的哲学中，多元论的宇宙概念显然占统治地位。在普林格尔－帕蒂森那里，他保留了关于绝对是单一的、无所不包的经验的思想，因而遏止了多元论的宇宙概念。同时，他把价值附加在人格上，这迫使他极力251以这样一种方式来说明"一"的学说，以使"多"不至于湮灭或消失在"一"中。

根据对人格价值的确信而发生的从一元论向多元论的转向，在形而

---

① 《目的的王国》，第234页。
② 同上，第421页。

上学上自然而然引起对某种形式有神论的肯定。麦克塔格特是个特例，他确实把绝对说成是有限精神自我的社会或体系。在普林格尔–帕蒂森那里，绝对观念论传统仍然对他的思想有影响，这阻止了他向毫不含糊的有神论的转变。不过，可以说，人格观念论的内在动力倾向于把终极实在说成是它本身就有人格特性，并把它说成是这样一种实在，使得允许把有限人格的从属性实在纳入考虑之中。根据绝对观念论者的观点，如我们已知，上帝的概念必须转变为绝对的概念。在人格观念论那里，绝对的概念往往被再次转变为上帝的概念。的确，麦克塔格特认为他关于精神自我的社会或体系的观念是对黑格尔的绝对的恰当说明。但我们在詹姆斯·沃德那里发现了向有神论的明显过渡。而他明确断言他近似于康德而不是黑格尔，就不足为奇了。

我们将"人格观念论"一词的应用推广到何种程度，这是在一定范围内进行选择的问题。譬如，考虑一下威廉·里奇·索利（William Ritchie Sorley，1855—1935），他从 1900 年至 1932 年一直是剑桥大学的道德哲学教授。他主要关心与价值的性质和价值判断有关的问题，把他称作价值哲学家也许更可取。不过，当我们把价值认真说成是实在中的因素时，他也研究我们必定接受的那种基本哲学理论。因而，他强调人格是"价值的载体"，[①] 而且形而上学在上帝的观念那里达到顶点，上帝不但被设想为造物主，而且被设想为"一切价值的本质和源泉，设想为一种意愿，即这些价值应当被其存在归因于上帝的那些自由的、有才智的人所分享"。[②] 他的反思的全部结果使我们可以合理地称他为人格的观念论者。

不过，不能指望我们把可以合理说成是人格观念论者的所有英国哲学家的思想都概括出来。反之，我们可以将注意力集中在绝对观念论者和人格观念论者对科学的不同态度上。当然，布拉德雷否认科学在其自身水平上的有效性。但因为他把一切推论性思想都贬低到现象的领域，就使他认为科学不能向我们揭示与现象不同的实在的本质。我们确实在麦克塔格特那里发现了几乎完全相同的态度，在他看来，空间–时间的世界

---

① 《当代英国哲学》，第二辑，第 254 页。
② 同上，第 265 页。

是现象。甚至詹姆斯·沃德在反驳自然主义和机械的世界论的时候也贬低科学向我们揭示实在本质的能力，他强调抽象科学概念的人为性，这些概念必须根据它们的效用而不是根据任何绝对真理的主张来判断。同时他又坚信，生物学、心理学之类的具体科学都提倡和确证他的多元论哲学。一般而言，与其说人格观念论者致力于对科学做出宣判，将它贬低到现象的领域，不如说他们致力于反对把唯物主义和机械论哲学说成是科学的逻辑结果。不论怎样，人格观念论的基本倾向诉诸这样的事实，即不同的科学需要不同的范畴来处理不同层次的经验或实在方面，这个基本倾向还把形而上学看成合法地、甚至必然地扩大了说明的范围，而不是把它看作认识实在的唯一途径，经验科学由于局限于现象的领域而必然被排除在这种认识之外。这个看法可能不适用于麦克塔格特。他实际上与众不同（sui generis）。人格观念论者的基本态度是要证明经验和对哲学的经验研究支持多元论，而不是支持那类具有绝对观念论特点的一元论，而且如果我们考虑到各种不同的科学类型，① 我们就会看到，形而上学哲学并非激烈地反对科学，而是在对实在的说明中达到的一个天然顶点，在这个说明中，科学发挥了自己的作用。

最后一点。如果我们将麦克塔格特的体系排除在外，那么，人格观念论在本性上受到有宗教思想的哲学家青睐，受到被认为适于应邀发表吉福德系列讲演的那类哲学家的青睐。人格观念论者写的东西普遍有宗教的启发性。他们的哲学风格远不如布拉德雷的绝对观念论那样对基督教信仰有破坏作用。② 虽然我们可以把许多哲学都合理地看成人格观念论的代表，从道德和宗教的观点看它们都很有启发性，但至少就它们比较有形而上学意味的方面而言，它们往往给人以这样的印象，即它们是一系列个人的信念陈述，这些陈述与其说依赖于严格的论证，不如说依赖于强调实在的某

253

---

① 在沃德的笔下，科学好像没有给我们提供关于具体实在的东西的知识，这时他主要想到的是力学，他认为它是数学的一个分支。如我们已经提到，他本人是一个心理学家。

② 我的意思并不是说可以恰当地把布拉德雷说成是一位不信教的思想家。而且，在他看来，"上帝"的概念属于现象的领域，把他说成是一位基督教思想家是荒谬的。他不是基督教思想家。

些方面。① 可以理解的是，在沃德和索利（Sorley）在世期间，另有一些剑桥哲学家建议，与仓促提出对实在的大量解释相反，我们最好尽可能把我们的问题弄清楚、弄准确，并一一地解决它们。不过，虽然这听起来是一个非常合理而实际的建议，但麻烦在于，那些哲学问题往往是环环相扣的。而且将哲学分解为明确界定的、可以分别回答的一些问题，这种想法在实践上也没有显出某些人希望的那种丰富成果。但不能否认的是，在当前英国哲学的氛围中，观念论体系似乎属于过去的思想阶段。这确实使它们适于成为历史学家的素材。而这也意味着，历史学家们不能不感到困惑：与黑格尔的体系给人以深刻印象不同，这些小体系没有激发人们的想象，对于花费篇幅来阐述它们，是否真能证明是非常恰当的呢？不过，有这样一种说法，即那种人格观念论代表了有限人格对"一"的同化作用的反复发生的反抗，不论这个"一"被构想成什么样。说人格是"现象"很容易，但没有任何一个一元论体系曾经说明现象领域是怎样首先出现的。

---

① 麦克塔格特确实宣称通过严格的论证达到他的结论。但从宗教的观点看，他的结论并不特别有启发性，除非人们乐于认为上帝的存在或非存在对宗教是一件无所谓的事情。

第三部分

美国的观念论

第十一章

导论

美国哲学的开端；S. 约翰逊与 J. 爱德华兹 —— 美国的启蒙运动；B. 富兰克林与 T. 杰斐逊 —— 苏格兰哲学的影响 —— R. W. 爱默生与先验论 —— W. T. 哈里斯及其思辨哲学纲领

1. 美国哲学思想的起源可以远溯到新英格兰的清教徒。显然，清教 254 徒的主要目标是根据他们信仰的宗教原则和道德原则来组织他们的生活。在"清教徒"一词的非哲学的意义上，他们是理想主义的。他们还是不允许对他们认为的正统原则持异议的加尔文主义者。同时，我们还可以在他们中看到些许哲学反思的迹象，这种反思主要受到彼得吕斯·拉米斯（Petrus Ramus），即皮埃尔·德·拉·拉梅（Pierre de la Ramée，1515—1572）的思想和约翰·海因里希·阿尔斯泰德（Johann Heinrich Alsted，1588—1638）的《百科全书》（Encyclopaedia）的影响。彼得吕斯·拉米斯是法国著名的人文主义者和逻辑学家，于 1561 年成为加尔文主义者，他讲解公理会的教会理论，最后死于圣巴托罗缪夜大屠杀。因而他特别有资格被新英格兰公理会教徒认作思想守护者。阿尔斯泰德是梅兰克森（Melanchthon）的追随者，也是彼得吕斯·拉米斯的信徒，他于 1630 年出版了一部艺术和科学的百科全书。这部具有柏拉图主义色彩的著作有一节专门论述阿尔斯泰德所谓的"考古学"（archeologia），即知识和存在的原理体系。它成为新英格兰的一部流行教科书。

美国哲学思想的第一阶段与宗教有密切关系，这从最初的哲学家都是神职人员这一事实看出来。塞缪尔·约翰逊（Samuel Johnson，1696—
1772）就是个例子。他最初是公理会的牧师，于1772年加入了圣公会教
255　会，后来被授予圣公会的圣职。1754年，他被任命为纽约国王学院（即
现在的哥伦比亚大学）的第一任院长。

约翰逊在自传中提到，他在耶鲁学习时，教育的水准是很低的。的
确，与在英格兰成长起来的最初移民的教育水准相比，这里的教育水准显
得低下。当然，人们不是不知道笛卡尔、波义耳、洛克和牛顿的名字，洛
克和牛顿著作的传入也逐渐将新的思想方式展现出来。不过，这里有一
种强烈的趋向，即要把世俗学问与拉米斯和阿尔斯泰德的某些作品等同
起来，并认为新哲学潮流威胁到宗教信仰的纯粹性。换言之，"经院哲学"
过去有助于达到有用的目的，现在则正被用来制止新观念的传播。

约翰逊本人受到贝克莱的影响。他在贝克莱旅居罗得岛时（1729—
1731）与这位哲学家熟识，他在1752年出版的《哲学原理》（*Elementa
Philosophica*）就是献给贝克莱的。①

虽然约翰逊对贝克莱的非唯物主义印象深刻，但他不准备接受贝克
莱的如下观点：空间和时间是特殊观念之间的特殊关系，无限的空间和时
间仅仅是抽象观念。他希望保持牛顿−克拉克关于绝对的无限空间和时间
的理论，其根据是，由于允许众多有限精神的存在，所以就必须有绝对的
无限空间和时间。譬如，如果没有绝对空间，所有有限精神都会彼此重
合。而且，约翰逊还试图使贝克莱的观念论符合柏拉图的模式，认为一切
观念都是存在于神圣心灵中的原型的副本。换言之，虽然约翰逊欢迎贝克
莱的非唯物主义，但他努力使它适应美国思想中早已存在的柏拉图传统。

18世纪美国思想的一个比较有名的代表是乔纳森·爱德华兹
（Jonathan Edwards，1703—1758），他是著名的公理会神学家。他
在耶鲁大学受教育，1717年，他了解了洛克的《人类理智论》（*An
Essays Concerning Human Understanding*）；1730年，了解了哈奇森
（Hutcheson）的《美和德观念的起源研究》（*Inquiry into the Original of*

---

① 　约翰逊与贝克莱的哲学通信可以在T. E. 杰索普（T. E. Jessop）教授编辑的贝克莱
主教《著作集》（*Works*）校勘版第二卷中看到。

Our Ideas of Beauty and Virtue）。虽然他首先是一位加尔文主义神学家，一生主要当牧师，但他试图将加尔文主义神学与新哲学综合起来。或者用另一种说法，他用从当时哲学得来的观念来说明加尔文主义的神学。1757 年，他成为新泽西州普林斯顿学院（现在的普林斯顿大学）的院长。翌年，他死于天花。 256

爱德华兹认为宇宙只存在于神圣的心灵或精神中。必然的、无限的、永恒的空间实际上是上帝的一个属性。而且，恰当地说，只有精神是实体。所谓从事实际因果活动的类似独立的物质实体是没有的。当然，自然作为现象而存在。从关注现象或表象的科学家的观点看，自然中有一律性，即一种恒常的秩序。这样的科学家可以非常合理地谈论自然规律。但从比较深奥的、哲学的观点看，我们只能承认一种实际的因果活动，即上帝的活动。不但神对有限事物的保存是不断反复的创造，而且同样真实的是，从哲学的立场看，按爱德华兹的说法，自然的一律性也是神的意志任意设立的。自然中实际上没有必然关系或动力因果性那样的东西，一切联系都最终取决于上帝的任意"决断"（fiat）。

爱德华兹与贝克莱一样拒绝物质实体的存在，承认精神实体的存在，不过，我们不能认为这个事实意味着，在他看来，对于上帝是唯一的真实原因这个普遍真理，人类意志构成了一个例外。当然，从某种观点看，我们可以说，他对关系，尤其是因果关系，做出了经验主义的分析。不过，这个分析与加尔文主义关于神圣全能或因果性的观念结合在一起，提出了一种形而上学观念论，上帝在其中表现为唯一真正的原因。在《意志自由》（Freedom of the Will）一书中，爱德华兹明确拒绝自决的人类意志的观念。在他看来，断言人类意志可以做出与普遍动机或倾向相反的选择是荒谬的，也是阿明尼乌主义（Arminianism）的一种表现。[①]选择永远由普遍动机所决定，而普遍动机又转过来由表现为至善的东西所决定。从神学上说，一个人的选择是造物主预先决定了的。但如果设想这样一来就解除

---

① 显然，如果我们用普遍倾向或最强动机指的是实际"普遍的"的动机，那么，要断言我们可以反抗这个动机就是荒谬的。于是，关于我们永远顺从这个动机的陈述也就变成了同语反复。

257　了人的一切道德责任，那是错误的。因为对一个行为的道德判断完全取决
于该行为的性质，而不是它的原因。一个恶的行为依然是恶的行为，不论
它的原因是什么。

　　爱德华兹思想中一个特别令人感兴趣的部分是他关于上帝感（a sense
of God）或关于对神圣卓越性的直接意识的理论。他一般赞成1740年至
1741年奋兴派的"大觉醒"运动（the revivalist "Great Awakening"）。他
认为，宗教情感（他曾写过一部有关的著作）表现了对神的卓越性的理
解，这种理解是属于"心"①的，而不是属于"头"②的。同时，他试图将
上帝感和体现奋兴派运动集会特点的情绪亢奋状态区分开来。在这个过程
中，他发展出一种上帝感理论，在这一理论中可以合理地看到哈奇森的审
美观念和道德观念的影响。

　　根据爱德华兹的观点，正如我们对蜂蜜的甜的感觉先于我们关于蜂
蜜是甜的的理论判断，并且是它的基础，我们（比方说）对神的神圣性的
情感或感觉也是关于上帝是神圣的判断的基础。一般而言，正如对一个对
象的美的感觉或对一个人的美德的感觉是表达这种感觉或感受的判断的前
提，我们对神的卓越性的感觉也是我们关于上帝的"理智"判断的前提。
也许这里的"正如"一词很容易受到批判。因为在爱德华兹看来，上帝感
是我们的存在对神圣存在的一种同意，并且具有超自然的来源。而问题在
于，人能够通过某种形式的经验意识到上帝，这种经验与感觉经验相似，
与我们看到一个美丽的东西、或看到美德的表现而感到的快乐相似。

　　也许我们可以在这个理论中看到洛克的经验主义的影响。当然，我
的意思并不是说，洛克本人将对上帝的信仰建立在感觉和直觉的基础上。
在这件事情上，他的研究方式是理性主义的，他对"狂热"的不信任是众
所周知的。不过，他一般坚持感觉经验的首要地位，这很可以成为影响爱
德华兹思想的因素之一，尽管哈奇森关于道德美感或美德感的观念的影响
确实更加明显。

　　爱德华兹在世时未能完成一部根据新方法系统展开的完整神学著作

---

①　heart，指"情感""意愿"。——译者注
②　head，指"理智""悟性"。——译者注

的计划。但他是一位极有影响的神学家，他试图将加尔文主义神学、观念论、洛克的经验主义、牛顿的世界观汇集在一起，这些构成了最初美国思想的主要表现方式。

2. 在欧洲，18世纪是启蒙运动的时代。美国也有通常所说的启蒙运动。在哲学领域，它确实无法与英格兰和法国对应的启蒙运动相比。不过，它在美国的生活历史中仍然有重要意义。

我们可以提到的它的第一个特点是试图将清教的道德德性与其神学背景分开，这一尝试可以用本杰明·富兰克林（Benjamin Franklin，1706—1790）的思考作为一个很好的例子来说明。富兰克林赞赏英国的理神论者威廉·沃拉斯顿（William Wollaston），他确实没有步塞缪尔·约翰逊或乔纳森·爱德华兹的后尘。如他所宣称的那样，启示对他来说毫无价值。他坚信应当给道德提供一个功利主义的根据来取代神学的根据。有些类型的行为对人和社会是有益的，有些类型的行为是有害的。我们可以把前者看作是被命令的，把后者看作是被禁止的。像节制和勤奋这样的德性根据它们的效用而被证明是正当的。它们的反面应当受到谴责，因为它们有损于社会的利益和个人的成功。

虽然富兰克林的名气很大，尽管他是"美国哲学协会"的创立者之一，却不能说他是一位深刻的哲学家。要勾勒出他的伦理观是件轻而易举的事。的确，富兰克林赞扬诚实、真诚、正直这些清教徒们高度重视的美德对人类幸福是必不可少的。可是，一旦因为诚实、真诚的人比不诚实、不正直的人一般更可能在生活中取得成功而使这些美德得到赞扬，那么，某种平庸的实用主义就取代了清教徒心中最美好的宗教理想主义的最完美的形态。这时的情况已经不再像有较多柏拉图思想的清教神学家所认为的那样，人成为上帝的形象。而是"早睡早起使人健康、富裕和明智"。这个格言也许明白合理，但并无特别令人精神提升之处。

不过，尽管富兰克林的反思往往呈现出些许平庸乏味的特点，但它们代表了我们在更高雅的18世纪欧洲哲学中看到的使伦理学自立、与神学相分离的同样运动。清教徒的德性在世俗的外衣下保留下来，这对美国观的发展有相当重要的历史意义。

美国启蒙运动的另一个重要特色是社会观念的世俗化。加尔文主义从一开始就反对国家对教会的控制。虽然加尔文主义者一般倾向于在可能的情况下确保对社会的广泛控制，但至少在原则上他们承认真正的信徒团体与政治社会之间的区别。况且在新英格兰，加尔文主义采取了公理制（Congregationalism）的形式。虽然在实践上神职人员一旦被任命就行使很大的权力，但在理论上公理派民众只是志趣相投的信徒的自愿结合。因此，当把这种社会观念中的神学和宗教联系剥离掉，它就有利于促进民主共和主义的利益。而洛克的社会契约理论则是随手可用的工具。

与新英格兰公理会教徒相联系的宗教社会理论被世俗化了，不过，这个过程只是复杂环境中的一个因素。另一个因素是新大陆中开拓者社会的发展，这些社会最初与特定的宗教团体和运动没有任何联系。新拓荒的社会① 不得不将它们带来的法律观念和社会组织与它们发现自己所处的环境相适应。它们的主要欲求显然是尽可能确保那样一种秩序条件，以防止无政府状态，并使个人能够在比较和平的环境中追求他们各自的目的。不用说，拓荒社会的成员不大关心政治哲学，或不大关心任何种类的哲学。同时，他们代表了一个发展着的社会，这个社会不言而喻地体现了洛克关于人们自由联合的理论，这些人自己组织起来，服从法律，为的是保持一个社会的结构和秩序，这种结构和秩序允许以竞争然而和平的方式发挥个人的首创性。此外，这些社会的发展，连同对世俗成就的重视，有助于宽容观念的传播，而这种观念几乎是加尔文主义的神学家和牧师们不具备的。

260　政治社会是人类的自愿联合体，其目的是为了把社会秩序确立为一个结构，使之和平地发挥个人的首创性。可以理解，这个看法是与自然权利的观念相联系的，自然权利是有组织的社会的先决条件，并应得到后者的保护。洛克和其他英、法作家提倡的自然权利论在托马斯·潘恩（Thomas Paine，1737—1809）的《人的权利》（*Rights of Man*）② 中得到

---

① 可以提到的是，本杰明·富兰克林强调了在拓荒社会中证明为有益的德性和价值。
② 第 1 部分出版于 1791 年，第 2 部分出版于 1792 年。潘恩还是《理性的时代》（*Age of Reason*）的作者，该书的两部分分别出版于 1794 年和 1796 年。

表述。潘恩是理神论者，他坚决主张理性的至上性和所有人的平等权利。托马斯·杰斐逊（Thomas Jefferson，1743—1826）也是自然权利论的有力倡导者，众所周知，他起草了1776年的独立宣言。这份著名文件断言，如下真理是自明的：人人生而平等，造物主赋予他们若干不可转让的权利，其中包括生命权、自由权和追求幸福的权利。宣言进而断言，政府是为了确保这些权利而建立起来的，它们根据被统治者的同意而获得它们的权力。

不必说，独立宣言是一项国家法令，而不是政治哲学的运用。事实上，它包含了大量对英国君主和政府的谴责，除此以外，它的公开词句背后的哲学在18世纪的美国还没有得到充分的发展。因而，杰斐逊本人只是假设，关于人人具有造物主赋予的若干不可转让权利的说法是一个常识的问题。也就是说，共同的理性认为这个说法一定是真的，不需要任何证明，即使一旦它的真理性得到确认，就可以从中引出道德和社会的结论来。同时，宣言的哲学部分极好地表现了美国启蒙运动的精神和成果。当然，它的历史重要性是不容置疑的。

3. 富兰克林和杰斐逊这样的人显然不是专业哲学家。不过，在19世纪的进程中，学院哲学在美国得到相当大的发展。对这一发展发生影响的思想中包括托马斯·里德及其在苏格兰学派中的继承者的思想。在宗教方面，人们赞同苏格兰哲学的传统，认为它既具有实在论的特点，又是反对唯物主义和实证主义的非常必要的解毒剂。因而，它开始受到那些意识到 261 基督教信仰缺乏充分理性基础的新教神学家的欢迎。

这个传统的主要代表人物之一是詹姆斯·麦科什（James McCosh，1811—1894）。他本人是一位苏格兰长老会信徒，曾任贝尔法斯特女王学院的逻辑与形而上学教授16年之久，然后于1868年担任普林斯顿大学校长，把这所大学变成了苏格兰哲学的一个堡垒。他写了许多哲学著作，像《约翰·斯图尔特·密尔哲学研究》（*An Examination of Mr. John Stuart Mill's Philosophy*，1866）和《实在论哲学》（*Realistic Philosophy*，1887）等，除此以外，他于1875年出版了著名的研究著作《苏格兰哲学》（*The Scottish Philosophy*）。

　　苏格兰传统在美国得到普及，它所带来的影响中包括一种普遍的习惯，即将哲学分为精神哲学和道德哲学，前者即人的心灵科学或心理学，后者即伦理学，据认为前者为后者提供了基础。这一划分在诺厄·波特（Noah Porter，1811—1892，于1847年被任命为耶鲁大学的道德哲学和形而上学教授，还担任了若干年的校长）出版的常用教科书的标题上反映出来。譬如，1868年，他出版了《人类理智》（*The Human Intellect*），1871年出版了该书的删节本《理智科学原理》（*The Elements of Intellectual Science*），1885年出版了《道德科学原理》（*The Elements of Moral Science*）。不过，波特不单是苏格兰学派的拥护者。他不仅认真研究像 J. S. 密尔和贝恩那样的英国经验主义者，他还研究康德和后康德的德国思想。他试图实现对苏格兰哲学与德国观念论的综合。因而他强调，应当把世界看成是一个思想，而不是一个事物，"绝对"的存在对于人类思想和知识的可能性是一个必要条件。

　　法国哲学家维克多·库辛（Victor Cousin，1792—1867）已经尝试将经验主义的即苏格兰常识哲学的主题与德国观念论结合起来。作为"巴黎高等师范学院"的校长，巴黎大学的校长和最后出任的教育部长，库辛的地位使他可以把他的观念作为一种哲学正统置于法国学术生活的中心。可是，由这样一些异质成分构成的折中主义哲学，因为其不连贯，显然很容易受到严重的批判。不过，与这里有关的一点是，他的思想在美国产生了某种影响，尤其是促进了将苏格兰传统唤起的观念与德国观念论唤起的先验主义相结合。

　　作为一个例子，我们可以说一下纽约大学的教授凯莱布·斯普拉格·亨利（Caleb Sprague Henry，1804—1884）。库辛实际上将形而上学建立在心理学的基础上。若对心理观察恰当运用，可以揭示人的自发理性的存在，它起到了联结意识和存在的桥梁作用，使我们能够（比方说）把有限实体理解成是客观存在的，从而超出了主观观念论的局限。作为反思理性的成果，哲学阐明并发展了自发理性直接理解的客观真理。亨利接受了自发理性与反思理性的这种区分，作为虔诚的英国国教徒，他着手将这种区分用于神学背景，得出了宗教的或神圣的经验先于宗教的知识并作为其根据的结论。① 不过，他所说的宗教的或神圣的经验主要是指对善和义务的道德意识，这一意识显示出上帝使人升华到一种新生活的能力。此外，亨利认为，物质文明变成了"理智"的果实，而历史上被认为是上帝的救赎成果的基督教，因为其目的是要创建一个理想社会，所以它是对"理性"或精神的要求的反响。

4. 同时，苏格兰哲学在大学界蔓延，著名的美国作家拉尔夫·沃尔多·爱默生（Ralph Waldo Emerson，1803—1882）在宣讲他的先验论的福音。1829 年，他成为"一位论派"的（Unitarian）牧师。不过，他实际上不适合这个牧师的职务，因为他在柯勒律治和卡莱尔那里发现灵感，他强调道德的自身发展，并倾向于使宗教摆脱历史的关联，他更关注于表达他个人对世界的看法，而不是传达传统的信条。1832 年，他放弃了牧师的职位，投身于发展和阐述一门新观念论哲学的工作，他坚信，这门哲学能够使世界在某些方面焕然一新，而不论是唯物主义还是传统宗教在这些方面都做不到这一点。

1836 年，爱默生匿名出版了名为《论自然》（Nature）的小册子，包含了他的思想精髓。1838 年，他在哈佛神学院出版了著名的《神学院演讲》（Address），引起了那些认为它非正统的人的强烈反对。1841 年和 1844 年，他出版了两部《随笔》（Essays），他的《诗集》（Poems）出版于 1846 年。1849 年，他出版了《代表人物》（Representative Men）一书，这是他在 1845—1846 年间所做的系列讲演，谈到了从柏拉图到拿破仑和歌德等被遴选的一些著名人物。在后来的岁月里，他成为全国知名的人物——"康科德的哲人"（Sage of Concord），与最初被认为提出危险新思想的那些人相比，有时这是一个更好的结果。

1842 年在波士顿的共济会教堂（Masonic Temple）做的一次讲演中，爱默生宣称所谓的"新观点"实际上是非常陈旧的思想，只是被塑造得适

① 在这样运用这一区分时，亨利并没有完全效仿库辛。因为库辛坚持认为，我们通过对有限实体的存在的归纳推理而知道上帝的存在，尽管他试图将这个论点与德国形而上学观念论唤起的上帝观念（这一观念导致了神职批评者对泛神论的谴责）结合起来。亨利主要感兴趣的是历史上基督教的救赎能力，当他接受了库辛的理性观念，就把它转用到基督教神学的背景中。

合当今的世界而已。"我们中一般所说的先验论就是观念论，是在1842年表现出来的观念论。"① 唯物主义者根据感觉经验和他所谓的事实，而"观念论者从其意识出发，并把世界看成是现象"。② 于是，唯物主义和观念论似乎是截然对立的。然而，一旦我们开始问唯物主义者基本的事实实际是什么，他的牢固世界就往往四分五裂了。而现象论认为，万事万物最终都归结为意识材料。因此，经过批判，唯物主义往往变成了观念论，因为"心灵是唯一的实在……［而］自然、文学、历史则完全服从于现象"。③

不过，由此不能得出，外部世界完全是由个人的心灵创造的。确切地说，它是一个普遍精神或意识的产物，这个普遍精神或意识就是"那个统一体（Unity）、那个超灵（Over-Soul），在它之内包含了每一个人的特殊存在，并使之与其他一切存在同在"。④ 这个超灵、或永恒的一、或上帝，是唯一终极的实在，自然是它的投射。"世界如同人体一样出自同一个精神。它是上帝比较遥远而低级的化身，是上帝的无意识投射。但它在一个重要方面不同于人体。它不像人体那样至今服从于人的意志。它的平静秩序是我们不能干预的。因此，对我们来说，它就是神圣心灵的当下解释者。"⑤

264　　如果我们问爱默生是如何知道这一切的，那么，要指望他给出任何系统展开的证明都是无用的。他甚至坚持说，人类理性预先假定并寻求一个终极的统一体。不过，他也强调说："当我们看到真理的时候我们就知道真理，让怀疑论者和嘲讽者说出他们选择的真理吧。"⑥ 当蠢人听到他们不希望听到的话，他们就问，一个人怎么知道他说的是真的。然而，"当我们看到真理的时候我们就知道真理，从某种观点理解，就好像当我们醒

---

① 《全集》（Complete Works），伦敦，1866，第二卷，第279页。给出的索引均根据该版的卷数和页码。
② 同上，第二卷，第280页。
③ 同上，第二卷，第280—281页。
④ 同上，第一卷，第112页。
⑤ 同上，第二卷，第167页。（文中"化身"的原文是"projection"，系作者引用之误，应为"incarnation"。——译者注）
⑥ 同上，第一卷，第117页。

着我们就知道我们醒着"。① 如爱默生所说，灵魂的宣告是"神圣心灵向我们心灵的注入"②：它们是伴有崇高情感的启示。

我们也许会料想，从人类灵魂与超灵或神圣精神相统一的学说出发，爱默生会得出结论：这样的个人是不重要的，道德和精神的进步就在于将个人的人格沉浸在"一"中。但这根本不是他的观点。按爱默生的表述，超灵以特殊方式化身在各个人中。因此，"每个人都有自己的天职。天才就是［超灵的］召唤"。③ 他得出的结论是："坚持你自己，不要模仿。"④ 因循主义是一种恶：依靠自己是主要的德。"不论谁要成为一个人，他必须是一个非因循主义者。"⑤ 爱默生赞扬"信赖自己"（self-reliance），甚至为此提出了一个理论上的理由。神圣的精神是自存的，它的体现者的善与它们享有这种属性的多少成正比。同时，在爱默生的道德学说中，我们可以合理地看到一个社会的精神表现，这个社会是朝气蓬勃、充满活力、不断发展、竞争向上的。

在爱默生看来，这种"信赖自己"如果广泛实行，就会带来社会的新生。国家的存在是用来教育智者即品格高尚的人的，而"随着智者的出现，国家就死了。品格高尚的人出现使国家变得不必要了"。⑥ 毫无疑问，这里的意思是，如果个人的品格得到充分发展，作为强力机构的国家就没有必要了，取代它的会是一个以道德公正和爱为基础的社会。

不用说，同卡莱尔一样，与其说爱默生是一位系统的哲学家，不如说是一位预言家。他甚至于说："连贯性是愚蠢的，它是思想狭隘的魔鬼，几乎没有政治家、哲学家和神学家会喜欢它。有了连贯性，一个伟大的灵魂只会一事无成。"⑦ 的确，他的主要观点是：一个人应当保持理智的正直，不要只因为与自己昨天说的话相矛盾，就不敢说自己今天真正想说的话。但他还说到，比如，即使我们在形而上学中拒绝给上帝以人格，这也

265

---

① 《全集》，第一卷，第 117 页。
② 同上。
③ 同上，第一卷，第 59 页。
④ 同上，第一卷，第 35 页。
⑤ 同上，第一卷，第 20 页。
⑥ 同上，第一卷，第 244 页。
⑦ 同上，第一卷，第 24 页。

不应妨碍我们以不同的方式思考和谈论"灵魂的虔诚活动何时会发生"。①
虽然我们可以理解爱默生的意思是什么，但一位持这种观点的系统哲学家
更有可能效仿黑格尔，在思辨哲学语言与宗教意识语言之间做出明确区
分，而不是满足于把连贯性当作思想狭隘的魔鬼抛弃掉。换言之，爱默
生的哲学是印象主义的（impressionistic），有时也称作"直觉的"。虽然
它传达出个人对实在的看法，但它不是以非个人论证和准确陈述的惯用方
式提出来的。当然，有人可能认为这是它的一个优点，但实际情况是，如
果我们正在寻求的是系统阐发美国思想中的观念论，那我们不得不另寻
别处。

　　爱默生是1836年在波士顿创建的先验主义俱乐部的主要人物。得
到爱默生高度评价的另一位成员是阿莫斯·布朗森·奥尔科特（Amos
Bronson Alcott，1799—1888），他是一位高尚脱俗的人，除了试图将新
方法引入教育以外，他还在马萨诸塞州创立了一个乌托邦社区，尽管它存
在的时间不长。鉴于他的表述含糊隐晦，后来在圣路易斯的黑格尔主义者
的敦促下，他试图对他的观念论做出澄清和界定。与新英格兰先验主义有
某种联系的人中，我们可以提到亨利·大卫·梭罗（Henry David Thoreau，
1817—1862）和奥雷斯蒂斯·奥古斯塔斯·布朗森（Orestes Augustus
Brownson，1803—1876）。梭罗是一位文坛名人，当爱默生于1837年在
哈佛发表题为"美国学者"（The American Scholar）的"联谊会"（Phi
Beta Kappa Society）讲演时，梭罗为之倾倒。说到布朗森，他精神上的
朝圣之旅使他经过不同阶段一步一步从信奉长老会教义变成了信奉天主教
教义。

　　5. 1867年，《思辨哲学杂志》（*The Journal of Speculative Philosophy*）
第一期在密苏里州的圣路易斯市问世，由威廉·托里·哈里斯（William
Torrey Harris，1835—1909）编辑。哈里斯及其同事有力推动了关于德国
观念论知识在美国的传播，这个团体以圣路易斯黑格尔主义者而闻名。哈
里斯还是"康德俱乐部"（Kant-Club,1874）的创办人。该团体与新英格

──────────

① 《全集》，第一卷，第24页。

兰的先验主义者有某些联系。1880 年，哈里斯协助开办了由奥尔科特合作的"康科德哲学暑期学院"（Concord Summer School of Philosophy）。1889 年，总统哈里森任命哈里斯为美国教育部长。

哈里斯在《思辨哲学杂志》第一期中谈到需要思辨哲学完成的三项主要任务。首先，当传统教义和教会权威日益失去对人心的控制的时候，它应当提供一门与时代相适应的宗教哲学。其次，它应当根据正在偏离纯粹个人主义的民族意识的新要求，发展出一门社会哲学。最后，它应当确定科学中新观念的更深层含义，哈里斯认为，在这个领域，单纯经验主义的时代一去不复返了。因为在哈里斯看来，思辨哲学指的是由柏拉图开始、在黑格尔的体系中得到完全表现的那个传统，所以，他实际要求的是在德国后康德主义哲学的启发下、根据美国的需要来发展观念论。

实现此类纲领的尝试各种各样，从豪伊森（Howison）和鲍恩（Bowne）的人格观念论到乔赛亚·罗伊斯（Josiah Royce）的绝对观念论不一而足。因为豪伊森和鲍恩都出生在罗伊斯之前，所以我们也许应当首先论述他们两个人。不过，我打算在下一章专门论述罗伊斯，并在随后一章简要讨论人格观念论者和属于观念论传统的其他几位哲学家，提到比罗伊斯年轻的几位思想家的名字。

不过，我们不妨同时指出，要在美国思想中的人格观念论与绝对观念论之间做任何截然区分都是很困难的。在真正的意义上，罗伊斯也是一位人格观念论者。换言之，绝对观念论采取的布拉德雷所赞成的形式，包括将人格贬低到与实在领域相对立的现象领域，与美国人的思想格格不入。他们一般认为，要恰当实现哈里斯的纲领，不应要求为了"一"而牺牲人类的人格，当然，他们强调的方面有不同，有的思想家强调"多"，有的更强调"一"。因此，对人格观念论和绝对观念论的区分是正当的，只要我们考虑到刚才做出的限定。 267

我们还可以说的是，在美国思想的语境中，"人格观念论"一词有点含糊不清。譬如，威廉·詹姆斯将它用在自己的哲学上。虽然我们可以证明对这个词的使用无疑是正当的，但对詹姆斯的讨论最好放在实用主义的题目下。

第十二章

罗伊斯的哲学

关于罗伊斯在吉福德讲演之前的著作的评论 —— 存在的意义与观念的意义 —— 三个不恰当的存在理论 —— 第四个存在概念 —— 有限自我与绝对；道德自由 —— 道德的社会方面 —— 不死 —— 无限系列与自表现体系的观念 —— 若干评判性评论

　　1. 乔赛亚·罗伊斯（1855—1916）16 岁时进入加利福尼亚大学，1875 年获学士学位。他写了关于埃斯库罗斯（Aeschylus）的《被缚的普罗米修斯》（*Prometheus Bound*）的神学论文，因此挣了一笔钱，使他能在德国待了两年，在那里他读了谢林（Schelling）和叔本华（Schopenhauer）等德国哲学家的著作，在格丁根大学洛采的指导下学习。1878 年在约翰·霍普金斯大学获得博士学位，而后在加利福尼亚大学任教数年，然后到哈佛大学任哲学讲师。1885 年被任命为副教授，1892 年被任命为教授。1914 年，任哈佛大学的阿尔福德哲学教授。

　　1885 年，罗伊斯出版了《宗教的哲学面向》（*The Religious Aspect of Philosophy*）。他在这部著作中论证说，因为不能证明任何个人信奉的道德理想是普遍绝对有效的，所以往往造成了道德怀疑主义和悲观主义。然而，通过反思表明，正是对普遍绝对理想的寻求揭示了寻求者心中要将一切特殊理想和价值协调起来的道德意志。于是，个人心中就出现了一种意识，即意识到他应该这样来生活，以使他和其他人的生活能够形成一个统一体，趋向于一个共同的理想目标或目的。罗伊斯将这个思想与对社会秩序的颂扬，尤其是对国家秩序的颂扬联系起来。①

转到上帝的问题上，罗伊斯抛弃了关于上帝存在的传统证明，并从 269 对错误的识别出发，阐发了赞成"绝对"的理由。我们习惯于认为，错误是在我们的思想与思想所指向的对象不符合时产生的。但我们显然不能将自己置于外在旁观者的位置上，即处于主体–客体关系之外，而又能看到思想是否与其对象相符合。对这个事实的反思可能会导致怀疑主义。然而很明显，我们能够识别出错误。我们不但能够做出错误的判断，而且还知道我们做了错误的判断。进一步的反思表明，真理和谬误只相对于一个完整的真理体系才有意义，这个真理体系一定出现在绝对思想中。换言之，罗伊斯接受了真理融贯论，并由此过渡到对绝对思想的肯定。如他后来所表示，一个人观点的真假是相对于一个更广泛的洞见而言的。他的论点是：如果我们没有达到一个无所不包的神圣洞见的观念是不会止步不前的，这个神圣洞见将我们的思维及其对象包含在一个广泛的统一体中，并且是真理和谬误的最终尺度。

因此，在《宗教的哲学面向》中，"绝对"被称作思想。"一切实在必定出现在'无限思想'的统一体中。"②不过，罗伊斯并不了解，在某种意义上，"无限思想"这个词会把根据意志或经验来描述的"绝对"排除掉。他在《上帝的概念》（*The Conception of God*，1897）中论证说，有一个绝对经验，它与我们的经验有关，正如有一个有机整体，它与其构成部分有关一样。因此，虽然罗伊斯经常使用"上帝"这个词，但在他看来，神圣存在显然是"一"，即总体。③同时，上帝或绝对被构想为自我意识。自然而然得出的结论是：有限自我是上帝在自己的自我知识（self-knowledge）活动中的思想。因而罗伊斯本人利用对人格观念论者的批判是完全可以理解的。④不过，事实上他不希望以那样一种方式将"多"湮没

① 对国家的颂扬甚至被说成是"神圣的"，这种颂扬再次出现在罗伊斯的论著《加利福尼亚：对美国人的性格的研究》（*California: A Study of American Character*）中。
② 《宗教的哲学面向》，第433页。
③ 在《现代哲学精神》（*The Spirit of Modern Philosophy*，1892）中，罗伊斯谈到了一个无限自我，一切有限自我都是它的瞬间或有机部分。
④ 《上帝的概念》的副标题是"关于作为可证明的实在的神圣观念之本性的哲学讨论"（*A Discussion Concerning the Nature of the Divine Idea as a Demonstrable Reality*）。人格主义者豪伊森是参加1895年最初讨论的人之一。

于"一"中，以致把有限的自我意识归结为无法解释的幻觉。因此，他必
须阐发一种关于"一"和"多"之间关系的理论，它既不会将"多"归结
270 为虚幻的现象，也不会使"一"这个词变得完全不恰当。这就是罗伊斯的
吉福德讲演的主要论点之一，我们将在下一节回来谈这个论点。

罗伊斯把上帝看成是绝对的、无所不包的经验，他的这个思想自然
而然迫使他像布拉德雷那样注意恶的问题。在《善恶之研究》（*Studies of
Good and Evil*，1898）中，他拒绝尝试用受难和道德恶是幻觉的说法来
回避这个论题。正相反，受难和道德恶是实实在在的。因此，我们无法避
免这样的结论：我们受难时上帝也受难。我们必须设想，对于神圣生命的
完美来说，受难是必不可少的。至于道德恶，它对于宇宙的完美也是必要
的。因为善的意志将以要被克服的恶为前提。的确，从"绝对"的观点
看，世界，即无限思想的对象，是一个完美的统一体，在这个统一体中，
恶已经被克服了，并服从于善。但它仍然是整体的一个组成部分。

如果上帝是给宇宙起的一个名称，如果受难和恶是实在的，那么，
我们必须明确将它们置于上帝之中。不过，如果有一种绝对的观点，从这
种观点看，恶被永远克服了，并服从于善，那么，上帝不可能仅仅是宇宙
的名称。换言之，上帝与世界的关系问题变得尖锐起来。不过，罗伊斯关
于这个论题的思想最好联系他的主要哲学叙述来讨论。

2．两卷本《世界与个体》（*The World and the Individual*）分别出版
于 1900 年和 1901 年，代表了罗伊斯在吉福德系列讲演中的思想。在这些
讲演中，罗伊斯着手确定存在的性质。如果我们断言上帝存在，或世界
存在，或有限的自我存在，那么，我们总可以问"存在"一词的意义是什
么。这个词罗伊斯称之为"存在谓词"（the existential predicate），[1] 它常
被认为是简单的、不可定义的。但在哲学中，这个简单的、终极的词与复
合的、派生的词一样都是反思的题目。不过，罗伊斯不仅仅关注存在意
义上的动词"to be"。他还关注于确定"我们归之于上帝、世界和人类个
体的特殊种类的实在"。[2] 用传统的语言说，他不但关注存在而且关注本

---

① 《世界与个体》（1920 版），第一卷，第 12 页。以下简称为《世界》。
② 同上，第一卷，第 12 页。

质，用他自己的语言说，他不但关注"那个"（that），而且关注"什么"（what）。因为如果我们断言 X 是（is）或存在（exists），我们就是断言有 271 一个 X，即某个具有某种性质的东西。

实际上，确定罗伊斯所说的"存在谓词"或"本体论谓词"的意义的问题，对他来说马上变成了确定实在的性质的问题。疑问出现了：我们应如何解决这个问题？也许看起来解决这个问题的最好办法是将实在看成如经验中所呈现的那样，并尝试理解它。不过，罗伊斯坚持认为，我们只能通过观念来理解实在。于是，理解一个观念是什么，它如何与实在相关，就变得至关重要了。"我是有如下看法的人之一，他们认为，当你问这样的问题：什么是一个观念？观念如何能与实在有任何真实的关系？这时你最希望的是松开网线，以此解开世界之结（the world-knot）。"①

罗伊斯起初宣称他将探讨存在问题，而后却将注意力转到观念的性质及其与实在的关系上，这看起来很可能使他的读者既失望又恼怒。不过，对他的程序方法很容易做出解释。我们已经看到，在《哲学的宗教方面》中，罗伊斯把上帝说成是绝对的思想。他已经采纳了思想具有首要性的形而上学观点，在此观点的启发下，他才通过观念理论来处理存在问题。因此，当他断言"作为观念的世界要优于作为事实的世界"时，② 他是依据他所认为的观念论传统来说的，按照这个传统，世界是绝对观念的自身实现。

首先，罗伊斯区分了观念的外在意义和内在意义。让我们假设我有一个珠穆朗玛峰的观念。我们很自然地认为这个观念指称和表征一个外部的实在，即那座实际的山峰。这个表征功能就是罗伊斯所理解的一个观念的外在意义。可是，现在我们假设，我是一个艺术家，我心里有一个我想画的图画的观念。我们可以把这个观念说成是"一个目的的部分实现"。③ 一个观念的这一方面就是罗伊斯所说的该观念的内在意义。

常识无疑愿意承认，一位艺术家心里的观念可以合理地称之为一个 272

---

① 《世界》，第一卷，第 16—17 页。
② 同上，第一卷，第 19 页。
③ 同上，第一卷，第 25 页。

目的的部分实现。① 在这个范围内，常识承认内在意义的存在。而如果任由常识本身来判定，它很可能会认为观念的表征功能是首要的，即使问题在于所表征的是尚不存在的东西，即那个计划中的艺术品。如果我们考察诸如伦敦的居民人数那样的观念，那么，常识肯定会强调它的表征性，并且问它是否与外部的实在相一致。

然而，罗伊斯断言，恰恰一个观念的内在意义是首要的，而且长远来看，外在意义最终证明只是"完全展开的内在意义的一个方面"。② 譬如，假定我希望确定某一地区居民或家庭的数目。很明显，我希望确定这个事实是有目的的。也许我负责住房规划，希望确定个人和家庭的数目，以便能估计出一个拟改建地区的已有居民所需要的房屋或公寓的数量。我关于这些居民的观念应当是准确无误的，这一点显然很重要。因而外在意义是重要的。同时，我试图得到一个准确的观念是为了实现一个目的。可以认为这个观念是对这个目的的部分实现或不完全实现。在此意义上，该观念的内在意义是首要的。根据罗伊斯的观点，仅就其本身而论，该观念的外在意义是一个抽象，也就是说，是从该观念的背景中，即从一个目的的实现中引出的抽象。当该观念的外在意义被放回到其背景中，它的内在意义上就被认为有优先权。

人们可能会问：这个关于观念意义的理论与实在问题的解决有什么联系呢？回答显然是这样：罗伊斯打算把世界描述为一个绝对的观念体系的体现，该体系中的那些观念本身是一个目的的不完全实现。"我们建议用如下断言来回答'什么是存在（to be）？'的问题：存在仅仅意味着表现、体现某一个绝对的观念体系的完全的内在意义——而且这个体系真正蕴含在每一个有限观念（不论它如何零碎）的真正内在意义或目的中。"③ 罗伊斯承认这个理论并不新奇。譬如，它与"黑格尔把世界称作

273

---

① 笔者确实不想暗示说，艺术家或诗人必须首先形成一个要完成的作品的清楚观念，然后将这个观念具体表现出来。比方说，假如诗人真的有一首诗的清楚观念，那他本该已经将这首诗创作出来了。而有待要做的只是将已经存在于诗人心中的这首诗写下来。而且，如果诗人没有某种设想到的目的，即可以合理地当作整个创作活动开端的某种"观念"，他也不会开始工作。

② 《世界》，第一卷，第36页。

③ 同上。

具体化的理念"①的那个思路实质上是一样的。虽然这个理论不新奇，但"我相信它有根本的、不可穷尽的重要意义"。②

换言之，观念论确信思想的首要性，罗伊斯根据这个已经存在的确信，首先说明人的观念的功能。然后，他把这个说明用作一个明确形而上学的基础。同时，他又考察各类哲学，以表明它们是不恰当的，通过这种方式，他努力辩证地确定他自己关于"存在"（to be）的意义的观点。虽然我们不能深入这一讨论的细节，但指出它的基本线索是适宜的。

3．罗伊斯讨论的第一类哲学是他所谓的实在论。他把实在论理解为这样的学说："对于自己不是某一已知存在的任何人，他对该存在的唯一知识与该已知存在'没有任何差别'。"③换言之，假如一切知识果真都从这个世界上消失了，那么，它所造成的与该世界的唯一差别就是这个关于知识的特定事实不再存在了。真理与谬误的区别就在于观念与事物的符合或不符合，没有任何东西仅仅根据它是已知的这一事实而存在。因此，我们不能通过检查观念之间的关系来说出所涉及的对象是否存在。因此，"什么"（what）与"那个"（that）是分离的。罗伊斯评论说，这就是为什么实在论者不得不否认关于上帝存在的本体论证明的有效性。

罗伊斯对"实在论"的批判不总是很清楚。但他的基本思路如下。他在这里所说的实在论明显是指极端唯名论的经验主义，根据这种理论，世界是由众多互相独立的实有体组成的。一个实有体的消失不会影响其他实有体的存在。因此，在这些实有体上添加的任何关系其本身也一定是独立的实有体。罗伊斯证明，在此情况下，这些关系的关系项不可能真正联系起来。如果我们从互相分离的实有体入手，那么，这些实有体仍然保持 274 分离状态。于是，罗伊斯论证说，观念本身一定是实有体，根据实在论的前提，在这些实有体与据认为它们所指称的对象之间分裂成一个不可逾越的鸿沟。换言之，如果观念是与别的实有体完全无关的实有体，那么，我们就无法知道它们是否与它们自身之外的对象相符合，甚至根本无法知道

---

① 《世界》，第一卷，第32页。
② 同上。
③ 同上，第一卷，第93页。

是否有这些对象。因此，我们不可能知道作为一个观念或一组观念的实在论是真的还是假的。在这个意义上，作为一种关于实在的理论，实在论被它自己打败了：它破坏了它自己的根据。①

罗伊斯从考察实在论进而考察他所谓的"神秘主义"（mysticism）。因为实在论的要旨在于，对于任何存在，即使它实质上与从外部指称它的任何观念都没有关系，仍被规定为"实在的"，所以罗伊斯声称，实在论者承诺了二元论。因为他必须假定至少有一个观念和一个外在于它的对象存在。不过，神秘主义拒绝二元论，断言有一个"一"的存在，在"一"中，主体和客体之间的区分、观念和它所指称的实在之间的区分都消失不见了。

同实在论一样，在此意义上理解的神秘主义被它自己打败了。因为如果只有一个单纯的、不可分割的存在，那么，有限的主体及其观念一定被视作虚假的。在此情况下，绝对不可能被认识。因为它只能通过观念来认识。实际上，任何关于有一个"一"的断言都一定是虚假的。的确，我们的零零碎碎的观念需要在一个统一的体系中达到完整，而且这个整体才是真理。但如果哲学家对统一体的强调达到这样一个程度，以至于不得不把观念视作虚假的，那么，他不可能同时一以贯之地断言有一个"一"或绝对。因为很明显，只有在我们通过观念来构想绝对的范围内，绝对才对我们有意义。

因此，如果我们想坚持关于实在的知识毕竟是可能的，我们就不能采取神秘主义的路线。我们必须考虑众多性。同时，我们也不能回到上述实在论那里去。因此，我们必须对实在论做出修改，使之不再被自己所击败。尝试这样一种修改，一种方式是采取罗伊斯所说的"批判的理性主义"路线。

275　　　批判的理性主义者着手"根据有效性来界定存在，认为不论任何人谈到任何对象时说**它存在**，他的意思只不过是说，某一个观念……**是有效的**，它具有真理性，它确定了一个经验，这个经验至少像一个数学理想

---

① 对这个论证也许可以这样来概括：如果事物完全与观念无关，那么，观念就完全与事物无关。在这种情况下，我们就不可能达到被认为是观念与事物之间关系的真理。

那样，也许像一个经验事件那样，是明确**可能的**"。① 假设我断言在火星上有人类。根据批判理性主义者的观点，我断言的是，在可能的经验进程中，某一观念会得到确证或证实。罗伊斯以康德的可能经验理论、J. S. 密尔关于物质是感觉的恒常可能性的定义作为批判理性主义的例子。如果我们用"经验命题"来代替"观念"的话，我们还可以在这些例子中加上逻辑实证主义。

在罗伊斯看来，批判理性主义比实在论有如下优越性：因为根据可能的经验，即根据一个观念的有效性（更恰当地说是根据一个命题的证实）来界定存在，所以它避免了由于实在论将观念与据认为观念所指称的实在完全割裂而引起的反驳。同时，批判的理性主义有如下重大缺陷，即它不能回答这样的问题："**当一个经验被设想为唯一可能的时候，一个有效的或明确可能的经验是什么呢？在没有任何人证实一个有效真理的有效性时，这个有效的真理是什么呢？**"② 如果我断言在火星上有人，那么，在"有效"一词可确定的意义上，这个陈述无疑意味着"人出现在火星上"是一个可能经验的对象。可是，如果这个陈述恰巧是真的，那么，那些人的存在就不仅仅是可能的经验了。因此，我们几乎不可能只根据对一个观念的可能确证或证实来定义存在。虽然批判的理性主义没有像实在论和神秘主义所做的那样使关于实在的知识不可能，但它不能提供对实在的恰当说明。因此，我们必须转到另一个更恰当的哲学理论上去，它将把上述三个理论所包含的真理都包含在自身中，同时将避免可能对它们的反驳。

4. 我们已经表明，罗伊斯把"实在论"理解为唯名论而不是该词用于共相之争时那种唯实论。如果我们记住这个事实，那么，当他断言对于实在论者来说，存在的唯一终极形式是个体时，我们就不会大吃一惊了。因为唯名论者的口号就是只有个体存在。同时，我们还必须记住如下事实：黑格尔不是唯名论者，但他用"个体"一词指具体共相，而且在黑格尔的哲学中，存在的终极形式是个体，这里"个体"一词的意思是，绝对是至上的个体，即无所不包的具体共相。因此，当罗伊斯断言，"存在的

276

---

① 《世界》，第一卷，第 226—227 页。
② 同上，第一卷，第 260 页。

唯一终极形式是个体"是实在论中包含的真理时，如果我们仅仅说他接受了唯名论的口号，那会使人误解。因为他在观念论传统的启发下，重新解释了"个体"一词。根据他对这个词的用法，"一个个体的存在是一个以绝对最终的形式实现着观念的经验生命（a Life of Experience）……实在者的本质在于它是个体，或不允许有别的同类者，它具有的这个特点只是作为对目的的独一无二的实现"。①

现在我们已经看到，一个观念就是一个目的的不完全的、部分的实现，也即意志的表现。意志的完全体现就是整个世界。因此，任何观念最终都"意味着"整体。②由此得出，在这个整体，即在这整个世界中，我可以认出我自己。因此，在此范围内，我们可以发现"神秘主义"中的真理，并且与"谈论自我和世界时说'你就是那个'"的东方神秘主义者同声相应。③

不过，很明显，作为意识的任何特殊阶段的体现，意志只表现为对世界的一部分或对世界的某些事实的关注。其他的部分或事实则重新陷入意识边缘的模糊背景中。它们实际上变成了可能经验的对象。换言之，有必要从批判理性主义中引进一个概念。

至此我们一直思考的是关于个人的有限主体的观点。虽然世界是"我的世界"，没有别人存在，这里的意义是很明显的，但如果我把世界看成是我的意志的单纯而唯一的体现，那我就承诺了唯我论，这也是很明显的。同样明显的是，如果我假定除了我自己的经验生命之外，还有别的经验生命存在，只是把每一个生命都看成完全自我封闭的，那么，我就倒退到实在论的论点去了，即认为实在是由完全分离的、相互无关的实有体构成。因此，要避免唯我论而又不回到我们早已拒绝了的实在论的论点，我们就必须引入一个新的维度或层面，即主体间性的维度。

罗伊斯评论说，通常认为，我们是通过类比推理开始知道他人的存

---

① 《世界》，第一卷，第348页。譬如，"我的世界"是我的意志的体现，是我的目的的实现，是我的兴趣的表现。因而它是独一无二的。不过，按照下面段落的说明，我们不可能只有"我的世界"概念。
② 我们应当记得，在罗伊斯看来，"内在的意义"是首要的。
③ 《世界》，第一卷，第355页。

在的。也就是说，我们观察到外界的某些行为方式，我们就将与我们自己的意志相似的意志归因于这些行为方式。但如果这意味着我们首先有了对我们自己的清楚认识，然后推断他人的存在，那么，"与其说我们通过运用与我们自己的类比而知道了我们的同伴，不如说我们首先经由我们的同伴而知道我们自己更接近于真理"。① 对于他人的存在我们确实总有随时可得的证据。因为他们是新观念的来源。他们回答我们的问题；他们告诉我们事情；他们表达与我们自己不同的意见，等等。然而，恰恰是通过社会交往，或至少在对他人在场的意识中，我们形成了我们的自己的观念，开始意识到我们的实际意愿和目标是什么。如罗伊斯所说，我们的同伴"帮助我们发现我们的真正意义是什么"。②

不过，如果罗伊斯拒绝了这样的观点，即我们首先具有对我们自己的清楚意识，然后推断出他人的存在，那么，他的意思更不是说我们首先具有对他人的清楚明确的观念，然后推断我们也是人。他确实说道："对我们的同伴存在的模糊信念，在很大程度上似乎在明确形成关于我们自己的任何意识之前。"③ 不过，他的论点是这样的：对我们自己的明确意识和对他人的明确意识都是由一种原始的社会意识引起的，以致这里的问题是两者的差异问题而不是如何推断的问题。经验的自我意识总是依赖于一系列的对比效果（contrast-effects）。"自我（the Ego）永远是与他人（the Alter）相比较而被认识的。"④ ［对自己的意识和对他人的意识］两者都出自原始的社会意识。

由于经验的发展，个人逐渐越来越把他人的内在生活看成是某种私人的东西，脱离了他的直接观察。同时，他逐渐意识到外界对象不但是达到他和他人的特殊目的或利益的工具，而且是达到他自己和他人的共同目

---

① 《世界》，第二卷，第170—171页。
② 同上，第二卷，第172页。
③ 同上，第二卷，第170页。
④ 同上，第二卷，第264页。罗伊斯表示他基本同意普林斯顿大学詹姆斯·马克·鲍德温（James Mark Baldwin，1861—1934）在《儿童与种族的精神发展》（*Mental Development in the Child and the Race*，1896）第二卷中提出的关于自我意识起源的理论。

的的工具。于是就出现了由"我的同伴，我自己，我们之间的自然界"①组成的三合一的意识。

我们只是部分地认识自然界，其许多部分对我们来说仍保留在可能经验的领域。不过，我们已经提到批判理性主义者在说明可能经验的对象的本体论地位时所遇到的困难，无论如何科学都不能使我们相信自然界仅只是人类意志和目的的体现。譬如，进化的假设使我们把有限的心灵构想为产物。然而，在此情况下问题出现了：我们如何能根据被认为是目的的部分实现的观念内在意义来拯救观念论的存在定义呢？

我们很容易预见罗伊斯对这个问题的回答。世界归根结底是一个绝对的观念体系的表现，这个体系本身是神圣意志的部分实现。上帝表现在世界中，他是终极的个体。或者换个说法，终极个体是绝对经验的生命。每一个有限自我都是神圣目的的独特表现；每一个有限自我都体现或表现在它的世界中。"我的世界"和"你的世界"是"世界"的各个独一无二的方面，即无限的神圣意志和目的的体现。对于我们仅仅是可能的经验对象的东西，对于上帝就是现实的创造性经验的对象。"整个真理和存在的世界一定以其一切多样性、丰富性、关系、全部构造完全像呈现给单个意识统一体那样存在着，这个单个意识的统一体将我们自己的，以及一切有限的意识意义都包含在一个最终的、永恒在场的洞见之中。"②于是，罗伊斯就能够维持他的存在理论，即"凡是存在的东西，在意识上都被认为是对某个观念的实现，这一点要么是此刻被我们自己认识到的，要么是被一个包括我们自己的意识在内的意识认识到的"。③

5. 我们已经看到，对罗伊斯来说，个体就是经验的**生命**。如果我们要在元经验的意义上寻求这个生命的本质，④我们就必须根据伦理学来构想它，而不是根据灵魂实体来构想它。我拥有一个独特的理想、一个独特的使命、一个独特的生命–任务（life-task），它们是我的过去所"意指"

---

① 《世界》，第二卷，第 177 页。
② 同上，第一卷，第 397 页。
③ 同上，第一卷，第 396 页。
④ 也就是说，如果我们正在寻求的是形而上学的自我概念，而不是（比方说）对自我意识的起源和发展的经验说明的话。

的，是我将来要完成的，正是通过这种拥有，"**我被确定和造就为一个自我**"。① 因此，以一种使我们想起存在主义的方式来谈这个问题，我们也许可以说，在罗伊斯看来，有限的个人通过实现一个独特的理想，通过完成某个独特的使命，不断地把自己创造成这种独特的自我。②

279

罗伊斯试图根据这种自我观念，来应对关于绝对观念论剥夺了有限自我的实在性、价值和自由的反对意见。有些经验材料涉及精神的东西对物理的东西的依赖，或涉及社会环境、教育等因素对自我的影响，当然，对任何这样的经验材料，罗伊斯都不打算否认。不过，他坚持认为，对于这种依赖性，每个有限自我都以自己独特的方式从行动上承认并做出反应，③ 而从形而上学的观点看，每个有限自我的生命都独特地促进了上帝的普遍目的的实现。罗伊斯的确承认，当我行使意志的时候，上帝在我心中行使意志，而且我的行动是神的生命的一部分。不过他断言，承认这一点与关于有限自我可以自由行动的陈述完全一致。因为我是对神圣意志的**独特**表达，根据这一事实，引起我的行动的意志是**我的**意志。"你的行动中的个体性**是**你的自由。"④ 也就是说，我表达神圣意志的方式是我自己的。如果我的行动是由我自己引起的，那么，它们就是自由的行动。确实在有一种意义上，关于神圣精神强迫我们的说法是正确的，但这是"在它强迫你成为一个个体，因而强迫你自由的意义上"说的。⑤

于是，罗伊斯断言，每一个有限意志对绝对的追求都达到这样的地步，以至于"要追求除了绝对本身之外的任何东西，即使对于最固执的自我来说，实际上也是完全不可能的"。⑥ 换言之，每一个有限的自我，不论它是否意识到这个事实，其本性都倾向于将自己的意志与神圣意志更紧密地结合起来。我们承担的义务使我们的有关行为更加接近这个目的。道德规则是这样的规则，如果我们遵照它行事，就会使我们比反其道行之更

---

① 《世界》，第二卷，第276页。
② 不用说，对于萨特（Sartre）这样的无神论存在主义者，关于"上帝赋予的使命"的观念是无效的。
③ 这里再次使人想到了现代存在主义。
④ 《世界》，第一卷，第469页。
⑤ 同上，第二卷，第293页。
⑥ 同上，第二卷，第347页。

接近于这个目的。因而十分清楚，在罗伊斯的伦理学中，善的概念是至高无上的，而且我们承担的义务与达到这个善——我们的意志与神圣意志的有意识的结合——的必要手段有关。不过，不那么清楚的一点是，怎样才能允许我们对神圣的意志或道德法的已知命令进行反抗。因为如果我们全都不可避免地追求绝对，那么，似乎可以得出，如果一个人的行为方式实际上不会使他更接近他一直追求的目的，他那样做就完全是出于无知，即由于知识的缺陷。于是，问题出现了："一个有限自我知道应当做什么，那么，它是否在任何意义上都能自由地选择反抗或服从呢？"[①]

罗伊斯首先回答说，虽然一个人对他应当如何做有清楚的认识，他将按照这个认识行事，但是，他也可以任意将注意力集中在别的地方，使得此时此地他对应当如何行事不再有清楚的认识。"犯罪就是由于注意面的狭窄，**有意识地忘掉**人们已经认识到的'应当'。"[②]

考虑到罗伊斯的前提，这个回答是不恰当的。当然，我们可以很容易举出例子来说明他关于注意力转移的观念。譬如，假设我真心相信我按照我认为会带来感官快乐的某种方式行事是错误的。我越是将我的注意力集中在这种行为方式令人快乐的方面，我对它的错误的确信就往往愈加边缘化，因而变得不起作用。我们都知道这种情况是经常发生的。对此的通常看法是：行为者应当谨慎小心，不要将自己的注意力集中在他真心相信是错误的行为方式的令人快乐的方面。如果他这样来集中自己的注意力，他最终要为发生的事情负责。虽然这个观点显然是合理的，但问题马上出现了：如果一个行为者完全是神圣意志的表达，那么，他选择将自己的注意力集中在某个方向，怎么能恰当地要这个行为者来对此负责呢？难道我们不是只把困难进一步推回到以前的阶段了吗？

罗伊斯有点想回避这个问题，于是将论题转换到对整个恶的克服上。而他回答这个问题的基本思路似乎是这样的：因为一个人的注意力方向是由他的意志决定的，所以他本人对此负责，因而对其结果负责。这一情形不会因为事实上人的意志本身是神圣意志的表达而改变。既然如此，似乎

---

① 《世界》，第二卷，第 351 页。
② 同上，第二卷，第 359 页。

罗伊斯也不可能另有十分合适的说法。因为虽然他确实希望强调真正意义 281
上的人类自由和责任，但同时又决心坚持关于无所不包的绝对的学说，这
不可避免地影响到他对自由的说明。道德自由变成"只为注意所拥有，或
为不注意所忘却的那种自由，即一种已经出现在一个人有限意识中的'应
当'"。① 如果我们问这种拥有或忘却本身是否不是由"绝对"决定的，罗
伊斯只能回答说，它出自一个人自己的意志，而且根据一个人自己的意志
行事**就是**自由地行事，即使一个人的有限意志是神圣意志的特定体现。

6. 因为罗伊斯大力强调（其方式使我们想到了费希特）召唤每一个
有限自我所执行的任务的唯一性，所以几乎不能指望他用很多时间阐发
一种普遍的道德规则理论。② 也许可以不夸张地说，与爱默生相似，他的
基本格言是："做一个与众不同的人！也就是说，发现和完成你的独特任
务。"同时，把他说成贬低共同体的观念是完全错误的。正相反，可以认
为，他的伦理学理论有助于满足哈里斯在其思辨哲学纲领中提出的要求，
即应当阐发一种与完全的个人主义背道而驰的满足民族意识需要的社会理
论。在罗伊斯看来，正因为一切有限自我都是一个无限意志的独特表达，
所以它们都是互相联系的。一切个人的使命或生活任务都是实现神圣目的
这个共同任务中的元素。因此，罗伊斯反复宣传对理想共同体的忠诚，他
称这个共同体为"伟大的共同体"(the Great Community)。③

在《基督教的问题》(*The Problem of Christianity*，1913)中，罗伊
斯将忠诚定义为"一个自我自愿而彻底地献身于一个事业，如果这个事
业将许多自我结合为一体，因此成为一个共同体的利益"。④ 他在教会中，
即在忠实信徒的共同体，尤其像"保罗书信"中所描述的共同体中，看到
了这种忠诚精神的体现，即对一个共同理想的忠实精神的体现，对应当像 282

---

① 《世界》，第二卷，第360页。
② "你说的'应当'在任何瞬间指的都是一个规则，如果你遵循这个规则，它就会指
导你在那个瞬间那样来表达你的意志，因而使你与反乎这一'应当'而行事相比，更接
近于与神的结合，即更接近于对你的意志与神的意志的一致性的意识。"《世界》，第二
卷，第347—348页。这里强调的是"瞬间"，而不是普遍。
③ 1908年，罗伊斯出版了《忠诚哲学》(*The Philosophy of Loyalty*)，1916年出版了
《伟大共同体的希望》(*The Hope of the Great Community*)。
④ 《基督教的问题》，第一卷，第68页。

爱一个人来热爱的理想共同体的忠诚精神的体现。不过，由此不能得出罗伊斯要将他所谓的伟大共同体与历史上的教会等同，就像不能得出他要将该共同体与历史上的国家等同一样。这个伟大的共同体更像是康德的目的王国，它是理想的人类共同体。然而，虽然它是一个被人们追求的理想，不是一个此时此地存在的历史上的现实社会，但是，正因为它是道德行为的目标或目的（telos），所以它仍然是道德秩序的基础。的确，一个人可以独自弄清他的道德使命，这个道德使命却不能因他而完成。而正由于自我的本性之故，真正的个体性，只能通过对伟大共同体的忠诚，即通过对所有人得以团结在一起的理想事业的忠诚，才能实现。

主要受C. S. 皮尔士（Charles Sanders Peirce）的影响，罗伊斯开始强调人类认识和生活中解释的作用，他将这个思想用于他的伦理学理论。譬如，正确和错误、高级自我或低级自我之类的概念在与一个生活目标或生活计划相关时才变得有具体意义，一个人如果没有这样的生活目标或生活计划，他就不可能实现自己并获得真正的自我或人格。但一个人要逐渐理解自己的生活计划或理想目标只有通过他自己解释自己的过程。而且，这种自我解释只能在社会环境中通过与他人的相互作用来达到。他人必定帮助我向我自己解释我自己，我则帮助他人向他们自己解释他们自己。在某种意义上，这个过程倾向于分而不是合，因为每一个人从而更加意识到他自己拥有独特的生活任务。如果我们考虑到自我的社会结构，就会使我们形成解释的无限共同体的观念，即这样的人类观念，就是说，人类时时刻刻都在从事解释物理世界和解释人类自己的目的、理想和价值的共同任务。科学知识和道德洞察力的所有发展都包含一个解释的过程。

罗伊斯逐渐想到，作为一个道德范畴，忠诚的至上对象就是这种理想的解释共同体。但接近晚年，他强调有限共同体对于道德发展和实现社会变革的重要性。譬如，如果我们考虑两个人，比方说，他们正在就某项财产的所有权进行争论，我们可以看到，这一潜在的危险情况由于第三方即法官的介入而得到改变。三方关系取代了有潜在危险的双方关系，一个小规模的解释共同体建立起来了。所以，罗伊斯总想根据解释的观念来说明司法系统那类机构的调解或解释和道德教化的功能。他甚至将这个观念用于保险机构，并且阐发了一个国际规模的预防战争的保险计划。[①] 有些评论家在这些观念中看到观念论与一种相当现实的实践性融合在一起，这种融合是美国特有的。当然，由此不能得出这种融合是一件坏事。无论如何，罗伊斯明显感到，如果要在伦理学理论中提出一些根本性建议，需要做的不止于敦促人们忠于理想的解释共同体。

7．根据以上所言，罗伊斯显然将布拉德雷哲学中不可能归于这种独特人格的价值附加在该人格上。因此不足为奇的是，他远比布拉德雷对不死问题更感兴趣，而且他主张将自我保存在绝对之中。

在讨论这个问题时，其中罗伊斯详细阐述了康德关于个人的道德任务可以没有任何世俗目的的论点。"在用语上，'一个自觉的最终的道德任务'是一个矛盾……永恒者的工作实质上是无止境的工作。不可能有任何最终的道德行为。"[②] 显然，这个论证思路不能独自证明不死。的确，如果我们毕竟承认道德法，那我们就必须认为，只要我们活着它就与我们有关。但仅仅由这个前提不能得出，肉体死了自我仍活着，并能继续完成道德使命。不过，在作为形而上学家的罗伊斯看来，宇宙属于这样一种类型，以致对于独特表现绝对并代表不可替代价值的有限自我，我们必须假设它继续存在。理论上自我永远是形成中的某种东西。既然我们必须实现神圣的目的，我们就有理由相信，肉体死后，自我达到了更高形式的真正个体性。不过，"我一点也不知道，我也不想猜测，我们人生的个体性是通过何种过程进一步表现出来的。我等候着，直至这个必死之人获得——个体性"。[③] 显然，在罗伊斯对不死的断定中，真正重要的是他对实在的一般形而上学的看法，连同他对人格的评价。 284

8．在罗伊斯的吉福德讲演第一卷的结尾有一篇附文，他在文中与布拉德雷就无限的众多（an infinite multitude）问题展开争论。我们会记得，布拉德雷坚持关系性思维使我们陷入一个无穷系列。譬如，如果性质 A

---

① 参见《战争与保险》（*War and Insurance*，1914）和《伟大共同体的希望》（*The Hope of the Great Community*，1916）。

② 《世界》，第一卷，第444—445页。

③ 《不死的概念》（*The Conception of Immortality*），第80页。

和 B 被关系 R 联系起来，那么，我们必须在如下两种说法之间做出选择，要么说 R 可以毫无保留地还原为 A 和 B，要么说 R 不能这样还原。在前一种情况下，我们将被迫断言 A 和 B 根本就没有联系。在第二种情况下，我们将不得不假定进一层的关系将 A 和 B 与 R 联系起来，如此以至无穷。于是，我们就承诺假定一个实际上无限的众多。然而，这个概念是自相矛盾的。因为我们必定断言关系性思维完全不能连贯地说明"多"如何出自"一"并结合于"一"，而且在这种思维中出现的世界属于与实在领域不同的现象领域。不过，罗伊斯试图表明，"一"可以表现在"良序"的无限系列中而不包含矛盾，因而思维能够对"一"与"多"的关系给出连贯的说明。先是把一个实际无限的系列是"一个自相矛盾的概念"[①] 这个论点加在布拉德雷身上，然后证明数学中的无穷系列不包含矛盾，这样是否能真正解决布拉德雷的困难，也许是可以商榷的。虽然罗伊斯在与布拉德雷的争论中阐发了他自己关于"一"与"多"关系的看法，但他真正感兴趣的当然是说明他自己的观念。

在 C. S. 皮尔士的指引下，罗伊斯开始关注数学的逻辑，[②] 这篇附文表现出他对这个问题的反思成果。在诸如整数这样的无穷数学系列中，系列的无穷性是由于反复的思想运算引起的，这种反复的思想运算被说成是"这样的运算：**即如果它一旦最终表达出来**，那么，在它已经得到表达的范围内，它仍然会涉及与所论目的相应的、无限多样的按系列排列的事实"。[③] 一般来说，如果我们假定了这样一种目的，以致我们若试图用一连串［运算］活动来表达它，我们开始表达它所用的理想材料需要一些附加材料作为自己的"意义"组成部分，这些附加材料本身是原始意义的进一步表达，同时它们本身又需要更进一步的表达，那么，我们就得到了由于反复的思想运算而造成的一个无穷系列。

这样一种系列可以恰当地认为是一个整体。当然，它不是在我们可

---

① 《世界》，第一卷，第 475 页。
② 罗伊斯对数理逻辑的兴趣表现在《逻辑学原理与几何学基础的关系》（*The Relation of the Principles of Logic to the Foundation of Geometry*，1905）中。
③ 《世界》，第一卷，第 507 页。

以穷尽和完成这个系列的意义上的整体。因为它是假设为无限的或无穷的。譬如，如果我们以整数系列为例，那么，"数学家可能认为它们都是通过它们的普遍定义**给出的**，它们的结果与其他一切思想对象明显有别"。①换言之，在关于整体的观念与关于系列的观念之间没有任何内在的不一致。我们可以构想"一"表现在一个无限的系列中，或更确切地说，表现在众多同类的无限系列，即众多的经验生命中。当然，这里给我们提供了一个动态的而非静态的"一"的概念。这一点对于罗伊斯的形而上学，以及它对神圣的意志和目的的强调，对观念的"内在意义"的强调，都是至关重要的。

罗伊斯将这种无限系列说成是一个自表现的系统（a self-representative system）。他在"一切连续的和离散的任何无限类型的数学系统"中寻找例子。②不过，罗伊斯本人给出的一个简单例证将有助于更好地说明他所说的自表现系统指的是什么。假设我们决定要绘制英格兰某一部分的地图，它将表现这个国家直至最小的细节，包括每一个特征和标志，不论它们是天然的还是人造的。因为这幅地图本身将是人为绘制的英格兰面貌，所以，也就是说，如果我们要实现我们的本来目的的话，另一幅地图的绘制也必须在第一幅地图的范围内进行，而且表现第一幅地图。如此进行以至无穷。的确，对英格兰的这种无止境的表现在物理上是不可能的。但我们可以构想在地图范围内的一个无止境的地图系列，虽然这个系列在时间上是不能完成的，但可以认为它在我们的本来目的或"意义"中已经被给出了。如果观察者理解这一情形，并且考察这个地图系列，那么，他就不会看任何最后一幅地图。他也会知道为什么不可能有最后一幅地图。286因此，他在该系列的无止境中看不到任何矛盾或不合理之处。该系列构成了一个自表现的系统。

如果我们将这个观念用于形而上学，那么，宇宙就表现为无限的系列，即一个无止境的整体，它表达了一个单一的目的或计划。当然，有一些系列是从属的和同等的，尤其是有一些系列构成了有限自我的生命。不

---

① 《世界》，第一卷，第515页。
② 同上，第一卷，第513页。

过，它们都包含在一个统一的无限系列之内，虽然这个系列没有最终成员，但在神圣的观念或绝对的观念体系的内在意义上，它是作为一个整体被"给出"的。根据罗伊斯的观点，"一"一定表现在这个无穷的系列中，该系列构成了它的有创造力的经验生命。换言之，它一定表现在"多"中。因为这个无穷系列渐进地表达或实现着一个单一的目的，所以实在的整体是一个自表现的系统。

9．鉴于罗伊斯对人格的强调，他显然不打算完全放弃有神论，不打算仅仅用"绝对"一词来称呼这样的世界，这个世界被认为是一个开放的整体，即一个没有任何可指定的最终成员的系列。在他看来，这个世界是一个观念体系的内在意义的体现，而那些观念本身又是一个目的的部分实现。绝对是一个自我。它是人格的，不是非人格的；它是一个永恒的、无限的意识。因此可以合理地称它为上帝。罗伊斯把构成时间宇宙的无限系列说成同时出现在神圣的意识中。的确，他非常赞赏圣托马斯·阿奎那（St. Thomas Aquinas）对神圣知识的说明，他本人也采用了与我们对"谐声整体"的意识——这个意识显然与有关一部分先于另一部分的知识非常一致——的类比。所以，根据罗伊斯的观点，上帝意识到时间的连续，尽管整个时间系列仍然出现在永恒的意识中。

同时，罗伊斯拒绝将世界与上帝做二元分离，他认为上帝是有神论的特征，他谴责阿奎那设想"被造世界的时间存在与属于上帝的永恒生命分离"。[1]"多"存在于神圣生命的统一体内。"单纯的统一体是完全不可能的。上帝不可能是'一'，除非他是'多'。我们的各种自我不可能是'多'，除非我们在上帝中是'一'。"[2]

287 换言之，罗伊斯试图根据绝对观念论来重新解释有神论。他试图保留人格上帝的观念，同时将这个观念与被描述为共相之共相[3]的无所不包的"绝对"观念结合起来。要将这一见解坚持下去并不容易。实际上，罗伊斯关于"个体"（individual）一词的用法就充分表明了这个见解的含糊

---

① 《世界》，第二卷，第143页。
② 同上，第二卷，第331页。
③ 不用说，这里的"共相"一词是用在"具体共相"的意义上。

性。如果我们把上帝说成是至上的或终极的个体，那么，我们自然而然倾向于认为他是一个人格的存在，认为世界是他的创造意志的"外在"表现。可是，如我们所知，在罗伊斯看来，"个体"一词意味着一个经验的生命。根据该词的这个意义，上帝成了绝对而无限的经验的生命，一切有限的事物都存在于它之中。虽然把有限事物的存在说成是有目的的意志表达暗示着有神论意义上的创造，但把上帝说成是绝对经验则暗示出一个相当不同的关系。毫无疑问，罗伊斯试图通过关于创造性经验的设想将上述两个概念联系起来。不过，在他的哲学中，有神论与绝对观念论之间的联姻似乎有点不牢固。

当然，众所周知的困难是，在表示有限者与无限者之间的关系时，既不倾向于一元论也不倾向于二元论。在前一倾向中，"多"被贬低到现象的领域，或湮没于"一"之中；在后一倾向中，"无限的"一词变得完全不恰当。如果没有一个关于存在类比的明确理论，要避免上述两种立场确实是不可能的。而罗伊斯关于存在问题的论述却有点令人费解。

一方面，我们被告知，存在是一个观念的内在意义的表达或体现，因而也是目的或意志的表达或体现。虽然存在从属于思想可能是形而上学观念论的特征，但显然会出现这样的问题：是否思想本身不是一种存在形式？关于意志也可以问同样的问题。另一方面，我们被告知，终极实在的东西，因而很可能存在的终极形式，是个体。因为上帝是个体的个体，所以似乎可以得出，他一定是至上的、绝对的存在。然而，我们还被告知，要把"个体性，从而把存在，首先看作是意志的表达"。[①] 把个体性看作是意志的表达并不很难，也就是说，如果我们把个体性说成是一个表达的 288
生命（a life of expression）的话。而把存在看作是意志的表达就不那么容易了。因为问题又会出现：难道意志不是存在吗？当然，我们可以将"存在"一词只用于物质的存在。可是，那样一来，在罗伊斯所说的个体性的意义上，我们很难把个体性看成是存在。

不过，尽管罗伊斯的著作有含糊和不准确之处，但他的哲学因其真

① 《世界》，第一卷，第588页。

诚而使人印象深刻。他的哲学明显表达了一个深挚的信仰，即对上帝的实
在性的信仰，对人的人格价值的信仰，对人类在上帝之中并通过上帝而达
到的统一性的信仰，这种统一性只能通过个人促进共同道德任务的完成而
得到充分实现。罗伊斯确实是一个相当出色的说教者。但对他来说，他所
宣讲的哲学的含义确实远不止意味着一次理智的练习或游戏。

　　应当补充的是，在有些评论者看来，[①] 罗伊斯最终放弃了他的绝对意
义理论，代之以一个无限的解释共同体，亦即有限个人的无限共同体。从
纯伦理学的观点看，这样一个变化是可以理解的。因为它会消除罗伊斯本
人意识到的一个反对意见，这个反对意见说，即使确实真的可能，要把绝
对意志理论与关于人类是真正道德行为者的观点协调起来也是困难的。同
时，用有限个人的共同体来代替绝对会是一个非常彻底的改变。这样一个
共同体好像能够接过绝对的宇宙论功能，要理解它如何做到这一点也绝不
是件容易的事。因此，即使在罗伊斯的晚期著作中绝对的观念隐入背景不
显，人们也不愿意接受关于他明确拒绝这个观念的观点，当然，除非有力
的经验证据迫使他们接受这个观点。这里确实有某种证据。罗伊斯本人在
晚年提到了他的观念论的转变。因此，当人们断言他用无限的解释共同体
来取代他早期的绝对概念时，我们不能说这个断言没有根据。不过，罗伊
斯似乎没有像人们所能希望的那样清楚说明他所提到的转变的确切性质和
程度。

---

① 　参见彼得·富斯（Peter Fuss）编辑的《乔赛亚·罗伊斯的道德哲学》（*The Moral Philosophy of Josiah Royce*，坎布里奇，马萨诸塞，1965）的附录。

第十三章

人格观念论与其他倾向

豪伊森为了论证自己的伦理多元主义而批判罗伊斯 —— 勒孔特的进化论的观念论 —— 鲍恩的人格观念论 —— 克赖顿的客观观念论 —— 西尔维斯特·莫里斯与动态观念论 —— 评观念论向20世纪的延续 —— 超越观念论与实在论对立的尝试

1. 乔治·霍姆斯·豪伊森（George Holmes Howison，1834—1916） 289 是圣路易斯哲学学会和W. T. 哈里斯的康德俱乐部的成员，最初是数学教授。1872年，他接受了位于波士顿的麻省理工学院的逻辑与哲学教授职务，他在这个位置上一直到1878年，然后他去德国待了两年。在德国他受到右派黑格尔主义者路德维希·米歇勒（Ludwig Michelet，1801—1893）的影响，同米歇勒本人一样，他把黑格尔的绝对观念或宇宙理性说成是一个人格的存在，即上帝。1884年，豪伊森成为加州大学的教授。他的著作《进化的界限与其他论文集》（*The Limits of Evolution and Other Essays*）出版于1901年。

我们已经说过，豪伊森参加了为《上帝的概念》奠定基础的讨论，这部著作在上一章论述罗伊斯时提到了。在这本著作的序言中，豪伊森注意到，参加讨论的人在某种程度上有基本一致的意见，尤其在有关上帝的人格，以及上帝、自由、不朽等概念的密切关系的问题上。虽然他承认各种类型的观念论之间有某种相似性，但这并不妨碍他展开对罗伊斯哲学的尖锐批判。

　　首先，豪伊森问道，如果我们根据存在与一个观念的内在意义的关系来定义存在，那么，我们如何确定该观念是我的观念还是一个无限的、无所不包的自我的观念？罗伊斯和那些接受他的基本观点的人都拒绝唯我论，支持绝对观念论，促使他们这样做的因素是对常识要求的本能反应，而不是任何逻辑的和有说服力的论证。其次，虽然罗伊斯确实打算保持个人的自由和责任，但他只有以牺牲连贯性为代价才能做到这一点。因为绝对观念论在逻辑上包含将有限自我融入绝对之中。

　　豪伊森自己的哲学被说成是伦理多元论。存在采取了诸精神的形式，采取了诸精神的经验内容和秩序的形式，即这样一个时空世界，它的存在归因于诸精神的共存。每一个精神都是一个自由的和能动有效的原因，它自身内有其活动的源泉。同时，每一个精神都是一个精神共同体即上帝之城（the City of God）的成员，这些成员根据终极因果性而结合在一起，也就是说，它们受一个共同的理想——上帝之城的完全实现——的吸引而结合在一起。人类意识不完全是自身封闭的，当它发展起来后，它把自身看成是豪伊森所说的良知或完全的理性（Conscience or Complete Reason）的一部分。向着共同的理想或目的的运动就是所谓的进化。

　　也许除了豪伊森坚持认为每一个精神的活动的起源要在它自身内寻找之外，以上听起来明显与罗伊斯的观点相似。不过，豪伊森强调终极因，试图以此避免他认为的罗伊斯哲学的逻辑的灾难性后果。他把上帝说成是每一个精神的人格理想。豪伊森这里的意思并不是说上帝除了作为人类的理想就没有任何存在。他的意思是说，神对人类精神的作用方式是终极因果性方式，而不是动力因果性方式。上帝作为一个理想吸引有限自我，但自我对上帝的反应是自我自己的活动，而不是上帝或绝对的作用。换言之，上帝的作用是阐明理性，将意志吸引到他自身中诸自由精神统一体的理想上，而不是通过动力因果性或行使权力来决定人类的意志。

　　2. 前面提到的那个讨论的另一位参与者是加州大学的教授约瑟夫·勒孔特（Joseph Le Conte，1823—1901）。作为一位训练有素的地质学家，勒孔特本人对哲学的进化论方面感兴趣，并阐述了所谓的进化论的

观念论。① 他把直接表现在物理和化学自然力中的神圣能量看作是进化的　291
终极源泉。而这种神圣能量的流出逐渐变得个体化了，与之相伴随的是物
质结构的进步。勒孔特的哲学因而是多元论的。因为他主张，在进化的过
程中，我们发现了自发活动的个体的出现，它们有依次接续的高级形式，
直至我们达到了个体存在迄今所达到的最高形式，即人类。在人那里，神
圣生命的涌流或迸发能够认出它的终极源泉并进入与这个终极源泉的意识
交汇。事实上，我们可以期待人逐渐上升到"重获新生的"（regenerated）
人的层次，享受更高程度的精神和道德发展。

　　豪伊森的哲学探讨往往通过康德的批判哲学，这时他根据形而上学
观念论来重新思考它。勒孔特的探讨毋宁说是以这样一种方式，即试图表
明进化论如何将科学从一切唯物主义的蕴意中解放出来，并指出通往宗教
的伦理观念论的道路。他对罗伊斯的思想有某种影响。

　　3. 豪伊森的哲学被冠以伦理观念论之名，除他以外，美国人格
观念论中最有影响的代表人物之一是博登·帕克·鲍恩（Borden Parker
Bowne，1847—1910）。作为纽约的一名学生，他写了批判斯宾塞的著
作。随后在德国学习期间，他受到洛采的影响，尤其是后者的自我理
论的影响。②1876 年，鲍恩成为波士顿大学的哲学教授。他的著作包
括：《有神论研究》（*Studies in Theism*，1879），《形而上学》（*Metaphysics*，
1882），《有神论哲学》（*Philosophy of Theism*，1887），《伦理学原理》
（*The Principles of Ethics*，1892），《论思想和知识》（*Theory of Thought and
Knowledge*，1897），《上帝的内在性》（*The Immanence of God*，1905），《人
格主义》（*Personalism*，1908）。这些书名十分清楚地表明了他的思想的
宗教取向。

　　鲍恩最初把他的哲学说成是先验的经验主义，这是由于在他的思想

---

① 　勒孔特的著作包括《宗教与科学》（*Religion and Science*，1874），《进化：它的性
质、证据，以及与宗教思想的关系》（*Evolution: Its Nature, Its Evidence and Its Relation
to Religious Thought*，1888）。

② 　在洛采看来，承认意识的统一性因此就是承认灵魂的存在。于是，他一方面试图
避免现象论，另一方面假定了一个神秘的灵魂实体。在鲍恩看来，自我是意识的直接材
料，不是必须从官能的存在和活动推断出来的隐秘的实有体。

中受康德启发的范畴学说起了明显作用。这些范畴不完全是由经验引出的，即不完全是在进化过程中适应环境的偶然结果。它们同时还表现了自

292 我的本性和自我经验。这表明自我是一个活动的统一体，不是像康德所认为的仅仅是一个纯粹的逻辑假定。实际上，以理智和意志为特征的自我或人是唯一真实的动力因。因为动力因果性本质上是意志性的。我们确实在自然中发现了一律性，但它不是严格意义上的因果性。

　　这个自然观构成了上帝哲学的基础。科学描述事情是怎样发生的。我们可以说，科学对事件做出说明，如果我们这样说的意思是指，它把事件展示出来，作为经验上发现的普遍化的例子或实例，这种普遍化被称作"规律"。"可是在表示原因的意义上，科学什么也没有说明。在此要么是超自然的说明，要么是什么也没有说，非此即彼。"[1] 的确，上帝的观念在科学本身中是不必要的，就像在制鞋业中是不必要的一样。因为科学只是分类性的和描述性的。可是我们一旦转向形而上学，我们就会看到自然的秩序，它是至上的理性意志的永恒活动的结果。换言之，就其因果关系而言，自然中的任何事件都是超自然的，就像一个奇迹是超自然的一样。"因为上帝同样相似地蕴含这两者。"[2]

　　现在我们可以得到关于实在的一般观点。如鲍恩所认为的那样，要成为实在的就要活动，如果在完全的意义上，可以认为活动只属于人格，那么就得出，只有人格是完全实在的。于是，我们就有了一幅通过外部世界而彼此具有各种活动关系的人格体系的图画。根据鲍恩的观点，这个人格体系是一个至上人格即上帝的创造物。一方面，一个够不上人格的存在不可能是有限人格的充分原因。另一方面，如果我们可以将因果范畴用于一个世界，而在这个世界中低于人格的东西没有起到任何真正的动力因果性的作用，那么，这只能是因为这个世界是一个在该世界中起内在作用的人格存在创造的。终极的实在因而表现出人格的特征，表现为以一个至上人格为首的人格体系。

　　鲍恩最终将其哲学称作人格主义，如他所言，人格主义是"没有分

<hr>

[1] 《上帝的内在性》，第9页。
[2] 同上，第18页。

解为自行消失的抽象的唯一的形而上学"。① 根据鲍恩的观点，奥古斯特·孔德被证明是有道理的，不仅在于他将科学局限于研究现象中共存和连续的一律性，从科学中排除一切对严格原因的探究，而且在于他拒斥形而上学，这里所说的形而上学是指对一些抽象观念和范畴的研究，据认为这些观念和范畴提供了因果的说明。而对于孔德所理解的形而上学可能提出的反驳，人格主义却不受影响。因为人格主义不寻求（据孔德自己指出）科学不能用抽象范畴提供的因果说明。科学只在这些范畴中看到自我意识生命的抽象形式，最终的因果说明是在至上的理性意志中发现的。的确，人格主义的形而上学看上去可能包含着向孔德所认为的人类思想的第一阶段即神学阶段的回归，在这个阶段，人们在诸多神圣意志或一个神圣意志中寻求各种说明。可是在人格主义那里，这个阶段被提升到一个更高的层次，因为诸多变化无常的意志被一个无限的理性意志取代了。② 293

4. 通常所说的客观观念论以詹姆斯·埃德温·克赖顿（James Edwin Creighton，1861—1924）为主要代表，他于1892年继 J. G. 舒尔曼（J. G. Schurman）③ 成为康奈尔大学塞奇学院（Sage School）的院长。1920年，他成为美国哲学协会的第一任会长。他的主要论文在他死后的1925年被收集出版，名为《思辨哲学研究》（*Studies in Speculative Philosophy*）。④

克赖顿区分了两类观念论。第一类他称之为心灵主义（mentalism），它纯粹是唯物主义的对立面。唯物主义者把精神的东西说成是物理的东西的功能，而心灵主义者将物质的东西还原为精神现象，即还原为意识的状态或归结为观念。因为我们不可能毫无荒谬地将物质世界还原为任何特定的有限个人的意识状态，所以这不可避免地促使心灵主义者假定了一个绝

① 《上帝的内在性》，第32页。
② 显然，真正需要表明的是，形而上学的说明毕竟是必要的。经验科学不能提供这样的说明，这也是显而易见的。
③ 杰克·古尔德·舒尔曼（Jack Gould Schurman，1854—1942）于1892年成为康奈尔大学的校长，同年他创办了《哲学评论》（*The Philosophical Review*）。他相信美国文化注定会证明它是东方和西方文化之间的伟大调解者，而且观念论特别适合于美国，也特别适合于完成这项工作。正如康德调解理性主义与经验主义一样，思辨观念论也可以调解科学与艺术。它在文化生活中起了一种综合作用。
④ 虽然克赖顿不是一位多产作家，但他作为一位教师的影响还是很大的。他和他在康奈尔的同事承担了对后来许多美国教授的哲学教育工作。

对的心灵。此类观念论的最清楚的例子是布拉德雷的哲学。不过，它还有一些变体，诸如泛心论（panpsychism）等。

294　另一类主要观念论是客观的或思辨的观念论，它不打算将物理的东西还原为精神的东西，而试图把自然 —— 自我和其他自我 —— 看作经验之内的三个虽然不同但又协调互补的瞬间或因素。换言之，经验向我们呈现出自我（ego）、其他自我和自然，它们是各别而不可还原的因素，同时又包含在这个经验统一体之内。客观观念论试图确定这个基本的经验结构的含义。

譬如，虽然自然不能还原为心灵，但两者是互相联系的。因此，自然不可能完全与心灵是异质的，它一定是可理解的。这意味着，虽然哲学不能做经验科学的工作，但它不承诺仅仅接受关于自然的科学说明而不做任何补充。科学将自然置于描述的中心；哲学则将自然表现为与精神有关的经验坐标。这并不意味着哲学家能够否认甚至质疑科学的发现。这意味着，他的任务是表明科学根据经验整体所描述的世界的意义。换言之，这里为自然哲学留下了余地。

再者，客观观念论小心翼翼地避免将自我（ego）置于描述的中心，为此它将自我当作最终的出发点，然后试图证明（比方说）其他自我的存在。客观观念论者虽然承认个人之间的区分，但也承认没有离开了社会的孤立的个体自我。譬如，他将研究道德、政治制度和宗教的意义，它们（视情况而定）是人类环境即自然界之内的自我社会的活动或产物。

这些观念明显与黑格尔主义相似，与这些观念一致，观念论的康奈尔学派强调思想的社会方面。哲学不应有多少哲学家就分成多少个体系，而应像科学一样，成为一项合作性工作。因为它是对自我社会中并通过该社会而存在的精神的反思，而不是对只就其本人来考虑的个别思想家的反思。

5. 主要由克赖顿表述的客观观念论与康奈尔大学有关。另一种形式的观念论，即所谓的动态观念论，与密歇根大学有关，在那里，它是由乔治·西尔维斯特·莫里斯（George Sylvester Morris，1840—1889）阐

述的。[①] 莫里斯在达特茅斯学院和纽约协和神学院（Union Theological 295
Seminary at New York）学习，而后在德国度过数年，受到柏林的特伦
德伦堡（Trendelenburg）的影响。1870 年，他开始在密歇根大学讲授
现代语言与文学，从 1878 年起，他还在约翰·霍布金斯大学讲授伦理学
和哲学史。随后他成为密歇根大学哲学院的院长。他的著作包括：《英
国思想与思想家》（*British Thought and Thinkers*，1880），《哲学与基督
教》（*Philosophy and Christianity*，1883），《黑格尔的国家哲学与历史哲
学：一个解说》（*Hegel's Philosophy of State and of History: An Exposition*，
1887）。他还将宇伯威格（Ueberweg）的《哲学史》（*A History of
Philosophy*，1871—1873）译成英文，他在该书的第二卷插入了关于特伦
德伦堡的一篇文字。

在特伦德伦堡的影响下，莫里斯将亚里士多德的运动观念放在自己
的哲学的重要位置，这个观念就是关于潜能的实现的观念，即关于隐德来
希的能动表现的观念。生命显然是运动，即能量（energy），但思想也是
与其他形式的自然能量近似的自发活动。由此得出，把思想史说成抽象观
念或范畴的辩证发展是不恰当的。确切地说，它是对精神或心灵的活动的
表达。哲学是关于心灵的科学，[②] 心灵是能动的隐德来希。也就是说，哲
学是关于活动的经验或关于活的经验的科学。

不过，说哲学是关于精神或心灵的活动的科学，或关于活动的经验
的科学，并不是说它与存在没有关系。因为对经验的分析表明，主体与客
体、知识与存在是互相关联项。存在的或具有存在的东西就是被认识或能
够被认识的东西。它是属于潜在的能动经验领域的东西。这就是为什么我
们必须抛弃康德关于不可知的物自体的理论，同时抛弃造成这一理论的现
象论。[③]

在晚年，莫里斯更接近于黑格尔，他把黑格尔看成是一位热心用

---

① 这种形式的观念论在密歇根的另一代表人物是《动态观念论》（*Dynamic Idealism*，
1898）的作者阿尔弗莱德·亨利·劳埃德（Alfred Henry Lloyd）。
② 在莫里斯看来，哲学同其他科学一样也是科学。
③ 也就是说，如果我们把知识的对象看成是现象，意即它是本身并不出现的东西的外
观，那么，我们不可避免会导致假定不可知的物自体。

理性将人类经验整合起来的"客观经验主义者"。他的最著名学生是约翰·杜威（John Dewey），尽管杜威最终放弃了观念论，采取了与他的名字相联系的工具主义。

6. 美国的观念论显然受到欧洲思想的很大影响。而同样明显的是，它显得与很多思想都一致，并且它有一种素朴的特征，这种特征也许特别表现在对人格的反复强调上。因此毫不奇怪，美国的观念论绝不只是因为对德国思想的发现和英国观念论的影响而出现的19世纪的现象。它在20世纪也表现出蓬勃的生命力。

在20世纪上半叶人格观念论的代表人物中，我们可以提到拉尔夫·泰勒·弗卢埃林（Ralph Tyler Flewelling，1871—1960）的名字，他在南加州大学任哲学教授多年，是1920年《人格主义者》（*The Personalist*）杂志的创办者，[①] 阿尔伯特·科尼利厄斯·克努森（Albert Cornelius Knudson，1873—1953）[②] 和波士顿大学的鲍恩哲学教授埃德加·设菲尔德·布赖特曼（Edgar Sheffield Brightman，1884—1953）[③]。他们的出版物的题目充分证明了我们已经有机会提到过的人格主义的宗教取向的延续性。事实上，往往有宗教思想的人首先被人格观念论所吸引，除此之外，如上所述，这一思想路线的宗教取向还有一个内在的理由。人格主义的基本信条被说成是这样一个原则：实在只有与人格相关才有意义，实在的东西只在于人格、属于人格或为了人格。换言之，实在由人格及其创造物所组成。因此可以推出，除非人格主义者像麦克塔格特那样将终极实在等同于有限自我的体系，否则他一定是一个有神论者。当然，对于上帝的构想

---

① 弗卢埃林的出版物包括：《人格主义与哲学问题》（*Personalism and The Problem of Philosophy*，1915）、《信仰中的理性》（*The Reason in Faith*，1924）、《创造的人格》（*Creative Personality*，1925）、《神学中的人格主义》（*Personalism in Theology*，1943）。

② 克努森是《人格主义哲学》（*The Philosophy of Personalism*，1927）、《上帝教义》（*The Doctrine of God*，1930）、《宗教经验的有效性》（*The Validity of Religious Experience*，1937）的作者。

③ 布赖特曼出版的著作包括：《宗教价值》（*Religious Values*，1925）、《理想哲学》（*A Philosophy of Ideals*，1928）、《上帝的问题》（*The Problem of God*，1930）、《上帝是一个人格吗?》（*Is God a Person?*，1932）、《道德法》（*Moral Laws*，1933）、《人格与宗教》（*Personality and Religion*，1934）、《宗教哲学》（*A Philosophy of Religion*，1940）、《精神生活》（*The Spiritual Life*，1942）。

可以有所不同。譬如，布赖特曼主张上帝是有限的。[①] 而美国人格观念论的一个普遍特征是它不仅关注哲学有神论，而且关注作为一种经验形式的宗教。

不过，这并不是说人格观念论者只关心捍卫一种宗教观。因为他们还关注价值问题，将价值与人格的自我实现或发展的观念紧密联系起来。而这又反过来对教育理论发生影响，强调道德的发展和人格价值的培养。最后，在政治理论方面，这种类型的观念论以及它所坚持的自由和对人格本身的尊重，已经与极权主义和一位民主制的坚决拥护者尖锐对立起来。

20 世纪上半叶的进化论观念论以约翰·埃洛夫·布丁（John Elof Boodin，1869—1950）[②] 为代表。此类观念论的主要观念我们很熟悉，即：在进化的过程中，我们可以看到，通过一个内在原则的创造活动，不断有更高级的发展层次出现，对于这个原则的性质，应当根据它的高级产物而非低级产物来说明。[③] 换言之，进化论观念论以能量再分配法则为依据，用目的论概念取代纯粹机械论的进化概念，根据目的论概念，机械过程是在向一个理想目标前进的普遍创造运动中发生的。[④] 于是，布丁将进化过程中不同的相互作用层次或领域区分开来，在每一个层次或领域都有相互作用的个别能量系统。这些层次或领域涵盖了从基本的物理-化学到高级的伦理-社会的各个层次。而那个无所不包的领域是神圣的有创造力的精神，即"万物生存于斯、运动于斯、存在于斯的精神领域"。[⑤]

进化论观念论确实不否认人格的价值。在布丁看来，人类精神通过

---

① 譬如，布赖特曼论证说，进化过程中包含的"浪费"暗示出一个遇到反抗的有限上帝的观念。再有，神圣理性给神圣意志和权力设定界限。而且，上帝中有一"既定"成分是他逐渐加以把握的。而这一"既定"成分来自何处仍然不清楚。

② 他是下列著作的作者：《时间与实在》（Time and Reality，1904）、《真理与实在》（Truth and Reality，1911）、《实在论的宇宙》（A Realistic Universe，1916）、《宇宙的进化》（Cosmic Evolution，1925）、《上帝与创造》（God and Creation，两卷本，1934）、《明天的宗教》（Religion of Tomorrow，1943）。

③ 在区分"低级"和"高级"时，价值判断显然起了重要作用。

④ 如果设想所有相信创造进化的哲学家都假定进化过程有一个固定的、预想的目标或目的，那无论如何是错误的。实际上，除非我们用可以认可的有神论的方式来构想创造的动因，这样的假定是不恰当的。

⑤ 《上帝与创造》，第二卷，第 34 页。在布丁看来，根据上帝的内在本质来构想，上帝是永恒的。但从另一观点看，即当我们把他看成是涵盖整个宇宙史的创造活动时，他不是永恒的。

298 价值的实现参与到神圣的创造活动中。同时，因为进化论观念论者将注意力主要集中在整个宇宙进程上，而不是有限自我上，① 所以他们比人格主义者更倾向于泛神论的上帝概念。布丁的情况就证实了这个倾向。

在20世纪，著名哲学家威廉·欧内斯特·霍金（William Ernest Hocking，1873—1966）继续推行绝对观念论，他是罗伊斯和威廉·詹姆斯在哈佛大学的学生，后来成为该校的奥尔福德哲学教授。② 霍金论证说，在常识的层次上，物理对象及其他心灵作为外在于我自己的东西出现。正是在这个层次上出现了我们如何开始认识到有其他心灵或其他自我存在的问题。但反思告诉我们，有一种基本的社会意识存在，它与自我意识一样实在。事实上，它们是彼此依赖的。归根结底，要证明其他心灵存在的尝试恰恰是以对它们的意识为前提的。霍金断言，进一步的反思连同直觉的洞察向我们揭示出使人的意识成为可能的无所不包的神圣实在的在场。就是说，我们分享的社会意识使我们含蓄地意识到上帝，在某种意义上，这种分享的社会意识是对神圣者的经验，即对绝对心灵的经验。于是，我们可以这样来叙述这个本体论的证明："我有一个关于上帝的观念，因此我有一个关于上帝的经验。"③

我们已经提到霍金是罗伊斯的学生。同他的前任教授一样，霍金坚持认为上帝是人格的，即是一个自我。因为"没有什么东西比自我（selfhood）更高级，没有什么东西比自我更深奥"。④ 同时他还坚持认为，在某种意义上，我们必须把上帝构想为将有限自我的世界和自然界都包含在他自身之内。的确，正如抽去经验生活的人类自我是空洞的一样，如果

---

① 当然，人格观念论者没有承诺否认进化假设。但如人们可能会说的那样，他们把人格观念当成反思的出发点和不动点，而进化论观念论者强调人格的这样一个方面，即人格是内在于整个宇宙的普遍创造活动的产物。

② 霍金的著作包括：《上帝在人类经验中的意义》（*The Meaning of God in Human Experience*，1912）、《人的本性及其改造》（*Human Nature and Its Remaking*，1918）、《人与国家》（*Man and the State*，1926）、《自我，它的身体与自由》（*The Self, Its Body and Freedom*，1928）、《个人主义的永恒原理》（*Lasting Elements of Individualism*，1937）、《对生与死的思考》（*Thoughts on Life and Death*，1937）、《现存宗教与世界信仰》（*Living Religions and a World Faith*，1940）、《科学与上帝的观念》（*Science and the Idea of God*，1944）、《教育实验》（*Experiment in Education*，1954）。

③ 《上帝在人类经验中的意义》，第314页。

④ 《哲学的类型》（*Types of Philosophy*），第441页。

我们考虑上帝时抽去他的绝对经验的生活，上帝的概念就是一个空洞的概念。"宗教的领域实际就是一个神圣的自我，即这样一个'精神'，它是作为'客体'的一切有限事物、人和艺术的'主体'，并很可能是这些范畴未包括的其他许多范畴的'主体'。"[①] 因而世界是上帝必不可少的，尽管同时我们可以把世界构想成被造的。因为自然不但是有限自我彼此交往和追求共同理想的工具，而且实际是神圣心灵的表达。除了将自然当作一个自足整体的科学自然观之外，我们还需要向有限自我传达神意的自然概念。说到神圣的本质本身，它超出了推理思维的把握，尽管神秘经验产生出有效的洞见。

　　因此，与在罗伊斯那里一样，我们在霍金那里发现了人格主义的绝对观念论的一种形式。他试图在有神论与绝对观念论之间找到一个中间位置，有神论将上帝还原到自我中的自我、人格中的人格的层面，而绝对观念论没有给人格的上帝概念留下任何余地。这种在两者之间寻找中间位置的愿望表现在霍金关于宗教的论述中。一方面，他不喜欢有些哲学家所表现出的一种倾向，即从一切历史宗教中抽象出一个概念，把它作为所谓的宗教本质提出来。另一方面，他拒绝这样一种看法，即一个特定的历史信仰由于取代了其他一切信仰而变成世界信仰。虽然他将认识到实在的终极人格结构这一独一无二的贡献归功于基督教，但是他指望在各个伟大的历史宗教之间有一个对话过程，通过一种趋同运动，创造出未来的世界信仰。

　　我们已经不止一次地提到美国观念论对宗教问题的关注。几乎不夸张地说，在鲍恩等某些人格主义者那里，哲学被实际用于为基督教辩护。不过，在人格主义的绝对观念论的情况下，[②] 如在霍金那里，与其说问题在于捍卫某一个特定的历史宗教，不如说在于阐发一种宗教的世界观，提出宗教对未来的看法。这显然与 W. T. 哈里斯的思辨哲学纲领更一致。因为哈里斯假定：传统教义和教会组织正在失去对人心的控制，我们需要

---

① 《人的本性及其改造》，第329页。
② 罗伊斯和霍金的思想路线有时被说成是绝对主义的人格主义，以与鲍恩和其他人格观念论者的多元主义的人格主义相区别。

一个新的宗教观，思辨哲学或形而上学观念论的部分工作就是满足这一需要。

同时，观念论并非一定涉及为一个已经存在的宗教做辩护，或者明确准备一个新的宗教。当然，期望形而上学观念论者对宗教有某种兴趣，或至少明确承认宗教在人类生活中的重要性，这也是很自然的。因为一般来说，形而上学观念论者的目的就是综合人类经验，尤其是公正对待唯物主义者和实证主义者往往不是贬低就是将其排除于哲学范围之外的那些经验形式。但如果认为观念论一定不是与基督教信仰相联系，就是与霍金之类哲学家的神秘见解相联系，以致它不能与深刻保持的宗教信念分开，那就错了。对宗教问题的专注不是克赖顿客观观念论的特征，也不是布兰德·布兰沙德（Brand Blanshard，1892—1987 年）的思想特征，后者是耶鲁大学的斯特林哲学教授，是在英国最出名的20 世纪美国观念论者。①

在他的两卷本名著《思想的本性》（*The Nature of Thought*，1939—1940）中，布兰沙德致力于对思想和他认为错误的或不恰当的知识进行批判分析，并且为理性辩护，这里的理性主要被设想为对必然联系的发现。他拒绝将必然性限制于纯形式命题，拒绝将它归结为约定，他将思想的运动表述为向着一个逻辑理想前进，这个理想就是指一个彼此依赖的诸真理的无所不包的体系。换言之，他主张的是一种融贯真理论。同样，在《理性与分析》（*Reason and Analysis*，1962）中，布兰沙德致力于从否定的方面持续不断地批判近40 年来的分析哲学，包括逻辑实证主义、逻辑原子主义和所谓的语言学运动。在肯定的方面，他致力于揭示他所设想的理性的作用，并为之辩护。的确，他做了两次吉福德系列讲演。《理性与善》（*Reason and Goodness*，1961）表述的是第一次讲演的内容，书中把重点放在为伦理学中理性作用的辩护上，反对（比方说）伦理学中的情感理论，确实没有把重点放在说教上，不论是道德说教还是宗教说教。②

以上所说并不是要赞扬或批评布兰沙德没有全神贯注于宗教问题，没有已经成为美国观念论者许多出版物明显特征的那种激奋情调。毋宁说

301

---

① 布兰沙德曾在牛津学习，他被认为继续了牛津观念论的传统。

② 在笔者写本书时第二卷还未出版。

问题在于，布兰沙德的例子表明，观念论能够提出有利于自己的良好理由，能够狠狠打击自己的敌人，而又不表现出那样一些特征，那些特征在有些批评者的眼里从一开始就不屑一顾，好像观念论本来就是满足于非哲学兴趣似的。毕竟黑格尔本人反对任何将哲学与激奋情调混淆在一起的做法，他拒绝诉诸神秘的洞见。

7. 在马克思主义的用语中，观念论通常是与唯物主义对立的，因为两者各自包含一个断定，前者断定心灵或精神对于物质有终极的在先性，后者断定物质对于心灵或精神有终极的在先性。而如果这样来理解观念论，那么，对立双方的综合是不可能的。因为这里的实质争论不是关于心灵或物质的实在性。而是关于终极在先性的问题。两者不可能同时都是终极在先的。

不过，一般来说，观念论是与实在论相对比的。如何来理解这些术语并不总是清楚的。无论怎样，它们的意义可以随不同的语境而变。而美国哲学家威尔伯·马歇尔·厄本（Wilbur Marshall Urban，1873—1952）试图表明，观念论与实在论最终都以某种关于真知识条件的价值判断为基础，这些判断可以辩证地协调起来。当然，他的意思并不是说可以将对立的哲学体系合并在一起。他的意思是说，对于观念论哲学和实在论哲学最终依据的基本判断可以这样来解释，使得超越观念论与实在论的对立成为可能。

厄本坚持说，实在论者认为不可能有真正的认识，除非事物在某种意义上与心灵无关。换言之，实在论者断言存在先于认识。而观念论者认为不可能有真正的认识，除非事物在某种意义上依赖于心灵。因为事物的可理解性与这种依赖性密切相关。因此，乍看起来，实在论与观念论是不相容的，前者断言存在先于思想和认识，后者断言思想先于存在。可是，如果我们考察基本的价值判断，我们就可以看到克服两者之间对立的可能性。譬如，实在论主张，不能把认识说成是真正对实在的认识，除非事物在某种意义上与心灵无关，实在论的这个主张是可以满足的，只要我们愿意承认事物不仅仅依赖于人类心灵。而观念论主张，不能将认识说成是真正对实在的认识，除非事物在某种意义上是依赖于心灵的，观念论的这个

302

主张也是可以满足的，如果我们假设一切有限物最终依赖的实在是精神或心灵。

在笔者看来，这个观点有很大的真理性。绝对观念论拒绝主观观念论关于人类心灵只能认识自己的意识状态的主张，这样一来，它有助于满足实在论的如下主张：对实在的真正认识是不可能的，除非认识的对象在某种真正的意义上与主体无关。而如果实在论愿意将终极实在说成是精神或心灵，那么它就有助于满足观念论的如下主张：没有什么东西是可以理解的，除非它是精神或是精神的自我表现。同时，厄本所想到的那种对立观点的辩证协调似乎需要某些规定。譬如，我们必须规定，观念论者应当停止使用像罗伊斯那样的谈论方式——罗伊斯用“存在”一词来表示意志和目的的表达，即用来表示一个观念的内在意义的体现——应当承认意志本身是存在的一种形式。实际上，要达到与实在论者一致，观念论者似乎必须承认实存（existence）的在先性，首先是存在而不是如此这般（prius est esse quam esse tale）。但如果他承认了这一点，他就必定在各方面都转向了实在论。当然，我们还必须规定，不应把实在论理解为与唯物主义是同义的。那么，许多实在论者就会坚持认为，实在论并不意味着唯物主义。

超越哲学中的传统对立，这个理想是可以理解的，并且无疑值得称赞。但有如下一点要考虑。如果我们根据对于真正认识条件的基本价值判断来说明实在论，那么，我们就暗暗采用了某种研究哲学的方法。我们是通过认识的题目来研究哲学，即通过主体–客体关系来研究哲学。许多通常被称作实在论者的哲学家无疑就是这样做的。譬如，我们谈到实在论的认识论。不过，有些实在论者会声称，他们把存在，尤其是实存意义上的存在，作为他们的出发点，而且他们的方法与观念论者的方法有显而易见的不同，正是这种研究哲学的不同方法决定了不同的认识观点。

第四部分

实用主义运动

第十四章

C. S. 皮尔士的哲学

皮尔士的生平 —— 真理的客观性 —— 拒斥普遍怀疑的方法 ——
逻辑、观念和实用主义的意义分析 —— 实用主义与实在论 —— 实
用主义的意义分析与实证主义 —— 纯粹伦理学与实践伦理学 ——
皮尔士的形而上学与世界观 —— 关于皮尔士思想的一些评论

1. 虽然我们可以在其他一些思想家的著作中发现实用主义的观念，[①] 304
但美国实用主义运动的创始人实际上是查尔斯·桑德斯·皮尔士（Charles
Sanders Peirce，1839—1914）。的确，"实用主义"一词主要是与威廉·詹
姆斯的名字联系在一起的。因为詹姆斯作为演讲家和著作家的风格，以及
他明显关心的普遍问题对健全的思想者有重要意义，所以他很快为公众所
瞩目并一直如此，而在皮尔士生前几乎无人认为或赞赏他是一位哲学家。
不过，詹姆斯和杜威两者都承认受惠于皮尔士。皮尔士死后，他的声誉与
日俱增，即使就其思想的性质来说，他也仍然是一位真正的哲学家。

皮尔士是哈佛大学数学家和天文学家本杰明·皮尔士（Benjamin
Peirce，1809—1880）的儿子，他自己的正规教育的最高学历是1863年
在哈佛大学获得的化学学位。从1861年至1891年，他是美国海岸和大地
测量局（United States Coast and Geodetic Survey）的职员，尽管从1869年起
他还参与了几年哈佛大学天文台的工作。他的《光度学研究》（*Photometric*

———————————

① 例见 E. H. 马登（E. H. Madden）的《昌西·赖特与实用主义基础》（*Chauncey
Wright and the Foundations of Pragmatism*，西雅图，1963 年）。

Researches，1878）一书体现了他所做的一系列天文观察的成果。

305   在1864—1865和1869—1870学年，皮尔士在哈佛大学讲授现代早期科学史，在1870—1871学年，讲授逻辑学。[①] 他从1879年至1884年是约翰·霍普金斯大学的逻辑学讲师，但由于种种原因他没有被续聘。[②] 尽管威廉·詹姆斯为他努力争取，他后来再也没有得到任何正式的学术职位。

    1887年，皮尔士与第二任妻子定居宾夕法尼亚，试图通过为词典写评论和条目来勉强维生。他确实写了大量的东西，但除了少数条目外，他的著作直到他死后才以《论文集》（*Collected Papers*）出版，其中六卷出版于1931—1935年，后来两卷出版于1958年。

    皮尔士不赞成威廉·詹姆斯阐发实用主义理论的方式，1905年，他把自己的理论的名称从实用主义（pragmatism）改为实效主义（pragmaticism），他说后面这个词很难听，可以使它避免被人绑架。同时，他感谢詹姆斯的友情，后者尽其所能地给这位被忽视的、穷困潦倒的哲学家提供有报酬的工作。皮尔士于1914年死于癌症。

    2．如下说法也许是对的：对大多数人来说，"实用主义"一词是有确定意义的，在他们看来，该词主要与某种对真理本性的看法有关，即与这样一种学说有关，这种学说认为，当一个理论是"起作用的"，比方说，当它对社会是有用或有效果的，它才被认为是真的。因此，我们同样从一开始就要理解到，皮尔士的实用主义或实效主义的本质在于一种意义理论，而不在于一种真理理论。同时我们可以简要考察一下关于真理皮尔士必须说些什么。我们将看到，不论将真理等同于"起作用的东西"是否代表了威廉·詹姆斯的真正观点，它肯定不代表皮尔士的观点。

---

① 1868年，皮尔士在《思辨哲学杂志》上发表了几篇关于某些所谓的人类心灵能力的论文，诸如直觉的认识能力等，这种能力不需要任何先前的知识，即不需要任何构成推理的绝对起点的前提。

② 1883年，皮尔士与他的第一任妻子离婚，随后再婚，很可能这件事导致他在约翰·霍普金斯大学的任职结束。不过，这里似乎还有其他一些因素，诸如他有时过激地表达道德上的愤慨而引起人们的反感，他在某些方面不符合学术生活的要求。

　　皮尔士区分了真理的不同种类。譬如，这里有他所说的属于"作为事物的事物"（things as things）的先验真理。[1] 如果我们说科学寻求的是这个意义上的真理，那么，我们的意思是，科学研究的是事物的真实特性，即事物所具有的特性，不论我们是否知道它们有这些特性。不过，我们这里关心的是皮尔士所说的作为命题真理的复杂真理。对这类真理还可以细分。譬如，有伦理的真理或真实性，它在于一个命题与说话者或写作者的信念的一致性。还有逻辑的真理，它在于一个命题与实在的一致性，这种一致性的含义应当如下面所规定的。

　　"当我们谈论真理和谬误的时候，我们指的是命题被反驳的可能性。"[2] 也就是说，假如我们能够合法地从一个命题推演出一个与直接的知觉判断相冲突的结论，那么，这个命题就是假的。换言之，假如经验能反驳一个命题，这个命题就是假的。假如经验不能反驳一个命题，这个命题就是真的。

　　这可能暗示着，在皮尔士看来，真理和证实是一回事。可是，经过反思将表明，完全可以恰当地证明他拒绝这种等同。因为他不是说假如一个命题在经验上被证实，这个命题就是真的，而是说假如一个命题没有在经验上被证伪，这个命题就是真的，假设这样的检验是可能的话。事实上，这样的检验是不可能的。不过，大致而言，假如命题与实在的比较真是可能的，当一个命题**会**像经验揭示的那样与实在冲突，那么，我们仍然可以说，这个命题是假的，否则就是真的。因此，皮尔士可以一以贯之地说："每一个命题不是**真的**就是**假的**。"[3]

　　迄今有些命题我们不能设想它们会受到反驳。譬如纯数学就是这样的命题。因此，根据上述对真理的说明，纯数学命题的真理就在于"任何时候都不能发现它不真的情形"。[4] 有时皮尔士关于数学的论述很令人困

---

① 　在这里皮尔士指的是经院哲学的公理：每一个存在都是一、真和善。

② 　5. 569。这里的索引按照《查尔斯·桑德斯·皮尔士文集》（*Collected Papers of Charles Sanders Peirce*）惯用的卷号加段落编号的方式给出，下同。

③ 　2. 327。

④ 　5. 567。

307　惑。譬如他说，纯数学家只研究他自己想象出来的假设，而且"只有当一个命题没有一切确定的意义"，它才成为纯数学的陈述。① 而这里的"意义"必须在指称的意义上来理解。一个纯数学命题对于实际的事物什么也没说。② 如皮尔士所说的那样，纯数学家不关心是否有与他的记号相对应的实际事物。当然，这种"意义"的阙如就是为什么纯数学命题不可能被反驳并因而必然真的理由。

　　不过，还有另外一些命题我们不能绝对确实地知道它们是真的还是假的。它们是莱布尼茨所说的与理性的真理有别的事实的真理。譬如，它们包括科学假设和关于实在的形而上学理论。一个命题在不可能被反驳的情况下，我们知道它是真的。③ 而一个科学假设可以**是**真的，不需要我们知道它是真的。实际上我们不可能确实知道它是真的。因为虽然经验的反驳表明一个假设是假的，但我们所谓的证实并未证明一个假设是真的，尽管它确实提供了一个暂时接受该假设的根据。如果我们从假设 x 合法地推出在某种情况下事件 y 应发生，而如果在此情况下 y 没有发生，那么，我们可以得出 x 是假的的结论。但 y 的发生并不能确实证明 x 是真的。因为可能有这样的情形，比方说，关于在同样情况下事件 y 应当发生的结论，可以从假设 z 推出来，而从别的理由看，z 比 x 更可取。虽然科学假设可以有各种程度的或然性，但对它们都可以进行修正。事实上，被看作人类知识的一切系统阐述都是不确定的、可错的。④

　　不必补充的是，皮尔士的可错论原则并不涉及对客观真理的否定。科学研究是在对客观真理进行公正探索的激励下进行的。没有人会问一个理论问题，除非他相信有真理那样的东西。而"真理就在于与某种东西的

308　一致性，这种一致性**与人们认为它是如此这般无关**，或与任何人对那个主

---

① 5.567。
② 一个纯数学命题是否涉及与现实性领域相对立的可能性领域，这个问题是形而上学家的问题。
③ 皮尔士评论说，一个完全没有意义的命题应当归类于真命题，因为它不可能被反驳。不过，他又补充了一个保留规定，"如果毕竟能称它是一个命题的话"。（2.237）
④ 当人们问皮尔士，他所谓的可错论原则，即断言一切断言都是不确实的，其本身是可错的还是不可错的、是确实的还是不确实的呢？他回答说，他不想自称他的断言是绝对确实的。这个回答可能是符合逻辑的，但使他的立场受到某种程度的削弱。

题的看法无关"。①但如果我们将公正地探索客观真理（即就其本身来认识）的观念与可错论的原则结合起来（根据这个原则，独断论是与追求真理敌对的），那么，我们就必须把绝对的、最终的真理设想成探究的理想目标。这个理想永远超越我们获得它的努力之上，我们只能接近它。

因此，对于真理可以从不同的观点来界定。从某种观点我们可以认为真理指的是"一切真理的宇宙"。②"所有命题都涉及同一个确定的单一主题……即真理（The Truth），它是一切宇宙的宇宙，它被假定在各方面都是实在的。"③然而，从认识论的观点看，可以将真理界定为"一个抽象陈述与理想极限相一致，无止境的研究趋向于使科学信念接近这个理想极限"。④

如果这些段落使我们回想起关于全部真理即整个真理体系的观念论概念，而非回想起通常与"实用主义"一词联系在一起的任何东西，那么，在此没有什么可奇怪的。因为皮尔士公开承认他自己的哲学与黑格尔的哲学有相似之处。

3. 说到追求真理，皮尔士拒绝了笛卡尔的如下论点：我们应当从普遍怀疑开始，直至我们能发现一个不可怀疑的、非预先假定的起点。首先，我们不可能完全任意地怀疑。当某种外部的或内部的经验与我们的一个信念发生冲突或似乎发生冲突时，实际的或真正的怀疑才会出现。而当这种情况发生了，为了克服这种怀疑状态，我们就会着手进一步探索，不是将我们先前的信念重新建立在更坚实的基础上，就是用有更好根据的信念来代替先前的信念。因此，怀疑是对探索的一种激励，在这个意义上，怀疑有积极的价值。但是要怀疑一个命题的真理，我们对于**该**命题的真理或该命题所依赖的命题的真理，必须有怀疑的理由。任何使用那种普遍怀疑方法的尝试都只会导致假装的或虚假的怀疑。它根本不是真正的怀疑。

皮尔士首先想到的显然是科学探索。不过，他以非常普遍的方式运用他的观念。我们都从某些信念开始，即从休谟所谓的自然信念开始。而

---

① 5. 211。（引文中"a conformity of something"系"a conformity to something"之误。——译者注）
② 5. 153。
③ 5. 506。
④ 5. 565。

这位哲学家确实试图说明我们的未经批判的自然信念，并对它们做批判的考察。可是，他甚至不能任意怀疑它们：对于怀疑这个或那个特殊信念，他要求一个理由。如果他具有或他认为自己具有这样一个理由，他又将发现，他的怀疑是以别的某个或某些信念为前提的。换言之，我们不可能有、也不需要有一个绝对非预先假定的起点。笛卡尔的普遍怀疑根本不是真正的怀疑。"因为真正的怀疑不谈论从怀疑开始。"① 笛卡尔的追随者可能会回答说，他主要关心的是"方法的"怀疑，而不是"实际的"或"真正的"怀疑。而皮尔士的观点是：在可以将方法的怀疑与真正的怀疑相区别的范围内，方法的怀疑根本不是真正的怀疑，不论我们有没有理由怀疑。在有理由怀疑的情况下，怀疑是真正的怀疑。在没有理由怀疑的情况下，我们只有假装的或虚假的怀疑。

如果我们记住这个观点，我们就可以理解皮尔士的主张："科学精神要求一个人不论在任何时候都准备抛弃他的全部大量信念，只要经验与这些信念是相反的。"② 这里他显然谈的是以预期为主要特征的理论信念。譬如，如果一个人有信念x，他相信在某种情况下事件y应发生。当然，如果事件y没有发生，他就将怀疑这个信念的真理性。在经验与信念冲突之前，任何具有科学精神的人都会准备在这样的冲突发生的时候放弃任何关于世界的信念。因为如我们已知，他认为所有这样的信念都是可以修正的。不过，由此绝不能得出，他将从或应当从普遍的怀疑开始。

4. 如皮尔士构想的那样，实用主义"不是一种'世界观'（Weltanschauung），而是一种反思方法，它以使观念清晰为目的"。③ 因此，它属于方法论，即属于皮尔士所谓的"方法学"（methodeutic）。由于他强调实用主义的逻辑基础和逻辑联系，所以我们首先说一下他关于逻辑的叙述是适宜的。

皮尔士将逻辑分为三个主要部分。第一个部分是思辨语法（speculative grammar）。它与记号的意义的形式条件相关。皮尔士把一个记号称作

---

① 6.498。

② 1.55。

③ 5.13 注。

一个"代表项"（representamen），它作为一个对象的代表向某人表现出来，它在这个人心中又产生了一个更加展开的记号，即"解释项"　310（interpretant）。当然，一个记号在一个对象的某些"特性"（characters）方面代表这个对象，该特性方面被称作"根据"（ground）。我们可以说，在皮尔士看来，记号的意义关系或符号功能是代表项、对象和解释项之间的三重关系。①

逻辑的第二个主要部分是批判逻辑（critical logic），它是关于符号的真的形式条件的。在这个题目下，皮尔士探讨了三段论推理或论证，论证可分为演绎论证、归纳论证和"假说推理式"（abductive）论证。归纳论证有统计学特点，它假设对一类事物的许多成员成立的东西对该类事物的所有成员都成立。皮尔士认为概率论与归纳有关。假说推理式论证有预言性特点。也就是说，它根据观察事实制定一个假设，并推断出如果该假设为真时情况应该是怎样。因而我们可以对预言进行检验。罗伊斯告诉我们，当我们从某一种观点看，可以把实用主义说成是假说推理逻辑。这个评论的要旨一会儿将变得清楚。

逻辑的第三个主要部分是思辨修辞学（speculative rhetoric），它涉及的是皮尔士所说的符号的确切意义（the force of symbols）的形式条件，或"符号和其他记号指称它们旨在确定的解释项的一般条件"。②在交流的过程中，一个记号在解释者心中引起了另一个记号，即解释项。皮尔士坚持认为，解释者不一定是一个人。因为他希望尽可能避免心理学，所以他强调的是解释项而不是解释者。无论怎样，如果我们考虑的是一个记号在一个人心中引起一个记号，那事情就变得简单了。于是，我们可以看到，思辨修辞学将在很大程度上与意义理论有关。因为意义是"一个符号所预期的（intended）解释项"。③不论我们谈论的是一个词、一个命题，还是一个论证，它的意义都是这个完整的、预期的解释项。因为在皮尔士看来

① 皮尔士还在思辨语法的总题目下考察了词、命题和逻辑的基本原理，即同一律、非矛盾律和排中律。
② 2. 93。
③ 5. 175。

实用主义是用来确定意义的方法或规则，所以它显然属于思辨修辞学，或
与它有密切联系，他也将思辨修辞学称作"methodeutic"（方法论）。

311　更确切地说，实用主义是用来使观念清楚，用来确定观念的意义
的方法或规则。可是，这里有不同类型的观念。① 其一是就其本身来考
虑、与其他任何东西都无关的知觉对象或感觉材料的观念。用皮尔士的
术语来说，它是"第一性"（firstness）的观念。红或蓝的观念就是这样
的观念。其二是行动（acting）的观念，这种观念涉及两个对象，即行动
者和受动者或行动加诸其上的东西。这是"第二性"（secondness）的观
念。② 其三是记号关系（a sign relation）的观念，即关于这样一个记号的
观念，这个记号向解释者表明某个性质属于某个对象，或更确切地说，属
于某类对象。这是"第三性"（thirdness）的观念。这样的观念可以认作
是普遍的观念，皮尔士称它们为理智的概念或构想（intellectual concepts
or conceptions）。③ 在实践上，实用主义是用来确定它们的意义的方法或
规则。

皮尔士以若干方式阐述了实用主义的原则。最著名的阐述之一如下：
**"为了确定一个理智概念的意义，人们应当考虑由这个概念的真理可以想
到必然会引起的实践后果是什么，这些后果的总和将构成这个概念的完整
意义。"**④ 譬如，假设有人告诉我某类对象是硬的，并且假设我不知道"硬
的"这个词是什么意思。他可以这样向我解释这个词：说一个对象是硬
的，其中指的是，如果一个人适度按压它，它不会像黄油那样有弹性；如
果有人坐在它上面，他不会陷进去；如此等等。如果说一个对象是"硬
的"是正确的，那么，必然发生的"实践后果"的总和给出了这个概念的
完整意义。如果我不相信这个意义，那么，我只须从该词的意义中排除所

---

① 严格地说，观念理论属于认识论。但皮尔士坚持认为，观念理论是以关系逻辑为基
础的。他强调该理论与实用主义的相关性。
② 因为在人类经验中，行动包括意志活动，所以皮尔士倾向于把这种类型的观念说成
是意志活动的观念（the idea of a volition）。总之，他强调"第二性"的观念不能简单还
原为"第一性"的观念。譬如，如果我们试图将风吹动窗帘的观念还原为更简单的感觉
材料观念，那么分开来看，整个活动观念就消失了。
③ 至少在理论上，皮尔士区分了"观念和概念"，概念是一个普遍的观念，它在一个
理智概念中被主观地领会。
④ 5. 9。

有这样的"实践后果"。然后我将看到，区分"硬的"和"软的"的意义变得不可能了。

在此，如果我们把皮尔士的说法理解成可以将一个理智概念的意义还原为某些感觉材料的观念，那么，我们将必定得出结论，他与他关于理智概念不能还原为"第一性"观念的断言相矛盾。如果我们把皮尔士的说法理解成可以将一个理智概念的意义还原为某些行动的观念，那么，我们将必定得出结论，他与他关于理智概念不能还原为"第二性"观念的断言相矛盾。然而，这两种说法他都没有说。他的观点是，一个理智概念的意义可以根据第二性观念与第一性观念之间必然关系的观念来说明，也就是说，可以根据意志活动或行动的观念与知觉的观念之间必然关系的观念来说明。他解释道，当他谈论"后果"的时候，他指的是后件与前件之间的关系（consequentia），而不仅仅是后件（consequens）。

从这一分析明显可以推出，一个理智概念的意义与行为有关。因为意义在其中得到说明的那些条件命题涉及行为。但同样明显的是，皮尔士没有提出，为了理解或说明一个理智概念的意义，我们实际上必须做某事，即必须从事在说明意义时提到的某些活动。我可以用这样的方式向一位解释者说明"硬的"一词的意义，即在他心中引出如下观念：假如他真的对据说是硬的对象做出某种活动，他就**会**获得某种经验。他不需要先实际从事那个活动，然后才能理解"硬的"的意义。只要那个活动是可以构想的，它甚至不一定是实际可行的。换言之，一个理智概念的意义可以根据条件命题来说明，但要理解那个意义，没有必要实际满足那些条件。只是必须设想那些条件。

要注意的是，这个意义理论与上述皮尔士关于我们必须区分真理与证实的观点不矛盾。譬如，如果我说一个特定对象有重量，如果我解释说，这意味着在没有相反力的情况下该对象将坠落，那么，这个条件命题的满足据说就证实了我的陈述。可是，所谓证实就意味着要表明一个命题是真的，即表明它在任何证实之前就是真的，它的真与我或其他任何人从事的任何活动无关。

5. 尽管会涉及本体论，但在此考虑一下皮尔士的如下信念是适宜的，即他确信实用主义的意义理论要求拒绝唯名论，接受实在论。一个理智概念是一个共相概念，它的意义是用条件命题来说明的。在原则上，这些条件命题是可以证实的。这种证实的可能性表明，在说明理智概念意义的那些命题中，至少有些命题表述了实在中的某种东西，这种东西之所以如此与它在判断中被表达无关。譬如，像"铁是硬的"之类的陈述是一个预言：如果x，那么y。一个预言经常成功或得到证实，这表明，此时一定有某个具有一种普遍性质的实在的东西，它导致将来的实现。在皮尔士看来，此时这某个实在的东西就是一个实在的可能性。虽然他将这种实在的可能性比作邓斯·司各脱（Duns Scotus）哲学中的本质或共同性质，[①]但在他看来，它有一个关系结构，这一关系结构是在说明共相概念的意义的条件命题中表现出来的。因而他称这种实在的可能性为"法则"（law）。因此，共相概念就在实在中有了一个客观基础或对应者，即"法则"。

我们一直谈论的是第三性观念。而皮尔士的实在论在他关于第一性观念的说明中也可以看到。譬如，白色的观念在实在中有其对应者，即"白"（whiteness）这个本质，而不是白的东西。"白"本身实际并不像一个现实事物那样存在。只有白的事物才那样存在。而在皮尔士看来，"白"是一个实在的可能性。从认识论的观点看，它是一个观念，即第一性观念的实在可能性。[②]

一般而言，人类知识和科学需要一个具有普遍性的实在可能性的领域，即"本质"的领域的存在，把它作为一个必要条件。因此我们不能接受唯名论的如下论点：普遍性只属于一些词，这些词起到代替众多个别东西的作用。[③]

314　　6. 当我们读到本章第四节引用的对实用主义原则的阐述，我们自然

---

① 虽然皮尔士的实在论不是从司各脱那里引申来的，但在很大程度上是通过对这位中世纪方济各会修士的学说（或皮尔士所认为的他的学说）的反思和改造而发展起来的。皮尔士有时甚至称自己是"司各脱主义的实在论者"。关于这个论题可参见约翰·F. 博勒（John F. Boler）的《查尔斯·皮尔士与经院实在论：皮尔士与约翰·邓斯·司各脱的关系研究》（*Charles Peirce and Scholastic Realism: A Study of Peirce's Relation to John Duns Scotus*，西雅图，1963 年）。

② "白"这个本质通过注意能力而体现在一个观念中，这被说成是对它的"抽象"。

③ 皮尔士所说的"实在论"并不是人人对这个术语所理解的那样。不过，我们这里关心的是他对这个词的用法。

会想到新实证主义的意义标准。但为了能讨论皮尔士的意义理论与实证主义之间的关系，我们首先必须做一些区分，以便厘清这里的问题。

首先，当皮尔士本人谈到实证主义的时候，不用说，他谈论的是（比方说）以奥古斯特·孔德和卡尔·皮尔逊为代表的古典实证主义。虽然他承认这个意义上的实证主义有助于科学，但他也明确抨击他在这种实证主义中发现的或至少他归咎于它的某些特点。譬如，他将真正的假设一定能为直接观察所实际证实的观点归咎于孔德，并进而拒绝这个观点，他的根据是，要使一个假设有意义，只要求我们能**构想**它的实践后果，不要求它实际可以证实。再有，皮尔士拒绝承认在一个假设中只应假定可以直接观察的东西。因为在假设中我们推断未来，即"将是"（will be 或 would be），而"将是"肯定不是直接观察到的。① 而且，如果把假设只看成是为了鼓励观察而采用的虚构手段，那也是错误的。譬如，假设可以有一个初始概率作为合理推断的结果。因此，一般来说，皮尔士认为实证主义者过于专注实际的证实过程，认为他们把种种东西都说成不可想象是过于仓促了。

不过，我们不能从皮尔士对孔德和皮尔逊的批判中马上推断他的意义理论与新实证主义（在英国一般称之为逻辑实证主义）没有任何共同之处。因为即使新实证主义者最初倾向于将一个经验假设的意义等同于它的证实方式，但他们的意思并非想说它的意义可以等同于实际的证实过程。他们将它的意义等同于证实方式的**看法**，用皮尔士的话说，就是把证实方式看作该假设的实践后果。而且他们并不坚持认为，为了使一个假设有意义，该假设应当是可以直接证实的。笔者的意图并不是要表示他与新实证主义的意义标准是一致的。事实上，他不同意这个标准。不过这无关紧要。有关的一点是，新实证主义者阐述的意义理论至少逃过了皮尔士的某些批判，不论这些批判是否公正，它们是针对他所认为的那种实证主义的。

还应当强调的是，问题不在于皮尔士是不是一位实证主义者。因为

315

---

① 显然，当一个预言实现了，就可以直接观察到结果。而皮尔士的观点是：科学假设说的是，**假如**一个条件被满足了，情况就**将是**如此，"将是"**本身**不能被直接观察到。

十分明显他不是一位实证主义者。如我们一会儿将看到的那样，他概述了一种形而上学，它至少在某些方面与黑格尔的绝对观念论相似。问题反倒在于：一方面，皮尔士的"实效主义的"意义分析与新实证主义者自己的意义分析明显相似，另一方面，与皮尔士的意义理论的真正一致会使他实际阐发的那种形而上学成为不可能，那么，不但在前者的意义上，而且在后者的意义上，新实证主义者把皮尔士看成他们的一位前辈是否正当呢？换言之，一旦考虑到皮尔士的意义理论，那么，他是否早就应该是一位实证主义者呢？也就是说，他是否本该在远比实际情况更大的程度上预见到新实证主义呢？

皮尔士在著名的《如何使我们的观念清楚明白》（"How to Make Our Ideas Clear"）中断言："信念的本质在于建立一种习惯，不同的信念是根据它们所引起的不同行动方式来区分的。"[①] 如果两个初看不同的信念所引起的行为或行动方式之间根本没有区别，那它们就不是两个信念，而是一个信念。

很容易想到一个简单的例子。如果一个人说，他相信除他自己之外还有别的人存在，而另一个人说他所相信的与此相反。如果我们发现他们两人以完全相同的方式与别人交谈、询问、倾听、通信等，我们就自然而然地断定：不论他们两人可能说什么，第二个人实际上与第一个人有完全同样的信念，即除了他自己之外还有别的人存在。

皮尔士将这个观念用于说明天主教徒与新教徒在关于圣餐的信念上的所谓区别，[②] 他断言，因为在两派的行动或行为之间没有任何区别，所以，他们在信念上也不可能有任何真正的不同。乍一看，这个论点似乎至少与事实截然矛盾。譬如，虔诚的天主教徒在圣餐前单膝下跪，在储存圣餐的神龛前祈祷，等等，而皮尔士所想到的新教徒却不这样做，他们有非常好的理由不相信"真在"。不过，对皮尔士的说法的更严密考察表明，

316

---

① 　5.398。
② 　在这里"新教徒"一词是含糊不清的。因为没有任何一种关于圣餐的信念能被称作新教徒的信念。而这时皮尔士显然想到的是否认基督真实存在于圣餐中的那些人，尤其是否认圣餐中有变化的那些人，这种变化证明了关于变体的面包和酒就**是**基督的身体和血的说法是正当的。

他实际上是在证明天主教徒与新教徒对于圣餐的可感效果有同样的预期。因为且不考虑他们的神学信念，两派都预期（比方说）食用变体的面包与食用未变体的面包有同样的物理效果。这当然是完全对的。相信变体说的天主教徒不否认变体后的"神圣面包"与未变体的面包将有同样的可感效果。

皮尔士的论证与他和实证主义的关系问题是相关的，这种相关性可能不是一目了然。但事实上，他的论证思路与此极为有关。因为他明确说，他希望指出"我们在自己心中如何不可能有一个与任何东西都有关，唯独与事物被构想的可感效果无关的观念。我们对任何事物的观念都**是**我们对该事物的可感效果的观念。如果我们想象我们有任何别的东西，我们就是在欺骗自己，并且把伴随思想的纯粹感觉误认为是思想本身的一部分"。[①] 在当前所说的事情上，这就意味着，要同意一个对象具有面包的一切可感效果，同时又声称它实际上是基督的身体，那就是在滥用"无意义的胡话"。[②] 从更广泛的方面说，由皮尔士的论点似乎可以明显推出，一切关于精神实在的形而上学谈论，如果不能解释为关于"可感效果"的谈论，那它们就是无意义的，或者至多只有情感的意义。

不用说，我们这里关心的不是天主教徒与新教徒之间的神学争论。对于皮尔士提及这个问题的那段话，我们引用它的目的不过是要指明：他在这段话中明确说我们对任何事物的观念都**是**对它的可感效果的观念。如果这样一个陈述还不能使我们有良好的理由支持这样一种论点，即皮尔士思想的某些方面构成了对新实证主义的预见，那么，我们就很难想到会起这样作用的陈述了。不过，这不能改变如下事实，即他的思想还有一些方面与实证主义截然不同。据我所知，没有任何人想否认这个事实。

7. 现在转到伦理学，我们可以注意到，皮尔士对伦理学有各种不同的说法，譬如，说它是关于正确和错误的科学，是关于理想的科学，是目的哲学。不过，他还告诉我们，"我们太倾向于独自把伦理学定义为关于

317

---

① 5.401。
② 同上。

正确和错误的科学"。① 固然伦理学与正确和错误有关，但根本的问题是："我们的目的是什么？我们追求什么？"② 换言之，伦理学的根本问题是确定伦理行为的目的的问题，这里的行为是指有意的或自制的活动。因而善的概念是皮尔士的伦理学的基础。

因此，在皮尔士看来，伦理学由两个主要部分组成。纯粹伦理学探究理想的本性，即至善或行为的最终目的的本性。"生活只能有一个目的。界定这个目的的正是伦理学。"③ 实践伦理学是关于行动与理想、与目的的一致性的。前者，即纯粹伦理学，可以被称作前规范的科学（a pre-normative science），而实践伦理学有严格规范的特性。两种伦理学都是需要的。一方面，实践伦理学的体系为我们提供了一个未来有意的或自制行为的规划。但所有有意的行为都有一个目标，有意的行为是为了一个目的而来的。当终极的目的或目标在纯粹伦理学中被确定下来，实践伦理学就以它为前提。另一方面，实用主义要求目的的概念应当根据被构想的实践后果来解释，即用与有意的或有节制的行为有关的条件命题来解释。不过，由此不能推出，在伦理学中，实用主义者将是提倡为行动而行动的人。因为如我们所知，有意的或理性的行动（这正是伦理学所关心的）是以一个目的、即一个理想的实现为指向的。

皮尔士告诉我们说，"纯粹伦理学已经是、并一定永远是一个讨论的舞台，因为它的研究就在于逐渐形成对一个令人满意的目的的明确认知"。④ 这个令人满意的行为目的或目标一定是一个无限的目标，即能够被无限追求的目标。这个目标应该在我们所谓的宇宙的理性化中找到。因为理性的或合理的东西就是本身完全令人满意的唯一目标。而这实际意味着，至善实际上就是进化过程本身，这个进化过程被认为是实在的逐渐理性化，是存在的东西借以愈来愈体现出合理性的过程。因而终极的目标是宇宙的目标。但"在其高级阶段上，进化的发生愈来愈主要通过自制"。⑤

318

---

① 　2. 198。
② 　同上。
③ 　同上。
④ 　4. 243。
⑤ 　5. 433。

而这就是特定的人类活动的用武之地。正是自制使"应该具有的行为"（an ought-to-be of conduct）成为可能。①

因而皮尔士把宇宙的过程看作是向着理性或合理性的实现发展的过程，把人看成是在这个过程中互相合作的。而且，因为终极的目标是一个普遍的目标，可谓是一个宇宙的目的，所以可以得出，它也一定是所有人共同的社会目标。由经验所创造和修正过的良知在某种意义上是前伦理学的：它属于皮尔士所说的共同体意识（community-consciousness），存在于灵魂的层次上，在这个层次几乎没有各别的个体。事实上，一个人的大部分道德使命是由他在他所从属的共同体中的地位和作用确定的。但我们的眼光应当超出这个有限的社会有机体之上，达到"对一个人的利益与无限共同体的利益的想象的认同"。② 而普遍的爱是首要的道德理想。

因为皮尔士的实用主义主要是一种意义理论，是一种使我们的概念清楚明白的方法，所以它主要是逻辑方面的。当然，它在伦理学中得到运用。因为伦理学概念要根据被构想的行为方式来解释，尽管如我们所知，反思或有意的或有节制的行为不可避免地导致对行为目的的反思。如果我们根据好的和坏的后果来说明伦理概念和命题，那么，我们就不可避免地问这样的问题：什么是善？换言之，实用主义不仅仅是一个实践学说，即不仅仅是为行动而行动的学说。皮尔士主张理论和行动相协调。在这方面，实用主义在用于科学时不是为行动而行动的学说。我们已经提到皮尔士如何拒绝他所认为的实证主义对实际证实的崇拜。的确，我们可以说，实用主义对科学假设的分析所期待的是行为或行动，但该分析本身是一个理论探索。同样，伦理学期待的是道德行为，它是一门规范科学。但它仍然是一门科学，即一个理论探索，尽管它在没有引起任何行为的时候当然是无用的。

有时皮尔士好像说伦理学是根本的，而逻辑学是它的应用。因为思维或推理本身是一种行为方式，它"不可能彻底、合理地与逻辑相符，除

---

① 4. 540。

② 2. 654。

非建立在伦理学的基础上"。① 更确切地说，逻辑学与我们应当思考的东西有关，就此而论，它"一定运用了关于我们有意选择要做之事的学说，这个学说就是伦理学"。② 同时，皮尔士的真正意思并不是说逻辑学可以从伦理学中引出来，正像他不是说伦理学可以从逻辑学中引出来一样。在他看来，它们是各自有别的规范科学。可是，因为实用主义教导说，"我们所思考的东西是根据我们准备做的事情来说明的"，③ 所以在逻辑学与伦理学之间一定有一些联系。

　　值得注意的一种联系如下。我们已知，根据皮尔士的观点，对于一个假设的真理性，任何特定的个人在任何特定的时刻都无法达到绝对确定。同时，通过无限的或持续的观察者共同体，借助反复的证实，将概率提高到确实性的理想限度，可以"无限地"或无止境地接近那种绝对的确实性。所以在道德领域，可以说，通过无限的人类共同体，这种行为实验往往使人们越来越清楚地认识到生活的至上目标的性质，以及这个目标的"意义"的性质，即它对于具体行动的含义的性质。我们设想普遍的同意，至少把它作为一个理想的限度。

　　实际上，皮尔士毫不犹豫地说："说到道德，我们可以有理由期待，争论最终总会使争论的一方或双方改变他们的情感以达到完全的和谐。"④ 这显然预先假定了道德的基础是客观的，即预先假定了至善或终极目的是要被发现的某种东西，关于它的一致意见在原则上是可能的。这个观点明显将皮尔士的伦理学与情感理论区分开来，尤其与后者旧的、不成熟的理论形态区分开来，这种理论形态与现代新实证主义早期有联系。这样，皮尔士关于对道德命题进行分析的观念在思路上与他对科学命题的分析相似，⑤ 更不用说与他对进化的一般看法相似，他把进化看成是向着无限共同体中的理性具体化发展，这个看法与其说与实证主义相似，不如说与绝

---

① 　2. 198。
② 　5. 35。
③ 　同上。
④ 　2. 151。（引文中"one part or other"系"one part or both"之误。——译者注）
⑤ 　伦理学情感理论的拥护者会声称，这种分析对于道德言说的特殊性是不公正的。当然，这样说也就是承认了皮尔士的伦理学理论与情感理论的不同。

对观念论更加相似得多。

8. 有时皮尔士以彻底实证主义的方式谈论形而上学。譬如，他在一篇论实用主义的文章中说，实用主义将有助于表明，"本体论形而上学的每一个命题不是无意义的胡言乱语——一个词用其他一些词来定义，这些词仍然用别的词来定义，它们从来没有达到任何真实的概念——就是十足的谬论"。① 当这些垃圾被清除了，哲学就将被归结为一些问题，对这些问题可以用真正科学的观察方法来研究。因而实用主义是"一种近实证主义"（a species of prope-positivism）。②

这时皮尔士又继续说，实用主义不完全嘲笑形而上学，而且还"从中汲取宝贵的精华，这将有助于给宇宙学和物理学带来活力和光明"。③ 总之，如果他自己正在从事形而上学的话，那他就没有打算拒绝形而上学。皮尔士有时嘲笑形而上学，虽然提到这个事实是完全恰当的，但这并不能改变这样的事实：他有他自己特有的形而上学。

皮尔士对形而上学给出了很多不同的定义或描述，也就是说，这时他用这个词并不是把它作为一个滥用的词。譬如，我们被告知，"形而上学就在于绝对接受逻辑原则的结果，这些逻辑原则不仅仅是规范上有效的，而且是存在的真理"。④ 正是根据这个观点，皮尔士将基本的本体论范畴与第一性、第二性、第三性的逻辑范畴联系起来。他断言，因为形而上学是由于接受作为存在原则的逻辑原则而引起的，所以应当认为对宇宙有一个统一的说明。还有些时候皮尔士强调形而上学的观察基础。"形而上学，即使是坏的形而上学，实际上都依赖于观察，不论这些观察是有意识的还是无意识的。"⑤ 正是根据这个观点，皮尔士通过研究一切经验中不可还原的形式成分，从现象学或"显像学"（phaneroscopy）中引出了基本的本体论范畴。我们还被告知，"形而上学是关于实在的科学"，⑥ 在皮尔

321

---

① 5. 423。
② 同上。
③ 同上。皮尔士在别的地方（6. 3）说，形而上学落后的主要原因是它常常被控制在别有用心的神学家手中。
④ 1. 487。
⑤ 6. 2。
⑥ 5. 21。

士看来，实在不但包括现实的存在，还包括实际可能性的领域。

至少在某种程度上，可以将这些描述形而上学的不同方式协调起来。譬如，说形而上学是关于实在的科学与说形而上学以经验或观察为基础并非不能协调。我们甚至可以把关于形而上学依赖于观察的观点与形而上学是由于接受逻辑的原则而引起的观点协调起来，只要我们无论如何不把第二种观点的意思说成是不诉诸任何经验就可以从逻辑中推演出形而上学。同时，要用皮尔士的各种说法构成一个关于形而上学的绝对连贯而清楚的说明，似乎也不可能。理由之一是，看起来他还没有明确承认本体论与逻辑学之间的确切关系。因此就目前来说，我们最好只限于简要指出皮尔士的某些形而上学观念。在此我们不可能创造一个连这位哲学家本人都没有完成的连贯体系。

我们可以从皮尔士的三个基本范畴开始。第一个范畴即"第一性"范畴，它是"不考虑任何他物的那种东西的观念"。[①]皮尔士在"固有特性"（suchness）的意义上称之为质的范畴。从现象学的观点看，我们可以构想一种感觉，比如悲伤的感觉，或一种感觉到的性质，比如蓝的性质，而不考虑主体或客体，只把它作为某种独一无二的东西，即"一个纯粹单子式的感觉状态"。[②]皮尔士告诉我们，要将心理学的概念转变为形而上学的概念，我们必须把一个单子看成是"一个纯粹的性质或品质，它本身没有部分或特色，没有具体化"。[③]不过，由于"单子"（monad）一词与莱布尼茨有联系，所以可能引起误解。因为皮尔士继续说，所谓的"第二性质"（secondary qualities）的名称的意义就是我们能够给出的单子的恰当例子。因此我们就可以理解他为什么把第一性范畴说成是性质的范畴。总之，第一性是宇宙的一个普遍特征，表现了一切现象、一切事实、一切事件中到处存在的独一性、新颖性和原始性的因素。皮尔士提出，要获得我们所意指的某个东西的观念，我们就应当在心中把宇宙想象成亚当

322 第一次看到它时对他显出的那个样子，这时他还没有对自己的经验做出区

---

① 　5.66。

② 　1.303。

③ 　同上。

分并开始对它有反思的意识。

　　第二个基本范畴即"第二性"范畴，它是成对的（dyadic），与逻辑中的第二性观念相应。也就是说，第二性是"关于与别的某物相关的概念，即关于与别的某物相作用的概念"。① 从某种观点看，可以称第二性为事实，而从另一种观点看，它是实存（existence）或实现（actuality）。因为"实存是那种处在与他者对立中的存在样式（mode of being）"。② 这个范畴在宇宙中也是无处不在。如我们所说，事实就是事实，这就是为什么我们有时说事实是"赤裸裸的"。实现或实存在任何地方都包含努力和抵抗。在这个意义上，它是成对的。

　　第三个基本范畴即"第三性"范畴，它被说成是中介范畴，它的逻辑原型是一个记号在对象和解释项之间的中介作用。在本体论上，第三性在第一性（在性质的意义上）与第二性（在事实或作用与反作用的意义上）之间起中介作用。因而它引入了连续性和规则性，它采取了各种类型的或各种等级的规律的形式。譬如，可以有性质的规律，它决定"各种性质的体系，伊萨克·牛顿爵士的色混合规律，以及托马斯·扬博士（Dr. Thomas Young）对它的补充，就是最完美的著名例子"。③ 还可以有事实的规律。譬如，如果一颗火星落到火药桶上（作为第一个事实），它引起一次爆炸（作为第二个事实），而它引起爆炸是根据一个可以理解的规律，因而这个规律具有中介作用。④ 于是又有了规则性规律，它使我们能够预言将来的第二性事实将永远呈现某种确定的特点或性质。不过，第三性范畴同第一性范畴和第二性范畴一样，以各种各样的形式遍及于宇宙。

---

①　6. 32。
②　1. 457。[原文4. 457系1. 457之误。皮尔士这句话的意思可以根据它的上下文来理解："1. 456.……个体的实存，不论是一物的实存，还是一事实的实存，都是'固有特性'不能赋予的第一个存在样式（the first mode of being）。'固有特性'，或单子的存在样式，只是一个实存者的可能性。""1. 457. 实存是那种处在与他者对立中的存在样式。说一张桌子实存，就是说它是硬的、重的、不透明的、声音洪亮的，即它直接在感官上造成效果，也是说它造成了纯物理的效果，它吸引大地（即它是重的），对他物有动态反应（即它是有惯性的），它抵抗压力（即它有弹性），它有一定的热容量，等等……根据这个事实，一个没有对立的事物是没有实存的。"——译者注]
③　1. 482。
④　根据皮尔士的观点，可以将事实规律分为逻辑的必然规律和逻辑的偶然规律，逻辑的偶然规律又可以细分为形而上学的必然规律和形而上学的偶然规律（1. 483）。

我们可以说，每一事物都与每一其他事物处于某种关系中。

至此，我们可以用密尔的话说性质是感觉的恒久的可能性。不过，它是一种与主观经验无关的真实的可能性。因此我们可以说，第一性质给我们提供了第一个存在样式，即实在的可能性，尽管公认这里的可能性概念要比性质的概念更宽泛。同样，因为第二个范畴从某种观点看是实现或实存范畴，所以它给我们提供了第二个存在样式，即与可能性不同的实现。接着，由于涉及规律的概念，第三个范畴给我们提供了支配将来事实的第三个存在样式，皮尔士称之为"命运"（destiny）。不言而喻的是，如果我们用规律指的是与决定论有关的东西的观念，那么，皮尔士对"命运"概念这个词的使用要比规律概念更宽泛。因为摆脱决定性的规律与服从决定性的规律一样，都是"命运"。

因此，我们有三个基本的本体论范畴和三个对应的形而上学存在样式。皮尔士还区分了三个实存或实现样式或范畴。第一个是他所谓的"机会"（chance），这个词用来"准确地表示自由或自发性的特征"。[1] 第二个生存样式是规律，虽然规律有各种各样的类型，但所有的规律都是进化的结果。第三个实存样式是习惯，或更确切地说是经常做某事的倾向。不过，对"习惯"（habit）一词应当从广义上来理解。因为根据皮尔士的观点，万事万物都有采取习惯的倾向，[2] 不论它们是人类、动物、植物还是化学物质。那些叙述一律性或规则性的规律就是长期这样采取习惯的结果。

现在我们可以根据实现或实存的这些样式或范畴来简要地考察一下现实的世界或宇宙。[3] "世界中有三个因素在起作用：第一个是机会，第二个是规律，第三个是采取习惯。"[4] 我们被要求把宇宙看成原先处于一种纯粹的不确定状态，即一种没有任何各别的事物、习惯、规律的状态，一种由绝对的机会统治的状态。从某一种观点看，这种绝对的不确定就

---

① 6.201。
② 参见1.409。
③ 我们会记得，在皮尔士看来，现实的世界是更广泛的实在的可能性领域的一部分。它由实现了的可能性和实现过程中的可能性组成。
④ 1.409。

是"无"（nullity），^①即一切确定的否定，而从另一种观点看，也就是说，由于这种绝对的不确定被认为是一切确定的实在可能性，所以它是"存在"。^②同时，机会是自发性、自由、创造性。它由于采取了这种或那种可能性的形式，也就是说，采取了属于本体论第一性范畴的某些明确性质或固有特性的形式，因而使自身不再是无限的可能性或潜能。由于宇宙的进化和"单子"在"第二性"中的作用和反作用，习惯形成了，在那里产生了那些属于第三性范畴的规则性或规律。这个过程的理想限度是规律的完全统治，即绝对机会的统治的对立面。

在某种真正的意义上，这第一个阶段显然是一个抽象。因为如果机会是自发性和创造性，我们就如皮尔士明确承认的那样，很难谈论一个绝对没有任何确定的可指定的时间或时期。同样，如果没有任何机会或自发性存在，规律的完全统治在某种意义上也是一个抽象，即一个理想的限度。因为根据皮尔士的"偶成论"（tychism），^③在宇宙中永远有机会存在。因此我们可以说，宇宙是一个创造性的、连续的确定过程，它从绝对不确定的理想限度向绝对确定的理想限度发展，或更恰当地说，是从纯粹可能性的理想限度向可能性的完全实现的理想限度发展。对此的另一种说法是，进化是从绝对机会向纯粹理性的统治前进的过程，前者被认为是"混乱的非人格化感受"，^④后者则在完善的理性体系中体现出来。与皮尔士的伦理学相联系，我们已经看到他如何把宇宙看成不断向着更充分体现合理性的方向发展。

从皮尔士关于绝对机会是宇宙的原始状态的学说不能得出机会是对进化的唯一解释。正相反，"进化恰恰是出于一个明确目的的活动"，^⑤这个目的即是一个目的因。这个观念使皮尔士能够接受并改造关于爱的宇宙意义的旧观念，即一个至少追溯到希腊哲学家恩培多克勒（Empedocles）的观念。一个终极目的通过吸引而起作用，而对吸引的

———————

① 1. 477。
② 同上。
③ "偶成论"或"机会－论"（chance-ism）是皮尔士从希腊词"tyche"杜撰的。
④ 6. 33。
⑤ 1. 204。

响应就是爱。因此，我们必须在"偶成论"观念上增加作为宇宙论范畴的"普爱论"（agapism）观念。在这两者上我们还应当增加第三个观念，即"连续论"（synechism）的观念，它是"关于一切实存的东西都是连续的学说"。①

我们可以注意到，连续论排除了物质和精神（mind）之间任何终极的二元论。其实，"我们所说的物质不完全是死的，它只不过是为习惯所束缚的精神"，②习惯使物质的活动具有特别高程度的机械规则性。皮尔士说，"偶成论"一定会产生出"谢林式的观念论，把物质只看作是专门化的、部分减弱了的精神"。③他对这点深信不疑，以至于他毫不犹豫地说："一个明白易懂的宇宙理论是客观观念论的理论：物质是衰弱的精神，根深蒂固的习惯变成了物理的规律。"④

那么如果问皮尔士是否相信上帝，回答是肯定的。如果问上帝的概念在他的哲学中起什么作用，回答就比较复杂了。他的基本原则是不应将哲学与宗教相混淆。这并不妨碍他写到上帝。不过，当他把"musement"⑤说成是直接引向上帝的精神活动时，他想到的并不是通常所说的系统的形而上学证明。譬如，如果我像康德那样思考星空，让本能和内心来说话，那我就不得不相信上帝。诉诸人们自己的"本能"要比诉

---

① 1.172。
② 6.158。
③ 6.102。之所以提到偶成论，是因为皮尔士将精神与第一性相联系，并因此有些意外地将它与机会联系起来；同时，他将物质与第二性相联系，因而将物质与普爱论联系起来；他将进化与第三性相联系，因而将进化与连续论联系起来。
④ 6.25。
⑤ "musement"是皮尔士在《一个被忽略了的对上帝的实在性的证明》（"A Neglected Argument for the Reality of God"）一文中提到的，它具有理性直觉和感悟的特点。他在文中说："心灵有某种愉快的消遣，它没有特别的名称，由此我推断，人们通常没有做过这种应当做的消遣……因为它抛弃了一切重大目的，除此没有任何别的目的，所以我有时半倾向于有所保留地称它为'幻想'（reverie），可是，对于一个与空虚和梦想如此不同的心态来说，这样一个称谓太不合适了。事实上，它乃是**纯粹的游戏**（Pure Play）。而我们都知道，**游戏**就是愉快地运用一个人的能力。除了那个自由法则，**纯粹的游戏**没有任何规则。它为所欲为。除了娱乐，它没有任何目的。我的意思是……这个特殊的消遣可以采取审美凝思的方式，或者采取缥缈空想的方式，或者采取另一种方式，即细想三个宇宙之一的某个奇迹，或细想其中两个宇宙之间的某种联系，同时猜想它的原因。正是这最后一种方式——我大致称之为 musement——是我特别推荐的，因为它终将成为被忽略了的证明。"（6.458）（对于 musement 的中译，尚无公认对应词。——译者注）

诸任何论证更有效。^①皮尔士甚至明确说，根据他的看法，对偶成论、普爱论和连续论"三个宇宙"的沉思"产生了一个假设并最终产生了一个信念，即这三者，至少其中的两者，具有一个不依赖于它们的造物主"。^②而他称这个论证是"被忽视了的论证"，也称它为"低劣的论证"，并将它归于"沉思"一类。不过，皮尔士的思想倾向是非常清楚的。如果一种进化理论把机械规律推崇到超出创造性生长或发展的原理之上，这种进化理论就会敌视宗教。但"一门真正的进化论哲学……绝不会反对有人格的造物主的观念，以致它实际不能与这个观念分开"。^③因此，虽然在他的系统形而上学中，皮尔士将注意力集中在范畴学说上，但他的基本世界观无疑是有神论的。

9. 当然，从实用主义史的观点看，皮尔士的主要贡献是他对意义的分析，即他的使概念清晰的规则。如果我们对此做概括评价，那么它显然是有价值的。因为它可以作为一个有益的激励或鼓舞，使我们给我们的概念以具体的内容，而不是让词语来充当清晰的观念。换言之，它促进了对概念的分析。譬如，在我看来非常明显的是，假如在皮尔士所说的"硬的"和"软的"两词的"实践后果"或"实践结果"之间果真没有可指定的区分，那么，实际上它们也不会有意义的区分。的确，作为一般的意义标准，皮尔士的实效主义原则容易受到与新实证主义的意义标准受到的同类反驳。要把一切事实陈述都解释成一些预见或许多组预见，那是极为困难的。但这并没有改变这样的事实，即实效主义原则阐明了在发展一个意义理论时必须考虑的语义情境的一些方面。换言之，皮尔士对逻辑学做出了宝贵的贡献。即使他承认他所清楚看到的东西使语义情境的其他方面变得模糊了，他的贡献也是没有异议的。

不过，我们已经看到，当皮尔士将实效主义原则用于特定语境时，他坦率地说，我们对任何事物的观念都是我们对它的可感效果的观念。如果对这种说法按其普遍形式认真对待，那它似乎破坏了皮尔士自己的形而

³²⁶

① 皮尔士认为从某一种观点看上帝的存在是非常明显的。"这样一个观念，比方说上帝的观念，如果不是来自直接的经验，又会来自哪里呢？"（6.493）
② 6.483。
③ 6.157。

上学世界观的基础。他确实尝试将他的原则用于上帝的概念，而又不消除这个概念。^①他暗示说，^②如果问实效主义者他用"上帝"一词的意思是什么，他可以回答说，正如长期熟读亚里士多德的著作使我们熟悉这位哲学家的心灵一样，对物理–精神的宇宙的研究也使我们在某种类比意义上熟知了所谓的神圣"心灵"。如果认真对待他在别的地方关于"可感效果"的叙述的话，那似乎可以推出我们没有清楚的上帝概念，或者推出上帝的观念只不过是他自己的可感效果的观念。实际上皮尔士本人在有一个地方^③表示，是否真有上帝这样的存在的问题，与物理学是某种客观的东西或只是科学家心中的虚构的问题是同样的问题。

人们可能会反对说，最后一句话包含了从它的一般语境中引出的一个评论，而且过多强调了我们对任何事物的观念都是对它的可感效果的观念的说法。在他提出这种说法的时候，他谈论的是面包的可感效果。而且，他对这个实用主义原则做了各种详尽的阐述，考虑到他经常使用这个
327 原则的方式，我们不应过分强调他在特定语境下所做的陈述。

这样说无疑是对的。可是，皮尔士做出了这个陈述。我们在此试图说明的是，他没有构建一个使他的所有思想因素都协调一致的体系。皮尔士通过数学和科学来研究哲学，毫无疑问，他的意义理论主要是通过对科学陈述的反思提出来的，这些科学陈述被认为是可错的假设，是可证实或证伪的预见。不过，他的兴趣广泛，他的思想新颖而丰富。他阐发了一种形而上学世界观，在这个世界观中，实用主义没有被忽视，而是要求重新考虑实用主义原则的性质和范围。如果断言将皮尔士的逻辑学与形而上学综合起来是不可能的，那么，至少在把综合理解为允许对要综合的因素加以修正和修改的情况下，这个断言太过分了。不过，至少有两件事是清楚的：第一件事是，皮尔士本人没有完成这样的综合；第二件事是，如果这样来理解实用主义原则，以致它直接导致了新实证主义，那么，任何综合都是不可能的。

---

① 6.489—490。
② 6.502。
③ 6.503。

不过，说皮尔士没有对他的各种思想因素做出充分一致的综合，并非否认他是真正意义上的体系思想家。实际上，从某种观点看，说他酷爱体系并不为过。譬如，我们只需想一下他用第一性的观念、第二性的观念、第三性的观念把逻辑学、认识论和宇宙论联系在一起的做法就够了。不可否认的是，他撰写的各种论文基本概括出了一个宏伟的体系。

我们说过，皮尔士以数学和科学的方式研究哲学。我们自然而然会料想他的形而上学是他对科学世界观的思考的延伸和扩展。在某种程度上情况确是如此。同时，它的一般结果明显类似于形而上学观念论。皮尔士清楚地意识到这一点。他认为，如果一个人根据科学的世界概念构建世界观，那么，他就不可避免地被推向形而上学观念论的方向，这种观念论能够容纳皮尔士一直坚持的"经院哲学的实在论"。换言之，他不从观念论的前提入手。他从实在论入手，并决心把它坚持下去。不过，他承认，即使他的研究方法与观念论者的不同，他的结论也与他们的结论明显相似。我们在20世纪的怀特海那里发现有几乎同样的情况。

我们已经说过皮尔士赞成谢林的物质观，他明确说客观观念论是一种可以理解的宇宙论。在此我们可能注意到他与黑格尔有部分相似。有时皮尔士确实说过反对黑格尔的话，譬如他断言黑格尔太倾向于忘记有一个作用和反作用的世界，断言黑格尔剥夺了"第一性"和"第二性"的一切现实性。可是当皮尔士谈到他自己的逻辑的和形而上学的范畴学说时，他提到他所说的话中的"黑格尔的腔调"，[①]并且评论说，他的叙述确实与黑格尔的叙述相似。"我有时与这位伟大的观念论者一致，有时偏离了他的足迹。"[②]虽然皮尔士有时愿意说他完全拒绝黑格尔的体系，但有时他也愿意说他以新的方式复活了黑格尔主义，甚至声称，就哲学概念可以等同于上帝的理念而言，上帝就是黑格尔的绝对理念，这个理念在世界中显现出来，并倾向于在进化过程的理想限度或期限内达到完全的自我揭示。[③]

328

----

① 　1.453。

② 　同上。

③ 　人们可以把皮尔士提及黑格尔主义的不同方式与他谈论形而上学时的不同方式相比较。不用说，在两种情况下，他对不同的陈述一定是根据它们当时的语境来解释的。

因此，即使皮尔士也因为黑格尔可悲地缺乏"批判的严格性和事实感"[1]而批评他，但如果他仍然把黑格尔说成是"曾经在世的某些方面最伟大的哲学家"，[2] 那是毫不奇怪的。

我们提到了怀特海的名字。似乎没有任何证据证明怀特海受到皮尔士的影响，甚至没有证据证明他研究过皮尔士的著作。而这却使他们思想之间的相似更值得注意。当然，这种相似是有限的，但仍然是实实在在的。譬如，在某种程度上，皮尔士关于"普遍者"（generals）与事实的区分预示了怀特海关于永恒客体（eternal objects）和现实实有体（actual entities）的学说。再有，怀特海关于在宇宙中、即在宇宙过程中的新事物的学说使人想到皮尔士关于自发性和独创性（originality）的学说。而且，也许并非完全异想天开的是，我们在皮尔士的思想中看见他预见到怀特海关于上帝的原始性质（primordial natures）和继生性质（consequent natures）之间的著名区分。因为皮尔士告诉我们，上帝作为造物主是"绝对的第一"（Absolute First），[3] 而作为宇宙的终点，即作为上帝完全展现的东西，上帝是"绝对的第二"（Absolute Second）。[4] 也许人们更多想到的是黑格尔而不是怀特海，不过，怀特海本人的哲学，尽管其本来意图是反对观念论的，但它的最终形式却与绝对观念论有些相似。

最后我们回到皮尔士本人。他是一位原创性的哲学家和有影响力的思想家。实际上，说他是所有美国纯哲学家中最伟大的人物不是没有道理的。他有认真分析的强烈倾向，他绝不属于似乎主要关心使人得到鼓舞和教化的那些哲学家之列。同时，他有一个思辨的头脑，追求对实在的普遍或全面的解释。我们完全可以认为，这些品质的结合恰恰是我们所需要的。而皮尔士的例子又活生生地证明要实现这种结合是很难的。因为我们在他的思想中发现了一些未澄清的模糊之处。譬如，皮尔士是坚定的实在论者。实在独立于人的经验和思想。实际上，实在之物恰恰是根据这种独

---

①　1.453。
②　1.524。
③　1.362.
④　同上。"第三"则是在可指定的时间点上宇宙的每一个状态，它是作为"第一"的上帝和作为"第二"的上帝之间的中介。

立性来规定的。正是对实在之物的这一说明，使皮尔士可以赋予可能者的世界以独立的实在性，并把上帝描绘成唯一的绝对实在。同时，他的实用主义或实效主义似乎需要罗伊斯所谓的对实在的"批判理性主义"的解释，即根据可构想的人类经验所做的解释。产生实际经验的东西是实际实在的。被构想为产生可能经验的东西是潜在现实的，即一个实在的可能性。根据对实在的这一解释，如果我们不声称上帝是实际经验的对象，我们就不能声称他是一个实际实存的存在。要不然，我们就必须这样来分析上帝的观念，使得把它还原为我们确实经验到的那些结果的观念。于是，我们再次回到皮尔士整个哲学中形而上学和关于概念意义的逻辑分析之间的潜在冲突上，后者指示的方向似乎与他的思辨形而上学完全不同。

第十五章

詹姆斯和席勒的实用主义

威廉·詹姆斯的生平与著作 —— 詹姆斯的彻底经验主义和纯粹经验概念 —— 作为意义理论和真理理论的实用主义 —— 詹姆斯哲学中的彻底经验主义、实用主义和人本主义之间的关系 —— 实用主义与对上帝的信念 —— 美国与英国的实用主义 —— C. F. S. 席勒的人本主义

1. 威廉·詹姆斯（William James，1842—1910）生于纽约，分别在美国和海外接受学校教育，在此过程中熟练掌握了法语和德语。1864年，他进入哈佛医学院，于1869年获得医学博士学位。在经历一段时间的健康不佳、精神抑郁之后，他成为哈佛大学的解剖学和生理学讲师。但他还对心理学感兴趣，并于1875年开始讲授该学科的课程。1890年，他出版了两卷本的《心理学原理》（*The Principles of Psychology*）。

除了早年打算成为一名画家，詹姆斯受到的高等教育主要是科学和医学。但同他的父亲老亨利·詹姆斯（Henry James，senior）[1]一样，他是一个有深厚宗教情感的人，他发现自己在精神上陷入科学世界观与宗教观的冲突，前者被理解为将人类自由排除在外的机械论观点，后者则不仅包含对上帝的信念而且包含对人的自由的信念。在对自由的信念的合法性方面，詹姆斯在法国哲学家夏尔·勒努维耶（Charles Renouvier，1815—

---

① 小亨利·詹姆斯（Henry James, junior）是威廉·詹姆斯的弟弟，小说家。

1903）的著作中求得帮助。一方面似乎是科学为他指示的观点，另一方面是他的宗教和人本主义倾向所表明的观点，主要是克服这两者之间对立的愿望促使他走向哲学。1879 年，他开始在哈佛做这个题目的讲演，翌年，他成为哲学副教授。1885 年，他被任命为哲学教授。

1897 年，詹姆斯出版了《信念意志与其他通俗哲学论文集》（*The Will to Believe and Other Essays in Popular Philosophy*）。① 他的名著《宗教经验种种》（*The Varieties of Religious Experience*）② 出版于 1902 年。随后于 1907 年出版了《实用主义》（*Pragmatism*），1909 年出版了《多元论的宇宙》（*A Pluralistic Universe*），③ 同年出版了《真理的意义》（*The Meaning of Truth*）。詹姆斯死后出版的著作包括《某些哲学问题》（*Some Problems of Philosophy*，1911），《记忆与学习》（*Memories and Studies*，1911），《彻底经验主义论文集》（*Essays in Radical Empiricism*，1912）和《短论与评论集》（*Collected Essays and Reviews*，1920）。他的书信由其子亨利·詹姆斯（Henry James）编辑，于 1926 年出版。

2. 在《信念意志》的序言中，詹姆斯把他的哲学态度说成是彻底经验主义的态度。他说，他把经验主义理解为这样一种立场，它"满足于把关于事实问题的最确定结论看成是在将来经验的过程中易于修正的假设"。④ 至于"彻底的"一词，它表示把这个一元论学说本身当作一个假设。乍听这句话显得很奇怪。不过，詹姆斯在此语境下把一元论理解为事物的多样性构成可理解的统一体这样一种观点。他所说的一元论不是指世界是单一实有体或单一事实这样一种理论。正相反，他排除这种理论而支持多元论。他所说的是，彻底的经验主义假定了一个非直接给予的统一体，这个假定激励着我们发现统一的联系，我们把这个假定本身当作一个必须得到证实的假设，而不是当作一个无可置疑的教条。⑤

在《某些哲学问题》中讨论形而上学的类型时，詹姆斯将经验主义

① 虽然版权日期是 1896 年，但该书出版于 1897 年。
② 这部著作收录的是 1901—1902 年在爱丁堡做的吉福德讲演的内容。
③ 这部著作收录的是 1908—1909 年在牛津做的希尔伯特讲演的内容。
④ 《信念意志》（1903 年版），第 vii 页。
⑤ 过一会儿我们将说到"一元论"一词的另一个意义。

与理性主义做对比。"理性主义者是讲究原则的人，经验主义者是讲究事实的人。"① 在詹姆斯眼中，理性主义哲学家是从整体到部分，从普遍到特殊，致力于从原则推演出事实。而且理性主义者往往声称他的演绎结论的体系拥有最终真理。而经验主义者从特殊的事实开始，从部分到整体，如果可以的话，他宁可把原则说成是从事实做出的归纳。而且他没有想过声称最终的真理。

332　　这里显然没有什么新东西。詹姆斯近乎通俗地叙述了人们所熟悉的比较理性主义与经验主义的方式。不过，我们在《真理的意义》的序言中可以发现对彻底经验主义的更明确界定。在那里，彻底经验主义被说成由以下部分组成："首先是一个假定，然后是一个事实陈述，最后是一个普遍的结论。"② 该假定是说，哲学家应当认为只有能够用经验中引出的术语来界定的问题才是可争论的。因此，如果有任何存在超出了一切可能经验的范围，它也就超出了哲学讨论的范围。事实陈述是说，联结关系和分离关系与相关的事物一样是经验的对象。从这个事实陈述得出的普遍结论是说，可知的宇宙不仅仅由只能通过外面强加的范畴联系起来的实有体组成，在此意义上，可知的宇宙有一个连续的结构。

　　詹姆斯坚持关系的实在性。"彻底经验主义相信联结关系表面的真实性，认为它们与它们所联结起来的关系项一样是真实的。"③ 联结关系中包含因果关系。根据休谟的观点，"心灵从来没有知觉到各别的存在之间任何实际的联系"，④ 因此詹姆斯所说的彻底经验主义不同于休谟的经验主义。它也与布拉德雷的关系理论相反。"布拉德雷先生的理解表明了知觉分离时的最非凡能力和把握联结时的极端无能。"⑤

　　"经验"这个词的意义是非常不准确的。根据詹姆斯的观点，我们在日常经验中意识到各种各别的事物和不同类型的关系，这种日常经验是从纯粹经验中生长出来的，他把纯粹经验说成是"为我们后来的反思及其概

---

① 《某些哲学问题》，第 35 页。
② 《真理的意义》，第 xii 页。
③ 《彻底经验主义论文集》，第 107 页。
④ 《人性论》（*Treaties of Human Nature*，塞比－比格版），附录，第 636 页。
⑤ 《彻底经验主义论文集》，第 117 页。

念范畴提供材料的直接的生活之流"。^① 当然，只有新生婴儿和处于半昏迷状态的人才能说享有纯粹经验的纯粹状态，纯粹经验"只不过是感受或感觉的另一个名称"。^② 但纯粹经验，即直接的感受或感觉，是说出的经验从中发展起来的萌芽状态，它的元素或部分甚至仍保留在我们的日常经验中。

我们可以从这个纯粹经验学说中引出两个结论。第一个结论是，在这个基本的经验之流中，对诸如意识与内容、主体与客体、思想与物质等深思熟虑的区分，还没有以我们所做区分的形式出现。在这个意义上，纯粹经验是"一元论的"。詹姆斯可以把纯粹经验说成是"世界中的原始材料或原料，即万物由之构成的材料"。^③ 这就是詹姆斯将其与彻底经验主义联系起来的"中立一元论"学说。譬如，我们不能将纯粹经验说成是物理的或心理的：它在逻辑上先于这种区分，因而是"中立的"。

第二个结论是，在本体论的意义上，纯粹经验主义是多元论的而不是一元论的，它断定众多事物及它们之间关系的实在性，这一事实意味着，应当把纯粹经验看成自身潜在地包含着对发展了的经验的区分。詹姆斯表述这个问题时，不但用了许多名词和形容词，而且用了许多命题和连词。譬如，因果关系是在感觉流中呈现出来的，因为所有感觉都有目的论的特性。

这样一来，如果在纯粹心理学的意义上来理解，纯粹一元论只不过是说（亦即）原始的和基本的经验形式是一个"感觉"状态，在此状态下主体和客体之类的区分尚未出现，那么，它无疑与实在论的多元论是一致的。但如果在目的论的意义上来理解，纯粹一元论指的是未分的经验之流是万物由之产生的本体"材料"，那么，就很难理解它如何不会直接导致某种形式的一元论观念论。不过，詹姆斯假定纯粹经验学说（它显然源于心理学）与多元论的宇宙观是一致的，他将后者与彻底经验主义联系起来。

---

① 《彻底经验主义论文集》，第93页。
② 同上，第94页。
③ 同上。

彻底经验主义包含多元论，并相信关系的实在性，就此而言，可以说它是一个世界观。但如果只根据上述三项因素，即一个假定，一个事实陈述和一个普遍结论来理解，那么它是一个不成熟的世界观，而非一个充分发展了的世界观。譬如，它对上帝的问题没有触及。詹姆斯甚至断言，有一些特殊的宗教经验，它们暗示了一个超人意识的存在，这个超人意识会与多元论冲突，在此意义上，它是有限的，不是无所不包的。他谈到，

334　如果经验主义曾经变得"与宗教相联系，那么，由于某种奇怪的误解，迄今它已经与非宗教联系起来了。我相信，不但一个哲学的新时代将要开始，而且一个宗教的新时代也要开始"。① 至于詹姆斯的有神论，我们先概括说明实用主义的基本信条，以及实用主义与彻底经验主义的关系，然后再论述他的有神论，将会更加方便。

3. 詹姆斯告诉我们，实用主义最初主要"只是一种方法"。② 因为它首先是"一个解决形而上学争论的方法，否则那些争论就会没完没了"。③ 也就是说，如果 A 提出理论 x，B 提出理论 y，实用主义者将考察每个理论的实践后果。如果他能够发现两个理论各自的实践后果没有任何差别，那么，他将得出结论，它们是完全相同的理论，差别只是词句上的。在此情况下，A 与 B 之间再做争论将被认为是无意义的。

我们这里所得到的显然是一个用来确定概念和理论的意义的方法。詹姆斯在1881年的一次讲演中说，如果关于某事的两个貌似不同的定义却有相同的后果，那它们实际上是同样的定义。④ 而这就是在《实用主义》中发现的意义理论。"要得到我们关于一个对象的完全清晰的思想，我们只需考虑这个对象能引起何种可以想象的实践类效果——我们预料会由它得到何种感觉，我们应当准备做出何种反应。因而我们对这些效果的看法，不论是直接的还是间接的，就这种看法毕竟有积极意义而言，对我们来说就是我们对这个对象的看法的全部。"⑤

---

① 《多元论的宇宙》，第314页。
② 《实用主义》，第51页。
③ 同上，第45页。
④ 《信念意志》，第124页。
⑤ 《实用主义》，第47页。

　　按照这样的描述，詹姆斯的实用主义显然遵循了皮尔士所设想的实用主义方法的主要路线。实际上，詹姆斯还受到其他一些思想家的影响，如科学家路易斯·阿加西斯（Louis Agassiz）和威廉·奥斯特瓦尔德（Wilhelm Ostwald）等，但他毫不掩饰受益于皮尔士。他在与1898年讲演有关的一篇文章的脚注中提到皮尔士。[1] 他在1898年做的一次公开讲演中再次承认受益于皮尔士。[2] 他在前面那段引文的最后补充道，"这是皮尔士的原则，即实用主义的原则"，[3] 并说，直到他（詹姆斯）在1898年的讲演中把皮尔士的学说提出来并运用于宗教，这个学说才为人们所注意。

　　皮尔士的立场与詹姆斯的立场确实有某些不同。譬如，当皮尔士谈到一个概念的实践后果时，他强调的是关于活动习惯的一般观念，即关于该概念能够可以构想地修正有目的活动的一般方式的观念。而詹姆斯倾向于强调特定的实践效果。如我们在上面所引《实用主义》中的那段话所见，他在那里强调特定的感觉和反应。皮尔士因而指责詹姆斯受到超感觉论心理学的影响，离开了共相转向殊相，指责他（像杜威说的那样）更像一个唯名论者。用皮尔士的话来说，与其说詹姆斯关心的是后果，即作为前件与后件之间被构想的关系的后果，不如说关心的是前件和后件。

　　然而，如果詹姆斯的实用主义只不过是用来使概念清晰、用来确定它们的意义的方法，那么，我们可以说他采纳了皮尔士的原则，即使如杜威表述的那样，他对之做了"唯名论的"歪曲。不过，对詹姆斯来说，实用主义不仅仅是一个确定概念意义的方法，它还是一个真理理论。实际上詹姆士明确说："我的名为《实用主义》一书的关键部分，是对被称之为'真理'的关系的说明，我们可以在我们的观念（意见、信念、陈述等）与其对象之间得到这种关系。"[4] 主要由于詹姆斯将实用主义发展为真理理论，才使皮尔士将他自己的理论更名为"实效主义"。

　　詹姆斯的真理理论并不以否定符合论作为先决条件，理解这一点

---

① 《信念意志》，第124页，注1。［这个脚注出现在《反射作用与有神论》（Reflex Action and Theism）一文中。——译者注］
② 《短论与评论集》，第410页。
③ 《实用主义》，第47页。
④ 《真理的意义》，第 v 页。

是很重要的。在他看来，真理是我们的某些信念的性质，不是事物的性质。"实在不是'真'，实在是'在'，信念是'对'实在的符合（be true of）。"[1] 在现代语言中，逻辑的真和假是对命题的断定，而不是对事物或事实的断定。至少严格地说，宣布一个事实的命题是真的，而不是事实本身是真的。我们不能把尤里乌斯·恺撒在某个历史时期的存在恰当地称为真的，但关于他曾经存在的陈述是真的，关于他不曾存在的陈述是假的。同时，关于尤里乌斯·恺撒曾经存在的陈述是真的，不是根据该陈述中使用的符号或词的意义。因此我们可以说，该陈述是真的，乃是根据它与实在或事实的符合关系。

336　　不过，根据詹姆斯的观点，说一个真信念（他也说真观念）是与实在相符合或相一致的信念，与其说解决了一个问题，不如说引出了一个问题。因为在这里"符合"的确切意思是什么呢？是摹本吗？一个可感对象的影像可以说是这个对象的摹本。可是，要理解如何能把（比方说）一个正义的真观念合理地说成是一个摹本，却不那么容易。

　　詹姆斯对"符合"的分析是根据如下思路进行的。真理是经验的一个部分与另一个部分之间的关系。这个关系的"起点"是一个观念，它属于经验的主观方面，而这个关系的"终点"是一个客观实在。那么，这两项之间的关系是什么呢？这里我们必须运用实用主义的解释，把观念解释成一个行动计划或规则。如果我们执行这个计划使我们达到了"终点"，那么，这个观念就是真的。更准确地说，"这样一些中介事件**使**这个观念成为真的"。[2] 换言之，一个观念的真理是这个观念的证实或确证过程。譬如，如果我在树林中迷了路，然后我走上一条小路，我想它可能或也许通往一个住家，在那里我可以得到指点或帮助，我的这个想法就是一个行动计划。如果我执行这个计划证实或确证了我的观念是正确的，那么，这个证实过程就构成了该观念的真理：它实际就是真理符合论所说的"符合"。

　　詹姆斯告诉我们，一个观念"**成为**真的，是事件**使**它成为真的"，[3] 这

---

① 《真理的意义》，第196页。
② 同上，第202页。
③ 《实用主义》，第201页。

里值得注意的是，就在他这句话的同一页上，他还告诉我们，"真观念是我们能够理解、确证、确认和证实的那些观念"。换言之，他不得不承认，有一些真理可以或曾经可以被证实，但现在尚未被证实。实际上，他愿意说未证实的真理"构成了我们生活所依赖的绝大部分真理"，[①]而且真理"大多靠一种信用制度（credit system）"活着。[②]

不过，如果真理是通过证实或确证而**成为**真的，那么由此得出，未证实的真理是潜在真的，即可能的真理。这就使詹姆斯能够对哲学理性主义者或理智主义者予以打击，那些人推崇在任何证实之前即为真的静态的、永恒的真理。"理智主义的真理只不过是实用主义的可能真理。"[③]如果整个真理结构不依赖于某些实际证实了的真理，即不依赖于某些实际的真理，那么，这整个真理结构就会倒塌，正如一个金融制度若无雄厚的现金基础，它就会垮掉一样。

在讨论詹姆斯的真理理论时，显然重要的是不要把它漫画化。詹姆斯倾向于用通俗的手法写作，并使用一些有点务实因而引起误解的措辞。譬如，他认为，如果一个观念或信念"起作用"（works），那么，它就是真的。他在表达这个观点时很容易使人想到这样的结论——即使一个谎言也可以称之为"真的"，只要对它的相信是有用的或有利的。然而，詹姆斯谈到一个理论"起作用"时，他指的是，它"应当在以前的一切真理和某些新经验之间进行调解。它应当尽量不打乱常识和以前的信念，它应当导向某个可以准确证实的可感觉到的终点。这两件事就是'起作用'所指的意思"。[④]

詹姆斯谈论"满意"（satisfaction）是真理的一个基本要素时的方式也引起误解。因为他的谈论方式暗示着，在他看来，如果一个信念引起主观上感到满意，那么，就可以说它是真的，这样一来，他就为各种一厢情愿的思想打开了大门。而这无论如何不是他的意思。"科学中的真理是这

---

① 《实用主义》，第206页。
② 同上，第207页。
③ 《真理的意义》，第205页。
④ 《实用主义》，第216—217页。

样的东西，它给我们提供了包括趣味在内的最可能多的满意，但最迫切要求满意的东西永远是与先前真理和新事实两者的一致性。"① 在上述意义上，一个假设成功起作用包含了兴趣上的满意。但这个假设之所以被接受不只因为人们希望它是真的。不过，如果没有证据迫使我们选择旨在说明同一组现象的两个假设中的一个而不是另一个，那么，这就是一个选择更经济或更简洁的假设的科学"趣味"问题。

　　的确，詹姆斯在其名著《信念意志》中明确宣称："我们的情感的本性不但可以而且一定合法地决定我们在命题之间做出选择，不论任何时候它都是本性上无法根据理智来决定的真正选择。"② 不过，他表明，他所说的真正选择是指"那种迫不得已的、活生生的、重大的"选择。③ 也就是说，当选择是一个活生生的重大问题，即对行为有影响的问题的时候，当**338** 我们无法避免两个信念选其一的时候，当这个问题不能根据理智来决定的时候，我们有权根据"情感"去选择行使信念意志，只要我们知道我们的选择是为什么。因此，选择就是一个正确相信某种环境的问题。不论人们是否同意詹姆斯的论点，都不应该说他主张我们有权相信给我们带来慰藉和满意的任何命题，即使对证据的权衡倾向于表明该命题是假的。④ 的确，比方说，根据詹姆斯所言，在其他情况都相同时，我们有权接受一种关于实在的观点，这种观点比另一种观点更好地满足了我们本性中道德的方面。并不是每一个人都会同意他的意见。不过，这不是忽视限制条件"在其他情况相同时"的理由，这里的"其他情况"当然包括已知的真理和可以由这些真理推出的结论。

　　然而，虽然我们应当谨防把实用主义的真理理论漫画化，但由此不能得出它可以免受严肃的批评。詹姆斯认为"理性主义者"提出的一个明显批评思路是：实用主义理论将真理等同于证实，就此而言，该理论将一

---

① 《实用主义》，第 217 页。
② 《信念意志》，第 11 页。
③ 同上，第 3 页。
④ 不过，人们也许会反对詹姆斯的论点说，如果一个问题在原则上根据理智无法回答，那么，根据实用主义的意义分析，这个问题也不可能是一个有意义的问题，而且在此情况下，信或不信的争论也不会出现。

个命题的真理与表明该命题为真的过程混淆了。这是皮尔士反对将实用主义从确定意义的方法变成真理理论的意见之一。

詹姆斯的回答是向他的批评者，即他所说的理性主义者发出挑战，要后者说明"当'真的'这个词被用于一个陈述，没有唤起**关于该陈述起作用的概念**，那么，这个词意味着什么"。[①]詹姆斯认为，如果不提及所论命题的实践后果，即不提及假如该命题为真时能够证实或确证该命题的东西，那么，理性主义者不可能说明他们所说的与实在符合是什么意思。因而，理性主义者含蓄地承诺了实用主义的真理理论，尽管他们打算以它是不同理论的名义来攻击它。

在讨论这个题目时非常容易引起混乱。假设我根据与实在即与历史事实相符合，说关于尤里乌斯·恺撒渡过卢比孔河的陈述是真的。假设我被要求说明我所说的与实在的符合关系是什么意思。那么，我如果不提到该陈述所涉及的事态，或更确切地说，不提到它所涉及的活动或一系列活动，就不可能做出那样的说明。的确，这一系列活动在历史上可指定的时间发生了，这就是对该陈述的最终确证或"证实"。在这个意义上，如果不涉及确证或证实该陈述的东西，我无法说明我所说的符合是什么意思。同时，当我们已经知道一个陈述是什么意思的时候，通常把"证实"这个词理解为我们可以设想用来表明该陈述为真的方法。也就是说，我们通常理解的证实是指一种可以设想的手段，用来表明如果该陈述是真的，现在或过去一定会出现的事态现在或过去实际出现了。如果从这个意义上理解证实，那么，似乎可以完全正确地与"理性主义者"一样说，这里的问题是**表明**一个陈述是真的，而不是**使它成为**真的。

不过，我们可以首先这样来给"真的"下定义，使得逻辑上可以得出，只有实际证实了的陈述才是真的。一个可以被证实但尚未被证实的陈述因而是潜在真的，即是一个可能的真理。但詹姆斯显然不认为实用主义的真理理论仅仅只是任意定义的结果。因此，如下主张不是没有道理的：是否能够接受该理论取决于是否将它归结为一个一旦理解了就显而易见的

339

---

① 《真理的意义》，第221页。

论题。也就是说，如果将它归结为这样的论题，即一个经验陈述的真假取决于被肯定或否定的事态现在（过去和将来）是否属实，那么，尽管该理论之所言是"琐碎的"，它也是可以接受的。不过，如果该理论将一个陈述的真理等同于表明被肯定或否定的事态是否属实的过程，那么就很难理解该理论如何不被"理性主义者"广泛反对。

这些评述并不表明充分回答了詹姆斯关于"符合"的性质问题。譬如，从一位专业逻辑学家的观点看，说一个命题是实在的摹本或图像将完全无济于事。且不说它不适合纯数学命题和形式逻辑命题，① 它对真经验命题与被肯定或否定的事态之间关系的描述也极不准确。令人钦佩的是詹姆斯看到了这一点。但值得注意的是，他似乎也感到他的真理理论有变得琐碎无聊的风险。因为他说，人们可能料想这个理论首先受到攻击，然后承认虽然它是真实的，但显而易见、微不足道，最后认为它非常"重要，以至于它的反对者也自称是他们发现了它"。② 不过，如果这个理论有某种东西超出了"显而易见"，那么，我们很可能倾向于认为这个超出的东西就是詹姆斯的实用主义中有疑问的部分。

4．实用主义是如何支持彻底经验主义的呢？根据詹姆斯的观点，两者之间没有任何逻辑联系。彻底经验主义"是独立自主的。一个人可以完全抛弃它而仍然是一个实用主义者"。③ 然而他还告诉我们，"实用主义真理理论的确立是使彻底经验主义成功的最重要步骤"。④

在某种程度上，詹姆斯说彻底经验主义与实用主义互不相关无疑是正确的。譬如，我们完全可以认为关系与各关系项同样都是实在的，并认为世界有一个连续的结构，而不必接受实用主义的意义和真理概念。同时，如我们所知，彻底经验主义的假定是：只应把那些能够从经验中引出的术语来界定的问题当作哲学争论的主题。而据说实用主义者谈到"真

---

① 在詹姆斯看来，此类命题是可能真理，它们之所以（实际上）成为真的，是由于它们的成功运用，由于它们"起作用"。这意味着它们是经验假设，对这个观点大多数现代逻辑学家都不赞成。
② 《实用主义》，第 198 页。
③ 同上，第 ix 页。
④ 《意义理论》，第 xii 页。

理－关系"时认为，"真理－关系中的一切东西都是可以经验到的……观念为了成为真的所必须具有的'可起作用性'意味着起特定的作用，不论是物理的作用还是理智的作用，实现了的作用还是可能的作用，这些作用可以由观念在具体经验内相继确立起来"。① 换言之，实用主义认为只有那些能够根据可经验到的"作用"来说明的观念才有权称为真理。接受这个观点显然会有助于彻底经验主义的普及，如果我们所说的彻底经验主义指的是上述假定的话。

　　我们可以这样来表述这个问题。詹姆斯说，实用主义所具有的"不是学说，只是方法"。② 而詹姆斯将彻底经验主义发展为一种形而上学或世界观，彻底经验主义是有学说的。就这些学说本身来考虑，我们可以根据别的理由而不根据彻底经验主义提供的理由来把握它们。譬如，关于对上帝的信仰就是如此。但在詹姆斯看来，运用实用主义的真理理论或确定真理和谬误的方法，会大大促进彻底经验主义学说的普及。虽然他的这个想法可能过于乐观了，但他就是这样想的。

　　接着，詹姆斯还利用"人本主义"（humanism）一词来描述他的哲学。他在狭义上将该词用于实用主义的真理理论，这时他认为该理论强调了信念和知识中的"人的"因素。譬如，"人本主义认为满意性（satisfactoriness）是将真与假区分开来的东西"。③ 它发现真理"总是通过用比较满意的意见取代不太满意的意见"达到的。④ 我们已经注意到，詹姆斯坚持认为，如果一个信念与以前得到证实的信念不一致，或者有效证据不利于这个信念，那么，就不能认为这个信念是满意的，同样也不能认为它是真实的，他试图以此来避免纯粹的主观主义。不过，在他看来，任何信念都不能是最终不可修改的。而这正是"人本主义者"的看法。譬如，人本主义者看到，我们的思想范畴已经在经验的过程中得到发展，而且即使我们不得不运用这些范畴，它们在将来的演变过程中也会发生可以

341

---

① 《意义理论》，第 xiv 页。
② 《实用主义》，第 54 页。
③ 《彻底经验主义论文集》，第 253 页。
④ 同上，第 255 页。

想象的变化。

借用尼采的一句格言，人本主义者理解到，我们的信念是"人性的、太人性的"（human，all-too-human）。正是在这个意义上，我们应该把詹姆斯关于人本主义的定义理解为"**虽然我们的一部分经验可以依靠另一部分经验来使这部分经验在可以对之考察的若干方面之一成为其所是，但经验作为一个整体是自足的，不依靠任何东西**"。① 他的意思是，虽然存在在经验之内形成的标准，但不存在在一切经验之*外*的、我们的一切真理都必须符合的绝对的真理标准。人本主义者认为真理是与变化的经验有关的，因而是与人有关的，他认为绝对真理是"我们想象我们一切暂时的真理某一天将要汇聚的那个理想的消失点（ideal vanishing-point）"。② 公正地说，詹姆斯准备将这一看法用于人本主义本身。③

342　　　　不过，詹姆斯还在广义上使用"人本主义"这个词。譬如他告诉我们，实用主义与理性主义之间的争论，因而人本主义与理性主义之间的争论，不仅仅是逻辑的或认识论的争论："**它关乎宇宙本身的结构**。"④ 实用主义者把宇宙看成是未结束的、变化的、成长的和可塑的。而理性主义者主张有一个"真正实在的"宇宙，它是完整不变的。詹姆斯在某种程度上想到的是"维韦卡南达（Vivekananda）的神秘的一"。⑤ 当然，他也想到了布拉德雷的一元论，根据这种一元论，变化不是完全实在的，真理的程度要相对于我们无法理解的独一无二的绝对经验来衡量。⑥

詹姆斯自己评论说，上面倒数第二段引用的关于人本主义的定义乍看上去似乎将有神论和泛神论排除在外了。但他强调实际情况并非如此。"我本人从有神论和多元论方面解读人本主义。"⑦ 因而人本主义变成了与彻底经验主义相一致的多元论的和有神论的形而上学或世界观。而对詹姆

---

① 《真理的意义》，第124页。
② 同上，第85页。（"消失点"原指透视画中各平行线条的汇聚点，亦称"灭点"。——译者注）
③ 例见《真理的意义》，第90页。
④ 《实用主义》，第259页。
⑤ 同上，第262页。
⑥ 詹姆斯将各种对立的宇宙论与不同类型的气质相联系。
⑦ 《真理的意义》，第125页。

斯的有神论我们可以在下一节单独考察。

5. 当讨论把实用主义作为一种方法用于重要的哲学问题的时候，詹姆斯说贝克莱对物质实体观念的批判在性质上是彻底实用主义的。因为贝克莱在观念或感觉中给出了"物质实体"一词詹姆斯所说的那种"兑现价值"（cash-value）。[①]同样，当考察灵魂概念时，休谟及其继承者"再次将灵魂贬低到经验之流中去，以'观念'及其彼此特殊联系的方式，将灵魂兑现成许多小面额价值"。[②]

詹姆斯本人将实用主义方法用于解决个人密切关注的问题，即用于解决有神论与唯物论之间的争论。首先，我们可以像詹姆斯所说的那样回溯式地考察有神论和唯物论。也就是说，我们可以设想有神论者和唯物论者以同样的方式看待世界本身及其历史，并设想有神论者接着补充了上帝使世界运行的假设，而唯物论者把这个假设当作不必要的加以排除，反而去求助于"物质"。在这两者之间我们应如何选择？根据实用主义的原则我们是无论如何无法选择的。因为"如果从我们的这个假设中推演不出将来的经验或行为的细节，那么唯物论与有神论之间的争论就变得完全徒劳和无意义"。[③]

不过，当我们联系它们所做的承诺，即联系它们各自引导我们抱有的期待，"预期地"考察有神论和唯物论时，那么，情况就完全不同了。因为唯物论引导我们期待一个宇宙状态，在这个状态中，人类的理想、人类的成就、意识和思想成果将仿佛从未存在过，[④]而有神论则"保证一个理想秩序一定永远不变"。[⑤]上帝将用种种办法不许道德秩序遭到毁灭或破坏。

因此，从这种观点看，有神论和唯物论是非常不同的。而根据实用主义的原则，在其他条件都相同时，我们有权接受最符合我们道德本性要

---

① 詹姆斯关于兑现价值的说法往往给人造成糟糕的印象。当然，他指的是根据观念的"实践后果"来分析关于信念的观念。
② 《实用主义》，第92页。
③ 同上，第99页。
④ 詹姆斯从 A. J. 鲍尔弗（A. J. Balfour）的《信念的基础》（*The Foundation of Belief*）第30页中引用了一段著名的话。
⑤ 《实用主义》，第106页。

求的信念。不过，詹姆斯的意思并不是说我们除了希望有神论应该是真的，根本没有任何支持有神论的证据。"我本人相信，对于上帝的证据主要在于个人的内心经验。"① 他在《多元论的宇宙》中又延续《宗教经验种种》中坚持的观点，论证说："信教者至少在自己的意识中不间断地伴有一个更广泛的自我，赎罪的经验就来自于这个自我。"② 再有，"在我看来，我们拥有的所有证据都非常强烈地倾向于使我们相信某种形式的超人生命，我们可以并不自知地与它有共存意识"。③ 同时，世界上的恶和受难又向我们提示出这样的结论：在上帝的"能力、知识，或两者同时"都是有限的意义上，这个超人意识也是有限的。④

詹姆斯把这个有限上帝的观念用于两个方面，一是用"社会向善论"取代乐观主义，一是用"社会向善论"取代悲观主义。根据社会向善论者 **344** 的观点，世界不一定越变越好，也不一定越变越坏：也就是说，如果人们自由地与有限的上帝合作来使世界变得更好，世界就可以变得更好。⑤ 换言之，不论变得更好还是更坏，将来并非必然被决定，甚至也不被上帝所决定。宇宙中有新事物发展的余地，在确立道德秩序的过程中，人类将努力做出积极的贡献。

于是，詹姆斯用实用主义来支持宗教的世界观。但我们已经看到，当詹姆斯陈述实用主义的意义理论时，他宣称，我们关于"一个对象的整个概念都可以还原为我们关于该对象可能涉及的可构想的实践类效果"的观念，明确提到这些效果即我们可以预料的感觉，以及我们应准备做出的反应。我们完全可以怀疑这对于有神论的世界观是否是一个有希望的根据。但正如我们在关于他的生平的那一节中提到的，对他来说，将科学观与宗教观调和起来成为一个私人的问题。他采取的真理理论建立在以经验假设分析为根源的意义理论的基础上，他用这种真理理论来支持这个真正

---

① 《实用主义》，第109页。
② 《多元论的宇宙》，第307页。
③ 同上。
④ 同上，第311页。
⑤ 詹姆斯将实用主义方法用于解决自由意志理论与决定论之争，正如他也将其用于解决多元论与一元论之争一样。

令他满意的唯一的世界观。当然，在此过程中，他扩大了经验的概念，使之远远超出了感觉经验的范围。于是他断言，宗教的经验主义是远比无宗教的经验主义更真实的"经验主义"，因为前者认真对待各种宗教经验，而后者却相反。在某种意义上，他的问题与康德的问题是同样的，即将科学观与人的道德和宗教意识调和起来。他将两者统一或调和起来的工具是实用主义。其结果表现为彻底经验主义的发展。他所采取的态度则被说成是人本主义。

6. 实用主义运动主要是一个美国现象。的确，人们甚至可以在德国哲学中发现实用主义态度的表现。在本《哲学史》第七卷中曾经提到，F. A. 朗格（F. A. Lang）强调值得为形而上学理论和宗教学说的生活价值而牺牲它们的认知价值，还提到汉斯·费英格（Hans Vaihinger）阐发我们可称之为实用主义真理观所使用的方法，这个真理观与尼采的虚构理论明显相似。该卷还注意到G. T. 费希纳（G. T. Fechner）对詹姆斯产生的影响，[①] 尤其是他对"日"和"夜"的宇宙观的区分，以及他所主张的在其他条件相同时，我们有权偏爱最有利于人类幸福和文化发展的观点。说到法国思想，本章第一节提到詹姆斯从夏尔·勒努维耶那里得到帮助。可以注意的是，勒努维耶不但认为信念乃至确信不仅仅是理智的事情，而且认为断言也包含感情和意志。不过，虽然我们不但在德国思想中，而且在法国思想中都可以发现与实用主义的相似性，[②] 但实用主义运动仍主要与皮尔士、詹姆斯、杜威这三位美国哲学家的名字联系在一起。

这并不意味着英格兰没有自己的实用主义运动。但与美国的同道相比，英国的实用主义既没有那样大的影响，也没有给人那样深刻的印象。如果不把实用主义包括进来，就不可能对美国哲学做出合理的说明。从任何方面说皮尔士都是一位杰出的思想家，任何人都不会质疑詹姆斯和杜威对美国理智生活的影响。可以说，他们使哲学走上了前台，引起了公众的

---

① 詹姆斯在他的著作中反复提到费希纳。
② 值得一提的是莫里斯·布隆代尔（Maurice Blondel）曾经把"实用主义"一词用在他的行动哲学上。但当他开始了解了美国的实用主义，他放弃了这个词，因为他不同意威廉·詹姆斯对它的解释。

注意，而杜威特别将哲学运用于教育和社会领域。如果在说明现代英国哲学的发展时没有提到实用主义，即使这在哲学圈里引起暂时的骚动，也不会造成大的疏漏。不过，在说明 19 世纪英国思想时，我们已经提到其中许多次要哲学家，所以再说一下实用主义似乎也是可取的。

1898 年，牛津哲学协会（Oxford Philosophical Society）成立，它进行了各种研讨，其成果是 1902 年出版的由亨利·斯特尔特（Henry Sturt）编辑的《人格观念论》（*Personal Idealism*）。他在为这部由八位协会成员撰写的论文集的序言中说，这些撰稿人关心的是阐发人格这个主题并为人格辩护，以此一方面反对自然主义，另一方面反对绝对观念论。自然主义者主张人的人格是物理过程的暂时产物，而绝对观念论者认为人格是绝对的非实在的现象。[1] 总之，"尽管自然主义和绝对主义似乎是对立的，但它们联合起来使我们深信人格是一个幻觉"。[2] 斯特尔特继续说，牛津观念论永远反对自然主义，在此范围内，绝对观念论与人格观念论守卫着同一条战线。但正因为这个理由，人格观念论者认为绝对观念论是比自然主义更狡猾的敌人。绝对观念论者采取了试图从绝对经验的观点批判人类经验的不可行的做法。它没有给人性的意志方面以任何充分的认可。简言之，绝对观念论是不充分的经验主义。斯特尔特认为"经验主义的观念论"是人格观念论的恰当名称。因为人格生活是与我们最密切、我们最了解的东西。

不用说，人格观念论与实用主义两词是不能互换的。《人格观念论》的八位撰稿人中有些人在哲学领域之外变得众所周知。人类学家 R. R. 马雷特（R. R. Marett）就是一个例子。像 G. F. 斯托特（G. F. Stout）等另一些人，虽然是哲学家，但不是实用主义者。不过，这本书中有 F. C. S. 席勒（F. C. S. Schiller）写的一篇论文，他是英国实用主义的主将。以上我们试图强调的是英国实用主义有一个我们称之为"人本主义"的背景。在很大程度上，英国实用主义站在人类人格方面，不但反对自然主义，而且

---

① 严格地说，布拉德雷认为人格不是"绝对的非实在的现象"。它是实在的现象，但因为它是现象，所以它不可能是完全实在的。
② 《人格观念论》，第 vi 页。

反对当时牛津哲学中的主导因素绝对观念论。因而它更接近于威廉·詹姆斯的实用主义，而不是皮尔士的实用主义，后者实质上是用来确定概念意义的方法或规则。

费迪南德·坎宁·斯科特·席勒（Ferdinand Canning Scott Schiller，1864—1973）祖籍德国，尽管他在英格兰受教育。1893年，他成为美国康奈尔大学的讲师。1897年，他被选为牛津大学基督圣体学院的指导研究员（Tutorial Fellowship），直至去世他都是该学院的研究员，尽管他于1929年接受了洛杉矶的南加利福尼亚大学哲学教授的职位。1891年，他匿名出版了《斯芬克斯之谜》（*Riddles of the Sphinx*），[①] 随后于1902年在上面提到的《人格观念论》中发表了《作为公设的公理》（"Axioms as Postulates"）一文。1903年出版了《人本主义：哲学论集》（*Humanism: Philosophical Essays*），1907年出版了《人本主义研究》（*Studies in Humanism*），1908年出版了《柏拉图还是普罗塔哥拉？》（*Plato or Protagoras?*），1912年出版了《形式逻辑》（*Formal Logic*），1924年出版了《信念问题》（*Problems of Belief*）和《坦塔罗斯或人的未来》（*Tantalus, or the Future of Man*），1926年出版了《优生学与政治学》（*Eugenics and Politics*），1929年出版了《应用逻辑》（*Logic for Use*），1934年出版了《哲学家们一定意见不合吗？及通俗哲学其他论文集》（*Must Philosophers Disagree? And Other Essays in Popular Philosophy*）。席勒还为J. H. 缪尔黑德《当代英国哲学》第一辑（1924）撰写了一篇论文，题为《为什么是人本主义？》（"Why Humanism?"），并为《大英百科全书》第14版（1929）写了关于实用主义的条目。

7. 如其著作的题目所显示，席勒的思想以人为中心。他在《柏拉图还是普罗塔哥拉？》一文中明确站在普罗塔哥拉一边，并把"人是万物的尺度"的著名格言变成他自己的。在《斯芬克斯之谜》中，他以多元论人格主义的名义抨击了"一"的绝对观念论理论，并宣称我们的一切思想都应当是拟人化的（anthropomorphic）。但他起初没有用"实用主义"这个词来描述他的人本主义观点。在开始受美国实用主义的影响，尤其受威

---

① 作者署名的第二版出版于1894年，新版出版于1910年。

廉·詹姆斯的影响之后而写的《人本主义》第一版的前言中，席勒说："我惊奇地发现，我自己在对它毫无所知的情况下一直是一个实用主义者，而且除了名称以外，我自己于1892年几乎完整无缺地提倡了一种本质上同出一源的见解。"[①] 虽然席勒经常使用"实用主义"一词，一度从威廉·詹姆斯那里接过这个词，但他坚持认为人本主义是基本概念。把人而非绝对看成是一切经验的尺度和科学的创造者的人本主义，才是詹姆斯和席勒自己的根本的、永久的思想态度。实用主义"实际上只是人本主义在知识论上的应用"。[②] 普遍要做的事情就是把宇宙重新人性化。

宇宙的重新人性化，即换句话说的人本主义，首先要求把逻辑人性
348 化。在某种程度上，这一要求是对形式逻辑学家的抗议，这些逻辑学家把逻辑当作为玩而玩的游戏，追求枯燥无味的精思妙想和智力训练。席勒注意到，这一抗议是艾尔弗雷德·西季威克（Alfred Sidgwick）表达出来的，他本人是逻辑学家，他的第一部著作的题目是《谬误：从实践方面看逻辑》（*Fallacies: A View of Logic from the Practical Side*，1883）。不过，席勒要求把逻辑人性化，绝不只是抗议某些逻辑学家的枯燥无味和琐碎分析。因为这一要求建立在一种确信的基础上，即确信逻辑不表现不受人类利益和目的影响的绝对、永恒真理的领域。在席勒看来，不但在经验科学中，而且在形式逻辑中，绝对真理的观念都是"幻想"（ignis fatuus）。[③] 逻辑的基本原理或公理不是先天必然的真理，它们是一些公设，即一些有赖于经验的要求，[④] 对于实现人类目的，它们显得比其他公设有更广泛、更持久的价值。阐明这方面的逻辑原理或公理是这门科学人性化包含的任务之一。

不过，我们可以比这里所说的更进一步。实用主义者认为，任何逻辑过程的有效性都是通过它成功起作用来表明的。但它只在具体的环境下起作用。因此，设想完全通过对各种题材的抽象使我们进入不变的绝对真

---

① 《人本主义》，第xiii页（第二版，1912年）。席勒指的是1892年发表的一篇论文《实在与观念论》（"Reality and Idealism"）。该文在《人本主义》的第110—127页上重印。

② 同上，第xxv页。

③ 《当代英国哲学》（第一辑），第40页。

④ 见《作为公设的公理》，载于《人格观念论》，第64页。

理的领域，乃是徒劳的。席勒甚而言之：形式逻辑**"在严格而完全的意义上是没有意义的"**。① 如果有人说"它太 light"，并且我们不知道这里的语境，那么，他的陈述对我们是无意义的。因为我们不知道他指的是一个对象的重量，还是某物的颜色，还是一个讲演或一本书的品质。② 同样，我们不可能完全从逻辑的用法和它的应用进行抽象，**"而不会因此造成不但对于真理，而且对于意义的完全损失"**。③

因此，如果逻辑原理是根据人类的欲望和目的制定的公设，如果它们的有效性取决于它们在实现这些欲望和目的时的成功，那么就得出，我们不可能将逻辑学与心理学分离。"应当在心理学事实中找到逻辑的价值，**否则无处**能找到……逻辑的可能性（甚至'必然性'）在以某种方式成为心理学上现实的和有效的之前，什么也不是。"④ 那些使逻辑去心理学化和使其自立的一切企图都不过如此。

关于逻辑真理所说的话，即逻辑与人的欲望和目标相关，也可以用来说一般的真理。真理实际上是评价。亦即：断言一个命题是真的，那也就是说该命题具有实现某个目的的实践价值。"真理是有用的、有效的、能起作用的东西，我们的实践经验倾向于使我们的真理评价以这些东西为限。"⑤ 反过来说，谬误就是无用的东西，不起作用的东西。这是**"伟大的实用主义的选择原则"**。⑥

当然，席勒知道，"'起作用'显然是一个模糊的概括性词语，人们要问它的含义是什么是很正当的"。⑦ 可是，他发现这是一个难以回答的问题。要说明一个科学假设起的作用指什么，要相对容易一些。但要说明（譬如）何种"起作用"的方式被认为与评价一个伦理理论的真理性有关，那就完全不那么容易了。我们不得不承认，"人们对不同的'起作用'采

---

① 《形式逻辑》，第 382 页。
② 这里的"light"是一个多义的形容词，可以指重量的"轻"，颜色的"淡"，讲演或书的"浮浅"。——译者注
③ 《形式逻辑》，第 ix 页。
④ 《作为公设的公理》，载于《人格观念论》，第 124 页。
⑤ 《人本主义》，第 59 页。
⑥ 同上，第 58 页。
⑦ 《当代英国哲学》（第一辑），第 405 页。

取了不同的态度，因为他们自己的性情就不同"。① 换言之，我们不可能清楚准确地回答那个问题。

如人们会预料的那样，席勒急于表明，根据实用主义的原则可以把"一切真理都是有用的"与"每个有用的事物都是真的"区分开来。他的论证之一是说，"有用的"意味着对一个特殊目的有用，这个目的是由一个陈述的特定语境所决定的。譬如，如果我不说地球是平的就会受到严刑拷打的威胁，那么，我说地球是平的确实对我是有用的。但我的陈述的效用不会使这个陈述成为真的。因为关于地球形状的陈述属于经验科学，断言地球是平的肯定对于科学的进步没有用处。

处理这件事的另一个办法是强调社会承认。但席勒注意到这一事实，即承认一个真理就是承认它是真的。而根据他的原则，承认它是真的就是承认它是有用的。因此，社会承认不能使一个命题成为有用的，因而也不能使它成为真的。社会承认被给予那些已经表明其效用的命题。"有用这个标准对个别的真理评价进行选择，因而构成了得到社会承认的客观真理。"②

350　　　席勒倾向于依赖对真理的生物学解释，并强调生存值（survival-value）的观念。③ 真理中有一个自然选择的过程。低值的真理被淘汰，高值的真理得到幸存。证明有最大生存值的信念表现出最有用，因而也最真实。但什么是生存值呢？生存值可以说是"一种起作用（a sort of working），虽然这种起作用毫无理性的魅力，但它对我们的信念产生深远的影响，并且能决定我们采纳这些信念并淘汰与它们相反的信念"。④ 于是，我们再一次回到那个公认不准确的、模糊的"起作用"的观念上。

如我们已知，席勒断言从"一切真理都是有用的"不能推出"任何有用的命题都是真的"。当然，这是完全正确的。于是，人们完全可以认为在某种意义上一切真理都是"有用的"，而不需认为它们的效用构成了它们的真理。如果人们**确实**认为真理是由效用构成的，那他们就无法同时

---

① 《当代英国哲学》（第一辑），第 406 页。
② 《人本主义》，第 59 页。
③ 尤其见《应用逻辑》，亦见《信念问题》，第 XI—XII 章。
④ 《当代英国哲学》（第一辑），第 406 页。

否认每一个有用的命题就其有用而言是真的。如果人们要成功坚持非可转换性（non-convertibility）学说，那他们就必须表明真命题具有某个或某些性质，它们是有用的谬误所不具备的。人类是生物，但并非所有生物都是人类。情况之所以如此，是因为人类具有并非所有生物都具有的一些性质。除了一个假命题也能具有的效用性之外，真命题特有的那些性质是什么呢？这是席勒从来没有实际面对的一个问题。我们已经提到，斯特尔特认为绝对观念论没有给人性的意志方面以充分的认可。席勒遇到的麻烦之一是，他给人性的意志方面以过多的认可。

席勒远不像詹姆斯那样往往沉溺于形而上学的思辨。他甚至断言，人本主义，即一种人类中心观，要求我们应当把世界看成是"全部可塑的"，[①]即看成可以做出不确定改变的，如我们能对它所做的那样。虽然他承认人本主义者或实用主义者将宽容地看待形而上学家的努力，并将赋予他们的体系以审美的价值，但在同时，"形而上学似乎注定要保持对终极实在的**人格猜测**（personal guesses），注定在客观价值上处于科学之下，科学实质上是处理现象的'共同'**方法**"。[②] 这里我们再次看到席勒在科学假设的范围之外确切说明"起作用"的可能含义时遇到的困难。于是，他将审美价值而不是真理价值赋予形而上学理论。这显然因为他把科学假设看成是经验上可证实的，而形而上学体系则不是。我们又回到了这样的问题上：证实作为一种"起作用"的方式，是否可以认为，与其说它构成了一个假设的真理，倒不如说它没有表明（或没有倾向于表明）一个假设是真的。

席勒对实用主义的主要贡献在于他关于逻辑的论述，这一论述比威廉·詹姆斯的论述更专业、更详尽。但我们不能说他对逻辑学的全面解释证明了它的"生存价值"。

---

① 《作为公设的公理》，载于《人格观念论》，第61页。
② 《当代英国哲学》（第一辑），第409页。

第十六章

约翰·杜威的实验主义

生平与著作 —— 自然主义的经验论：思想、经验和知识 —— 哲学的功用 —— 工具主义：逻辑与真理 —— 道德理论 —— 社会与教育理论中的某些蕴意 —— 自然主义哲学中的宗教 —— 关于杜威哲学的一些批判性评论

　　1. 约翰·杜威（John Dewey，1859—1952）生于佛蒙特州的伯灵顿。在佛蒙特州大学学习之后成为一所中学的教师。他对哲学的兴趣促使他提交给 W. T. 哈里斯一篇关于唯物主义的形而上学假设的论文，以期在《思辨哲学杂志》（*The Journal of Speculative Philosophy*）上发表，[①] 由于得到鼓励，他于 1882 年进入约翰·霍普金斯大学学习。在大学里，他听了 C. S. 皮尔士的逻辑学课程，而主要影响他思想的是观念论者 G. S. 莫里斯，杜威与后者发展为个人友谊关系。

　　从 1884 年至 1888 年，杜威在密歇根大学授课，最初是作为哲学讲师，后来作为哲学副教授，而后又在明尼苏达大学当了一年教授。1889 年，他回到密歇根大学任哲学系主任，他在这个位置上直至 1894 年去了芝加哥。在此期间，杜威致力于研究逻辑学、心理学和伦理学问题，并且他的思想脱离了他从莫里斯那里学到的观念论。[②] 1887 年，他出版了《心理学》（*Psychology*），1891 年出版了《伦理学批判理论概要》（*Outlines*

---

① 这篇论文发表于该杂志 1882 年四月号。
② 在这方面，杜威提到了威廉·詹姆斯的《心理学原理》对他思想的影响。

of a Critical Theory of Ethics），1894 年出版了《伦理学研究大纲》（*The Study of Ethics: A Syllabus*）。

从 1894 年至 1904 年，杜威是芝加哥大学哲学系主任，1896 年，他在那里创立了实验学校①。这一时期出版的著作包括：《我的教育信条》（*My Pedagogic Creed*，1897），《学校与社会》（*The School and Society*，1900），《逻辑理论研究》（*Studies in Logical Theory*，1903），《关于道德的科学论述的逻辑条件》（*Logical Conditions of a Scientific Treatment of Morality*，1903）。

1904 年，杜威作为哲学教授前往哥伦比亚大学，于1929 年成为荣誉教授。② 1908 年，他出版了《伦理学》（*Ethics*），1910 年出版了《我们怎样思维》（*How We Think*）和《达尔文的影响及当代思想其他论文集》（*The Influence of Darwin on Philosophy and Other Essays in Contemporary Thought*），1915 年出版了《明日的学校》（*Schools of Tomorrow*），1916 年出版了《民主与教育》（*Democracy and Education*）和《实验逻辑论文集》（*Essays in Experimental Logic*），1920 年出版了《哲学的重建》（*Reconstruction in Philosophy*），1922年出版了《人的本性与行为》（*Human Nature and Conduct*），1925 年出版了《经验与自然》（*Experience and Nature*），1929 年出版了《确定性的寻求》（*The Quest for Certainty*）。后来的著作有：《作为经验的艺术》（*Art as Experience*）、《共同信仰》（*A Common Faith*）出版于1934 年，《经验与教育》（*Experience and Education*）、《逻辑：探索的理论》（*Logic: The Theory of Inquiry*）出版于1938 年，《评价理论》（*Theory of Valuation*）出版于1939 年，《今日教育》（*Education Today*）出版于1940 年，《人的问题》（*Problems of Men*）出版于1946 年，《认知与所知》（*Knowing and the Known*）出版于1949 年。

至少在美国之外，杜威很可能因其工具主义，即他那种实用主义而最为知名。不过，他确实不是只关心思想和真理的一般理论的人。如前面他的部分出版物的目录所表明，他对价值问题和人类行为问题，社会问题

① 即一所实验性的学校，通常以"杜威学校"（The Dewey School）而闻名。
② 在此期间，杜威做了几次海外旅行，去了欧洲、远东、墨西哥，1928 年去了俄国。

和教育问题深感兴趣。尤其在最后提到的这个领域中，他在美国有巨大影响。他的思想显然没有得到普遍的接受。但它们是不可忽视的。一般而言，我们可以说，威廉·詹姆斯和约翰·杜威是对使美国有教养的公众关注哲学做出最大贡献的两位思想家。

2. 杜威常常把他的哲学说成是经验主义的自然主义或自然主义的经验主义。对于这些说法的意义，我们也许可以谈一下他关于思想的性质和功能的论述而得到最好的说明。我们可以先考察在这方面"自然主义"一词的意思。

首先，在杜威看来，思想不是在形而上学意义上创造客观实在的一个终极者、一个绝对、一个过程。在思想超越自然或与之相对照的意义上，思想不是在人心中代表非自然因素的某种东西。从长远看，它是活的有机体与其环境之间活动关系的高度发展了的形式。诚然，尽管杜威倾向于使用行为主义的语言，但他清楚意识到人的理智生活有自己的特性。不过，问题在于，比方说，虽然他拒绝从区分主体和客体开始，如同从一个绝对的、终极的起点开始那样，但他把人的理智生活看成以先行关系为前提并从中发展起来，从而把人的理智生活看成完全处在自然的领域之内。思想属于其他的自然过程或自然活动之一。

万物都以某种方式对其环境做出反应。但它们显然不都以同样的方式做出反应。譬如，在一特定的环境下，只能说一个无生命的东西有反应或没有反应。一种情境并未造成任何这样的问题，使这个无生命的东西能认为它是一个问题并能对之做出选择性反应。然而，当我们转向生命的领域，我们发现了选择性反应。当生命有机体变得越复杂，它们的环境就变得越模糊。也就是说，何种反应或活动有利于生存的需要，何种活动将最适合不断维持生命的连续，变得更加不确定了。"对可疑的东西做出的反应是把它**当作**可疑的东西，在这个程度上，这些反应就获得了**精神的品质**。"① 而且，当这些反应有一种指向性的趋势，即将不可靠的东西变成可靠的东西，将有问题的东西变成无问题的东西，那么，"这些反应就不但

① 《确定性的寻求》，第225页。

是精神的，而且是**理智的**"。[①]

因此我们可以说，在杜威看来，思想是在纯生理层次上刺激与反应之间关系的高度发展了的形式。的确，在与其环境的相互作用中，人类有机体像任何别的有机体一样，主要根据已经养成的习惯活动。可是，有些状况出现了，反思把这些状况认作是有问题的状况，于是认为需要探索或思考，因而在某种意义上把那种直接的反应打断了。可是在另一种意义上，那种反应没有被打断。因为在有问题状况的刺激下，思想的目的就是改变或重建引起问题或困难的那一系列先行条件。换言之，思想的目的在于改变环境。"任何探索都包含对周围条件的**某种**改变。"[②] 也就是说，探索过程所达到的结论是一个或一组设计出来的行动，即一个将改变有问题状况的可能的行动计划。因而思想是工具性的，并具有实践功能。不过，要说思想推动了行动，则不十分准确。我们可以把思想看成是整个行动过程的组成部分，人试图借助这个部分，通过使环境发生变化，即通过把"不确定的"状况——在此状况下各种成分不一致或不和谐，因而产生了要加以反思的问题——变成"确定的"状况，即一个统一的整体，来消除那些有问题的状况。因此，在此意义上，思想没有打断反应的过程，因为它本身就是整个反应的一部分。不过，探索的过程以承认一个有问题状况**是**有问题的为先决条件。因而我们可以说思想打断了反应，如果我们所说的反应是指本能的反应，或完全根据某种固定习惯做出的反应的话。

355

当然，一个人可以对有问题状况做出非理智的反应。举一个简单的例子，他可以发脾气将一件不合用的工具或器具打碎。但这类反应显然是无用的。要解决问题，这个人必须探索一下这件器具有什么毛病，考虑一下如何把事情搞好。他最后得到的是一个预计改变有问题状况的可能的行动计划。

这是从常识层面举出的一个例子。但杜威将不承认在常识层面与（比方说）科学层面之间有任何不可逾越的鸿沟或截然的区分。科学探索可能涉及一些长期的操作，它们不是日常意义上的明显活动，而是使用符

---

① 《确定性的寻求》，第225页。
② 《逻辑：探索的理论》，I，第42页。

号的操作。不过，假设、演绎和受控实验的整个过程只是以精致复杂得多的方式再现由日常生活中某个实践问题所激起的探索过程。甚至这个复杂的符号操作也旨在改变引起那个假设的有问题状况。因此，思想永远是以某种方式实践的，不论它发生在常识的层面，还是发生在科学理论的层面。在两种情况下，思想都是处理有问题状况的一种方式。

要注意的是，当杜威谈论使环境发生变化时，不应把最后提到的"环境"一词理解为只是指人的物理环境，即物理自然的世界。"人类在其中生活、活动和探索的环境，不仅仅是物理的环境。它也是文化的环境。"[1] 譬如，在特定社会中的价值碰撞造成了有问题的状况，对有问题状况的解决会使文化的环境发生变化。

356　　对思想及其基本功能的这个说明符合"生活在危险世界中的人被迫寻求安全"[2] 这一事实。当然，当一个人面对他所认为的那种可怕而危险的状况时，他需要的显然是行动，而不仅仅是思想。同时，不用说，杜威清楚意识到探索和思想不一定导致通常意义上的活动。譬如，一位科学家的探索可能以一个或一组观念为结束，即以一个科学理论或假设为结束。杜威关于思想的说明确实包含这样的观点："观念是在具体重建先前的存在条件时起作用的预先计划和设计。"[3] 科学假设是预言性的，因而可以说它有待于证实。但科学家不可能现在就证实它。亦即他不能选择那样做。因此他的探索以一组观念为结束，他并不具有确证了的知识。不过这没有改变这样的事实，即那些观念是预言性的，它们是关于可能行动的计划。

与此相似，如果一个人受到道德有问题状况的刺激而进行探索和反思，那么，他最终做出的道德判断就是对可能行动的计划或指导。当一个人承诺了一项道德原则，那么，他就表示他准备在某些情况下以某些方式行动。虽然他的思想因而以行动为指向，但他的行动并不一定遵照而为。他做的道德判断是对可能行动的一个指导。

真正有意义的是，每一个有问题的状况都是独一无二、不可重复的。

---

① 《逻辑：探索的理论》，I，第42页。
② 《确定性的寻求》，第3页。
③ 同上，第166页。

当杜威想到事情的这个方面，他倾向于轻视普遍理论。但科学家显然是与普遍的概念和理论打交道的。杜威承认这个事实，这表现在他强调，理论与行动的关联是"与**可能的**操作方式的关联，而非与那些被认为是**现实的**、直接要求的东西相关联"。① 同时，一方面，考虑到探索是由特定的有问题状况激发的，并以改变这些状况为目的，所以杜威倾向于轻视普遍的概念和理论，另一方面，杜威承认科学思想用普遍的观念来运作，并构建普遍的理论、普遍的解决办法，这两方面的冲突在杜威关于哲学的本性的论述中表现出来。不过，这个问题可以放到下一节来讨论。 357

我们已经看到，杜威对思想的说明把思想说成从有机体与其环境之间的关系发展而来，在这个意义上，他的说明是"自然主义的"。"理智活动在生物类行为中预示出来，后者为前者扫清了道路。"② 当然，自然主义不否认差异，但它承诺不诉诸任何非自然的来源或动因来说明这些差异。换言之，必须把思想说成是进化的产物。

而且，思想被描述为从经验开始并返回到经验，在这个意义上，可以说杜威对思想的说明是"经验主义的"。当主体在其环境中遇到有问题的状况，就开始了探索的过程，这个过程不论在实际上还是在观念上，都以环境中的某种变化，甚至以人自身的某种变化为终结。同时，杜威断言知识的对象是由思想制造或构建的。因为乍看起来这个说法似乎代表了一种观念论的见解而非经验主义的见解，所以需要对它作某种说明。

经验一般被说成是有机体与其环境之间的一种相互作用，一个作用与被作用的过程（a process of doing and undergoing），一种能动关系。根据杜威的观点，原始的或直接的经验是非认知性的。它所包含的"不是行动与材料，即主体与客体之间的区分，而是将两者都包含在一个未分的整体中"。③ 主体没有把经验到的东西客观化为具有含义或意义的记号。主体与客体之类的区分只是为了反思才出现的。一个事物只是由于一个探索或思考的过程才呈现出来，或更确切地说，才披上了意义（significance）

---

① 《逻辑：探索的理论》，第49页。
② 同上，第43页。
③ 《经验与自然》（多佛尔出版公司，1958年版），第8页。

的外衣。譬如，一支自来水笔依据其功用才对我有意义。它之所以如此，乃因为一个探索或思考的过程。因此，鉴于杜威为这一过程期保留了"知识的对象"一词，所以他可以说，思想制造或建构了知识的对象。

358　　　　一方面，杜威努力指出，他对认识活动的说明并不意味着断言事物在被经验或被思考之前不存在。[①] 另一方面，由于他把知识的对象等同于探索期，所以他承诺说，在某种意义上知识的对象是思想的产物。因为探索期是确定的状况，它取代了不确定或有问题的状况。不过，杜威证明，"知识不是一种歪曲或曲解，赋予**其**题材以**现在**不属于它的特征，而是一种行动，赋予非认知的材料以**曾经**属于它的特征。"[②] 消除有问题的状况或赋之以确定含义的过程不是一种歪曲或曲解，正如建筑师赋予石头和木料以它们以前不具有的性质和关系的活动不是一种歪曲或曲解一样。

　　　　如果问为什么杜威采取这种奇怪的知识论，将知识的对象等同于探索过程期，那么，其中一个理由是，他希望摆脱他所谓的"旁观者知识论"。[③] 根据这个理论，我们一方面有认知者，另一方面有知识的对象，它完全不受认知过程的影响。于是，我们就面临一个问题，即找到一座桥梁将认知过程与对象联系起来，因为前者只发生在旁观主体之内，而后者与其被认识无关。但如果我们知道知识的对象本身是通过认知过程而存在的，那么这个困难就不会出现。

　　　　知识的对象通过认知过程而存在，这个说法单独来看也许是同义反复。因为说没有任何东西构成认识的对象，除非它被认识，这就是同义反复。但杜威显然不想使这个说法成为同义反复：他想说的不止于此。他的打算是把认知过程描述成有机体与其环境之间一种高度发展了的活动关系，即一种借以造成环境变化的关系。换言之，他关心的是对知识做出自然主义的说明，排除任何关于知识是完全与众不同的神秘现象的概念。

359　他还关心理论与实践的统一。因此他把知识描述成本身是一种做（doing）

---

① 　譬如，杜威说："我认为相当清楚的是，我们经验到的大多数事物在时间上都先于我们对它们的经验。"《达尔文的影响》，第240页。

② 《经验与自然》，第381页。

③ 《确定性的寻求》，第23页。

或制造（making），而不是所谓的旁观者理论中的"看"（seeing）。

3．杜威关于思想和知识的说明显然与他的哲学概念有关，与他对其他哲学家的判断有关。譬如，他截然反对与不变的永恒存在和真理领域相关的哲学观念。"**世界**是不安定的、危险的。"[①] 也就是说，人暴露于危险之下，这些危险都是客观的状况。当人们把它们看作危险，它们就变成人试图去解决的有问题的状况。但人这样做的手段是有限的。而且，在寻求安全，因而也是寻求确实性的过程中，人开始意识到，经验的世界，即一个变化的世界，不能为他提供绝对的安全和确定性。我们发现柏拉图那样的希腊哲学家将变化的、经验的世界与不可变的存在和真理的领域截然区分开来。因而理论开始与实践分离。[②] 的确，哲学仍然是一种活动。因为思想永远是一种活动。但譬如在亚里士多德那里，纯理论活动即沉思生活被抬高到实践生活即改变世界的活动生活之上。因而必须将思想召回到发挥其真正的功能，即旨在通过使环境或人本身发生变化来消除不确定的或有问题的状况。思想和实践不得不再次结合在一起。

在现代科学兴起的过程中这种思想与实践的结合最为醒目。在历史的早期阶段，尽管人们也从事农业之类的简单活动，但他们要么试图用魔法来控制神秘的、可怕的自然力，要么将这些自然力人格化，力求平息它们。后来，如我们所知，由于哲学的影响，出现了理论和实践的分离，人作为旁观者的观念被人是行动者的观念所取代。但随着现代科学的兴起，对变化的新态度出现了。因为科学家看到，只有将现象互相联系起来我们才能理解变化的过程，并适度地控制它，造成我们希望的变化，防止我们认为不合意的变化。因而思想不再指向具有不变存在和真理的天体领域，它的方向转变到被经验的环境上，尽管与人类早期阶段相比，这时它有了更可靠的基础。随着科学的不断成长和进步，人对思想和知识的整个态度已经改变了。对于思想和知识的功能的这个新态度或看法需要用我们的哲学概念来反思。

360

---

① 《经验与自然》，第 42 页。
② 杜威当然了解柏拉图和亚里士多德思想中实践的方面。但他反对关于不可变的存在和真理领域的整个观念，柏拉图哲学中他所强调的方面是存在领域与生成领域的二分法。

　　诚然，特殊科学本身不是哲学。但我们通常设想科学为我们呈现了一个世界图景，这个图景对道德价值是中立的，就好像从自然中排除了一切品性和价值。"这样一来就造成了现代哲学的一个老问题：科学与我们所珍视和热爱的事物的关系，以及两者中哪一个具有指导我们行为的权威性。"① 这个占据了（比方说）伊曼努尔·康德思想的问题变成了"科学与宗教的流行冲突的哲学翻版"。② 从康德时期，更确切地说从笛卡尔时期以来的唯灵论和观念论传统的哲学家们都试图解决这个问题，他们说可以稳妥地把科学世界描述成剥除了品性和价值的物质和机械论的领域，因为"物质和机械论的根据在非物质的心灵中"。③ 换言之，哲学家们阐发了若干柏拉图主义特有的两分法或二元论，试图以此将他们所设想的科学世界观与关于价值实在的断言调和起来。

　　显然，杜威与这种解决问题的办法毫无共同之处。因为在他看来，这种办法只等于复活了一种过时的形而上学。虽然他拒绝有超越变化世界的不可变价值存在的看法，但他丝毫不想贬低、更谈不上否认价值。因此他根据其自然主义断言，在某种意义上，价值包含于自然之中，而且科学知识的进步对价值的实在性不构成任何威胁。"为什么我们不应着手用我们在科学中的收获去提高我们的价值判断，规范我们的行为，以使价值更可靠、更广泛地存在？"④ 一般地证明有价值存在不是哲学家的任务。因为关于价值和价值判断的信念是人不可避免特有的，任何真正的经验哲学都意识到这个事实。"不可避免的东西的存在不需要任何证明。"⑤ 但人的情感、欲望、目的和策略需要指引，这只有通过知识才可能。在此哲学家可以提供指导。哲学家可以根据其后果来考察组一既定社会所公认的价值和理想，同时可以指出达到新可能性的途径，从而将文化环境中不确定的或有问题的状况变成确定的状况，以此尝试解决一个社会内出现的价值与理想的冲突。

———————————

① 《确定性的寻求》，第103页。
② 同上，第41页。
③ 同上，第42页。
④ 同上。
⑤ 同上，第299页。

因而哲学的功能既是批判的也是建构的，或更确切地说是重建的。它为了重建而进行批判。因此我们可以说哲学本质上是实践的。因为哲学家无疑根据自己的理由与科学家竞争，所以杜威自然而然地重视道德和社会哲学及教育哲学。的确，哲学家决不会局限于这些论题。如杜威在《逻辑理论研究》中所主张的那样，经验哲学将各种人类经验都纳入其研究领域内，既包括道德、宗教、审美的经验，也包括科学经验，还将以组织形式出现的社会–文化界纳入其研究领域。它应当探讨这些不同领域之间的相互关系。但如果我们想到的是消除特定的有问题状况，那么，哲学家显然不能像科学家那样较好地解决科学的问题。因此，从这个观点看，杜威最终说出下面的话也是很自然的："未来哲学的任务是在当时的社会和道德纷争方面澄清人们的观念。它的目的是尽可能成为解决这些冲突的喉舌。"①

那么，如果设想我们要求哲学家做的事情是阐明特殊的有问题状况，那么，就可以理解为什么应当贬低一般的概念和理论。譬如，我们可以理解杜威的如下断言：虽然过去的哲学讨论一直是"根据**普遍的**国家，**普遍的个人**"②来进行的，但我们真正需要的是说明"这个或那个人群，这个或那个具体的人，这个或那个特殊的制度或社会安排"。③换言之，当杜威关注于强调哲学的实践功能时，他倾向于贬低普遍的概念和理论，认为它们脱离了具体的生活和经验，认为它们与哲学是纯粹沉思活动的看法有联系。他的态度表现了他对理论脱离实践的抗议。

读者无疑会反对说，哲学家本身的任务不是解决（比方说）特殊的政治问题，正如不是解决特殊的科学问题一样。实际上杜威并未想说做这些是哲学家的任务。他所主张的是："哲学重建的真正作用"④是在阐发重建特殊的有问题状况的**方法**时发现的。换言之，杜威关心的是"将实验的

362

---

① 《哲学的重建》，第26页。
② 同上，第188页。（这里黑体字的英文原文是定冠词"the"。杜威认为传统的探索逻辑强调将普遍的概念和理论用于对具体对象的研究，忽视了后者的特殊意义和关系。中译时一般定冠词"the"可不译，但这里为准确表明杜威原文的意思，取"the"的"最适合的、最理想的"的词义，将其译为"普遍的"。——译者注）
③ 同上。
④ 同上，第193页。

方法从物理经验的技术领域转移到人类生活的更广泛领域"。① 这一转移显然需要一个实验方法的普遍理论，而这个方法的运用则"意味着观念和知识的指导"。② 的确，杜威丝毫不打算鼓励人们阐发一种据认为具有先天的绝对普遍有效性的方法。他坚持认为，我们需要的是理智地考察我们继承来的、传统的习惯和制度的实际后果，其目的是理智地考察为了造成我们认为可取的后果而应当对这些习惯和制度进行修改所采取的方式。不过，这并没有改变如下事实：杜威的大部分反思都致力于发展一种普遍的经验逻辑和一种普遍的实验方法论。

假如人们把杜威说成蔑视一切普遍概念和普遍理论，假如我们更有甚之地说他实际无须任何这样的概念和理论，那就严重歪曲了他的实际所为。一个人如果没有这样的概念和理论，他根本就不可能成为一位哲学家。的确，杜威在给一本名为《创造性的理智》(*Creative Intelligence*，1917) 论文集的撰文中直接断言说，因为"实在"是一个指示词，无区别地指示每一件发生的事情，所以没有任何关于实在的普遍理论是"可能的或必要的"，③ 这个结论似乎并不是从前提中引出来的。不过，可以公正地说他在《经验与自然》(1925) 中自己提出了这样的理论，尽管它确实不是关于任何超自然的实在的理论。与此相似，虽然他在《哲学的重建》中排除谈论"普遍的国家"，但这并不妨碍他阐发出一种国家理论。再有，杜威断言，任何未脱离现代生活的哲学都应该努力解决"这样的问题，即将人对于他生活于其中的世界的信念，与他对应当指导他行为的价值和目的的信念重新整合与配合起来"，④ 而当杜威这样说时，他正在指出一个没有普遍观念就不可能讨论的问题。实际上，这里的问题不在于强调杜威总在自相矛盾。譬如，一个人可以排除谈论含有永恒本质意味的"普遍的国家"，但仍然可以根据对现实国家的反思来做出概括。确切地说，这里的问题在于强调，由于杜威坚持实践，把它当作重建特殊的有问题状况时探

---

① 《确定性的寻求》，第 273 页。
② 同上。
③ 《创造性的理智》，第 55 页。
④ 《确定性的寻求》，第 255 页。

索活动的终结，所以导致他的谈论方式时常与他的实际所为不相符。

4．我们已经提到杜威强调探索，他把探索定义为"将不确定的状况受控地或有指导地转变为其构成上的差异和关系非常确定的状况，使得原来状况的诸成分变成一个统一的整体"。[①] 因此他要求一门新的探索逻辑。如果联系希腊文化纯历史地考虑亚里士多德的逻辑，那么"它得到赞赏是应该的"。[②] 因为它"脱离言谈在其中得以生效的操作对言谈"进行了出色的分析。[③] 同时，当亚里士多德逻辑所依据的要素和种类的本体论背景已经由于科学的进步而削弱了，这时再试图保留亚里士多德逻辑就成为"逻辑理论中现存混乱的主要根源"。[④] 而且，如果当该逻辑的本体论预设已经被拒绝了还要保留该逻辑，那么，它就不可避免地变成纯形式的、完全不适于作为探索的逻辑。的确，亚里士多德的逻辑将常识与当时的科学两者结合在一个统一的系统中，在此意义上，它仍然是一个典范。但他那个时代不是我们的时代。我们所需要的是一个统一的探索理论，它将使"科学中真正的实验的和操作的探索模式"[⑤] 可以应用于其他领域。这并非要求其他一切探索领域都应还原为物理学。毋宁说，迄今为止，物理学中已经发现了探索逻辑的主要例证，而且可以说，对探索逻辑还需要加以抽象，还需要将它变成普遍的探索逻辑，能用于一切"与经验的审慎重建有关的探索"。[⑥] 我们因而想起休谟提出的要求：探索的实验方法已经证明在物理学或自然科学中取得了丰硕的成果，它也应当被用于审美、伦理和政治的领域。但杜威与休谟不同，他提出了对这种探索逻辑的详尽说明。

虽然在此概括这一说明不大可行，但我们可以说一下它的某些特征。当然，逻辑一般被认为是工具，也就是使重建有问题或不确定状况时的行动变得明智而不盲目的手段。明智的行动以思考或探索过程为前提，这需

364

---

① 《逻辑：探索的理论》，第104—105页。伯特兰·罗素提出异议说，这个定义可以用于一位警察教官将一群新警员变成一个正规警队的活动，但不能把这个活动说成是探索的过程。参见《约翰·杜威的哲学》（*The Philosophy of John Dewey*），P. A. 席尔普（P. A. Schilpp）编，第143页。
② 同上，第94页。
③ 同上。
④ 同上。
⑤ 同上，第98页。
⑥ 《哲学的重建》，第138页。

要符号化或命题化的系统表述。命题一般是为达到具有存在含义的最终判断所必不可少的逻辑工具，这种最终判断是通过一系列中间判断达到的。因此，判断可以说是"通过改变原有题材的操作，将一个不确定的、不稳定的状况转变成一个确定的、统一的状况的连续过程"。[①] 因此我们可以把整个判断和推理过程看成是理智活动的一个阶段，同时看成是实际重建一个状况的工具。譬如，普遍命题是对活动或操作的可能方式的系统阐述。[②] 它们都有"如果……那么"的形式。

如果逻辑思维是工具，那么，它的有效性就由它的成功来表示。因此，有效性的标准"恰恰在于思维实际处理那个困难〔有问题的状况〕的程度，在于思维允许我们继续进行那种马上拥有更确定、更深刻价值的更直接经验活动的程度"。[③] 根据这个观点，杜威拒绝把逻辑的基本原则看成是在一切探索之前就确定下来的先天真理的观念，他把逻辑的基本原则描述成在探索本身的过程中产生出来的。它们代表了我们在不断探索的过程中发现成功的探索所包含或要求的那些条件。正如因果律是功能性的，所谓的逻辑第一原则也是功能性的。它们的有效性根据它们的成功来衡量。因而逻辑学中的工具主义与杜威的自然主义有联系。基本的逻辑原则不是超越变化的经验世界并靠本能来把握的永恒真理，它们是在人与其环境的活动关系的实际过程中产生出来的。

杜威在一篇关于美国实用主义发展的文章中将工具主义定义为"一种建立关于各种形式的概念、判断和推理的精确逻辑理论的尝试，主要通过考察在实验性地确定将来后果的过程中思维如何起作用来做到这一点"。[④] 不过，还有一种工具主义的真理论。对这个题目也应当简要谈一下。

杜威在《逻辑：探索的理论》的一个脚注中说："从逻辑的观点看，我所知道的关于**真理**的最佳定义是皮尔士的定义"，[⑤] 即真理是注定被一切

---

① 《逻辑：探索的理论》，第283页。
② 同上，第264页。
③ 《逻辑理论研究》，第3页。杜威经常把探索期描述成对经验的丰富和深化。
④ 《20世纪的哲学》（*Twentieth Century Philosophy*，纽约，1943），D. D. 鲁内斯（D. D. Runes）编，第463—464页。
⑤ 《逻辑：探索的理论》，第345页，注6。

探讨最终接受的那个意见。他还赞同地引用了皮尔士的陈述：真理是一个抽象陈述与理想极限相一致，无止境的探索趋向于使科学信念接近这个理想极限。不过在别的地方，杜威主张，如果人们问此时此地可以说与一切探索的理想极限毫无关系时什么是真理，那么回答是：一个陈述或假设是真的或假的乃依据它引导我们达到还是远离我们的目的而论。换言之，"起作用的假设就是**真假设**"。[①] 在杜威看来，这个真理观当然是从实用主义的意义概念中引出来的。

杜威小心翼翼地指出，如果说真理是有效用的或有用的，那么这个陈述并非要将真理等同于"某个纯人格的目的，即一个特定个人一心想得到的某个利益"。[②] 在这个语境下，应当联系改变有问题状况的过程来解释效用观念。有问题的状况是某种公开的、客观的东西。譬如，一个科学问题不是一个私人神经质的忧虑，而是一个用恰当的客观方法来解决的客观难题。出于这个理由，杜威避免与詹姆斯一样把真理说成是令人满意的东西。因为这种说话方式暗示了一个私人情感上的满意。如果我们要使用"令人满意的东西"这个词，那我们必须了解，这里所说的满意是公开的有问题状况所要求的满意，而不是任何个人的情感所需要的满意。就此而论，科学问题的解决也许会引起人类的极大不快。然而它起到了改变一个客观有问题状况的作用或以此表明了它的效用，就此而论，它就是真的和"令人满意的"。

不过，虽然杜威强调工具主义并不因为使真理与个人的念头、希望和情感需要相关而否认真理的客观性，当然他也清楚意识到他的理论与关于永恒不变真理的理论是对立的。他甚至明显想要有这种对立。他认为关于永恒不变真理的理论蕴含着某种形而上学或实在观，即区分了生成的现象领域与用永恒真理的方式理解的完美不变的存在领域。这种形而上学当然与杜威的自然主义大相径庭。因此，他不得不把所谓的永恒真理说成是仅仅用于认识一个生成的世界的工具，即不断在使用中表现其价值的工具。换言之，这些工具的意义是功用性的，而不是本体论的。虽然没有任

---

① 《哲学的重建》，第156页。

② 同上，第157页。

何真理是绝对不可违背的，但有些真理在实践中有不变的功用价值。

没有任何不可违背的永恒真理，因而我们信以为真的一切陈述在原则上或从纯逻辑的观点看都是可修正的，这个理论在道德和政治领域显然有重要意义。"真的东西指的是被证实的东西而非其他，将此认识推而广之，就使人们有责任放弃政治和道德的教条，让他们最固执的偏见接受后果的检验。"① 根据杜威的观点，这就是为什么工具主义真理论引起许多人的恐惧和敌视的主要理由之一。

367　　　5. 我们可以暂时忽略对工具主义真理论的任何批判，转到伦理学上来，杜威认为伦理学与有目的的理智行为有关，即与有意识指导的行为有关。道德行为者是这样的人，他给自己提出了用行动来达到的目的。② 而杜威断言，如果行动有意识地指向行为者认为值得达到的目的，那么这个行动就以一些习惯为先决条件，这些习惯是以某种方式对某类刺激做出反应的获得性倾向。"行动必定出现在思想之前，习惯必定出现在任意唤起思想的能力之前。"③ 如杜威所说，只有已经具有某种习惯姿势并能笔直站立的人，才能独自形成直立姿势的观念，把它作为一个目的来追求。我们的观念同我们的感觉一样依赖于经验。"而观念和感觉两者依赖的经验是习惯活动 —— 原始的本能活动。"④我们的行动目的和目标是通过习惯的中介为我们所想到的。

杜威断言习惯心理学与伦理学的相关性，某种程度是因为他坚信某些种类行动所要求的习惯"构成了自我"，⑤ 而且"品格是习惯的渗透"。⑥ 如果这种渗透在和谐而结合一体的意义上是某种被达成的东西，而不是原始的事实，那么，显然可以得出，就道德理论关注人性的发展而论，它必须考虑到习惯。

不过，杜威强调习惯心理学也因为他决心将伦理学纳入他对经验的

---

① 《哲学的重建》，第 160 页。
② 比如可参见《伦理学批判理论概要》，第 3 页。
③ 《人的本性与行为》，第 30 页。
④ 同上，第 32 页。
⑤ 同上，第 23 页。
⑥ 同上，第 38 页。

普遍自然主义的解释中。自然主义不可能容纳像永恒的规范、生存的绝对价值或超自然的道德立法者之类的观念。整个道德生活虽然公认包含新成分的出现，但我们应当把它表述为人类机体与其环境的相互作用的发展。因此，对于关心实际存在的道德生活的道德哲学家来说，对生物和社会心理学的研究是必不可少的。

我们已经提到，在杜威看来，环境不仅仅指物理的、非人类的环境。实际上，从道德的观点看，人与其社会环境的关系是最重要的。关于道德**应当**是社会的想法是错误的："道德**就是**社会的。"① 这完全是一个经验的事实。的确，风俗作为普遍一致的习惯，它的存在很大程度上是因为每个人都面临着他们做出相似反应的相似状况。"但风俗延续下来，很大程度上是因为个人在先前风俗设定的条件下形成了他们的个人习惯。个人通常获得道德就如同他继承其社会群体的语言（speech）那样。"② 这一点在早期人类社会形态下甚至会更明显。在现代社会，至少在西方民主式社会，给个人提供了各种各样的风俗。但不论怎样，风俗要求某些行为方式，形成了某些看法，因而构成了道德标准。我们可以说，"实际上，道德指的就是风俗、社会习俗、已确立的集体习惯"。③

同时，如同普遍一致的习惯一样，风俗往往悠远绵长，即使当它们不再满足人与其环境关系的需要时也是如此。它们往往成为机械的例行公事，成为人类成长和发展中的累赘。这样说意味着人除了习惯之外还有另一个与道德有关的因素。这个因素就是冲动。实际上，作为以某些方式行事的获得性倾向，习惯对于非获得的或非习得的冲动来说是第二位的。

不过，这一区分造成了一个困难。一方面，冲动表现了自发性的方面，因而表现了根据新状况的要求重新形成习惯的可能性。另一方面，人的大部分冲动达到条理性和适应性的方式与动物本能达到条理性和适应性的方式不一样。因此，人的冲动只有通过纳入习惯的轨道才获得了人类行为所必需的意义和确定性。因而，"人自然的活动方向取决于获得性习惯，

---

① 《人的本性与行为》，第319页。
② 同上，第58页。
③ 同上，第75页。

而获得性习惯只能通过冲动的重新定向来改变"。① 那么，人怎样才能够改变他们的习惯和风俗来适应新的状况和变化的环境的新要求呢？他如何能改变自己呢？

这个问题只能通过引入理智这个观念来回答。当变化的环境条件使一个习惯变得无用或有害，或者当发生了习惯冲突，冲动就摆脱习惯的控制，寻求改变方向。可以说，冲动变得放任不羁，它狂暴地将习惯的锁链打得粉碎。在社会生活中，这意味着，如果一个社会的风俗变得过时或有害，如果任情况自行发展，那么，革命就不可避免会发生，除非社会可能变得毫无生气和完全僵化。另一种选择显然是从理智上改变冲动的方向，使它融入新的风俗和对新制度的理智创造。总之，"风俗控制的一丝裂隙使冲动得以释放，而理智的作用就是找到利用这些冲动的途径"。②

因此，在某种意义上，当理智寻求改变或重建有问题的道德状况时，它必须仔细考虑目的和手段。但在杜威看来，并不存在心灵可以将其理解为一开始就被给予的某种东西并且长期有效的固定不变的目的。他不会承认一个目的是处在试图达到该目的的活动之外的一个价值。"目的是被预见的后果，它们是在活动的过程中出现的，被用来给活动提供额外的意义，并用来指导未来的活动过程。"③ 当我们对现有的条件不满意，我们当然可以向自己描述一系列条件，如果这些条件实现了，就会使我们满意。但杜威坚持认为，只有当这种想象的描述根据实现该描述的具体可能的步骤，即通过"手段"被确定可行，该描述才成为一个真正的目标或期待的目的。我们必须研究与我们的希望相似的结果实际被原因活动引起的方式。当我们审视所打算的行动方式，就会在一系列深思熟虑的活动中区分出手段和目的。

理智显然能够用现存的道德标准来运作。但我们正考察的有问题状况所要求的东西不只是处理一个社会当时的道德观念和标准。在这样的情况下，理智的任务是抓住并实现那些成长的可能性，即把握和实现经验重

---

① 《人的本性与行为》，第126页。
② 同上，第170页。
③ 同上，第225页。

建的可能性。实际上，"成长（growth）本身是唯一的道德'目的'"。[①] 而且，"成长或经验的连续重建是唯一的目的"。[②]

一个自然而然要问的问题是：成长的方向是什么？重建是为了什么目的？但如果这些问题关心的是最终目的，而不是重建本身，那么，根据杜威的哲学，它们不可能有任何意义。杜威确实承认幸福或人性力的满意是道德的目的。但因为最后表明幸福是活生生的，而"生命意味着成长"，[③] 所以我们似乎又回到同样的观点上。作为道德目的的成长是使进一步的成长成为可能的成长。换言之，成长本身就是目的。

不过，我们应当记住，在杜威看来，没有任何真正的目的能与手段分开，即与它的实现过程分开。他告诉我们："善就在于被经验到属于一个活动的那个意义，在这个时候，各种对立的冲动和习惯之间的那些冲突和纠结以一种不断进行的统一而有序的释放而结束。"[④] 于是，我们也许可以说，在杜威看来，在和谐一体的人性动态发展的意义上，只要我们不把一个牢固确定的完美状态设想为最终目的，道德的目的就是成长。杜威认为除了成长本身没有任何最终目的。达到一个明确的、有限的期待中的目的，只是展现了新的前景、新的任务、新的活动可能性。而道德成长就在于抓住和实现这些机会和可能性。

因此，杜威试图除掉与事实世界不同的价值领域的概念。价值不是被给予的什么东西，它们是由评价活动即由价值判断构成的。"某物是'令人满意的'"不是一个判断。因为这样说只不过是做了一个事实陈述，同"某物是白的或甜的"的陈述并无二致。做一个价值判断就是要说：在某物满足了能具体指明的条件的意义上，它是"令人满意的"。[⑤] 譬如，某一活动为未来的成长创造了条件还是破坏了条件？如果我说它创造了条件，那么，我就宣称该活动是有价值的或是一个价值。

人们可能会提出异议：在我自己、许多人或所有人感到满意的意义

---

① 《哲学的重建》，第177页。
② 同上，第184页。
③ 《民主与教育》，第61页。
④ 《人的本性与行为》，第210页。
⑤ 参见《确定性的寻求》，第260页。

上，关于"某物满足了能具体指明的条件"的说法，如同关于"一个对象是令人满意的"说法一样，也是一个事实陈述。不过，杜威意识到，问某物是否是一个价值就是问它是否是"将要被重视、被珍爱，即**将要**被欣赏的某种东西"，[①]而且，说它是一个价值，就是说它是**将要**被欲求和欣赏的某种东西。[②]于是就有了如下定义："关于价值的判断就是关于被经验的对象的条件和结果的判断，即关于应该规范地形成我们的欲求、情感和欣赏的那个东西的判断。"[③]

　　不过，杜威强调价值判断是由有问题状况激励起来的探索过程期。因为这就使他能够说他的价值理论没有消除价值的客观性。如果某物适合"有问题状况所带来的需要和要求"，[④]那么，它就是一个价值，也就是说，如果它满足了一个客观有问题状况在其转变和重建方面的要求，它就是一个价值。一个价值判断像一个科学假设一样，是预言性的，它因而是经验或实验上可证实的。"关于诸行动方针是好是坏的判断，即关于它们有多少可行性的判断，其正当性是通过实验来证明的，正如关于非人格论题的非价值命题的正当性是通过实验来证明的一样。"[⑤]当然，实验方法从物理学向伦理学的转移意味着，必须把一切价值判断和信念都看成是假设。可是，这样来解释这些判断和信念，就是将它们从主观东西的领域转移到客观东西的领域，即可证实的东西的领域。我们应当关注这些判断和信念的结构，一如关注科学假设的结构一样。

　　6．杜威对成长的强调显然意味着：人格是某种被完成的东西，即某种造就中的东西。当然，人类的人格不是孤立的原子。这不完全是个人有义务考虑他的社会环境的问题：不论他愿意与否，他都**是**一个社会的存在。他的一切行动都"像他所讲的语言一样，一定带有他的社群的印记"。[⑥]这种情况甚至也适用于社会一般不赞成的那些行动过程。正是一

①　《确定性的寻求》，第260页。
②　"因此，关于什么是**将要**被欲求和被享有的东西的判断乃是对未来行动的一个要求，它具有法律上的性质，而不只是具有事实上的性质。"同上，第263页。
③　同上，第265页。
④　《评价理论》，第17页。
⑤　同上，第22页。
⑥　《人的本性与行为》，第317页。

个人与其同胞的关系，既为他提供了行动的机会，也为他提供了利用这些机会的手段。这一点在慈善家的例子中得到证实，在窃贼或性奴交易中人贩子①的例子中也同样得到证实。

同时，必须以这样一种方式来组织和改造社会环境及其制度，这种方式最适合于促进个人良好能力的最可能充分的发展。乍看起来，我们面临一个恶性循环。一方面，个人在其行动习惯和目标方面受到现存社会环境的制约。另一方面，即使要改变或改造社会环境，也只能由个人，哪怕是一起共事并有共同目标的个人来完成。这样一来，不可避免受社会环境制约的个人如何能谨慎而主动地致力于改变那个环境呢？

杜威的回答不出人们所料，即当一个有问题的状况出现了，比如人发展中的需要与现存社会制度之间的冲突等，这时，冲动刺激了旨在改变或重建社会环境的思想和探索。如在道德中一样，手头正做的工作永远处在杜威思想的最前列。政治哲学的作用是根据人的发展和变化的需要来批判现存的制度，察觉和指出将来满足目前需要的实践可能性。换言之，杜威把政治哲学看成是具体行动的工具。这意味着，构建乌托邦不是政治哲学家的任务。他不许自己经不住诱惑而描述"国家"（the State），即关于国家的根本概念，这个概念据认为是永远有效的。因为这样做即使是无意识地，实际上也要把现存的事态——很可能是一个已经受到质疑和批判的事态——当作典范。总之，自称适用于一切情境的解决办法是对探索的妨碍而不是帮助。譬如，如果我们关注的是确定在某一时期特定社会的私有财产制度，那么，不论告诉我们私有财产权是神圣不可侵犯的永恒权利，还是告诉我们它永远是偷来的，都毫无帮助。

显然，批判现存的社会制度和指出通往新的具体可能性的道路，需要人们可以参照的某种标准。在杜威看来，不论是政治制度、司法制度，还是产业制度，对所有这样制度的检验标准都是"这些制度对每个社会成员的成长所做的贡献"。②正因为这个理由，他赞成民主制，即这样一种

---

① 这里的"性奴交易"（white slave traffic）可能暗指1926年出品的一部德国电影《性奴交易》（*Mädchenhandel*）中的情节。——译者注
② 《哲学的重建》，第186页。

373　制度，它的根据是"对人性能力的信仰，对人的理智的信仰，对人的互鉴合作的经验能力的信仰"。① 然而，"对于以民主方式组织起来的公众，其首要的条件是一种尚不存在的知识和洞见"，② 尽管我们可以指出如果这种知识和洞见要存在我们必须满足的某些条件。因而，我们所知的民主制是为在社会探索和思想中自由地运用实验方法所设定的背景，这种方法对于解决具体的社会、政治和产业问题是必要的。

　　我们已经知道，在杜威看来，道德的目的是成长，社会政治制度促进这种成长的程度是评价它们的价值的标准。成长的观念也是他的教育理论的关键。实际上，"教育的过程与道德的过程是完全一样的"。③ 教育是"从当下来把握成长中存在的程度和类型"。④ 由此得出，因为成长或发展的潜力没有随青春期的结束而终止，所以不应当把教育看成是生活的准备。教育本身就是一个生活过程。⑤ 事实上，"教育过程没有任何超出自身之外的目的，它就是它自己的目的"。⑥ 的确，虽然正规的学校教育结束了，但是社会、社会关系和社会制度的教育影响不但对青年人起作用，而且对成年人也起作用。如果我们（如应当做的那样）以宽广的眼光看教育，那么我们可以看到它对于实现那些社会政治改革的重要性，那些改革被认为最有可能促进成长的能力，最有可能唤起促进更进一步发展的那些反应。道德、教育和政治是彼此密切联系的。

　　鉴于对教育的这一基本看法，杜威自然而然地强调有必要把学校尽可能办成一个真正的社会（a real community），以简化的方式复制社会生活，从而促进儿童参加一般社会生活的能力的发展。而且如人们所料，他强调需要培养儿童进行理智探索。杜威看到，许多儿童表现出对学校教育缺乏兴趣，而对他们能亲自主动参与的校外活动却兴趣盎然，这一反差使他受到触动，他得出结论说，应当大力改变教学方法，以允许儿童尽可能

① 《人的问题》，第59页。
② 《公众及其问题》（*The Public and Its Problems*），第166页。正是在这部著作中可以看到杜威关于国家的最详细讨论。
③ 《哲学的重建》，第183页。
④ 同上，第184—185页。
⑤ 比如，这个观点在《我的教育信条》中被详细阐述。
⑥ 《民主与教育》，第59页。

主动地参加具体的探索过程，从有问题的状况引导到改变该状况所需要的明显行为或活动上。我们不可能进一步详述杜威关于通常意义上的教育观念。他的主要信念是：教育不应当只是讲授各门学科，毋宁说它是促进公民发展的连贯一致的努力，使公民能够在社会环境中卓有成效地运用理智推动社会的进一步成长。

7. 杜威有许多年对宗教问题都比较谨慎。他在《人的本性与行为》（1922）中把宗教说成是"一种整体感"，[①]并且说："我们在努力预见和控制未来的对象时，一种无所不包的整体感使我们一直并且更加虚弱和失落，就此而论，宗教经验是一个实在。"[②]而在《确定性的寻求》中，我们发现他强调，包括人性在内的自然，当它被看成是理想和成就的可能性根源，被看成是一切获得的利益的寓居地，那么，它就能够唤起一种宗教态度，我们可以把这种态度说成是对于存在的各种可能性的感觉，说成是对于实现这些可能性的事业的虔诚。[③]不过，这些说法多少有些随意，直到1934年杜威才在《共同信仰》中真正探讨宗教论题，该书是他在耶鲁大学所做的特里基金会系列讲演（"Terry Foundation Lectures"）的发表本。

不过，虽然杜威此前几乎没有写过关于宗教的著作，但他表明他本人拒绝一切明确的教义和宗教实践。其实很明显，他的经验自然主义没有为信仰或崇拜超自然的神圣存在留下任何余地。同时杜威还表明，他赋予他所说的宗教态度以某种价值。而我们在《共同信仰》中发现他将名词"宗教"与形容词"宗教的"区分开。在拒绝明确的宗教教义、制度和实践的意义上，他拒绝"宗教"这个名词。在肯定宗教作为一种经验品质的价值的意义上，他接受"宗教的"这个形容词。

不过，我们必须认识到，杜威不是在谈论任何具体宗教的和神秘的经验，诸如能用于支持对超自然的神的信仰的经验。他所考虑的经验品质是这样的品质，它可以为一种经验所具有，而我们通常不把这种经验说成是宗教的。譬如，关于与宇宙，即与整个自然融为一体的经验或感觉，就

---

① 《人的本性与行为》，第331页。

② 同上，第264页。

③ 参见《确定性的寻求》，第288—291页。

具有这个品质。这种品质是"宗教的"，在《共同信仰》中，杜威将这种品质与如下信仰联系起来，即相信"通过对无所不包的理想目的的忠诚所达到的自我的统一，想象将这些目的呈现给我们，人类意志对这些目的做出响应，因为用它们来控制我们的欲望和选择是值得的"。①

至于"上帝"一词，如果它不用于表示一个现存的超自然的存在，而用于表示人可以通过理智和活动来实现的各种理想可能性的统一体，杜威倒愿意保留它。"我们面前既没有完全在存在中体现出来的理想，也没有纯粹无根基的理想、幻想、乌托邦。因为在自然和社会中有一些产生和支撑理想的力量。这些理想通过给它们以连贯性和牢固性的活动而进一步统一起来。正是理想与实现之间这种**活动的**关系，我们给它以'上帝'之名。"②

换言之，自然主义哲学不能为犹太教、基督教、伊斯兰教中构想的上帝提供存在的余地。但经验哲学必须在该词的某种意义上为宗教提供存在的余地。因此，可以说，必须将"宗教的"品质与具体的宗教经验——指的是自称为其对象提供了一个超自然存在的经验——分开，再将它与其他形式的经验联系起来。如杜威在《共同信仰》中所说，形容词"宗教的"可以用于对任何对象或任何理想都可以采取的态度上。它可以用于审美的、科学的或道德的经验上，或用于友谊和爱情的经验上。在此意义上，宗教可以渗透于整个生活。但杜威本人强调关于自我统一的经验的宗教特点。因为"自我永远指向超出它自身的某种东西"，③所以它的理想统一取决于自我与宇宙的和谐，即与自然总体的和谐。如我们所见，杜威在此强调的是实现理想可能性的趋向。人们也许会料想他承认一个能动的神圣原则，它在自然中并通过自然而起到实现和保存各种价值的作用。然而，即使他说的许多话都以这样的某个观念为指向，但他的自然主义实际上阻止他走出这一步。

376　　8. 如果我们用形而上学指的是关于超经验的实在的研究或学说的

---

① 《共同信仰》，第33页。
② 同上，第50—51页。
③ 同上，第19页。

话，杜威的哲学显然不是一门形而上学。但如已经提到的那样，虽然他至少在有一个地方否认任何关于实在的普遍理论是必需的甚至是可能的，但很明显他阐发了一种世界观。而世界观一般属于形而上学之列。如果说杜威把世界完全当成他发现的那样，那这个说法就太天真了。因为明显的事实是，他对世界做了解释。因为在这方面，尽管他说了那些反对普遍理论的话，但他实际上并没有完全禁止做各种尝试来确定他所说的各类存在的一般特性。他所做的就是强调："对于存在的一般洞见只能在任何经验可理解的意义上界定形而上学，这种洞见本身是一个关于相互作用的附加事实，因此它与任何别的自然事件一样服从于同样的理智要求：即探索它所发现的东西的意义、导向和后果。如果只因为在宇宙中增加了一个表象就使它变成一个不同的宇宙，那么，宇宙就不是一个无限的自表现系列了。"[1] 就本体论意义上公认的形而上学而言，[2] 形而上学的发现如同物理学的假设一样变成了可以修正的工作假设。杜威自己的世界观大概就是这样一个工作假设。

可以证明，这种世界观表现出它的设计者过去受黑格尔哲学影响的痕迹，这至少在如下意义上可以看出来，即它用自然取代了黑格尔的精神，而且杜威在说明过去的哲学体系时往往联系产生这些体系的文化。这后一点有助于说明这样的事实：杜威在讨论过去的体系时，即使有的话，他也很少在意那些体系的设计者为体系提出的论证，他反倒强调那些体系不能应对由当时文化引起的有问题状况。当然，这个态度与他的工具主义真理观是一致的。可是这使那些专注而批判地阅读他的著作的人得到一个印象：自然主义的世界观是假设出来的，而不是证明出来的。在笔者看来，这个印象是恰当的。譬如，杜威只是假设用神学和形而上学来说明的时代已经过去了，那些说明在过去就是假的。关于那些说明不能作为工具解决（比方说）当时社会问题的看法不足以表明杜威的假设的有效性。

对此可以这样来回答，如果杜威的经验哲学，即他的世界观，成功地对整个经验做出连贯统一的说明，那么，就不需要为排除超出自然主义

377

---

① 《经验与自然》，第414—415页。"一个无限的自表现系列"指的是罗伊斯的学说。
② 譬如，杜威本人讨论了因果性范畴。

界限的多余假设做进一步的辩护。可是，作为一个整体的杜威哲学是否真是连贯的，仍值得怀疑。譬如，考虑一下他对绝对价值和固定目的的否定吧。如我们所知，他断言价值的客观性。可是，他却把价值看成是相对于有问题状况而言的，这些有问题状况引起了以价值判断为终结的探索过程。不过看上去杜威本人确实把"成长"说成好像是一个绝对价值，说成其本身是一个目的，即由人的本性，最终由实在的本性固定下来的一个目的。再有，杜威小心翼翼地解释说，他没打算否认人类经验之前的世界的存在。他断言，我们经验到许多事情都是先于我们对它们的经验。而同时这里又有一个强烈的倾向，即根据对状况的重建 —— 一种使世界与以前没有人类操作思维时的样子不同的重建 —— 来解释"经验"。而这就指向了一种关于创造性经验的理论，这种理论倾向于把先前的所与变为一种神秘的自在之物。

显然，杜威思想中出现的不一致并未证明自然主义是错误的。但假如杜威果真成功地提出了一个完全统一连贯的世界观或对经验的解释，那么，与此相比，无论如何他思想中的不一致更容易受到批判。如果回答说，根据杜威自己的前提，他的世界观是一个工作假设，应当根据其"后果"而不是根据它比较缺乏有利的先前论证来判断，那么，这个回答显然是不充分的。因为一个世界观的"作用"恰恰表现在它能够给我们提供对各种材料的连贯统一的概念式把握。

如果我们转到杜威的逻辑理论，我们再次遇到有些严重的困难。譬如，虽然他当然承认有一些基本的逻辑原则，它们总是表现为处理有问题378状况的客观有用的工具，但他强调，从纯逻辑的观点看，没有任何原则是不可违背的。一切原则都是可以修正的。同时，杜威明确假定理智不可能满足于有问题的状况和未解决的冲突或"矛盾"而无动于衷。如同在黑格尔哲学中一样，心灵被迫去克服这样的矛盾。[①] 而这似乎意味着理智的绝对要求，这一要求很难与"任何逻辑原则都不是绝对的"观点相调和。

而且，在"后果"一词的使用上似乎也有某种不明之处。科学假设

---

① 当然，黑格尔的态度与杜威的态度有很大不同。因为杜威关心的是主动改变一个状况，而不只是关心辩证地克服一个矛盾。不过两人都假定矛盾是要被克服的某种东西。

被说成是预见性的，如果构成该假设意义的被预见的后果被证实了，该假设就得到实现。证实是否给人们带来了主观的满足，则与此无关。在这一点上，杜威小心翼翼地避开詹姆斯受到的那个反驳，即指责他把一个命题的"令人满意"特性当成是它的真理标准。可是，当我们来到社会政治领域，我们可以看到一种趋势，即人们不知不觉地陷入把"后果"解释成"欲求的"（desirable）后果。杜威可能会回答说，他所谈论的是"预期的"（intended）后果。我们"预期"对社会或政治上有问题状况的解决办法具有（按照其用意具有）某些后果。如科学假设中的情况一样，证实使提出的解决办法成为有效的。至于人们是否喜欢这个解决办法则无关紧要。在两种情况下，即在社会或政治解决办法的情况下如同在科学假设的情况下一样，真理或有效性的检验标准都是客观的。然而，似乎很明显的是，杜威实际上根据对"成长"的贡献，即对于他认为所欲求的目的的促进作用，将政治计划和解决办法与理论区分开来。当然，人们可以在类比的意义上将同样的标准用于科学假设。譬如，如果一个假设倾向于阻碍进一步的科学探索和进展，那就不能承认它是真的。但这样一来，真理的检验标准就不再只是对据说构成假设的意义的后果的证实，尽管它确实倾向于符合皮尔士关于真理是一切探索所会聚的理想界限的看法。杜威哲学的力量无疑在于这样的事实：该哲学的创立者永远注视着经验的实在，或者说那些具体的状况，永远注视着人类理智和意志处理那些状况和创造进一步发展可能性的能力。杜威使哲学回到现实，并试图表明它与道德、社会和教育的具体问题的关联。这有助于说明他的巨大影响。他是一个相当迟钝的作家。他不是一个以准确明白著称的作家。他之所以成功地使那么多同胞注意他的思想，不是由于他的文学天赋：主要是由于他的思想与实践的相关性。此外，他的一般世界观无疑能吸引那样一些人：他们把神学和形而上学的信条看成是过时的，也许还看成是维护既得利益的尝试，他们同时还寻求一种前瞻性的哲学，这种哲学虽然绝不诉诸超自然的实在，但在某种意义上证明对人类的无限进步的信仰是正当的。

　　因此之故，可能在有些人看来，在杜威的思想中寻找不一致和含糊之处的行为是在玩无聊的游戏，即对一门总体上牢牢扎根于经验土壤中的哲学的徒劳刁难。不过，很可能在另一些人看来，可以说，实践的相关性是以全面地阐述、考察和辩明该哲学的根据为代价换来的。似乎还可以看到，杜威哲学最终依赖于价值判断，即对行为价值的判断。当然，一个人可以将一门哲学建立在一个判断或一些价值判断的基础上。不过，在此情况下，应该使这些判断公开出来，这才是可取的。否则，比方说，人们会认为工具主义的真理理论只不过是冷静分析的结果。

第五部分

对观念论的反叛

第十七章

英国与美国的实在论

引言——牛津的一些实在论者——关于牛津伦理学讨论的简述——美国新实在论——美国的批判实在论——塞缪尔·亚历山大的世界观——关于 A. N. 怀特海

1. 当我们想到英国出现的对观念论的反叛时，马上想到的两位剑 380桥人的名字是：G. E. 摩尔（G. E. Moore）和伯特兰·罗素（Bertrand Russell）。不过，摩尔被公认为通常所说的分析运动的主要鼓动者之一，这一运动在 20 世纪上半叶取得了辉煌的成就。而罗素，除了是该运动的另一位主要先驱者之外，迄今他还是 20 世纪最著名的英国哲学家。因此，笔者决定在本卷允许的范围内将有关二人的简要论述推后，首先论述一些相对次要的人物，尽管这意味着忽略了对年代顺序的要求。

2. 我们已经提到 19 世纪下半叶观念论在英国大学，尤其在牛津大学最终占据统治地位的方式。但即使在牛津大学，观念论的胜利也不是全面的。这里以托马斯·凯斯（Thomas Case，1844—1925）为例。他从 1899 年至 1910 年任形而上学教授，1904 年至 1924 年任基督圣体学院院长，他于 1877 年出版了《道德实在论》（*Realism in Morals*），1888 年出版了《物理实在论》（*Physical Realism*）。的确，凯斯的实在论本质上是反对主观观念论和现象论的，而不是反对客观观念论或绝对观念论的。因为它的基本论点是：有一个实在的和可知的事物世界，它不依赖于感觉材料而

381 存在。① 同时，尽管在反对唯物主义的战争中，凯斯站在观念论一边，但他认为自己延续或恢复了弗兰西斯·培根的实在论和牛顿等科学家的实在论，认为自己是当时流行的观念论运动的反对者。②

观念论的反对者中一位更值得注意的人物是约翰·库克·威尔逊（John Cook Wilson，1849—1915），他从1889年至去世那年，任牛津大学的逻辑教授。他发表的东西很少，他主要作为教师发挥了影响。不过，他死后的1926年出版了他的两卷本文集，名为《陈述与推断》（*Statement and Inference*），收入了他的逻辑讲演、短论和书信，由A. S. L. 法夸尔森（A. S. L. Farquharson）编辑。

库克·威尔逊在本科生时就已经受到T. H. 格林的影响，后来他到哥廷根听了洛采的课。他逐渐成为观念论的尖锐批评者。不过，他没有用一种对立的世界观与观念论对抗。他的长处部分上在于他所做的抨击，部分上在于他的方法，即选择特定的问题并试图非常谨慎而彻底地解决这些问题。在这个意义上，他的思想是分析的。而且，他像亚里士多德那样重视日常语言中所表达或蕴含的区分。他明确认为，逻辑学家最好还是关注通常语言用法的自然逻辑并为之辩护。

库克·威尔逊不满于布拉德雷和鲍桑葵的逻辑，其中之一是他们的判断学说。他认为，他们假设有一种在每个陈述中表达出来的精神活动，即判断。而做出这个假设就是把本应区分开的认知、意见表达、相信等精神活动混淆了。而且，设想有一个与推断不同的被称作判断的活动是一个严重的错误。"没有任何这样的东西。"③ 如果逻辑学家们更多注意我们通常使用"判断"之类词的方式，他们就会看到判断某事是如此也就是对它进行推断。在逻辑学中，我们可以使陈述和推断很好地各得其所，无须引入一个虚构的独立活动，即判断。

因此，一个陈述可以表达各种各样的活动。但其中认知是根本的。

---

① 不过，应当注意，虽然凯斯认为独立的物理对象是可知的，但它们的存在和性质是从感觉材料推断出来的，因此是间接知道的，这些感觉材料是被引起的神经系统的变化。

② 有重要意义的是，凯斯是《大英百科全书》第11版"亚里士多德"条目的撰稿人。

③ 《陈述与推断》，第一卷，第87页。

因为比方说，我们不能理解"有一个意见"或"想知道某事是否为真"是 382
什么意思，除非我们将它们与知识做对比。然而这绝不意味着知识是可以
分析和定义的。我们确实可以问我们如何知道或我们知道什么，但"知
识本身是什么？"的问题是荒谬的。因为要求对这个问题的答案就应预先
假定我们可以评价知识的真实性，从而预先假定我们已经意识到知识是什
么。我们可以举出知识的例证，但不能对它做出说明或定义。我们不需要
进一步证明知识的正当性，正如我们不需要指出知识的事例一样。

　　我们确实可以排除对知识的错误说明。这些说明主要有两种方式。
一种方式是，试图通过把知识说成是一种创造（making），即对对象的一
种建构，将对象归结为理解活动。另一种方式是，倾向于根据对象来描述
理解活动，断言我们所认识的是该对象的"摹本"（copy）或表象。这个
论点使知识成为不可能。因为如果我们直接认识的永远是一个摹本或观
念，那么，我们就无法将它与原型做比较，看它是否与之相符。

　　不过，驳斥对知识的错误说明，是以我们已经清楚意识到什么是知
识为前提的。我们通过实际知道某物而意识到知识。因此，如果我们问
"什么是知识？"，好像我们对此一无所知似的，那这就是一个不恰当的发
问，正如布拉德雷问"一个关系如何与其关系项相联系？"是不恰当的一
样。一个关系与我们可以可理解地说成互相联系的那类东西完全不是一回
事。知识是主体与对象之间不可定义的、与众不同的关系。对于知识不是
什么，我们可以说它既不创造对象，也不以对象的摹本为终结，但我们不
能定义它是什么。

　　库克·威尔逊的实在论明确假定我们知觉到不依赖于知觉活动而存在
的物理对象。换言之，他否认"存在就是被感知"的论点。① 同时，他发
现必须对实在论做出限定。因而，当他论述所谓的第二性质时，他举出热
的例子，并断言我们知觉的是我们自己的感觉，而在物理对象中存在的只
是在主体中引起或造成该感觉的能力。这个能力"不是被知觉到的，而是

———————

① 　根据 G. E. 摩尔的观点，"存在就是被感知"是观念论的基本信条。不过，他从广义
上理解这个论点。

383　通过科学理论推断出来的"。① 而在论述所谓的第一性质时，库克·威尔逊断言，比方说，我们感到了一个实际物体的广延，而不仅仅是我们的触觉和肌肉感。换言之，在他讨论性质与物理事物的关系时，他持有与洛克相近的立场。

　　实际上我们可以说，库克·威尔逊的实在论包含这样的论点：我们所知的世界不过是古典牛顿派科学家所构想的世界。因而他拒绝非欧几何的空间观念。他认为，数学家实际上只是利用欧几里得的空间概念，除了这个概念，"当他们想象自己在谈论另一类空间时，当然也不可能想到别的概念"。②

　　牛津的道德哲学教授 H. A. 普理查德（H. A. Prichard，1871—1947）与库克·威尔逊持有同样的基本观点。首先，"要认为任何实在依赖于我们关于它的知识，或依赖于关于它的任何知识，那是完全**不可能的**。如果有知识存在的话，那么，一定先**有**某种被认识的东西"。③ 显然，在某种意义上，柯南·道尔（Conan Doyle）所叙述的夏洛克·福尔摩斯（Sherlock Holmes）的活动取决于思想，而在此意义上，石头和星星却不取决于思想。但我不能声称"知道"夏洛克·福尔摩斯做什么，除非先有某事被知道。其次，"知识是与众不同的，因此是不可说明的"。④ 因为任何所谓的说明必然以我们知道什么是知识为前提。最后，第二性质不可能独立于感知的主体而存在，"既然一物的性质一定独立于对一事物的知觉而存在，所以第二性质不可能是事物的性质"。⑤

　　鉴于上述最后一点，我们看到普理查德的如下说法就不会感到奇怪了，他在他死后出版的文集《知识与知觉》（*Knowledge and Perception*，1950）中断言，我们实际上没有看到物理对象，只看到有颜色的、空间上关联的广延，我们将之"误认为"是物理的物体。如果我们问，我们关于

① 《陈述与推断》，第二卷，第777页。库克·威尔逊宁可用热的例子而不用颜色的例子。因为没有理论的人习惯于说自己"感到热"，而没有人会说"感到有颜色"。要理解颜色与主体之间的关系，需要更高级的反思。

② 同上，第二卷，第567页。

③ 《康德的知识论》（*Kant's Theory of Knowledge*，1909），第118页。

④ 同上，第124页。

⑤ 同上，第86页。

这些感觉材料是物理对象的判断是如何发生的，普理查德回答说，那根本 384
不是判断的问题。① 我们天然有这样的印象：我们所见的东西是不依赖于
知觉而存在的物理的物体。只是在后来反思的过程中，我们才逐渐推断或
判断情况并非如此。

因此，如果我们从常识的立场或素朴实在论开始，那我们应当说，
库克·威尔逊和普理查德两者都修正了他们的立场，向对方做了让步。做
出进一层让步的是 H. W. B. 约瑟夫（H. W. B. Joseph，1867—1943），他
是牛津大学新学院的研究员，一位有影响的教师。约瑟夫在向不列颠学会
（British Academy）宣读的一篇关于贝克莱和康德的论文中说，反思使常
识实在论发生了严重动摇，他提出，我的疼痛是私人的，虽然此意义上我
们之外的事物确实不是私人的，但它们可以"与那些认知的、感知的心灵
的存在"有密切联系。② 约瑟夫还提出，对贝克莱和康德哲学的反思表明
了如下结论：我们关于对象的知识的条件可能依赖于"一个实在或理智，
它将自然中的它自身向心灵中的它自身显示出来"。③

这最后一段话显然是向形而上学观念论的让步，而不是向任何形式
的主观观念论的让步。不过它完全说明，坚持认为在我们对物理对象的认
识中认知是主体与完全异质于心灵的客体之间的共存（compresence）关
系是困难的。说到关于感觉材料的讨论，即在牛津受到 H. H. 普赖斯（H.
H. Price）教授的《知觉》（*Perception*）一书④ 的有力推动而进行的讨论，
则表明要成功地坚持素朴实在论的立场是困难的。也就是说，引起反思的
那些问题暗示出，对这个立场必须加以改变。应付这种情况的一个办法是
把这些问题当作假问题抛弃掉。但这不是我们一直考察的旧牛津哲学家们
所采取的权宜之计。

3. 上一节说到的 H. A. 普理查德很可能因为他在《心灵》（*Mind*,

---

① 根据普理查德的观点，如果可以说我们"知道"知觉的直接对象的话，那么，我们
就可以判断或推断这些对象是完全不依赖于知觉主体的物理物体。不过，在普理查德看
来，知觉不是知识。
② 《古代与现代哲学论文集》（*Essays in Ancient and Modern Philosophy*），第 231 页。
③ 同上。
④ 该书出版于 1932 年，表明受到摩尔和罗素等剑桥思想家的影响，而库克·威尔逊则
几乎没有表现出对剑桥思想的重视。

385 1922）上发表的一篇著名论文而广为人知，这篇论文是关于"道德哲学依赖于错误吗？"这个问题的。① 普理查德设想，道德哲学主要关心的是设法找到一些论证来证明似乎是我们的职责的东西实际上就是我们的职责。他自己的论点是：事实上，我们只是看到或直觉到我们的职责，使得要证明它们是职责的整个尝试都是错误的。的确，这里可能有某种意义上的论证。但所谓的论证只不过是尝试使人们更密切地观察各种行为，以便使他们能够亲眼看到作为义务所具有的特征。当然，有些情况引起了我们习惯上说的职责冲突。不过，在此类明显冲突的情况下，试图像许多哲学家所做的那样，通过证明一个替代的行为将带来某种更大的善 —— 这个善是外在于该行为的，并且是该行为的后果 —— 来解决这个冲突是错误的。这里争论的问题是：哪一个行为有更大程度的义务性？这个问题只能通过更密切地观察那些行为直至我们**看出**哪个是更大的义务来回答。无论怎么说，这毕竟是我们实际上习惯做的事情。

这种伦理直觉主义显然意味着正当和义务的概念是伦理学中的最高概念，它优于善的概念。换言之，目的论的伦理学体系，诸如亚里士多德的体系和功利主义的体系等，都建立在一个根本错误的基础上。第一次世界大战的战后期间，牛津出现了对普理查德引起的话题的讨论。进行这次讨论几乎与 G. E. 摩尔的观点无关，尽管不是没有某种涉及。但我们可以说，它表达了对这位剑桥哲学家所表述的那种见解的强烈反动。因为虽然摩尔在《伦理学原理》（*Principia Ethica*，1903）中强调善是一个不可定义的性质，② 但他非常明确地说，在他看来，一个道德义务就是从事一个将带来更多善的行为。

1922 年，普理查德在牛津做了以"责任与利益"为题的道德哲学教授就职讲演，其中阐发了他的观点。1928 年，E. F. 卡里特（E. F. Carritt）出版了《道德理论》（*Theory of Morals*），他在书中强调，至善的观念是386 道德哲学的幻想，任何试图证明某些行为是责任的尝试，都因为这些行为

① 在《道德义务：短论与讲演集》（*Moral Obligation: Essays and Lectures*，1949）中重印。
② 这不意味着我们不能说什么东西具有这个性质或有内在价值。摩尔坚信我们可以这样说。

是实现被当作善的某个目的的手段而注定要失败。著名的亚里士多德研究家、当时牛津大学奥利尔学院的院长W. D. 罗斯爵士（Sir W. D. Ross）以《正当与善》（*The Right and the Good*，1930）一书加入这场讨论。随后于1931年出版了约瑟夫的《伦理学中的某些问题》（*Some Problems in Ethics*），在书中，作者独特地尝试将以下两者结合起来：一方面承认这样的论点，即义务不是出自一个行为后果的善，另一方面认为即使如此义务也不会与善没有一点关系。

换言之，约瑟夫试图调和普理查德的观点和亚里士多德的传统。伯明翰大学的J. H. 缪尔黑德教授的小册子《道德中的规则和目的》（*Rule and End in Morals*，1932）打算对牛津的这场讨论做出概括，在书中他注意到他本人所欢迎的向亚里士多德–观念论伦理学观点转变的迹象。但在1936年，A. J. 艾耶尔（A. J. Ayer）写的著名的逻辑实证主义宣言《语言、真理与逻辑》（*Language，Truth and Logic*）问世，书中对于"X类行为是错误的"这样的陈述，不把它说成对任何直觉的表达，而说成是一个言谈，表达了对X类行为的情感态度，还说成是打算在别人那里引起类似的情感态度。虽然确实不能说伦理学的情感理论已经赢得了英国道德哲学家们的普遍同意，但它开创了伦理学理论讨论的新阶段，不过这个阶段不在本卷论述的范围内。[①]因此，当1939年W. 大卫·罗斯爵士出版《伦理学基础》（*The Foundations of Ethics*）时，他的直觉主义至少在有些人看来属于过去的思想阶段。不过，我们一经回顾就可以看到，普理查德、罗斯、约瑟夫及他人关于正当和善等概念的讨论如何表现了道德哲学的分析方法，这种方法不同于把伦理学当作依赖于形而上学世界观的次要论题的观念论倾向。然而，我们还可以看到，在伦理学讨论的后来阶段，最终如何使哲学家们对如下情况产生怀疑：我们是否能有益地把伦理学局限在一个作为道德语言研究的严格范围内。[②]

4. 现在我们转到美国的实在论。1901年3月，威廉·佩珀雷尔·蒙　387

---

① 譬如，请见M. 沃诺克（M. Warnock）的《1900年以来的伦理学》（*Ethics Since 1900*，伦敦，1960年）。

② 斯图尔特·汉普希尔（Stuart Hampshire）教授的《思想与行动》（*Thought and Action*，伦敦，1959年）是这种倾向的例子。

塔古（William Pepperell Montague，1873—1953）在《哲学评论》中发表了一篇论文《罗伊斯教授对实在论的反驳》（"Professor Royce's Refutation of Realism"）。同年10月，拉尔夫·巴顿·佩里（Ralph Barton Perry，1876—1957）在《一元论者》（The Monist）中发表了一篇论文《罗伊斯教授对实在论和多元论的反驳》（"Professor Royce's Refutation of Realism and Pluralism"）。因此，这两篇论文是对罗伊斯抨击实在论破坏了知识的可能性的回答。1910年，这两位作者与E. B. 霍尔特（E. B. Holt，1873—1946）、W. T. 马文（W. T. Marvin，1872—1944）、W. B. 皮特金（W. B. Pitkin，1878—1953）、E. G. 斯波尔丁（E. W. Spaulding，1873—1940）一起，在《哲学杂志》（Journal of Philosophy）上发表了《六位实在论者的纲领和第一篇宣言》（"The Program and First Platform of Six Realists"）。[1] 随后由这些作者撰写的一部论文集《新实在论：哲学的合作研究》（The New Realism: Cooperative Studies in Philosophy）于1912年出版。

如1910年的纲领所说，亦如《新实在论》的副标题所表明，这派哲学家的宗旨是使哲学成为一项真正的合作研究，至少在那些愿意接受实在论基本信条的思想家中是如此。他们强调把语言当作一切哲学的工具认真对待，强调把分析看成是对"任何论题的谨慎、系统、彻底的研究"，[2] 强调把含糊复杂的问题分成一些应当分别处理的确定问题，强调与具体科学的密切联系。新实在论者希望用这种哲学研究方法来克服他们认为使哲学名誉扫地的主观观念论、思想与语言的脱节和对科学的漠视。换言之，哲学的改造一般是与实在论思想路线的发展携手并进的。

新实在论者至少一致认为有一个基本信条是真实的，如皮特金所表述的那样，这个信条是："所知的事物既不是认知关系的产物，它们的存在或运行实质上也不依赖于那个关系。"[3] 这个信条与我们天生自发的信念

---

[1] 这个纲领在《新实在论》（The New Realism）中作为附录重印。
[2] 《新实在论》，第24页。关心语言，把含糊复杂的问题分解成易处理的、非常确定的问题，在这方面，新实在论者关于恰当的哲学程序的思想与英国G. E. 摩尔的思想相似。
[3] 同上，第477页。

相符，并且是科学所要求的。因此，举证的责任就公正地落在否认该信条的人肩上。可是观念论者提出的反驳是虚妄的。譬如，他们从一个自明之理，即只有当对象被认识的时候我们才知道它们存在，或从"没有主体就没有客体"的重言式，逐渐得出了一个重要而未经证明的结论，即，我们知道对象只是作为对象而存在，就是说，只有当它们被认识时，才作为认知关系的关系项而存在。

388

这显然意味着知识是一个外在关系。如斯波尔丁所说，如果一物可以未被认识时存在，而且它未被认识时可以与它被认识时完全一样，明显区别在于它这时不是认知的外在关系项，那么，在此意义上，知识是"可排除的"（eliminable）。[1] 因而至少一定有一种外在关系。一般我们可以说，新实在论者接受了外在于其关系项的关系理论。这个观点显然有利于形而上学多元论而非一元论。它还指明对世界体系的先天演绎是不可能的。

普通人对实在论的这个基本信条的自发反应无疑是无条件地接受。因为普通人显然习惯于认为物理对象是不依赖于认知关系而存在的，认为它们在性质和特点上完全不受那个关系的影响。可是反思告诉我们，我们必须对幻觉、幻象之类的现象有所考虑。我们应该把它们说成是知识的对象吗？如果应该的话，我们能合理地说它们实际与主体无关吗？两条铁轨在远处仿佛相交，一根直棍半没水中看上去是弯的，等等，这些又是怎么回事呢？我们能说这样的知觉与知觉过程无关吗？难道我们不能至少对实在论做这样的修正，使我们能够断言某些意识对象是独立存在的，而其他对象不是吗？

霍尔特解决这些问题的办法是在存在与实在之间做出区分。实在论并未向我们承诺说一切被知觉到的东西都是实在的。"虽然一切被知觉到的事物都是事物，但**并非**一切被知觉到的事物都是**实在的**事物。"[2] 不过，由此不能得出应当把"非实在的"知觉对象或思想对象的特性说成是"主观的"。正相反，非实在的东西具有存在，并且具有"在无所不包的存在

---

① 《新实在论》，第 478 页。
② 同上，第 358 页。

宇宙中凭其本身权利的存在"。① 总之，"宇宙不全是实在的，但宇宙全体是实在的"。②

389　　　显然，对这些术语的用法需要某种说明。首先，霍尔特所说的实在是指什么呢？他回答说，"至于实在是什么，我不大感兴趣"，这个回答有些令人失望。③ 不过霍尔特继续说，如果人们对这个回答有异议，他会"大胆猜测，实在也许是某种非常广泛的关系项体系……这会使实在与逻辑学所知的'存在'密切联系起来"。④ 这暗示出，比方说，一个幻觉对象不能无矛盾地适合这个最普遍的关系项体系，在此意义上，这个幻觉对象是非实在的。但霍尔特说："我将不把一个幻觉对象一定说成是'非实在的'。"⑤ 不过，他所强调之点是：非实在性不排除客观性。譬如，如果我随意假定某些几何学前提，并推演出一个连贯的体系，那么，即使把这个体系说成是"非实在的"，这个体系仍然是"客观的"。说非实在的东西是客观的不是主观的，就是霍尔特说这个东西具有存在所指的意思。

　　说到铁轨相交，直棍在水中看上去弯曲等情节，霍尔特认为，一个物理对象有无数投射的性质，在各种能感知的有机体的神经系统中有与之对应的各种特殊反应。因此，如果我们从特定的目的进行抽象，而这些目的是使我们选择一个现象作为一事物的"真实的"现象，那么，我们可以说，该事物的所有现象都有同样的基础。它们都是客观的，它们都作为投射性质而存在。因而我们就得到了"一个普遍的存在宇宙"的图画，"在这个宇宙中，一切物理的、精神的东西，一切逻辑的命题和词项，不论是实存的还是非实存的，假的还是真的，善的还是恶的，实在的还是非实在的，它们都**存在**（subsist）"。⑥

　　如蒙塔古后来所指出，当讨论他自己与这派新实在论者中某些同事的不同时，对于把上述所有那些事情都置于同样的基点上有很大异议。首

① 《新实在论》，第366页。必须将非实在的对象与"圆的方形"等不可想象的对象区分开。
② 同上，第360页。
③ 同上，第366页。
④ 同上。
⑤ 同上，第367页。
⑥ 同上，第372页。

先，知觉对象之间的关系可能是非对称的。譬如，根据部分没入水中的棍子是直的的假设，我们可以很容易说明为什么它显出是弯的。但如果我们假设棍子是弯的，我们就无法说明在它显出是直的的情况下为什么它确实显出是直的。要克服这个困难，如果我们说，这根棍子在部分没入水中时是弯的，而它在离开水时是直的，也肯定无济于事。其次，有些对象只能间接通过构想它们的主体来产生效果，而另一些对象还能直接产生效果。譬如，一条龙，作为思想的对象，虽然它可以想象地激励一个人做一次探险之旅，但它不能造成一头狮子所能造成的效果。我们必须能明确区分这些不同类别对象的本体论状态。

　　新实在论者还关注于讨论意识（consciousness）的本性。霍尔特和培里部分上受威廉·詹姆斯的影响，接受了中立一元论学说，根据这个学说，精神和物质之间没有最终的本质不同。他们试图通过把对一个对象的觉察（awareness）说成是有机体的特殊反应来消除作为一个特殊实有体的意识。蒙塔古说这意味着该反应是由微粒的运动构成的。他把这个理论说成是行为主义，他要问的是，该理论如何能说明（比方说）我们对过去事件的觉察。他本人将构成意识的特殊反应等同于"具有自我超越意味的关系，脑状态与其超有机体的原因就保持着这种关系"。[①] 可是，脑状态如何能实施任何这种自我超越的功能是完全不清楚的。他的如下说法对此也无大帮助：脑皮层状态超越自己并提供对对象的意识的可能性问题，是"心理学研究的问题，而不是认识论研究的问题"。[②]

　　不过，有一点至少是清楚的，新实在论者坚决认为，如蒙塔古所指出的，"认知是可以存在于一个有生命的存在与任何实有体之间的一种特殊关系……［它］属于与其对象的世界同样的世界……［而且］对于它来说没有任何东西是超越的或超自然的"。[③] 他们还拒斥各种形式的表征主义。在知觉与认识中，主体与客体直接发生关系，而不是通过直接构成关系项的影像或某种内心摹本与客体间接发生关系。

---

① 《新实在论》，第482页。
② 《认知之路》（*Ways of Knowing*，1925），第396页。
③ 《新实在论》，第475页。

5. 新实在论者拒斥一切表征主义，这在其他一些哲学家看来似乎是

391　幼稚的、非批判的。正是这种拒斥导致将物理对象和虚幻对象置于同样的基点上。并且它使我们无法说明（譬如）我们对一颗已经不存在的遥远星球的知觉。于是，一个批判实在论运动很快出现了，它由这样一些哲学家组成，他们与新实在论者一样拒斥观念论，但他们发现自己无法接受后者对表征主义的彻底拒斥。

同新实在论者一样，批判实在论是在1920年出版的一部合著《批判实在论论文集：知识问题的合作研究》（*Essays in Critical Realism: A Co-operative Study of the Problem of Knowledge*）中表述出来的。撰稿者有D. 德雷克（D. Drake，1898—1933）、A. O. 洛夫乔伊（A. O. Lovejoy，1873—1962）、J. B. 普拉特（J. B. Pratt，1875—1944）、A. K. 罗杰斯（A. K. Rogers，1868—1936）、G. 桑塔亚纳（G. Santayana，1863—1952）、R. W. 塞拉斯（R. W. Sellars，生于1880）、C. A. 斯特朗（C. A. Strong，1862—1940）。

批判实在论的长处在于进行抨击。譬如，在《反叛二元论》（*The Revolt against Dualism*，1930）中洛夫乔伊论证说，虽然新实在论者起初用常识来拒斥表征主义，但后来却对对象做出了与常识观点不一致的说明。因为如果一个人与霍尔特一样断言一物的所有现象与其客观的投射性质都建立在同样的基础上，那就等于这个人肯定地说，两条铁轨既是平行的又是相交的，而且（譬如）一枚硬币的表面形状既是圆的又是椭圆的。

不过，批判实在论者在阐述他们自己的学说时遇到相当大的困难。我们可以说，他们一致认为，我们直接知觉到的东西是某个特性复合体（character-complex）或直接材料，它起着标志或指示一个独立存在事物的作用。但他们在该直接材料的本性的问题上不完全一致。有些人愿意把这种材料说成是心理状态（mental states）。① 在这种情况下，它们很可能是在心灵中。其他如桑塔亚纳等人则认为，直接的意识材料是"本质"，

---

① 在一篇关于美国实在论发展的文章中蒙塔古认为批判实在论一般属于这样的学说：我们直接知道的只是"心理状态或观念"。参见《20世纪的哲学》，1943年，D. D. 鲁内斯（D. D. Runes）编，第441页。

并以它们只作为例证而存在为理由，排除了对它们所在何处的任何疑问。总之，如果一旦承认了表征主义，那似乎就会得出物理对象的存在是被推断出来的。而这样一来就出现了证明这个推断的正当性的问题。我有什么理由假设我实际知觉到的东西表象了某物而非表象它自身？而且，如果我们从来没有直接知觉到物理对象，那我们如何能区分不同感觉材料的表象价值？

批判实在论者试图回答第一个问题，断言直接的感觉材料从一开始并且理所当然地指向它们之外的物理对象。但他们对这个外指性的说明各不相同。譬如，桑塔亚纳诉诸动物信念（animal faith），即诉诸对我们的知觉对象的外指性的本能信念的力量，这个信念是我们与动物都有的，而塞拉斯则依靠心理学来说明我们对外在性的意识是如何明确发展和生长起来的。

至于"如果我们从来没有直接知觉到物理对象，那我们如何能区分不同感觉材料的表象价值？"的问题，人们可能愿意回答说："以我们实际区分时所用的方式，即通过证实。"从实践的观点看，这个回答可能是一个出色的回答。沙漠中的旅行者把海市蜃楼说成是预示前面将发现水，可是他们最终根据痛苦的经验发现这个预示没有得到证实。同时，表征主义者还有一个理论难题要解决。因为根据表征主义者的前提，证实过程是以感觉经验或获得感觉材料为结束的，证实过程不是一根魔杖，当挥动它时就使我们直接达到感觉材料之外的东西。的确，如果我们寻求的是解渴的感觉经验，那么，从实践的观点看，获得这个经验就是所需要的一切。不过，从知识论的观点看，表征主义者似乎仍然沉浸在"表象"的世界中。

当然，实际情况是，对于常识和实际生活层面上的事情我们可以完全应付自如。在日常语言中，我们已经做出了一些区分，对于实际说明部分入水的棍子、相交的铁轨、"红鼠"① 等事例已经足够了。可是，一旦我们开始反思这些现象似乎引起的认识论问题，我们就想采取某种一揽子的解决办法，要么说一切意识的对象都是客观的，都有同样的基础，要么说

---

① "pink rats"，指酗酒或吸毒后产生的幻觉。——译者注

它们都是主观的心理状态或不知为何的既非主观亦非客观的感觉材料。在前一种情况下，我们主张的是新实在论，在后一种情况下，我们主张的是批判实在论，当然，只要把这些直接材料看作代表了独立的物理对象或以某种方式与之相关。可以认为，这两种见解都试图对日常语言进行改造。虽然我们不能先天地排除这项任务，但这两种见解都带来了一些严重困难，这一事实完全可以促使我们与后来的哲学家J. L. 奥斯汀（J. L. Austin）一样对日常语言另眼相看。

"实在论"一词可以有不同层次的意义。它在本章中的基本意义是认为，知识不是对象的构造，认知是一个主体与一个客体之间的共存关系，这种关系对该对象没有影响。然而我们看到，在实在论运动中出现了关于知觉和认识的直接对象的问题。同时，我们不想给人以非常错误的印象，好像属于上述两派的美国哲学家只关心我们在本节和前面诸节所注意的那些问题。譬如，在新实在论者中，培里成为著名的道德哲学家，[①] 还致力于研究政治和社会论题。在批判实在论中，桑塔亚纳发展了一种普遍哲学，[②] 斯特朗和德雷克阐述了一种泛心论的本体论，将内省作为理解实在的性质的关键。[③] 塞拉斯捍卫一种自然主义的哲学，[④] 该哲学以层次不可还原的突创进化观念为基础，并包含了一个作为解释活动的知觉理论。洛夫乔伊的观念史研究则产生了相当大的影响。[⑤]

6. 在已经说过的意义上，实在论的知识论显然没有排除对形而上学体系或世界观的建构。它所排除的只是以如下理论为根据的形而上学，即关于知识是对象的建构的理论，或关于创造性思维或经验是基本的原始实在的理论。实际上在现代哲学中有许多世界观都以一种实在论的知识论为

[①] 他于1926年出版了《一般价值论》（*General Theory of Value*）。

[②] 桑塔亚纳的《存在的王国》（*Realms of Being*）由四卷组成：《本质的王国》（*The Realm of Essence*，1927）、《物质的王国》（*The Realm of Matter*，1930）、《真理的王国》（*The Realm of Truth*，1938）、《精神的王国》（*The Realm of Spirit*，1940）。

[③] 根据斯特朗的观点，内省是这样一种情况，在内省时，我们直接意识到与结构不同的"材料"（stuff）。而斯特朗和德雷克的意思都不是指（比方说）石头是有意识的。他们的泛心论与突创进化的观念相联系。即使我们称之为"质料"（material）的东西也具有一种潜能，该潜能在进化的某个层次上表现为意识。

[④] 如在《物理实在论哲学》（*The Philosophy of Physical Realism*，1932）中。

[⑤] 譬如，洛夫乔伊于1936年出版了《存在巨链》（*The Great Chain of Being*），1948年出版了《观念史论文集》（*Essays in the History of Ideas*）。

前提。但要把它们都说到是不可能的。我打算只限于谈一下塞缪尔·亚历山大（Samuel Alexander）的世界观。

塞缪尔·亚历山大（1859—1938）生于澳大利亚的悉尼，1877年去牛津，在那里受到格林和布拉德雷的影响。不过，这个影响被进化观念的影响，以及当时并非牛津特色的对经验心理学的兴趣所取代。[①] 后来亚历山大受到摩尔和罗素的实在论的激励，开始接近美国新实在论的立场，尽管他没有完全接受这个立场。他把知识论看作是为形而上学综合所做的准备。真实的情形很可能是这样的，虽然他对于形而上学建构的冲动不是他的体系的实际内容，但这一冲动在某种程度上是由于早先观念论对他思想的影响。

1882年，亚历山大被选为牛津大学林肯学院的研究员。在他1889年出版的《道德秩序与进步：伦理学概念分析》（*Moral Order and Progress: An Analysis of Ethical Conceptions*）一书中可以看到进化论思想的影响。如该书的标题所表明，亚历山大认为伦理学涉及对善和恶、正确和错误等道德概念的分析。他还把伦理学看成是一门规范科学。在他对道德生活和道德概念的解释中，他继续执行了以赫伯特·斯宾塞和莱斯利·斯蒂芬爵士为代表的思想路线。因而在他看来，生物学领域的生存斗争在伦理学领域采取了对立的道德理想之间斗争的形式。当自然选择法则被用于伦理学领域时，它意味着有流行倾向的道德理想是这样一些道德理想，它们最有助于在个人的各种因素和力量之间，在个人和社会之间，在人与其环境之间造成平衡或和谐的状态。因此，存在着一个终极而全面的和谐理想，在亚历山大看来，这个理想自身内包含了其他伦理学体系所提倡的幸福和自我实现之类的理想。同时，生活的物理条件和社会条件总是在变化的，因而平衡或和谐的具体含义也采取了新的形式。这样一来，即使真的有道德进步的终极目的存在，我们也不可能以其固定不变的形态实际达到这个目的，伦理学不能用一组不可修正或改变的静态原则的方式来表述。

395

---

① 布拉德雷对心理学感兴趣。但众所周知，心理学在牛津多年不被看好，认为它没有资格被认作科学。

　　现在来说亚历山大的实在论。[①] 他对认识的基本看法是，认识只不过是某个对象与一个有意识的存在之间的共存或共处（togetherness）关系。在被认识之物的意义上，这个对象不论是否被认识，它都是其所是。此外，亚历山大拒绝一切形式的表征主义。我们当然可以将我们的注意力明确指向我们的心理活动或状态。但它们并非用作只被间接认识的外界事物的摹本或记号。确切地说，我们"享有"我们的心理活动，同时直接认识对象，这些对象不同于我们认识它们所凭借的活动。感觉材料不是居于意识和物理事物之间的对象，它们是事物的各种观相（perspectives）。甚至所谓的幻觉也是真实世界的一个观相，尽管心灵把它归于一个它不属于的情境。[②] 而且，我们通过记忆来认识过去时我们实际认识了过去。也就是说，过去性（pastness）是经验的直接对象。

　　1893 年，亚历山大被任命为曼彻斯特大学的哲学教授。1916—1918 年，他在格拉斯哥作了吉福德讲演，讲演的发表本于 1920 年出版，冠以《空间、时间与神性》（*Space, Time and Deity*）之名。在这部著作中我们被告知，形而上学是关于整个世界的，因而将全面性做到了极致。我们可以用亚里士多德的语言说，它是关于存在及其本质属性的科学，它探讨"存在的终极性质（如果有的话），事物的那些普遍特性即范畴"。[③] 虽然形而上学的主题比任何特殊科学都广泛，但它的方法仍然是经验的，这里的意思是，同各门科学一样，它使用"假设，通过假设使它的材料进入可证实的关联中"。[④] 同时，我们可以把事物的普遍的、本质的属性说成是非经验的或先天的，只要我们理解到，经验的东西和非经验的东西的区分是在被经验到的东西之内的，该区分不等于经验和超越一切经验的东西之间的区分。考虑到这一点，我们可以把形而上学定义为"关于非经验的或先天的东西的经验的或经验主义的研究，关于由经验的东西与先天的东西

---

① 　亚历山大说明其实在论知识论的最著名论文是《实在论的基础》（The Basis of Realism），发表在 1914 年的《不列颠学会公报》（*Proceedings of the British Academy*）上。
② 　换言之，心灵没有创造幻觉的材料，而是从可感的经验中引出这些材料。我们可以说，心灵通过对这个情境的错误判断构成了**作为**一个幻觉的幻觉。
③ 　《空间、时间与神性》，第一卷，第 2 页。
④ 　同上，第一卷，第 4 页。

的关系所引起的那类问题的研究"。①

根据亚历山大的观点，终极的实在，即万物的基体，是时空连续统（space-time）。很难确切说他是如何得到这个观念的。譬如，他谈到 H. 明科夫斯基（H. Minkowski）1908 年阐述的关于时空中的世界的观念。他还提到洛伦兹和爱因斯坦。此外，他虽然不赞同法国哲学家将空间从属于时间，但他赞同柏格森关于实在时间的概念。总之，亚历山大的作为终极实在的时空连续统概念明显反对的是布拉德雷将时间和空间置于现象领域，反对麦克塔格特关于时间的非实在性理论。亚历山大关心的是构建一门自然主义的形而上学或世界观，而他的起点在他看来既是进化过程的终极阶段，又是纯粹就其本身来考虑时的进化过程的原始阶段。

构想空间和时间的素朴方式是把它们构想成储藏器或容器。而对这种粗糙的设想的自然而然的纠正方式，就是把空间和时间描述为个别实有体之间的关系，即分别描述为共存和连续的关系。但这个观点显然意味着个别实有体逻辑上先于空间和时间，而亚历山大采取的假设是：空间和时间构成了"事物或事件由以构成的材料或基体（或诸基体），即事物或事件在其中沉淀和结晶的中介"。②如果我们单独考虑空间或时间，那么，它的元素或部分是难以区分的。不过，"每一个空间点都是确定的，由时间的一个瞬间来区分，时间的每一个瞬间都是确定的，由其在空间中的位置来区分"。③换言之，空间和时间一起构成了一个实在，即"一个纯事件或点-瞬间的无限连续统"。④经验的东西是这样的事件的群集（groupings）或复合体。

亚历山大继续讨论了时空连续统的普遍范畴或根本性质，诸如同一性、差异性，以及存在、普遍和特殊、关系、因果性等。从而为考察性质的出现，以及从物质到有意识的心理活动的各层次的经验实在做了准备。在此我们不可能讨论所有这些论题。不过，亚历山大关于"第三性质"的

397

---

① 《空间、时间与神性》，第一卷，第 4 页。
② 同上，第一卷，第 38 页。
③ 同上，第一卷，第 60 页。
④ 同上，第一卷，第 66 页。

学说值得注意。

第三性质是价值，诸如真理和善。将它们称作"第三"性质是要把它们与传统哲学中的第一性质和第二性质区分开来。不过，当把"性质"这个词用于价值时，实际上应当给它加上引号，以表明"这些价值不是与颜色、形式、生命同样意义上的实在的性质"。① 把它们说成是实在的客观性质可能会引起误解。譬如，严格地说，实在既不是真的，也不是假的：它仅仅就是实在。真和假适合于断定人们所相信的命题，亦即与相信那些命题的心灵有关，而不适合于断定事物，甚至不适合于断定完全被认为是心理事实的那些命题。同样，根据亚历山大的观点，一事物是好的只与一个目的有关，就好像我们谈到一件好的工具时那样。再有，虽然一朵红玫瑰是红色的，不论是否有人知觉到它，但它是美丽的只与赞赏其"协调性"（coherence）的心灵有关。但由此不能得出我们有权把第三性质或价值说成是纯主观的或非实在的。虽然它们只与心灵或意识主体有关，但它们是作为宇宙的实在特征而突现的。总之，它们是"主–客判定"（subject-object determinations），②"意味着客体与人对客体的评价相混合"。③

不过，主体与客体之间的关系不是不变的。譬如，就真理来说，主体的评价是由客体决定的。因为在认识中，实在是被发现的，不是被造出来的。可是，就善来说，一个性质之为善主要是由主体判定的，即由目的、由意志来判定的。不过，有一个共同的因素是应当注意的，即价值评价一般是在社会环境中从心灵共同体产生的。譬如，我开始意识到一个命题是假的，这件事与他人的判断有关，而在我对命题的真假的判断中，我代表了我们所谓的集体的心灵。"因此，正是社会交往使我们意识到有一个由我们自己和客体混合成的实在，而且意识到，在此关系中，客体有一个若无此关系它就不会有的特性。"④

---

① 《空间、时间与神性》，第二卷，第237页。
② 同上，第二卷，第238页。
③ 同上。
④ 同上，第二卷，第240页。

这个关于第三性质突现的学说使亚历山大能够断言进化并非与价值无关。"有时达尔文主义被认为与价值无关。它实际上是关于价值如何在生命世界中存在的历史。"① 于是，我们就得到了进化过程的一般图画，在这个过程中，各个层次的有限存在突现出来，每一层次都有自己独特的经验性质。"我们所知的最高级的经验性质是心灵或意识。"② 在这个层次上，第三性质或价值作为宇宙的实在特征突现了，尽管这种实在包含了与主体即人类心灵的关系。

亚历山大的著作取名为《空间、时间与神性》。于是，问题出来了：神性是如何适合于这个体系或世界观的呢？这位哲学家的回答是："神性这个经验性质仅仅比我们所知的最高的经验性质更高级。"③ 我们显然无法说出该性质是什么。但我们知道它不是我们已经熟知的任何性质。因为定义已经排除了它是任何这样的性质。

是否由此可以得出上帝存在于未来，比方说，可以等同于进化过程中将突现的下一个层次的有限存在？对这个问题亚历山大给出了否定的回答。作为一个实际存在的存在，上帝是宇宙，即整个时－空连续统。"上帝是具有神性性质的整个世界……作为一个实际的存在者，上帝是向着神性努力的无限世界，或者改用莱布尼茨的一个说法，这个无限世界孕育着神性或处在神性临产的阵痛之中。"④

亚历山大有犹太血统，因而在他的上帝观中看到与进化论相适应的斯宾诺莎泛神论的动态翻版，并非不合常理。不过，既主张上帝是具有神性性质的整个世界，又主张这个性质是一个未来突现的东西，显然是有困难的。亚历山大当然意识到这一点。他断言说："上帝作为一个实际的存在者总是变得越来越有神性，但从来达不到它。他是胚胎中的理想的上帝。"⑤ 至于宗教，可以把它说成是"我们心中的情感，它将我们引向他

---

① 《空间、时间与神性》，第二卷，第309页。
② 同上，第二卷，第345页。
③ 同上。
④ 同上，第二卷，第353页。
⑤ 同上，第二卷，第365页。

[上帝]，并把我们卷入向着更高存在层次的世界运动。"①

399　　　　考虑到他的前提，亚历山大的观点是可以理解的。一方面，如果神性是未来存在层次的性质，假如上帝真的可以等同于这个性质的实际承担者，那么，他就会是有限的。另一方面，亚历山大具有的宗教意识要求上帝不仅存在，而且是无限的。因此，上帝一定等同于努力获得神性性质的无限宇宙。而这样说实际上不过是将"上帝"这个标签用在进化的宇宙即时－空连续统上。固然亚历山大的观点与黑格尔的观点之间有某种相似。但同时黑格尔的绝对又被规定为精神，亚历山大的绝对被规定为时－空连续统。这就使"上帝"这个标签更不恰当了。恰当的做法是把上帝说成是一种"情感"。因为在自然主义哲学中，宗教恰恰变成了情感，亦即某种宇宙之情。

　　　　7. 有一种思潮带来了对一切普遍世界观的明显不信任，由于这种思潮的发展和传播，亚历山大的哲学几乎无人问津。②总之，在思辨哲学领域，亚历山大的星光完全被自布拉德雷以来最伟大的英国形而上学哲学家阿尔弗莱德·诺斯·怀特海（Alfred North Whitehead，1861—1947）的光芒遮盖了。的确，很难说怀特海作为思辨哲学家对当今英国哲学的影响是广泛的或深刻的。考虑到哲学思想的流行倾向，人们也不会期望怀特海有那样的影响。实际上，怀特海在美国的影响要比在他的祖国大，他从1924年到去世都在美国工作。不过，对他的思想的兴趣已经在大不列颠近几年发表的数量可观的著作和论文中显示出来。③他在欧洲变得越来越知名。换言之，怀特海被认为是一位主要思想家，而亚历山大则往往被遗忘了。

　　　　从某种观点看，怀特海的哲学无疑有资格放入本章中论述。的确，他本人注意到他的哲学思考的结果与绝对观念论的相似性。譬如，他在《过程与实在》（*Process and Reality*）的序言中提到，"虽然我与布拉德雷

---

① 《空间、时间与神性》，第二卷，第429页。
② 在 G. J. 沃诺克（G. J. Warnock）先生的一本出色小册子《1900年以来的英国哲学》（*English Philosophy Since 1900*）中，亚历山大被忽略了，提都没提到。
③ 当然，不仅由于对"描述形而上学"的日益宽容，而且由于对它的日益同情，推动了对怀特海的兴趣的复兴。

的尖锐分歧贯穿在这部著作的主要部分，但最后的结果毕竟没有那么大的
不同"。① 同时，怀特海从数学走向科学哲学和自然哲学，然后走向形而
上学，又打算回到前观念论的态度和出发点。就是说，正如某些前康德哲
学家的哲学思考与当时的科学有密切联系一样，怀特海认为新物理学要求
思辨哲学做出新的努力。他不从主–客关系出发，也不从创造性思想的观
念出发，而是从反思现代科学所描述的世界出发。他的范畴不完全是由人
类心灵的先天构造强加的，它们属于实在，是实在的普遍特征，与亚里士
多德的范畴属于实在几乎一样。再有，怀特海把意识描述为在一切现实实
有体之间发现的"领悟"（prehension）关系的一种发展了的突现形式，在
这个意义上，他对意识做出了自然主义的解释。因此，当他谈到他的思辨
哲学的结果与绝对观念论的某些特征相似时，他还提出他那种类型的思维
可以"在实在论的基础上对绝对观念论的一些主要学说进行改造"。②

　　虽然怀特海的哲学因其站在他所说的实在论的基础上，确实有资格
放在本章来考察，但它太复杂了，以至于无法用几个段落概括出来。经某
种考虑之后，笔者决定不做这样的尝试。不过，值得注意的是，怀特海确
信思辨哲学或形而上学哲学是不可避免的。就是说，如果一位哲学家不是
故意在某一点上打断对世界的理解过程和概括过程，他就不可避免地会
"努力构建一个连贯的、逻辑的、必然的普遍观念的体系，我们的经验的
每一个成分都可以根据这个体系而得到说明"。③ 而且，这不仅仅是对各
科学的综合问题。因为对任何特殊事实的分析和对任何实有体的地位的判
定，从长远看，都需要对该事实所体现的普遍原则和范畴有一个看法，需
要对该实有体在整个宇宙中的地位有一个看法。从语言学上说，每一个陈
述特殊事实的命题为了对该事实做全面分析，都需要展示该事实中反映出
来的宇宙的基本特点。从本体论上说，"每一个确定的实有体都需要一个
系统的宇宙来提供该实有体必需的地位"。④ 因此，我们不论从哪里起步，

---

① 《过程与实在》（1959 年版），第 vii 页。
② 同上，第 viii 页。
③ 同上，第 4 页。
④ 同上，第 17 页。

400

401

只要我们不打断正在进行的理解过程，都会将我们引向形而上学。

当然，这个观点假定宇宙是一个有机的系统。怀特海坚持不懈地努力表明，宇宙实际上是一个统一的动态过程，即一个被说成是"向新奇创进"（a creative advance into novelty）的众多的统一，这构成了他的哲学体系。如已经说过的那样，他的思辨的全部结果与绝对观念论有些相似。但怀特海描述的世界肯定不是绝对观念的辩证产物。他把包括上帝和世界在内的整个宇宙说成是落入"终极的形而上学根据即向新奇创进的支配之中"。①在他看来，正是"创造性"（creativity），②而非思想，才是终极的因素。

---

① 《过程与实在》，第529页。
② 怀特海所说的"创造性"不是像上帝那样的现实的实有体，而是"共相的共相"（the universal of universals）。《过程与实在》，第31页。

第十八章

G. E. 摩尔与分析

生平与著作 —— 常识实在论 —— 关于摩尔伦理学思想的一些评论 —— 摩尔论分析 —— 摩尔的分析实践的一个例证：感觉材料理论

1. 在上一章，我们有机会简要考察了一些牛津的实在论者。可是， 402 当一个人考虑到英国观念论的瓦解，考虑到新的主流思潮的兴起，他的思想自然而然会转向分析运动，这个运动起源于剑桥，随着时间的推移，在牛津和其他大学牢固确立起来。的确，它在晚期通常以"牛津哲学"而著称，不过这并没有改变如下事实 —— 该运动的三个伟大先驱者和使人振奋的有影响人物，摩尔、罗素和维特根斯坦，都是剑桥人。

乔治·爱德华·摩尔（George Edward Moore，1873—1958）于1892年去了剑桥，在那里起初研究古典学。他说他认为世界或科学从不会使他想到哲学问题。换言之，如果由他自行考虑，他倾向于把世界就当成他所发现的那样，就当成科学所描述的那样。他似乎完全没有贝克莱对我们构想世界的一切通常方式的不满，他并不追求某种观察世界的高级方式。他仍然为困扰克尔凯郭尔（Kierkegaard）、雅斯贝斯（Jaspers）、加缪（Camus）之类思想家的问题所苦恼。同时，摩尔开始对哲学家们说的有关世界和科学的怪事感兴趣，譬如，时间是非实在的，科学知识不是真正的知识等。部分上由于他的年轻同代人伯特兰·罗素的影响，他从古典学转向哲学。

1898年，摩尔在剑桥大学三一学院被授予研究奖学金。1903年，他

出版了《伦理学原理》（*Principia Ethica*）。离开剑桥一段时间之后，1911
年，他被任命为道德科学讲师，翌年出版了国内大学图书馆丛书中的一
本小书《伦理学》（*Ethics*）。1921 年，他接替 G. F. 斯托特任《心灵》杂
志主编。1922 年，他出版了《哲学研究》（*Philosophical Studies*），主
要由一些重印的论文组成。1925 年，詹姆斯·沃德退休，随后摩尔被选
为剑桥大学的哲学教授。1951 年，他被授予功绩勋章（Order of Merit）。
1953 年，他出版了《哲学的一些主要问题》（*Some Main Problems of
Philosophy*）。《哲学文集》（*Philosophical Papers*）是摩尔本人准备出版的
一部论文集，他死后于1959 年出版。《札记，1919—1953》（*Commonplace
Book*，1919—1953）选自他的笔记和摘记，出版于 1962 年。

　　2. 根据伯特兰·罗素所说，正是摩尔领导了对观念论的反叛。摩尔
早期的实在论可以用他于1899 年间在《心灵》上发表的一篇关于判断的
性质的论文来证明。

　　在这篇论文中，摩尔把布拉德雷关于真和假取决于观念和实在之间
关系的陈述作为文本，他赞同地提到布拉德雷的说明："观念"一词不表
示心理状态，而是表示普遍的意义。① 然后摩尔着手用"概念"代替"观
念"，用"命题"代替"判断"，并且强调一个命题所断定的是概念之间
的特定关系。在他看来，这也适用于存在判断。因为"存在本身就是一个
概念"。② 但摩尔拒绝这样的理论：一个命题的真假根据它与一个实在或
事态而不是与它本身的符合不符合。正相反，一个命题的真是该命题本身
的一个可辨别的性质，它之属于该命题，乃根据在该命题内得到的组成该
命题的诸概念之间的关系。"何种关系使一个命题为真，何种关系使一个
命题为假，对此不能进一步规定，而一定是马上就认识到的。"③ 不过，它
不是该命题与该命题之外某个东西之间的关系。

　　因为摩尔说概念是"知识的唯一对象"，④ 因为命题断定概念之间的关

① 换言之，摩尔赞成布拉德雷的反对逻辑心理学化。
② 《心灵》，第 8 卷（1899），第 180 页。
③ 同上。
④ 同上，第 182 页。

系，命题的真假完全根据所断定的关系，所以乍一看他好像在阐述一个与任何可以合理地称作实在论的观点相反的理论。也就是说，看起来摩尔好像在制造一个不可逾越的鸿沟，横亘在作为真假领域的命题世界和非命题的实在或事实世界之间。

不过，我们必须了解到，在摩尔看来，概念不是抽象，即不是在感觉材料提供的原料的基础上形成的心理建构，而是如迈农（Meinong）所主张的客观实在。而且，他要求我们"把世界看成是由概念构成的"。[①] 就是说，一个存在的东西是一个概念的复合体，即（比方说）"白"之类的共相的复合体，它"与存在的概念有独特的关系"。[②] 这样说并非将存在物的世界归结为心理状态。正相反，它是要消除概念和事物之间的对立。说概念是认识的对象就是说我们直接认识实在。因此，当摩尔谈到概念时说，它们在能够与一个认知主体发生关系之前一定**是**某种东西，而且"它们的性质与它们是否被任何人想到毫无关系"，[③] 我们可以理解他的意思是什么。他这里说的是，认识对对象没有任何影响。对象无疑有其原因和结果，但"它们只是在主体中被发现的"。[④] 对象的构造肯定不是由认知作用之一造成的。

如果一个命题由彼此有特定关系的概念组成，如果概念等同于被构想的实在，那么显然可以得出，一个真命题一定等同于通常认为它所表述的那个实在，一般来说它与那个实在相符合。在关于真理的一个条目中，[⑤] 摩尔毫不犹豫地断言，命题"我存在"与实在"我的存在"没有不同。

因为在写作时摩尔的意识清楚，所以这个理论听起来非常奇怪。而比这种奇怪更严重的问题是我们难以理解该理论怎么没有消除真假命题的区分。譬如，假设我相信地球是平的。如果我所相信的是一个命题，那

① 《心灵》，第 8 卷，第 182 页。
② 同上，第 183 页。
③ 同上，第 179 页。
④ 同上。
⑤ 载于鲍德温（Baldwin）的《哲学与心理学词典》（*Dictionary of Philosophy and Psychology*）。

么，从上述对命题的解释似乎可以得出，"地球是平的"是一个实在。因此，摩尔最终抛弃了关于我们所相信的东西是命题的观念。实际上，至少在他此前对命题所做的假定的意义上，他最终完全抛弃了关于命题的这个观念。同时，他坚持实在论的观点，把认识看成是认知主体与一个对象之间的独特的不可分析的关系，即对于该对象没有任何影响的关系。说到信念的真假，他最终承认这在某种意义上取决于与对象的符合或不符合，尽管他感到不能对这个符合的性质给出任何清楚的说明。

　　认识就在于这种独特的、难以确定的关系，如果成为该关系的关系项对对象的性质没有影响，那么，这里至少应该有一种外在关系。在没有任何关系不影响关系项的性质或本质的意义上，摩尔将没有任何关系是纯粹外在的观点归咎于观念论者，所以他事实上进而拒绝了这个观点。譬如，在关于"相对物"（the relative）概念的条目中，① 他将"相对的"（relative）与"有关的"（related）两词区分开来，并断言前一个词在断定一物时意味着所涉及的关系或诸关系对于该词所断定的主词是必不可少的。不过，这就意味着，作为整体的某物与其他某物的关系等于或者就是该整体的一部分。摩尔断言这个看法是自相矛盾的。换言之，一物是其所是，不能根据它与任何他物的关系来定义。因此，一物的性质不能根据该物所属于的系统的性质来构成。从而观念论一元论的主要根据之一被剥夺了。

　　当然，摩尔对观念论的最著名批判是他的文章《反驳观念论》（"The Refutation of Idealism"）。② 他在文中坚持认为，如果现代观念论毕竟对宇宙做了任何普遍断言的话，那就是：宇宙是精神的。可是，这个说法的意思完全不清楚。因而要讨论宇宙是否是精神的问题是非常困难的。不过，当我们考察这件事时，我们发现，如果观念论者要确定他的普遍结论的真理性，他必须证明许多不同的命题。我们可以研究一下他的论证的分量。显然，关于宇宙是精神性的陈述，即使观念论者证明它的真理性所提出的一切论证都是靠不住的，它仍然可以是真的。同时，要表明这些论证是靠

① "关系项"条目，载于鲍德温的《哲学与心理学词典》。
② 《心灵》，第12卷（1903），在《哲学研究》中重印。

不住的，至少要表明那个普遍的结论完全没有得到证明。

根据摩尔的论点，用于证明"实在是精神的"的每一个论证，都以如下命题为前提，即存在就是被感知。人们对这个论点的自然而然的反应是说，相信"存在就是被感知"的真理性是贝克莱的观念论特有的，不应将它归咎于比方说黑格尔或布拉德雷。不过，摩尔把"被感知"理解为包括"被称作'思想'的另一类心理事实"，①并把"被感知"的意思一般理解为被经验到。这样来解释"被感知"，就不能认为布莱德雷赞成"存在就是被感知"的论点，因为在他看来，每一物都是一个无所不包的绝对经验的组成部分。

由于摩尔这样广义地理解"存在就是被感知"，所以毫不奇怪，他发现该论点是不明确的，可以做若干种解释。不过，让我们假设，接受这个论点的人尤其认为不能将感觉的对象与感觉本身区分开，或者认为，如果做出了区分，那也是因为对一个有机统一体做了不合法的抽象。摩尔着手表明这个观点是错误的。

首先，比方说我们都意识到蓝色的感觉不同于绿色的感觉。可是如果它们都是感觉，那它们一定有某种东西是共同的。摩尔称这个共同的成分是"意识"（consciousness），称两个感觉中的不同成分是它们各自的"对象"。这样一来，"蓝色是一个感觉对象，绿色是另一个感觉对象，两个感觉共同具有的意识与两者任何一个都不相同"。②一方面，因为意识可以与除蓝色之外的其他感觉对象共存，所以我们显然不能合法地宣称蓝色与意识完全是一回事。另一方面，我们也不能合法地宣称蓝色与连同意识一起的蓝色是一回事。因为假如我们真能那样宣称，那么，关于蓝色存在的陈述就会与关于蓝色与意识共存的陈述有同样的意义。而这种情况是不可能的。因为如已经承认的那样，意识与蓝色是蓝色感觉中不同的成分，要问是否蓝色能够没有意识而存在是说得通的。而假如关于蓝色存在的陈述与关于蓝色与意识共存的陈述有完全同样的意义，那么，要问是否蓝色能够没有意识而存在就说不通了。

---

① 《哲学研究》，第 7 页。
② 同上，第 17 页。

　　人们可能反驳说，由于这个论证方式用"对象"一词来代替"内容"

407　一词，所以它只不过是根据待证的问题来做论证。事实上，蓝色是蓝色感
觉的内容而不是对象。我们对内容成分和意识成分之间所能做出的任何区
分都是由于对一个有机统一体进行抽象活动引起来的。

　　不过，在摩尔看来，诉诸有机统一体的概念就相当于想要兼顾两种
对立的方式。就是说，既允许做出上述区分，同时又禁止做出那样的区
分。总之，摩尔不准备承认"内容"是比"对象"更合适的词。我们可以
合法地把蓝色说成是蓝色花的内容的组成部分。但蓝色的感觉本身不是蓝
色的：它是对作为一个对象的蓝色的意识。而"这个关系正是在每一情况
下'认知'所指的那种关系"。① 认识或意识到蓝色不是在心中想到以蓝
色作为其内容或部分内容的一个表象性的影像，心灵直接意识到"蓝色"
这个对象。

　　因此，根据摩尔的观点，包含在感觉中的意识是基本构成每一种知
识的同样独特的关系。所谓超出我们的感觉、影像和观念的主观领域或范
围的问题是一个假问题。因为"仅仅有一个感觉就已经**是**在那个范围之外
了。这就是认识某物，该物如同我曾经能认识的任何东西一样确实真的**不
是我的**经验的一部分"。②

　　关于实在是精神的观念论论点，还可以补充的是，根据摩尔所言，
我们有证据说我们具有感觉，我们恰恰有同样的证据说有物质的东西存
在。因此怀疑物质的东西的存在意味着怀疑我们的感觉的存在和一般经
验的存在。这样说并不等于说，甚至也并非暗示，没有任何东西是精神
的。而是说，如果关于实在是精神的陈述意味着否认物质东西的存在，那
么，我们就没有任何可能的理由做这个陈述。因为"对于**既**承认精神东西
的存在**又**承认物质东西的存在，唯一**合理的**替代选择，就是绝对的怀疑主
义 —— 很可能根本**没有任何东西**存在"。③ 而这不是我们可以一以贯之地
提议和坚持的立场。

---

① 《哲学研究》，第 25 页。
② 同上，第 27 页。
③ 同上，第 30 页。

　　我们现在要转向对感觉和知觉的讨论，在这一讨论中，可以说摩尔
关心的是现象学分析。但他的基本态度显然以一种常识实在论为根据。他
的这部分思想在名为《捍卫常识》("A Defence of Common Sense")[1]的
著名论文中清楚表现出来。在文中他坚持认为有许多命题的真理性是我们
确实知道的。譬如，我知道现在有一个活的人体即我的身体。我还知道除
了我自己的身体之外还有其他活的身体。我也知道地球存在了很多年。而
且我知道有其他一些人，他们每一个都知道有一个活的身体即他自己的身
体，知道除了他自己的身体之外还有其他活的身体，知道地球已经存在了
很多年。再有，我不但知道这些人意识到这些命题的真理，而且他们每个
人都知道有其他人意识到同样的真理。这些命题属于关于世界的常识观
点。根据摩尔所言，由此得出这些命题都是真的。一个特定命题是否属于
关于世界的常识观点，对此确实可能存在不同意见。但如果它属于关于世
界的常识观点，那么，它就是真的。如果我们知道它属于关于世界的常识
观点，那么，我们就知道它是真的。我们之所以知道它是真的，是因为我
们实际具有说它是真的的理由，而不是因为哲学家也许声称能提供任何可
能更好的理由。哲学家的任务不是证明我们已知为真的命题的真理性，正
如他的任务不是证明它们是错误的一样。

　　在此我们只把摩尔对常识的辩护看成说明了他的实在论的一个方面。
我们将转到与他的分析概念有关的题目上。与此同时，我们可以提一下他
的某些伦理学观念，这些观念除了其本身令人感兴趣之处外，似乎也说明
了如下事实：他的实在论并不是"自然主义的"实在论。

　　3. 摩尔说，某些道德哲学家已经认为，把伦理学说成与什么是人类
行为的善恶有关是恰当的。实际上这种说法太狭隘了。因为除了人类行为
别的东西也可以是善的，我们可以把伦理学说成是"对什么是善的普遍研
究"。[2] 总之，在我们问"什么是善？"——意为"何种东西、何种行为具
有成之为善的性质？"——这个问题之前，逻辑上恰当的做法似乎是问和

――――――――――

[1]　载于《当代英国哲学》（第二辑，1925 年），J. H. 缪尔黑德编，第 271 页，并在
《哲学文集》（1959 年）中重印。
[2]　《伦理学原理》（1959 年重印），第 2 页，第 2 节。

409 回答"什么是善?"——意为"善是如何定义的?""善本身是什么?"——这个问题。因为如果我们不知道对这个问题的回答,我们怎么能够区分善的行为和恶的行为,并且说什么东西具有善这个性质呢?

摩尔坚持说,当他提出"善是如何定义的?"这个问题时,他不是在寻求一个纯词语定义,即只是用别的词语来代替要被定义的词语的那类定义。他不关心确定"善"一词的通常用法或证明这种用法的正当性。"我的任务只与那个对象或观念有关,不论正确还是错误,我认为这个词一般是用来代表那个对象或观念的。我想要发现的是那个对象或观念的性质。"① 换言之,摩尔关心的是现象学分析而不是语言的分析。

提出了这个问题之后,摩尔进而断言,这个问题之所以无法回答,不是因为善是某种神秘的、不可理解的、无法识别的性质,而是因为善这个观念像黄色这个观念一样是一个简单概念。描述一个对象的实在性质的定义只有当该对象是复杂的时候才是可能的。当该对象是简单的时候,任何这样的定义都是不可能的。因此,善是不可定义的。这里所主张的只不过是:善这个概念本身是一个简单概念,因此"在这个词最重要的意义上,它不能有任何定义"。②

从善是一个不可定义的性质或品质的学说出发,可以得出一些重要结论。譬如,假设有人说快乐是善。快乐可以是具有成之为善的性质的东西之一。但情况可能是这样,如果该说话者想象他正在给出善的定义,那么,他所说的话就不可能是真的。如果善是一个不可定义的性质,那么,我们就不能用令人愉快之类的某个别的性质来代替它。因为即使为了论证起见我们承认所有那些具有成之为善性质的东西同时具有令人愉快的性质,快乐也仍然不会、也不可能与善相同。任何想象快乐与善相同或可能相同的人,都陷入了"自然主义的谬误"(naturalistic fallacy)。③

这里所说的谬误基本"没有清楚辨别出我们用善所指的那个独特的、
410 不可定义的性质"。④ 如果任何人将善等同于某个别的性质或东西,不论

---

① 《伦理学原理》,第6页,第6节。
② 同上,第9页,第10节。
③ 同上,第10页,第10节。
④ 同上,第59页,第36节。

它是快乐、自我知觉（self-perception）、德性或爱，说它就是"善"**所指的**东西，那么，他就陷入了这种谬误。这些东西可能完好地具有善的性质，其含义就如令人快乐的东西同时具有成之为善的性质那样。但不能由此得出成为令人快乐的与成为善的是一回事，正如根据所有报春花都是黄色的假设，不能得出成为一朵报春花与成为黄色的是一回事。

但我们完全可以问，为什么应当把这种谬误说成是"自然主义的"呢？这样来说的唯一真正的理由显然是因为相信善是一个"非自然的"性质。鉴于这个信念，就可以得出将善等同于一个"自然的"性质的那些人陷入了自然主义的谬误。虽然摩尔在《伦理学原理》中确实强调善是一个非自然的性质，但他把据说陷入自然主义谬误的哲学家分为两组，这就使事情大大地复杂化了。第一组由这样一些人组成，他们支持某种形式的自然主义伦理学，根据"在时间中存在的事物的某一性质"来定义善。① 将快乐与善等同的享乐主义就是一例。第二组由那样一些人组成，他们将伦理学建立在形而上学的基础上，根据形而上学来定义善，即根据或参照一个超自然的、时间中不存在的超感觉实在来定义善。根据摩尔所言，斯宾诺莎即为一例。斯宾诺莎告诉我们，我们通过他所说的对上帝的理智的爱，依据与绝对实体结合的程度而成为完善的。另一个例子是那样一些人提供的，他们说，我们的最终目的即至善是实现我们"真正的"自我，这个"真正的"自我不是此时此地自然中存在的任何东西。如果根据或参照"非自然的"实在、性质或经验来定义善的那些人被说成陷入了自然主义的谬误，那么，说善是一个"非自然的"性质是什么意思呢？

马上想到的一个回答是：在断定善是一个不可定义的、非自然的性质与否认它可以根据某个别的非自然的性质来定义之间没有任何不相容。实际上，这里的肯定就包含着否定。不过，这种考虑单独并没有告诉我们在何种意义上善是非自然的性质。摩尔在《伦理学原理》中表明，他丝毫不想否认善可以是自然对象的一个性质。"然而我说过，'善'本身不是一个自然的性质。"② 那么，说善可以而且确实至少是某些自然对象的非自然

---

① 《伦理学原理》，第41页，第27节。
② 同上，第41页，第26节。

的性质是什么意思呢？

《伦理学原理》给出了一个极为奇怪的回答。一个自然的性质，或至少大多数自然的性质，可以独自在时间中存在，而善不能。"我们能够想象‘**善**’**独自**在时间中存在而又不仅仅是某个自然对象的性质吗？"① 是的，我们确实不能这样想象。可是，我们也不能想象勇敢之类的自然性质在时间中**独自**存在。譬如，当 C. D. 布罗德教授指出这一点，摩尔说他完全同意。因此，我们毫不奇怪地发现他最终坦率地承认："在《伦理学原理》中，我对我所说的‘善’不是一个自然性质的说法的含义没有给出任何站得住脚的说明。"②

在《哲学研究》关于内在价值概念的论文中，摩尔对自然的性质和非自然的性质的区分给出了另一个说明。他后来承认，这个说明实际上是两个说明，他坚持认为其中一个说明也许是真的。如果一个人认为一物有一个自然的内在性质，那么他总是在某种程度上描述这个性质。但如果一个人认为一物有一个非自然的性质，那么他根本就不描述这个性质。

显然，如果善是一个非自然的内在性质，如果认为一个对象有这个性质根本不是要以任何方式描述这个对象，那么，马上就会诱使我们得出结论："善"这个词可以说表达了一个评价态度，而且称一件事情是善的，就是要表达这个态度，同时表达希望他人也应有这个态度的愿望。但如果得出这个结论，关于善是事物的内在性质的观点就必须被抛弃。而摩尔不准备抛弃这个观点。他相信我们可以识别何种东西具有成之为善的性质，尽管我们不能定义这个性质。当他在写《伦理学原理》的时候，他确信在这个意义上道德哲学的主要任务之一就是确定价值，即确定什么东西具有善的性质，确定什么东西比其他东西具有更高的善的性质。③

摩尔根据善的产生来界定义务。"因此，可以将我们的‘义务’定义

---

① 《伦理学原理》，第41页，第26节。

② 《答复我的批评者》（"A Reply to my Critics"）一文，载于《G. E. 摩尔的哲学》（*The Philosophy of G. E. Moore*，纽约，1952年，第二版），P. A. 席尔普（P. A. Schilpp）编，第582页。

③ 在《伦理学原理》中，摩尔最强调的是个人的情感价值和审美享受即对艺术与自然中美的东西的欣赏价值。这个态度对当时著名的"布鲁姆斯伯里文化圈"（Bloomsbury Circle）产生了相当大的影响。

为，与任何可能的替代行为相比将使宇宙中有更多的善存在的行为。"① 的确，摩尔在《伦理学原理》中甚至说，可以确实证明，断言一个人在道德上必须从事某一行为就等于断言这个行为将在宇宙中造成最可能多的善。然而，当他着手写《伦理学》时，他不再愿意宣称上述两个陈述是等同的。后来他承认必须明确区分如下两个陈述，一个陈述是，将产生最多的、作为其**后**果的善的那个行为是具有道德义务的行为；另一个陈述是，由于从事一个行为，由于该行为的内在性质，与假如从事其他某行为相比，会使宇宙内在地变得更好，这个行为就是具有道德义务的行为。总之，要注意之点是，摩尔没有把他关于善是不可定义的非自然性质的理论看作无论如何与伦理学的目的论观点 —— 即根据善的产生，也就是根据具有内在善的性质的事物或经验的产生来说明义务 —— 不相容。事实上，这里看起来似乎没有任何不相容。

不过，从这个义务理论不能得出无论在任何情况下我们在道德上都不得不从事某个行为。因为就我们所能看到的，也许有两种或更多可能的道德行为同样会产生善。因而我们可以把这些行为称作正确的或道德上可允许的，而不称作具有道德义务的，即使我们不得不从事这个行为或那个行为。我们以断言布鲁图（Brutus）刺杀尤里乌斯·恺撒（Julius Caesar）是正确的为例。如果这个断言打算特别用在伦理学的意义上，那它既不能 413 还原为说话者对布鲁图的行为有主观同意态度的陈述，也不能还原为布鲁图刺杀恺撒的历史事实陈述。就这种不能还原的道德特性来说，该断言既不是真的也不是假的。因此，说布鲁图的行为是正确的人与说布鲁图的行为是错误的人之间的争论，是关于一个道德命题是真是假的争论。

然而，当面对所谓的伦理学情感理论时，摩尔开始感到怀疑他到此为止所采取的立场的正确性。如在"答复我的批评者"中可以看到的那样，他承认，C. L. 斯蒂文森（C. L. Stevenson）教授的观点也许是正确的，后者认为，如果将"正确"一词用在特定伦理学的意义上，说布鲁图的行为是正确的人绝不是在说真理和谬误是可以断定的，这里也许要把布

---

① 《伦理学原理》，第 148 页，第 89 节。

鲁图实际刺杀了恺撒的陈述除外，因为它是一个明白的历史陈述而不是一个伦理陈述。摩尔还承认，如果一个人说布鲁图的行为是正确的，而另一个人说布鲁图的行为是错误的，"我感到我倾向于认为他们的分歧仅仅是态度上的分歧，如同一个人说'让我们玩扑克吧'，另一个人说'不，让我们听唱片吧'之间的分歧：我倾向于这样认为和那样认为的程度是不同的，而我不知道这样会造成不相容的断言"。①同时，摩尔承认，他还倾向于认为他的旧观点是正确的。他强调，在任何情况下斯蒂文森都没有表示那个观点是错的。"正确""错误""应该"可能只有情感的意义。既然是这样，关于"善"也一定会说同样的话。"我倾向于认为情况是如此，但也倾向于认为情况不是如此，而我不知道我对哪个方面的倾向性最强。"②

可以说这些犹豫不决是摩尔特有的。如我们常说的那样，他是一个伟大的发问者。他提出问题，试图对它作精确的定义并提出解决办法。可是，当他面对批评时，他从未置批评于不顾。当他认为该批评是根据对他所说的话的误解提出来的，他就尝试更清楚地说明自己意思。不过，当批评是重要的，不仅仅由误解引起，他就习惯于认真考虑批评者的说法，并对他的观点给予应有的重视。摩尔从不设想他说的话一定是对的，别人说的话一定是错的。他毫不犹豫地坦言他的想法和困惑。因此，我们必须记住，他可谓是边想边说的，我们不一定把他的犹豫当成明确收回他以前的观点。他致力于权衡批评者向他提出的新观点，并试图评价它有多少真实性。此外，如我们看到的那样，他极为坦率地说出他的主观印象，丝毫不想掩饰地让读者知道他倾向于接受新观点，而同时也倾向于坚持自己以前的观点。摩尔从未感到他不可挽回地承诺他自己的过去，即承诺他过去说过的话。当他开始确信他错了的时候，他就坦率地说自己错了。

不过，说到对于道德判断是否能正当地断定其真假的问题，我们无权说摩尔开始确信他以前的观点是错误的。无论如何，永远与他的名字联系在一起的伦理学论题是这样的论题：善被认为是非自然的内在性质，它

---

① 《G. E. 摩尔的哲学》(*The Philosophy of G. E. Moore*，纽约，1952 年，第二版)，P. A. 席尔普编，第 546—547 页。
② 同上，第 554 页。

是不可定义的，以及必须避免任何形式的所谓自然主义。摩尔的伦理学观点，尤其是《伦理学原理》中阐发的观点，可以说是实在论的，但不是自然主义的；在把善看成是客观的、可识别的内在性质的意义上，他的观点是实在论的；在把这个性质说成是非自然的意义上，他的观点不是自然主义的。但摩尔从来没有令人满意地成功说明（比方说）他所说的善是自然对象的非自然性质是什么意思。伦理学的情感理论最终在哲学讨论中众所瞩目是可以理解的。因为毕竟这个理论可以自称摆脱了"自然主义的谬误"，并且可以把这个要求用作武器来攻击对立的理论。同时，这个理论之所以不受摩尔所说的陷入自然主义谬误的谴责，只因为它把"善"完全从客观内在性质的领域清除了。①

4. 我们已经提到这样的事实，作为剑桥大学的本科生，摩尔受到哲 415 学家们谈论关于世界的一些怪事的触动。麦克塔格特否认时间的实在性就是这样一个例子。摩尔好奇的是，麦克塔格特这样说的意思可能是什么呢？难道他是在某种特殊的意义上使用"非实在的"这个词，使得有关时间是非实在的陈述不再有似是而非的特征？或者说，难道他当真提示我们在吃了早饭之后吃午饭的说法是不真实的吗？如果是这样的话，那么，关于时间是非实在的陈述就是令人兴奋的，同时又是荒谬的：它不可能是真的。总之，如果我们不首先确切知道这里问的是什么，我们怎么能有益地讨论时间是不是实在的问题呢？同样，根据布拉德雷所言，实在是精神的。可是，关于实在是精神的说法的意思是什么根本就不清楚。也许这里涉及若干不同的命题。在我们开始讨论实在是不是精神的之前，我们不但必须把这个问题弄清楚，而且要确保它实际不是几个单独的问题。因为如果它是几个单独的问题，那么，我们就不得不依次讨论这些问题。

重要的是要了解到，摩尔没有提出一切哲学问题都是假问题任何打算。他所提出的是，哲学问题之所以经常难以回答有时恰恰在于被问的问题首先是不清楚的。而且，如经常出现的那样，当争论者发现他们是互相

---

① 当然，我的意思并非暗示摩尔的伦理学一定会变成情感理论。我所说的只不过是，如果在有些人看来，情感理论似乎更易懂、更站得住脚，那是可以理解的。不过，人们很快认为这个理论的最初形式把复杂的问题明显地过分简化了。而随后的伦理学讨论则变得深奥得多，也在真正的意义上变得更普遍化了。

矛盾的，其理由有时可能是他们所讨论的问题实际上不是一个问题，而是几个问题。这样的提法与任何关于哲学问题无意义的普遍教条完全无关。这些提法从一开始就表现了一种对清晰性和精确性的诉求，即由启蒙常识所唤起的一种诉求。当然，这些提法表现出摩尔思想中占主导地位的分析转向，但这些提法没有使他成为一位实证主义者，他也确实不是实证主义者。

不过，当我们考虑摩尔的哲学分析观念时，我们一般认为这个观念与他主张存在着我们都认之为真的常识命题有关。如果我们知道这些命题是真的，那么，哲学家要试图表明它们不是真的就是荒谬的。因为他也知道它们是真的。根据摩尔的观点，比方说尝试证明心外有物质的东西存在不是哲学家的任务。因为我们没有任何充分的理由设想，对于心外有物质的东西存在的说法，哲学家能够提供比我们已经具有的更好的理由。而哲学家能够做的就是对命题进行分析，命题的真假不是通过特殊的哲学论证来确定的。当然，哲学家可以尝试说明我们已经具有的接受某些常识命题的理由。而哲学家在此就好像将这些理由添加到我们的理由库中似的，在这个意义上，哲学家的说明并没有将这些理由变成特殊的哲学理由。①

因此问题出现了：对一个命题进行分析指的是什么呢？显然不可能仅仅指"给出意义"。因为如果我知道一个命题是真的，那我一定知道它意指什么。至少在正常情况下，我们不愿意说一个人知道或可能知道一个命题是真的，如果这个人同时又不得不承认他不知道这个命题意指什么的话。②由此我们可以推断，如摩尔所设想的那样，分析不仅仅在于将已经说过的话变成别的词语。譬如，如果一个意大利人问我，"约翰是詹

416

---

① 在著名论文《摩尔与日常语言》（"Moore and Ordinary Language"，载于 P. A. 席尔普编的《G. E. 摩尔的哲学》，第 13 章）中，N. 马尔科姆（N. Malcolm）教授认为，摩尔证明对常识命题的否认是错误的，他的证明方法诉诸日常语言。摩尔本人（同上，第668—669 页）承认，他认为马尔科姆提到的那类论证是一个充分的论证，而且他本人说过，那类论证相当于对命题"没有任何物质的东西存在"的反驳。不过他补充说，就"我们不确知有物质的东西存在"之类的命题而言，如果要证明这个命题是假的，还需要更多的证明。因为与其说哲学家们认为实际没有物质的东西存在，不如说更多的哲学家们认为我们不**知道**有物质的东西存在。

② 我之所以说"至少在正常情况下"，是因为如果一个人确信某个权威做的一切陈述都一定是真的，那么，对于任何这样的陈述，即使他根本不确定它意味着什么，他可能也希望自称他知道这个陈述是真的。

姆斯的兄弟"这个说法是什么意思，我回答说它的意思是"Giovanni è il fratello di Giacomo"，那么，我就向这位意大利人说明了该英文句子的意思，但不能说我对这个命题做了分析。在此我没有分析任何事情。

在摩尔看来，所谓分析"意味"着概念的分析。他后来承认，他有时好像说给出一个命题的分析就是给出它的"意义"。但他强调他实际想到的是概念的分析。这里用"意味"一词暗示出，分析与文字表达有关，即关系到给词语下定义，而真正关系到的是给概念下定义。被 417 分析项（analyzandum），即要被分析的东西，是一个概念，而分析项（analyzans），即分析，也一定是一个概念。分析项所用的表达一定不同于被分析项所用的表达，而它之所以一定不同于被分析项所用的表达，乃因为它明确意指或表达了被分析项所用的表达没有明确提到的一个或一些概念。譬如，举摩尔本人所用的一个例子："x 是同父母子女中的男性（male sibling）"是"x 是一个兄弟"的分析。这里不仅仅是用一个词语表达代替另一个词语表达的问题，就像可以用"fratello"[1] 来代替"兄弟"那样。虽然"同父母子女中的男性"与"兄弟"确实是不同的词语表达，但同时它明确提到了在"x 是一个兄弟"中没有明确提到的一个概念。

当然，如摩尔所承认，如果分析是正确的，那么，在被分析的命题中，在对命题的分析中，被分析项中的概念和分析项中的概念在某种意义上一定是同样的。可是在什么意义上呢？如果除了根据词语表达不可能区分这些概念的意义，在此意义上，这些概念是同样的，那么，分析似乎只关系到用一个词语表达代替另一个词语表达。但摩尔已经说过，情况并非如此。因此，他就面临一个任务，即说明在何种意义上，如果分析是正确的，**被分析项**中的概念与**分析项**中的概念一定是同样的，并且说明，在何种意义上，如果分析不仅仅是用同等词语表达来代替既定的词语表达，被分析项中的概念与分析项中的概念一定是不同的。但摩尔感到无法给出一个真正清楚的说明。

当然，一般来说，要给哲学分析的观念一个兑现价值（cash-value）

---

[1] 意大利语：兄弟。——译者注

是很容易的。的确，如果我们被告知"x 是同父母子女中的男性"是"x 是一个兄弟"的分析，那么，我们可能往往想知道这种分析会有何种可能的哲学意义。不过，让我们考虑一位不是哲学家的人，他非常清楚地知道如何在具体情况下运用因果表达。如果有人告诉他，门砰然关上是由于从敞开的窗子突然吹进一阵风引起的，那么，他非常清楚地知道这里的意思是什么。他可以将"在此之后"和"因此之故"两种情况区分开，他可以识别特定的因果关系。因此，在某种意义上，他清楚意识到因果性是什么

418 意思。可是，假如我们要求这位非哲学家对因果性概念做抽象分析，他就会发现自己不知所措。同类似情况下苏格拉底的年轻朋友们一样，他可能会提到因果关系的事例，此之外什么也做不了。可是，从柏拉图、亚里士多德以来的哲学家们试图对因果性之类的概念做抽象分析。而我们可以把这类事情称作哲学分析。

不过，虽然乍看起来这个哲学分析的观念似乎平安无事，但它也会、并且已经受到质疑。譬如，有些人赞同维特根斯坦的《哲学研究》（*Philosophical Investigations*）中某些评论所表示的态度，他们会坚持认为，如果问一个人什么是因果性，恰当的回答恰恰是提及因果关系的事例。要寻找这个词的单独、更深奥的"意义"是错误的。要么我们已经知道因果性是什么（如何使用这个词），要么我们不知道。如果我们不知道，我们可以通过获得向我们指出的因果关系的事例来得知因果性是什么。同样，如下设想也是错误的：因为我们把各种各样的事物说成是美的，所以一定必然有一个单一的、"真实的"意义，即对一个统一概念的真正分析，仿佛哲学家可以将这个统一概念发现出来似的。当然，我们可以说我们正在寻找一个定义。而一个定义我们可以在字典中找到。如果这个定义不是我们要寻找的，那么，我们真正需要的就是想起在人类语言中实际使用该词的方法。我们将因而知道什么是"意味"。而这就是我们真正需要的唯一的"分析"。

笔者不打算为这个更有"语言学"意味的分析观念辩护。正相反，笔者所支持的是旧的哲学分析观念，当然，条件是我们要避免"一词一义"的谬误。同时，概念分析的想法似乎根本不像乍看上去那样清楚。难

题出现了，对这些难题需要进行考察，如果可能的话，还要加以解决。可是，在摩尔关于分析的说明中，我们未能发现对这些难题的恰当回应。

不过，这不足为奇。因为事实是摩尔主要致力于哲学分析的**实践**。也就是说，他关心的是对特定的命题进行分析，而不是对分析概念进行分析。当人们要求他对他的方法和目的做出抽象说明时，他觉得他能够消除某些误解，但不能令自己满意地回答所有问题。他以其特有的诚实毫不犹豫地公开这样表示。

因此，很明显，要获得关于摩尔对分析的理解的某个具体观念，我们必须首先看他的实际实践。但在我们转到他非常关注的分析方法之前，有两点应当强调。首先，摩尔从来没有说，也从未打算说，哲学和分析是一回事，哲学家只能对命题或概念进行分析。当这个观点被说成是他的时，他明确拒绝这个观点。他的思想倾向确实主要是分析的，但他从来没有制定关于哲学的界限的教条。其他人可能这样做了，但摩尔没有这样做。其次，他从来没有提出一切概念都是可以分析的。我们已经看到，比方说，根据他的观点，善的概念是简单的、不可分析的。对认知的概念也可以这样说。

5. 1939 年，摩尔向不列颠学会选读了他的著名论文《对外部世界的证明》（"Proof of an External World"），[1]他在该文中断言，如果我能指出一个或更多我们心外的物理对象，那么，这就是对这样对象的存在的良好证据，甚至是充分的证明。他进而声称，他可以采取简单的方便办法，举起两只手，用右手做一个手势说"这里有一只手"，然后用左手做一个手势说"这里有另一只手"，以此可以证明两只手的存在。

这个证明可能听起来极为幼稚。但如有人所说，摩尔总是有看上去幼稚的勇气。不过，麻烦在于，虽然通过意识到外界对象，我们都可以逐渐相信一个外部世界存在，但唯一可能需要证明外部世界存在的人是表示怀疑外部世界存在的人。如果他表示怀疑，那么，他的怀疑就涉及任何心外的物理对象。因此当摩尔或任何他人展示两只手时，他都不大可能被

---

[1] 《不列颠学会公报》（1939），第 25 卷。

打动。他将只是说，当人们向他展示两只手时，他怀疑他看到的是否真是外在的物理对象。

420 当然，摩尔的观点实际也不像乍看起来那样幼稚。因为坚定的怀疑论者将不会相信任何证明。而摩尔对怀疑论者所说的话大致是这样："我能够给你提供的唯一证据是我已有的证据。它是充分的证据。而你正在寻求的证据或证明是我所没有的，并且在我看来是我们不可能有的。因为我找不到任何理由相信哲学家能够提供比我所具有的更好的证据。你实际要求的是我们无法提供给你的某种东西，即关于外部世界存在是必然真理的证据。然而，外部世界的存在不是必然的真理。因此，要寻求你坚持要求的那类证据或证明是徒劳的。"这个观点显然是合理的。

我们已经指出，虽然摩尔认为，试图用自己的某种特殊方法来证明"有物质的东西存在"或"有心外物理对象存在"之类的命题的真理性，不是哲学家的工作，但他仍然相信对此类命题的分析确实构成了哲学家工作的一部分。因为虽然一个命题的真是确定无疑的，但对它的正确分析可能并不完全是确定无疑的。而对上述这种普遍命题的正确分析"取决于对另外的、较简单类型的命题如何分析的问题"。① "我感知到一只人手"就是较简单命题的一个例子。

不过，这个命题本身又是从两个更简单命题推演出来的，这两个更简单命题可以表述为"我正在感知**这个**"，且"**这个**是一只人手"。可是，"**这个**"是什么呢？根据摩尔的看法，它是一个感觉材料。也就是说，当我感知到一只人手的时候，我直接感知到的是一个感觉材料。而我们即使假定一个感觉材料不知怎么是一只人手的组成部分，我们也不能将它等同于这只手。因为这只手无论如何远不止我在特定时刻实际看到的那样。因此，对"我感知到一只人手"的正确分析包括在指明一个感觉材料的性质及其与相关物理对象之间关系时的分析。

摩尔在 1905 年向亚里士多德学会宣读的题为《知觉对象的性质与实在性》（"The Nature and Reality of Objects of Perception"）的论文中主张，

---

① 《哲学文集》，第 53 页。

如果我们看到书架上并排放着一本红色的书和一本蓝色的书，那么，我们实际看到的是具有某种大小和形状的红色和蓝色的色斑，它们"彼此有了一种空间关系，我们表达这种关系说它们是并排的"。①他将这种直接知觉的对象称作"感觉内容"（sense-contents）。在1910—1911年冬做的讲演中，②摩尔用了"感觉材料"一词。的确，在1913—1914学年期间，摩尔向亚里士多德学会宣读了题为《感觉材料的地位》（"The Status of Sense-Data"）的文章，他在其中承认，"感觉材料"一词是含糊的。因为它暗示着该词用于其上的那些对象只当它们被给予时才能存在，而这是摩尔不想承诺的一个观点。于是，他建议用"可感觉到的"（sensible）一词"更为方便"。③不过，摩尔几乎把当下直接知觉的对象都称作"感觉材料"。我们发现他在《捍卫常识》中说，"毫无疑问，在我现在使用该词的意义上，有感觉材料存在"，④他这里所说的意义指的是使如下说法为真：当我们看到一只手或一个信封，我们直接感知到的是一个感觉材料，但对于这个感觉材料是不是日常语言中说我们正看到的物理对象的组成部分的问题，则不做定论。

这样，摩尔小心翼翼地将感觉和感觉材料区分开来。譬如，当我看到一个颜色，看（seeing）这个颜色是感觉，被看到的**东西**即对象，是感觉材料。因此，至少乍看上去，问感觉材料在未被感知时是否能存在的问题就说得通了。而问没有任何有感觉力的主体在看时是否"看"能存在的问题就说不通了。但问一个颜色未被感知时它是否存在的问题确实说得通。当然，假如把感觉材料说成"在心灵中"存在，那么，问它们未被感知时是否能存在的问题就说不通。但摩尔不愿意这样来描述感觉材料，即把它们说成"在心灵中"。

可是，如果感觉材料不"在心灵中"，那它们在**哪里**呢？如果感觉材料存在，并且不存在于心中，那么出现的问题是：当它们不是知觉的对象

① 《哲学研究》，第68页。
② 这些讲演构成了《哲学的一些主要问题》的文本。注释中该书将简称为《主要问题》。
③ 《哲学研究》，第171页。
④ 《哲学文集》，第54页。

时，它们是否存在。它们这时存在于公共的物理空间中吗？这种说法的一个困难如下。当两个人看到一个白色的信封，我们通常说他们正看见同一个对象。而根据感觉材料理论，这里一定有两个感觉材料。而且，一个人的感觉材料的形状和空间关系似乎与另一个人的感觉材料的形状和空间关

422　系并不精确相同。因此，如果我们认为存在于公共空间中的物理对象的形状、大小和空间关系对大家都是一样的，那么，难道我们不能说这个人的感觉材料存在于一个私人空间中，那个人的感觉材料存在于另一个私人空间中吗？

　　此外，感觉材料与相关的物理对象是什么关系呢？譬如，我们认为硬币这个物理对象的表面大致是圆形的，如果我从这样一个视角看一枚硬币，它的表面在我看来是椭圆形的，那么，我的感觉材料是这个硬币的一部分吗？日常语言暗示我的感觉材料是这个硬币的一部分。因为通常都说我正在看这枚硬币。可是，如果我在另一时刻从不同的位置看这枚硬币，或者另一个人在同一时刻像我一样看同一枚硬币，那么。这里一定有不同的感觉材料。它们之不同不仅在数值上，而且在性质上或内容上。所有这些感觉材料都是物理对象的组成部分吗？如果是，那么，这就暗示一枚硬币的表面可以同时既是椭圆形的又是圆形的。如果不是，我们应如何描述感觉材料与物理对象之间的关系呢？甚至我们如何知道有一个与感觉材料相关的物理对象呢？

　　这些问题是摩尔一生都在断断续续设法解决的那类问题。但他对这些问题的解决都没有令他自己满意。譬如，我们已经看到，摩尔在抨击观念论时否认"存在就是被感知"的真理性，他自然而然倾向于主张感觉材料即使在未被感知时也能存在。虽然当所说的是颜色之类的视觉感觉材料的时候，这个观点看上去可能是合理的，但如果允许把比方说牙疼也纳入感觉材料的范畴，那这个观点看上去就绝不合理，如果把甜和苦而不是把颜色、大小和形状当作感觉材料的例子，那这个观点看上去或许也是不合理的。在《答复我的批评者》一文中，我们发现摩尔说，虽然他确实曾暗示像蓝色和苦的之类的感觉材料可以未被感知而存在，但"我倾向于认为，具有'蓝色'可感性质的任何东西，更一般地说，**凡是被直接把握的**

任何东西，即任何**感觉材料**，未被感知而存在都是不可能的，正如头疼未被感到而存在是不可能的一样"。①

当然，在此情况下，如摩尔所指出那样，可以得出没有任何感觉材料能等同于或成为一个物理对象的表面的组成部分。而这样说也就是说，没有任何物理的表面能够被直接感知到。因此，我们如何知道与感觉材料不同的物理对象存在的问题就变得尖锐起来。不用说，摩尔充分意识到这个事实。但他确实不准备放弃他的一个信念：我们确实知道他认为是常识命题的那些命题的真理性。他不准备抛弃他在《捍卫常识》中所说的"关于世界的常识观点"。②1940 年至 1944 年在美国期间，摩尔在各种场合发表了题为《怀疑主义的四种形式》（"Four Forms of Scepticism"）的讲演，我们在其中发现他否定罗素的论点说："我的确不知道这是一支铅笔，也的确不知道你是有意识的。"③这一否定是摩尔特有的。我之所以说这一否定是摩尔特有的，是出于以下理由。摩尔说罗素的论点似乎依据四个不同的假设：人们并非直接知道这些事情（这是一支铅笔，你是有意识的）；这些事情不是逻辑地从人们直接知道的任何事情推出来的；在此情况下，人们对所论命题的知识或信念一定建立在类比论证或归纳论证的基础上；这样的论证不可能产生确实的知识。然后，摩尔继续说，他同意前三个假设是真实的。同时，"甚至我对这三者中任何一个都没有像我确切知道这是一支铅笔**那样**感到确实。不仅如此：我认为这四个命题中任何一个像'我确切知道这是一支铅笔'这个命题一样确实都是**不合理的**"。④

当然，任何人都可以说在他看来摩尔阐述的那种感觉材料理论逻辑上会导致怀疑主义，或至少导致关于与感觉材料不同的物理世界的不可知论。但要把摩尔说成是一位怀疑论者肯定是不对的。他不是这样的人。如我们所知，他是从假设我们确实知道有外界物理对象或物质东西的存在开始的，但他对于正确分析这样一个命题没有把握。虽然他的分析可能使他

---

① 《G. E. 摩尔的哲学》，P. A. 席尔普编，第 658 页。
② 《哲学文集》，第 45 页。
③ 同上，第 226 页。
④ 同上。

陷入很难与他最初的信念相调和的立场，但他不会放弃这个信念。

424　　　在此我们不可能追随摩尔将他对感觉材料理论及其含义的一切艰苦思考概括无遗。要完成这样的任务需要写一整本书。我们首先简要地讨论这个论题，是为了说明摩尔的分析实践。但他的分析是何种分析呢？当然，在某种意义上，它是关于语言的。因为摩尔要对"我看到一只人手"或"我看到一便士硬币"之类的命题进行分析。可是，把他的分析说成"只与词语"有关，情况就好像在两组语言约定之间进行选择，那就完全错了。我认为，至少可以最恰当地说他所做的是现象学分析。譬如，他提出问题：我们通常会说我们看见一个物质对象，那么在这个时候恰恰发生了什么情况呢？然后他说他毫不关心"在眼睛、视觉神经和脑中发生的"物理过程。[1] 他所关心的是"作为这些身体过程的后果或伴随物而（据设想）发生的内心事件 —— 意识活动"。[2] 感觉材料是作为这个意识活动的对象而引入的。或更确切地说，如摩尔所相信的那样，它们是作为意识活动的直接对象被"发现的"。发现它们的那个过程是现象学分析。当然，感觉材料不局限于视觉材料。因此我们可以说，摩尔关心的是对一般感官知觉的分析。

　　我并不想暗示这就是摩尔所关心的一切，即使在感觉材料理论这个有限的背景下。因为如果我们假设可以恰当地说感觉材料存在，那么，就可以把它们与物理对象的关系问题说成是本体论的问题。此外，摩尔还关心认识论的问题：我们如何知道各种事情？但至少可以比较恰当地说他的部分活动是现象学分析而不是语言分析。虽然近些年感觉材料理论的声誉已经大为衰落，[3] 但鲁道夫·梅茨博士（Dr. Rudolf Metz）的判断不完全没道理，他说，与摩尔对知觉的细致的现象学分析相比，"早先对这个问题的一切研究似乎都是粗陋的和初步的"。[4]

---

① 《主要问题》，第29页。
② 同上。
③ 譬如，我们只须考虑一下已故的 J. L. 奥斯汀对该理论的抨击。
④ 《英国哲学百年》（*A Hundred Years of British Philosophy*，伦敦，1938），第547页。

第十九章

伯特兰·罗素（一）

引言——生平，至《数学的原理》出版时的著作；罗素的观念论
阶段与他对观念论的反动，类型论，摹状词理论，数学还原为逻
辑——奥卡姆剃刀与运用于物理对象和心灵的还原分析——逻辑原
子主义与维特根斯坦的影响——中立一元论——唯我论问题

1. 我们已经有必要指出，在当代所有英国哲学家中，迄今在全世界
最负盛名的是伯特兰·罗素。这部分是由于如下事实：他发表了大量有关
道德、社会和政治题目的书和文章，这些书和文章高谈妙论、趣味横生，
并且是按照公众可以理解的水平写的，这些公众不大能欣赏他的技术性较
强的哲学思想贡献。主要是这类出版物使罗素成为自由人道主义的倡导
者，成为那些自认为理性主义者们的英雄，他摆脱了宗教教义和形而上学
教条的桎梏，但同时又致力于反对极权主义的人类自由事业和根据理性原
则的社会政治进步事业。我们还可以提到，使罗素的声誉提高的一个原因
是，他在一生各个时期人们普遍关切和具有重要意义的争论中，都自己主
动加入特定一方，有时是不受欢迎的一方。他永远有按照自己的信念行事
的勇气。他既是贵族，又是哲学家，又是伏尔泰式的散文家，还是运动的
热情参与者，这些结合在一起自然而然地影响着公众的想象。

不用说，一位哲学家在世时的名气并非绝对无误地表明了他的思想
价值，尤其当他的普遍声誉主要由他的昙花一现的作品带来的时候。总
之，罗素的著作有富于变化的特点，这为评价他作为哲学家的地位造成了

特殊的困难。一方面，他正因其在数理逻辑领域的工作而知名。可是他本

426 人认为这个科目属于数学而不属于逻辑。另一方面，如果根据罗素关于具体道德问题或社会政治题目的流行著作来判定他作为思想家的地位，那对他是不公正的。因为虽然考虑到对"哲学"一词的传统的和通常的观点，他承认他必须放弃将他的道德著作贴上哲学作品的标签，但他说过，他认为恰当属于哲学的唯一伦理学论题就是对伦理命题本身的分析。严格地说，应当把具体的价值判断排除于哲学之外。如果这样的判断表达了（罗素相信如此）基本的情感态度，那么，他无疑有权强烈表达自己的情感态度，这些态度在讨论至少在原则上能用逻辑证明来解决的问题时可能会格格不入。

如果我们一方面从哲学中排除数理逻辑，另一方面从哲学中排除道德的、价值和政治的具体判断，那么，给我们留下的东西也许能称作罗素的一般哲学，比方说，它由对认识论问题和形而上学问题的讨论组成。这个一般哲学经历了一系列发展阶段和变化，它表现了敏锐的分析和对重要相关因素的盲目无知的奇怪混合。不过，他用他的分析方法将它统一了起来。而它的变化也没有大到那样的程度，以至于我们还要证明从字面上解释 C. D. 布罗德教授的如下幽默评论是正当的："如我们大家所知，罗素先生每过几年就要造出一个不同的哲学体系来。"[1] 总之，罗素的一般哲学表现了英国经验主义令人感兴趣的发展，这一发展依据于后来的一些思想方法，他本人对这些思想方法做出了重要贡献。

在下面的篇幅中，我们将主要（尽管不是唯一地）关注罗素的分析观念和实践。但即使对这个有限的题目，要做彻底的论述也将是不可能的。实际上我们也不可能合理期待在一部西方哲学通史中来做彻底的论述。

2.（1）伯特兰·阿瑟·威廉·罗素（Bertrand Arthur William Russell）生于1872年。在幼年时，他的父母安伯利勋爵和夫人已经去世，[2] 他是在

---

① 载于《当代英国哲学》（第一辑），J. H. 缪尔黑德编，第 79 页。

② 1937 年，罗素同帕特里夏·罗素（Patricia Russell）一起出版了两卷本的《安伯利书信文件集》（*The Amberley Papers*），里面收入了他父母的信件和日记。

祖父约翰·罗素（John Russell）勋爵，即后来的罗素伯爵[①]家里抚养大 427
的。18 岁时，罗素上了剑桥大学，在那里他最初专注于数学。不过，在
大学第四年的时候，他转向了哲学，麦克塔格特和斯托特教导他要把英
国经验论看成是粗糙不堪的，要把目光转向黑格尔哲学的传统。罗素确
实告诉我们他对布拉德雷有好感。1894 年他离开了剑桥大学，从那时直
至 1898 年，他一直认为形而上学能够提供关于宇宙的信念，他的"宗教"
情感使他认为这些信念是重要的。[②]

1894 年，罗素在巴黎的英国大使馆担任了不长时间的无薪随员。
1895 年，他在柏林专心研究经济学和德国社会民主主义。其成果是 1896
年出版的《德国社会民主主义》（*German Social Democracy*）一书。他早
期的大部分论文确实都是关于数学和逻辑论题的，但值得注意的是，他的
第一本书是关于社会理论的。

罗素告诉我们，在这一时期，他受到康德和黑格尔的影响，但在两
人冲突时，他站在后者一边。[③]他把 1896 年发表在《心灵》上的一篇关于
数与量关系的论文说成是"纯然黑格尔派的"。[④]《论几何学的基础》（*An
Essay on the Foundations of Geometry*，1897）一书是对他的剑桥大学三一
学院研究员论文的展开，关于这本书他说，他所提出的几何学理论"主要
是康德式的"，[⑤]尽管它后来被爱因斯坦的相对论一扫而光。

在 1898 年期间，罗素激烈地反对观念论。一是读了黑格尔的《逻辑
学》（*Logic*）使他确信，该作者关于数学学科的论述是没有意义的。二是
他在剑桥代替在国外的麦克塔格特讲授莱布尼茨的时候得出结论：布拉德
雷提出的反对关系实在的论证是错误的。罗素最强调的是他的朋友 G. E.
摩尔的影响。他同摩尔一起坚持这样的信念：不论布拉德雷或麦克塔格特 428
所说如何相反，常识认为真实的一切都是真实的。实际上，在所说的这个

[①] 1913 年，伯特兰·罗素继承了这个爵位。
[②] 罗素在 18 岁时放弃了对上帝的信仰。但他在一些年中仍然认为，形而上学可以从
理论上证明对宇宙畏惧和崇敬的情感态度是正当的。
[③] 当然，罗素是否对黑格尔的基本体系有深刻的了解，那是另一个问题。
[④] 《我的哲学的发展》（*My Philosophical Development*），第 40 页。
[⑤] 同上。

时期，罗素对实在论的发展要比他后来大得多。这不仅仅是接受多元论和外在关系理论的问题，甚至也不是相信第二性质的实在性的问题。罗素还认为，空间点和时间瞬间是存在的实有体，而且有一个包括数目在内的、无时间性的柏拉图的理念或本质的世界。他因而如他所说有了一个非常完整或丰富的宇宙。

前面提到罗素讲授莱布尼茨，由此而来的是1900年出版了他的名著《对莱布尼茨哲学的批评性解释》（*A Critical Exposition of the Philosophy of Leibniz*）。他在书中断言，莱布尼茨的形而上学部分上是对他的逻辑研究的反思，部分上是一个通俗的或大众的学说，这个学说是为了教化目的而阐述的，与这位哲学家的真正信念不相符。① 此后罗素一直坚信实体－属性的形而上学是对主－谓表达式的一个反映。

（2）1900年，在巴黎的一次国际大会上，罗素开始了解了意大利数学家朱塞佩·皮亚诺（Giuseppe Peano，1858—1932）的工作。许多年来，实际上自从罗素开始研究几何学，他就为数学的基础问题而困惑。这时他还不知道弗雷格（Frege）的工作，后者早就尝试将算术还原为逻辑。皮亚诺的著作激励罗素重新解决他的问题。他的反思的直接结果是1903年问世的《数学的原理》（*The Principles of Mathematics*）。

然而，数学的花园里杂草丛生。罗素于1900年末完成了《数学的原理》的初稿，1901年初他遇到了在他看来是类逻辑中的一个二律背反或悖论。当他根据类逻辑来定义数目，即说明一个基数是"与一特定类相似的所有类的类"② 的时候，这个二律背反对数学有明显影响。罗素要么必须解决它，要么不得不承认在数学领域中有一个不可解决的二律背反。

429　　这个二律背反可以用例子这样说明。猪的类显然本身不是一头猪。就是说，它不是它自身的一员。但考虑一下关于不是其自身的成员的所有类的类的概念。让我们称这个类为X，并问X是否是它自身的一员。一方面，它似乎不可能是它自身的一员。因为如果我们假定它是它自身的一

---

① 关于罗素对莱布尼茨的看法的一些简要评论，请见本《哲学史》第四卷，第270—272页。
② 《数学的原理》（第二版，1937），第115页。当两个类"有同样的数目"时，我们说它们是"相似的"（同上，第113页）。

员，那么，逻辑上可以得出，X 具有其成员的规定性质。而这个规定性质就是：具有该性质的任何类都不是该类自身的一员。因此 X 不可能是它自身的一员。另一方面，似乎 X 一定是它自身的一员。因为如果我们开始时假设它不是它自身的成员，那么，逻辑上可以得出，它不是那些不是自身成员的类中的一员。而这样说也就等于说 X 是它自身的一员。因此，不论我们开始时假设 X 是它自身的一员，还是假设它不是它自身的一员，在两种情况下我们似乎都陷入自相矛盾。

　　罗素将这个二律背反或悖论通报给弗雷格，后者的答复是：算术摇摇欲坠了。但几经苦想之后，罗素想到了在他看来的一个解决办法。这就是类型学说或类型论，即在《数学的原理》"附录 B"中提出的理论的原初版。罗素主张，每一个命题函项"除了它的真值域之外还有一个意义域（range of significance）"。①譬如，在命题函项"X 是必死的"中，我们显然可以用能使结果命题为真的一个值域来代替变项 X。于是，"苏格拉底是必死的"为真。但还有一些值，如果我们用它们代替 X，就会使结果命题既不真也不假，而是无意义。譬如，"人的类是必死的"是无意义的。因为"人的类"不是我们能对它的必死或不死做有意义断定的东西或对象。从"如果 X 是一个人，X 是必死的"，我们可以推断"如果苏格拉底是一个人，苏格拉底是必死的"，可是我们不能推断"人的类"是必死的。因为"人的类"既不是也不可能是一个人。换言之，"人的类"不能是它自身的一员：事实上，谈论它是或不是它自身的一员是真正的无意义。因为恰恰一个类是其自身的一员的观念是无意义的。举罗素给出的一个例子②：一个俱乐部是诸个人的一个类。它可以是俱乐部协会那样的另一个类型的类的一员，俱乐部协会就成为类的类。但不论这个类还是类的类，都不可能是它自身的一员。如果我们观察到类型之间的区别，类逻辑中的二律背反或悖论就不会出现了。　　430

　　为了解决进一步的困难，罗素提出了"分叉的"或分支的类型论。不过我们在此无法讨论它了。我们倒是可以注意下面一点。说明了事物的

———————

① 《数学的原理》，第 523 页。
② 同上，第 524 页。

类本身不是一个事物之后，罗素在《数学的原理》中进而讨论他所谓的"类的废除"（the abolition of classes）。① 就是说，他把只是作为"符号的或语言的便利手段"的类② 说成是不完全符号。因此毫不奇怪，我们后来发现他对有关类型论的语言学解释采取支持的态度，譬如他说"类型的不同意味着句法功能的不同"。③ 由于罗素曾经暗示类型之间的不同就是各种类型的东西之间的不同，所以他逐渐认识到这些不同就存在于不同类型的符号之间，这些符号"通过它们服从的句法规则获得它们的类型地位"。④ 总之，我们可以有把握地说，罗素的类型论的普遍影响之一就是鼓舞了与"语言分析"哲学有关的信念。

当然，类型论有各种可能的应用。例如，在 1922 年给路德维希·维特根斯坦的《逻辑哲学论》（*Tractatus Logico-Philosophicus*）写的序言中，罗素表示，维特根斯坦关于在一既定语言内不能对该语言的结构有任何述说的难题，可以用语言的等级结构的观念来解决。这样一来，即使一个人在语言 A 内不能对它的结构有任何述说，但他也许能在语言 B 内做到这一点，只要两种语言属于不同的类型，好比说 A 是一阶语言，B 是二阶语言。要是维特根斯坦回答说，他关于语言的不可表达理论适用于语言的整体，⑤ 那么，就可以反驳说，这里没有、也不可能有语言的整体这样的东西。⑥ 等级结构是无限的。

罗素在阐发他的类型论时所说的话也适用于形而上学。譬如，如果我们一旦接受了世界是一切有限实有体的类的定义，我们就被禁止把世界

431

---

① 《数学的原理》（第二版序言），第 x 页。
② 《数学原理》（*Principia Mathematica*）第一卷，第 72 页。
③ 《伯特兰·罗素的哲学》（*The Philosophy of Bertrand Russell*），P. A. 席尔普编，第 692 页。如罗素在《数学原理》第二版的序言中所谈到，F. P. 拉姆齐（F. P. Ramsey）的《数学基础》（*The Foundations of Mathematics*，1931）使他确信，有两类悖论。有些悖论是纯逻辑的或数学的，可以用简单的（原始的）类型论来清除。另一些悖论是语言的或语义的，诸如由陈述"我正在说谎"引出的那些悖论。这些悖论可以通过用语言学的考察来清除。
④ 同上。
⑤ 在笔者看来，维特根斯坦在《逻辑哲学论》中这样来定义命题的本质，以致在逻辑上可以得出，任何关于命题的命题都是没有"意义"（Sinn）的假命题。在此情况下，一个人要避开这个结论，就必须拒绝这个定义。
⑥ 亦即，不可能有语言的整体，正如不可能有一切类的类一样。后一个概念在罗素看来是自相矛盾的。**一切**类的类是附加在**一切**类上的。它也是被类型论所排除的自身的一员。

说成它本身是偶然的实有体或存在，即使我们认为偶然性必然属于每一个有限存在。因为这样说就会使一个类成为它自身的一员。不过，由此不能得出，我们必须把世界说成是一个"必然的实有体"。因为如果要把世界定义为诸实有体的类，那么，它本身就不可能是一个实有体，不论它是偶然的还是必然的。

（3）我们已经预先提到，罗素在《数学原理》中主张，类的符号是不完全符号。"它们的**用法**是确定的，但它们本身根本未被假定为意指任何东西。"① 也就是说，类的符号无疑具有可以用句子来定义的用法或功能，但单就它们而论，它们不指谓任何实有体。确切地说，它们是指称其他实有体的方式。在这方面，类的符号"就像摹状词的符号一样"。② 现在我们应该说一下罗素的摹状词理论，这个理论是他撰写《数学的原理》和《数学原理》出版之间时期发展起来的。③

让我们考虑一下"金山非常高"这个句子。短语"金山"起句子语法主语的作用。也许看起来好像我们可以说有关金山的事，即它是非常高的，因此这个短语一定指谓着某种实有体。的确，它确实不指谓任何现存的实有体。因为虽然有一座金山在逻辑上不是不可能的，但我们没有任何证据证明有一座金山。然而，即使我们说"金山不存在"，但**关于**它我们似乎仍然说了什么，即说了它不存在。在此情况下，似乎可以得出，"金山"一定指谓一个实有体，虽然它确实不是一个实际存在的实有体，但仍然是某种实在。

当然，这个推理方式可以用于像"法国国王是秃头"（说出或写下这个句子的时候没有任何法国国王）或"夏洛克·福尔摩斯戴一顶猎鹿帽"之类句子的语法主语。于是，我们就得到了罗素原来相信的那种超充实的或至少非常充实的宇宙，那时，他以其实在论的最初热情反抗布拉德雷和麦克塔格特等观念论者描述宇宙中若干因素的方式，他们说这些因素是非

432

---

① 《数学原理》，第一卷，第71页。
② 同上。
③ 这个理论的初步表述可以在罗素于1905年在《心灵》上发表的论文《论指谓》中看到。

实在的，而常识自发地认为它们是实在的。因此我们可以理解为什么罗素致力于研究迈农，后者也承认一个丰富的宇宙，在这个宇宙中，不但为实际不存在的东西找到了场所，而且它们在某种意义上仍然是实在的。同时，恰恰由于对迈农的研究使罗素心中开始严重怀疑如下原则的有效性：即像"金山"这样可以在句子中起语法主语作用的短语指谓某种实有体。的确，如果单独而论，像"金山""法国国王"等这样的短语有任何"意义"吗？摹状词理论的作用之一就是要表明它们是没有意义的。

　　根据这个理论，这些短语不是指谓实有体的"名称"，而是"摹状词"。在《数理哲学导论》（*Introduction to Mathematical Philosophy*，1919）中，罗素区分了两类摹状词：不确定的摹状词和确定的摹状词。① 像"金山"和"法国国王"这样的短语是确定的摹状词。在此我们可以只注意这类摹状词。摹状词理论旨在表明：这些短语是不完全符号，虽然它们可以在句子中起语法主语的作用，但这些句子可以根据它们的逻辑形式这样来重述，以致表明所说的这些短语不是在它们作为语法主语出现的句子中的真正的逻辑主语。当把这点弄清楚了，认为它们一定指谓实有体的那种诱惑就烟消云散了。因为那时我们理解到，独自而论，所说的这些短语没有任何指谓作用。譬如，"金山"这个短语根本不指谓任何东西。

　　让我们以句子"金山不存在"为例。如果将它转换为"命题函项'X是金的且是一座山'对于X的所有值都是假的"，那么，原来句子的意义就以这样一种方式显示出来，使得短语"金山"不见了，而假定一个现存的非实际实有体的诱惑也随之不见了。因为我们不再陷入由于考虑到如下事实而造成的尴尬境地："金山不存在"这个陈述可能引出"**什么不存在？**"的问题，而这个问题意味着，如果我们可以有意义地谈论金山不存在，那么，金山一定有某种实在性。

　　人们可能说，虽然这一切都很完美，但对于一般摹状词，要宣称就它们独自而论没有任何意义，仍然是非常奇怪的。"金山"不意味任何东西，这似乎确实是对的，只要人们把"意味"理解成指谓一个实有体。可

---

① "一个不确定的摹状词是一个有'一个某某'形式的短语，一个确定的摹状词是一个有'这个某某'（单数）形式的短语。"《数理哲学导论》，第167页。

是，像"《威弗利》的作者"这样的短语又怎么样呢？根据罗素的观点，它是一个摹状词，不是一个专名。可是，它不是明显指司各脱（Scott）吗？

罗素回答说，如果"《威弗利》的作者"指司各脱，那么，"司各脱是《威弗利》的作者"就会是重言式，即宣布司各脱是司各脱。但它显然不是重言式。不过，如果"《威弗利》的作者"指的是除司各脱之外别的任何东西，那么，"司各脱是《威弗利》的作者"就会是假的，可它不是假的。因此唯一要说的是，"《威弗利》的作者"不指任何东西。就是说，孤立地看，它不指谓任何东西。"司各脱是《威弗利》的作者"这个陈述可以这样来重述，以致消除了"《威弗利》的作者"这个短语。譬如，"对于X的所有值，'X写了《威弗利》'等于'X是司各脱'"。①

看起来我们确实可以非常恰当地说"《威弗利》的作者是苏格兰人"，而且在此情况下，我们断定了一个实有体（即"《威弗利》的作者"）的一个属性（即"是苏格兰人"）。不过，罗素坚持认为，"《威弗利》的作者是苏格兰人"蕴含着三个不同的命题，并为它们所规定："至少有一个人写《威弗利》"，"至多有一个人写《威弗利》"，"凡是写《威弗利》的人都是苏格兰人"。②对此可以从形式上表述为："有这样一个词项c，使得对于X的一切值，'X写《威弗利》'都等于'X是c'，而'c是苏格兰人'。"

不用说，在沃尔特·司各脱爵士（Sir Walter Scott）写了《威弗利》 434
并且是苏格兰人的意义上，罗素不怀疑《威弗利》的作者是司各脱。但问题在于，如果摹状项"《威弗利》的作者"不是一个专名，并且不指谓任何东西，那么，对于"法国国王"这样的摹状项我们同样可以这样说。我们可以这样来重述"《威弗利》的作者是苏格兰人"，使得重述文是一个真命题，但不包含"《威弗利》的作者"这个摹状短语。我们可以这样来重述"法国国王是一个秃子"，使得重述文不包含"法国国王"这个摹状短语，但它是假的，尽管命题是有意味的。因而我们无论如何不能必然地假定用"法国国王"来指谓的任何非实际的实有体是真的。

罗素的摹状词理论受到了批判，这是可以理解的。譬如，G. E. 摩尔

① 《我的哲学的发展》，第84页。
② 《数理哲学导论》，第177页。

反驳说，①如果在1700年，一个英格兰人做出陈述"法国国王是聪明的"，那么，说"法国国王"指谓一个实有体即路易十四确实是正确的。因此，在此情况下，"法国国王"不会是一个不完全符号。而在别的情况下，它也许是不完全符号。可能在一些句子中"法国国王"不指谓任何人，而同样，可能在一些句子中"法国国王"指谓某个人。

在笔者看来，在对罗素的批判中，摩尔诉诸日常语言的用法。这当然是他的批判的力量所在。不过，罗素本人与其说关心的是日常语言的筹划，不如说关心的是构建一个理论，这个理论将使如下想法失去其语言学的基础：对于像"金山""法国国王"（当没有任何法国国王的时候）等这样的非存在的、然而实在的实有体，假定其为真是必然的。在我看来，如果反驳说，该理论涉及的对那些短语的解释太狭隘了，以至于与实际的语言学用法不符，那么，这个批评是完全有道理的。②不过，在当前的情况下，更重要的是注意罗素的目的，即他认为他通过他的理论要达到什么。

如果设想罗素想象把"金山非常高"转换为摹状短语"金山"不出现的句子，以证明没有金山，那显然大错了。世界上是否有一座金山是一个经验的问题，罗素完全清楚地意识到这个事实。的确，假如刚才提到的那个转换果真证明事实上没有金山，那么，我们可以这样来重述"《数学的原理》的作者是英国人"，使得摹状词短语"《数学的原理》的作者"消失不见，这个事实就会证明没有伯特兰·罗素这个人了。

435　　如果设想根据罗素的观点，因为我们可以说"金山不存在"，所以普通人，即非哲学家，误以为一定有某种非存在的、然而实在的对象与"金山"这个短语相对应，那也是错误的。罗素没有将任何此类错误归咎于普通人。他的观点是：哲学家反思语言表述的含义或表面含义，在他们看来，"金山"之类的摹状短语可能诱使人们、（罗素认为）已经诱使人们假设实有体有一种居于实际存在和不存在之间的奇怪地位。摹状词理论的作用就是清除这种诱惑，其方式是通过表明摹状短语是不完全符号，根

---

① 《伯特兰·罗素的哲学》，P. A. 席尔普编，第5章。
② 有些分析哲学家可能想说，罗素正试图"改革"语言，要创立一门理想语言。当然，他并不打算禁止人们说他们习惯说的话。

据罗素的观点，它们意味着无，亦即它们不指谓任何实有体。摹状词理论的悖理方面在于：因为它的普遍性，所以它同样既适用于"金山"或"法国国王"这样的短语，也适用于"《数学的原理》的作者"这样的短语，更不用说适用于"圆的方形"这样其他种类的短语了。可是，它的作用是帮助清除虚构的实有体，某些哲学家，而不是普通人，已经用这些虚构的实有体把宇宙填满了。因此，这个理论可以当作"奥卡姆剃刀"来使用，可以列在还原分析的大名目之下，这是我们后面将回过头来讨论的一个论题。

最后一点。我们已经注意到，当诸如"金山"或"法国国王"这样一个短语作为一个句子的语法主语出现，罗素断言它不是逻辑主语。当然，同样的推理线索可以用于语法宾语。在"我看到路上无人"这个句子中，语法宾语是"无人"。可是，"无人"不是一种特殊的"某个人"。这个句子可以这样来重述（譬如，"我看到路上有人不是实情"），使得"无人"这个词消失了。因此，概括地说，罗素的论点是：一个句子的语法形式无论如何不同于它的逻辑形式，而且，如果哲学家们不了解这个事实，他们就会犯严重的错误。虽然罗素可能将这个观念普遍化了，但要以为他是做出这个发现的第一人，那在历史上是不准确的。[①]譬如，在12世纪，圣安瑟伦（St. Anselm）就指出，说上帝从无中造世界，并不是说从中造出世界的那个无是某种先已存在的材料。就是说，上帝没有从任何东西中造世界，亦即没有从任何先已存在的材料中造世界。

（4）三卷本的《数学原理》是罗素和A. N. 怀特海合作的成果，于1910—1913年出版。最令人感兴趣之点是，它试图表明纯数学可以还原为逻辑，意思是说，纯数学可以表明是从纯逻辑的前提中得出的，并且只运用能够根据逻辑词项定义的概念。[②]当然，在实践中，我们不可能完全随意地取出一个复杂的数学公式，直接用纯逻辑词汇来表述。但在原则上，整个纯数学最终都可以从逻辑前提中引出，如罗素所说，数学是逻辑

（436）

---

① 当今人们都了解这一点。但在过去，有些陈述有时说到或暗示罗素是发现语法形式和逻辑形式区分的人。

② 罗素表示失望，因为人们较少注意在这一工作过程中发展起来的数理技术。

的成年期。

罗素认为他在《数学原理》中已经证明了他的论点的真理性，所以他也认为他提供了对康德的数学理论的决定性反驳。譬如，如果几何学可以从纯逻辑前提中引出，那么，要假定一个先天的空间直观就完全是多余的。

不用说，罗素和怀特海有其前辈。乔治·布尔（George Boole，1815—1864）[1]试图将逻辑"代数化"，并发展出类的算法。但他认为逻辑从属于数学，而威廉·斯坦利·杰文斯（William Stanley Jevons，1835—1882）[2]则坚信逻辑是基础科学。不过，虽然约翰·维恩（John Venn，1834—1923）[3]试图纠正布尔的系统中的缺陷，并克服当时符号概念中的混乱，但他把逻辑和数学看成是符号语言的两个独立分支，两者互不从属。在美国，C. S. 皮尔士修正和发展了布尔的逻辑代数，并说明它如何能与奥古斯塔斯·德·摩尔根（Augustus De Morgan，1806—1871）系统阐述的关系逻辑的一个修正版相容。

在德国，弗里德里希·威廉·施罗德（Friedrich Wilhelm Schroder，1841—1902）对皮尔士修正过的布尔的逻辑代数做了经典的阐述。更重要的是，戈特洛布·弗雷格（Gottlob Frege，1848—1925）在他的著作《算术基础》（*Die Grundlagen der Arithmetik*，1884）和《算术的基本法则》（*Grundgesetze der Arithmetik*，1893—1903）中试图从逻辑引出算术。如已经提到，罗素最初没有意识到他独自重新发现了弗雷格已经提出的一个观念。可是当他知道了弗雷格的工作，就对它予以关注，[4]尽管直至后来很晚这位德国数学家的研究才在英国得到普遍承认。

在意大利，皮亚诺与其合著者在《数学公式》（*Formulaires de*

---

[1] 《逻辑的数学分析》（*The Mathematical Analysis of Logic*，1847）和《思维规律研究》（*An Investigation of the Laws of Thought*，1854）的作者。

[2] 《纯粹逻辑》（*Pure Logic*，1864）和其他逻辑研究著作的作者。布尔是一位数学教授，而杰文斯是政治经济学教授，没有布尔那样的"数学化"天赋，尽管他发明了一种执行推理程序的计算机。

[3] 《机会逻辑》（*The Logic of Chance*，1866）、《符号逻辑》（*Symbolic Logic*，1881）和《经验或归纳逻辑原理》（*The Principles of Empirical or Inductive Logic*，1889）的作者．

[4] 《数学的原理》的"附录A"就专门讨论"弗雷格的逻辑和算术学说"。

Mathématiques，1895—1908）中试图表明，算术和代数可以从某些逻辑观念中引出来，诸如类的观念、类的成员的观念、三个原始的数学概念和六个原始命题。如我们已知，罗素开始了解皮亚诺的工作是在1900年。他和怀特海在《数学原理》的结构中利用了皮亚诺的逻辑符号系统或记法，这部著作将皮亚诺和弗雷格两人的工作引向深入。

　　笔者没有能力对《数学原理》的内容做任何评判。我们应当满足于说，虽然关于数学可以还原为逻辑的论点绝没有赢得所有数学家的同意，[1] 但没有人会怀疑这部著作在数理逻辑发展中的历史重要性。的确，它比所有其他英语著作对这个学科的贡献都要突出。[2] 总之，虽然罗素本人可能对没有更加注意这部著作发展出的数学技巧感到遗憾，这是可以理解的，但笔者在此关注《数学原理》的主要目的是要说明罗素的还原分析概念的背景。譬如，说数学可以还原为逻辑，显然不意味着没有数学这种东西。也不等于否认实际存在或实际发展起来的逻辑和数学之间没有任何不同。确切地说，它意味着，纯数学在原则上可以从某些基本的逻辑概念和某些原始的、不可证的命题中引申出来，而且在原则上，数学命题可以被转译为具有同样真值的逻辑命题。

　　在继续讨论罗素的还原分析的基本思想之前，值得注意的是，数学对逻辑的可还原性并不意味着在支配人类思维规律的心理学意义上，数学建立在思维律的基础上。在20世纪初，罗素相信，数学使我们超越了属人的东西，"进入了绝对必然的领域，不仅现实的世界，而且每一个可能的世界，都必须与这个绝对必然相一致"。[3] 在这个理想的世界中，数学构成了一个永恒的真理大厦。在对它的宁静之美的沉思中，人们可以找到躲避充满罪恶和痛苦的世界的避难所。不过，尽管不情愿，罗素还是逐渐

---

① 大卫·希尔伯特（David Hilbert，1862—1943）等"形式主义者"和追随路易茨·布劳威尔（Luitzen brouwer，1881—1966）的"直觉主义者"都拒绝它。

② 一个众所周知的事实是：自从《数学原理》出版后，在英国人们较少注意符号逻辑。这并不是说后来在英国没有任何关于逻辑理论的好作品被完成。而是一般而言，不如说哲学家们已经将注意力集中在"日常语言"上。在符号逻辑领域，最出类拔萃的是波兰和美国的逻辑学家。

③ 引自《数学研究》（*The Study of Mathematics*），写于1902年，首次发表于1907年的《新季刊》（*New Quarterly*）。见《哲学论文集》（*Philosophical Essays*）第82页，《神秘主义与逻辑》（*Mysticism and Logic*）第69页。

接受了维特根斯坦的观点：纯数学是由"重言式"构成的。他把这个思想转变说成是"逐渐放弃毕达哥拉斯"。^① 第一次世界大战对罗素思想的一个影响是使它离开了永恒的抽象真理的王国 —— 在那里人们可以通过对非时间性的、非人类之美的沉思而得到慰藉 —— 将注意力集中在现实的具体世界上。这至少在部分上意味着他离开了纯逻辑的研究，转向了认识论，转向了心理学和语言学中似乎与认识论有关的部分。

3. 我们看到罗素摆脱了"金山"之类的多余的实有体。他在撰写
439 《数学原理》的过程中发现，把基数定义为类的类，连同把类符号说成是不完全符号，使得没有必要把基数认作是任何种类的实有体。然而，比方说，点、瞬间、粒子仍然是物理世界中的各种要素。这些在《哲学问题》（*The Problems of Philosophy*，1912）中做了描述，可以说这本书代表着罗素闯入了一般哲学的范围，这个范围与逻辑和数学理论的比较局限的领域不同。不过，怀特海将他从"独断论的迷梦"中唤醒，前者发明了一种方法，将点、瞬间、粒子构建成一组组事件，或者构建成这一组组事件的逻辑构造。^②

罗素把在点、瞬间和粒子的情况中表明的还原分析技巧看成是《数学原理》中已经采用的方法的应用。这部著作的任务是为数学找到一个最小词汇表，在这一词汇表中，没有任何符号能根据别的符号来规定。研究的结果是得出结论：数学的最小词汇表与逻辑的词汇表是一样的。在这个意义上，数学被发现可以还原为逻辑。罗素开始想到，如果将类似的技巧用于描述物理世界所使用的语言，那么，我们将发现，点、瞬间和粒子并没有出现在最小词汇表中。

谈论发现最小词汇表，在只与词语有关的意义上，往往暗示这里所说的活动是纯语言的活动。但在关于物理世界的命题方面，在罗素看来，发现最小词汇表意味着通过分析发现不可排除的实有体，我们可以根据这些实有体对推断的实有体下定义。譬如，如果我们发现推断的、非经验的实有体或推定的实有体 X 可以根据一系列的经验实有体 a、b、c、d 来定

---

① 《我的哲学的发展》，第 208 页。
② 见《我的哲学的发展》，第 103 页，《数学的原理》（第二版序言），第 xi 页。

义，那么，我们就说X是由a、b、c、d做成的逻辑构造。用于X的这种还原分析确实有语言学的一面。因为它意味着，一个提及X的命题可以转译为不提及X而只提及a、b、c、d的一组命题，原始命题与转译命题是这样一种关系，以致如果前者为真（或假），后者也为真（或假），反之亦然。但同时还原分析还有本体论的一面。的确，如果可以将X说成是由a、b、c、d做成的逻辑构造，那么，我们就没有必要保证否定与a、b、c、d不同或在它们之外的非经验实有体X的存在。但假定这样一个实有体的存在也是不必要的。因为节俭（或经济）原则或奥卡姆剃刀禁止我们**断言**作为推断的、非经验实有体的X的存在。而对这个原则本身可以用以下方式来表述："凡是在可能的时候，逻辑构造都可以代替推断的实有体。"①

440

这段引文取自一篇关于感觉材料与物理学关系的论文，是罗素在1914年初写的。他在这篇论文中断言，可以将物理对象定义为感觉材料的函项，一个感觉材料是一个特殊的对象，诸如一个主体直接意识到的一块特殊的色斑。因此，不应将感觉材料与感觉混淆，即不应将感觉材料与它们作为其对象的意识活动混淆。②在完全处于心灵之内的意义上，它们不是精神的实有体。因而我们必须承认，自相矛盾地说，感觉材料不是实际的材料，不是主体方面的实际意识的对象。但我们通过把这些未被感觉到的感觉材料称作"可感物"（sensibilia），即潜在的感觉材料，就可以避免这个自相矛盾。常识的物理对象和科学的物理对象都应解释为感觉材料和"可感物"的函项，或用另一种说法，解释为它们的现象的类。

不过，在承认"可感物"与实际的感觉材料可以说处于同一层次的时候，存在着一个重大困难。因为罗素的方案要求，如果可能的话，应当把常识的物理对象和科学的物理对象都解释为纯经验的、非推断实有体的逻辑构造。但"可感物"是推断的实有体。唯一有关的非推断的实有体乃是**实际的**感觉材料。因此我们毫不奇怪地发现，罗素在关于感觉材料与物理学关系的论文中说："完整地运用用构造代替推断的方法，就

① 《神秘主义与逻辑》，第155页。
② 我们将注意到，罗素和摩尔在这个问题上是一致的。

可以根据感觉材料将物质全部展现出来，我们可以补充说，即使根据单个人的感觉材料也会如此，因为如果没有某种推断的成分，就不可能知道其他人的感觉材料。"① 他继续补充说，这个方案的贯彻是极其困难的，而且他提出他自己允许有两种推断的实有体，即其他人的感觉材料和"可感物"。

在《我们关于外部世界的知识》(*Our Knowledge of the External World*，1914) 中，罗素将常识的和科学的物理对象描述为依它们而定的实际的感觉材料、"可感物"或可能的感觉材料做成的逻辑构造。至少"我认为可以非常普遍地确定，**就**物理学或常识是可以证实的**而论**，它一定能够只根据实际的感觉材料来解释"。② 不过，在1915 年初发表的关于物质的基本成分的讲演中，罗素评论说，虽然数理物理学的粒子是逻辑构造，即有用的符号虚构，但"感觉中的实际材料，即视觉、触觉或听觉的直接对象是精神之外的、纯物理的，并在物质的终极成分中"。③ 同样，"感觉材料仅仅是那些在我们偶然直接意识到的物理世界的终极成分中的东西"。④ 感觉材料在物理世界的终极成分"之中"，这个陈述是否等于承认"可感物"是这个类的成员，或是否它只意味着感觉材料是我们直接意识到的唯一的终极成分，这都是完全不清楚的。总之，如果我们把常识的世界和科学的世界看成是由单个人的感觉材料做成的逻辑构造或逻辑构造的等级结构，那么就很难看出我们如何能成功地避免唯我论。不过，不久以后罗素放弃了这里描述的感觉材料学说。他关于唯我论的看法我们将在后面考察。

至此我们关心的只是对常识和科学的物理对象的分析。可是，意识这些对象的主体或心灵又怎么样呢？当罗素拒绝了一元论接受了多元论，他将意识活动和意识活动的对象截然区分开来。如他本人告诉我们，最初他确实接受了布伦塔诺的观点：感觉中有三个不同的成分，即"活动、内

---

① 《神秘主义与逻辑》，第 157 页。
② 《我们关于外部世界的知识》，第 88—89 页。
③ 《神秘主义与逻辑》，第 128 页。
④ 同上，第 143 页。

容和对象"。^① 然后他开始想到，内容和对象之间的区分是多余的。但他仍然相信感觉的关系特征，即在感觉中，一个主体意识到一个对象。譬如，在《哲学问题》中可以看到对这个信念的表述。在这部著作中，罗　442
素承认，即使不明确地承认，主体也可以通过亲知被认识到。当然，由此不能得出他接受了永恒的精神实体的观念。但他至少认为我们熟知人们也许称之为转瞬自我的东西，这个自我正是在特定的意识活动中把握一个对象。换言之，这是一个对意识的现象学分析的问题，而不是形而上学理论的问题。

不过，当我们转到罗素于1914年写的一篇关于亲知的性质的论文时，我们发现他表示同意休谟的观点，认为主体并不了解它自己。他甚至把亲知定义为"一个主体与一个对象之间不必具有任何本质共同性的二元关系"。^②但"主体"一词并不指谓一个我们可以熟知的实有体，它变成了一个摹状词。换言之，自我或心灵变成了一个逻辑构造。罗素在1915年发表的关于物质的基本成分的演说中提出，"我们可以把心灵看成是诸殊相的一个集合，即所谓的'心灵状态'，这些心灵状态依某种特殊的共同性质而处在一起。所有心灵状态的这个共同性质是用'精神的'一词来指示的"。^③这个提法确实只是在讨论罗素所拒绝的关于感觉材料"在心灵中"的理论时提出的。但它表明被认作单一实有体的主体变成了诸殊相的一个类。同时，这些殊相具有将自己标记为精神的性质。换言之，罗素仍然保留了二元论的成分。他这时还没有采纳中立一元论（neutral monism），关于这个理论我们将很快谈到。

不用说，逻辑构造论并非要表示这样的意思，即一方面我们应当放弃谈论心灵，另一方面应当放弃谈论常识和科学的物理对象。譬如，如果我们说，一个提到桌子的句子在原则上可以转换成只涉及感觉材料的句子，且"桌子"一词没有出现，这个说法不等于否认关于桌子的谈论是有效用的。实际上，在日常语言及其目的的语境下，说有桌子存在是完全正

---

① 《我的哲学的发展》，第134页。
② 《逻辑与知识》（*Logic and Knowledge*），第127页。
③ 《神秘主义与逻辑》，第131—132页。

443 确的，尽管从分析哲学家的观点看，一张桌子是由感觉材料做成的逻辑构造。譬如，原子物理学的语言并不能使日常语言不合法。为了日常生活的目的，我们完全有权继续谈论树木和石头，我们不必用谈论原子来取代。如果哲学分析使我们认为物理学的原子等实有体是逻辑构造，那么，这也不会使物理学的语言不合法。不同层次的语言可以在不同的语境内共存并用于不同的目的。当然，我们不应将它们混淆，而一个层次的语言也不排除别的层次的语言。

这样就容易理解如下论点了：感觉材料理论与常识世界观之间的争论纯粹是语言的问题，即完全是两种可选语言之间的选择问题。不过，如已经指明的那样，这个论点没有充分代表罗素的观点。显然，他所进行的那种分析采取了不同的形式。[①] 有时它主要是一种逻辑分析，它清除了假设多余实有体的根据，只在这个意义上，它具有本体论的意涵。但在用于常识和科学的物理对象时，它表明要揭示这些对象的终极成分。换言之，它表明不仅要提升我们对语言的理解，而且要提升对超语言实在的理解。诚然，罗素有时对哲学实际能得到的知识表现出强烈怀疑主义的看法。但他的目的至少是要获得非个人的真理。在他看来，做到这一点的主要方法就是分析。因而他的观点与布拉德雷的观点相反，后者认为，所谓分析就是将整体分解为它的组成部分，它扭曲了实在，使我们远离了黑格尔所说的作为整体的真理。后来，尤其是在讨论哲学与经验科学的关系时，罗素愿意强调综合的作用，即强调关于宇宙的大胆而广泛的哲学假设的作用。可是，在我们一直描写的这个时期，他将

444 重点放在分析上。如果我们把罗素所进行的分析说成是纯"语言的"，那是极其错误的。

这一点也可以用如下方式来说明。在《哲学问题》中，罗素承认共相是实在的终极概念构成部分，即把共相说成是"**永存（subsist）或具有存在（have being）**，这里的'存在'（being）是无时间性的，因此与'实

---

① 就笔者所知，罗素从来没有系统说明他自己实行的那些分析方法，没有将它们互相比较，没有指出它们的特点的异同。在这个论题上，读者可以查阅一下莫里斯·韦茨（Morris Weitz）写的《罗素哲学的统一性》（*The Unity of Russell's Philosophy*，载于 P. A. 席尔普编的《伯特兰·罗素的哲学》），那将是很有益的。

存'（existence）对立"。^①虽然他已经逐渐缩小了共相的世界，但他从来没有完全放弃他以前的观点。因为他不但仍认为用来描述世界的最小词汇表需要某个或某些共相词，而且仍然认为这一事实表明了世界本身的某种东西，即使他最后也不能断定它确切表明了什么。

4. 罗素在《我的哲学的发展》中^②告诉我们，从 1914 年 8 月至 1917 年末，他完全忙于由于他的反战而引起的那些事情上。这些事情大概在《社会重建原则》（*Principles of Social Reconstruction*）和《战时的正义》（*Justice in War-Time*）中涉及，两部著作于 1916 年出版，此外他发表了许多与战争有关的论文和演说。不过，在 1914 年至 1919 年期间，罗素在《一元论者》（*Monist*）上发表了一系列重要的哲学论文。^③1918 年，他发表了《神秘主义与逻辑及其他论文》（*Mysticism and Logic and Other Essays*），《自由之路：社会主义、无政府主义与工联主义》（*Roads to Freedom: Socialism, Anarchism and Syndicalism*）。我们已经提到的《数理哲学导论》（*Introduction to Mathematical Philosophy*）写于 1918 年他被监押 6 个月^④期间，出版于 1919 年。

在第一次世界大战前不久，维特根斯坦将一些关于各种逻辑观点的笔记给了罗素。这些笔记连同维特根斯坦于 1912 年至 1913 年第一次逗留剑桥时两人的交谈，对罗素后来一些年的思想产生了影响，在那期间他与这位朋友和以前的学生失去了联系。^⑤事实上，他在为 1918 年关于逻辑原子论哲学的讲演写的前言中说，这些讲演主要与他从维特根斯坦那里得知的思想有关。

至于"逻辑原子论"中的"原子论"一词，罗素说，他希望用《数学原理》中从"结果"回溯到不可排除的逻辑"前提"的类似方式，达到

① 《哲学问题》，第 156 页。

② 同上，第 128 页。

③ 罗素于 1918 年做了关于逻辑原子主义的讲演，1918 至 1919 年在《一元论者》上发表，在 R. 马什（R. Marsh）编辑的《逻辑与知识》（伦敦，1956）中重印。

④ 这是对他第二次起诉的结果，同第一次起诉一样，这次起诉是因为罗素直言不讳地反对第一次世界大战。

⑤ 那时维特根斯坦仍然是奥地利公民，加入了奥地利军队，后来成为意大利人的战俘。

实在的终极构成部分。当然，他寻找的是逻辑的原子而不是物理的原子。因此用了"逻辑的"这个词。"关键之点在于，我希望达到的原子是逻辑分析的原子，而不是物理分析的原子。"① 物理分析的原子（或更准确地说，凡是在一特定时间物理学认为是物质的终极物理构成部分的东西）本身服从于逻辑的分析。虽然罗素在关于逻辑原子论的最后一次讲演中说了他所谓的离题之言，谈到了形而上学，引入了逻辑构造的观念，或如他所说的逻辑虚构，但他主要关心的仍然是讨论命题和事实。

当然，我们可以理解一个命题的意义，而不需要知道它是真的还是假的。但一个肯定或否定一个事实的命题不是真的就是假的，它与一个事实的关系使它成为真的或假的。② 如我们已知，一个句子的语法形式可能不同于它的逻辑形式。但在逻辑完美的语言中，"一个命题中的词会与相应事实的构成部分一一对应，只有像'或''非''如果''那么'之类的词除外，它们有不同的功用"。③ 因此，在这样的语言中，在被肯定或被否定的事实与它的符号表现及命题之间，会有相同的结构。所以，如果有原子事实，就可以有原子命题。

根据罗素的观点，那种可以想象的最简单的事实是一个殊相具有一个性质这样的事实，这个性质被称作"一元关系"（monadic relation）。这种事实是原子事实，尽管不是唯一的一种事实。为了使一个事实成为原子事实，并不要求这个事实只包含一个项目和一个一元关系。这里可以有原子事实的等级结构：包含两个殊相和一个（二元）关系的事实，包含三个殊相和一个（三元）关系的事实，等等。不过，我们应当认识到，罗素把"殊相"规定为原子事实中的关系项，对这些殊相要在如下意义上来理解，即它们是罗素所认为的真正的殊相，诸如实际的感觉材料之类，而不是在逻辑构造的意义上来理解。"这个是白的"因而是一个原子命题，只要"这个"起专名的作用，指谓一个感觉材料。"这些是白的"也是如此，只

---

① 《逻辑与知识》，第179页。
② 罗素提到，正是维特根斯坦第一次使他注意这个真理：命题不是事实的名称。因为每一个命题都至少有两个命题与之"对应"，即一个真命题，一个假命题。假命题"对应于"事实是在如下意义上说的，即正是它与事实的关系使它成为假的。
③ 《逻辑与知识》，第197页。

要"这些"也指谓真正的殊相。

这样，一个原子命题包含一个单一的动词或动词短语。不过，通过使用"和""或者""如果"等词，我们可以构成复杂的命题或分子命题。① 因此似乎可以得出有分子事实存在。但罗素在这一点上显得犹豫不决。譬如，让我们假设"要么今天是星期天，要么我来到这里是错误的"是一个分子命题。谈论一个分离事实有什么意义吗？不过，虽然罗素对分子事实表示某种怀疑，但他承认"一般的事实"。譬如，假如我们真可以列举世界上所有原子事实，那么，"这些是存在着的所有原子事实"这个命题就表达了一个一般的事实。即使有所犹豫，罗素也愿意承认否定的事实。譬如，他表示，"苏格拉底不是活着的"表达了一个客观否定的事实，即世界的一个客观特征。

我们不可能提及罗素在关于逻辑原子主义讲演中说到的所有论题。不过，有两点我们可以注意，那对我们是很有裨益的。第一点是这样的学说：在逻辑上与其他每个殊相都无关的意义上，每一个真正的殊相都完全是自存的。"没有任何理由证明你为什么不应有一个只由一个殊相构成的宇宙。"② 的确，有一个众多殊相的宇宙，这是一个经验的事实。可是，实际情况应该如此并不是逻辑上必然的。因此，已知关于一个殊相的知识，并不能从它推演出整个宇宙体系。

第二点是罗素对存在命题的分析。譬如，我知道有一些人在坎顿，但我不能说出生活在那里的任何一个人。于是，罗素论证说，"有一些人在坎顿"这个命题不可能是关于实际的个人的。"存在实质上是一个命题函项的性质。"③ 如果我们说，"有一些人"或"一些人存在"，那么，这意味着，至少有一个 X 的值，对于它，说"X 是一个人"是真的。同时罗素也承认，诸如与"有一些人"对应的那类"存在−事实"，与原子事实是不同的。

---

① 当一个分子命题的真假完全取决于它的构成命题的真假，这时就说这个分子命题是这些构成部分的一个真值函项。

② 《逻辑与知识》，第 202 页。

③ 同上，第 232 页。

我们已经说过，根据罗素自己的明确表示，他于1918年做的关于逻辑原子论的讲演在某种程度上是要说明维特根斯坦向他提议的理论。当然，他所了解的只是维特根斯坦初步的或不成熟的思想。不过，停战后不久，罗素从维特根斯坦那里收到了《逻辑哲学论》的打印稿。虽然他发现自己同意其中表达的某些思想，但还有一些思想他无法接受。譬如，在当时，罗素接受了维特根斯坦的命题图像理论，① 接受了他关于原子命题都是逻辑上互无关系的观点，接受了他关于逻辑和纯数学命题是"重言式"的学说，即认为这些命题本身② 对实际存在的世界什么也没说，也没有向我们揭示另一个永存实有体和永恒真理的世界。但罗素（比方说）没有接受维特根斯坦的如下论点，即一个真命题与相应的事实所共同具有的形式不能被"说"出来，只能被"表示"出来。因为我们已经提到，罗素相信语言的等级结构。即使我们用语言a不能说**关于**该语言的任何东西，但没有什么能阻止我们用语言b来谈论语言a。再有，维特根斯坦否认我们关于整个世界，譬如关于"世界上存在的所有事物"，能说任何东西，这是罗素无法忍受的。③

每一位研究近代英国哲学的人都知道，对于维特根斯坦主要在《哲学研究》（*Philosophical Investigations*）中表达的后期思想，罗素明显表示不赞成。但他赞赏《逻辑哲学论》，尽管他在一些重要方面与作者不一致，如我们所知，他自己的逻辑原子主义受到维特根斯坦的思想的影响。不过，由此不能得出，两个人的研究方法是完全一样的。维特根斯坦认为自己只是像一位逻辑学家那样写作。他认为逻辑分析需要基本命题、原子事实和进入原子事实并用基本命题来命名的简单对象。④ 但

---

① 后来罗素开始怀疑这个理论，并认为，即使这个理论在某种意义上是正确的，维特根斯坦也夸大了他的重要性。

② 不用说，不论是维特根斯坦还是罗素，都不怀疑逻辑和数学可以被应用这个事实。

③ 罗素在《我的哲学的发展》的第10章讨论了维特根斯坦对他思想的影响。

④ 按照笔者看法，我们在《逻辑哲学论》的开头看到的关于世界的理论与归纳的形而上学没有任何关系。在维特根斯坦看来，只就世界是可描述的而论，只就我们能够有意义地谈论世界的事态而论，世界对我们来说才是存在的。原子事实和简单对象理论实际上回答了这样的问题：作为有意义的描述性语言的必要条件，世界（任何世界）**必须**是什么样的？换言之，这里的研究方法是先天的。这个关于世界的理论不是从对简单对象和原子事实的观察中做出的归纳。

他认为给出简单对象、原子事实或基本命题的任何例子都不是他作为逻辑学家的任务。他也没有给出任何例子。而罗素虽然用数理逻辑的方法而非从古典经验主义的观点来着手分析，但他很快对发现世界实际的终极成分感兴趣。如我们已经看到，他毫不犹豫地给出了原子事实的例子。"这个是白的"就是一个例子，这时，"这个"指谓一个实际的感觉材料。同样，虽然在《逻辑哲学论》中维特根斯坦把心理学说成是自然科学，因而与哲学没有任何关系，但罗素在关于逻辑原子主义的讲演中却不仅将归纳分析用于常识和科学的物理对象，而且用于人类人格。"一个人格是某一系列的经验"，[①]该系列经验的成员具有它们之间的某种关系 R，以致可以将一个人格定义为根据 R 顺序联系起来的所有那些经验的类。

的确，虽然罗素以前认为分析的目的是认识简单的殊相，但他后来逐渐认为，虽然我们可以知道许多东西是复杂的，但我们不可能**知道**任何东西是简单的。[②]他之所以这样认为的理由是，因为在科学中以前被认为是简单的东西，后来往往知道是复杂的。他得出的结论只不过是，逻辑分析者应当对他已经达到对简单东西的认识避免任何独断。换言之，虽然罗素在着手阐释逻辑原子主义时无疑有数理逻辑的背景，但与维特根斯坦在《逻辑哲学论》中表现的态度相比，罗素的态度的经验主义意味要大得多。在将还原分析用于物理对象和心灵时，他继续了英国经验主义的传统，即在维特根斯坦的精神才具中几乎没有出现过的传统。

449

5．第一次世界大战后，罗素发现自己的思想转向知识论和相关论题上，对数理逻辑的兴趣或多或少成为过去。这并不是说他对社会政治论题的兴趣消退了。1920 年。他访问了俄罗斯，尽管如《布尔什维主义的实践与理论》（*The Practice and Theory of Bolshevism*，1920）所表明，他得到的印象不佳。他成功访问了中国，其成果体现在《中国问题》（*The Problems of China*，1922）一书中。这期间，他于 1921 年出版了《心的

---

① 《逻辑与知识》，第 277 页。
② 参见《我的哲学的发展》，第 165—166 页。

分析》(*The Analysis of Mind*),①按照他对哲学一词的理解,这是他在哲学领域中最著名的著作之一。

1898 年,罗素信奉多元论,那时他接受了二元论的观点。如我们所知,他在一段时间里坚持这个观点,尽管是以弱化的方式。其实罗素熟悉威廉·詹姆斯的中立一元论,根据这个理论,精神的东西和物理的东西可以说都是由同样的材料构成的,只是在排列和关联上不同。②但在 1914 年关于亲知的性质的论文中,他第一次引用了马赫和詹姆斯的话,然后表示他不同意中立一元论,因为它不能说明涉及主体和客体关系的亲知现象。

不过,在 1918 年关于逻辑原子论的讲演中,罗素拒绝中立一元论的激烈程度大为缓和了。他直言不讳地说:"我感到越来越倾向于认为它可能是对的。"③他确实意识到接受一个未将一个殊相与对它的经验区分开来的观点是有困难的。同时他不再相信这些困难是不能克服的。显然,虽然他尚未接受中立一元论,但他希望他能接受它。

因此,如果我们发现罗素在《心的分析》中宣布转向中立一元论,
450　认为它使当时思想中两种对立的倾向得到调和,是不足为奇的。④一方面,许多心理学家越来越强调精神现象对物理现象的依赖,人们尤其可以在行为主义者中看到一种方法论唯物主义形式的明确倾向。很明显,这类心理学家实际上把物理学看成是基础科学,它已经取得比心理学大得多的进步。另一方面,在物理学家中,尤其是与爱因斯坦和相对论的其他倡导者一致的物理学家中,有一种倾向,即把旧唯物主义的物质看成是逻辑虚构,即由事件做出的构造。这两种明显对立的倾向可以在中立一元论中调

---

① 后来于 1927 年出版了《物的分析》(*The Analysis of Matter*),同年《哲学概论》(*An Outline of Philosophy*)问世。不用说,1921—1927 年这段时期,不仅时有论文发表,而且有著作出版,诸如《工业文明的展望》(*The Prospects of Industrial Civilization*,1923)、《原子 ABC》(*The ABC of Atoms*,1923)、《相对论 ABC》(*The ABC of Relativity*,1926)。

② 如罗素所指出,这个观点与恩斯特·马赫的观点几乎一样。

③ 《逻辑与知识》,第 279 页。

④ 几乎不必指出,中立一元论不是多元论的对立面。中立一元论不承认材料的性质与物理的殊相或事件之间任何基本的、特殊的区别,在这个意义上,它是一元论。在本质上,这些殊相既不是特定精神性的,也不是特定物理的或物质性的。因此它们冠以"中立的"这个词。

和起来，即通过承认"物理学和心理学不以它们的材料为区分"^①将它们调和起来。心灵和物质都是由殊相做出的逻辑构造，这些殊相既不是精神的，也不是物质的，而是中立的。

显然，这时罗素不得不放弃以前在感觉材料和对感觉材料的意识之间的截然区分。他提到布伦塔诺关于意识的意向性理论，该理论认为一切意识都是"关于"（一个对象）的意识，并且提到迈农关于活动、内容和对象的区分。那时他说，"**活动**似乎是不必要的和虚构的……在经验上，我无法发现与这个假定的活动相应的任何东西；在理论上，我无法认为它是必不可少的"。^②罗素还试图去除内容（这时它被设想为外部物理世界中的某种东西）和对象之间的区分。总之，"我自己的信念是：詹姆斯拒绝把意识作为一个实有体是正确的"。^③当然，罗素承认，他以前主张一个感觉材料，比方说一块色斑，是某种物理的东西，不是精神的或心理的东西。但他现在认为，"这块色斑可以既是物理的，又是精神的"，^④而且"这块色斑和我们看它时的感觉是相同的"。^⑤

那么，物理学和心理学的领域如何划分呢？一个办法是将殊相互相联系起来的不同方法区分开来。一方面，我们可以把所有那些殊相都彼此联系起来或组合在一起，而常识则把那些殊相看成是一个物理的东西在不同场所的现象。这样就使我们能把物理对象构建成一组组这样的现象。另一方面，我们可以把在一个特定场所的所有事件都彼此联系起来或组合在一起，而常识则把这些事件看成是从一个特定场所观察到的不同对象的现象。这就给我们提供了一个视域（perspective）。它是与各种视域相应的与心理学有关的相互关系。如果有关的场所是人脑；那么，这个视域"就由某个人在某个时间的全部知觉组成"。^⑥

至此我们已经谈到了罗素向中立一元论的"转变"。但必须补充说，

---

① 《心的分析》，第307页。
② 同上，第17—18页。
③ 同上，第25页。
④ 同上，第143页。
⑤ 同上。
⑥ 同上，第105页。

这一转变是不完全的。譬如，他虽然接受了这样的思想，即我们可以根据其本身既非精神的亦非物质的中立材料来描述感觉，但他又补充说，他认为，"影像只属于精神世界，而不构成任何'经验'部分的那些事件（如果有的话）只属于物理世界"。① 罗素甚至说，他"乐于相信可以将影像还原为一种特殊的感觉"。② 不过，这并不能改变这样的事实，即在《心的分析》中，尽管犹豫不决，但他仍然主张影像是纯粹精神的。再有，当讨论到根据因果律来区分物理学和心理学时，罗素愿意承认，"我们决不能确定支配心理事件的特殊因果律实际不是生理学的"。③ 而在同时，他又表示他相信影像服从于他称之为"记忆的"（mnemic）特殊的心理学规律，而且不能用心理学的因果律来支配未知觉到的物理学的实有体。此外，如我们所知，虽然罗素表示同意詹姆斯拒绝把意识当作实有体，但如他很可能会感到的那样，他在这方面明显感到某种犹豫。所以他说，不论"意识"一词可能意味着什么，意识都是"一个复合体，绝没有精神现象的普遍特征"。④ 因而，我们就不能用意识来区分精神的东西和物理的东西。我们应当尝试展现它的衍生特点。不过，这样说与否认意识的存在完全不是一回事。

1924 年，罗素发表了关于逻辑原子主义的著名文章，这是他为 J. H.
452 缪尔黑德编的《当代英国哲学》第一辑的撰稿。在文中，世界的终极成分被说成是"事件"，⑤ 每一事件都与某一数量的其他事件处于共存关系中。心灵被定义为"在时－空区域中一组组共存事件的轨迹，这个区域中有特别容易形成习惯的物质"。⑥ 因为这特别指的是大脑，所以这个定义或多或少与1927年在《哲学概论》中提出的临时定义是一样的。⑦ 虽然心灵和物理对象都被说成是由事件做出的逻辑构造，但前者是由感觉和影像构造

---

① 《心的分析》，第25 页。
② 同上，第156 页。
③ 同上，第139 页。
④ 同上，第308 页。
⑤ 在《哲学概论》中，一个事件被说成"占据一小段有限时－空的某种东西"（第287 页），每一个最小事件都被说成是"逻辑上自存的实有体"（第293 页）。
⑥ 《当代英国哲学》（第一辑），第382 页。
⑦ 第300 页。

的，而后者是由感觉和未被知觉的事件构造的。① 我们已知，罗素感到很难不把影像看成是纯精神的，很难不把未知觉到的事件看成是纯物理的。

罗素在《我的哲学的发展》（1959）中回顾他的反思过程说："我在《心的分析》（1921）中明确放弃了'感觉材料'。"② 就是说，他放弃了感觉的关系理论，根据这个理论，感觉是认知活动，感觉材料是精神意识的物理对象。这意味着，他不需要像以前那样把物理事件与精神事件看成根本不同，在此范围内，他能够接受中立一元论。不过，他补充说，在此时除去了二元论，在彼时很难不把它重新引进来，而且必须对"意识""亲知""经验"等词语重新解释和重新定义。在《意义与真理探究》（*An Inquiry into Meaning and Truth*，1940）中，③ 罗素在这方面做了努力，但他没有宣称已经完全解决了他的问题。因此，要说罗素接受中立一元论只是要拒绝它，那是很不准确的。确切地说，他发现自己实际上无法完成这个重新解释的必要计划，但他不愿意断言这个计划不能完成。

6. 如果我们首先把常识和科学的物理对象说成是由感觉材料做成的逻辑构造，如果我们然后把被认为是超精神的意识对象的感觉材料清除掉，那么，似乎可以得出，我们没有对任何外界对象的直接认识或意识。譬如，当一件事发生了，我们通常称之为看见太阳，那么，我的意识的直接对象似乎是一个事件或一些事件，即感觉，在某种意义上，它们"在我心中"。④ 关于我对他人的意识也应同样这样说。于是，我们就面临一个困难：经验或意识的直接对象不是常识的和科学的物理对象，而同时只有我们直接经验到的东西才给我们提供了相信有这样一些对象的真正理由。

在处理这个问题的可能方法中，"最简单的方法是唯我论"，⑤ 罗素愿意承认唯我论是一个逻辑上可能的立场。譬如，他说，照他的看法，宇宙本身没有统一性和连续性，说过这话后他评论道："实际上除了偏见和习惯，

453

---

① 关于未被知觉的事件请见《物的分析》，第215—216页。
② 《我的哲学的发展》，第135页。
③ 在这部著作中，"亲知"被"注意"（noticing）取代，参见第49页以下。
④ 参见《物的分析》，第197页，《科学观》（*Scientific Outlook*，1931），第74—75页。
⑤ 《我的哲学的发展》，第104页。

对于毕竟有一个宇宙的观点几乎没有赞成的。"① 同样，虽然事实上我们的经验使我们相信其他心灵的存在，但"在纯粹逻辑上，即使其他心灵不存在，我也可能有这些经验"。② 当然，人们可以诉诸因果推断。但这样的推断充其量只是无法提供证明的确实性，因而也无法表明唯我论是完全站不住脚的。

不过，虽然唯我论在逻辑上是可能的，但却难以置信。如果人们认为它包含"只有我存在"的独断，那就没有任何人真正相信它。如果认为它只意味着，除了一个人自己的经验之外，没有任何确凿的理由来肯定或否定任何东西，那么，要做到连贯一致，就要求一个人怀疑自己是否曾有过去，是否会有将来。因为我们没有合适的理由相信我们有过去的经验，正如我们没有合适的理由相信外界的对象一样。两个信念都依赖于推断。如果我们怀疑后者，我们也应当怀疑前者。不过，"没有任何唯我论者做到这样的程度"。③ 换言之，没有任何唯我论者总是连贯一致的。

罗素所说的"瞬间唯我论"（solipsism of moment）④ 是假设我的全部知识都局限于我在此瞬间正在注意的东西，替代这种唯我论的是这样的假设：有一些非演绎推断的原则，它们证明我们对外部世界存在和他人存在的信念是正确的。罗素论证说，当这两种可选的假设被明确提出来时，没有人会真诚而正直地选择唯我论。他无疑是对的。但在此情况下，对有关推断原则的考察就变得事关重大了。⑤

454

---

① 《科学观》，第98页。
② 《我的哲学的发展》，第195页。
③ 同上。
④ 《人类知识：其范围与限度》（*Human Knowledge: Its Scope and Limits*，1948），第197页。
⑤ 显然，唯我论问题是以引起它的认识论论题为前提的。人们自然而然的意见是对这些论题完全可以重新考察。但这不是罗素选择的路径。

第二十章

伯特兰·罗素（二）

非证明推断的公设与经验主义的局限 —— 语言；语言的复杂性与语言等级结构的观念，意义与意味，真理与虚假 —— 语言作为世界结构的指南

1. 罗素特别注意三本书，认为它们代表了第一次世界大战后一些年他对认识论及相关论题的思考成果。[①] 这三本书是《心的分析》（1921）、《意义与真理探究》（1940）和《人类知识：其范围与限度》（1948）。在本节，我们将考察罗素关于非证明推断的观念，我们将主要论及最后提到的这本书。[②]

如果我们同罗素一样假设常识的和科学的物理对象是由事件做出的逻辑构造，而且每个事件都是逻辑自足的实有体，那么，可以得出，我们不能从一个事件或一组事件确实地推断任何别的一个事件或一组事件发生。证明推断属于逻辑和纯数学，不属于经验科学。的确，从表面看，我们似乎根本没有任何真实的根据在科学中做任何推断。同时，我们又都深信，我们既可以在常识的层次上，也可以在科学中做出有效推断，引出具有各种或然程度的结论。诚然，并非所有的推断都是有效的。许多科学假设都不得不被抛弃。但这没有改变如下事实：任何健全的人都不怀疑，总的来说，科学已经增长并且正在增长人类知识。根据这个假设，问题因此

① 参见《我的哲学的发展》，第128页。
② 下面这本书将简称为《人类知识》。

出现了：我们如何能从理论上证明科学推断是正当的？

有些哲学家会说，并且普通人也可能与他们有一致的意见，即认为科学推断只需要实用主义的辩护，即用它的成功来辩护，除此之外不需要
456　任何别的辩护。科学家可以并确实做出了成功的预言。科学是有成效的。而哲学家寻求进一步的辩护就是在寻求不可能得到的、无论如何都不必要的东西。

罗素认为，这个态度相当于一开始就把研究的路堵死了。不用说，他同其他任何人一样意识到，一般来说，科学带来了好处。但他也敏锐意识到如下事实，纯经验主义的前提导致了科学推断事实上的成功完全是偶然的结论。然而，没有人真的相信事实是如此。因此，除了科学推断事实上的成功之外，我们还必须为它寻找别的某种辩护。从一开始就试图堵塞研究的道路不是真正的哲学家所为。如果研究使我们得出结论：纯经验主义不是恰当的认识理论，那我们就必须接受这个事实，而不应视而不见。

罗素认为他的任务是发现"证明科学推断的正当性所必需的最少数量的原则"。[①]这些原则或前提[②]应当对世界有所述说。从观察到的东西到未观察到的东西，或从一组事件到另一组事件的推断，只有"当世界有某些非逻辑必然的特点时"，才能证明其正当性。[③]这不是关于逻辑必然原则——众所周知它们有与一切经验无关的绝对有效性——的问题。因为科学推断是非证明的推断。确切地说，这是对实际的科学推断进行反思，并发现为这些推断辩护所必需的最少量原则、前提或公设的问题。

不过，对这件事必须做更精确的表述。要对所有推断和概括进行辩护显然是不可能的。因为如我们根据经验所知，有些概括是虚假的。我们寻求的是这样的最少数量的原则，它们将把一个先行的有限概率赋予某些推断和概括而非其他推断和概括。换言之，我们必须考察人们普遍认为是科学推断和概括的真正事例，并发现那些必要的原则，以便通过将一个有
457　限的先行概率赋予这类推断和概括，而不赋予我们由经验得知本身是谬误

---

① 《人类知识》，第11页。
② 罗素称它们为"公设"。这样做的理由我们一会儿将讨论。
③ 《人类知识》，第10页。

和非科学的那类推断和概括，来证明前面那类推断和概括的正当性。[①]

长话短说，罗素发现了科学推断的五个原则或前提。但他没有特别强调这个数目五。他确实认为他所列举的原则足够了，但他考虑到或许减少这个数目的可能性。而且他不坚持他实际对这些原则的系统阐述。[②]更精确的阐述是完全有可能的。不过，要注意的是，所有这些原则只说明或然性，不说明确实性，而且它们都被设想为将一个有限的先行概率赋予某些类型的归纳推断。

罗素将第一个原则描述为"准永久性公设"（the Postulate of quasi-permanence），称：已知任一事件A，则在邻近的地点、邻近的时间，有一个与A非常相似的事件经常发生。这个公设使我们能够（比方说）根据有关人和物的常识概念行事，不需要引入形而上学的实体概念。因为我们可以把这个"非常相似"的事件看作是构成人或物的一系列事件史的组成部分。

第二个原则是"可分的因果线公设"（the postulate of separable causal lines），称：常常可能形成一系列事件，以致我们从该系列的一两个成员就可以推断出其他成员的某种情形。这个原则或公设对于科学推断显然是本质性的。因为只有根据这个因果线观念，我们才能从较近的事件推断较远的事件。

第三个原则是"空-时连续性公设"（the postulate of spatio-temporal continuity），它以第二个原则为前提，涉及因果线，它否认隔距作用，称：当非邻接事件之间有因果联系时，在这个链条中将发现居间的环节。

第四个原则是"结构的公设"（the structural postulate），称：当一些结构相似的复杂事件围绕一个它们相隔不太远的中心而发生，那么，一般情况是，所有这些事件都是这样一些因果线的成员，这些因果线都以在这个中心的、有相似结构的一个事件为发源。比方说，假设许多人分布在一个公共广场的各个地方，有一位演说家在那里滔滔不绝地讲演，或者有一

458

---

① 因而罗素预先假定一般被认为是科学知识的东西实际就是知识。如果我们从纯粹的怀疑论入手，我们将一无所成。归根结底，为科学推断辩护的问题只不过是因为我们坚信有这样一个东西，而同时在纯经验主义中又找不到它的恰当根据引起的。

② 关于罗素实际对这五个原则的系统阐述，可参见《人类知识》第506页以下。

个收音机正在播放，而且这些人有相似的听觉经验。这个公设将先行概率赋予如下推断：他们的相似经验与演说家或收音机发出的声音有因果联系。①

第五个原则是"类比的公设"（the postulate of analogy），称：如果当观察到两类事件 A 和 B，有理由相信 A 引起 B，那么，如果在一给定情况下，A 发生但我们没能观察到 B 是否发生，那么，B 很可能确实发生。同样，如果观察到 B 发生，而没能观察到 A 发生，那么，很可能 A 已经发生。根据罗素的观点，这个公设的一个重要作用就是证明对其他心灵的相信是正当的。

这个关于非证明推断原则的学说在某种程度上是要解决 J. M. 凯恩斯（J. M. Keynes，1883—1946）在《概率论》（*Treatise on Probability*，1921）中提出的问题。② 不过，我们在此希望引起注意之点是这些原则的无法证明性。它们不是作为可以先天直觉到的永恒真理提出来的。它们也未被设想能从这样的真理推演出来。同时，经验的论证不能证明它们，甚至不能使它们成为或然的。因为它们正是经验的论证所依据的原则。如果我们试图诉诸科学推断来证明它们的正当性，那我们就会陷入恶性循环。因此，我们必须把这些原则说成是科学推断的"公设"。

鉴于这些公设不能用经验的论证来证明，甚至不能使之成为或然的，所以罗素明确承认经验主义的失败，意思是说，它作为一种知识论是不恰当的，它不能为所有经验推断知识的有效性所依据的那些前提辩护。因此人们有时说罗素接近于康德的立场。不过，这种相似只限于对纯经验主义的界限有共同的认识。罗素绝没有发展出与康德第一《批判》相似的先天理论。正相反，他着手对非证明推断公设的来源做出生物–心理学的说459　明。譬如，如果一个动物有这样一种习惯，以致它在 A 的一个事例面前的行事方式就是它在养成这个习惯之前在 B 的一个事例面前的行事方式，

---

① 　显然，普通人会评论说："知道这一点我不需要任何公设。"但我们应当记住，在罗素看来，如下情形**在逻辑上**是可能的，即经验的相似性是因果独立的，而且在纯经验主义中没有任何东西在客观上更可能使相似的经验有共同的因果来源，而非使相似的经验没有共同的因果来源。

② 　参见《我的哲学的发展》，第 200 页以下。

那么，我们可以说它已经"推断"并"相信"A的每一个事例通常都为B的一个事例所跟随。当然，这是一个拟人的说法。动物并未有意识地做推断。但尽管如此，还是有动物推断之类的东西。这是环境适应过程的一个特征，在这个特征与人的推断之间有连续性。就是说，我们关于非证明推断的原则或公设的"知识""最初只是以动物进行这种推断的习性方式存在的，它们证明这种推断方式是正当的"。① 与动物不同，人能够反思这些推断的事例，能够阐明这些公设，能够用逻辑技术来改善这些公设的根据。而这些原则的相对先天性特点② 可以根据使推断与这些原则相一致的习性——一种与动物推断中表现出来的习性相连续的习性——来说明。

至此，我们已经看到罗素试图发现对科学推断的理论辩护。虽然他根据某些公设证明科学推断是正当的，但接着他要对这些公设的来源做出生物-心理学的解释，通过这个解释来说明这些公设本身。这个生物-心理学的解释最终回到环境适应的过程上来，看上去与尼采所谓的生物学的有用虚构理论完全相容。换言之，可以证明，事实上罗素并没有完成为非证明推断提供理论辩护的计划，即使为非证明推断做理论辩护意味着提供一些前提，以保证关于该推断在理论上有效的断定是正当的，那么，至少在这一点上他也没有完成计划。

因此，看起来我们最终不得不依靠实用主义的辩护，即不得不诉诸这样的事实：这些公设是有效的，"它们的可证实后果属于将会得到经验确证的那一类"。③ 罗素确实明确说，这些公设"得到如下事实的辩护：在我们大家认为有效的推断中都暗含着这些公设，而且，虽然它们不能在任何形式化的意义上得到证明，但它们是从整个科学和日常知识的体系中提炼出来的，而这个体系在一定范围内可以从自身得到确证"。④ 这些公设或原则导致与经验一致的结果，这个事实"在逻辑上甚至不足以使这些

460

---

① 《人类知识》，第 526 页。
② 这些公设在逻辑上先于根据它们所做的推断，在这个意义上，这些公设是先天的，但它们首先以经验习性的形式存在，只有通过对非证明推理事例的检验才被承认是公设。它们不是绝对先天的永恒真理。
③ 《人类知识》，第 527 页。
④ 《我的哲学的发展》，第 204 页。

原则成为或然的"。① 同时，依赖于这些公设的整个科学体系，即整个或然知识的体系，是自身确证的，即在实用主义的意义上自证为正当的。因此罗素可以说，虽然他不接受观念论的真理融贯论，但有一种有效的概率融贯论，它在某种意义上是很重要的。②

在此情况下，我们可能倾向于问，为什么罗素不从一开始就接受那些人的意见，他们声称科学推断的结果，即科学推断导致可证实的预见这一事实，足以证明科学推断是正当的。而罗素大概会回答说，如果人们一开始就满足于这个意见，那就等于隐瞒了一个真正的问题，对它视而不见。对这个问题的考察导致承认了科学推断的不可证明公设，从而承认了纯经验主义作为知识论是有局限的、不恰当的。对这些事实的承认是真正的理智收获。如果一开始就禁止我们尝试发现对非证明推断的理论辩护，那我们就不可能取得这个收获。

当然，我们可以这样来评论，虽然在罗素对世界的一般经验主义分析的框架内，他的上述态度是非常合理的，但事实仍然是，在明确承认纯经验主义的知识论局限的同时，他并没有真正超出这个局限。对于根据某些含蓄的公设或预期做出推断的习性，他从生物学上说明它的根源，他的说明可以看成是休谟的自然信念学说的继续和发展。但要超过经验主义，意即用真正的非经验主义知识论来取代经验主义，那显然需要对休谟的观点做彻底的修改，这种修改要比罗素准备进行或认为正当的修改要大得多。

461　　　2. 我们已经提到，罗素说在第一次世界大战后他的思想转向了知识论，以及心理学和语言学的有关部分。因此，说一下最后提到的那个论题即罗素的语言理论是适宜的。不过，我们已经说到他在1918年的逻辑原子论讲演中阐述的语言与事实之间关系的理论。在这里，我们可以主要限于论述罗素在《意义与真理探究》中提出、在《人类知识》中重复或修正了的思想。③

---

① 《人类知识》，第526页。
② 参见《我的哲学的发展》，第204页。
③ 在《心的分析》和《哲学概论》中也可以看到关于语言的某种讨论。

（1）罗素说，哲学家们主要感兴趣的是作为做出陈述和传达信息的手段的语言。可是，"对于一位军士长，语言的目的是什么呢？"[1] 命令的目的显然是影响其他人的行为，而不是陈述事实或传达信息。此外，士官长的语言有时还为了表达情感态度。换言之，语言有各种各样的功能。

不过，虽然罗素认识到语言有复杂、灵活的特点，但他本人同他不明确提到的那些哲学家一样，主要对描述性语言感兴趣。这确实是他唯一感兴趣的。因为罗素认为哲学是理解世界的尝试。因而他自然而然地把注意力集中在完成这个任务的工具即语言上。[2] 这确实是一个理由，说明他为什么明显不赞成那样一种倾向，即把语言当成好像是自主、自足的东西，哲学家可以有益地研究它，而不用涉及它与非语言事实的关系。[3]

我们已经提到罗素关于语言的等级结构的观念，即与他的类型论相联系的一个观念。他在《意义与真理探究》中采用了这个观念，并断言，虽然这个等级结构可以无限向上延伸，但不能无限向下延伸。换言之，一定存在一个基础的或最低类型的语言。罗素着手讨论这一语言的一种可能的形式，尽管他没有声称它是唯一可能的形式。

罗素提出的基础的或原始的语言是一种对象语言，就是说，它由对象词组成。对这类词可以用两种方式来定义。在逻辑上，它是一个具有单独意义的词。因此对象词的类不会包括"或"这样的词。在心理学上，一个对象词是这样的词，我们可以学得它的用法，而不必在此前先学得其他词的用法或意义。就是说，它是一个其意义可以通过实指定义学得的词，就如一个人对一个儿童说"猪"，同时指着这种动物的一个实例那样。

不过，由此不能得出这种对象语言局限于名词。因为它会允许"跑""击打"之类的动词和"红色的""硬的"之类的形容词。根据罗素所言，"在理论上，只要有足够的能力，我们就可以用对象语言表达每一

---

① 《人类知识》，第71页。

② 罗素拒绝接受没有语言就不能有思想的一般说法。不过，他的观点是复杂的，他认为至少缜密的思维是需要语言的。

③ 众所周知，罗素提到这类语言分析说，它"至多对词典编纂者有些许帮助，最糟只是茶余饭后的无聊消遣"。（《我的哲学的发展》，第217页）这个说法显然是有争议的，并且夸大其词，如果把它作为对整个"牛津哲学"的描述的话。但在同时，这个说法也以对比的方式表明罗素自己的兴趣指向，即他感兴趣的是作为理解世界之工具的语言。

个非语言事件"，[①] 尽管这公认会导致将复杂的句子转译成一种"混杂语"（pidgin）。

这样，用这种原始语言表达的有意义陈述要么**是**真的，要么**是**假的。但我们不能**说**在原始语言的范围内，用它表达的任何陈述都是真的或假的。因为这些逻辑词是不可用的。我们必须用二阶语言来达到那个目的。当然，实际的语言既包括对象词也包括逻辑词。不过，将一个可能的对象语言人为孤立起来有助于说明语言等级结构的观念，并表明我们如何能克服由下述论点引起的任何困难：在一既定语言的范围内，我们**关于**这种语言什么也不能说。[②]

（2）真和假显然以意义为前提。我们不能恰当地说一个或真或假的无意义陈述。因为这里没有任何东西能用上真假这些词。但由此不能得出每一个有意义的表述不是真的就是假的。"向右转！"和"你感到好些吗？"都是有意义的表述，但我们不会说它们任一个是真的或假的。因而意义的范围要比逻辑真假的范围更宽泛。[③] 罗素在《探究》中告诉我们，"只有"陈述句"是真的或假的"，尽管他后来又告诉我们，"真和假，就它们是公开的而言，它们不论在陈述式句中、虚拟式句中还是条件式句中，都是句子的属性"。[④]

至此，我们已经将"意义"归于对象词和句子。但尽管不是一贯不变地，罗素将"意义"（meaning）一词只限用于对象词，而说句子具有"含义"（significance）。我们可以说"虽然意义一定是由经验得出的，但含义则不必"。[⑤] 就是说，一个句子涉及我们从未经验过的某事，只要我们知道句子的各个词的意义，知道这个句子符合句法规则，那么，我们就理解这个句子的含义。

当我们将意义归之于对象词的时候，意义就表示指称。因为正是通

---

① 《意义与真理探究》，第 77 页。而后将这部著作简称为《探究》。

② 维特根斯坦在《逻辑哲学论》中的论点是已经提到的一个特别例子。

③ 这一点无论如何来自罗素关于对象词是单独有意义的观点。比方说，"硬的"一词本身既不是真的也不是假的。

④ 《人类知识》，第 127 页。

⑤ 《探究》，第 193 页。

过凭经验得知的对象词的意义，"语言就以使它能够表达经验的真理或谬误的方式与非语言的事件联系起来"。① 虽然在这方面我们可以期待有一个纯逻辑的意义定义，但罗素提出了心理学方面的考虑，这些考虑依据他所认为的（比方说）一个儿童逐渐养成正确使用某些词的习惯所采取的方式。于是，他告诉我们，一个词被说成意指一个对象，"如果感觉到这个对象的出现使人说出这个词，而听到这个词在某些方面造成了与感觉到该对象出现相似的效果"。②

在罗素关于祈使句的说明中也可以看到这种方法论的（尽管不是教条式的）行为主义。一个说出的祈使句"表达了"说话者心中的某种东西，即与要达到的效果的观念结合在一起的一个愿望，而这个祈使句"意指"的是要达到的和被命令的外部效果。这个被听到的祈使句，"当它引起了某种身体运动，或引起了做这样一个运动的冲动的时候"，它就被理解了。③

不过，虽然祈使句是有含义的，但我们不说它们是真的或假的。所以，让我们考察一下据说指示事实的陈述句。罗素也称陈述句为断言，认为"一个断言有两个方面，主观的方面和客观的方面"。④ 主观上，一个断言表达了做这个断言的人的一个状态，即一个可以被称作信念的状态。⑤ 客观上，断言与使它为真或为假的某种东西有关。一个断言是假的，如果它打算指示一个事实却没有做到这一点；一个断言是真的，如果它打算指示一个事实并成功做到这一点。不过，真的断言和假的断言是同样有意义的。因此，一个断言的含义不能等同于实际指示一个事实，毋宁说，它在于这个断言所表达的东西，即某个信念，或更准确地说，在于这个信念的对象，即所相信的那个东西。从心理学的观点看，如果一个被听到的断言能够在听者的心中引起相信、不信或怀疑，那么就说一个被听到的断言是

464

---

① 《探究》，第29页。
② 《人类知识》，第85页。
③ 同上，第86页。
④ 《探究》，第171页。
⑤ 罗素在广义上使用"信念"这个词，甚至可以说动物也有信念。参见《探究》第171页，《人类知识》第329页。但我们这里关心的是语言，因此关心的是人。

有含义的。

罗素坚持研究人类生活环境中的语言，无疑主要因为他提出了很多或许有些混乱的心理学考虑。不过，这里的主要问题可以这样来简化。一个句子的含义是这样的含义，它对于一个语言中的一个句子和它在另一个语言中的译句是共同的。譬如，"我饿了"和"J'ai faim"（法文）有构成这个句子含义的共同成分。这个共同成分就是"命题"。因此，我们不能问是否一个命题有含义。因为它就**是**含义。但至少在陈述句的情况下，我们可以恰当地问这个命题是真的还是假的。因而含义与真理无关。

我们已经提到，罗素坚持认为，如果一个断言涉及我们没有亲身经验过的某事，那么，只要给出某些条件，我们就可以理解这个断言的含义。在此可以补充说，他甚至不希望把断言或陈述的含义束缚在可经验到的东西上。这自然而然使他对逻辑实证主义的意义标准采取批判态度。的确，他以善意的眼光看待逻辑实证主义，这也许主要因为逻辑实证主义对逻辑和纯数学的解释以及对经验科学的认真关切。虽然在拒绝"不能说出的知识"（ineffable knowledge）[1]的观念方面他与实证主义者是一致的，但他一贯拒绝接受这样的意义标准，根据这个标准，一个事实命题的意义等于它的证实方式。

罗素论证说，逻辑实证主义的意义标准一般包含两件事。首先，不能证实或证伪的东西是没有意义的。其次，被同样事件证实的两个命题有同样的意义或含义。"我拒绝这两者。"[2] 关于第一点，最近乎于确实的命题，即知觉判断，不可能被证实，"因为正是它们构成了我们对任何所能知道的其他一切经验命题的证实。假如石里克（Schlick）果真是对的，那么，我们本来应承诺一个无穷的倒退"。[3] 关于第二点，"星辰持续存在"的假设和"它们只有当我看见它们时才存在"的假设在它们的可检验后果上是同一的。但它们没有同样的含义。当然，我们可以把可证实性原则修改和解释成这样一个要求：一个事实陈述是有意义的，如果我们可以想象

---

① "不能说出的知识"不等于关于超出我们经验的东西的知识。
② 《人类知识》，第465页。
③ 《探究》，第308页。

一些合理的经验，假如这个陈述是真的，这些经验就可以证实它。但罗素说，他认为这是含义的一个充分标准，但不是必要标准。①

（3）1906 年至 1909 年，罗素写了四篇特别与实用主义有关的讨论真理问题的论文，在《哲学论文集》中重印。后来他又重拾这个论题，这第二个阶段的思考成果体现在《探究》中。在《人类知识》中也研究了这个题目。在《我的哲学的发展》中，罗素用第 15 章来回顾他的探讨过程。

词汇的使用有些不严谨，这是罗素的特点。因而在不同的地方我们被告知，真理和虚妄是断定陈述句的，是断定陈述式、虚拟式、条件式句子的，是断定断言、命题和信念的。当然，由此不能得出，所有这些说法都互不相容。一个句子的含义是一个命题，但根据罗素的观点，命题表达了信念的状态。因此我们可以说，"事实上，首先信念是真的或假的，句子只凭借它们可以表达信念这个事实而成为真的或假的"。②总之，罗素的真理论的主要线索是很清楚的。

首先，罗素拒绝观念论把真理说成是融贯的。他在早期的一篇论文 466 中论证说，如果每一个特殊的真判断在脱离整个真理体系时只是部分的真，如果通常所说的假判断是部分的真，并在整个真理体系中有其地位，那么，可以得出，"斯塔布斯主教（Bishop Stubbs）因谋杀罪被绞死"不完全是假的，而是形成了整个真理的一部分。③但这是难以置信的。一般来说，融贯论完全模糊了真理与虚妄之间的区分。

其次，罗素拒绝实用主义的真理论。威廉·詹姆斯说真理只是我们思维方式中的权宜方便，当罗素把这个说法意译为"真理是任何东西，只要对它的相信能带来好处"时，他被指责做了完全错误的解释。但罗素反驳说，詹姆斯对这个说法的真实意义的解释甚至比罗素自己认为这个说法的意思更愚蠢。罗素确实有许多重要思想都受益于詹姆斯，但他不赞成这位美国哲学家对真理的说明。

最后，罗素反对任何对真理与知识的混淆。显然，如果可以恰当地

---

① 参见《探究》，第 175、309 页。
② 《人类知识》，第 129 页。
③ 参见《哲学论文集》，第 156 页。

说我知道某事是如此，那么，表达我的知识的那个陈述就是真的。但绝不能由此得出我们一定知道一个真命题是真的。实际上，罗素愿意承认真命题的或然性，即使我们不可能知道它们是真的。如果人们反驳说，这种承认就相当于放弃纯粹的经验主义，他回答说："没有人相信纯粹的经验主义。"①

因此，留给我们的就剩下真理符合论了，根据这种理论，"当一个命题或信念是'真的'，它是根据它与一个或以上事实的某种关系而成为真的"。② 罗素称这些事实为"证实者"（verifier）。当然，要知道一个断言或陈述的意思是什么，对于使那个断言或陈述为真的事态我必须有某种观念。但我不必知道它是真的。因为陈述与证实者之间的关系是客观的关系，与我们对它的认识无关。其实在罗素看来，要知道一个陈述是有意义的，从而知道它不是真的就是假的，我不一定能提及证实者的任何特定事例。这个论点使他能断言，"有一些我无法想象的事实"之类的陈述是有意义的，并且不是真的就是假的。在罗素看来，无论如何我不可能提及一个不能想象的事实的任何特定事例。同时，我又可以构想"一般的情况"，③它们会证实有我无法想象的事实存在的信念。这足以使那个陈述可以理解，能使它是真的或假的。但不论它**是**真的或假的，都取决于不依赖我对它的认识的一种关系。在大众语言中，那个陈述要么与事实相符，要么不符。实际存在的关系不受我是否知道这个关系的影响。

当然，真理符合论不适用于逻辑和纯数学的分析命题。因为在那些情况下，真理"是从句子的形式中得出的"。④ 但在用于经验陈述或断言时，这个理论可以说代表了一种常识的观点。普通人肯定会争辩说，一个经验的事实陈述乃根据它与一个或一些事实的关系而成为真的或假的。⑤

① 《探究》，第305页。
② 《我的哲学的发展》，第189页。参见《人类知识》，第164—165页。
③ 《人类知识》，第169页。似乎有必要对这些"一般情况"做更进一步详述。
④ 同上，第128页。
⑤ 这些事实不一定是语言之外的。因为我们当然可以做出关于**词语**的陈述，根据它们与语言事实的关系使它们成为真的或假的。显然，这不适用于比方说规定定义（stipulative definition）。按照罗素断定**信念**真假的习惯，这些定义被排除了。因为仅仅宣布一个人打算在某种意义上使用一个特定词，不能说成是一个信念。

只有当我们试图在这方面确切而充分地说明符合观念时，困难才出现了。这个观念的确切意思是什么呢？罗素意识到这个困难。而他告诉我们："每一个信念不仅仅是引起活动的冲动，它类似于混合着肯定感受（yes-feeling）或否定感受（no-feeling）的一幅图画。在肯定感受的情况下，如果有一个事实与这幅图画有一种相似性，就像一个原型与影像所具有的那种相似性，那么，这个信念是'真的'；在否定感受的情况下，如果没有这样的事实，这个信念是'真的'。非真的信念被称作'假的'。这就是'真理'和'虚妄'的一个定义。"①

在笔者看来，将"肯定感受"和"否定感受"之类的词引入真理的定义是不太贴切的。不过，撇开这点不论，罗素显然是根据与图画表现的类比来构想符合。可是，虽然我们也许可以谈论真和假的图画，但严格地说，那个真或假的东西不是这幅图画，而是关于它与一个或一组对象符合或不符合的陈述。所以，使一个陈述为真的符合关系可能一定像维特根斯坦在《逻辑哲学论》中所说的那样，是命题与事实之间的结构对应（符合），这个或这些事实被视作该命题的证实者。不过，罗素注意到，这个关系不总是简单的或类型不变的。

3. 不用说，即使像罗素那样对一个信念做再多的检查，或者对一个经验陈述做再多的检查，也不会告诉我们它是真的还是假的。要弄清这一点必须考虑事实的证据。但罗素声称，在别的某种或某些意义上，我们可以从语言的性质推断出世界的某种情形。而且，他不止一次这样声称或顺便提到。譬如，他在《数学的原理》中说，虽然我们不能合法地假定语法区分直接显示真正的哲学区分，"但在我看来，语法研究远比哲学家们通常所设想的更能说明哲学问题"。② 再有，即使在他极力对语言做行为主义解释的《哲学概论》中，他也提出，通过对语言与事物的关系的反思可以得出"非常重要的近乎怀疑主义种类的结论"。③ 在后期的《探究》中，他明确将自己与那些"从语言的性质推断世界的性质"的哲学家联系起

①　《人类知识》，第 170 页。
②　同上，第 42 页。
③　同上，第 275 页。

468

来，① 并断言他相信，"部分借助于对句法的研究，我们可以得到相当多关于世界结构的知识"。② 而且，在《我的哲学的发展》中，他引用了最后这个断言出现的那段话，赞同地说道："我对那里所说的话没有什么可补充的。"③

罗素的意思显然不是说我们可以从日常语言中存在的那些语法形式直接推断世界的性质。假如我们真能这样做的话，我们本来可以从句子的主－谓形式推断出实体－属性的形而上学，而反之我们看到，罗素通过还原分析消除了实体概念。④ 罗素的意思也不是说：一些句子可以转译成有同样真值的另一些句子，使前者中的一个词在后者中不出现，在这个意义上，那个词可以被消除，而从这个事实我们可以推断，没有与所说的那个词对应的实有体存在。如我们已经提到的那样，"金山"这个词可以被消除，这个事实并不表明没有金山存在。它可能表明我们不必假设这样一座山。但我们认为实际没有这样一座山的根据是经验的根据，不是语言的根据。同样，如果"相似性"一词可以被消除，那么，这并未证明没有与"相似性"对应的实有体。虽然这可以表明我们不能从语言中合法地推断这样一个实有体，但表明语言不提供任何充分的证据以推断"相似性"这个现存的实有体，与证明事实上没有这样的实有体不是一回事。在说到一些句子中的"相似性"一词不能用"相似的"或某个这样的词来代替时，罗素说道："不必承认后面这些句子。"⑤ 似乎很明显，只根据并非纯粹语言上的理由，他就已经并且正确地判定，假定一个名为"相似性"的实有体是荒谬的。所以他说，如果有一些句子，其中"相似性"一词可以用"相似的"一词代替，那么，对这类句子"不必承认"。

于是，我们可以这样公式化地表述这个问题。对于逻辑上净化和改造过的语言，我们可以从它必不可少的性质推断出世界的性质吗？对这个

---

① 《人类知识》，第341页。
② 同上，第347页。
③ 同上，第173页。
④ 根据罗素的观点，假如亚里士多德用中文而不是用希腊文思考和写作，那么，他早就发展出一门有所不同的哲学了。
⑤ 《探究》，第347页。

问题的回答似乎在很大程度上取决于在此语境下赋予"推断"一词的含意。如果有人提出逻辑上净化的语言可以起到最终前提的作用，我们能从中推出世界的性质，那么，在我看来这个想法的有效性是有问题的。举例说，它必须表明，没有任何本体论的判定，如果它所依据的理由不能合理地描述成纯语言的，它会影响逻辑上净化的语言的结构。换言之，它必须表明，以经验为根据的关于超语言实在的特征的信念，不会影响和指导对语言的必要特征的评价。

不过，如果人们主张我们可以从语言的性质推断世界的性质，其意思只不过是说，如果我们发现以某些方式谈论事物是必然的，那么，这里至少可以强烈推测，在事物本身中有这个必然性的某种理由，那个主张似乎是合理的。语言为满足人的经验和需要已经发展了几百年。譬如，如果我们发现，我们在谈论两个或更多事物时不能说它们是相似或相像的，我们就寸步难行，那很可能某些事物确实是同一类的，以致我们可以恰当地说它们是相似或相像的，而且世界很可能不只由完全异质的、无关联的殊相组成。不过，是否实际有事物可以用这样的方式来恰当描述的问题，归根结底是一个必须从经验上确定的问题。

也许有人会反驳说，如果不暗指着相似性，我们根本就不可能谈论"事物"。因为如果有事物存在，那它们在作为事物或作为存在物方面一定是相似的。这无疑是正确的。在这个意义上，我们可以从语言推断相似性是世界的一个特征。不过，这并没有改变这样的事实：我们最终是通过经验，而不是从语言那里，知道有事物存在。对语言的反思无疑能帮助我们敏锐意识到语言之外的实在的特征，使我们注意我们以前可能没注意到的东西。但至于说语言可以起到推断世界性质的最终前提的作用，则似乎大有疑问。

第二十一章

伯特兰·罗素（三）

引言 —— 罗素早期的道德哲学与摩尔的影响 —— 本能、心灵与精神 —— 价值判断与欲望的关系 —— 社会科学与权力 —— 罗素对宗教的态度 —— 罗素所构想的哲学的本性 —— 若干批判性简评

471　　1. 至此为止，我们关注的是罗素哲学比较抽象的方面。但我们提到他的第一部著作是《德国社会民主主义》（1896）。与他在数学、逻辑、知识论、科学哲学等方面著作的出版相伴随或在它们的间隙，罗素还写了许多伦理、社会、政治方面论题的书和论文。1948 年在阿姆斯特丹召开的国际哲学大会上，一位来自布拉格的共产主义者教授竟擅称罗素是一位典型的象牙塔哲学家。但不论人们对罗素在各种研究和思考领域的思想会如何评价，这位教授别出心裁的判断显然是荒谬的。因为罗素不但在有实践意义的问题上著书立说，而且他积极参加有利于其思想的运动。我们已经提到他在第一次世界大战快结束时被监禁。在第二次世界大战期间，他发现自己支持反对纳粹分子的斗争，战后，当共产主义者正在许多国家实施接管，他强烈批评共产主义的政策和行为中某些更令人不快的方面。换言之，他的言论破例与他自己国家的官方态度一致。1949 年，他从国王乔治六世那里获得了功绩勋章。[①] 在更近些年，他不但参加推行世界政府制度的运动，而且还发起核裁军运动。实际上，他甚至亲自参加非暴力反

①　当然，我的意思并非暗示这个崇高的荣誉不是对罗素作为哲学家的卓越成就的褒扬。

抗（civil disobedience）运动，以表示对它的支持。当他拒绝支付罚金，这一行动给他带来一周左右的监禁。① 因而，即使在非常进步的时代，罗素仍继续为他所认为的那种人类幸福而战斗。指责他是"象牙塔哲学家"显然是非常不恰当的。

不过，在下面一节中，我们将关注罗素的伦理和政治思想中比较有理论性的方面。当然，对一般公众来说，最使他出名的是他关于具体问题的作品。可是，如果在一部哲学史中讨论罗素关于（比方说）性② 或核裁军的见解，尤其当他本人认为这些具体问题的讨论不属于严格意义上的哲学时，那就文不对题了。

2.《哲学论文集》（1910）的第一章以"伦理学原理"（The Elements of Ethics）为题，它是几篇论文合并而成，包括1908年在《希伯特杂志》（*Hibbert Journal*）上发表的一篇关于决定论和道德的论文，1910年《新季刊》（*New Quarterly*）2月号和5月号上发表的两篇关于伦理学的论文。在这个时期罗素断言，伦理学的目的是发现关于有德性行为和邪恶行为的真命题，而且伦理学是一门科学。如果我们问为什么要从事某些行为，我们最终得到一些本身不能被证明的基本命题。但这不是伦理学特有的特征，它也没有削弱它要成为一门科学的要求。

那么，如果我们问我们之所以应当从事某些行为而不从事别的行为的理由，其回答一般都涉及行为的后果。如果我们假定一个行为是正确的，因为它造成了好的后果，或导致得到一项利益，那么，显然在这些行为本身中一定至少有某些东西是善的。不可能一切事物都是善的。假如它们都是善的，我们是不会将对的行为和错的行为区分开的。我们可能认为某些事物作为达到其他某事的手段是善的。但我们不可能没有内在善的事物的概念，这些事物具有"与我们对那个问题的看法、与我们的希望或其

---

① 只是要公正地补充说，这段不长的时间他是在监狱病房度过的，不是在通常监狱生活那种条件下度过的。

② 我们可以顺便说一下，1940年，罗素在纽约市立学院的任命被取消了，原因是他关于婚姻和性行为的观点遭到反对。不错，费城的巴恩斯基金会（the Barnes Foundation）给他提供了一个教席，但这个职位也只延续到1943年。纽约的事件引起了很多刻薄的争议，对这些争议，笔者觉得不用做任何评论。

他人的希望完全无关的"善的性质。① 的确，人们经常对什么是善有不同的看法。可能很难在这些看法之间做出判定。但由此不能得出，没有任何善的东西。实际上，"**善的和恶的**是属于对象的性质，与我们的意见无关，正如**圆的和方的**与我们的意见无关一样"。②

虽然善是某些事物的客观性质，但它是不能定义的。因此，我们不能把它与（比方说）快乐的东西等同起来。给人以快乐的东西可能是善的。但如果它是善的，这是因为除了快乐性之外，它还具有不能定义的善这个性质。"善的"不意味着"快乐的"，正如它不意味着"存在的"。

那么，如果我们假设，善是某些事物的内在的、不能定义的性质，那么，它只能被直接知觉到。表达这个知觉的判断将不容许证明。因此，问题出现了：这些判断之间的差异是否不会削弱甚至完全损害关于可以有什么是善的知识的论点。罗素显然不否认此前和现在都有关于什么事物是善的和恶的不同判断。同时他认为这些不同不那么大也不那么普遍，不至于迫使我们放弃道德知识的观念。不同人关于内在善恶的判断的真正不同，实际上"在我看来确实非常罕见"。③ 在这种不同存在的时候，唯一的补救办法就是更密切地观察。

在罗素看来，关于内在善恶的看法并不像关于行为对错的看法那样有那么多的不同。因为一个行为是客观正确的，"如果在一切可能的行为中，它是将可能有最好结果的行为的话"。④ 显然，即使人们在目的上是一致的，他们关于手段也会得出不同的结论。在这些情形下，一位道德行动者将根据这样的判断行事，这个判断是他在进行与既定情况相适合的全部反思后达到的。

善是某些事物的内在的、不能定义的性质，以及正确和义务的概念从属于善的概念，这个论点明显表现了罗素的朋友 G. E. 摩尔的影响。这个影响至少在某种程度上延续到《社会重建原则》（1916）。在那里，罗

① 《哲学论文集》，第 10 页。
② 同上，第 11 页。
③ 同上，第 53 页。
④ 同上，第 30 页。

素主要关心的是社会政治论题。他告诉我们，他没有以哲学家的身份写这本书。但当他说，"我认为最美好的生活是主要建立在创造性冲动上的生活"，[①]并解释说，他所谓的创造性冲动指的是以实现善或知识、艺术、善意之类有价值的东西为目的的冲动，他这时的观点确实与摩尔的观点是一致的。

3. 同时，尽管在《社会重建原则》中罗素确实没有明确放弃他从摩尔那里接过来的观点，但我们也许可以看到，在他某些方面的论述中表现出将善和恶与欲望相比较的倾向。总之，这里有一种根据人类学，即某种人性学说，来解释道德的明显倾向。我的意思并不是说这一定是一件坏事。我的意思毋宁是说，在伦理学中，罗素正在远离纯摩尔式的观点。

罗素同意，"一切人类活动都来自两个源泉：冲动和欲望"。[②]当他接着说到目的、欲望和意志对冲动的压制意味着对生命力的压制时，人们自然倾向于认为他这时说的是有意识的欲望。不过，处于人类活动基础中的欲望最初可能是无意识的欲望。受心理分析理论的影响，罗素在《心的分析》中坚持说，"一切原始的欲望都是无意识的"。[③]

自然冲动的表达本身是一件好事，因为人们有"一个生长中心原则，即将人们引向某一方向的本能趋力，就好像树木追寻光一样"。[④]对自然冲动的这种认同（这有时使我们想起了卢梭）需要做出限定。如果我们只是听从自然的冲动，我们就仍然受它的束缚，我们就不可能以建设性的方式控制我们的环境。正是心灵，即非个人的客观思想，发挥了对冲动和本能的批判作用，并使我们能够确定何种冲动是需要压制或转移的，因为它们与别的冲动冲突了，或因为环境不能或不适于满足它们。同样正是心灵使我们能够在某种程度上以建设性的方式控制环境。所以，当罗素坚持"生命力"原则时，他并没有完全认可冲动。

我们已知罗素将人类活动归于两个源泉，即冲动和欲望。后来他将

---

① 《社会重建原则》，第 5 页。
② 同上，第 12 页。
③ 同上，第 76 页。
④ 同上，第 24 页。

474

475 之归于"本能、心灵和精神"。① 本能是生命力的源泉，心灵对本能发挥批判作用。精神是非个人感情的原则，它能使我们超出对纯粹个人满足的追求，其方式是通过对他人的喜怒哀乐感到如同对自己的喜怒哀乐同样关切，通过关心整个人类的幸福，通过服务于某种意义上超人的目的，诸如真理、美，或对信教者来说的上帝。

我们也许可以采纳J. 布赫勒尔（J. Buchler）教授的提法②：在罗素看来，冲动和欲望是基本的最初刺激方式，而本能、心灵和精神是可以将我们所知的人类活动归类于其下的各种范畴。总之，罗素显然考虑在心灵的控制下逐渐将欲望和冲动整合起来，两者既在个人中，也在社会中。同时，他又强调精神的功能，把它看成达到非个人感情的能力。因为"如果生活要完全成为人类的生活，它就必须服务于在某种意义上似乎在人类生活之外的目的"。③

4. 即使在《社会重建原则》中罗素（尽管有所疑虑地）保留了摩尔关于我们能够对内在善恶有直觉知识的思想，但他保留这一思想的时间并不很长。譬如，他在一篇很受欢迎的文章《我相信什么》（"What I Believe"，1925）中说，善的生活是在爱的鼓舞和知识的指引下的生活，然后他解释说，他这里指的不是伦理知识。因为"我认为严格地讲，没有伦理知识之类的东西"。④ 伦理学之所以不同于科学，是因为欲望，而不是因为任何具体的知识形式。"某些目的是被欲求的，正当的行为是有利于达到这些目的的行为。"⑤ 同样，罗素在《哲学概论》（1927）中明确说，他放弃了摩尔关于善是不能定义的内在性质的理论，在这方面他提到了桑塔亚纳的《学说风云》（*Winds of Doctrine*，1926）对他思想的影响。他这时认为，善和恶是"从欲望派生的"。⑥ 当然，语言是社会现象，我们学会将"善"一词用于我们从属的社会团体所欲求的事情上。"首先，当我们

---

① 《社会重建原则》，第205页。
② 见于《伯特兰·罗素的哲学》，P. A. 席尔普编，第524页。
③ 《社会重建原则》，第245页。
④ 同上，第37页。
⑤ 同上，第40页。
⑥ 《哲学概论》，第238页。

欲求某物时就称它是'善的'，当某物令我们厌恶时就称它是'恶的'。"①

　　不过，只说这些对于罗素伦理观点的叙述就过于简单了。首先，他 476
早期伦理思想中的功利主义元素，即他与摩尔共有的元素，仍保持不变。
就是说，他仍然认为那些造成好的后果的行为是正确的，那些造成坏的后
果的行为是错误的。在这个有限的范围内，知识是可能的。譬如，如果两
个人一致认为某个目的 X 是值得想望的因而是善的，他们就完全可以证明
哪一个或哪一组可能的行为最有可能达到这个目的。他们原则上可以得出
一个表示或然知识的一致结论。②虽然这里的背景是伦理的，但所获得的
知识在任何方面都与非伦理环境下用恰当手段来达到某个目的的知识没有
特别的不同。换言之，它实际上不是一种被称作"伦理的"或"道德的"
特殊知识。

　　不过，当我们从考察达到某一目的的恰当手段转到关于目的本身的
价值判断时，情况就不同了。我们看到罗素曾经断言，价值看法上的差异
没有大到那种程度，以至于不能合理地认为我们可以并确实具有对内在善
恶的直接知识，即伦理直觉。但他放弃了这个观点，并得出结论：价值看
法上的差异基本上是"趣味的差异，不是任何客观真理上的差异"。③譬
如，如果一个人告诉我残忍是一件好事，那么，在指出这样一个判断的实
践后果的意义上，我当然可以同意他的意见。但如果他即使认识到这个判
断"意味着"什么，仍然坚持自己的判断，那么，我无法给他提供任何关
于残忍是错误的理论证明。我所能运用的任何"论证"实际上都是用来改
变这个人的欲望的劝说手段。如果这个手段不成功，那就没有更多要说的
了。显然，如果一个人表示从别的价值判断推演出某个价值判断，并且人
们认为该推演在逻辑上是错的，那他们就可以将这点指出来。如果一个
人用"X 是好的"指的只是 X 有某些经验后果，那我们就可以证明是否 X 477
实际倾向于造成这些结果。因为这纯粹是经验之事。可是，这个人即使在
此情况下也很可能不会说"X 是好的"，除非他赞成这些后果，他的赞成

---

① 《哲学概论》，第 242 页。
② 它不会是确定的或证明的知识。但也不是科学的确实知识。
③ 《宗教与科学》（*Religion and Science*，1935），第 238 页。

表达了一个欲望或趣味。因此从长远看，我们最终达到了理论的证明和反证都不再起作用的地步了。

这件事可以这样来说明。罗素有时可能这样表达自己的观点，以致显示出，在他看来，价值判断是纯粹个人趣味之事，无论如何不涉及他人。不过，这确实不是他深思熟虑的观点。在他看来，价值判断实际上是祈愿语气的。说"X是好的"就是说"要是人人都欲求X就好了"，说"y是坏的"就是说"要是人人都感到厌恶y就好了"。① 如果接受这个分析，那么，很明显，当我们认为"残忍是坏的"的意思是"要是人人都厌恶残忍就好了"，我们就不能说"残忍是坏的"是真的或假的，正如我们不能说"要是人人都欣赏好酒就好了"是真的或假的一样。因此，要证明"残忍是坏的"这个判断是真的或假的是不可能的。

显然罗素完全意识到，在有一种意义上确实可以说，一个人是否欣赏好酒不很重要，而人们是否赞成残忍却非常重要。但他会认为这些实践后果与正确分析价值判断的纯哲学问题没有关系。如果我说"残忍是坏的"，那我显然将做些力所能及的事情，务必（比方说）在实施教育时不能促使人们相信残忍是值得赞赏的。但如果我接受了罗素对价值判断的分析，我就必须承认，我自己对残忍的评价是理论上不可证明的。

这里，罗素有时受到批评，因为他热烈地表达他自己的道德信念，这好像与他对价值判断的分析不一致。对此他可以并且已经明确反驳说，因为他认为价值判断表达欲望，而他自己也有强烈欲望，所以他强烈表达这些欲望与他对价值判断的分析没有任何不一致之处。就这里的情况看，这个回答似乎非常有效。同时，如果我们记得他愿意谴责某些行为方式，诸如在奥斯威辛对待不幸的被囚禁者那类方式，即使真的可以表明这样的行为最终会有益于人类，会提高普遍的幸福，但很难避免这样的印象：即他实际上终归认为某些事情是内在恶的，不论别人是否认为它们是恶的。

---

① 罗素在《对批评的答复》（*Replies to Criticism*）中说："我认为一个伦理判断不**仅仅**表达一个欲望。我同意康德的观点，它一定有普遍性的成分。"《伯特兰·罗素的哲学》，P. A. 席尔普编，第722页。

甚至罗素本人似乎也觉得情况就是如此。因为他在说他看不到他的伦理学理论与强烈道德偏好的表达之间有任何逻辑不一致之后补充说，他仍然非常不满意。虽然他对自己的伦理学理论不满意，但他发现对其他人的理论更不满意。[①]因此我们也许可以说，虽然罗素希望能回到内在善恶的观念，但同时他又坚信真正经验的、科学的哲学既不能发现摩尔的不能定义的善的性质，也不能容许自明的道德原则。

针对罗素的价值判断分析，一个可能的反驳观点是说，罗素的分析根本不代表普通人认为他们在做这样判断时所想的东西。可是，罗素从来不大担心非哲学家想什么。他也从来不是热衷"日常语言"的人。不过，如果有某些年轻道德哲学家[②]试图说明价值判断，在说明中更注意日常语言及其含义，而又避免重新引入摩尔的不可定义的、非自然的性质，那是可以理解的。

5. 罗素认为至少有一部分伦理学属于严格意义上的哲学，那就是对价值判断的分析，亦即这样一个学说：展示人们必须用祈愿语气而不是用陈述语气表达的这类判断的逻辑形式。但罗素把社会政治理论看成完全处于严格意义上的哲学领域之外。因此，虽然我们对这些理论一字不说人们会认为很奇怪，但我们也不必因为非常简要地概括它们而感到歉意。

罗素在1902年写的一篇非常著名的文章中谈到"非人类权力的暴政" 479（the tyranny of non-human power），[③]即自然对人类理想和价值的趾高气扬的冷漠，他还谴责对赤裸裸的权力即暴力的崇拜，谴责军国主义的信条。他设想人们拒绝不计后果的权力，创造自己的理想价值的王国，哪怕这个王国最后注定会完全毁灭。因此，当人们一发现罗素在1938年说有些经济学家错误地认为自利是社会生活的根本动机，社会科学的基本概念是权力概念的时候，可能会有点奇怪。[④]因为假如按罗素1902年谴责权力时的同样意思来解释"权力"一词，那么，似乎可以推出，1938年时，要么

---

① 参见《伯特兰·罗素的哲学》，P. A. 席尔普编，第724页。
② 比如，我这里想到牛津的 R. M. 黑尔（R. M. Hare）先生。
③ 《神秘主义与逻辑》，第49页（又见《哲学论文集》，第62页）。
④ 参见《权力：新的社会分析》（Power: A New Social Analysis，1938），第10页。下面简称这部著作为《权力》。

他根本改变了自己的观点，要么他就是在敦促人们拒绝社会政治生活，即他大异其趣的某种东西。

不过，事实上，罗素从来没有改变他对"赤裸裸权力"的厌恶，他谴责为了权力而爱权力。当他说权力是社会科学的基本概念，不能根据权力来阐述社会动力学时，他用"权力"这个词指的是"造成所要的结果"（the production of intended effects）。① 他说虽然对商品和物质舒适的欲望确实在人类生活中起作用，但对权力的爱是更根本的，这时他说的"对权力的爱"指的是"能够在外部世界造成所要的结果的欲望"，② 不论这些结果是人类的还是非人类的。在此意义上对权力的爱是一件好事还是一件坏事，取决于一个人或团体想要造成的结果的性质。

我们可以这样来说这个问题。罗素在《权力》中假定能量是物理学的基本概念。然后他寻找社会科学的基本概念，并在权力中发现这个概念。因为权力如同能量一样永远从一种形式变成另一种形式，所以他为社会科学规定的任务就是发现权力变换的规律。虽然罗素拒绝历史的经济学理论，认为它是不切实际的，即它把社会生活中的基本推动力最小化，但他不打算根据权力为一切人类活动分类。譬如，为了权力，即为了控制，而追求知识是可能的，这个冲动在现代科学中已经变得越来越明显了。可是，以沉思的精神，即出于对知识这个对象本身的爱来追求知识也是可能的。实际上，"情人、诗人、神秘主义者发现了比追求权力者所能知道的更充分的满足，因为他们可以安享他们所爱的对象"。③

如果把权力定义为"造成所要的结果"，将对权力之爱定义为"造成所要的结果的欲望"，那么，显然可以得出，权力本身不是目的，而是达到其本身之外的目的的手段。罗素认为，"那些拥有权力（我们也有某种权力）的人的最终目的不是在与另一群人对立的人群中促进社会合作，而是在全人类中促进社会合作"。④ 他赞成民主制，认为它防止了权力的滥

---

① 《权力》，第35页。
② 同上，第274页。
③ 《科学观》（1931），第275页。
④ 《权力》，第283页。

用。① 他描述了全人类社会合作的理想，由此引出了世界政府的概念，这个政府具有防止民族间爆发对立的权威和权力。② 科学有助于使世界在技术的层面上统一起来。但政治落后于科学，我们尚未建立一个有效的世界组织，它能够利用科学带来的利益，同时又能够防止科学可能造成的祸害。

当然，由此不能得出，在罗素看来社会组织是一个有价值的生活目标。事实上，它本身不是一个目的，而是一个手段，是促进美好生活的手段。人有贪婪的、掠夺性的冲动。国家的本质作用就是控制个人和群体中这些冲动的表达，正如一个世界政府的作用就是控制由各国所显示出的这些冲动的表达。但人还有创造性的冲动，即"把并非取自任何他人的某种东西放入这个世界的冲动"。③ 政府和法律的作用是促进这种冲动的表达，而不是控制它们。把这个思想用于世界政府就意味着，不同的民族应当保留发展自己的文化和生活方式的自由。

毫无疑问，罗素根据权力观念的社会动力学分析很容易被批评为过于简单化。但要注意的一点是，他总是坚持伦理目的的首要性，坚持为了促进人类人格的和谐发展组织人类社会的必要性，在这个意义上，他始终一贯地将事实从属于价值。我们几乎没有必要补充说，罗素没有声称他关于社会政治组织的伦理目的的判断，关于构成美好生活的东西的判断，可以免于他自己的价值判断分析。他会承认，这些判断表达了个人的欲望，即个人的建议。当然，正因为这个理由，他认为它们不属于严格意义上的哲学。

6. 我们提到罗素早年就放弃了对上帝的信仰，除此之外，关于他对宗教的态度我们还什么也没说。要在他的作品中寻找深奥的宗教哲学，那是徒劳的。但由于他常常提到这个论题，所以一般地指出他的观点似乎是

---

① 虽然我们可以称罗素是一位社会主义者，但他强调了当社会主义脱离实际民主制时的危险。

② 如果近些年罗素对核裁军运动的关注超过了对世界政府的关注，这无疑是因为通过协议建立有效的世界政府的前景似乎有点遥远，而一场自杀性的世界大战任何时候都可能爆发。

③ 《权威与个人》（*Authority and the Individual*，1949），第105页。在这部著作中，罗素讨论了根据具体可能性将社会凝聚力与个人自由结合起来的问题。

适宜的。

像他之前的 J. S. 密尔一样，罗素明确认为，人们信仰上帝，把上帝说成是无限善的和全能的，而世界上的罪恶和苦难构成了反对这个信仰的无法辩驳的理由，尽管如此，罗素不会声称我们可以证明一个超然于世界的神圣存在物不存在。因此确切地说，他是一位不可知论者。同时，他也不相信对于上帝的存在有任何实际的证据。从他的哲学的整个特点看，确实很明显，对上帝存在的传统证明被排除了。在对因果性的现象论分析中，对于超现象存在的任何因果推断都是无效的。如果"秩序、统一性和持续性是人类的发明，就像目录和百科全书是人类的发明一样真实"，[①]那我们依靠以世界的秩序和目的性（finality）为根据的论据不可能走很远。至于有些现代科学家引证的论据，比方说在进化中，没有任何东西证明进化显示出一个神圣目的的假设是有道理的。即使我们可以找出一个理由来主张世界在时间上有开端，我们也无权推断它是被创造出来的。因为它也许是自发开始存在的。它竟然会这样开始存在，这也许看起来很奇怪，"可是没有任何自然法则的大意是说，我们看起来奇怪的事情一定不可以发生"。[②]

不过，虽然罗素认为没有任何上帝存在的证据，但他明确说，就对上帝的信仰本身而论，它并没有引起他的反感，正如相信精灵和仙女没有引起他的反感一样。对一个假设的东西的信仰可以是使人安逸但得不到证实的，对上帝的信仰只不过是此类信仰的一个例子，信仰上帝不一定使一个人成为坏公民，正如他不信仰上帝也不一定是坏公民一样。罗素的抨击主要针对基督教团体，在他看来，基督教团体一般与其说做了好事，倒不如说造成了伤害，他的抨击还主要针对神学，这只是就如下方面说的：神学被用来支持迫害和宗教战争，被当作防止采取手段达到他认为可取的某些目的的理由。

同时，虽然罗素经常以伏尔泰的方式写作，但他不仅仅是"哲学家们"的精神后代。他将价值附加在我们所谓的宗教情感和认真关注生活的

---

① 《科学观》，第 101 页。
② 同上，第 122 页。

宗教态度上。如果可以说他有一种宗教，那就是他在《社会重建原则》中概述的那种"精神"生活。的确，这本书出版于1916年，但他在晚近的一个时候说过，在他看来，他"在《社会重建原则》中"对自己的个人宗教的表述"几乎没有什么不满"。①

罗素反对基督教的辩论不是我们这里所关心的。我们指出下面一点就足够了：虽然他有时赞扬（比方说）爱的理想，赞扬基督教关于个人价值的观念，但他的抨击比赞美更突出。虽然罗素无疑将注意力集中在基督教历史上某些广为人知的黑暗时期，但他往往夸大其词，有时为了风趣和挖苦而牺牲准确性。不过，在此更有意义的是考虑如下情况，他从来没打算系统地把他认为宗教中有价值的东西与神学信念分开。假如他真这样做了的话，他本来早就可以重新考虑自己的立场，尽管要指望他会认真问自己，在某种意义上，是否上帝不是他自己提出的某些问题的一个隐含的前提，则可能太苛求了。

7. 要用简明的叙述来概括罗素关于哲学的本性的观点是不可能的。因为他在不同的时间有不同的说法。② 他从来不是这样一个人：把一切线索归拢在一起，详细说明它们怎样彼此配合，怎样形成可以理解的样式。他太急于想做手头的下一件事情。同时，我认为，要理解他怎样开始表达他关于哲学的本性和范围的相当不同的观点，并不十分困难。要发现他的哲学概念中一直存在的要素也不很难。

就哲学的基本动机而言，罗素认为哲学永远是对知识即客观真理的追求。他表达了他的信念。哲学的主要任务之一是理解和解释世界，乃至在可能的情况下发现实在的终极本性。的确，罗素认为哲学家实际上往往试图证明事先想好的信念。他指的是布拉德雷的著名说法——形而上学就是为人们根据本能相信的东西找到坏的理由。他还坚信，有些哲学家实际上用思维和论证来确立一些令人欣慰的信念，这些信念在他们看来具有实用的价值。此外，当他将哲学的目标和抱负与所达到的实际结果相比较

---

① 《伯特兰·罗素的哲学》，P. A. 席尔普编，第726页。
② 当然，罗素像其他任何人一样随意改变自己的思想。但撇开这个事实不论，我们必须记住，就那些抽象来看互不相容的论述而言，他在特定的语境下，由于辩论之故，有时夸大一个论题的特定方面。

时，他有时好像说，对于任何能恰当称作知识的东西，科学是获得它们的唯一手段。但所有这些改变不了这样的事实：在谈到哲学家的态度、动机和目标应当是什么的时候，罗素坚持可以合理称作传统观点的东西。这在他的早期著作中是很明显的。在他后期抨击"语言"哲学，即抨击只关心规划所谓的日常语言，抨击代表这个倾向的哲学家们放弃解释世界的重要任务的根据时，也是很明显的。①

不过，如我们已经提到，罗素主要强调的方法是分析。在一般哲学中，这意味着哲学家是从一个共同的知识体或被假定为知识的东西着手。这构成了他的材料。接着，他尝试将这个复杂的知识体 —— 它是用稍微含糊的、往往逻辑上互相依赖的命题来表达的 —— 还原为他试图尽可能使之简单、准确的许多命题。然后他将这些命题按照演绎的线索来安排，它们在逻辑上都依赖于某些起前提作用的初始命题。"对这些前提的发现属于哲学：但从这些前提推演共同知识体的工作属于数学，如果在不太严格的意义上来解释'数学'的话。"②换言之，哲学是通过逻辑分析从复杂的、相对具体的东西前进到比较简单、比较抽象的东西。因而它与从比较简单的东西前进到比较复杂的东西的特殊科学不同，也与纯演绎的数学不同。

不过，哲学家们可能会发现，就一个共同的假设知识体来说，它逻辑上暗含的某些前提本身很容易受到怀疑。任何后果的或然性程度都将取决于最容易受到怀疑的前提的或然性程度。因此，逻辑分析不仅仅服务于发现暗含的初始命题或前提的目的。它还服务于这样的目的，即帮助我们判断通常被认为是知识的东西 —— 即前提的结果 —— 所带有的或然性的程度。

几乎无疑的是，罗素是由于他在数理逻辑方面的工作而想到分析方法的。因而可以理解，他把逻辑说成是哲学的本质，并且宣称，如果恰当地分析就会发现，一切哲学问题或者根本不是真正的哲学问题，或者在作

---

① 参见《我的哲学的发展》，第230页。
② 《我们关于外部世界的知识》，第214页。

为逻辑分析问题的意义上，它们是逻辑的问题。[1]这种分析受到经济原则或奥卡姆剃刀原则的启发，并导致逻辑原子主义。

不过，我们已经说过罗素如何改信维特根斯坦关于形式逻辑和纯数学命题是"重言式"体系的理论。如果我们从这个观点看问题，就完全可以理解他为什么强调逻辑与哲学的区别。譬如，他说："我坚持认为，逻辑不是哲学的一部分。"[2]当然，关于形式逻辑这个重言式体系不属于哲学的说法，与强调逻辑分析（即罗素思想特有的还原分析）在哲学中的重要性，两者并非不相容。的确，随着他早期数理逻辑方面的工作渐渐远去，罗素越来越不倾向于把逻辑说成是哲学的本质。他越是强调哲学假设的试验性特征，他就越是扩大了哲学与严格意义上的逻辑之间的鸿沟。因而要断言罗素的态度没有任何改变是不可能的。毕竟他曾经说过逻辑是哲学的本质，后来一个时期他才宣称逻辑根本不是哲学的一部分。同时，我们必须记住，罗素在做前一个陈述时，他至少在部分上指的是哲学的方法是或应当是逻辑分析的方法。他从未放弃相信这种方法的价值。

不过，虽然罗素仍然相信作为其思想特色的还原分析的价值，并且捍卫这种分析反对近来的批评，但不可否认的是，他对哲学的基本看法有了相当大的变化。我们看到，有一个时期，他将哲学方法与科学方法截然区分开来。而后来我们发现他说，哲学家应当从科学中学习"原则、方法和基本概念"。[3]换言之，罗素对哲学与科学关系的反思，即他在数理逻辑方面的工作之后，以及在他最初构想和运用还原分析之后所做的反思，对他的基本哲学观产生了很大的影响。譬如，虽然在说到逻辑是哲学的本质的时候，他倾向于给人这样的印象，假如对哲学问题做恰当的分析，并将它们还原为精确的、容易处理的问题，那么就可以将它们一一解决，但后来他却开始强调在哲学中有必要做出大胆全面的暂时性假设。同时，他有时表现出一种明显倾向，即怀疑哲学家能发现任何真正解决其问题的办法。关于罗素对哲学与经验科学关系的看法，下面的评论也许会有助于使

---

[1]《我们关于外部世界的知识》，第42页。
[2]《人类知识》，第5页。
[3]《哲学概论》，第2页。

他的不同说法更易理解。

486　　　　根据罗素的观点，科学应当建立在经验知识的基础上，在这个意义上，哲学是科学的前提。[①] 因此，在某种意义上哲学必须超出科学之外。要解决被认为属于科学的问题，哲学家所处的地位显然不如科学家好。因此，哲学家必须有他自己要解决的问题，他自己要做的工作。但这个工作是什么呢？

　　罗素说过，哲学最重要的部分就在于批判和说明那些容易被当作终极的并且不加批判而接受的概念。[②] 这一行动方案很可能包括批判地考察和"辨明"前一章提到的科学推断。不过，它还包括批判和澄清心灵和物理对象概念之类被假定的基本概念。如我们已知，这项任务的完成导致罗素把心灵和物理对象说成是事件的逻辑构造。但我们还知道，罗素并不认为这方面的还原分析仅仅是语言之事，即仅仅是发现一种语言来替换心灵和物理对象语言。在真正的意义上，分析被设想为旨在获得关于宇宙的终极成分的知识。物理学的实有体，即原子、电子等本身，被说成是逻辑构造。因此，在试图澄清科学认为理所当然的混乱概念的意义上，哲学分析没有超出科学的范围。在科学的层次上，原子的概念并不混乱。或者说，如果这个概念是混乱的，澄清它也不是哲学家的事。哲学提出了一个本体论或形而上学的假设，在此意义上，哲学超出了科学的范围。

　　因此，对于罗素断言哲学的工作之一是提出关于宇宙的大胆假设，是不足为奇的。但马上出现了一个问题。即使在原则上科学可以确证或反驳这些假设，难道也只能认为它们是科学尚不能确证或反驳的假设吗？或487　者说，哲学家有资格提出原则上科学不能证实的假设吗？换言之，哲学有没有它自己独特的关于宇宙的问题呢？

　　罗素确实把哲学问题说成是"至少在当前不属于任何特殊科学的问题"，[③] 因而是科学尚不能解决的问题。而且，如果科学的假设是暂时的，

---

① 　例见《我的哲学的发展》第 230 页。在那里，罗素批评语言哲学，认为它试图使哲学与科学分离。
② 　《当代英国哲学》（第一辑），第 379 页，以及《逻辑与知识》，第 341 页。
③ 　《哲学概论》，第 1 页。

那么，哲学提出的解决哲学问题的假设则更是暂时的、试验性的。事实上，"科学是你或多或少知道的东西，而哲学是你不知道的东西"。① 的确，罗素承认，这个特别的说法是玩笑话。但他认为，只要我们补充说，"对我们尚不知道的东西做哲学思辨，表明它本身是对精确科学知识的有价值的准备"，② 就可以证明那个玩笑是有道理的。如果哲学假设得到证实，那它们就变成了科学的一部分，不再是哲学的了。

这个观点代表了我们所谓的罗素的实证主义方面。我的意思并非暗示他曾经是一位"逻辑实证主义者"。因为如我们所知，他一直拒绝逻辑实证主义的意义标准。当他说未证实的哲学假设不构成知识的时候，他不是说这些假设是无意义的。同时，如果我们所说的"实证主义"指的是只有科学提供关于世界的确实知识的学说，那么，我们可以把"一切**确切**的知识 —— 我所应主张的那种知识 —— 都属于科学"③ 这个说法说成是实证主义的。不过，值得注意的是，当罗素做出这种性质陈述的时候，他似乎忘记了，根据他关于科学推断的不可证明公设的理论，我们难以理解如何能确信不疑地断言科学提供了确切的知识，尽管公认我们都相信它能做到那一点。

不过，这种实证主义态度只代表了罗素对哲学问题看法的一个方面。因为他还把哲学家说成考虑原则上不能得到科学解决的问题。的确，他似乎一般指的是大众意义或历史意义上的哲学。但他确实说到，"思辨的头脑最感兴趣的几乎所有问题，都是科学无法回答的那类问题"。④ 而且，哲学的任务中就包括研究生活的目的之类的问题，即使它不能回答这些问题。显然这样的问题实质上是哲学问题。即使罗素怀疑哲学回答这些问题的能力，他也肯定不认为它们是无意义的。相反，"哲学的功能之一就是保持对这些问题的浓厚兴趣"。⑤

在罗素的著作中确实有一些互相冲突的陈述令人困惑地同时出现。

488

---

① 《逻辑与知识》，第281页。
② 《非通俗论文集》（*Unpopular Essays*，1950），第39页。
③ 《西方哲学史》（*History of Western Philosophy*，1945），第10页。
④ 同上。
⑤ 《非通俗论文集》，第41页。

譬如，他恰恰在一个段落中说"哲学应当使我们知道生活的目的"，[①]又说"哲学本身不能确定生活的目的"。[②]再有，如已经提到，他说哲学应当对宇宙是否有一个目的这样的问题保持浓厚的兴趣，而且"除了思想比较愚钝的人之外，对所有人来说某种哲学是必不可少的"，[③]然后他继续说，"哲学是理智发展过程中的一个阶段，并且与精神的成熟不相符"。[④]

当然，这样明显的不一致可以通过对意义和语境的适当区分而使之消失。不过，我们在此做此类诠释是不必要的。更中肯的做法是指明罗素的哲学观中的两种主要态度。一方面，他强烈地意识到，科学对真理的追求是非个人的，它对先入之见的信念和人们希望其为真的东西保持中立，因此它提供了一个理论思维的样板，形而上学哲学则在这方面留下了坏的记录。他还坚信，虽然科学假设永远是临时的，服从于可能的修正，但科学使我们最接近于我们所能获得的关于世界的确切知识。由此他有了这样的说法，"凡是能被知道的东西，都能通过科学来知道"。[⑤]从这个观点看，理想的情况也许是：哲学应完全让位于科学。如果实际上哲学不能让位于科学，因为永远有一些问题是科学还不能解决的，那么，哲学就应当尽可能变成"科学的"。就是说，哲学家应当抵制诱惑，不要用哲学去证明先入之见的或令人欣慰的信念，或者把哲学用作救赎的方式。[⑥]具体的价值
489　判断以及依赖于这种判断的反思，都应从"科学的"哲学中排除出去。

另一方面，罗素不仅清楚地意识到，在流行的、历史的意义上，"哲学"一词涵盖的范围要比"科学的"哲学概念所承认的范围大得多，而且他还感觉到，有一些有意义的、重要的问题是科学不能回答的，而对这些问题的了解扩大了我们的精神视野。他拒绝将这些问题当作无意义的排除掉。即使他认为"科学不能发现的东西，人类不可能知道"，[⑦]他也仍然坚

---

① 《哲学概论》，第312页。
② 同上。
③ 《非通俗论文集》，第41页。
④ 同上，第77页。
⑤ 《西方哲学史》，第863页。
⑥ "哲学本身既非要解除我们的困扰，亦非要拯救我们的灵魂。"《西方的智慧》（ *Wisdom of the West*，1959），第6页。
⑦ 《宗教与科学》，第243页。

信，如果只因为这些问题表明了科学知识的界限，假如真把它们忘记了，"人类生活就会枯竭"。[①]换言之，对一般实证主义的某种同情由于感到世界具有一些神秘的方面而得到平衡，而且要拒绝承认这些神秘的方面，则不是表现了一种无根据的教条主义，就是表现了一种心胸狭隘的庸俗主义。

这件事可以这样来叙述。罗素自己承认，他最初对哲学感兴趣，其缘由之一是想要发现哲学是否能为某种宗教信仰提供任何辩护。[②]他还指望哲学给他提供某种知识。这两件事都使他失望了。他得出结论，哲学既不能给他提供宗教信仰的理性根据，也不能提供任何领域的确实性。当然，还有数学，可是数学不是哲学。因而罗素得出结论，科学，不论其假设可能如何是临时的，不论其推断在何种程度上依赖于不能证明的公设，它都是我们合理称之为确切知识的唯一来源。因此，严格意义上的哲学不可能大大超出关于科学的哲学和一般的知识论，以及对这样一些问题的考察，这些问题虽然是科学尚不能解决的，但它们的提出和讨论带来了必要的预见的成分，因此对科学可以有积极的激励价值。同时，罗素永远对他所理解的那种人类福祉有强烈的兴趣。因此他毫不犹豫地超出"科学的"哲学的界限，探讨包括明确价值判断、并确实为流行意义上的"哲学"一词所涵盖的那些论题。他思想中的许多明显不一致，至少可以根据这些考虑而得到解释。而其他一些不一致，部分上是由于他不愿意回头查看自己的著作并排除同一个词用法上的不同而引起的，要不然就是由于他不愿意在每个场合都说明他在何种确切意义上使用那个词引起的。或许下面的情况也与此有关：虽然罗素赞成通过哲学分析零打碎敲地解决哲学问题，但他总是表现赞赏全面性假设和理论的宏大气势和魅力。

8. 1950 年，罗素获得了诺贝尔文学奖。毫无疑问，他是一位文笔优雅而清晰（如果人们不考虑他在术语使用中的某种不严格）的作家。他早期数理逻辑方面的著作不是为一般大众写的。除此以外，他将哲学反思带给了一大批读者，这些读者不大可能阅读康德的第一《批判》或黑格尔的

490

---

① 《非通俗论文集》，第 41 页。
② 参见《我的哲学的发展》，第 11 页。

《精神现象学》(*Phenomenology of Spirit*)。因而在文学风格上，罗素站在洛克、休谟和 J. S. 密尔的传统上，尽管他的更流行作品使人们更多想到启蒙运动中的法国哲学家。事实上，与普通大众一致，罗素已经成为理性主义和非宗教人道主义的支持者。

当然，哲学家中没有人质疑罗素对现代英国哲学和其他地方类似思潮的影响。在有些国家，尤其是德国，有一种漠视他的倾向，认为他是早期在数学上做出某种优秀成果的"经验主义者"。但他讨论了一些有趣而重要的哲学问题，诸如科学推断的根据和价值判断的本性等问题。虽然某些热衷于日常语言崇拜的人会批评罗素的还原分析，但在笔者看来，如果这些批评完全是根据语言学术语构想出来的，那它们是非常不恰当的。譬如，如果认为还原分析指的是，原则上可以将句子"俄罗斯入侵芬兰"转译成许多句子，在这些句子中"俄罗斯"一词不出现，而只提到一些个人，① 原句与译句之间的关系是，如果前者是真的（或假的），后者也是真的（或假的），反之亦反，那么，这里的本体论含义是：国家无论如何不是超出其成员之外的实有体。如果对此的批评仅仅指出我们若不用"俄罗斯"之类的词日常语言就不当其用，那么，这个批评似乎很不充分。诚然如此，但接着我们想要知道这个观点的本体论含义是什么。我们要说国家**是**超出其成员之外的什么东西吗？如果不是，那么如何阐明国家这个概念呢？以某些方式根据互相联系的个人来阐明吗？以什么方式呢？可以说，这些问题都可以通过考察"国家"之类词的实际使用方式来回答。似乎很明显，在考察的过程中，我们将发现自己提及了语言之外的因素。同样，对于（比方说）"世界是事物的类"这样的陈述，如果对它的批判是根据如果我们不能提及"世界"我们就无进行表述，那么，这个批判是不充分的。诚然如此，但接着我们可以非常合乎情理地问："你的意思是我们不能恰当地认为世界是事物的类吗？如果是这样的话，你如何构想世界呢？你的构想方式可能更好，但我们想知道它是什么。"

不过，我们不打算把以上所说当成为罗素使用还原分析所做的一般

---

① 这些个人指下令入侵的人，策划入侵的人，用参加战斗、制造军火、从事医务活动等支持入侵的人。

辩解。因为很可能通过考察这种分析的特定事例，我们会发现一个本质特征被忽略了。笔者认为，譬如罗素对自我的分析就证实了这种情况。如我们已知，有一段时间他认为意识现象学意味着"我－主体"是不可消除的。而后来，他把自我描述成由事件做成的逻辑构造，因而发展了休谟的现象论。但在我看来十分清楚的是，当以代词"我"开头的句子被转译为只提到"事件"的句子，并且"我"一词不见了，那么，原句中的一个本质特征就完全被省略了，因而译句就不充分。在某种意义上，当维特根斯坦在《逻辑哲学论》中谈论形而上学论题时他清楚地看到了这一点。的确，他说，如果我写一本关于我在世界上所发现的东西的书，我不可能提到形而上学的主体。但我之所以不可能提到它只因为它是主体，不是客体，不是"我"在世界上发现的客体之一。因此，经验心理学可以不需要形而上学的或先验的自我或"我－主体"的概念而继续下去。但对于意识现象学，如维特根斯坦似乎认为的那样，这个概念是不可消除的。但罗素试图通过消除意识而消除这个概念。笔者不认为他的尝试取得了成功。当然，这不是反对还原分析的一个理由。对真正多余的东西无疑应当用奥卡姆剃刀来处理。但由此绝不能得出所有罗素认为多余的东西都**是**多余的。不过，这个尝试可能有助于表明什么东西是不能通过分析来消除的，在这个意义上，这个尝试可以有实用的价值。

492

这也许听起来好像笔者把还原分析看成哲学方法，但又不同意罗素对它的某些运用。不过，这个印象是错误的。我认为，还原分析有它的用处。但我确实认为它不是唯一的哲学方法。首先，我们开始意识到"我－主体"即先验自我，是通过先验反思而不是通过还原分析。的确，我提出过，还原反思在消除"我－主体"上的失败，能有助于引起对这个主体的注意。实际上，这个失败要适合这个目的，只要它引起了向现象学、即向先验反思的转变。这个失败本身只使我们困惑，就像大卫·休谟所做的那样。其次，如果假定还原分析是哲学方法，这似乎就预先假定了一门形而上学，即与绝对观念论的"一元论"形而上学对立的"原子论"的形而上学。如果人们选择的方法预先假定了一门形而上学，那么，要声称这个形而上学是唯一"科学的"形而上学是毫无用处的，除非这个方法在说明经验时始终是成功的，而别的方法却做不到。

转到另一个问题。我们已知罗素试图获得确实性。他说过，"哲学是由于异常顽固地试图获得真正的知识引起的"。① 这预先假定了实在即宇宙是可以理解的。② 但几年以后，我们被告知，"秩序、统一性和持续性是人类的发明"。③ 换言之，宇宙的可理解性是由人，即由人的心灵强加的。这就使罗素能够驳倒（比方说）詹姆斯·金斯爵士（Sir James Jeans）这位天文学家的那个主张：应当把世界设想成一位神圣数学家表达出来的思想。因为应当把世界可以根据数理物理学来解释这一事实归因于物理学家那种技能，即给世界加上一张网。当然可以说，即使理解世界的最初尝试预先假定了世界的可理解性，这个预先假定也只是一个假设，而且罗素后来断言这个假设没有被证实。不过，对这个假设的拒绝起因于对世界的一种考察，即对世界的一种分析，这种分析本身就预先假定了它所考察和分析的东西是可理解的。无论怎样，如果秩序、统一性和持续性是人类的发明，那么，关于科学提供确切知识的主张会变成怎样呢？它所提供的似乎只是关于人类心灵及其活动的知识。当然，同样的话也可以用来说罗素的还原分析的结果。但不论怎样，我们真能相信科学没有给我们提供有关精神之外世界的任何客观知识吗？没有人会否认科学是"有作用"的，它有实用的价值。然而，这里马上出现的问题是：是否世界一定没有使科学具有这种实用价值的某些可理解的特征？如果我们一旦承认实在的可理解性，那么就再一次向形而上学问题敞开了大门，对这些问题罗素往往轻蔑地不屑一顾。

结语。罗素的全部文学成就，从抽象的数理逻辑到小说，④ 都给人以极其深刻的印象。他在数理逻辑史上的地位显然是确定无疑的。在一般哲学中，他借逻辑分析之助，以及对作为认识论的经验主义界限的确认，发

---

① 《哲学概论》，第 1 页。

② 值得注意的是，探究还预先假定了一种价值判断，这个价值判断是关于作为人类心灵追求的一个目标的真值的。

③ 《科学观》，第 101 页。

④ 罗素于 1953 年出版了短故事集《郊区的撒旦》（Satan in the Suburbs），1954 年出版了《名人的噩梦》（Nightmares of Eminent Persons）。

展了经验主义，构成了现代英国哲学思想的一个重要阶段。至于他在伦理学、政治学和社会理论领域的通俗著作，显然不能与（比方说）《人类知识》同日而语，更不要说《数学原理》了。当然，它们使我们看到了一个令人感兴趣的人物，一个人道主义者。譬如他说，他的理智使他得出结论，宇宙中没有任何比人更高级的东西，尽管他在情感上强烈厌恶这个结论。他承认，他总想在哲学中找到"非个人情感"的某种理由。而即使他没有找到这个理由，"那些试图建立人道主义宗教——它认为没有任何东西比人更伟大——的人也没有使我的情感得到满足"。① 罗素可能是20世纪大不列颠非宗教人道主义的伟大支持者，但至少在情感层面上他是有保留的。

494

　　因此很难明确地给罗素归类，比方说把他归类为"经验主义者"，或归类为"科学人道主义者"。但我们为什么希望给他归类呢？毕竟他就是伯特兰·罗素，一个与众不同的人，他不只是一类人中的一员。如果他在晚年好像变成了一个全国的名人，那不仅由于他的哲学著作，而且由于他的复杂而坚强的个性，将贵族、哲学家、民主主义者、事业活动家集于一身。我们有些人坚定相信的东西与他的十分不同，并受到他的攻击，他们谴责他某些方面的影响确实是很自然的事。但这不应使人们无视这样的事实：罗素是20世纪英国人中最引人注目的人物之一。

---

① 《伯特兰·罗素的哲学》，P. A. 席尔普编，第19页。

结束语

495　　我们已经看到，对于哲学家们给我们提供关于世界的确切知识的能力，伯特兰·罗素常常表达出很强的怀疑主义观点，对于自称其体系代表了最后的确定真理的任何哲学家，他确实极少同情，尽管如此，他永远认为哲学是受理解世界以及人与世界关系的欲望驱使的。即使哲学实际只能提供"考察经验探究的结果的方法，即好像一个框架，将科学的发现集合在一起，形成某种秩序"，[①]但如罗素所说，这个思想预先假定科学已经给我们提供了观察世界的新方法，即哲学家必须当作一个起点的新概念。他取得的成就也许是有限的，但他最终关心的正是这个世界。

　　从重要性上看，G. E. 摩尔更近乎一位革命者。他确实没有为哲学的本性和范围制定任何严格的教条。但如我们所知，他实际上只致力于他所理解的那种分析。他的榜样效应助长了这样的信念：哲学首先关心的是对意义的分析，亦即对语言的分析。的确，罗素发展了逻辑分析，并常常关心语言，但他主要关心的是别的方面。当然，两人以不同的方式都将注意力指向分析。不过，回顾一下，在我们看来，正是摩尔而不是罗素，通过有力的例证而不是明确的理论，成为如下观点的预报者：哲学家的首要任务是对日常语言的分析。

　　不过，为了对哲学的本性和范围作明确教义式的说明，我们必须转到路德维希·维特根斯坦。我们说过，正是维特根斯坦使罗素转而接受了逻辑命题和纯数学是"重言式"的观点。维特根斯坦在《逻辑哲学

----

① 《西方的智慧》，第311页。

论》^①中解释说，他说的重言式指的是这样一个命题，它对所有可能的事态都成立，因而它以矛盾式作为其对立面，后者对所有不可能的事态都成立。重言式说事物是一种样子，同时事物可以是另一种样子，因此在这个意义上，它不给我们提供任何关于世界的消息。不过，一个"命题"与一个重言式不同，它是世界的一个可能事实或事态的图像或表象。在此意义上，一个命题不是真的就是假的，但我们无法通过检查它的意义（Sinn）而知道它是真的还是假的。要知道这一点，可以说我们必须将它与实在相比较，即与经验的事实相比较。^②因此，一方面，我们有逻辑和纯数学的重言式，它们是必然真的，但不给我们任何关于世界的事实消息，而另一方面，有一些命题，即经验陈述，对事物在世界上如何存在有所述说，但它们从来不是必然真的。

这样，根据维特根斯坦在《逻辑哲学论》中对命题一词的专门用法，他将命题等同于自然科学命题。^③这一等同所做的限制似乎是不恰当的。因为根据维特根斯坦的前提，没有任何合适的理由说为什么我们应当将通常不被称作科学陈述的日常经验陈述从这类命题中排除出去。不过，维特根斯坦很可能对此也会承认，命题的总体与自然科学的总体是等同的。总之，重要之点在于，命题不是哲学的。一个科学陈述不是一个哲学命题。当然，"狗在桌子下"之类的陈述也不是哲学命题。重言式也不是哲学命题。数学与自然科学一样都不是哲学。因此可以得出，在维特根斯坦的规划中没有哲学命题的余地。事实上没有哲学命题这样的东西。^④而如果没

---

① 这部著作的原版见于1921年奥斯特瓦尔德的《哲学编年史》（*Annalen der Philosophie*）。1922年第一次成书出版，有德、英两个文本（1923年稍做订正后重印）。1961年出版了由 D. F. 皮尔斯（D. F. Pears）和 B. P. 麦吉尼斯（B. P. McGuiness）翻译的新译本。

② 在维特根斯坦看来，一个复杂命题是各基本命题的真值函项。譬如，我们假定，如果命题 a、b、c 是真的，命题 X 就是真的。在这样一个情况下，为了知道 X 是真的还是假的，没有必要直接证实 X。但在某一时刻，必须要做证实，即将一个命题或多个命题与经验事实做对质。

③ 《逻辑哲学论》，4.11。经验心理学被包括在自然科学之中。

④ 假如有人对维特根斯坦说，"连续统没有任何实际的部分"是一个哲学命题，那么，他无疑会回答说，它实际上是一个重言式，或者是给"连续统"一词的意义或部分意义所下的一个定义。但假如真把它理解为断言世界上有连续统的实例，那它也应当是一个日常经验陈述。

497　有这样的东西，对它们做确切说明显然不可能是哲学的任务。①

那么，哲学的功用是什么呢？据说在于对命题的澄清。而要被澄清的命题显然不是哲学的命题。②的确，维特根斯坦将命题等同于自然科学命题，如果我们照字面理解，逻辑上可以得出，哲学的任务是澄清科学命题。但哲学家如何并在何种意义上能做到这一点，并不是马上就清楚的。此外，虽然维也纳学派的逻辑实证主义者确实认为哲学适度的积极功用类似于科学的侍女，③但根据维特根斯坦在《逻辑哲学论》的其他地方所说，④他似乎首先想到的是一种用来清理逻辑混乱的语言治疗剂。譬如，如罗素所指出，在日常语言或口语中，句子的语法形式经常掩盖了逻辑形式。因此就可能诱使哲学家做出"形而上学的"陈述（比方说"金山"一定有某种特殊的处于实际存在与不存在之间的本体论地位），这些陈述是由于不了解我们的语言的逻辑引起的。看到这一点的哲学家可以与罗素的摹状词理论相似，通过重述引人误解的句子，展示它的逻辑形式，来清理他的同事心中的混乱。再有，如果有人试图谈论某个"形而上学的"东西，那我们可以向他指出，他没能给一个或更多词任何确切的意义（Bedeutung，reference）。维特根斯坦实际给出的一个例子（他在《逻辑哲学论》中极少举例）是："苏格拉底是同一的。"因为当我们以**这种**方式把"同一的"用作形容词的时候，它没有任何意义。维特根斯坦所说的话，在某些情况下无疑适用于"这个世界的原因是什么？"之类的问题。

498　因为，如果我们假设因果性表示现象**之间**的一种关系，那么，要求**一切现象**的原因就没有意义。而且根据维特根斯坦的前提，我们不能谈论世界的整体。⑤

---

① 当然，《逻辑哲学论》是一部哲学著作，并且包含"哲学的命题"。但维特根斯坦的一贯性令人钦佩，他毫不犹豫地接受了一个自相矛盾的结论：能使人们理解他的理论的命题本身是无意义的（unsinning，6.54）。

② 《逻辑哲学论》，4.112。

③ 譬如，维也纳的逻辑实证主义者设想哲学家关心的是科学语言，设想他们试图构建一门共同语言，以促使把物理学和心理学之类的各特殊科学统一起来。

④ 参见4.002—4.0031、5.4733、6.53。

⑤ 如果每一个命题都是世界中一个可能事态的图像或表象，那么，这样的谈论显然被排除了。的确，维特根斯坦本人谈论整个世界。但他完全愿意承认，这样做就是试图说不可能说的东西。

　　维特根斯坦的《逻辑哲学论》是对维也纳学派发生影响的著作之一，这个学派是一群逻辑实证主义者，他们程度不同地承认维也纳大学哲学教授莫里茨·石里克（1882—1936）是他们的领袖。[①] 在《逻辑哲学论》的学说与逻辑实证主义之间确实有一些一致之处。譬如，两者对于逻辑和纯数学命题的逻辑地位，对于任何经验陈述都不是必然真这个事实，都是意见一致的。[②] 而且，《逻辑哲学论》和逻辑实证主义都排除形而上学命题，即如果认为它们提供或能够提供关于世界的或真或假的消息的话。虽然在《逻辑哲学论》中对形而上学命题的排除来自维特根斯坦关于命题的定义和他对全部命题与全部科学命题的等同，但在逻辑实证主义那里则来自某种意义标准，即一个"命题"或事实消息陈述的意义等同于它的证实方式，这个证实是根据可能的感觉经验来理解的。至于维特根斯坦在《逻辑哲学论》中的论述是否必然蕴含这个意义标准，至少是可以争论的。诚然，如果一个命题肯定或否定了一个可能的事态，除非我们对于使该命题为真的事态有充分的知识，能够将这个事态与使该命题为假的事态区分开来，否则就不能说我们知道该命题意味着什么。在这个意义上，我们必须知道什么证实这个命题。但由此绝不能必然得出这个命题或事实消息陈述的意义等同于证实的方式，如果"证实的方式"指的是我们或任何他人要证实这个陈述所能**做**的事情。

　　无论怎样，即使那些人正确地认为逻辑实证主义的意义标准是暗含在《逻辑哲学论》中的，这部著作与逻辑实证主义者最狂热时的典型态度仍有很不一样的气氛。实证主义者确实承认形而上学陈述可以有唤起情感的含义，[③] 但其中有些人至少表明，在他们看来，形而上学不仅在专门的意义上，而且在通俗的意义上，都是一派胡言。不过，如果我们考察维特 ⁴⁹⁹

---

① 维也纳学派不是一群石里克的"信徒"，毋宁说是一群思想相同的人，其中有些人是哲学家，其他人是科学家或数学家，他们都同意一个共同的基本纲领。

② 这两个观点，如果单独来看，并不构成逻辑实证主义。譬如，如果单独来看，它们都会承认一种归纳形而上学的可能性，这种形而上学把它的理论作为暂时性假设提出来。

③ 我们可以说一个陈述有唤起情感的含义，如果它表达了一个情感态度，并被用来（与其说是有意而为地，不如说是依其本性）唤起他人的类似情感态度。

根斯坦关于形而上学论题所说的话，^① 我们可以觉察出某种思想的严肃性和深刻性。要打算对形而上学主体即作为意识之一极的"我－主体"有所述说，就不可避免地使它成了一个客体。因此关于形而上学主体的一切陈述都试图说不可能说的东西。同时，在真正的意义上，形而上学主体表现为"我的世界"的界限，表现为客体的相关者。严格而言，我们甚至连这点也不能说。如果我们仍试图那样说，在某种意义上可以促使我们"看到"什么是不能**说**的。而《逻辑哲学论》中偶尔出现的"神秘主义"是不合乎逻辑实证主义者口味的。

　　A. J. 艾耶尔（1910—1989）于1936年出版的《语言、真理与逻辑》（*Language，Truth and Logic*）^② 将逻辑实证主义全面介绍到英国。这部著作严厉而激烈地抨击形而上学和神学，享有"臭名昭著"（succès de scandale）之名，它仍然是对独断的逻辑实证主义的最清楚的说明。不过，虽然经由这部著作的传播，逻辑实证主义确实引起了很多注意，但不能说它已经赢得了大不列颠专业哲学家们的明显欢迎。^③ 在这方面，如从艾耶尔教授后来的著作^④ 可以看到的那样，他本人也对自己的观点也做了很多修正。现在一般承认，逻辑实证主义构成了现代英国哲学发展中的一个插曲。^⑤

　　在此期间，维特根斯坦着手改变自己的观点。^⑥ 在《逻辑哲学论》中，他试图揭示命题的"本质"。他的定义造成的结果已经将描述性语言置于

500

---

① 　参见《逻辑哲学论》，5.62—5.641。又见《1914—1916 年 笔 记》（*Notebooks, 1914—1916*，牛津，1961），第79—80页，这里明显可见叔本华（Schopenhauer）的某种影响。

② 　第二版，1946 年。

③ 　我们可以顺便提到，剑桥大学的 R. B. 布雷思韦特（R.B. Braithwaite）做了大量讨论，试图将他的逻辑实证主义与他对基督教的坚持调和起来。例见他的讲演《一位经验主义者关于宗教信念的本质的看法》（*An Empiricist's View of the Nature of Religious Belief*，剑桥，1955）。

④ 　这些著作包括《经验知识的基础》（*The Foundation of Empirical Knowledge*，1940）、《思想与意义》（*Thinking and Meaning*，1947）、《哲学论文集》（*Philosophical Essays*，1954）、《人的概念及其他论文集》（*The Concept of a Person and Other Essays*，1963）。

⑤ 　这一点不总为大陆哲学家所认可，他们有些人似乎仍然有这样的印象：所有英国哲学家实际都是逻辑实证主义者。

⑥ 　这些以他死后出版的一些著作为代表。《蓝皮书与褐皮书》（*The Blue and Brown Book*，牛津，1958），包括1933—1935 年间给学生的一些口授笔记。《哲学研究》（*Philosophical Investigations*，牛津，1953），代表了维特根斯坦的后期思想。

特权的地位。因为只有描述性陈述才被认为有意义（Sinn）。不过，他逐渐更清楚地看到了语言的复杂性，即看到了这样的事实：命题有许多种，描述性陈述只构成了其中的一类。换言之，维特根斯坦逐渐更清楚地把实际语言看成是一个复杂的、有生命力的现象，看作在人类生活环境中有许多功能或用法的某种东西。这种理解给维特根斯坦对意义的看法带来了彻底的变化。意义变成了用法或功能，不再等同于"图像"。

如果我们将这些观念用于逻辑实证主义，那么，其结果就是将科学语言从独一无二的特权位置上赶下来。因为逻辑实证主义实际意味着将科学语言选作语言的模型。它的意义标准在运用于普遍的综合命题时，就是对科学陈述的某种分析加以展开或外推而带来的结果，亦即对某些可能的可感经验的预言。且不说对科学陈述的这种分析是否站得住脚，如果把逻辑实证主义的意义标准看作是普遍标准的话，那么，剥夺科学语言作为模型语言的地位就会导致放弃这个标准。因此，无论人们会如何考虑《逻辑哲学论》与逻辑实证主义的确切关系，维特根斯坦后期关于语言的思想确实与独断的逻辑实证主义不一致。

同时，维特根斯坦不打算复活《逻辑哲学论》所排除的关于哲学家的一个看法，这个看法是说，哲学家能够通过纯粹的思维或哲学反思，扩大我们关于世界的事实知识。《逻辑哲学论》提出的哲学功能概念与《哲学研究》提出的哲学功能概念是不同的，这种不同不是革命的概念与保守的概念之间的不同。维特根斯坦认为自己在《逻辑哲学论》中试图改革语言，即通过（比方说）将命题等同于描述性陈述来干预语言的实际用法，而他确实这样做了，如果我们从字面上看待他将全部命题等同于全部自然科学即等同于科学陈述的话。可是在《哲学研究》中，我们被告知，"哲学绝不能干涉语言的实际用法，它最终只能描述语言的用法"。[①] 从否定方面说，哲学揭示了由于我们不了解语言的界限而引起的种种胡言乱语的事例；[②] 从肯定方面说，哲学有描述语言的实际用法的功能。

维特根斯坦所考虑的这种事情可以借助他自己用游戏做的类比来说

501

---

① 《哲学研究》，第 1 部分，第 124 节。
② 《哲学研究》，第 1 部分，第 119 节。

明。① 假设某人问我什么是游戏。假设我这样来回答："噢，网球、足球、板球、象棋、桥牌、高尔夫球、壁球、垒球都是游戏。而且还有其他游戏，比如捉迷藏。"那个人也许会不耐烦地反驳说："所有这些我都清清楚楚地知道。可是，我不是问你通常把什么活动称作'游戏'，我是问你一个游戏是什么，就是说，我想知道关于一个游戏的定义，即什么是'游戏'的本质。你就像苏格拉底的年轻朋友们一样糟糕，当问他们美是什么的时候，他们开始说起美丽的事物或人。"我对此可以回答说："噢，我明白了。你猜想，因为我们用了一个词'游戏'，所以这个词一定表示一个意义，即一个单一的本质。而这是错误的。这里只有游戏。这里确实有各种各样的相似。譬如，有些游戏是玩球。而象棋则不是。即使就玩球的游戏而言，球也有不同的种类。想一想足球、板球、高尔夫球、网球吧。真正的游戏有某种规则，明确的或默认的。但这些规则依不同的游戏而不同。根据规则来给'游戏'下定义无论如何是不充分的。在刑事法庭上有行为规则，但我们一般不承认法律程序是游戏。换言之，对你原来的问题的唯一恰当回答是提醒你注意'游戏'一词在实际语言中是如何使用的。你可能对此回答不满意。在此情况下，你显然仍然纠结于那个错误的观念，即一定有与每个普通词相对应的一个单一的意义，一个单一的本质。如果你坚持我们必须发现这样一个意义或本质，那么，你实际是在坚持改造或干涉语言。"

502

　　在运用这种类比时，维特根斯坦显然首先想到他自己在《逻辑哲学论》中试图给出命题的本质，而事实上有许多种类的命题，即许多种类的句子、描述性陈述、命令、祈求等。② 但他的观点有更广泛的应用领域。譬如，假设一位哲学家将"我"或自我等同于纯粹主体，或在我们通常使用"身体"这个词的意义上将"我"等同于身体。那么，他给出"我"即自我的本质了吗？维特根斯坦也许会指出，对"我"这个代词的解释与语言的实际用法不相容。譬如，将"我"等同于形而上学主体与"我去散会儿步"之类的句子不相容。将"我"等同于通常意义上的身体也与"我认

---

① 参见《哲学研究》，第 1 部分，第 66—69 节，第 75 节。
② 参见《哲学研究》，第 1 部分，第 23 节。

为托尔斯泰是比埃塞尔·M. 德尔（Ethel M. Dell）更伟大的作家"之类的句子不相容。

这种办法清除了据说试图"改造"语言的言过其实的哲学理论，维特根斯坦将这种办法称作将词语"从形而上学的用法带回到日常的用法"。[①] 这种办法显然以实际语言事实上完全正确为前提。因此我们更有必要了解到，维特根斯坦不是在排除（比方说）为了表达人们日益增长的科学知识和新的科学概念和假设而发展起来的专门语言。他所反对的是这样的信念：哲学家仿佛能够发现或揭示隐藏的意义、隐藏的本质。他允许哲学家对语言所做的唯一改造就是为了清理那些混乱和误解而可能需要进行的重述，这些混乱和误解导致了维特根斯坦所认为的假的哲学问题和理论。不过，这种改造只是用来显示实际语言的真正逻辑。于是，我们可以说，哲学的目的是消除由于我们不了解语言的实际用法而产生出来的困难、困惑、问题。因此，尽管维特根斯坦的语言观有所改变，但他关于哲学是一种语言治疗剂的基本看法大致保持不变。

503

不过，对于哲学本性和功能，虽然维特根斯坦本人毫不犹豫地做了独断论式的阐述，可是，一般来说，那些受他的后《逻辑哲学论》反思方法的影响，或几乎有同样独立思考的哲学家，都力戒做这种独断论式的宣告。譬如，虽然牛津大学教授吉尔伯特·赖尔（Gilbert Ryle，生于1900 年）在 1931 年的论文《系统地使人误解的表达式》（"Systematically Misleading Expressions"）[②] 中宣称，他已经得出结论，哲学的任务至少、也许只是在语言习语中探查反复发生的误解和荒谬理论，但他又补充说，他改信这种观点是不情愿的，而且他希望能想象哲学有一个更崇高的任务。总之，如果人们观察那些拥护维特根斯坦后期思想的英国哲学家的著作，就会看到，他们致力于实施"描述"语言的实际用法的实证计划，而不仅仅致力于消除迷惑或困难的相当消极的任务。

实施实证计划可以采取各种方式。也就是说，人们可以强调不同的

---

① 参见《哲学研究》，第 1 部分，第 116 节。
② 这篇论文最初发表在《亚里士多德学会公报》（*Proceedings of the Aristotelian Society*）上，后在 A. G. N. 弗卢（A. G. N. Flew）编的《逻辑与语言》（*Logic and Language*，第一卷，牛津，1951）上重印。

东西。譬如，科学语言、道德语言、宗教意识语言、审美语言构成了不同的类型，在此意义上，人们可以集中展示各种类型语言的独具特征，人们可以将一种类型语言与另一种类型语言做比较。当逻辑实证主义者把科学语言变成模型语言，他们倾向于把许多别的不同种类的命题归并在一起，认为它们只有唤起情感的含义。不过，将科学语言从模型语言的位置上拉下来，当然除了特殊的目的外，自然而然促进了对其他类型语言各自做更认真的研究。在道德语言方面已经做了大量的工作。① 而且对宗教语言也有相当多的讨论。譬如，如果我们想确定"上帝"一词的意义范围，说它不是科学词语因此没有意义，那这种说法并无大用。我们必须考察它在语言中的用法和功能，如维特根斯坦所说，语言是"它出生的家"。② 此外，人们还可以将宗教语言中想象和类比的用法与（比方说）诗歌语言中想象和类比的用法做比较。甚至如下说法很可能是对的：近来英国哲学在讨论宗教语言时，最引起公众注意的因素是某些哲学家的论点，即他们认为各种宗教陈述实际上什么也没说，因为它什么也没排除。③ 但应当记住，这整个讨论重新将类比语言的论题凸显出来，对这个题目许多中世纪思想家都研究过，而后来的哲学家除某些例外几乎都没研究过。④

人们还可以集中注意在上述意义上各种基本的语言类型，而不像集中注意日常会话语言的各种句子以及这种语言所造成或隐含的区别那样。对日常语言的这种安排是牛津大学已故教授 J. L. 奥斯汀（1911—1960）特有的，他小心翼翼地区分"言语行为"（speech-acts）⑤ 的类型，并通过实际分析表明，逻辑实证主义的命题分类是多么不恰当，与人们所能想象的相比，日常语言要复杂和微妙到多大程度。

---

① 例见 R. M. 黑尔的《道德语言》（*The Language of Morals*，牛津，1952）和《自由与理性》（*Freedom and Reason*，牛津，1963）。
② 《哲学研究》，第 1 部分，第 116 节。
③ 例见关于《神学与证伪》（"Theology and Falsification"）的讨论，重印于 A. G. N. 弗卢和 A. 麦金泰尔（A. MacIntyre）编的《哲学神学新论集》（*New Essays in Philosophical Theology*，伦敦，1955）。
④ 贝克莱对这个问题有所论述。康德提到了神学语境下的象征语言。当然，黑格尔一方面联系美学，另一方面联系哲学，讨论了宗教的"图像"语言。
⑤ 例见奥斯汀死后出版的《哲学论文集》（*Philosophical Papers*，牛津，1961）和《如何以言行事》（*How to Do Things with Words*，牛津，1962）。

　　对日常语言的这种集中注意招致大量的批评，这也是自然而然的事。因为乍一看起来，它好像把哲学贬低为琐屑卑微的工作，或贬低为许多大学教授和讲师为了玩而玩实际上毫无用处的游戏。虽然从事日常语言分析的人（著名的是奥斯汀）谨慎地选出一些例句，使习惯于谈论存在的人惊奇不已，但在笔者看来，这样的分析绝不是无用的。譬如，语言在对经验做出反应的发展过程中，人类已经具体表达了责任变化程度之间的众多差异。反思和规划这些差异的活动可以大有用处。一方面，它有助于使我们注意在任何关于道德责任的充分讨论中都必须加以说明的那些因素。另一方面，当我们碰到一些哲学理论从各方面对人类经验发现必须表达的差异横加压制时，它使我们保持警惕。人们确实可能会反驳说，日常语言不是判断哲学理论的无误标准。不过，奥斯汀并没有说它是无误的标准。他可能在行事上有一种倾向，显得他好像那样认为。但至少在文字上，他否认任何那样的独断论，他只是说，在理论与日常语言的冲突中，很可能后者比前者更正确，而且无论怎样，如果哲学家在构建自己的理论时忽视了日常语言，那他就得自担风险。① 总之，即使我们认为日常语言的重要性被夸大了，由此也不能必然得出，我们必须认为对这种语言的考察是无用的或与哲学无关。

　　也许参照 G. 赖尔教授的名著《心的概念》(*The Concept of Mind*，伦敦，1949) 能够更清楚地说明这一点。从一种观点看，这本书考察了我们用日常语言关于人及其精神活动所习惯说的话，用这种方法消解了"机器中的幽灵"(the ghost in the machine) 理论，即被认为笛卡尔提出的那个二元论理论。从另一种观点看，可以把这本书看成是展现用日常语言句子来具体表达心灵概念乃至人性概念的一个尝试。这样一个尝试无疑对哲学有用并与之相关。② 显然，如果人们反向行事，就好像从一个哲学理论返回到日常语言中隐含的观点，那么，人们就回到了哲学问题被提起之前的

① 《感觉与可感物》(*Senses and Sensibilia*，牛津，1962) 是奥斯汀死后出版的著作，表述了他的一系列讲演中的思想。在这部著作中，奥斯汀试图驳倒一个特定的哲学理论，即感觉材料理论。
② 至于赖尔教授的尝试是否取得成功，在多大程度上体现了作者自己的理论，这个问题不需要我们在此赘述。

一点。而在那里停下来的唯一有效理由就在于相信，那时出现的任何真正问题都不具有哲学的特点，而是具有心理学特点或生理学特点，或两者兼而有之，就是说，它们属于科学而不是哲学。同时，对于我们日常关于人所说的话，使自己想起并得到一个清楚的看法是有益的。因为日常语言确实有助于把人看成是一个统一体，可以认为这个看法表达了人对自己的经验，就此而言，它是必须被考虑的。

当然，将日常语言与理论对立起来，好像前者完全摆脱了后者，那也是一个严重的错误。各种理论和信念都仿佛沉淀在日常语言中，除这个事实外，我们的语言绝不只是赤裸裸事实的相片。它表达了解释。因此，不能把它用作真理的试金石。哲学不能对所谓的日常语言毫无批判。它的批判也不能沉溺于理论。

不用说，这不是笔者的发现。这是一件普遍承认的事。[1] 因此，人们只是期待近些年这个哲学概念即使在分析运动本身的范围内也出现扩展的趋势。至少在某些派别中，对这一过程的表述，由于采取了宽容的态度，愿意倾听哪怕公开承认的形而上学家的观点（当然，只要他愿意说明他为什么那样说），已经取代了维特根斯坦特有的对哲学的本性和范围的教条主义限制。不过，这不仅仅是宽容的问题，即不仅仅是发展更"普世的"（ecumenical）精神的问题。这里还有一些迹象，表明人们越来越相信光有分析是不够的。譬如，斯图尔特·汉普希尔（Stuart Hampshire）教授在《思想与行动》（*Thought and Action*）[2] 中说，我们不可能恰当地对待伦理学的语言，除非根据这种语言在人类生活中的作用来考察它。因此我们需要一种哲学人类学。

不过，将注意力集中在日常语言上与维特根斯坦在《哲学研究》中阐述的思想相符合，它只代表了整个分析运动中的一种倾向，即使是一种卓越的倾向。因为人们早就认识到，对于许多通常所谓的"语言分析"，如果把它们说成是"概念分析"则要恰当得多。概念分析的思想可以打

507

---

① 例见 A. J. 艾耶尔教授在牛津的就职演说，它构成了他的《人的概念》（*The Concept of a Person*）一书的第 1 章。

② 伦敦，1959 年。

开一个广阔的视野。譬如，牛津大学的 P. F. 斯特劳森（P. F. Strawson）先生在其著名的《个体：论描述的形而上学》（*Individuals: An Essay in Descriptive Metaphysics*）① 中把描述的形而上学说成是探究和描述我们关于世界的思想的实际结构，即描述我们的概念结构的最基本特征，而修正的形而上学关心的是通过使我们以新的视角观察世界来改变我们的概念结构。修正的形而上学是不受谴责的，而上述意义上的描述的形而上学被说成不需要进一步的辩护，正如一般的探究不需要进一步的辩护一样。

　　这方面的概括是合乎情理的，就此而言，似乎可以有把握地说，下面的评论代表了当代英国哲学家对待形而上学的一种态度，他们采取这种态度并不罕见。像逻辑实证主义者那样把形而上学说成是无意义的，就是忽视了这样一个事实：以往伟大的形而上学体系常常表达了对世界的看法，这些看法能振奋人心，在有些方面富于启发性。而且，在逻辑实证主义的语境中，说形而上学命题是无意义的，实际上是说形而上学命题与科学命题不同。② 诚然，这是很正确的，但它几乎无助于把形而上学理解为一个历史现象。要达到这种理解，我们必须考察实际的形而上学体系，以便分出形而上学的各种类型和所使用的论证的不同种类。③ 因为要设想它们都符合一个不变的类型是错误的。而且，我们不能合理地认为形而上学一定只是试图"借助语言"来回答"由于我们的理智的迷惑而产生的"那些问题。④ 这是一件需要详细考察的事情。而且，想要根据一组概念和范畴来阐发对世界的统一解释的冲动，显然不是本质上不恰当或应该责备的事情。的确，自康德时代以来，我们无法接受有关哲学家能够先天推演出任何实有体存在的思想。而且，在试图构建大规模的综合之前，比较明智

508

---

① 伦敦，1959 年。

② 就是说，这是该说法的本质的事实内容。当然，也可以将价值判断包括或暗含在内。

③ 《形而上学的本性》（*The Nature of Metaphysics*，D. F. 皮尔斯编，伦敦，1957）表现了包括赖尔教授在内的不同哲学家的系列广播谈话的内容。对形而上学的基本态度是批判的，但有所同情。W. H. 沃尔什（W. H. Walsh）教授在《形而上学》（*Metaphysics*，伦敦，1963）中对形而上学做的考察要更广泛得多。

④ 《哲学研究》，第 1 部分，第 109 节。有些作者诉诸心理分析，也许能够说明一元论之类特定类型的形而上学的重新出现，这个事实至少表明，他们认为形而上学具有比语言或逻辑的混乱更深刻的根基。

的做法是分别解决那些确切的问题，以做好更多艰苦的准备工作。同时，哲学问题往往是互相勾连的，试图禁止形而上学的综合无论如何都是荒谬的。构建一个世界观或 Weltanschauung①，与试图回答在原则上能给出十分明确答案的特定问题，确实是不太一样的活动。虽然要求醉心于从事后一类活动的哲学家反过来致力于综合是不公正的，但一味地谴责形而上学综合也是不合理的。

　　就现在的情况来说，对哲学的形式而不是对已经成为近来英国思想显著特色的细致分析抱以更加宽容的态度，这种情况的发展是很受欢迎的。不过，单就此而论，也留下了许多问题没有回答。为了论证起见，假设我们接受将哲学限制于澄清不是哲学命题的命题，即《逻辑哲学论》中做出的那个限制。这里的先决条件是很清楚的，即哲学不是一个与各门特殊科学并列的有自己的专门题材的学科。②哲学家不能确切阐明增加我们关于世界的知识的哲学命题。不过，如果我们放弃对哲学的本性和范围的教条式限制，并表明我们自己准备至少以某种可以认可的方式把形而上学看成是一个合法的哲学活动，那么，就可以合理地要求我们对这个让步蕴含着哲学概念中的何种变化做出说明。如果说我们不打算改造语言，而且"哲学"一词如实际使用的那样，确实包括形而上学，而不再包括物理学和生物学，这样说实际上仍然是不够的。因为人们永远可以问如下的问题："当你说你不希望禁止形而上学时，你的意思只不过是说，如果有些人感到迫切要发展一些理论，这些理论近似于对实在的诗意和想象的看法，并且不能合理地要求它们代表或增加我们的知识，那你就没有任何干预它们的欲望吗？"你当真愿意承认在某种意义上形而上学能够增加我们的知识的可能性吗？如果形而上学能够增加我们的知识，那是在何种意义上呢？对于形而上学知识是什么，或它可能是关于什么或属于什么的知识，你是如何想的呢？

　　当然，分析哲学家也许会回答说，这里的问题只不过是：他们愿意听取形而上学家的意见，而不是事先堵塞一切对话和互相理解的途径。形

---

①　德文：世界观。——译者注
②　这是在《逻辑哲学论》4.111 中阐述的。

而上学家的任务是说明他要干什么。当他说了他要干什么，就可以对他自己的说明进行检查。

不过，虽然这个回答在一定程度上是合理的，但它似乎忽略了两个事实。第一个事实是，如果我们拒绝了对哲学的教条式的限制性定义，那么，这个拒绝是有含义的。如果要求我们把这些含义说清楚，并非不合理。第二个事实是，如分析哲学家乐于指出的那样，他们并没有形成一个完全"性质相同的"学派。正相反，我们可以看清楚看到他们有若干相当不同的倾向。通过考察他们的著作可以很明显地看出，许多哲学通常被划入"分析家"之列，但他们所做的事情却与能够精确描述的"语言分析"十分不同。他们固然可以说他们在从事哲学。他们也无疑在从事哲学。可是在此广义上的哲学是什么呢？它的本性、功能和范围是什么呢？具有不同传统的大陆哲学家在谈到英国同事关于这个基本问题的观点时，往往感到令人绝望的困惑。

要得出的结论也许是这样：所谓的哲学革命已经失去了任何明确界定的形态，而且逻辑实证主义者、《逻辑哲学论》，而后又有《哲学研究》提出的各种限制性定义，尚未被任何关于哲学本性的清楚概念所取代。这显然没有妨碍英国哲学家在一些特殊论题上做出有价值的工作。不过这意味着，外面的观察者很可能会诧异：这里正在玩的是什么特殊游戏？为什么？哲学对生活的关系是什么？为什么认为在大学有哲学教授的职位是必要的？这些问题也许幼稚，但它们需要回答。

约翰·亨利·纽曼

引言 —— 纽曼在大学布道中关于宗教信仰问题的研究 —— "同意语法"研究 —— 良知与上帝 —— 概率收敛与推论感 —— 结语

　　1. 如果说我们这里只关心作为哲学家的约翰·亨利·纽曼（John Henry Newman，1801—1890），那多少是一种误解。因为那样的理解可能暗示着，除了别的许多情趣和活动之外，纽曼专心研究那些哲学问题，乃是为了研究它们而研究，即出于对它们的理论困惑的固有兴趣而研究。而这绝非事实。纽曼研究他所讨论的哲学题目的方法是基督教辩护士们的方法。就是说，他的写作是从基督教信仰者的观点出发的，基督教信仰者会问自己：在何种程度上，以何种方式，能够证明他的信仰是合理的。纽曼没有假装好像暂时抛弃了自己的信仰，以便给人以重打鼓另开张的印象。当然，他试图理解其他人的观点。但他对宗教信念的讨论如所能表达的那样是在信仰的领域内进行的。就是说，这是信仰寻求对自身的理解的问题，而不是一个不信教的头脑想知道对于从事信仰活动是否有任何理性辩护的问题。同时，试图证明基督教信仰实际合理的尝试，使纽曼阐发出一些哲学观念。换言之，他试图表明当代理性主义是不充分的，并传达出一种对于基督教人类存在观的感觉，这一尝试致使他勾勒出一些思想方法，虽然这些思想方法确实不打算用来表现基督教信念 —— 作为逻辑上从自明原则推演出的一系列结论 —— 的内容，但它们必须向那些有敏锐观察力的人们表明，宗教信仰并非表达一种非理性态度或一种纯粹任意的假设。即使这样对他的思想的整体性会有所损害，但我们在此仍然可以挑出某些思想方法做简要考察，我们可以合理地说这些思想方法是哲学的。

　　现在有一些宗教辩护士，与其说他们关心人们对于信念实际具有的理由，不如说关心发展出一些论证，他们认为这些论证应该使任何不信教者的心灵都确信能够理解所使用的术语，即使普通的信教者可能根本从未想过这些论证，甚至将这些论证摆在他面前他也不能理解和领会。不过，纽曼更关心的是表明实际存在于大量信教者心中的信仰的合理性，这些信教者大都对抽象的哲学论证一无所知。他试图说明在他看来他本人及他人对上帝的活生生信念的主要根据是什么。①换言之，他试图勾勒出对心灵的一种自发运动的现象学分析，这一运动的顶点是同意作为当前实在的上帝的存在。同时，他显然不打算完全像一位心理学家那样著书立说，心理学家可以描述人们相信上帝的各种理由，即使在他看来某些或所有这些理由都不能证明同意上帝的存在是正当的。相反纽曼则证明，信念所依赖的主要经验根据是一个充分的根据。

　　我们可以用一个类比来说明这一点。我们都实际相信与我们对它们的感知无关的外界对象的客观存在。如下两种情况是不同的：一种情况是说明人们对这个信念实际具有的根据，另一种情况是如有些哲学家所做的那样，通过构思哲学的证明来为这个信念辩护，据认为这些证明提供的根据，要比人们即使没有反思地意识到但却实际具有的那些根据更恰当、更可靠。其实可以证明，对于所说的这个信念，哲学家提供的根据并不比我们的信念实际（即使含蓄地）依赖的根据更恰当。与此类似，纽曼清楚意识到，如下两种情况是不同的，一种情况是说明实际存在的那种宗教信念是合理的，另一种情况是说明，对于那个信念，假如人们除了实际具有的那些根据之外还有别的一些根据，那也是合理的。

　　还有另外一点值得注意。当纽曼谈论对上帝的信念时，他所想到的是我们所谓的活生生的信念，该信念包含对一个人格存在的个人承诺的成分，这个人格存在被理解为一个当前的实在，而且该信念不仅仅关乎概念

511

---

①　当然，纽曼没有排除神恩的作用。但当他试图表明对上帝的信念的充分根据是人人可得的时候，他对神恩不加考虑。

上对一个抽象命题的同意，它还往往影响行为。因此，当他思考对上帝的信念的根据时，他往往忽略仅仅说给知识分子的非个人的形而上学证明，往往将注意力集中在心灵的活动上，他认为这种心灵活动使人接近作为当前实在的、在良知的呼声中显示出来的上帝。因此，他的思想方法是说给具有活生生的道德责任感的人。同样，当讨论基督教真理的证据时，他首先是说给真正的、思想开阔的探索者的，尤其是已经相信上帝的人，以及纽曼所说的对启示可能性有预感的人。在两种情况下，他都预先假定了读者的某些主观条件，包括道德条件。他不承认提供了以数学证明为模式的证明。

　　鉴于这种研究方法，常常将纽曼与帕斯卡尔（Pascal）的名字联系在一起就不足为奇了。他们两人都关心基督教护教学，都将注意力集中在行之有效的信念上，集中在具体问题上人们实际思考和推理的方法上，而不是集中在证明的数学模式上。"几何学的精神"与两人的思想格格不入。两人都强调领会基督教证明的力量所需要的道德条件。因此，如果有人因为帕斯卡尔是一位特殊的辩护人而将他排除于哲学家的行列之外，那么，他很可能会以同样方式对待纽曼。反过来，如果有人承认帕斯卡尔是一位哲学家，那么，他很可能也同样承认纽曼是一位哲学家。①

　　不过，纽曼的哲学背景与帕斯卡尔的十分不同。因为它在很大程度上是由英国哲学构成的。纽曼在学生时获得了关于亚里士多德的某种知识。虽然没有人称他是亚里士多德主义者，但这位希腊哲学家确实对他的思想有某种影响。至于纽曼觉得在某些方面气味相投的柏拉图主义，他的知识似乎主要是从某些早期基督教学者和教父那里得来的。在英国哲学家中，他肯定研究了弗朗西斯·培根，对休谟也有所知，他认为休谟是敏锐而危险的。他在《辩护书》（*Apologia Pro Vita Sua*）中说他从来没有研究过贝克莱。不过他对洛克感到深深的敬意。他明确告诉我们，他感到这个敬意"既是针对洛克的人品，也是针对他的能力，既是针对他心灵的果敢

①　还要记住的是：构建原创形而上学体系的人往往要用论证来赞扬他们已经（至少概括地）想到的对实在的看法。然而这个事实单独并不表明一个既定的论证是没有力量的。与此类似，纽曼是作为基督教的信仰者从事写作的，这一事实并不必然带来他的哲学反思是无价值的结论。

真诚，也是针对他的坦率公正"，[①] 他补充说："他对推理和证明的评论中有许多地方我完全同意，以至于当我根据与我自己从来视以为真的观点的对立面来考察他时，我感不到任何快乐。"[②] 除了洛克之外，我们还应当说到巴特勒主教（Bishop Butler），[③] 他对纽曼的思想产生了明显而公认的影响。

后来，纽曼研究了曼塞尔教长（1820—1871）的著作，研究了某些苏格兰哲学家的著作，以及 J. S. 密尔的《逻辑学》。此外，尽管他否认，但可以证明他对柯勒律治有所了解。不过，纽曼似乎对德国思想所知甚少，尤其缺乏直接了解。因此，如果我们不考虑他早期对亚里士多德的研究，我们可以说，他的哲学观念是在英国经验主义和巴特勒的影响的氛围中形成的。纽曼有各种各样的兴趣和活动，这使他甚至没有时间和精力认真地阅读哲学著作，即使他有广泛阅读这个领域著作的愿望。总之，他所阅读的东西只不过促使他形成自己的观念。他从来不是任何哲学家的所谓信徒。

纽曼对经院哲学几乎毫无所知。不论怎样，他在晚年得到了一些复兴经院哲学的先驱者的著作。当教皇利奥十三世于1879 年发表《永恒之父》（Aeterni Patris）通谕鼓励对圣托马斯的研究时，纽曼给教皇写了一封信表示赞赏，尽管这封信没有发出。不过，这封信非常清楚地表明，他想到的是复兴教会的理智生活，这种理智生活延续的是早期教父和博士的思想，而恰恰不是托马斯主义的思想。总之，过时的循规蹈矩的托马斯主义很难合乎纽曼的思想。的确，自从他死后，很多经院主义哲学家采纳或顺应了他的著作所提出的思想方法，将它们作为传统论证的补充。不过，几乎不用说，这个事实并不能提供充分的理由来说明纽曼"实际上"是一位经院主义哲学家。他的研究方式是完全不同的，尽管他非常愿意承认别的研究方式也可以有其用处。

2. 1839 年在牛津做的一次大学布道中，纽曼坚持认为信仰"确实是

[①]　《为同意语法而论》（An Essay in Aid of a Grammar of Assent，第三版，1870），第155 页。下面将简称这部著作作为《同意语法》。

[②]　同上。

[③]　关于约瑟夫·巴特勒主教（Bishop Joseph Butler，1692—1752），请参见本《哲学史》第五卷，第165—170 页，第184 页—191 页（原书页码）。

一次理性的运用"。^①因为理性的运用就在于"因为某个别的事情而对一件事做出断定"。^②对于这种理性的运用，我们可以在我们的知识超出感觉和内省的直接对象的范围中看到，也可以在宗教信念或信仰中看到，因为这里"根据某些先前的理由，把感觉没有传达的一些事情作为真实的接受下来了"。^③换言之，纽曼没有假设任何能直觉上帝（更恰当地说是任何外界的非物质的存在）的官能，他一定承认至少在某种意义上，上帝的存在是推断出来的。

　　但推理不是必然正确的：可能会有错误的推理。纽曼清楚地意识到，对于理性主义者来说，任何以宗教信仰为前提的推理或推断过程都是无效的。根据关于理性及其运用的流行看法或通常看法，我们应当排除一切偏见、先入之见和喜怒无常性格的影响，应当只按照"某些科学的规则和权衡证据、检验事实的确定标准"来行事，^④只承认那种"能够提出其理由"的结论。^⑤然而大多数信教者显然不能为他们的信仰提供理由。即使当他们能够提出理由，也不能由此得出他们是因为这个理由才开始信仰的，或得出如果这些理由受到挑战或怀疑，他们将停止信仰。此外，"信仰是一个行动的原则，而行动不允许有进行细致完美探讨的时间"。^⑥信仰不要求毋庸置疑的证明，它是受先行概率和推测影响的。的确，在非宗教信念的情况下常常证实有这种情况。譬如，我们经常没有对证据做任何考察就相信在报纸上看到的东西。虽然这种行为对于生活来说无疑是必要的，但事实仍然是，在一个人看来可能的或可信的事情在别人看来可能完全不同。"我们几乎没有必要指出我们的爱好与我们的信念一定有多大关系。"^⑦这样我们就很容易理解为什么理性主义者把信仰贬低为表达了一种

---

① 《牛津大学布道集（在牛津大学的十五个布道）》（*Oxford University Sermons*, *Fifteen Sermons Preached before the University of Oxford*，第三版，1872），第207页。这部著作下面简称为《牛津大学布道集》。纽曼的意思显然是说，信仰以理性的运用为前提。
② 同上。
③ 这里我们可以看到对经验主义观点的一个反思。
④ 《牛津大学布道集》，第229页。
⑤ 同上，第230页。
⑥ 同上，第188页。
⑦ 同上，第189页。

痴心妄想。

当然，在真正的意义上，无宗教信仰或怀疑主义与信仰是同出一辙。因为无宗教信仰"与信仰一样，实际上都是根据推测和偏见来行事的，只是这些推测的性质是相反的……无宗教信仰认为一个宗教体系是不可能的，以致不会听信它的证据，否则如果它听信了，它也会像一位信仰者所能做的（即使他做了选择）那样行事……即表明这个证据可能比它实际上更完美、更无懈可击"。[①] 怀疑论者实际上不是根据证据来做决定的，因为他们首先形成他们的思想，然后再根据他们最初的假设来承认或拒绝证据。休谟提供了这方面的明显例子，他提出神迹的不可能性足以反驳证人的证据。"就是说，先前的不可能性是对证据的充分反驳。"[②]

纽曼似乎非常公正地认为，不信教者往往根据假设行事，而且他们与其他任何人一样容易受爱好和性情的影响。虽然这个引起争论的观点有某种价值，但它显然没有表明纽曼所谓的作为理性运用的信仰符合理性主义者所要求的标准，如果把这个标准理解为从自明原则出发的严格逻辑证明的标准的话。不过，纽曼并不想声称它符合这个标准。他反倒论证说，　515
理性主义的推理概念太狭隘了，与人们在具体问题上实际合理的思维和推理方式不一致。我们必须记住，他主张信仰是合理的，而非主张信仰的内容可以按照数学证明的模式来逻辑推演。

说宗教信仰假设了被判定为先行概率的东西，这个说法对于反对宗教信仰的合理性是无效论证。因为我们发现，如果我们毕竟要生活的话，我们自己不得不做假设。我们不可能只靠逻辑上可以证明的东西生活。譬如，我们不能证明我们的感官是可靠的，不能证明有一个客观的外部世界，这些感官使我们与之发生接触。我们也不能证明记忆的有效性。然而，尽管我们有时受到欺骗，以通俗的方式表达事情，但我们假设、并且不得不假设我们的感官基本是可靠的，而且有一个客观的外部世界。实际上，除了怀疑论者，没有人会怀疑科学推断本身，尽管科学家没有证明而只是假设一个公共物理世界的存在。再有，我们不允许我们的错误和疏漏

---

① 《牛津大学布道集》，第230页。

② 同上，第231页。

摧毁我们对记忆的有效性的全部信念。而且，除非我们试图采取全然怀疑主义的立场，即我们在实践中无法保持的立场，我们必然会假定有效推理的可能性。我们不可能先天地证明它，因为任何证明的企图都是以我们试图证明的东西为前提的。总之，"不论我们考察信仰的过程还是理性的其他运用，人们都根据他们没有或不可能提出，或即使他们能够提出也不能证明为真的理由前进，即根据他们认为理所当然的潜在的或先在的理由前进"。[1]

我们可以顺便提到，纽曼愿意说一个公共的外部世界的存在是一个无法证明的假设，在他的这个说法中，我们也许可以觉察到他早年思想印象的一个反映，这个思想印象在《辩护书》的第一章中有记载：只有两个清楚自明的存在物，他自己和他的造物主。不过，我们还想起休谟的论点：尽管除了我们的知觉我们不能证明物体的存在，但自然却使我们不得不相信物体的存在。一位哲学家可以在他的研究中沉湎于怀疑主义的反思，但在日常生活中，他同其他人一样，对物体连续的客观存在有自然的信念，即使当它们未被知觉到的时候。理性无法证明这个信念的真实性。但这个信念仍然是合理的。如果一个人试图像一个怀疑论者那样生活，不根据任何不能证明的假设行事，那他就是一个缺乏理智的人。

516　　　实际上千真万确的是，人们不得不相信一个外部的公共世界的存在[2]，而且试图根据任何别的假设行事都是不合理的。如果除了逻辑证明的结论，我们拒绝根据任何东西行事，那我们根本无法生活。如洛克恰当说的那样，如果在证明食物对我们有营养之前我们拒绝吃饭，那我们根本就不会吃饭。不过，人们会反驳说，对上帝的信念不是能与对外部世界的存在的信念相提并论的自然信念。在实践上，我们不得不相信物体不依赖于我们的感知而存在。但对于相信上帝，似乎没有任何这样的实践必要性。

---

[1] 《牛津大学布道集》，第212—213页。
[2] 笔者不打算承诺这样的观点：我们不能恰当地说知道有一个外部世界。当然，如果我们这样来规定知识，使得只能说逻辑和数学命题被认为是真的，那么，可以得出，当我们没有感知事物的时候，我们就不知道它们存在。可是，当"知道"一词被用于日常语言时，我们完全可以恰当地说我们知道它们存在。

纽曼的论证思路如下：有良知那种东西，它同知觉能力和推理能力一样属于人的本性，它带来一种对神圣存在的"预感"，在此意义上，它预设了对上帝的信念。因而建立在良知基础上的对上帝的信念不完全以某些个人喜怒无常的脾性为根据，而是以人性本身的一个因素为根据，或至少以每个人性中没有道德阻碍或残缺的一个因素为根据。良知的呼声确实没有带来任何证明它自己资格的证据。在这个意义上，它是一个"假设"。但它显示出一个超越的上帝的在场，同意这样显示出来的上帝的存在是合乎道理的。

不过，在我们更严密一点考察纽曼从良知到上帝存在的论证之前，我们可以将我们的注意力转向他对宗教信念问题的探讨，这个问题是他在1870年出版的著作《同意语法》（*The Grammar of Assent*）中概括的。[①]

3．按照纽曼对这个词的用法，"同意"是用在命题上的，并且用断言来表达。但我们不能恰当地说同意一个命题，除非我理解这个命题的意义。纽曼称这种理解为领悟（apprehension）。因此我们可以说，同意以领悟为前提。

不过，对应于两类命题有两类领悟。"一个命题的词项代表或不代表事物。如果它们代表事物，它们就是单称词项，因为所有存在的事物都是单位。如果它们不代表事物，它们一定代表概念，因而是共同词项。单数名词来自经验，普通名词来自抽象。对前者的领悟我称之为实在的领悟，对后者的领悟我称之概念的领悟。"[②]

这段引文中的某些表达和陈述可能有些例外。但基本的论点是相当清楚的。如果一个词项代表一个事物或一个人，对这个词项的理解或领悟就被称作是实在的，而对一个抽象观念或普遍概念的领悟则被称作概念的。如果我们将这个区分用在命题上，那么，比方说，对一个几何命题的领悟就是概念的，而对"威廉是詹姆斯的父亲"这个陈述的领悟就是实在的。

---

① 把《同意语法》说成是一部哲学著作会使人误解。因为从长远的观点看，它与"可资引用的对基督教的论证"有关（《同意语法》，第484页）。不过，这些论证一般被置于逻辑的或认识论的语境下。

② 《同意语法》，第20—21页。

　　由此可以得出，我们还应当区分两类同意。如果一个命题被领悟为概念的，与抽象观念或普遍词有关，那么，对这个命题的同意是概念的同意，而如果一个命题被领悟为实在的，与事物或人直接有关，那么，对这个命题的同意就是实在的同意。

　　于是，纽曼认为，事物或人，不论是实际经验的对象还是记忆中想象出来的，它们打动心灵要比抽象概念强烈和生动得多。因此，实在的领悟"比概念的领悟更强烈，因为事物是实在的领悟的对象，概念是概念的［领悟］的对象，前者比后者显然更令人印象深刻和有效。经验及其影像打动和占据心灵，而抽象及其组合却做不到"。① 与此相似，根据纽曼的观点，虽然所有的同意都同样是无条件的，② 但同意的行为"有时是根据以事物为其对象的实在的领悟做出来的，有时它们有利于概念，并且是根据概念的领悟做出来的，与后者的情况相比，前者的情况能更由衷而强烈地引起"同意的行为。③ 此外，尽管实在的同意不一定影响行为，但它们影响行为的方式往往是纯概念的同意所没有的。④

　　纽曼也把实在的同意称作信念。作为一位基督教的辩护士，显然他首先关心的是对上帝的信念，这个信念是对作为当前实在的上帝的实在的同意，并且是对生活或行为有影响的同意，它不仅仅是对关于上帝观念的命题的概念的同意。的确，如果同意是给予命题的，那么，在此情况下，同意就是给予"上帝存在"或"有一个上帝"的命题的。它将被给予被领悟为实在的命题，"上帝"一词被理解为表示一个当前的实在，一个当前的人格的存在。由此可以得出，纽曼首先感兴趣的不是、也不可能是对上帝存在的形式演证的推断，因为在他看来（这使人想到休谟的观点），演证显示了概念或观念之间的逻辑关系。就是说，它从前提中引出结论，前提中的各词项代表了抽象的或普遍的观念。因而给予结论的那个同意是概念的同意，缺少个人承诺的成分，而纽曼乃将这种个人承诺的成分与对上

----

① 《同意语法》，第35页。

② 纽曼所谓的可疑的同意是指无条件地同意这样一种陈述，这种陈述说，一个既定命题的真实性是可疑的。

③ 《同意语法》，第17页。

④ 参见同上，第87页。

帝的实在同意联系起来。

不过，如已经说过的那样，纽曼没有假定人有任何直接直觉上帝的能力。因此这里需要某种推断，即从经验中给予的东西到超越直接经验或知觉的东西的某种思想运动。同时，它不能是导致概念的同意而非实在的同意的那种推断。于是，如下问题出现了："与仅仅给予理智概念的同意相比，对于上帝的存在我能获得任何更生动的同意吗……我能相信我仿佛看见的东西吗？因为这样一个崇高的同意需要对这个事实有一个当下的经验或记忆，乍一看起来，似乎这里的回答一定是否定的。因为除非我已经看到这个东西，否则我怎么能够同意我仿佛看到这个东西呢？虽然没有人在世时能看到上帝，但我心怀一个实在的同意却是可能的，我着手来说明这是如何可能的。"[①] 纽曼试图表明这个实在的同意是如何可能的，我们将在下一节考察他的这个尝试。

4. 我们已知，根据纽曼的观点，甚至我们的非宗教信念也至少依赖于一些隐含的假设。[②] 人们不论明确还是隐含地总把某个东西认为理所当然。总认为有某个出发点不需要证明地被提供出来。在对上帝的信念这件事上，这个出发点，即这个思想活动的既定基础，是良知。"如同记忆活动、推理活动、想象活动，或美感一样"，[③] 良知是人性的一个因素，即精神活动复合体的一个因素。它是"人心中本质的宗教原则和认可"。[④]

不过，对良知可以从两个方面来考察，虽然这两个方面实际上是不分的，但它们仍然是可区分的。首先，我们可以把良知看成是正确的行为规则，是对特定行为对错的判断。一个经验的事实是，不同的人们做出的伦理判断是不同的。譬如，某些社会赞成的行为是别的社会所谴责的。其次，我们可以把良知仅仅看成是权威的呼唤，即看成是庄严的义务。义务感在所有具有良知的人那里实质上都是同样的。即使A认为他应当以一

---

① 《同意语法》，第99页。
② 纽曼坚持认为，对于形式演证的推断来说，这是附有条件的。就是说，断言结论的真实性是以前提之真为条件的。虽然纽曼本人不否认有自明的前提，但他指出，一个人看来自明的东西，在另一个人看来不一定是自明的。总之，有效推理的可能性是我们假设出来的。如果我们试图证明一切事情，并且不做任何假设，那我们就将寸步难行。
③ 《同意语法》，第102页。
④ 同上，第18页。

519　种方式行事，B 认为应当以另一种方式行事，但对于义务的意识，就其本身来考虑，对两个人是相似的。

考虑一下良知的第二个方面，作为内在权威的呼唤，良知"模模糊糊地展望到某个超出自我的东西，朦朦胧胧地认识到对它的决定比对自我有更崇高的认可，它的那些决定是在贯穿于其中的敏锐的义务和责任感中显示出来的"。① 内在的良知法则确实不带有它自己的有效性的任何证据，但它"依自己的权威而博得对自己的注意"。② 这种内在法则越是得到尊重和效仿，它的命令就越变得明确，同时对一个超越的上帝 ——"一个要求我们习惯于服从的至上权力"③ —— 的预感或模糊意识就变得越清晰。

于是，一种生动的义务感使心灵想到某个超出人类自我的东西。而且良知具有纽曼非常重视的情感的一面。良知带来了"尊重和敬畏、希望和恐惧，尤其是恐惧，除了由于偶然的联系，它是一种不但与趣味，甚至与道德感都大相殊异的情感"。④ 纽曼论证说，感情和情感与人有密切联系。"无生命的东西不能激起我们的感情，这些感情是与人互相联系的。"⑤ 因此，"作为一个命令的良知现象有助于使我们想到一个至上统治者，即一个神圣的、公正的、强大的、无所不知的、来世报应的审判者的形象"。⑥ 换言之，良知可以带来对上帝的"想象的"意识，这种意识对于已经提到的那种生动的同意是必要的。

纽曼关于这件事说的话，确实可以证明是对他自己的现身说法。他提到过一个儿童，这个儿童认识到义务，并保持不受有损于他的"宗教本能"⑦ 的影响，他把这个儿童的心灵说成是展望，这种展望"带有一种强烈的思想预感，即想到了一个高居于他之上的、留心而公正的道德统

---

① 《同意语法》，第 104 页。
② 《牛津大学布道集》，第 19 页。
③ 同上。
④ 《同意语法》，第 104—105 页。纽曼所说的趣味指的是审美感，被认为是对美的东西的感觉，而他在此所说的道德感是指对行为的合适或不合适的感觉，包括道德的赞成或不赞成在内。
⑤ 同上，第 106 页。
⑥ 同上，第 107 页。
⑦ 同上，第 109 页。

治者"，① 这时，我们完全可以看出这是纽曼对他自己的经验的概括。此外，如果我们把他所说的话看成是对上帝的实在同意的根据的描述性说明，那这个说明无疑在其他许多情况下都可以得到证实。因为确实可以证明，许多信教者都尊重良知的命令，在保持对上帝这个当前实在的意识的活力时，这种尊重具有强大的影响力。的确，忽视和违背良知的命令而仍然相信上帝，这种情况是可能的。但同样可能真实的是，如果一个人习惯于对良知的呼唤充耳不闻，致使它变得模糊不清，那么，即使这个人仍然保持对上帝的信念，这个信念也往往退化为纽曼所说的纯概念的同意。换言之，从现象学的观点看，纽曼关于良知与对上帝的信念或实在的同意之间关系的说明有不容置疑的价值。在对上帝的信念的现象学分析中，实际上还有其他一些因素必须考虑。不过，纽曼确实说明了这个问题的一个方面。

同时，纽曼不只关心描述他认为人们相信上帝的方式，好像这个信念与（比方说）相信精灵和天使的存在是在或可能在同样水平上似的。他希望表明对上帝的信念是合理的，在某种意义上，他打算指出对上帝存在的"证明"的要点。譬如，他明确说，根据良知的证明是"过去三十年我自己选出的对［上帝存在］的基本学说的证明"。② 他在别的地方说，虽然他不打算"在此"证明一个上帝的存在，"但我发现要回避说出我在哪里寻找对这个存在的证明是不可能的"。③

可是，它是何种证明呢？纽曼在1830年的一次布道中说："良知蕴含着灵魂与外界某物之间的一种关系，而且该物比良知本身更优越。这是一种与良知所不具有的卓越性的关系，是一种与良知无权支配的审判的关系。"④ 不过，尽管用了"蕴含"（imply）一词，纽曼的意思不大可能是指，良知的观念如此蕴含着上帝的观念，以致断言良知的存在和否认上帝

①　《同意语法》，第109页。
②　从论文《有神论的证明》（"Proof of Theism"）开始，这篇论文首次发表在A. J. 博克拉德（A. J. Boekraad）博士的《J.H. 纽曼关于从良知到上帝存在的证明》（*The Argument from Conscience to the Existence of God according to J. H. Newman*，卢 文，1961），第121页。
③　《同意语法》，第101页。
④　《牛津大学布道集》，第18页。

的存在构成了逻辑矛盾。而且，纽曼在别的地方用这些措辞暗示着一种因果推断。譬如，他谈到良知时说："理所当然，正是良知的存在使我们想到一个在我们自己之外的存在，否则，这个思想从哪里来的呢？"[①] 我们已经提到他在谈到良知的情感方面时说，"无生命的东西不能激起我们的感情，这些感情是与人相互联系的"。[②] 当然，纽曼意识到，并非所有哲学家都会同意我们可以从义务感合法地推断上帝的存在。如果他稍微浏览那些与自己不同的观点，那么很明显，实际上与其说他关心的是对一个解释性假设的因果推断，类似于科学中的因果推断那样，不如说他关心的是吸引他的听众或读者亲自讨论和思考这样的问题：在某种意义上，它们是否没有意识到在良知的呼唤中显示出来的上帝。

521　　　换言之，纽曼似乎首先关心的是个人对义务意识的"意义"或"含义"的洞察，就这些词的某种意义而言，这个义务意识是很难定义的。看起来，他的思路与其说与传统类型的形而上学证明相似，不如说与当今加布里埃尔·马赛尔（Gabriel Marcel）从事的现象学分析相似。纽曼确实承认，概括的归纳证明是可能的。正如从感觉印象出发，"我们进而得出有一个广大的外部世界的普遍结论"[③] 一样，通过对一个内在命令——一个使心灵向上帝的思想敞开的意识——的特定事例的归纳，我们也可以得到"一个至上的主无处不在"[④] 的结论。不过，在纽曼看来，对于一个概括的归纳证明结论的同意，将是一个概念的同意。因此，这类证明似乎与从自然到上帝的证明属于同一类，关于后者，他在一个地方说，虽然他不想质疑它们的优点和说服力，但他确实怀疑"它们事实上是否使人们成为或继续作为基督徒"。[⑤] 要使这样一个证明成为"有效的"，产生实在的同意，我们必须"将我们的普遍知识用于该知识的一个特例"。[⑥] 就是说，要使对一个概括的道德证明的同意成为生动的信念和宗教的基础，我必须

---

① 《布道集》（*Sermons Preached on Various Occasions*，第 2 版，1858），第 86 页。
② 《同意语法》，第 106 页。
③ 同上，第 60—61 页。
④ 同上，第 61 页。
⑤ 《布道集》，第 98 页。
⑥ 《同意语法》，第 61 页。

进入我自己的内心中①，倾听在良知的呼唤中显示出来的上帝的呼唤。这是个人据而得之的真理，纽曼不把这个真理仅仅看成是对一个抽象命题的理智同意。

换言之，纽曼实际上想使我们在我们个人经验的背景中亲自"看到"某个东西，而不是证明一个命题是逻辑上从另一个命题推出来的。毕竟他亲口说他不想"与能争善辩的人"打交道。② 他真正想做的是使我们看到我们实际是什么。如果没有良知，一个人就不是一个真正的人。可以说，如果良知不能使我们接近义务感中表现出来的作为当前实在的上帝，以此引导我们相信上帝，良知就仍然是不健全的。人性仿佛在信仰中发展。它一开始就是向上帝敞开的。在纽曼看来，这种潜在的敞开基本通过个人对良知"现象"的洞察而得到实现。因而把他从良知到上帝的证明说成是对上帝存在的公开证明，很可能是错误的。的确，现象学分析从书面上显化了（a written explicitation）纽曼所说的未宠坏的心灵的自发运动，在这个意义上，它是公开的。但公开的分析不可能做到纽曼希望它所做的事，即促进实在的同意，除非将它内在化，即如他所说的那样，将它用于特殊的事例。

5. 这里我们无法考察纽曼关于基督教真理的证据的讨论。但与这个讨论有关的一个逻辑观点却值得一提。

我们当然可以将形式的演证推断用于神学，以表明陈述的含义。但纽曼认为，当我们首先考察基督教的证据时，我们主要关心的是历史事件，即事实。而困难马上就出现了。一方面，在关于事实的推理而非关于抽象观念之间关系的推理中，我们的结论有某种程度的或然性，也许有很高的或然性，但仍然只是或然性。另一方面，纽曼坚持认为，一切同意都是无条件的。那么，我们怎么能证明将基督徒所要求的那种无条件的同意给予一个只是或然真的命题是正当的呢？

要回答这个异议，纽曼利用了在帕斯卡尔、洛克和巴特勒那里找到

---

① 应当注意的是，纽曼不认为道德律依赖于上帝的任意**命令**。他断言，在认识到我们有义务服从道德律的过程中，我们隐含地把上帝认作是圣父和最高审判者。
② 《同意语法》，第429页。

的观念，并论证说，各个独立的或然性累积起来，向一个共同的结论收敛，就可以使这个结论成为确实的。用他自己的话说，"由于被考察的事例的性质和环境造成互相无关的或然性积累"，在这种情况下，"各或然性都过于精密而不利于分开，都非常微妙曲折而无法转化为三段论推理，即使它们是可以转化的，也由于它们数量众多、变化万千而无法做这样的转化"，①但我们把所有这些或然性放在一起考虑，收敛在某一个结论上，这个结论就可以成为确实的。

　　我们无疑可以承认，我们实际上经常将各或然性集中起来作为一个命题的真理性的充分证据。但人们仍然会反驳纽曼说，我们无法给出任何确定的规则，以确定什么时候某个结论是对一个已知收敛的唯一合理的解释。因此，虽然出于一切实践的目的，我们可以完美地证明假设这个结论的真理性是正当的，但我们却没有证明一个无条件或无限制的同意是正当的。因为任何假设在原则上仍然是可修正的。固然纽曼可以得体地说，在宗教研究的情况下，我们"在良知的约束下寻找真理，通过各种方式的证明来寻求确实性，而当我们将这些真理和确实性还原为形式命题的形态时，它们却不能满足科学的严格要求"。②但事实仍然是：如果认为对一个命题的无条件同意排除了该命题成为假命题的可能性，那么，我们就不能合法地将无条件的同意给予从收敛中引出的结论，除非我们能够表明，在某一时刻或然性转变成了确实性。

　　显然，纽曼所说的无条件同意不可能是指排除了相关命题成为假命题的一切可能性的同意。因为如果一切同意都是无条件的，那么，它一定包含对这样一些命题的同意，这些命题我们非常清楚地知道可能会成为假命题。关于一切同意都是无条件同意的说法，在最普遍的形式上，它的意思只能是：同意就是同意。不过，在信奉基督教的情况下，纽曼明确想到的是一个绝对的自我承诺，即一个最充分意义上的无限制同意。虽然他无疑承认，对于确定何时一个可能性收敛能使结论是确实的，没有任何不可错的抽象规则，但他证明人有一种与亚里士多德的"实践智慧"类似的心

①　《同意语法》，第281页。
②　同上，第407页。

灵"官能"，它可以有不同程度的发展，它在原则上可以觉察或然性收敛等于结论性证据的那个时刻。这就是推论感（the illative sense）。"不论在经验科学、历史研究，还是神学的任何一种具体推理中，对于我们推断的对错，除了信赖给这些推断以认可的推论感之外，没有任何最终的检验标准。"[1] 我们要么"看到"，要么没有看到一个已知的推断是有效的。同样，我们要么看到，要么没有看到，就一个既定的、由收敛的独立或然性形成的累积来说，对它的唯一合理的说明就在于这些或然性所收敛于其上的结论的真实性。当然，除了心灵对特殊情况下证据的评价，不可能有任何进一步的判断标准。

纽曼似乎强调的是主观的或心理的状态。譬如，他说："确信是一个精神状态：确实性是命题的性质。对于我确信的那类命题，我称它们是确实的。"[2] 这个说法可能会给人这样的印象，在他看来，任何命题都确实是真的，只要它使人感到确信。但他继续说，在具体的问题上，确信不是一个"从外面打在心灵上的被动印象……而是……主动承认命题为真……"[3]。因为"每一个做推理的人都是他自己的中心"，所以，在具体事实上，对于证据或推断的有效性，除了看到证据是充分的，推断是有效的，没有别的标准。纽曼不想否认真理的客观性。他的意思毋宁是说，如果我们认为一个人在事实问题上的推理是错的，我们只能要求他再查看一下证据和他的推理过程。如果人们反驳说，可以有一种"语词逻辑"（logic of words），即那种可以用机器来执行的演绎，对此纽曼并不否认。但他坚持认为，必须在词语逻辑和事实推理之间做出区分。前者导致纯概念的同意。当他作为基督教的辩护士而写作，希望证明实在的同意的正当性的时候，他对那种纯概念的同意不感兴趣。他没有着手证明可以将关于基督教证据的推理还原为语词逻辑，即还原为形式的演证推断。毋宁说，他希望表明，在所有具体的事实问题上，我们一定要使用不能那样还原的推断，而且，我们不能因为信教者对有关基督教证据的推理结论的同意不

524

---

① 《同意语法》，第352页。推论感是"判断具体事情对错的能力"（同上，第346页）。
② 同上，第337页。
③ 同上。

符合一种演证模式（虽然这种模式确实有其用处，但放到某个有限的领域之外就不合适了），就理所当然地把这个同意说成只是一个跳跃（leap），或说成只是痴心妄想的结果。

6. 我们已经有必要提到纽曼关于良知的反思与加布里埃尔·马赛尔的现象学分析之间的某种相似。但不用说，两个人的理智经历和发展过程大不相同。虽然纽曼设法要证明某件事情，即表明基督教的信念是合理的，但其辩护的动机远没有马赛尔那样明显。的确，马赛尔的哲学反思有助于将他引向基督教，而在纽曼那里，基督教信仰的问题在于信仰对自身的反思，在这个意义上，纽曼的哲学反思是以基督教信仰为前提的。同时，两人之间还有一些局部的相似之处。

同样，尽管两人有很大的不同，但纽曼专注于个人将真理当作生活的基础，专注于个人的自我承诺，这可能使我们想起克尔凯郭尔（Kierkegaard），他的人生（1813—1855）全然没有超出纽曼的人生跨度（1801—1890）①。当然，这并非暗示纽曼对这位丹麦思想家一定有所知，或甚至知道他的存在。虽然纽曼在把真理说成是主观性方面肯定不像克尔凯郭尔走得那样远，但两人在精神上仍然有某种程度的相似。

至于纽曼强调对于在宗教研究中富有成效地追求真理所需要的道德条件，这已经成为新护教学的一个老生常谈，正如纽曼从灵魂内部而非从外部自然界进行探讨实际上也已经成为新护教学的老生常谈一样。换言之，纽曼的护教学研究与以莫里斯·布隆代尔（Maurice Blondel，1861—1949）为代表的现代护教学研究之间至少有某种相似。

上述评论的要点如下。如果我们完全把纽曼当作他实际那样，那么，现代英国逻辑学家和哲学家就会有许多问题要向他发问，他们往往会感到有许多异议要提出来。不过，如下说法似乎是稳妥的：我们现在不把纽曼看成是一位哲学家（除了一些热心者可能仍会那样认为），人们对他的思想或者接受或者拒绝，视情况而定。我说"现在"不把他看成是一位哲学家，我的意思并不是说我从来就没有这样看他。我的确切意思是说，对他

---

① 关于克尔凯郭尔请参见本《哲学史》第七卷第17章。

的哲学思想和护教学风格的兴趣的增长，与哲学运动和护教学运动的扩展是一致的，当我们回顾过去，我们发现这些运动与纽曼的反思因素有某些相似。因此，对他的哲学反思感兴趣的那些人往往把他的反思看成是鼓舞和激励的源泉，而不是看成一个严格系统的学说，当然，纽曼本人也从未想使它们成为那样的学说。在此情况下，抓住他的一些特定观点详细批判似乎是吹毛求疵，而在那些重视纽曼的基本研究方法的人看来，这种批判也或多或少是无足轻重的。

参考文献

一般介绍性作品

Adams, G. P. and Montague, W. P. (editors). *Contemporary American Philosophy*. 2 vols. New York, 1930. (Personal Statements.)

Anderson, P. R. and Fisch, M. H. *Philosophy in America*. New York, 1939.

Blau, J. L. *Men and Movements in American Philosophy*. New York, 1939.

Bochenski, I. M. *Contemporary European Philosophy*, translated by D. Nicholl and K. Aschenbrenner. London and Berkeley, 1956.

Brinton, Crane. *English Political Thought in the Nineteenth Century*. Cambridge (Mass.), 1949.

Deledalle, G. *Histoire de la philosophie amencaine de la guerre de secession tlla seconde guerre mondiale*. Paris, 1955.

Lamanna, A. P. *La filosofia del novecento*. Florence, 1964.

Merz, J. T. *History of European Thought .n the Nineteenth Century*. 4 vols. London, 1896-1914.

Metz, R. *A Hundred Years of British Philosophy*, translated by J. W. Harvey, T. E. Jessop and H. Sturt. London, 1938. (An account of British philosophy from about the middle of the nineteenth century onwards.)

Muelder, W. E. and Sears, L. *The Development of American Philosophy*. Boston, 1940.

Muirhead, J. H. (editor). *Contemporary British Philosophy: Personal Statements*. 2 vols. London, 1924-5. (The first volume mcludes statements by, for example, Bosanquet, McTaggart, Bertrand Russell and Schiller, the second by James Ward and G. E. Moore.)

Passmore, J. *A Hundred Years of Philosophy*. London, 1957. (A useful account of philosophy, mainly but not exclusively British, from J. S. Mill, with a concluding chapter on existentialism.)

Riley, I. W. *American Thought from Puritanism to Pragmatism and Beyond*. New York, 1923 (2nd edition).

Schneider, H. W. *A History of American Philosophy*. New York, 1946.

Seth (Pringle-Pattison), A. *English Philosopher and Schools of Philosophy*. London, 1912. (From Francis Bacon to F. H. Bradley.)

Warnock, G. J. English *Philosophy* Since 1900. London, 1958. (A clear and succinct account of the development of the modem analytic movement.)

Warnock, M. *Ethics Since 1900*. London, 1960.

Werkmeister, W. H. *A History of Philosophical Ideas in America*. New York, 1949.

第一部分：第一——五章

关于功利主义运动的一般介绍性作品

Albee, E. *A History of English Utilitarianism*. London, 1902.

Davidson, W. L. *Political Thought in England: Bentham to J. S. Mill*. London, 1950.

Guyau, J. M. *La morale anglaise contemporaine*. Paris, 1904 (5th ed.).

Halevy, E. *The Growth of Philosophical Radicalism*, translated by M. Morris, with a preface by A. D. Lindsay. London, 1928.

Laski, H. J. *The Rise of European Liberalism*. London, 1936.

Leslie, S. W. *Political Thought in England. The Utilitarians from Bentham to Mill*. London and New York, 1947.

Mondolfo, R. *Saggi per la storia della morale utilitaria*. 2 vols. Verona and Padua, 1903-4.

Plamentaz, J. *The English Utilitarians*. Oxford, 1949.

Stephen, L. *The English Utilitarians*. 3 vols. London, 1900. (The volumes are devoted respectively to Bentham, James Mill and J. S. Mill.)

边沁

原始文本

The Works of Jeremy Bentham, edited by John Bowring. II vols. Edinburgh, 1838-43.

Benthamiana, Select Extracts from the Works of Jeremy Bentham, edited by J. H. Burton. Edinburgh, 1843.

Oeuvres de Jeremie Bentham, translated by E. Dumont. 3 vols. Brussels, 1829-30.

Coleccion de obras del celebre Jeremie Bentham, compiled by E. Dumont with commentaries by B. Anduaga y Espinosa. 14 vols. Madrid, 1841-3.

An Introduction to the Principles of Morals and Legislation, edited by L. Lafleur. New York, 1948. (The 1876 Oxford edition is a reprint of the 1823 edition.)

Theory of Legislation, translated from the French of E. Dumont by R. Hildreth. London, 1896.

Bentham's Theory of Legislation, edited by C. K. Ogden. London, 1950.

A Fragment on Government, edited by F. C. Montague. London, 1891.

Bentham's Theory of Fictions, edited by C. K. Ogden. London, 1932.

Bentham's Handbook of Political Fallacies, edited by H. A. Larrabee. Baltimore, 1952.

Deontology, or the Science of Morality, edited by J. Bowring. 2 vols. London, 1834.

The Limits of Jurisprudence Defined, edited by C. W. Everett. New York, 1945.

Jeremy Bentham's Economic Writings, Critical Edition based on his Printed Works and Unprinted Manuscripts, edited by W. Stark. 3 vols. London, 1952-4. (Each volume contains an introductory essay. The second appendix, contained in the third volume, is a systematic survey of the surviving Bentham manuscripts.)

Catalogue of the Manuscripts of Jeremy Bentham in the Library of University College, London, edited by A. T. Milne. London, 1937.

研究专著

Atkinson, C. M. *Jeremy Bentham*, His Life and Work. London, 1905.

Baumgardt, D. *Bentham and the Ethics of Today*. Princeton (U.S.A.) and London, 1952.

Busch, J. *Die moralische und soziale Ethik Benthams*. Neisse, 1938.

Everett, C. W. *The Education of Jeremy Bentham*. New York, 1931.

Jones, W. T. *Masters of Political Thought: From Machiavelli to Bentham*. London, 1947.

Keeton, G. W. and Schwarzenberger, G. (editors). *Jeremy Bentham and the Law*. London, 1948.

Laski, H. J. *Political Thought in England: Locke to Bentham*. London, 1950.

Mack, M. P. *Jeremy Bentham: An Odyssey of Ideas, 1748-1792*. London, 1962.

Mill, J. S. *Mill on Bentham and Coleridge*, edited bv F. R. Leavis. London, 1950.

Quintodamo, N. *La morale utilitaristica del Bentham e sua evoluzione net diritto penale*. Naples, 1936.

Stephen, L. *The English Utilitarians: Vol. 1, Jeremy Bentham*. London, 1900.

詹姆斯·密尔

原始文本

History of India. 3 vols. London, 1817. (4th edition, 9 vols., 1848; 5th edition, with continuation by M. H. Wilson, 10 vols., 1858.)

Elements of Political Economy. London, 1821 (3rd and revised edition, 1826).

Analysis of the Phenomena of the Human Mind, edited by J. S. Mill, with notes by A. Bain, A. Findlater and G. Grote. 2 vols. London, 1869.

A Fragment on Mackintosh. London, 1835.

研究专著

Bain, A. *James Mill, A Biography*. London 1882.

Bower, G. S. *Hartley and James Mill*. London, 1881.

Hamburger, J. *James Mill and the Art of Revolution*. Yale, 1964.

Ressler, A. *Die Bmen Mill*. Cologne, 1929.

Stephen, L. *The English Utilitarians: Vol. II, James Mill*. London, 1900.

J. S. 密尔

原始文本

Collected Works of John Stuart Mill, general editor F. E. L. Priestley. Toronto and London.
　　Vols. XII-XIII, *The Earlier Letters*, 1812-1848, edited by F. E. Mineka, 1963; vols. II-III,
　　The Principles of Political Economy, with an introduction by V. W. Bladen, edited by J. M.
　　Robson, 1965.

Autobiography, edited by H. J. Laski. London, 1952. (Among other editions there is the
　　one edited by J. J. Cross, New York, 1924.)

The Early Draft of J. S. Mill's Autobiography, edited by J. Stillinger. Urbana (Ill.), 1961.

Mill's Utilitarianism reprinted with a Study of the English Utilitarians, by J. Plamentaz.
　　Oxford, 1949.

On Liberty, Considerations on Representative Government, edited with an introduction by
　　R B. McCallum. Oxford, 1946.

Considerations on Representative Government, edited with an introduction by C. V.
　　Shields. New York, 1958.

A System of Logic. London, 1949 (reprint).

Examination of Sir William Hamilton's Philosophy. London, 1865.

John Stuart Mill's Philosophy of Scientific Method, edited by E. Nagel. New York. 1950.
　　(Selections, with introductory material, from the Logic and the Examination.)

Dissertations and Discussions. 5 vols. Boston (U.S.A.), 1865-75.

Mill on Bentham and Coleridge, edited by F. R Leavis. London, 1950.

Auguste Comte and Positivism. London, 1865.

Inaugural Address at St. Andrews. London, 1867.

Three Essays on Religion. London, 1874. (Theism, edited by R. Taylor. New York, 1957.)

John Stuart Mill and Harriet Taylor: Their Friendship and Subsequent Marriage, edited by
　　F. A. Hayek. Chicago, 1951. (Contains the Mill-Taylor correspondence.)

*Lettres inedites de John Stuart Mill a Auguste Comte, publiees avec les responses de
　　Comte*, edited by L. Levy-Bruhl. Paris, 1899.

Bibliography of the Published Works of John Stuart Mill, edited by N. MacMinn, J. R.
　　Hinds and J. M. McCrimmon. London, 1945.

研究专著

Anschutz, R. P. *The Philosophy of J. S. Mill*. Oxford, 1953. (illustrates very well the
　　different tendencies in Mill's thought.)

Bain, A. *John Stuart Mill: A Criticism with Personal Recollections*. London, 1882.

Borchard, R. *John Stuart Mill, the Man*. London, 1957.

Britton, K. *John Stuart Mill*. Penguin Books, 1953.

Casellato, S. *Giovanni St. Mill e l'utilitarismo inglese*. Padua, 1951.

Castell, A. *Mill's Logic of the Moral Science: A Study of the Impact of Newtonism on Early Nineteenth-Century Social Thought*. Chicago, 1936.

Courtney, W. L. *The Metaphysics of john Stuart Mill*. London, 1879.

Cowling, M. *Mill and Liberalism*. Cambridge, 1963.

Douglas, C. *J. S. Mill: A Study of His Philosophy*. London, 1895.

　　　　Ethics of John Stuart Mill. Edinburgh, 1897.

Grude-Oettli, N. *John Stuart Mill zwischen Liberalismus und Sozialismus*. Zurich, 1936.

Hippler, F. *Staat und Gesellschaft bei Mill, Marx, Lagarde*. Berlin, 1934 ·

Jackson, R. *An Examination of the Deductive Logic of John Stuart Mill*. London, 1941.

Kantzer, E. M. *La religion de John Stuart Mill*. Caen, 1914.

Kennedy, G. *The Psychological Empiricism of john Stuart Mill*. Amsterdam, 1928 .

Kubitz, O. A. *The Development of John Stuart Mill's System of Logic*. Urbana (III), 1932.

McCosh, J. *An Examination of Mr. J. S. Mill's Philosophy*. New York, 1890 (2nd edition).

Mueller, I. W. *John Stuart Mill and French Thought*. Urbana (m.), 1956.

Packe, M. St. John. *The Life of John Stuart Mill*. New York, 1954.

Pradines, M. *Les postulats metaphysiques de l'utilitarisme de Stuart Mill et Spencer*. Paris, 1909.

Ray, J. *La methode de l'iconomie politique d'apres John Stuart Mill*. Paris, 1914.

Roeng, F. *Die Wandlungen in der geistigen Grundhaltung John Stuart Mills*. Cologne, 1930.

Russell, Bertrand. *John Stuart Mill*. London, 1956. (Bristol Academy Lecture.)

Saenger, S. *John Stuart Mill, Sein Leben und Lebenswerk*. Stuttgart, 1901.

Schauchet, P. *Individualistische und sozialistische Gedanken im Leben John Stuart Mills*. Giessen, 1926.

Stephen, L. *The English Utilitarians: vol. III, John Stuart Mill*. London, 1900.

Towney, G. A. *John Stuart Mill's Theory of Inductive Logic*. Cincinnati, 1909.

Watson, J. *Comte, Mill and Spencer*. Glasgow, 1895.

Zuccante, G. *La morale utilitaristica dello Stuart Mill*. Milan, 1899.

　　　　Giovanni S. Mill, l'utilitarismo. Florence, 1922.

赫伯特·斯宾塞

原始文本

A System of Synthetic Philosophy. 10 vols. London, 1862-93. (For some detailed information about the various editions of the books comprising the System see pp. 240-1.)

Epitome of the Synthetic Philosophy, by F. H. Collins. London, 1889 (5th edition, 1901).

Essays, Scientific, Political and Speculative. 3 vols. London, 1891. (Two volumes of *Essays, Scientific, Political and Speculative* appeared at London in 1857 and 1863 respectively and one volume of *Essays. Moral, Political and Aesthetic* at New York in 1865.)

Education, Intellectual, Moral, Physical. London, 1861.

The Man versus The State. London, 1884.

The Nature and Reality of Religion. London, 1885.

Various Fragments. London, 1897.

Facts and Comments. London, 1902.

Autobiography. 2 vols. New York, 1904.

研究专著

Allievo, G. *La psicologia di Herbert Spencer*. Turin, 1914 (2nd edition).

Ardigo, R. *L'Inconoscibile di Spencer e il noumeno ai Kant*. Padua, 1901.

Asirvatham, E. *Spencer's Theory of Social Justice*. New York, 1936.

Carus, P. *Kant and Spencer*. Chicago, 1889.

Diaconide, E. *Etude critique sur la sociologie de Herbert Spencer*. Paris, 1938.

Duncan, D. *The Life and Letters of Herbert Spencer*. London, 1912.

Elliott, H. *Herbert Spencer*. London, 1917.

Ensor, R. C. *Some Reflections on Spencer's Doctrine that Progress is Differentiation*. Oxford, 1947.

Fiske, J. *Outlines of Cosmic Philosophy*. 2 vols. London, 1874. (These lectures are critical as well as expository of Spencer's thought.)

Gaupp, O. *Herbert Spencer*. Stuttgart, 1897.

Guthmann, J. *Entwicklung und Selbstentjaltung bei Spencer*. Ochsenfurt,1931.

Haberlin, P. *Herbert Spencers Grundlagen der Philosophie*. Leipzig, 1908.

Hudson, W. H. *Introduction to the Philosophy of Herbert Spencer*. London, 1909.

Jarger, M. *Herbert Spencers Prinzipien der Ethik*. Hamburg, 1922.

Macpherson, H. *Herbert Spencer, The Man and His Work*. London, 1900.

Parisot, E. *Herbert Spencer*. Paris, 1911.

Parker-Bowne, B. *Kant and Spencer*. New York, 1922.

Ramlow, L. A. *Riehl und Spencer*. Berlin, 1933.

Royce, J. *Herbert Spencer; An Estimate and Review with a chapter of Personal Reminiscences by J. Collier*. New York, 1904.

Rumney, J. *Herbert Spencer's Sociology: A Study in the History of Social Theory*. London, 1934.

Sergi, G. *La sociologia di Herbert Spencer*. Rome, 1903.

Sidgwick, H. *Lectures on the Ethics of T. H. Green, Mr. Herbert Spencer, and J. Mariineau*. London, 1902.

Solari, G. *L'opera filosoftca di Herbert Spencer*. Bergamo, 1904.

Stadler, A. *Herbert Spencers Ethik*. Leipzig, 1913.

Thompson, J. A. *Herbert Spencer*. London, 1906.

Tillett, A. W. *Spencer's Synthetic Philosophy: What It is All About. An Introduction to Justice, 'The Most Important Part'*. London, 1914.

第二部分：第六一十章

关于英国观念论的一般介绍性作品

Abbagnano, N. *L'idealismo inglese e americano*. Naples, 1926.

Cunningham, G. W. *The Idealistic Argument in Recent British and American Philosophy*. New York, 1933.

Dockhom, K. *Die Staatsphilosophie des englischen Idealismus, ihre Lehre und Wirkung*. Poppinghaus, 1937.

Haldar, H. *Neo-Hegelianism*. London, 1927.

Milne, A. J. M. *The Social Philosophy of English Idealism*. London, 1962.

Muirhead, J. M. *The Platonic Tradition in Anglo-Saxon Philosophy*. London, 1931.

Pucelle, J. *L'idealisme en Angleterre de Coleridge a Bradley*. Neuchatel and Paris, 1955. (Can be highly recommended.)

柯勒律治

原始文本

Works, edited by W. G. T. Shedd. 7 vols. New York, 1884.

The Friend. 3 vols. London, 1812. (2 vols, 1837).

Biographia Literaria. London, 1817. (Everyman Library, 1906 and reprints.)

Aids to Reflection. 2 vols. London, 1824-5 (with addition of the Essay on Faith, 1890).

On the Constitution of Church and State, edited by H. N. Coleridge. London, 1839.

Confessions of an Inquiring Spirit, edited by H. N. Coleridge. London, 1840.

Treatise on Method. London, 1849 (3rd edition).

Essays on His Own Times. 3 vols. London, 1850.

Anima Poetae, edited by E. H. Coleridge. London, 1895.

Letters, edited by E. H. Coleridge. London, 1895.

Unpublished Letters. London, 1932.

The Political Thought of Coleridge, selected by R. J. White. London, 1938.

The Philosophical Lectures of S. T. Coleridge, Hitherto Unpublished, edited by K. Coburn. London, 1949.

The Notebooks of S. T. Coleridge, edited by K. Coburn. 2 vols. London, 1957-02.

研究专著

Blunden, E. and Griggs, E. L. (editors). *Coleridge Studies*. London, 1934.

Campbell J. D. *Life of S. T. Coleridge*. London, 1894.

Chambers, E. K. *S. T. Coleridge: A Biographical Study*. Oxford, 1938 .

Chinol, E. *Il pensiero di S. T. Coleridge*. Venice, 1953.

Coburn, K. *Inquiring Spirit. A New Presentation of Coleridge* (from published and unpublished writings). London, 1931.

Ferrando, G. *Coleridge. Florence*, 1925.

Green, J. H. *Spiritual Philosophy, Founded on the Teaching of the late S. T. Coleridge*. 2 vols. London, 1865.

Hanson, L. *Life of S. T. Coleridge Early Years*. London, 1938.

Kagey, R. *Coleridge: Studies in the History of Ideas*. New York, 1935.

Lowes, J. L. *The Road to Xanadu: A Study in Ways of the Imagination*. London, 1927 (revised edition 1930).

Muirhead, J. H. *Coleridge as Philosopher*. London, 1930.

Richards, I. A. *Coleridge on Imagination*. London, 1934.

Snyder, A. D. *Coleridge on Logic and Learning*. New Haven, 1929.

Wellek, R. *Immanuel Kant in England*. Princeton, 1931. (Only partly on Coleridge.)

Winkelmann, E. *Coleridge und die kantische Philosophie*. Leipzig, 1933.

Wunsche, W. *Die Staatsauffassung S. T. Coleridge's*. Leipzig, 1934.

卡莱尔

原始文本

Works, edited by H. D. Traill. 31 vols. London, 1897-1901.

Sarlor Resartus. London, 1841, and subsequent editions.

On Heroes, Hero-Worship and the Heroic in History. London, 1841.

Correspondence of Carlyle and R. W. Emerson. 2 vols. London, 1883.

Letters of Carlyle to J. S. Mill, Sterling and R. Browning, edited by A. Carlyle. London, 1923.

研究专著

Baumgarten, *O. Carlyle und Goethe*. Tubingen, 1906.

Fermi, L. *Carlyle*. Messina, 1939.

Garnett, R. *Life of Carlyle*. London, 1887.

Harrold, C. F. *Carlyle and German Thought, 1819-34*. New Haven, 1934.

Hensel, P. *Thomas Carlyle*. Stuttgart, 1901.

Lammond, D. *Carlyle*. London, 1934.

Lea, F. *Carlyle, Prophet of Today*. London, 1944.

Lehman, B. H. *Carlyle's Theory of the Hero*. Duke, 1939.

Neff, E. *Carlyle and Mill: Mystic and Utilitarian*. New York, 1924.

Carlyle. New York, 1932.

Seilliere, E. *L'actualite de Carlyle*. Paris, 1929.

Storrs, M. *The Relation of Carlyle to Kant and Fichte*. Bryn Mawr, 1929.

Taylor, A. C. *Carlyle et la pensk latine*. Paris, 1937.

Wilson, D. A. *Carlyle*. 6 vols. London, 1923-34.

T. H. 格林

原始文本

Works, edited by R. L. Nettleship, 3 vols. London, 1885-8. (Contains Green's Introductions to Hume's Treatise, lectures on Kant, on Logic and on The Principles of Political Obligation, together with a memoir of the philosopher by Nettleship.)

Introductions to Hume's Treatise in vols. 1 and 2 of the *Philosophical Works of David Hume* edited by T. H. Green and T. M. Grose. London, 1874.

Prolegomena to Ethics, edited by A. C. Bradley. London, 1883.

Principles of Political Obligation. London, 1895.

研究专著

Gunther, O. *Das Verhaltnis der Ethik Greens zu der Kants*. Leipzig, 1915.

Fairbrother, W. H. *The Philosophy of T. H. Green*. London, 1896.

Fusai, M. *Il pensiero morale di T. H. Green*. Florence, 1943.

Lamont, W. D. *Introduction to Green's Moral Philosophy*. New York, 1934.

Muirhead, J. H. *The Service of the State: Four lectures on the Political Teaching of Green*. London, 1908.

Pucelle, J. *La nature et l'esprit dans la Philosophie de T. H. Green. I, Metaphysique-Morale*. Louvain, 1961. (A thorough and sympathetic study.)

E. 凯尔德

原始文本

A Critical Account of the Philosophy of Kant. Glasgow, 1877. (Revised edition in 2 vols. with the title The Critical PhilosoPhy of Kant, Glasgow, 1889.)

Hegel. Edinburgh, 1883.

The Social Philosophy and Religion of Comte. Glasgow, 1885.

Essays on Literature and Philosophy. 2 vols. Glasgow, 1892.

The Evolution of Religion. 2 vols. Glasgow, 1893.

The Evolution of Theology in the Greek Philosophers, 2 vols. Glasgow, 1904.

研究专著

Jones, H. and Muirhead, J. H. *The Life and Philosophy of Edward Caird*. London, 1921.

布拉德雷
原始文本

The Presuppositions of Critical History. London, 1874.

Ethical Studies. London, 1876 (2nd edition, 1927).

Mr. Sidgwick's Hedonism. London, 1877.

The Principles of Logic. London, 1883 (2nd edition with Terminal Essays in 2 vols, 1922.)

Appearance and Reality. London, 1893 (2nd edition with Appendix, 1897).

Essays on Truth and Reality. London, 1914.

Aphorisms. Oxford, 1930.

Collected Essays. 2 vols. Oxford, 1935. (This work includes The Presuppositions of Critical History.)

研究专著

Antonelli, M. A. *La metafisica di F. H. Bradley*. Milan, 1952.

Campbell, C. A. *Scepticism and Construction. Bradley's Sceptical Principle as the Basis of Constructive Philosophy*. London, 1931.

Chappuis, A. *Der theoretische Weg Bradleys*. Paris, 1934.

Church, R. W. *Bradley's Dialectic*. London, 1942.

De Marneffe, J. *La preuve de Z'Absolu chez Bradley. Analyse et critique de la methode*. Paris, 1961.

Kagey, R. *The Growth of Bradley's Logic*. London, 1931.

Keeling, S. V. *La nature de Z'experience chez Kant et chez Bradley*. Montpellier, 1925.

Lomba, R. M. *Bradley and Bergson*. Lucknow, 1937.

Lofthouse, W. F. *F. H. Bradley*. London, 1949.

Mack, R. D. *The Appeal to Immediate Experienu. Philosophic Method in Bradley, Whitehead and Dewey*. New York, 1945.

Ross, G. R. *Scepticism and Dogma: A Study in the Philosophy of F. H. Bradley*. New York, 1940.

Schuring, H. J. *Studie zur Philosophie von F. H., Bradley*. Meisenheim am Glan, 1963.

Segerstedt, T. T. *Value and Reality in Bradley's Philosophy*. Lund, 1934.

Taylor, A. E. *F. H. Bradley*. London, 1924. (British Academy lecture.)

Wollheim, R. *F. H. Bradley*. Penguin Books, 1959.

In *Mind* for 1925 there are articles on Bradley by G. D. Hicks, J. H. Muirhead, G. F. Stout, F. C. S. Schiller, A. E. Taylor and J. Ward.

鲍桑葵

原始文本

Knowledge and Reality. London, 1885.

Logic, or the Morphology of Knowledge. 2 vols. London, 1888.

Essays and Addresses. London, 1889.

A History of Aesthetic;. London, 1882.

The Civilization of Christendom and Other Studies. London, 1893.

Aspects of the Social Problem. London, 1895.

The Essentials of Logic. London, 1895.

Companion to Plato's Republic. London, 1895.

Rousseau's Social Contract. London, 1895.

Psychology of the Moral Self. London, 1897.

The Philosophical Theory of the State. London, 1899.

The Principle of Individuality and Value. London, 1912.

The Value and Destiny of the Individual. London, 1913.

The Distinction between Mind and Its Objects. London, 1913.

Three Lectures on Aesthetics. London, 1915.

Social and International Ideals. London, 1917.

Some Suggestions in Ethics. London, 1918.

Implication and Linear Inference. London, 1920.

What Religion Is. London, 1920.

The Meeting of Extremes in Contemporary Philosophy. London, 1921.

Three Chapters on the Nature of Mind. London, 1923.

Science and Philosophy and Other Essays, edited by J. H. Muirhead and R. C. Bosanquet.
   London, 1927.

研究专著

Bosanquet, H. *Bernard Bosanquet*. London, 1924.

Houang, F. *La neo-hegelianisme en Angleterre: la philosophie de Bernard Bosanquet*.
   Paris, 1954.

   *De l'humanisme a l'absolutisme. L'evolution de la pensee religieuse du neo-
   hegelien anglais Bernard Bosaf'lquet*. Paris, 1954.

Muirhead, J. H. (editor). *Bosanquet and His Friends: Letters Illustrating Sources and
   Development of His Philosophical Opinions*. London, 1935.

Pfannenstil, B. *Bernard Bosanquet's Philosophy of the State*. Lund, 1936.

麦克塔格特

原始文本

Studies in the Hegelian Dialectic. Cambridge, 1896 (2nd edition 1922).

Studies in the Hegelian Cosmology. Cambridge. 1901 (2nd edition, 1918).

Some Dogmas of Religion. London. 1906, (2nd edition, with biographical introduction by C. D. Broad,1930).

A Commentary on Hegel's Logic. Cambridge, 1910 (new edition, 1931).

The Nature of Existence. 2 vols. Cambridge, 1921-7. (The second vol. is edited by C. D. Broad.)

Philosophical Studies, edited, with an introduction by S. V. Keeling, London, 1934. (Mainly a collection of published articles, including that on the unreality of time.)

研究专著

Broad, C. D. *Examination of McTaggart's Philosophy*. 2 vols. Cambridge, 1933-8.

Dickinson, G. Lowes. *McTaggart, a Memoir*. Cambridge, 1931.

第三部分：第十一—十三章

关于美国观念论的一般介绍性作品

Abbagnano, N. *L'itlealismo ingZese e americana*. Naples, 1926.

Adams, G. P. *Idealism and the Modem Age*. New Haven, 1919.

Barrett, C. and Others. *Contemporary Idealism in America*. New York, 1932.

Cunningham, G. W. *The Idealistic Argument in Recent British and American Philosophy*. New York, 1933.

Frothingham, O. B. *Transcendentalism in New England*. New York, 1876.

Jones, A. L. *Early American Philosophers*. New York, 1898.

Miller, P. *The New England Mind: The Seventeenth Century*. New York,1939.

Parrington, V. L. *Main Currents of American Thought*. New York, 1927.

Riley, I. W. *American Philosophy: The Early Schools*. New York, 1907.

Rogers, A. K. *English and American Philosophy Since 1800*. New York,1922 .

Royce, J. *Lectures on Modern Idealism*. New Haven, 1919.

Schneider, H. W. *The Puritan Mind*. New York, 1930.

　　　　　A History of American Philosophy. New York, 1946.

Stovall, F. *American Idealism*. Oklahoma, 1943.

爱默生

原始文本

The Complete Works of Ralph Waldo Emerson, edited by E. W. Emerson. 12 vols. Boston, 1903-4. (Fireside edition, Boston, 1909.)

Works, 5 vols. London, 1882-3.

      6 vols., edited by J. Morley, London, 1883-4.

The Journals of Ralph Waldo Emerson, edited by E. W. Emerson and W. F. Forbes. 10 vols. Boston, 1909-14.

The Letters of Ralph Waldo Emerson, edited by R. L. Rusk. New York,1939.

研究专著

Alcot, A. B. *R. W. Emerson, Philosopher and Seer*. Boston, 1882.

Bishop, J. *Emerson on the Soul*. Cambridge (Mass.), and London, 1965.

Cabot, J. E. *A Memoir of R. W. Emerson*. 2 vols. London, 1887.

Cameron, K. W. *Emerson the Essayist: An Outline of His Philosophical Development through 1836*. 2 vols. Raleigh (N.C.), 1945.

Carpenter, F. I. *Emerson and Asia. Cambridge* (Mass.), 1930.

      Emerson Handbook. New York, 1953.

Christy, A. *The Orient in American Transcendentalism*. New York, 1932.

Firkins, O. W. *R. W. Emerson*. Boston, 1915.

Garnett, R. *Life of Emerson*. London, 1888.

Gray, H. D. *Emerson: A Statement of New England Transcendentalism as Expressed in the Philosophy of Its Chief Exponent*. Palo Alto (Calif.), 1917.

Hopkins, V. C. *Spires of Form: A Study of Emerson's Aesthetic Theory*. Cambridge (Mass.), 1951.

James, W. *Memories and Studies*. New York, 1911. (Includes an address on Emerson.)

Masters, E. L. *The Living Thoughts of Emerson*. London, 1948.

Matthiessen, F. O. *American Renaissance: Art and Expression in the Age of Emerson and Whitman*. London and New York, 1941.

Michaud, R. *Autour d'Emerson*. Paris, 1924.

      La me inspiree d' Emerson. Paris, 1930.

Mohrdieck, M. *Demokratie bei Emerson*. Berlin, 1943.

Paul, S. *Emerson's Angle of Vision*. Cambridge (Mass.), 1952.

Perry, B. *Emerson Today*. New York, 1931.

Reaver, J. R. *Emerson as Myth-Maker*. Gainesville (Flor.), 1954.

Rusk, R. L. *The Life of Ralph Waldo Emerson*. New York, 1949.

Sahmann, P. *Emersons Geisteswelt*. Stuttgart, 1927.

Sanborn, F. B. (editor). *The Genius and Character of Emerson*. Boston, 1885.

Simon, J. R. W. *Emerson in Deutschland*. Berlin, 1937.

Whicher, S. B. *Freedom and Fate: An Inner Life of Ralph Waldo Emerson*. Philadelphia, 1953.

罗伊斯

原始文本

The Religious Aspect of Philosophy. Boston, 1885.

California: A Study of American Character. Boston, 1886.

The Spirit of Modern Philosophy. Boston, 1892.

The Conception of God: A Philosophical Discussion concerning the Nature of the Divine Idea as a Demonstrable Reality. New York, 1897. (This work, by several authors, includes Royce's intervention at a philosophical discussion in 1895.)

Studies of Good and Evil. New York, 1898.

The World and the Individual. 2 vols. New York, 1900-1.

The Conception of Immortality. Boston, 1900.

The Philosophy of Loyalty. New York, 1908.

Race Questions, Provincialism and Other American Problems. New York and London, 1908.

William James and Other Essays on the Philosophy of Life. New York, 1911.

The Sources of Religious Insight. Edinburgh, 1912.

The Problem of Christianity. 2 vols. New York, 1913.

War and Insurance. New York, 1914.

Lectures on Modern Idealism. New Haven, 1919. (Edition by J. E. Smith, New York and London, 1964.)

Royce's Logical Essays, edited by D. S. Robinson. Dubuque (Iowa), 1951.

Josiah Royce's Seminar 1913-14, as recorded in the notebooks of H. Costello, edited by G. Smith. New Brunswick, 1963.

研究专著

Albeggiani, F. *Il sistema filosofico ai Josiah Royce*. Palermo, 1930.

Amoroso, M. L. *La filosofia morale di Josiah Royce*. Naples, 1929.

Aronson, M. J. *La philosophie morale de Josiah Royce*. Paris, 1927.

Cotton, J. H. *Royce on the Human Self*. Cambridge (Mass.), 1954.

Creighton, J. E. (editor). *Papers in Honor of Josiah Royce on His Sixtieth Birthday*. New York, 1916.

De Nier, M. *Royce*. Brescia, 1950.

Dykhuizen, G. *The Conception of God in the Philosophy of Josiah Royce*. Chicago, 1936.

Fuss, P. *The Moral Philosophy of Josiah Royce*. Cambridge (Mass.), 1965.

Galgano, M. *Il pensiero filosojico di Josiah Royce*. Rome, 1921.

Humbach, K. T. *Einzelperson und Gemeinschaft nach Josiah Royce*. Heidelberg, 1962.

Loewenberg, J. *Royce's Synoptic Vision*. Baltimore, 1955.

Marcel, G. *La metaphysique de Royce*. Paris, 1945.

Olgiati, F. *Un pensatore americana*: Josiah Royce. Milan, 1917.

Smith,.J. E. *Royce's Social Infinite*. New York, 1950.

第四部分：第十四—十六章

关于实用主义的一般介绍性作品

Baumgarten, E. *Der Pragmatismus: R. W. Emerson, W. James, J. Dewey*. Frankfurt, 1938.

Bawden, H. H. *Pragmatism*. New York, 1909.

Berthelot, R. *Un romantisme utilitaire*. 3 vols. Paris, 19II-13.

Childs, J. L. *American Pragmatism and Education: An Interpretation and Analysis*. New York, 1956.

Chiocchetti, E. *Il pragmatismo*. Milan, 1926.

Hook, S. *The Metaphysics of Pragmatism*. Chicago, 1927.

Kennedy, G. (editor). *Pragmatism and American Culture*. Boston, 1950.

Lamanna, E. P. *Il pragmatismo anglo-americana*. Florence, 1952.

Leroux, E. *Le pragmatisme ammcain et anglais*. Paris, 1922.

Mead, G. H. *The Philosophy of the Present*. Chicago, 1932.

Moore, A. W. *Pragmatism and Its Critics*. Chicago, 1910.

Moore, E. C. *American Pragmatism: Peirce, James and Dewey*. New York, 1961.

Morris, C. W. *Six Theories of Mind*. Chicago, 1932.

Murray, D. L. *Pragmatism*. London, 1912.

Perry, R. B. *Present Philosophical Tendencies*. New York, 1912.

Pratt, J. B. *What is Pragmatism?* New York, 1909.

Simon, P. *Der Pragmatismus in der modernen framosischen Philosophie*. Paderborn, 1920.

Spirito, U. *Il pragmatismo nella filosofia contemporanea*. Florence, 1921.

Stebbing, L. S. *Pragmatism and French Voluntarism*. Cambridge, 1914.

Sturt, H. (editor). *Personal Idealism*. London, 1902.

Van Wessep, H. B. *Seven Sages: The Story of American Philosophy*. New York, 1960. (Includes Chapters on James, Dewey and Peirce.)

Wahl, J. A. *Les Philosophies pluralisles d' Angleterre et d' Ammque*. Paris, 1920.

Wiener, P. P. *Evolution and the Faunders of Pragmatism*. Cambridge (Mass.), 1949.

皮尔士

原始文本

Collected Papers of Charles Sanders Peirce. 8 voIs. Cambridge, Mass. Volumes I-VI,
edited by C. Hartshorne and P. Weiss and first published 1931-5, have been re-issued
in 1960 as three volumes. Volumes VII-VIII, edited by A. W. Burke, were published in
1958.

还有一些书中的选段，例如：

Chance Love and Logic, edited by M. R. Cohen, with a supplementary essay by J. Dewey,
New York, 1923.

The Philosophy of Peirce. Selected Writings, edited by J. Buchler. London, 1940 (reprint,
New York, 1955).

Essays in the Philosophy of Science, edited by V. Tomas. New York, 1957.

Values in a Universe of Chance, edited by P. P. Wiener. Stanford and London, 1958.

研究专著

Boler, J. F. *Charles Peirce and Scholastic Realism. A Study of Peirce's Relation to John
Duns Scotus*. Seattle, 1963.

Buchler, J. *Charles Peirce's Empiricism*. London, 1939.

Carpenter, F. I. *American Literature, and the Dream*. New York, 1955. (Includes a chapter
on Peirce.)

Feibleman, J. K. *An Introduction to Peirce's Philosophy Interpreted as a System*. New
York, 1946; London, 1860.

Freeman, E. *The Categories of Charles Peirce*. La Salle (Ill.), 1934.

Galbe, W. B. *Peirce and Pragmatism*. Penguin Books, 1952.

Goudge, T. A. *The Thought of C. S. Peirce*. Toronto and London, 1950.

Guccione Monroy, A. *Peirce, il pragmatismo americano*. Palermo, 1959.

Kempski, J. V. *C. A. Peirce und der Pragmalismus*. Stuttgart and Cologne, 1952.

Mullin, A. A. *Philosophical Comments on the Philosophies of C. S. Peirce and L.
Wittgenstein*. Urbana (Ill.), 1961.

Murphey, M. G. *The Development of Peirce's Philosophy*. Cambridge (Mass.), 1961.

Thompson, M. *The Pragmatic Philosophy of C. S. Peirce*. Chicago and London, 1953.

Wennerberg, H. *The Pragmatism of C. S. Peirce*. Lund, 1963.

Wiener, P. P. and Young F. H. (editors). *Studies in the Philosophy of Charles Sanders
Peirce*. Cambridge (Mass.), 1952.

詹姆斯

原始文本

The Principles of Psychology. New York, 1890.

The Will to Believe and Other Essays. New York and London, 1897 (reprint New York, 1956).

The Varieties of Religious Experience. New York and London, 1902.

Pragmatism. New York and London, 1907.

The Meaning of Truth. New York and London, 1909.

A Pluralistic Universe. New York and London, 1909.

Some Problems of Philosophy. New York and London, 1911.

Memories and Studies. New York and London, 1911.

Essays in Radical Empiricism. New York and London, 1912.

Collected Essays and Reviews. New York and London, 1920.

The Letters of William James, edited by H. James. 2 vols. Boston, 1926.

Annotated Bibliography of the Writings of William James, edited by R. B. Perry. New York, 1920.

研究专著

Bixler, J. S. *Religion in the Philosophy of William James*. Boston, 1926.

Blau, T. *William James: sa theorie de la connaissance et de la verite*. Paris, 1933.

Boutroux, E. *William James*. Paris, 1911. (English translation by A. and B. Henderson, London, 1912.)

Bovet, P. *William James psychologue: l'interet de son oeuvre pour les educateurs*. Saint Blaise, 1911.

Busch, K. A. William James als Religionsphilosoph. Gottingen, 1911.

Carpio, A. P. *Origen y desarrollo de la filosofta norleanuricana. William James y el pragmatismo*. Buenos Aires, 1951.

Castiglioni, G. *William James*. Brescia, 1946.

Compton, C. H. (compiler). *Williams James: Philosopher and Man*. New York, 1957. (Quotations and References in 652 books.)

Cugini, U. *L'empirismo radicale di W. James*. Naples, 1925.

Kallen, H. M. *William James and Henri Bergson*. Chicago, 1914.

Knight, M. *William James*. Penguin Books, 1950.

Knox, H. V. *The Philosophy of William James*. London, 1914.

Le Breton, M. *La personnalite de William James*. Paris, 1929.

Maire, G. *William James et le pragmatisme religieux*. Paris, 1934.

Menard, A. *Analyse et critique des 'Principles de la Psychologie' de William James*. Paris, 1911.

Morris, L. *William James*. New York, 1950.

Nassauer, K. *Die Rechtsphilosophie von William James*. Bremen, 1943.

Perry, R. B. *The Thought and Character of William James*. 2 vols. Boston, 1935. (This is the standard biography.)

        The Thought and Character of Williams James. Briefer Version. New York,. 1954.

        In the Spirit of William James. New Haven, 1938.

Reverdin, H. *La notion d'experience d'apres William James*. Geneva, 1913.

Roback, A. A. *William James, His Marginalia, Personality and Contribution*. Cambridge (Mass.), 1942.

Royce, J. *William James and Other Essays on the Philosophy of Life*. New York, 1911.

Sabin, E. E. *William James and Pragmatism*. Lancaster (Oa.), 1916.

Schmidt, H. *Der Begriff der Erfahrungskontinuitat bei William James und seine Bedeutung fur den amerikanischen Pragmatismus*. Heidelberg, 1959. .

Switalski, W. *Der Wahrheitsbegriffrles Pragmatismus nach William James*. Braunsberg, 1910.

Turner, J. E. *Examination of William James' Philosophy*. New York, 1919.

还有若干不同作者的文集，例如：

Essays Philosophical and Psychological in Honor of William James. New York, 1908.

In Commemoration of William James, 1842-1942. New York, 1942.

William James, the Man and the Thinker. Madison (Wis.), 1942.

席勒

原始文本

Riddles of the Sphinx. First published anonymously (by 'a Troglodyte') at London in 1891, then with the author's name at New York in 1894.

New edition, with sub-title *A Study in the Philosophy of Humanism*. London, 1910.

Axioms as Postulates, in *Personal Idealism*, edited by H. Sturt, London, 1902.

Humanism, Philosophical Essays. London, 1903 (2nd edition, 1912).

Studies in Humanism. London, 1907 (2nd edition, 1912).

Plato or Protagoras? London, 1908.

Formal Logic: A Scientific and Social Problem. London, 1912 (2nd edition, 1931).

Problems of Belief. London, 1924.

Why Humanism?, in *Contemporary British Philosophy*, First Series, edited by J. H. Muirhead. London, 1924.

Tantalus, or *The Future of Man*. London, 1924.

Eugenics and Politics. London, 1926.

Pragmatism, in Encyclopedia Britannica, 14th edition, 1929.

Logic for Use: An Introduction to the Voluntarist Theory of Knowledge. London, 1929.

Social Decay and Eugenical Reform. London, 1932.

Must Philosophers Disagree? and Other Essays in Popular Philosophy. London, 1934.

研究专著

Abel, R. *The Pragmatic Humanism of F. C. S. Schiller.* New York and London, 1955.

Marett, R. *Ferdinand Canning Scott Schiller.* London, 1938. (British Academy lecture.)

White, S. S. *A Comparison of the Philosophies of F. C. S. Schiller and John Dewey.* Chicago, 1940.

杜威

原始文本

Psychology. New York, 1887 (3rd revised edition, 1891).

Leibniz's New Essays Concerning the Human Understanding. A Critical Exposition. Chicago, 1888.

The Ethics of Democracy. Ann Arbor, 1888.

Applied Psychology. Boston, 1889.

Outlines of a Critical Theory of Ethics. Ann Arbor, 1891.

The Study of Ethics: A Syllabus. Ann Arbor, 1894.

The Psychology of Number and Its Applications to Methods of Teaching Arithmetic (with J. A. McLellan). New York, 1895.

The Significance of the Problem of Knowledge. Chicago, 1897.

My Pedagogic Creed. New York, 1897.

Psychology and Philosophic Method. Berkeley, 1899.

The School of Society. Chicago, 1900 (revised edition, 1915).

The Child and the Curriculum. Chicago, 1902.

The Educational Situation. Chicago, 1902.

Studies in Logical Theory (with Others). Chicago, 1903.

Logical Conditions of a Scientific Treatment of Morality. Chicago, 1903.

Ethics (with J. H. Tufts). New York, 1908.

How We Think. New York, 1910.

The Influence of Darwin on Philosophy and Other Essays in Contemporary Thought. New York, 1910.

Educational Essays, edited by J. J. Findlay. London, 1910.

Interest and Effort in Education. Boston, 1913.

German Philosophy and Politics. New York, 1915 (revised edition, 1942).

Schools of Tomorrow (with E. Dewey). New York, 1915.

Democracy and Education. New York, 1916.

Essays in Experimental Logic. Chicago, 1916.

Reconstruction in Philosophy. New York, 1920 (enlarged edition, 1948).

Letters from China and Japan (with A. C. Dewey, edited by E. Dewey. New York, 1920).

Human Nature and Conduct: An Introduction to Social Psychology. New York, 1922.

Experience and Nature. Chicago, 1925 (revised edition, 1929).

The Public and Its Problems. New York, 1927 (2nd edition, 1946).

Characters and Events. Popular Essays in Social and Political Philosophy, edited by J. Ratner. 2 vols. New York, 1929.

Impressions of Soviet Russia and the Revolutionary World, Mexico, China, Turkey. New York, 1929.

The Quest for Certainty. New York, 1929.

Individualism, Old and New (reprinted articles), New York, 1930.

Philosophy and Civilization. New York, 1931.

Art as Experience. New York, 1934.

A Common Faith. New Haven, 1934.

Education and The Social Order. New York, 1934.

Liberalism and Social Action. New York, 1935.

The Teacher and Society (with Others). New York, 1937.

Experience and Education. New York, 1938.

Logic: The Theory of Inquiry. New York, 1938.

Intelligence in the Modem World: John Dewey's Philosophy, edited by J. Ratner. New York, 1939. (Mostly selections from published writings.)

Theory of Valuation. Chicago, 1939.

Freedom and Culture. New York, 1939.

Education Today, edited by J. Ratner. New York, 1940.

Knowing and the Known (with A. F. Bentley). Boston, 1949.

若干基于杜威作品的文选和文集，例如：

Intelligence in the Modern World: John Dewey's Philosophy, edited by J. Ratner. New York, 1939.

Dictionary of Education, edited by R. B. Winn. New York, 1959.

Dewey on Education, selected with an introduction and notes by M. S. Dworkin. New York, 1959.

更完整的文献目录见：

A Bibliography of John Dewey. 1882-1939, by M. H. Thomas and H. W. Schneider, with an introduction by H. W. Schneider. New York, 1939.

The Philosophy of John Dewey, edited by P. A. Schilpp. New York. 1951 (2nd edition).

研究专著

Baker. M. *Foundation of John Dewey's Educational Theory*. New York. 1955.

Baumgarten, E. *Der Pragmatismus: R. W. Emerson, W. James, J. Dewey*. Frankfurt, 1938.

Bausola. A. *L'etica di John Dewey*. Milan, 1960.

Brancatisano, F. *La Posizione di John Dewey nella filosofia moderna*. Turin, 1953.

Buswell, J. O. *The Philosophies of F. R. Tennant and J. Dewey*. New York, 1950.

Child, A. *Making and Knowing in Hobbes, Vico and Dewey*. Berkeley. 1953.

Corallo, G. *La pedagogia di Giovanni Dewey*. Turin, 1950.

Crosser, P. K. *The Nihilism of John Dewey*. New York, 1955.

Edman, I. *John Dewey, His Contribution to the American Tradition*. Indianopolis (Ind.), 1955.

Feldman, W. T. *The Philosophy of John Dewey*. A Critical Analysis. Baltimore, 1934.

Fleckenstein, N. J. *A Critique e la John Dewey's Theory of the Nature and the Knowledge of Reality in the Light of the Principles of Thomism*. Washington, 1954.

Geiger, G. R. *John Dewey in Perspective*. London and New York, 1938.

Gillio-Tos, M. T. *Il pensiero di John Dewey*. Naples, 1938.

Grana, G. *John Dewey e la metodologia americana*. Rome, 1955.

Gutzke, M. G. *John Dewey's Thought and Its Implications for Christian Educations*. New York, 1956.

Handlin, O. *John Dewey's Challenge to Education: Historical Perspectives on the Cultural Context*. New York, 1959.

Hook, S. *John Dewey: An Intellectual Portrait*. New York, 1939.

Leander, F. *The Philosophy of John Dewey. A Critical Study*. Goteborg, 1939.

Levitt, M. *Freud and Dewey on the Nature of Man*. New York, 1960.

Mack, R. D. *The Appeal to Immediate Experience. Philosophic Method in Bradley, Whitehead and Dewey*. New York, 1945.

Mataix, A. (S.J.). *La norma moral en John Dewey*. Madrid, 1964.

Nathanson, J. *John Dewey*. New York, 1951.

Roth, R. J., (S.J.). *John Dewey and Sell-Realization*. Englewood Cliffs (N.J.), 1963.

Thayer, H. S. *The Logic of Pragmatism: An Examination of John Dewey's Logic*. New York and London, 1952.

White, M. G. *The Origin of Dewey's Instrumentalism*. New York, 1943.

White, S. S. *A Comparison of the Philosophies of F. C. S. Schiller and John Dewey*. Chicago, 1940.

关于杜威的专题研讨会

John Dewey, The Man and His Philosophy, edited by S. S. White. Cambridge (Mass.). 1930. (Discourses in honour of Dewey's seventieth birthday.)

The Philosopher of the Common Man, edited by S. S. White. New York, 1940. (Essays in celebration of Dewey's eightieth birthday.)

The Philosophy of John Dewey, edited by P. A. Schilpp. New York. 1951 (2nd edition).

John Dewey: Philosopher of Science and Freedom, edited by S. Hook. New York. 1950.

John Dewey and the Experimental Spirit in Philosophy, edited by C. W. Hendel. New York, 1959.

John Dewey: Master Educator, edited by W. W. Brickman and S. Lehrer. New York, 1959.

Dialogue on John Dewey, edited by C. Lamont. New York, 1959.

John Dewey: His Thought and Influence, edited by J. Blewett. New York. 1960.

第五部分：第十七—二十一章

一些描述或说明近期哲学，尤其是在大不列颠的哲学的作品

Adams, G. P. and Montague, W. P. (editors). *Contemporary American Philosophy*. 2 vols. New York, 1930.

Ayer, A. J. and Others. *The Revolution in Philosophy*. London. 1956. (Broadcast Talks.)

Black, M. *Language and Philosophy*. Ithaca and London. 1949.

　　　　Problems of Analysis: Philosophical Essays. Ithaca and London, 1954.

Blanshard, B. *Reason and Analysis. London and New York*. 1962. (A critical discussion of linguistic philosophy.)

Boman, L. *Criticism and Construction in the Philosophy of the American New Realism*. Stockhohn, 1955.

Charlesworth, M. *Philosophy and Linguistic Analysis*. Pittsburgh and Louvain, 1959. (Critical as well as historical.) .

Drake, D. and Others. *Essays in Critical Realism*. New York and London, 1921. .

Flew, A. G. N. (editor). *Logic and Language* (first series). Oxford, 1951.

　　　　Logic and Language (second series). Oxford, 1955.

　　　　Essays in Conceptual Analysis. Oxford, 1953.

　　　　New Essays in Philosophical Theology. London, 1955.

Gellner, E. *Words and Things*. London, 1959. (A very critical treatment of linguistic philosophy in England.)

Ginestier, P. *La pensee anglo-saxonne depuis 1900*. Paris, 1956.

Holt, E. B. and Others. *The New Realism*. New York, 1912.

Kremer, R. P. *Le neo realisme americain*. Louvain, 1920 .

　　　　La theorie de la connaissance chez les neo-realistes anglais. Louvain, 1928.

Lewis, H. D. (editor). *Contemporary British Philosophy* (third series). London, 1956.

Linsky, L. (editor). *Semantics and the Philosophy of Language*. Urbana (Ill.), 1952.

Mace, C. A. (editor). *British Philosophy in the Mid-Century*. London, 1957.

MacIntyre, A. (editor). *Metaphysical Beliefs*. London, 1957 ·

Muirhead, J. H. *Rule.and End in Morals*. London, 1932. (Discusses the ethical issues treated by Prichard, Carritt, Ross, Joseph, and others.)

Pears, D. F. (editor). *The Nature of Metaphysics*. London, 1957. (Broadcast Talks.)

Sellars, R. W. and Others. *Essays in Critical Realism*. New York and London, 1920.

Urmson, J. O. *Philosophical Analysis. Its Development between the Two World Wars*. Oxford, 1956.

Warnock, G. J. *English Philosophy Since 1900*. (A clear account of the development of the analytic movement.)

Warnock, M. *Ethics Since 1900*. London, 1960. (Mainly on the development of English ethical theory from Bradley. But discusses the ideas of the American philosopher C. L. Stevenson and contains a chapter on Sartre.)

G. E. 摩尔

原始文本

Principia Ethica. Cambridge, 1903 (2nd edition, 1922; new edition, 1960).

Ethics. London, 1912 (and reprints).

Philosophical Studies. London, 1922 (new edition, 1960). (This work includes 'The Refutation of Idealism' from *Mind*, 1903.)

Some Main Problems of Philosophy. London. 1953. (This volume includes some hitherto unpublished lectures delivered in the winter of 1910-11.)

Philosophical Papers. London, 1959. (This volume includes 'A Defence of Common Sense' from *Contemporary British Philosophy*, Second Series, 1925.)

Commonplace Book. 1919-1953, edited by C. Lewy. London, 1962.

研究专著

Braithwaite, R. B. *George Edward Moore*. 1873-1958. London, 1963. (British Academy lecture.)

Schilpp, P. A. (editor). *The Philosophy of G. E. Moore*. New York, 1952.

White, A. R. *G. E. Moore: A Critical Exposition*. Oxford. 1958.

罗素

原始文本

German Social Democracy. London and New York, 1896.

An Essay on the Foundations of Geometry. Cambridge, 1897.

A Critical Exposition of the Philosophy of Leibniz. Cambridge, 1900.

The Principles of Mathematics. Cambridge, 1903.

Principia Mathematica (with A. N. Whitehead). 3 vols. Cambridge. 1910-13 (2nd edition.

1927-35).

Philosophical Essays (reprinted articles). London and New York, 1910.

The Problems of Philosophy. London and New York, 1912.

Our Knowledge of the External World as a Field for Scientific Method in Philosophy. London and Chicago, 1914 (revised edition, 1929).

The Philosophy of Bergson (controversy with Professor H. W. Carr). London, Glasgow and Cambridge, 1914.

Scientific Method in Philosophy. Oxford, 1914.

War, the Offspring of Fear (pamphlet). London, 1915.

Principles of Social Reconstruction. London. 1916 (2nd edition, 1920).

Policy of the Entente, 1904-1914: A Reply to Professor Gilbert Murray (booklet). Manchester and London, 1916.

Justice in War-Time. London and Chicago. 1916 (2nd edition, 1924).

Political Ideals. New York, 1917.

Mysticism and Logic and Other Essays (reprinted essays). London and New York, 1918.

Roads to Freedom: Socialism, Anarchism and Syndicalism. London, 1918.

Introduction to Mathematical Philosophy. London and New York, 1919.

The Practice and Theory of Bolshevism. London and New York, 1920 (2nd edition, 1949).

The Analysis of Mind. London, 1921, New York, 1924.

The Problem of China. London and New York, 1922.

Free Thought and Official Propaganda (lecture). London and New York, 1922.

The Prospects of Industrial Civilization (with D. Russell). London and New York, 1923.

The ABC of Atoms. London and New York, 1923.

Icarus, or the Future of Science (booklet). London and New York, 1924.

How To Be Free and Happy (lecture). New York, 1924.

The ABC of Relativity. London and New York, 1925 (revised edition, 1958).

On Education, Especially in Early Childhood. London and New York, 1926. (In America with the title Education and the Good Life.)

The Analysis of Matter. London and New York, 1927 (reprint, 1954) ·

An Outline of Philosophy. London and New York, 1927. (In America with the title Philosophy.)

Selected Papers of Bertrand Russell (selected and introduced by Russell). New York, 1927.

Sceptical Essays (largely reprints). London and New York, 1928.

Marriage and Morals. London and New York, 1929.

The Conquest of Happiness. London and New York, 1930.

The Scientific Outlook. New York, 1931.

Education and the Social Order. London and New York, 1932. (In America with the title *Education and the Modern World*.)

Freedom and Organization, 1814-1914. London and New York, 1934. (In America with the title *Freedom versus Organization*.)

In Praise of Idleness and Other Essays. New York, 1935.

Religion and Science. London and New York, 1935.

Which Way to Peace? London, 1936.

The Amberley Papers (with P. Russell.) 2 vols. London and New York, 1937.

Power: A New Social Analysis. London and New York, 1938.

An Inquiry into Meaning and Truth. London and New York, 1940.

Let the People Think (essays). London, 1941.

A History of Western Philosophy: Its Connection with .Political and Social Circumstances from the Earliest Times to the Present Day. London and New York, 1945 (2nd edition, 1961).

Human Knowledge: Its Scope and Limits. London and New York, 1948.

Authority and the Individual. London and New York, 1949.

Unpopular Essays (largely reprints). London and New York, 1950.

The Impact of Science on Society (lectures). New York, 1951.

New Hopes for a Changing World. London, 1951.

Human Society in Ethics and Politics. London and New York, 1954.

Logic and Knowledge: Essays, 1901-1950, edited by R. C. Marsh. London and New York, 1956. (This volume includes Russell's 1918 lectures on the philosophy of logical atomism, also the article on logical atomism written for Contemporary British Philosophy, First Series, 1924.)

Why I am not a Christian, and Other Essays. London and New York, 1957.

My Philosophical Development. London and New York, 1959.

Wisdom of the West. London, 1959.

Has Man a Future? Penguin Books, 1961.

Fact and Fiction. London, 1961.

研究专著

Clark, C. H. D. *Christianity and Bertrand Russell*. London, 1958.

Dorward, A. *Bertrand Russell*. London, 1951. (A booklet written for the British Council and the National Book League.)

Feibleman, J. K. *Inside the Great Mirror. A Critical E:eamination of the Philosophy of Russell, Wittgenstein and their Followers*. The Hague, 1958.

Fritz, C. A. *Bertrand Russell's Construction of the External World*. New York and London, 1952.

Gotlind, E. *Bertrand Russell's Theories of Causation*. Upsala, 1952.

Jourdain, P. E. B. *The Philosophy of Mr. Bertrand Russell* (satire). London and Chicago, 1918.

Leggett, H. W. *Bertrand Russell* (pictorial biography). London, 1949.

Lovejoy, A. O. *The Revolt Against Dualism*. Chicago, 1930 (Chapters 6-7 treat of Russell's theory of mind.)

McCarthy, D. G. *Bertrand Russell's Informal Freedom*. Louvain, 1960 (doctorate dissertation).

Riveroso, E. *Il pensiero di Bertrand Russell*. Naples, 1958.

Santayana, G. *Winds of Doctrine*. London, 1913. (Includes a study of Russell's philosophy.)

Schilpp, P. A. (editor). *The Philosophy of Bertrand Russell*. New York, 1946 (2nd edition).

Urmson, J. O. *Philosophical Analysis. Its Development between the Two World Wars*. Oxford, 1956. (Includes a critical discussion of Russell's reductive analysis. Russell's reply, together with replies to criticisms by G. J. Warnock and P. F. Strawson, is reprinted in chapter 18 of My Philosophical Development.)

Wood, A. *Bertrand Russell, The Passionate Sceptic* (biographical). London, 1957.

   Russell's Philosophy: A Study of Its Development (an unfinished essay printed at the end of Russell's *My Philosophical Development*).

Wood, M. G. *Why Mr. Bertrand Russell is not Christian*. London, 1928.

索　引

（主要出处用黑体标出）

图书在版编目（CIP）数据

科普勒斯顿哲学史.8，从功利主义到早期分析哲学 /
(英) 弗雷德里克·科普勒斯顿著；周晓亮译. -- 天津：
天津人民出版社, 2020.5

书名原文: A HISTORY OF PHILOSOPHY: VOLUME 8:
BENTHAM TO RUSSELL

ISBN 978-7-201-15455-8

Ⅰ.①科… Ⅱ.①弗… ②周… Ⅲ.①哲学史—研究
—世界 Ⅳ.①B1

中国版本图书馆CIP数据核字(2019)第225175号

A HISTORY OF PHILOSOPHY: VOLUME 8: BENTHAM TO RUSSELL BY FREDERICK COPLESTON
Volume 8: Copyright © 1966 by the Trustees for Roman Catholic Purposes Registered
This edition arranged with A. P. WATT LTD
Through BIG APPLE AGENCY, LABUAN, MALAYSIA.
Simplified Chinese edition copyright:
2019 POST WAVE PUBLISHING CONSULTING(Beijing) Ltd.
All rights reserved

简体中文版权归属于后浪出版咨询（北京）有限责任公司
著作权合同登记号：图字02-2019-165号

科普勒斯顿哲学史.8，从功利主义到早期分析哲学
KEPULESIDUN ZHEXUE SHI. 8, CONG GONGLIZHUYI DAO ZAOQI FENXIZHEXUE

［英］弗雷德里克·科普勒斯顿 著； 周晓亮 译

出　　版	天津人民出版社	出 版 人	刘　庆
地　　址	天津市和平区西康路35号康岳大厦	邮政编码	300051
邮购电话	（022）23332469	网　　址	http://www.tjrmcbs.com
电子信箱	reader@tjrmcbs.com		
出版统筹	吴兴元	编辑统筹	张　鹏
责任编辑	金晓芸	特约编辑	马　健　曾雅婧　韩　伟
营销推广	ONEBOOK	装帧制造	墨白空间·张萌
印　　刷	北京天宇万达印刷有限公司	经　　销	新华书店经销
开　　本	655毫米×1000毫米　1/16	印　　张	37.5
插　　页	4	字　　数	484千字
版次印次	2020年5月第1版　2020年5月第1次印刷		
定　　价	82.00 元		